博学而笃志,切问而近思。
（《论语·子张》）

博晓古今,可立一家之说；
学贯中西,或成经国之才。

作者简介

苏宗伟,男,复旦大学产业经济学博士后。现任上海外国语大学东方管理研究中心执行副主任、国际工商管理学院工商管理系主任、教授、博士生导师,并任国际管理学者协会联盟(IFSAM)理事、上海管理教育学会副会长及秘书长等职务。研究的主要方向包括事东方管理、企业文化和创业管理等,主要著作包括《东方管理学教程》《东方管理商业模式理论与应用》《管理心理学》及 Eastern Management 等,主持与参与多项国家级、省部级课题及企业政府项目课题,曾在《管理世界》《管理学报》《经济管理》等权威、核心期刊发表40余篇论文,多篇开发及编写案例获得全国MBA教指委评选的"全国优秀百篇管理案例"。

苏东水,男,复旦大学经济学首席教授、博士生导师,东方管理学派创始人,世界管理协会联盟(IFSAM)中国委员会主席,东方管理科学研究院院长,中国国民经济管理学会会长,复旦大学经济管理研究所所长。历任复旦大学经济管理系主任、国务院学位委员会学科评议组成员、全国博士后管委会专家组成员、国家重点学科工业经济、产业经济学术带头人、上海市政协委员等。出版《中国国民经济管理学》《中国管理通鉴》(四卷)、《管理心理学》、《东方管理》、《东方管理学》、《中国管理学》、《中国管理学术思想史》、《管理学》、《产业经济学》、《应用经济学》、《中国企业管理现代化》等近百部著作。荣获国家级、省部级优秀著作特等奖、一等奖10余次;获国务院"发展中国高等教育事业有突出贡献专家"表彰,2018年获"复旦管理学终身成就奖"。

复旦博学·大学管理类教材丛书
COLLEGE MANAGEMENT SERIES

管理心理学（第六版）

苏宗伟　苏东水　著

复旦大学出版社

内容提要

本书以东方管理"以人为本,以德为先,人为为人"的理念作为理论与实践的内核,汲取了西方管理学和中国传统管理思想的精华,阐述了管理心理学的研究对象及中外管理心理学的形成与发展,通过研究企业中个体、群体、组织、领导人的具体心理活动的形式和规律,探讨如何从激励人心理和行为的各种途径和技巧,以最大限度调动人的主动性、积极性和创造性,来达到提高工作效率。作者从个性心理、管理行为、人群心理及心理测定等方面构筑了具有中国特色的管理心理学内容体系。

本书自1987年首版面世以来,累计发行110多万册,深受读者的好评。全书共分总论、个性心理、管理行为、人群心理和心理测定等五篇共十八章。本次修订,作者除对原书的体系和文字的作进一步校改之外,还根据五版以来广大师生的教学反馈,对各章内容及案例作了相应的调整和更新,使本书更具时代性、实践性和可读性。

本书可作为高校管理类本科生、研究生的管理心理学教材,也可作为企业管理人员的管理参考和借鉴读本。

第六版序言

　　管理心理学是研究管理过程中人们的心理现象、心理过程及其发展规律的科学，其是通过探索人的心理活动，激励人心和行为的各种途径与技巧，最大限度达到提高员工效率与组织效益的目的。从本质上讲，随着社会生产力和科技水平的不断提高，以及现代通讯与信息传播技术的发展，管理心理学更加注重人与人、人与组织、组织与组织之间的互动心理关系，并希望通过针对组织中的个体心理、管理心理、群体心理的行为规律的研究，促进自我管理，营造良好的工作环境及人际关系，调动员工的工作积极性、主动性和创造性，提高工作效率，增进组织经济效益，共生共赢，提升员工归属感和幸福感，从而使组织不断发展壮大。

　　纵观管理心理学的理论发展史，我们不难发现，西方管理心理学的理论与实践如同管理学理论，同样是围绕着人性假设而展开的。不同的管理学家基于不同的人性假设构建了不同的管理理论，其发展大致是沿着经济人—社会人—自我实现人—复杂人—文化人的路线进行的。从20世纪初泰勒基于"经济人"假设建立了科学管理理论，到梅奥通过"霍桑实验"基于"社会人"假设构建了人际关系理论，从20世纪40年代后期马斯洛基于"自我实现人"假设首次提出了"需求层次理论"，到20世纪60年代中期埃德加·沙因基于"复杂人"假设等提出了权变管理理论，再到20世纪80年代初期，威廉·大内基于"文化人"的假设提出的"Z理论"。由此看到，西方管理理论发展的主线是基于管理者对人性"善"或"恶"本质假设的判断，以此形成来决定自己所实施的管理行为。对于人性的不同认识，从管理者的角度来讲，就是要理解人，没有"理解人"这个前提，管理不可能卓有成效，企业也不可能成功。这也是管理心理学研究的本质问题。

　　管理心理学的发展对企业管理的科学化和现代化产生了重大的影响，它改变了传统管理对人的错误认识，从忽视人的作用而变为重视人的作用。因此，使现代管理由原来的以"以物或事为本"，发展到以"以人为本"；由原来对"纪律"的研究,发展到对人的"行为"的研究;由原来的"监督"方式,发展到"动机激发"的方式;由原来的"独裁式"领导,发展到"民主式"领导。这门科学理论的出现和开创,得到了西方经济学界,特别是企业界的重视。

随着人工智能、大数据、区块链及云计算技术的发展,当今社会已经进入到数字化时代,不确定性已成为常态。这种潜在的变化给领导者和组织管理带来了新的影响与挑战,引发了新一轮的管理变革,也对管理心理学领域的研究提出了新课题。首先,数字化时代对人与组织的管理带来的影响越显突出。最明显的就是"数字化生存"由概念变成了一种生活方式[1],其时代特点表现为个性自我独立,万物互联。而产品的生命周期、争夺用户的时间窗口也在快速缩短,这些都对产品、市场、消费者、行业及思维方式产生了巨大影响。就如微信改变了人与人之间的沟通方式,自媒体网红带货直播颠覆了消费者的购物体验;未来5G时代将会在各个领域带来前所未有的应用,这对领导者与组织管理带来了新的挑战。

其次,数字化环境使组织处于不确定性中,瞬息万变的市场,组织如何去面对挫折,甚至失败?纳西姆·尼古拉斯·塔勒布在其著作《反脆弱》中就提出了"反脆弱"的概念,指出反脆弱不是坚强和坚韧,它超越了复原力或强韧性,其本质不仅要在风险中保全自我,而且让事物变得更好、更有力量。其精髓就是要在不确定性中获益。从某种意义上讲,管理者在面对挫折和失败时,必须要有信心和勇气,而"反脆弱"就是一种反挫折和反失败的管理能力,俗话讲"失败是成功之母",反思挫折和吸取失败的教训就是获益的表现。

最后,正如世界经济论坛创始人克劳斯·施瓦布在其所著的《第四次工业革命:转型的力量》中阐明:"新的商业模式出现,现有商业模式被颠覆,生产、消费、运输与交付体系被重塑。无论从规模、速度还是广度来看,本次技术革命带来的变化都具有历史性意义……它将数学技术、物理技术、生物技术有机融合在一起,迸发出强大的力量,影响着我们的经济与社会。"[2]克劳斯·施瓦布在其书中阐述了应对"第四次工业革命"的挑战,必须培养四种智慧:用思维进行情境判断,懂得如何理解和运用知识;用心灵进行情绪管理,懂得如何处理和整合思维及感受,并推己及人;用精神进行自我激发,懂得如何运用自我及共同的目标、彼此间的信任和其他优势来影响变革,为共同目标而奋斗;用健康支撑身体素质,懂得如何塑造和保

---

[1] [美]尼古拉·尼葛洛庞帝:《数字化生存》,胡泳、范海燕译,电子工业出版社,2017年版。

[2] [德]克劳斯·施瓦布:《第四次工业革命:转型的力量》,李菁译,中信出版社,2016年版。

持自己及身边人的身心健康，从而有足够精力推动自身及体系变革。[1]这四种智慧强调了管理者需要将情商和理性相结合，用思维进行管理决策，使领导者更具创新精神，引领变革；同时具备自我意识、自我管理、自我激励的能力，并拥有强健的体格和强大的抗压能力，协同共赢，实现组织目标。

以上所涉及的数字化时代的新问题将是管理心理学研究的热点，为此，我们相信，管理心理学必将是未来管理学科的核心内容之一。

本书自1987年出版以来，迄今已有34年，重印66次，累计发行超120万册。此次出版的第六版是在第五版的基础上进行了修订，其中修改了部分章节的内容，重点修订了部分案例及相关数据。全书总体体系不变，共分五篇十八章：

第一篇总论（第一至三章），第一章管理心理学的研究对象，主要论述管理心理学的概念、研究范畴、内涵及体系，分析怎样学习管理心理学，如何把握其研究方法，同时阐述了管理心理学的认识论和方法论，探讨东方管理文化对管理心理学的现实指导意义；第二章管理心理学的产生和发展，主要阐述了管理心理学的理论起源、开创阶段及发展概况，比较与分析了美国、苏联及中国管理心理学的发展研究；第三章管理心理学的基础理论，主要论述了作为管理心理学理论基础的管理学、人为学及心理学的三门学科。

第二篇个性心理（第四至八章），第四章人的个性，主要从人的个性角度探讨和分析了人性心理特征、人的气质、性格、能力，以及性格与能力、气质的关系；第五章人的需要，主要阐述和分析人的欲望、需求和动机的概念、模式与测量方法等；第六章人的期望，主要论述和探讨期望理论、价值观及目标管理的内涵、作用及应用；第七章人的挫折，主要阐述挫折的内涵、行为及预防和应对的方法；第八章人性管理，主要论述和分析了人性管理思想、个性差异管理及人的行为改变。

第三篇管理行为（第九至十三章），第九章激励行为，主要介绍激励的概念和作用，探讨激励的过程和因素，分析激励强化的概念、方法及作用；第十张决策行为，主要论述决策行为的过程、心理特征、思想方法；第十一章领导行为，主要阐述了领导的功能和条件、领导的行为和效率及如何构建领导班子的合理结构；第十二章组织行为，主要介绍了组织的意义和作用、组织的行为与结构及组织行为的发展及应用；第十三章创造行为，主要阐述了创新的特点和作用、创新思维的特征与形式、创新的内容和方法及

---

[1]［德］克劳斯·施瓦布：《第四次工业革命：转型的力量》，李菁译，中信出版社，2016年版。

创业者的心理行为。

　　第四篇人群心理（第十四至十七章），第十四章劳动者心理，主要对劳动者的疲劳心理、工作环境及心理健康等方面进行研究与分析；第十五章消费者心理，论述和分析了消费者行为的特点和过程、心理影响因素及社会关系影响等；第十六章青年人心理，探讨了新时代青年心理的特点、青年人成功心理行为的因素及青年人的道德修炼；第十七章群体心理，主要分析与探讨了人群关系的意义、实践与理论、团队的心理与行为概念和作用及冲突的处理方法、人群意见的沟通与行为的意义、种类、障碍及形式等方面的内容。

　　第五篇心理测定，第十八章人的心理测定方法，主要介绍人的心理测定方法，包括人的能力测定方法，智力测定方法和性格测定方法等。

　　本书此版的修改历经近一年的时间，在修改过程中，得到了复旦大学出版社刘子馨和方毅超等老师的大力支持。本书多次再版和修改，期间获得许多良师益友的宝贵建议，在此一并致谢。

　　此书的修改，由于时间紧迫，作者能力有限，书中难免有不妥之处，敬请广大读者、专家、学者给予指正，以便本书日后的修改。

苏东水、苏宗伟
2021年元月

第五版序言

吾著《管理心理学》在第四版重印 26 次发行 50 多万册及之前发行累计 100 多万册基础上修订发行第五版,总体体系不变,比第四版有三新:新特点、新内容、新思路。

其一,增加了部分行之有效的案例,使本书更具有可读性、可行性、实践性。

其二,增加了东方管理学发展的新观点,"以人为本、以德为先、人为为人"为原理的"五字经":学、为、治、行、和,使本书更具科学性、创新性、创造性。

其三,增加了东西方融合研究成果和观点,使本学科更具先进性、理论性、国际性。

其四,增加了中国当代人文科学的哲学观点与研究方法,使本学科更具有哲学理论基础和研究方法。

其五,增加了中国传统管理的新观点,使本学科更有中国特色。

本书第五版修改补充,承刘子馨、赵渤、苏宗伟等教授协助,特此感谢。在今夏百年不遇的炎炎之天,余又辛苦做了近两个月的修正写作,以尽六十年科研教学社会责任一点心愿。

本书获得百万读者厚爱,博学支持,深感五内,路漫漫其修远兮,吾将上下再求索。

2013 年 8 月 6 日

第四版代序

经过40余年的管理学和经济学教学、科研工作，我愈来愈意识到创建东方管理学，弘扬东方管理文化的重要意义。使命感、责任感驱使我们克服种种困难，通过发表论文、出版专著、举办学术研讨会等形式不遗余力地扩大东方管理学在世界的影响。令人欣慰的是，我们的努力获得了越来越多的有识之士的理解、认同、支持和响应，东方管理学也日益呈现出欣欣向荣的发展态势。

我认为，东方管理学是研究如何融合西方管理文化领域中人的心理行为与有效运行规律的现代科学，东方管理文化的精髓是"以人为本，以德为先，人为为人"。其中，"以人为本"是东方管理研究的出发点；"以德为先"是实施有效管理的保障；"人为为人"是管理的本质特征与根本目标。东方管理文化具有开放与融合的显著特点。目前，它正在充分借鉴古今中外管理思想的基础上，不断地创新和发展。

一、东方管理研究的出发点

东方管理学认为，人是管理要素中最关键、最基本的要素。中国古代管理思想中一直十分重视人在管理中的地位问题，倡导以民为本、以人为本。作者早在1986年出版《管理心理学》一书中就提出："研究'人'是一个新课题、新领域，也是本学科的出发点和关键。"

先秦儒家代表人物之一的孟轲，提出了著名的"民贵君轻"的思想，他认为百姓、国家、君主三者之间的关系应该是："民为贵，社稷次之，君为轻"。他明确指出了统治者如果要稳固地掌握政权，真正治理好国家，就必须充分重视人民的作用，把人民放在头等重要的位置来对待。此后，许多儒家学者继承这一思想，提出了类似的看法，比如北朝时期的贾思勰在《齐民要术》一书中也说道："食者民之本，民者国之本，国者君之本。"古代思想家们还在有关政府的职能、统治者的义务的论述中阐发他们的"民本"主张。东方传统文化自始至终都以人的管理为中心，强调人的中心作用。古代先哲们的人本思想历久而弥新，在现代社会中也同样有适应其蓬勃生长的肥沃土壤。

"以人为本"，也就是在管理活动中要一切以人的管理为中心，以人的权利为本，强调人的主观能动作用，力求实现人的全面、自由、普遍发展。这一价值取向与现代社会资源共享，网络依存与创新发展的特征相适应，也正是东方网络社会存在的前提条件。而纵观西方管理学发展的历史，也可以看出其与东方管理的人本管理思想日趋融合的趋势。无论是行为管理理论，还是当前西方管理学中最新发展的企业教练、神经语言程序学等管理新思维，都立足于人本思想。

在经济发展的历史长河中，我们也不难发现，人力资源的重要性日显突出。新技术、新产品、新的管理思想层出不穷，从中可以清楚地看到人的智慧与人的创造性的激发是经济与社会发展的不竭动力。人的管理问题应该始终是管理学的核心问题。全球化和新经济的到来，改变了各个领域的管理哲学和管理实践，也给传统的人力资源管理带来了挑战。新时期人力资源管理发展趋势和特点将呈现出以下特点：

（1）具有弹性和适应性成为企业生存的基本条件，建立"以人为本"的柔性化组织成为趋势。越来越多的公司将在管理中运用参与系统，发展适合的管理形态、领导风格和雇佣态度；建立功能团队，超越传统的"目标团队"；克服组织合作惰性和自我满足，建立充分的内部交流和综合反馈机制；扩大组织技能，超越狭隘的功能界限。

（2）组织的限制变得越来越少，组织结构变得扁平，工作群体和团队变得越来越重要，高质量雇员数量日益增加，社会越来越需要组织的社会责任和伦理行为。

（3）企业的知识与能力是企业长期竞争优势的重要源泉。个人学习是组织学习的基本出发点，在此基础上如何产生组织的能力是人力资源管理的任务。通过增加、联合、更新知识并运用于实践，用开放的态度吸取经验，可以产生独特竞争力。

（4）人力资源管理应集中于激励，提高积极性和创造性，集中于增加人们的活力，充分发挥每个人的才能，做到"人尽其才"。

因此，现代组织的领导者必须"以人为本"，把人作为管理的出发点，重视人在管理中的基础性、根本性作用，充分考虑到员工独立完整的个性和人格，尊重、关心和爱护职工，在企业中营造一种"平等、友爱、互助"的氛围。正如孔子在《礼记·中庸》中所说的"为政在人"，一个国家治理成败的关键在于人，同样地，对于任何一个组织来说，经营成败的关键也在于选拔和任用人才，调动员工的工作积极性。

二、东方管理的指南针

东方文化中有着大量"以德为先"的论述。《大学》倡导以德为本："德者，本也；才者，末也。"孔子希望管理者在个人品行上要"尊五美"："君子惠而不费，劳而不怨，欲而不贪，泰而不骄，威而不猛。"（《论语·尧曰》）墨子在《尚贤上》中对贤良之士的解释就是"厚乎德行，辩乎言谈，博乎道术者"，即墨子把厚德排在个人素养的第一位。

"以德为先"，即人的行为要以道德为基础，以法律为准则，强调的是道德伦理的作用。从儒家提出著名的"修身、齐家、治国、平天下"命题中可以看出中国管理文化的起点是"修身"，强调通过管理者的道德威望的感召示范，潜移默化地影响群体，在群体中形成人人自觉加强道德修养的良好氛围，促进群体社会网络的协调和睦，实现资源共享，优化组织结构。

在管理实践中，"以德为先"要求企业管理者必须有健全、良好的品格，以作为企业职工的表率。对于一个企业领导者来说，他最基本的"德"应该是带头遵守组织的规章制度。正如唐太宗李世民提醒告诫自己及后世帝王的一样："若安天下，必须先正其身，未有身正而影曲，上治而下乱者。"组织规章制度的制定是为组织成员提供一个行为规范，以便整个组织处于有序状态，保证组织顺利运行，从而保障组织目标的实现。另一方面，领导者在管理中也不能仅仅满足于监督控制，还必须讲仁爱之心，以仁爱之心对待下属，即讲"仁德"。"仁"是一种精神境界，是许多优秀的管理者的道德追求和价值追求。它要求管理者在管理中，以一颗爱心实现与员工的心灵沟通，做到以理服人，以情感人，使每一项管理措施既符合规范，又能调动员工的主动性和创造性，这也是现代管理艺术的体现。

"以德为先"不仅体现在人与人的关系中，还体现在人与组织、社会，组织之间，组织与社会，个人、组织与自然等共生、共栖的关系中。以德治国——讲求"官德"、以德治企——讲求"商德"、以德治家——讲求"家德"，是实现经济社会健康发展的重要保障。

三、东方管理的本质特征

"人为为人"，从哲学观点看是人的心理行为矛盾的统一，即是权利与道德、利己与利他、激励与服务的统一。是揭示管理学本质的核心命题，是对古今中外管理思想精华的精要概括，也是我四十八年来学习、科研、实践心得提炼的观点。

"人为"体现的是人自身的修炼与努力,它要求每一个人首先要注意自身的行为修养,"正人必先正己",然后从"为人"的角度出发,来从事、控制和调整自己的行为,创造良好的人际关系和激励环境,使管理者和被管理者都能够持久地处于激发状态下工作,主观能动性得到充分的发挥。"人为"与"为人"两者具有辩证关系,二者互相联系,并且可以转化,对任何管理者和被管理者都有一个从个人行为逐步向为他人服务转变的过程,即从"人为"向"为人"转变的过程。这一过程体现在家庭、行业、国家一切方面的管理之中,管理者和被管理者越是注重自身行为的素质,其"为人"即管理的效果就越快越好。

"人为为人"揭示了管理的本质。从管理思想发展的历程来看,每个时代的管理思想都反映了"人为为人"的理念。例如,周易的阴阳运行规律,儒家修己安人、治心为上的思想,道家所提倡的"无为而治",墨家所推崇的"兼爱利人"等都闪烁着"人为为人"思想的光芒。"人为为人"也是对现代管理思想的概括。从行为科学理论、基于马斯洛"需要层次理论"而诞生的种种管理方法、西蒙的决策行为理论,到当前的知识管理、管理反馈、流程再造、组织修炼、组织学习、网络化组织等等,其核心思想都是"人为为人"的互动式管理。

我在《东方管理文化的探索》《管理心理学》《现代管理学中的古为今用》《东方管理文化的复兴》《面向21世纪的东西方管理文化》等论著中对"人为为人"思想进行了探讨研究。我认为人为学可以从以下十个方面进行探讨:

(1)关于人的行为规律的研究。孙武提出"人情之理,不可不察"。这说明在管理中要重视研究人的规律,要根据一定的规律去满足人的欲望,办事情才能符合客观实际。

(2)关于研究发挥人的主观能动性。

(3)关于人的本性问题。

(4)关于人的欲望和人的需要问题的研究。

(5)关于奖励和惩罚问题的研究。

(6)关于"人和"的思想。

(7)关于群体行为和组织行为的研究。

(8)关于用人问题的研究。

(9)关于领导行为研究。

(10)关于怎样运用权力问题的研究。

无论从理论研究上来看,还是从指导实际的管理工作来说,我认为人为为人学说都是极其重要的思想。一言以蔽之，东方管理的内涵就是"人为为人"。

在 20 世纪，管理学的发展取得诸多成就。尤其值得强调的是，在广大华商的管理实践及广大学者对东方管理文化现代价值的探究中，东西方管理文化日益走向融合。这些艰苦探索与研究成果对世界管理学的发展做出了巨大的贡献。在新世纪里，东方管理也和西方管理一样面对着许多新的挑战。迫切需要人们对管理思想、管理教育、管理理念、管理方法等方面进行理论与实践的深入探索。

随着东方经济在世界经济中的崛起，东方国家对世界经济的影响将会越来越大。东方管理文化正出现世纪的回归，管理理论将由"人为政本"转移到"以人为本"；由"家庭伦理"发展到"以德为先"；从强调"社会责任"转移到"人为为人"。在这种环境下，弘扬东方管理文化不仅有助于增强民族自信心，发扬爱国主义精神；还有助于增强中华民族的凝聚力、促进华人沟通、促进新经济的增长、建立 21 世纪新的文化融合体、构建社会转型期新的文化体系、促进世界第五次管理文化飞跃、构建社会主义市场经济体系下的道德伦理体系、推动新世纪产业结构的调整以及建立融合东西方的管理理论的管理学新体系。在新的世纪里，东方管理将以其独特的优势，博大精深的内涵，为深化和发展管理理论，丰富管理实践做出更大的贡献。

本书是我研究东方管理学的早期著作和基础之一。历经十五年，发行达 60 万册，获得各界人士和朋友、学生的关心、支持、帮助，并荣获教育部、上海哲学社会科学和国外学术基金多个奖项，在此向大家表示深切的敬意。这次，第四版的代序，是我在主持第五届世界管理论坛和第五届东方管理论坛举办的东方管理文化国际研讨会上的主题学术报告"人为为人——回归管理学的真谛"。

人类跨入新世纪，事物变化多端，创新是一个民族进步的灵魂，也是人们进步的原动力；青年人是这个时代发展的支柱力量和希望，劳动者，尤其是经理人、知识人、文化人、投资者是社会财富增长的重要源泉力量。鉴于此，我在本书第四版出书过程中，承蒙复旦大学出版社领导刘子馨等同志的支持和我的博士生颜世富、彭贺的辛勤的协助，根据新时代社会经济发展的需求，对全书进行较多的修改、补充，新增"创业行为""青年人心理"和"劳动者心理"三章的新内容，主要阐述新时代创业者的心理、行为和心智模式；新时代青年人心理特点、行为和道德修炼；劳动者、经理人、投资者的心理健康等。

管理心理学是门实践性很强的新学科，事实证明，对于在新时代要求发展,要求进步的人们是一门必读的课程,为了增加本学科实践的需要,我们尚在编写一部"管理心理学案例和学习导引"以供读者参考之用。诚希学术界的同仁和读者对本书继续给予指导,感谢诸新老朋友诚挚的支持。

于复旦大学东方管理研究中心
2002年2月8日

第三版序言

《管理心理学》自1987年作为专著出版，迄今已有十年，发行50多万册，在前5年重印了八次共20万册，在后5年重印了十一次共30万册。1994年被评为上海市社会科学优秀著作一等奖。人的一生有限，在短短十年瞬间，一本书受到这么多的读者爱戴，说明它还有一定的生命力。这不能不让我想起在写作过程中，曾得到我的亲人、同仁好友和学生们的鼓励与支持。

一门学科总不会十全十美，且同样有其生命周期，有一个从不完善到逐步完善的过程。随着科学技术的发展，新生事物不断涌现，人们的见识面也日益拓宽，所以该门学科必须更新，使之更完善。但其中属于真理性的东西也有永恒和长久应用的可能性。我总希望本书在将来获得读者的帮助并经个人的努力更趋完善。

在近十年里，为了写作"人本论""人为学"，研究人的心理行为的学问，我一直从事于东方管理文化探索。在诸位知心同心门生鼎力协助下，完成了200多万字的《中国管理通鉴》。通观古今中外管理之历史，博采百家以求管理文化之精神。纵览我中华春秋战国、盛唐气象以及当今发展之势、全球华人企业之发达，无不有中华灿烂文化的影响，无不重视人的心理行为的研究。文化激荡、管理创新、激励行为，乃世界进化之动力。我从此得出结论：以人为本、以德为先、人为为人乃管理行为之本质。世界管理文化在激荡、冲突和融合。尽管有争议有分歧，但皆围绕"人为为人"而论证，为"道法自然"，为谋求管理之真谛、科学之知识，谋求管理教育之发展。在我组织的"'97世界管理大会"的开幕式上所作的题为"面向21世纪的东西方管理文化"的主题报告中指出："21世纪的管理面临三大挑战，亦即三大影响文化及人本管理的因素"，它们是：

（1）世界经济发展中心可能移向亚洲。

（2）现代科学技术的发展已经进入了一个新的阶段，由此导致了人们重新思考现代管理行为的规范化、最优化和数量化的适用范围与合理性。

（3）以要求可持续发展为中心的新发展观正成为全世界的共识。

对此三大因素，以中华管理文化为核心的东方管理文化的魅力正在更加完美地表现出来，东西方管理文化的进一步相互激荡、渗透、融合，是必然的趋势。这种整合的趋势表现为：对人才管理的重视，对新企业文化的兴起和伦理道德的关注。

东方管理文化是积两千多年思想、理论和经验创造的。中国改革开放进一步向深度、广度推进，以最大限度的热情和期望研究东方管理文化已迫在眉睫。此间以研究人为中心的管理心理学，也成为热门。

东方管理文化认为管理之关键在人，在于人的心理及行为。东方管理文化的本质就是"以人为本、以德为先、人为为人"。

随着世界经济的全球化、信息化、市场化和一体化，东西方管理学界都倾注极大热情关注文化对管理的作用，而人在管理中的地位日渐重要，团体的合作甚至是全球合作也越发显示出强大的生命力。在此基础上，东西方管理文化将进一步融合、转换、创新，生成一种崭新的管理文化。21世纪即将到来，管理的创新和发展、东西方管理文化互相取长补短、东方管理学派和东方管理学科的创建，必将对世界管理理论研究和实践作出重要贡献。

三版前夕，以此献仁。

1998年元月
于上海华侨新村寓所

再版序言（第二版）

《管理心理学》一书自1987年出版迄今，五年来仍是同类著作中的畅销书。在学术专著出版不景气的时节里它重印了八次，发行近20万册，并获日本赤羽优秀学术著作奖，受到海内外有关专家、读者的关注；收到近百封来信，有赞誉之辞，也有对本书再版提出修改意见者。一位曾经留学美国获博士学位、现负责海外一家国际公司的总经理特地从中国新华社买了本书，读后来信云："对于作者精研此门学问深感敬佩，特别是在海外不易见到有关马列在这方面的思想，亦能收入您的大作，使我们可以从另一个角度了解《管理心理学》。"一位台湾的著名的大学心理学教授在获览本书后，特远道光临复旦园，访问作者，这位年事已高对心理学有研究威望的教授与其夫人说："我们拜读了您的书，特地慕名造访合作出书，本以为作者是位白发苍苍的老学者，想不到竟是一位头发黑黝、精力充沛、富有研究成果的中年人。"海峡两岸的学者通过深切交流，畅谈此门学科的发展与成就及其对人类进步的作用，使我对从事此学科研究的志趣尤深。社会广泛读者对本书作者的高度评价，也是一种强大的激励动力和鞭策，坚定了我修改本著作的决心。我谨此感谢读者朋友们的关心鼓励。本书第二版修订，原体系保留，内容作了补充和修改，同时，在序言中论述了我提出的"人为学"的主要思想，诚希读者指正。

我原来多年从事经济管理学科的研究，1980年始从阅读过的中国古、近代和西方现代的经济管理文献中，加上大量的理论和社会现象，触动了我对研究"人"学问的兴趣。十多年来我从探索中国古代行为学说起，到现代西方行为科学以及中外管理思想精华之中，逐渐形成自己设想建立的一门学科——"人为学"，即研究人的心理行为的科学。我的《管理心理学》，其实是一部"人为学"的著作，也是我创作"人本论"的基础。我认为要建立有中国特色的管理心理学科体系，或者说创立"人为学"体系，首先要了解什么是管理的本质和"人为学"的性质。按照马克思在《资本论》中的说法：管理有两重性；西方管理学家一般认为管理是一种组织行为。在中国历史上，各学派对管理本质的看法则有各自独到的见解。在儒家看来，管理是"修己—安人"的行为；在法家看来，则是一种功利的行为；在道家看来，是一种"效法自然"的行为；在墨家看来，是利他行为；在《易经》看来，是一种"人道行为"；而就宋明理学来说，管理则是一种"循理行为"。这些对于管理本质和管理中人的行为的见解各有根据，亦各有所长。我认为中外历史传统论述的管理的本质可以用最简洁的方式概括为："人为为人"。每个人首先要注重自身的行为修养，"正人必先正己"，然后从"为人"的角度出发，来从事、控制和调整自己的行为，创造一种良好的人际关系和激励环境，使人们能够持久地处于激发状态下工作，主观能动性得到充分的发挥。"人为"与"为人"两者具有辩证关系、互相联系并且可以转化。对任何管理者或被管理者，都有一个从个人行为逐步向为他人服务转变的过程，即从"人为"向"为人"转变的过程。这一过程体现在家庭、行业、国家一切方面的管理之中，管理者与被管理者越是注意自身行为的素质，其"为人"即管理的效果就越好。在当今整个世界政治经济错综复杂、瞬息万变的格局中，以人为中心的管理思想，正在全世界范围内引起越来越多的重视，人们普遍重视人的管理问题，认为在管理的诸方面中，人的管理是最重要的方面。而我国古代思想家也早就提出过这一问题。《孙子兵法》便曰："人情之理，不可不察。"《荀子·天论》中也说："天有其时，地有其财，人有其治。"这些论述都提出了研究和重视人的因素的重要性。1990年和1991年我曾在全国古代管理思想研讨会和国际经济管理研究会上作了有关学术报告。我认为人的积极性是现代经济起飞的原动力，因此围绕着"人为为人"这一人为学的中心思想来创建中国式管理体系是有一定意义的，也可以充分反映出中国传统管理文化的特征，有助于我们从研究人本身出发来思考现代管理所面临的各种问题。历史在发展，时代在进步，我们今天应该以马克思主义立场、观点和方法，博采众长，取长补短，融会贯通，根据新的社会发展特征进一步建立完善的中国管理心理学学科体系，以便更好地为祖国现代化的宏伟事业服务。

溜走的是悠悠岁月，留下来的是我的亲人和朋友们给予最真挚的支持而取得好成果。在本次再版中得到复旦大学出版社高若海、苏荣刚和我的博士生喻文益等同志的帮助，特表谢意。我难以忘却的是在我从事管理学和行为学的探索过程中，我的父母和亲人曾给予勉励和帮助，使我不从仕途，而专心致志追求学问。在短短近十年中独立完成了十部专著。我的亲人挚友以忘我的精神在炎热的夏天、严寒的冬天为我誊抄手稿，真心诚意地为我的写作和事业费尽精力，给予帮助。今天乘本著作再版之际，谨以此书纪念我的父母，献给我最亲的人。人生征途漫漫，其修远兮，吾将继往上下而求索也，祈望未来的道路上再生丰硕之果。

1992 年 2 月 22 日
于上海华侨新村寓所

前言（第一版）

　　管理心理学是研究管理领域中人的心理行为运动规律的学科。学习研究这门学科是为推进社会主义精神文明、物质文明的现代化建设服务的。我认为要建立有中国特色的社会主义经济体制，应该重视研究人的行为问题、企业本身行为和国家对企业管理行为问题。这是经济起飞发展的三个车轮。三个车轮的同步飞跃，就能促使改革、开放和经济建设取得更大的成效。无论哪方面，"人"是活的生产力，社会的主体，企业的根本，是社会关系的总和。研究"人"还是一个新课题、新领域，也是本学科的出发点和关键。由于管理心理学主要研究对象是"人"，因此它是研究人的学问，是研究如何最大限度地调动人的积极性和创造性的学科。所以说，学习这门课，对于如何做人的工作，使对人的管理逐渐走向科学化的轨道是很有启发帮助的，也是非常必要的。它将有助于我们建设一支精神文明的职工队伍，提高职工各方面素质，促进劳动生产率的提高，从而加速管理现代化的进程。

　　那么，管理心理学在研究人的问题上，具有哪些内容？本书共五篇十八章构成自身的体系。第一篇，总论，主要介绍：管理心理学的研究对象；管理心理学的产生发展；管理心理学基础理论。第二篇，个性心理，主要介绍：人的个性，人的需要，人的期望，人的性格，人性管理。第三篇，管理行为，主要介绍：激励行为，决策行为，领导行为，组织行为，创造行为。第四篇，人群心理，主要介绍：劳动者心理，消费者心理，青年人心理和群团心理等。第五篇，心理测定，主要介绍：人的心理测定方法，包括人的能力测定方法，智力测定方法和性格测定方法等。以上管理心理学的内容体系，是作者几年来教学本学科过程初探的设想。

　　管理心理学是一门理论性和实践性很强的学科，在学习中，要注意理论联系实际，要用全面的辩证的和历史的观点来认识和解决人的问题；要用阶级分析的方法研究人；用定性的和定量的方法测定人的个性心理活动；

要树立以人为中心的管理思想；还要注意本学科与其他学科之间的联系，应用各学科的知识和方法加深领会本学科的内容。愿大家在共同学习研究探索这门学科的过程中取得更大的绩效。

本书是作者自1980年来为复旦大学企业管理研究班，高校师资班，经济专业本科生、硕士研究生及上海企业管理协会厂长班，江西省委和江苏省委党校举办现代化管理班，中国国民经济管理学会与上海管理教育学会和泉州市科委、黎明大学举办的"现代经济讲座"，上海文化局艺术管理班及在各地高校、党校和企业部门讲授的"行为科学""管理心理学"等课程所编讲义基础上，经过多方广泛征求意见修改编写成这本教材。其中有小部分已于1982年在我参加主编《工业企业经营管理学》以及《西方现代行为科学》各书作为主要篇章正式出版。近年在接受国家教委编写高校《管理心理学》教材任务过程中，又应上海电视大学为4 000多名党政干部学员学习本课程的急需，于今年末两个月中，在原自编的三本教材基础上，进行了较大的修改补充完稿。在本书的编写过程中，曾获得各有关同志的协助、鼓励，同时参考和引用了部分国内外有关研究成果与文献。在此谨表示谢意。

由于编时紧迫，水平有限，书中难免有不妥之处，敬希指正，以便修改。

1986年12月于上海复旦大学

目　录

第六版序言
第五版序言
第四版代序
第三版序言
再版序言（第二版）
前言（第一版）

第一篇　总论　1

第一章　管理心理学的概述　3
第一节　什么是管理心理学　3
第二节　为什么要学习管理心理学　8
第三节　管理心理学研究的认识论与方法论　17
案例　华为"以奋斗人为本"的人才管理机制　22
小结　23
思考题　24

第二章　管理心理学的起源和发展　25
第一节　管理心理学理论起源　25
第二节　管理心理学开创阶段　30
第三节　管理心理学的发展概况　34
案例　王阳明的心学管理思想　37
小结　39
思考题　40

第三章　管理心理学的理论基础　41

第一节　管理学的理论基础　41
第二节　人为学的理论基础　56
第三节　心理学的理论基础　74
案例　稻盛和夫的经营管理哲学　82
小结　83
思考题　84

第二篇　个性心理　85

第四章　人的个性　87

第一节　个性心理特征　88
第二节　人的气质　91
第三节　人的性格　95
第四节　人的能力　104
第五节　性格与能力、气质的关系　109
案例　傲慢与谦逊：不同个性的孙杨与姚明　111
小结　114
思考题　115

第五章　人的需要　116

第一节　人的欲望　117
第二节　人的需要　118
第三节　人的动机　130
案例　德胜洋楼：基于君子文化的管理模式　137
小结　140
思考题　140

第六章　人的期望　141

第一节　期望理论　141
第二节　价值观　148
案例　微软社会责任的担纲与愿景　156
第三节　目标管理　158
案例　谷歌的OKR：追求卓越的管理目标　166
小结　169
思考题　169

第七章　人的挫折　170

第一节　什么是挫折　170
第二节　挫折行为　175
第三节　挫折与管理　179
案例　乔布斯：一个桀骜不驯的创造者如何在挫折中成长　181
小结　185
思考题　185

第八章　人性管理　186

第一节　人性管理思想　186
第二节　个性差异管理　190
第三节　人的行为改变　194
案例　潮宏基的员工为何不偷窃？　202
小结　205
思考题　205

第三篇　管理行为　207

第九章　激励行为　209

第一节　什么是激励　209

第二节　激励的过程与因素　213
第三节　激励强化方法　218
案例　海底捞的"三为"激励机制　220
小结　223
思考题　224

第十章　决策行为　225

第一节　决策行为的过程　225
第二节　决策者的心理特征　229
第三节　决策行为的价值观与方法　232
案例　海尔：先谋势，后谋利——海尔的战略决策观　236
小结　237
思考题　237

第十一章　领导行为　238

第一节　领导的内涵与要素　238
第二节　领导的行为和效率　243
第三节　领导班子的合理结构　251
案例　百度的领导结构与管理模式　254
小结　256
思考题　256

第十二章　组织行为　257

第一节　组织的意义与作用　257
第二节　组织的设计与结构　262
第三节　组织行为的管理实践　273
案例　字节跳动——变革在路上　279
小结　282
思考题　283

第十三章　创新行为　284

第一节　创新的特点与作用　284
第二节　创新思维的特征与形式　292
第三节　创新的内容和方法　299
第四节　创业者的心理行为　313

案例　大疆无限：汪滔的创业之路　320

小结　323

思考题　323

第四篇　人群心理　325

第十四章　劳动者心理　327

第一节　劳动者的疲劳心理研究　327
第二节　劳动者的工作环境研究　340
第三节　劳动者的心理健康　344

案例　格兰特研究：什么样的人生最幸福？　362

小结　364

思考题　365

第十五章　消费者心理　366

第一节　消费者心理的特点与行为过程　366
第二节　消费者行为的心理影响　371
第三节　群体因素对消费者行为的影响　380

案例　无印良品（MUJI）为何能获得全球消费者的青睐？　382

小结　384

思考题　385

第十六章　青年人心理　386

第一节　新时代青年心理的特点　386

第二节　青年人成功心理行为　395
　　案例　曹德旺：雪中送炭的回报　407
　　第三节　青年人的道德修炼　412
　　案例　善良比聪明更重要——杰夫·贝佐斯（Jeff Bezos）
　　在母校普林斯顿大学毕业典礼上的演讲　418
　　小结　420
　　思考题　421

第十七章　群体心理　422
　　第一节　群体心理概述　422
　　第二节　团体的心理与行为　426
　　第三节　群体意见的沟通与行为　433
　　案例　中国家族企业关系层次及其治理　443
　　小结　444
　　思考题　445

第五篇　心理测定　447

第十八章　人的心理测定方法　449
　　第一节　人的智力测定方法　450
　　第二节　人的性格测定方法　455
　　第三节　人的能力测定方法　457
　　案例　人员功能测定　463
　　小结　464
　　思考题　464

作者寄语　大变革时代的东方管理学　465

参考文献　476

第一篇 总 论

管理心理学主要是研究人的行为激励问题，探索人的心理活动，通过激励人心和行为的各种途径与技巧，达到最大限度提高效率的目的。

第一篇

总 论

第一章 管理心理学的概述

学习管理心理学，首先必须了解这门学科的研究对象、基本内容、体系结构和学习的目的与方法。

第一节 什么是管理心理学

一、管理心理学的研究范畴

管理心理学又称为行为管理学，是研究人的行为心理活动规律的科学。

它是用管理学、行为学、心理学、社会学、生理学、伦理学、人类学等学科的原理，以研究人的心理行为和人际关系、人的积极性为对象的一门综合性的科学，同时也是一门边缘科学。

管理心理学是从现代管理科学和行为科学发展过程中派生出来的一门新兴的独立学科。实质上，主要是研究人的行为激励问题，探索人的心理活动，通过激励人心和行为的各种途径与技巧，达到最大限度提高效率的目的。

二、管理心理学的内涵、形成及主要重点

（一）管理心理学的内涵、研究对象及主要任务

1. 管理心理学的内涵

众所周知，管理心理学是一门交叉学科。它是研究组织管理中人的心理活动规律的一门学科。主要体现在研究社会的团体中（学校、公司、企业等）的人与人之间的关系，以及人与环境间良好配置。管理心理学是把心理学的知识应用于分析、说明、指导管理活动中的个体和群体行为的心理学分支，是研究管理过程中人们的心理现象、心理过程及其发展规律的科学。

2. 管理心理学研究对象

管理活动是人类活动的特殊形式，其对象包括"人"与"物"两个方面。它们之间构成了三种关系：物与物的关系、人与物的关系和人与人的关系。物与物的关系，是工程技术科学研究的对象。人与物的关系和人与人的关系都涉及人，而人总是具有某种心理活动的，因此此都与心理学有关。其中人与物的关系，即人与机器、人与工作环境之间的关系是工程心理学与劳动心理学研究的对象。而管理、指挥、组织、协调、合作等各环节中人与人之间的关系，人对人的管理则是管理心理学的研究对象。

作为一门从现代管理科学和行为科学中派生出来的新兴独立学科，管理心理学主要研究人的行为激励问题，其主要任务是提高激励人心理和行为的各种途径与技巧，以达到最大限度地提高工效的目的。

3. 管理心理学的主要任务

它的主要任务是探索改进管理工作的心理依据，寻求激励人心理和行为的各种途径和方法，以最大限度地调动人的积极性、创造性，提高劳动生产率。其研究重点是组织管理中具体的社会心理现象，以及个体、群体、组织、领导中的具体心理活动的规律性。

（二）管理心理学思想体系的形成及新发展

1. 管理心理学的形成

管理心理学的前身是工业社会心理学，自从第二次世界大战后，开始以极快的速度发展，使之从个别局部经验研究向更广泛方面研究过渡。终于在 20 世纪 50 年代在美国正式定名为管理心理学。现在，它既是心理学的一个分支学科，又是管理科学的一个重要组成部分；是在行为科学发展基础上形成的学科。在国内外出版了许多专著和教材。美国、西欧国家管理心理学的理论体系及其主要内容在以下几本著作中得到了全面的反映：里维特（Harold J.Leavitt）所著《管理心理学》、鲁森斯（Fred Luthans）所著《组织行为学》、沙因（Edgar H.Schein）所著《组织心理学》、考尔勃普主编的《组织心理学论文集》（诺贝尔经济学奖获得者西蒙（Herbert A. Simon,

中文名司马贺）负责编辑的"企业行为科学丛书"之一）。我国台湾省汤淑贞所写《管理心理学》一书，其内容基本上是西方管理心理学理论体系的反映。上述著作中大体上都按个体心理、群体心理和组织心理三个层次编排，所讨论的问题大都涉及人性假设、激励、需要、挫折、知觉、学习、价值观、态度、群体动力学、群体决策、冲突、权力、信息沟通、组织结构、组织发展与变革等方面内容。由季托夫（А.И.Титов）所著，作为苏联高教系统正式教本的《管理心理学》，其主要内容为："作为管理对象的个人和集体"，"在社会管理系统中的个人"，"在社会管理系统中的社会心理现象"，"决策心理学"，"决策执行的组织"。

2. 西方管理心理学研究差异

美国和西方国家的研究课题有"人类行为的动机和调节"，"工人的动机模型"，"群体决策的心理分析"，"人际通讯容量"，"小群体中的决策"，"决策过程和组织活动"等。

另外，美国、西欧国家倾向于将管理心理学的领域加以扩大，即管理心理学是一个广泛而没有固定界限的领域，其中同社会心理学、社会学、人类学、管理科学、运筹学等相互渗透、交叉。由此可见，西方的管理心理学不能单纯理解为应用于管理的心理学，而是一个更广泛的范畴。

（三）管理心理学将企业中的人作为研究重点

管理心理学为什么将企业中的人作为独特的研究对象呢？主要是基于以下原因。

1. "企业就是人"

企业要靠人来实现企业的目标。即使是未来社会的管理中，最主要的管理仍然是对人的管理，随着新的工业革命的到来，机器人的出现，电脑可以代替一部分人脑的功能，但是设计和使用机器及电脑的仍然是人。因此研究企业中人的行为心理规律，以调动人的积极性，必然成为今后社会的主题。

2. 人是企业的首要资源

从现代企业管理的角度来看，企业中人、财、物资源中，人是最重要的资源。在现代科学技术发展中，重视人的因素，发挥人的主动精神，挖掘人的潜在能力，是极为重要的。因此，管理心理学着重研究人的行为心理，对充分运用人力资源，将起重要作用。

3. 人是企业管理的主体

现代企业管理的特点是强调以人为中心的管理，科学技术越发展，就越要重视人的因素，建立以人为中心的管理制度。

三、管理心理学的体系及构成

（一）管理心理学的研究内容构成

管理心理学研究的主要内容是管理中具体的社会、心理现象，以及个体、群体、领导、组织中的具体心理活动的规律性。因此，可以将管理心理学的研究内容划分为个体心理、群体心理、领导心理和组织心理等四个方面。

1. 个体心理

任何组织都是由个体组成，任何个体都是有思想、有感情、有追求的活生生的有机体。个体心理从个体差异分析与个体共同的心理特征这两个方面的理论出发，对如何激励员工等管理手段进行有效的分析研究。

2. 群体心理

群体是组织中的基本单元，在现代企业中，管理部门的工作主要是针对群体进行的。群体心理研究是指在正式群体与非正式群体中，从群体规范、群体压力、群体气氛、信息沟通、人际关系、群体内聚力等多个维度，对人的心理状态及其对群体活动的影响进行研究。

3. 领导心理

领导心理是企业中影响人的积极性的重要因素。领导心理的研究包括两个范畴，一为静态研究，侧重研究领导者的个性特征与领导集体的结构特点；二为动态研究，侧重研究领导方法，探索不同领导行为、领导作风与领导效率的关系。

4. 组织心理

现代企业都是以组织形式出现，以组织形式完成生产的全部过程，以组织形式同社会发生关系的。组织心理的研究由三个方面组成。第一，组织结构与组织理论；第二，组织变革的规律、抵制变革的因素与对策；第三，组织发展的特点与干预途径。

管理心理学主要研究与组织行为有关的人的个体特点，如动机、能力、性向等；人的群体特点，如群体的分类、人与组织的相互作用等；领导行为特点，如领导风格，领导的评估与培训等；组织理论与组织变革，如组织的模型，组织变革与组织开发研究等；工作生活质量研究，着重从改善工作环境，工作丰富化、扩大化方面 调动职工的积极性，提高生产率；跨文化管理心理学，比较不同的地区、国家、社会制度，文化背景下管理行为的异同，为国际经济交流、企业合作经营提供科学依据。

（二）管理心理学体系结构

1. 管理心理学体系结构

管理心理学是一门正在探索的新学科，其研究对象和内容也正在探求之中，我们认为它的体系结构，可以用图 1.1 表示。

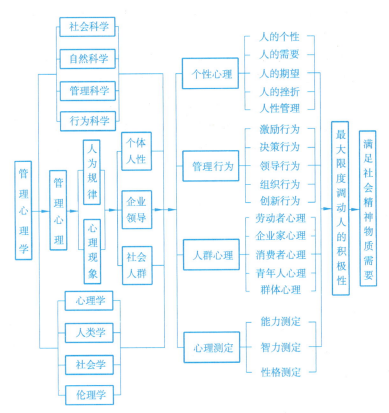

图 1.1　管理心理学的体系结构

在建立管理心理学理论体系的时候，我们对有关管理心理学与其他相关学科的关系应该及早讨论清楚，这样有利于学科之间的相互促进，又各自沿着自己的方向发展。

2. 管理心理学与行为科学是既有联系又有区别

管理心理学是在广义行为科学基础上发展起来的，是心理科学的一个分支，它同工程心理学一样，同属于心理学中的一门应用理论科学。如果以狭义的行为科学和组织行为学来看，在严格的意义上它们只能是一门应用科学。它们是采用包括心理学在内的各种学科的知识的综合，从而提出有效的管理方法，并在实践中检验这些方法的正确性。但是，管理心理学则是从心理学的角度出发，研究企业中个体、群体、组织、领导人的具体心理活动的形式和规律。管理心理学家的重点始终应该放在基础理论、实验技术、方法的研究上。当然，在这些研究的基础上也要提出为实际服务的有效的管理方法。

3. 管理心理学与组织行为学也是既有联系又区别

管理心理学主要是研究行为内在的心理活动规律性的学科，它侧重于把心理学的原理原则应用于管理。而组织行为学则是研究作为心理的外在表现行为规律性的学科。

从科学研究战略的观点上看，这种区分是十分必要的。这样有利于不同的科学工作者，从不同的角度，发挥各自的优势，从基础理论、方法、应用等不同方面将问题搞深搞透。根深才能叶茂，强调应用而忽略基础理论和方法的研究，其后果只能是跟着别人跑，无法建立自己的理论体系。当然，忽略应用和实践的需要，也会使基础理论研究失去方向，这也是不可取的。

第二节 | 为什么要学习管理心理学

学习管理心理学的目的是推进中国管理现代化，提高劳动生产率、加强思想政治教育，建立中国式的管理心理学的体系。通过学习起到以下作用。

一、学习管理心理学的作用

（一）把握习近平新时代中国特色社会主义思想

习近平新时代中国特色社会主义思想是中共十九大的灵魂。习近平新时代中国特色社会主义思想是对马克思列宁主义、毛泽东思想、邓小平理论、"三个代表"重要思想和科学发展观的继承和发展，是加强和改进党的建设和发展的强大理论武器，是我们工作必须长期坚持的指导思想。确立习近平新时代中国特色社会主义思想的指导地位，是中共十九大的一个历史性贡献。

管理心理学是一门应用性很强的学科。学习它不仅体现在科学的认识论与方法论上，同时还体现在与时俱进的科学发展的态度与认识上。习近平新时代中国特色社会主义思想是中共十九大报告的灵魂，它是中国特色社会主义道路与改革开放宝贵经验的总结。在我国改革开放与中国特色社会主义道路的建设中，学习管理心理学，既是我国改革开放的必然要求，也是把握事物运行的客观规律，抓住事物运行的本质，以辩证科学的认识论与方法论解决问题的关键。

（二）推进现代化

中共十一届三中全会是1949年后的又一历史性的伟大转折。邓小平同志确立了改革开放的国家战略，将经济发展作为国家发展的战略核心，将推进国家的工业化发展与现代化建设成为提升国民经济实力与改善民生的核心内容。

进入20世纪90年代中期以后，我国改革开放进入了一个新的阶段，作为国民经济支柱的国有企业的改革更是重中之重。1997年9月，江泽民同志在中共十五大上所作的报告中指出："加快推进国有企业改革。"这时国民经济发展的主要问题是解放和发展生产力，进行经济体制改革。一方面，认真总结中国的历史经验，弘扬我国优秀的文化传统，认真研究中国经济的实际状况和发展要求；另一方面，积极吸收和借鉴当今世界各国包括西方发达国家的一切反映现代社会化生产规律的先进经营管理方法，以保证中国工业生产均衡地稳步地发展并取得最大的经济效益。

2005年9月胡锦涛同志提出建设国际和谐社会的主张，符合我国与世界各国人民要和平发展的共同心愿。和谐社会的治理不仅需要符合建立符合本国人民的管理制度，同时也要符合世界各国人民和谐发展的要求。

中共十八大以来，我国改革进入攻坚期和深水区。习近平同志强调在复杂的国际政治经济环境下一方面需要将改革开放的成果保持下去，同时需要解决我国在摸着石头过河中积累下的各种复杂的社会矛盾与社会问题；另一方面，需要在提升综合国力的基础上在国际上享有更多的发言权，开展更多的政治经济交流，为实现"两个一百年"伟大奋斗目标，为实现中国梦而努力。

经济实力是现代国力竞争的基础。自1978年中共十一届三中全会以来，西方的现代管理科学开始传入中国。作为现代管理理论的重要组成部分的行为科学——管理心理学也随之传入。由于这门新兴的学科是运用心理学、社会学、人类学等有关科学知识专门研究管理领域中人们的行为规律的综合性、边缘性科学，它对于提高中国企业的现代化管理水平，对于有效地调动人们的生产积极性，对于正确处理企业中人与人的关系，对于进一步提高企业的工作效率和劳动生产率，均能提供许多有益的启示，因而它引起了中国广大理论工作者和实际工作者的兴趣，大家认为这门科学在中国有着十分重要的研究价值，借鉴这个学科理论中的合理成分，对于促进中国企业管理的现代化与科学化将发生有益的作用。

（三）提高劳动生产率

管理心理学是研究人的行为产生的原因，目的在于激发动机，推动行为、改造行为，提高人们的积极性和创造性。因此，在各企业事业单位中，当我们掌握了生产中个体、群体、组织、领导人的心理活动的规律之后，就可以制定出管理个体、群体、组织的科学管理方法，同时极大地促进了领导人领导水平和领导艺术的提高，并在此基础上提升企业的劳动生产率。所以，管理心理学当前的一项主要任务就是运用心理学的规律来促进劳动生产率的增长。

（四）加强政治思想教育

改革开放以来，中国逐步建立和完善社会主义市场经济体制，我们的目标是基本实现现代化。为此，作为中国式的管理心理学应当有别于西方国家的管理心理学。在中国，每一个企业单位作为社会中的一个群体，还负有教育、培养、改造人的光荣历史任务。

为此，中国式的管理心理学的另一重要任务，就是探索在社会企业群体中如何培养具有良好素质的建设者和管理工作者。心理学是研究人（包括个体和群体）的具体的心理活动的规律的，这些规律是不能代替其他的政治、经济领域里的规律性的。管理心理学作为一门实践性很强的应用理论科学，除了要解决迫切的实际任务外，当前还迫切需要完善自己的理论体系和方法论的基础。近年来，各国学者都在努力完善和建立自己的管理心理学的理论体系。当前，我们如何建立适合中国国情的管理心理学体系，这是一件刻不容缓的、亟待解决的任务。也是学习的目的。

管理心理学还不是一门成熟的科学，目前它还缺乏严谨的逻辑体系，一些概念甚至还无明确的范畴，有些论断还缺乏充分的科学根据。这就需要中国广大的理论工作者在今后的科学实践中进一步发展它、完善它，并结合中国的实际，创造出具有中国特色的管理心理学的新体系。

二、怎样学习管理心理学

管理心理学是研究人的一门学问。因此，我们在学习研究中，必须以科学的世界观、方法论，以辩证唯物主义、历史唯物主义作为哲学基础；以马克思关于管理二重性的理论和人学理论作为指导思想；把理论与实践结合起来；把定性分析与定量分析结合起来；把国内和国外经验结合起来。做到学能致用，用能生效。

（一）要明确这门学科的两种属性

如上所述，对行为科学和管理心理学的学习和应用，促使中国管理现代化，提高人们的工作效率起了作用。但是，20世纪80年代初中国学术界对这门新兴学科的看法曾存在着相当大的分歧。有的学者认为行为科学是以抽象的人性论、人道主义为基础的，如果把行为科学引进我们的思想政治工作，那将会导致严重的不良后果。

那么我们究竟应该如何正确评价行为科学？这个新兴学科在中国究竟有没有研究价值与应用价值？要统一这方面的认识，关键在于必须认清这门科学的二重性，使它为中国的现代化建设事业服务。

行为科学与管理心理学是在资本主义国家中产生并发展起来的一门科学。管理心理学也是管理学中的一个分支，是现代管理理论的重要组成部分。因此，这门科学同资本主义管理及其他资本主义管理理论一样，在其性质上具有二重性。马克思在《资本论》第3卷中曾经指出："凡是直接生产过程具有社会结合过程的形态，而不是表现为独立生产者的孤立劳动的地方，都必然会产生监督和指挥的劳动，不过它具有二重性。一方面，凡是有许多个人进行协作的劳动，过程的联系和统一都必然要表现在一个指挥的意志上，表现在各种与局部劳动无关而与工场全部活动有关的职能上，就像一个乐队要有一个指挥一样。这是一种生产劳动，是一种结合的生产方式中必须进行的劳动。另一方面，……凡是建立在作为直接生产者的劳动者和生产资料所有者之间的对立上的生产方式中，都必然会产生这种监督劳动。这种对立越严重，这种监督劳动所起的作用也就越大。"[1]这就是说，资本主义的企业管理一方面具有与生产力、与社会化大生产相联系的自然属性；另一方面，又具有与生产关系、与社会制度相联系的社会属性。它具有共性与个性。正确认识企业管理的二重性，具有十分重要的现实意义。列宁在讲到作为资本主义管理理论的泰勒制的时候指出，"资本主义在这方面的最新成就泰罗（亦译"泰勒"）制，同资本主义其他一切进步的东西一样，既是资产阶级剥削的最巧妙的残酷手段，又包含一系列的最丰富的科学成就"。[2]列宁在这里指出的剥削手段和科学成就，也就是资本主义企业管理的二重性。

由于管理心理学是应用社会学、心理学、人类学等学科的理论，对人们在生产及管理活动中的行为及其成因进行分析研究，以便激发人们的劳动积极性，调节企业中的人群关系，提高生产率，因此，它反映了社会劳动过程中指挥劳动的需要，反映了有效组织现代化生产力的需要。管理心理学的科学性正在于它的理论来源——社会学、心理学、人类学这三门学科为它提供了许多经过实践检验的科学理论知识。所以，我们应当注意研究这门科学，它对于加强和改善中国现代企业的人事组织管理与教育工作，能够提供一些值得借鉴的东西，使我们从中得到一些有益的启

---

[1] 马克思：《资本论》（第3卷），人民出版社2004年版，第431页。
[2] 《列宁选集》（第3卷），人民出版社2012年版，第491页。

示和帮助。

（二）要树立以人为中心的管理思想

管理心理学给我们的一个重要启示，就是强调以人为中心的管理。

1. 强调研究人在现代化大生产中的作用

这就是如何正确认识和评价人在现代化大生产过程中的地位和作用，如何认识和评价人事组织管理和教育工作在现代管理中的地位和作用。管理心理学的理论强调，在现代化大生产的条件下，虽然先进的科学技术与现代化的技术设备将在企业的经营管理中发挥重要作用，但是，这些先进技术设备所以能正常运转，归根结底，还是要依靠掌握先进科学技术的人，人的行为在现代化大生产的过程中仍然占有主导地位。因此，现代化管理必须是以人为中心的管理，必须重视挖掘人的潜在能力和人力资源的有效利用。所以，人事组织管理与教育工作在现代化企业管理中具有重要的战略地位。只有充分重视人的工作，搞好人的组织管理，才能保证现代化大生产的顺利进行，才能取得最大的经济效果和社会效益。

2. 强调研究人的动机和心理活动规律

就是强调在人的工作中必须树立科学态度，尊重科学规律，掌握科学理论。因此它重视汲取心理学、社会学、社会心理学和人类学等学科的研究成果，重视对人的动机和心理活动规律的研究，这对于中国现代企业的人事工作是有启发意义的。应该承认，当前在中国企业中，各级人事干部、组织干部及宣传教育干部往往存在知识面较窄、科学基础理论知识薄弱等不足，因而在实际工作中往往缺乏科学的观念，比较普遍地存在着"凭经验办事"，甚至"想当然"，而这正是我们管理水平落后的一种表现。须知，人的思想观念与思想觉悟是与知识水平的高低分不开的，缺乏社会科学和自然科学知识，是人们落后、保守、坚持偏见和出现工作盲目性的重要思想根源。因此，为了进一步提高中国的现代化管理水平，为了充分开发企业的人力资源，必须迅速提高各级管理干部的科学理论水平，重视对管理心理学的研究。

3. 强调研究企业管理中如何调动人们劳动积极性

管理心理学的理论强调，需要与动机是决定人的行为的基础，人们的行为规律是需要决定动机，动机产生行为，行为指向目标。当一种目标完成了，该种需要得到了满足，于是又产生新的需要、动机和行为，以实现新的目标。管理心理学关于人的行为规律的这一研究结论，是符合辩证唯物论的认识论的。马克思和恩格斯曾共同指出："人们为了能够'创造历史'，必须能够生活。但是为了生活，首先就需要吃喝住穿以及其他一些东西。"[1]马克思还指出:"任何人如果不同时为了自己的某种需要和为了这种需要的器官而做事,他就什么也不能做"[2]。这就是说,人的需要是人的本性,它是决定人的行为的基础,是人的活动的内在动力。因此,我们在企业的人事组织与管理工作中,必须注意研究人的需要,了解人的需要,并在可能条件下最大限度地满足人的需要。只有这样,才能使人的组织管理与思想政治工作同职工的思想实际相结合,才能有效地调动人们的生产积极性和创造性。

为了有效地调动人们的生产积极性、管理心理学的理论还强调,人不仅有生理动机,而且还有高级的心理动机,社会的职能在于满足人们的高级心理动机的需要。上述论点无疑也是有科学道理的。马克思认为,人的需要有生存的需要(物质的)与活动的需要(精神的)。生存的需要仅仅是人的需要的前提,活动的需要才是人的需要的本质。因此在现代企业的人事组织与思想政治工作中,不仅要关心人们的物质需要,还要充分注意满足人们的各种精神需要,注意对各类人员给予更多的信任和尊重,注意在工作中给予必要的权力和责任,注意对人们的工作成就给予及时的承认和鼓励,注意对德才兼备的人才给予及时的提拔和大胆使用,注意提高人们的事业心和责任感以及培养高尚情操。这些都是激发人们生产积极性的重要的动力之源,是充分挖掘人力资源潜力的有效途径,是值得我们在学习中加以探讨运用的。

4. 强调研究领导行为的问题

办好企业,关键在于领导。因此,现代的企业,必须要有坚强的领导班子,要有合理的领导结构。管理心理学的理论强调,合理的领导结构,不仅要考虑班子成员的政治品质,还应考虑到能力品质和性格品质。一个好的领导班子需要有各种能力、各种性格的人,才能取长补短,互相配合。所以,坚强的领导班子必须要有合理的能力结构和性格结构。管理心理学的理论还强调,领导的重要职责是决策,企业的领导人能否做出正确的决策,是企业成败的关键。而决策过程又是人的完整的思维过程,它与人的意志品质有密切的关系。如果决策人优柔寡断、缺乏坚定的意志品质,是不能做出正确决策的。因此,管理心理学关于领导行为的研究所得出的基本结论是:要取得高效率,领导行为中必须对工作的关心与对人的关心有机地结合起来,强调要把满足个人需要与达成组织目标挂起钩来,领导者的职责包括保证组织目标的完成与满足团体成员需要的双重任务。管理心理学

---

[1]《马克思恩格斯选集》(第1卷),人民出版社2012年版,第158页。
[2]《马克思恩格斯全集》(第3卷),人民出版社1960年版,第286页。

中有关领导的"权变理论",对我们也有参考价值。权变理论认为,领导的有效性是领导者、被领导者和环境之间相互作用的函数,因此,领导行为并不存在固定的模式。为了提高领导水平,领导者必须充分发挥主观能动作用,根据不同的环境、不同的对象而采取不同的领导方式,在实践中努力提高自己的领导艺术水平。当前,在经济体制改革的形势下,注意研究这个学科在对人管理方面的研究成果,就更有必要,它必将对加快中国改革开放的步伐提供许多有益的启示和帮助。

三、正确把握学习管理心理学的研究方法

管理心理学的研究对象是有思想、有感情的人。这就决定了它的研究方法有其自身的特点。管理心理学的研究方法,不能像物理、化学、生物学等自然科学那样,可以借助望远镜、显微镜、天平、化学装置等工具,它的实验也不可能在完全和严格控制的环境中进行。管理心理学所采取的主要是社会调查的方法,通过调查、观察、了解和掌握各种情况和变化,加以综合分析,概括出原理原则,再放到实践中去验证。其研究成果和结论是否合于实际,是否是真理,也同其他一切科学理论一样,必须在社会实践中经受检验,并在社会实践中得到发展。由于人的行为和心理现象总是复杂多样,因此管理心理学的研究成果,往往不像数理科学那样,可以用肯定的公式和精确的计量来表示,但这并不排斥它的科学性和有效性。任何事物的发生、发展和变化都有它本身的客观规律,研究人的行为和心理现象也不例外,它存在着客观的规律性。只要在研究中,坚持按事物的本来面目进行观察,坚持在占有大量材料的基础上加以科学地抽象概括,并在社会实践中得到验证,对于人类行为就可以取得规律性的认识。而一旦有了这种规律性的认识,它对我们预测和控制人的行为,就会有指导作用。由于人的行为和心理现象、社会现象的复杂性,管理心理学的研究方法也多种多样,如调查法、观察法、实验法、测验法等等。问题的性质不同,研究的方法也不一样,选择何种方法,通常取决于研究所提出的任务。以下介绍几种常用的研究方法。

(一)观察法

观察法是在自然情况下(即在日常生活条件下),有目的、有计划地直接观察研究对象(被试者)的言行表现,从而分析心理活动和行为规律的一种方法。观察应该是有目的的,是根据观察的目的和任务而进行的。根据观察的目的和任务的不同,可以有选择地进行观察,只观察那些与研究任务有关的活动,分析和研究其特点或发生发展的规律;也可以借助录音、录像等作全面的观察,观察被试者在一定时期内的全部行

为表现，将其全部动作、行为和说话都记录下来，借助专业软件等方式以综合和分析被试者的心理现象和行为规律。

（二）实验法

实验法是有目的地严格控制或创设一定条件来引起某种心理现象以进行研究的方法。它的重要优点在于，研究者可以积极干预被试者的活动。比如，研究者可以创设条件明确显示心理事实，使心理事实按实验者的愿望发生变化，并且能反复重现，以便全面分析研究。可见，实验法较观察法的优越性在于研究者可以主动地引起他要研究的心理现象，而不是被动地等待某种现象的出现，也可以研究各因素之间的因果关系。实验法有两种：自然实验法和实验室实验法。自然实验法是在日常生活的自然条件下，研究者有意改变和创造某些条件引起被试者某些心理现象的出现。该方法具有主动性、目的性和系统性等特征，应用范围广泛。自然实验法既有观察法的自然性、经济性，又有实验室实验法的主动性和精确性等优点，它所获得的数据贴近现实生活环境中的正常反应，因此得出的结论也具有较好的外部效度或外部解释力。管理心理学和行为科学研究中著名的霍桑实验就是运用自然实验法的典型。

实验室实验法是在专业的实验室内进行研究的方法，它是一种在严格控制外界条件下进行的研究，通常还会借助于各种仪器。实验室实验又可以分为行为科学实验和神经科学实验。行为科学实验通过设置特定实验场景，严格控制实验条件，用给定的实验刺激任务，引起被试者的一定行为反应，观察与记录被试者在任务中的行为变化。神经科学实验则在行为实验的基础上借助各种实验仪器设备，如眼动跟踪仪、脑电图、功能性核磁共振成像等，记录被试者在实验中的行为、神经活动与生理反应，在一定程度上解决行为实验难以准确测定复杂、内隐的心理活动等问题。

（三）调查法

调查法对管理心理学来说是一种很重要的方法。有些心理现象能直接观察，有些则不能。当所研究的心理现象不能直接观察时，可通过搜集有关资料，间接了解被试者的心理活动，这种研究方法叫作调查法。它往往用于研究不易从外部观察到人的内隐心理活动。了解过去出现的与长时间的行为，如研究工伤事故，一般难以直接观察事故发生的情况，但可由调查过去事故发生的情况入手，分析过去的事故记录和统计材料，访问职工、了解设备情况、操作规程、工作制度等进行研究。

调查法的途径和方法是多种多样的，有谈话、问卷、测验、活动、产品分析等。调查法的各种不同方式，在实际研究工作中往往需要结合起来运用。调查法又可以分为定性调查和定量调查。定性调查是指着重从质的方面，对所研究对象进行科学抽象、理性分析、概念认识等，围绕一个特定的主题取得相关资料的调查方法，通常用来考察问题的性质及发展方向等。定量调查是对一定数量的有代表性的样本，进行封闭式或者结构性的问卷调研，然后对所获得的数据进行整理和分析的调查方法，通常需要借助计算机、统计分析软件等。

运用调查法，研究者必须清楚了解所研究的课题，明确调查的目的要求。确定调查对象，拟定调查内容、方法和步骤。对于调查过程中可能遇到的情况和可能参与的外来因素，要有一定的预见和估计。另外，还必须设法使调查对象向研究者说真话，反映真实情况。调查法比较容易进行，有利于在不同的场合从多方面发现问题，验证研究结果。但是，在调查法所得的结果中，不易排除某些外来因素的参与。因此，为了保证研究工作的可靠性，调查的结果还需要多方面的对照和验证，并要和其他研究方法的结果互相补充。由于人的行为和心理现象是极其复杂的，因此在进行研究时通常不是单纯地使用某一种方法，而且根据对象与任务的不同，往往以某种方法为主，辅之以其他方法，使之互相补充。这样，可以更准确地、客观地反映人的行为和心理活动的规律和特点。

不论采用哪种方法进行研究，一般步骤如下：

（1）选择和确定研究的问题和对象（被试者）；

（2）制定研究计划；

（3）收集和整理研究材料；

（4）分析材料，从中得出科学的结论。

（四）计算建模法

目前管理心理学的研究，已开始由定性和定量的分析逐步深入到计算建模的分析。计算建模(computational modeling)法是一种用数学公式或正式逻辑来表征理论的方法。所建立的模型能够用来评估理论对所观察到的现象具有多大的解释力，模拟现象的发展轨迹，也能用于预测。关于人类行为学、管理学及其他组织现象的理论是错综复杂的，多重因素随着时间相互交互共同作用，通过计算建模去拟合实证观测数据，可以检测管理理论适用性，修正理论。随着模型复杂程度的提升，以及考虑动态历程的需求的增加，计算建模法能在兼具理论清晰性和灵活性的基础上为研究提供精确的量化证据。系统方法和信息科学渗透到管理心理学研究中由来已久。从早期的用数量分析补充对现象的质量分析，演变为将发现的规律尽量以算法化、程式化的方式表示出来，发展到对复杂心理和行为的计算建模，这一系列的发展都使得管理心理学的科学性越来越强。

第三节 | 管理心理学研究的认识论与方法论

一、东西方思想丰富的哲学与管理学发展

科学发展观要求实现"人本管理"，把人的全面发展作为社会发展的最终目的。

（一）东方哲学认识论

在人类漫长的管理活动当中，东方社会积累了极其丰富的宝贵思想财富，并从一开始就闪耀着哲学的光芒，体现着各自不同的文化特征。

中华民族在几千年的历史长河中，以博采众长的开阔胸襟不断提炼和整合东方各国优秀的管理文化，形成了融《周易》、儒家、道家、释家、法家、墨家、兵家等哲学观为一体的管理文化，并以儒家思想为主要代表。东方管理集治国、治家、治生、治身为一体，是体现"天、地、人"和谐统一的完整体系。在我国的春秋战国时期，孔子《论语》中"君子怀德"的"君子"领导人格思想，孙子《孙子兵法》中"问天地间者，莫过于人"的"人本管理"思想，即体现了哲学思想和管理思想最初的完美结合[1]。

（二）西方哲学认识论

西方社会后来只是到古希腊时期，才有柏拉图、亚里士多德提出了西方管理哲学的理论雏形，其中柏拉图的《理想国》是这一时期的代表作。在《理想国》中，柏拉图力主哲学家为王，让国王以哲学思维方式、哲学方法进行管理活动。尽管东方社会最早提出了管理哲学的核心思想，但因历史发展的种种原因一度陷于长时间的沉寂。相比之下，西方管理思想得到了较快和全面的发展。西方管理科学从20世纪初形成至今，经过了一系列的发展阶段，从"经济人"到"社会人"到"复杂人"；从"科学管理阶段"发展到"行为科学阶段"再进入到"管理科学丛林"。现代西方管理学的"丛

---

[1] 苏东水：《东方管理》，山西经济出版社2003年版。

林之争",表面上是各种管理理论之争,实质是不同认识论和方法论、不同伦理观和价值观的激烈碰撞。

(三)当前管理学格局

西方管理学的发展在20世纪60年代以后受到东方管理哲学的影响是非常深刻的。这也是其能够在20世纪80年代后形成管理学新思潮的重要根源之一。

在不同哲学认识论的指导下,通过各种流派的争论,西方管理理论逐渐形成了以四大板块为主体的知识体系,即古典组织理论,经验管理理论,现代管理理论及20世纪80年代以来形成的西方管理学新思潮。而对于新思潮的形成,中国人文哲学可以说功不可没。

20世纪60年代末期,美国学者威廉·大内创立了企业文化理论。该理论源于对战后日本处于后儒家文化圈层形成管理模式的研究,但是,其根在中国。中国丰富的历史文化哲学思想对管理学发展的新方向具有战略指导作用。

管理学以人为本的研究理念逐渐成为普遍接受的共识。基于新的哲学指导,管理学也在变革。以人为本的管理学迎来了大繁荣与发展时期。

当前,以人为本的管理学的研究领域众多,包括:组织行为学、组织社会学、领导科学、组织文化及学习型组织等内容。在管理学研究的方法上,包括科学管理理论、行为科学理论、管理科学理论、决策理论、企业再造理论,以及市场营销管理及战略管理等都开始注重以人为核心的研究。

二、东方管理学认识论与方法论

作者最早倡议并组织投入研究的东方管理思想体系,本着融贯古今、中心融合的方式对管理思想研究的方向提出了科学的认识论与方法论。

(一)人本思想

世界上一切科学技术的进步,物质财富的创造,社会生产力的发展,社会经济系统的运行,都离不开人活动,包括人的创造、人的服务、人的劳动等等,所以,以人为本的管理在人类的生产活动以及社会发展中就具有本质性的含义。科学的管理必须对人的本性进行全面考察,使人的本性与其发展目标一致才具有现实意义。

早在春秋战国时期,中华民族的优秀管理思想就已经构筑了中国古代管理思想的知识宝库。儒家管理思想是我国历史百家哲学的主要流派,其管理哲学中很早就有"格物—致知—修身—齐家—治国—平天下"的论断。

"人本管理"思想主要涉及治国模式以及对于社会变革的主张和看法，蕴涵着深刻的"人本管理"思想，认为国家治理的根本在于对于人的治理，国家治理的关键在于赢得人心，主张运用人道来治理人与国家，强调人的重要性，另外，对于人性哲学的研究中，儒家两千年前就已经深入人性的多方面探索，其理论观点远远早于西方且深邃于西方。与麦格雷戈从人行为的角度，提出人性的"X"和"Y"理论不同的是，儒家管理思想是从道德的角度，提出了独到的人性观，讲究"修身"与"教化"。而孟子和荀子对人性的探索也有"性善论"和"性恶论"。比如：孟子说："人皆可以为尧舜"，只要充分发展"仁、义、礼、智"这四端，就可以成为圣人。实际上，中国古老人文哲学思想强调人的"教化""修炼"等因素，不仅运用到社会微观及至家庭的行为，同时，运用到国家社稷的治理。

值得关注的是，在当代，人的地位开始获得充分重视。两千年前的儒家思想通过对人性的研究，进而对人的地位并予以极高的重视，认为人在宇宙中与天、地有同等的重要性，即"天有其时，地有其财，人有其治，夫是谓之能参"。在这方面，荀子大胆地提出，天、地、人各有自己特殊的职责，而人的职责是利用天地提供的东西，创造自己的文化及文明。

儒家的人本管理思想，强调人是管理的出发点和归宿，提倡管理者的独善其身，并以提高人的管理地位为目标。由此看来，东方管理哲学在很大程度上超越了西方人本管理的简单构架，而从多维的角度强调人性得到最完美的发展才是管理的核心，服务于人才是管理的根本。据此，尊重人、依靠人、发展人、为了人构成了东方管理思想的基本内容和特点，即任何管理活动都应以重视人的价值、尊严和利益为最高责任与目标。这种深层次的人本思想，有助于更好地发挥人的主观能动性和积极性，焕发被管理者的创造热情，从而提高企业的经营生产效率。

（二）人德思想

东方管理思想十分强调"德"的作用，即"人人独善其身者谓之私德，人人相善其群者谓之公德，二者皆人生所不可缺之具也。无私德则不能立，……无公德则不能团"[1]。

东方管理提倡"以德为先"，强调以"官德、商德、民德"的"新三德"理念作为社会主体经济行为准则与社会活动的精神理念、思想指导。在改革和发展过程中，许多社会矛盾的解决需要运用、借鉴东方管理理论，需要借鉴"人为为人"的理念，每个组织、管理者要首先示之以诚，信守承诺，先"正己"给对方以信心和榜样，然后要为他人着想，调整自身的行为，达

---

[1] 梁启超：《论公德》，载于《新民说》，辽宁人民出版社1994年版。

到双方利益的一致，实现"双赢"。为此，东方管理强调要在"德"的基础之上，建立"重义"的社会网络。

儒家强调以"仁"与"德"作为调节人际关系，协调社会秩序的治理手段，它使管理充满柔性化。

东方管理哲学中有围绕"人"的大量论述，当中尤以儒家思想最富哲理，其中心思想是个"仁"字。从汉字结构来看，"仁"是"二人"的复合字，孔子就是用"仁"来论述人与人的相互关系的。对"仁"，孔子在《论语》里有许多说法：或曰"爱人"，或曰"己欲立而立人，己欲达而达人"，或曰"己所不欲，勿施于人"，等等。说明"仁"的实质是"爱人"，是己与人、人与人的关系，是一种将心比心，推己及人的精神。同时，孔子还强调"治世之道"在于"仁政"，要"为政以德"。可见，"仁""德"才是儒家管理思想的核心，是儒家一切理论的出发点。广义的"仁"是一个全德之辞，几乎可以概括所有的德目；狭义的"仁"是以人与人之间相亲相爱的道德情感为主要内涵的道德规范。就这一层含义而言，它是人们处理人际关系使之符合道德要求的情感基础。

儒家以"仁"调节人际关系，本身是一种至深的管理思想。儒家的"仁"反映了人对自身的觉醒，对人类的本质的理解，具有浓厚的人道精神。仁者爱人强调在人际交往中注重人的价值，把别人也当作与自己同类的人来看待。"仁"是一种内在的道德情感，爱人则是这种情感的外显，它必须通过显示的行为表现出来。因而，通过什么方式、怎样去爱人，就成为仁德的具体行为规范。这种柔性化的管理方式有助于弥合物质社会人际交往的猜疑与隔阂，加强思想沟通，增进团队的凝聚力。

我们知道，市场经济是交换经济和网络经济。这种网络可在不同国家和民族通过不同的途径和方式建立起来，尤其是在东方文化的经济圈内，建立这种"重义"网络，往往能得到事半功倍的效果。无信不立，人无义不正。如果人的经济行为背信弃义，就会受到社会排斥。"信""义"两字，构成了中国传统社会网络中最有价值的媒介物。构建现代市场经济的经济联系显然应同"重义"网络接轨，从而有效地促进社会经济的发展。由此可见，东方管理思想的核心是在坚持哲学思维的前提下，以理性精神为准则，强调的是实现人最高的意义与价值，达到"内圣外王"的境界。

当前，全球化日益加深、东西方文化交融加快，中国企业制度的性质变革与发展，势必直接影响到整个产业化进程，大力弘扬东方管理，建立和完善东方管理理论体系，将大大提高我国企业的竞争力。但需要强调的是，发掘、运用东方管理思想要采取科学态度，要区分精华与糟粕，去粗取精，不能简单化,尤其是不能无选择地吸收其中的糟粕。

(三) 人为思想

人为思想其核心为"人为为人"。"人为"即要求每一个人首先要注意自身的行为修养,"正人必先正己",然后从"为人"的角度出发,来调整、控制自己的行为,创造良好的人际关系和激励环境,使管理者和被管理者都能够持久地处于激发状态下工作,主观能动性得到充分发挥。"人为"与"为人"二者具有辩证关系,互相联系并且可以转化。这一转化过程体现在家庭、行业、国家一切方面的管理之中,管理者和被管理者越是注重自身行为的素质,其"为人"即管理的效果就越加显著[1]。

人为文化有利于推动管理创新的进程。创新从管理的本质上说明的是由于生产力的突破,要求生产关系不断进行调整,从而表现为文化创新、技术创新、制度创新、管理创新、组织创新、行为创新、流程创新、激励创新等等的创新方式。当前,推动产业发展的主要动力来源于脑力劳动,脑力劳动要发挥人的主动性、思维的活跃性、知识的创造性,人为思想是人的脑力劳动的管理方式,并实现其全面解放的根本途径。

东方管理哲学倡导的"人文化管理"成为其主要命题。随着企业知识密集程度和信息化程度不断提高,"人为"管理更显重要。管理者要保持竞争优势,必须持续不断创新,而创新要求管理者首先加强自我修炼,增强创新意识,更新知识结构,实现自我与互动的激励。从"为人"的角度,企业文化要为员工创造良好的条件和氛围,不断激发员工的创造性,最大限度地激励其发挥自身优势。

事实上,东方管理文化的"人为"思想是广博的。它强调的"人为"既包括企业中的人,也包括社会与自然关系中的人,同时还包括我们古语中的"天、地、人"三才中,人与自然、宇宙和谐发展的治理观念。

三、东方管理文化关于管理心理学的思想探索与现实指导意义

(一) 东方管理文化赢得世界认同

20世纪70年代始,也就是世界学术界开始普遍关注东亚经济的奇迹,并迷惘于东方文化神秘底蕴的时候,我国以复旦大学苏东水教授为代表的诸多学者,协同国内众多高校开展了系统、完整的研究与探索活动,多次引发国内外关于中国传统文化与经济管理的关系的探讨,引起世人对东方管理研究的关注与认同。东方管理思想是人文社会思想体系的重要组成部分。

---

[1] 苏东水:《管理学》,东方出版中心,2001年版。

（二）东方管理学思想体系的建立

东方管理学派的研究至今已经走过了四十多个年头。其理论体系融贯古今，东西包容的基础上提出"三学""四治""八论"等十五个研究体系。这个研究体系"以人为本，以德为先，人为为人"的核心理念，逐步形成以东方人文思想为核心的东方管理学派思想体系[1]。

> **案例**
>
> ### 华为"以奋斗人为本"的人才管理机制[2]
>
> 华为掌门人任正非曾说过："人才不是华为的核心竞争力，对人才的有效管理的能力才是企业的核心竞争力。"为此，他将华为的员工归类为三个层次：普通劳动者、一般的奋斗者、有成效的奋斗者，但他强调了政策必须向后者倾斜，而且他也同时坦言："只要员工的贡献，大于公司支付给他们的成本，他就可以在公司生存，他的报酬甚至可以比社会平均值稍微高一点"。由此可见，华为对奋斗者的界定大多是建立在绩效基础上的。
>
> "以奋斗者为本"指的是理解人性本身的贪婪、懒惰与自私，但通过合理的管理机制来激发人的主观能动性、提高员工的内驱力。华为的"行军床文化"是奋斗精神的生动体现，也许会被人认为是反人性的，"华为承认并尊重人有追求安逸和享受的权力。由于形势不允许两者兼得，因此，对华为的管理者而言，追求安逸和享受应该是在退出管理岗位、不再承担管理责任之后"。换言之，在其位需要谋其政，每一个岗位都有着自身的定位，不想奋斗就需要让出需要奋斗的位置及其相关的权益。
>
> 正如任正非曾经运用热力学说第二定律，阐述长期艰苦奋斗不可能自发实现，犹如大自然不可能出现低温自动传导到高温的物体一样，除非有其他的动力方能实现这种逆转。他说，人的天性在富裕后会怠惰，如何实现长期艰苦奋斗，一靠主观能动二靠管理，须以利益分配为驱动力，才有可能遏制怠惰的生成，组织的责任就在于逆这种自发趋势而动。那么，华为是如何激励奋斗者的呢？
>
> 一是推行了堪称当今世界最完善的价值评价体制——左边支持价值创造，右边支持价值分配，形成了一个自我循环的利益驱动机制。它比较科学地解决了效率和公平的问题，实现了员工目标与企业目标最大限度地一致，也为全力创造价值提供了不竭的动力来源。在此机制下，能者上，为贤

---

[1] 王力、赵渤：《管理学流派思想评注图鉴：历史、方法、趋势》，中国社会科学出版社，2011年版。

[2] 改编自黄卫伟等：《以奋斗人为本：华为公司人力资源管理纲要》，中信出版社，2014年版；陈雨点：《华为人才管理之道》，人民邮电出版社，2020年版。

能之人提供了机会,庸者下,保证了组织机体的清洁,同时也形成压力机制。员工不用看干部的脸色、眼色行事,注重的是工作绩效和自我价值的最好展示,而不会沦为干部的附庸。

二是在注重责任结果、贡献、商业价值等导向的基础上推行了"利益均沾"机制。通过按生产要素分配的内部动力,尽可能地实现股东和员工的共同富裕、客户和企业的共同发展,从而有力促进了客户、员工与企业之间利益共同体的牢固建立。在华为"利益均沾"机制中,最能体现公平的指导方针就是:价值分配"向奋斗者、贡献者倾斜""不让雷锋吃亏""团队坚持利出一孔"等,有效地钝化了价值分配处理过程中的各类矛盾,促进了企业均衡、可持续发展。

三是推行了令员工信服的干部选拔、配备、使用、管理机制。其中最契合对奋斗者激励的,就是华为选拔干部三原则,"优先从成功团队中选拔干部""优先从主攻战场、一线和艰苦地区选拔干部""优先从影响公司长远发展的关键事件中考察和选拔干部",全方位地调动了那些想成为有成效奋斗者的员工的积极性,使他们更加注重融入团队、奋勇争先、敢于担责。

"以奋斗者为本"是对"以人为本"的深化、细化和升华,是企业成熟与进步的重要标志,这就可以解释华为为何能够在三十多年时间里发展为全球第一大通信设备供应商。一家企业想要发展、想要凝聚人才,光靠薪酬、情怀很难建设并维系一支持续奋斗的队伍;一家企业想要克服员工人性中的懒惰、贪婪与自私,不能只凭监管机制和口号,必须要有一整套的人才管理体制,通过激发员工的内驱力来实现人才的自我激励。

作为一个透彻理解人性的企业家,任正非深知如何调动人内在的欲望,驱逐名为"懒惰"的魔鬼,激发出华为人的生命活力和创造力,让十几万华为人在自我驱动中朝着一个共同的目标前进,从而使华为得到持续发展的驱动力。

小 结

1. 管理心理学是研究人的行为心理活动规律的科学,其实质是研究人的行为激励的问题,探索人的心理活动,提高激励人心和行为的各种途径和技巧,以达到最大限度提高工效的目的。

2. 运用管理心理学的理论能指导人力资源的开发,人力管理、人力发挥、人力提高和保护,推进企业管理的科学化和现代化;能促进劳动生产率的增长;能适应中国特色社会主义场经济要求,加强政治思想教育。

3. 学习管理心理学一定要树立以人为中心的管理思想,首先要注重研究人在建立现代企业制度与推行企业管理科学的作用;其次要注重研究人的动机和心理活动规律;再就是要注重研究企业管理中如何有效地调动人们的劳动积极性的途径;还要强调研究企业领导的行为。

4. 管理心理学的主要研究方法有观察法、实验法,调查法和定量法。

5. 东方管理文化"三为"思想是"以人为本、以德为先、人为为人"十二字方针。

思考题

1. 什么叫管理心理学?
2. 为什么要学习管理心理学?
3. 管理心理学研究的对象与任务是什么?
4. 管理心理学为什么以企业中的人作为研究重点?
5. 怎样学习管理心理学?
6. 管理心理学与行为科学、组织行为学之间的关系怎样?
7. 谈谈你对东方管理文化"三为"思想的认识。
8. 华为"以奋斗者为本"的本质是什么?为什么任正非说,人才不是华为的核心竞争力,对人才的有效管理的能力才是企业的核心竞争力?
9. 从管理心理学的视角分析华为是如何激励奋斗者的?其对提高企业效益有什么作用?

… 第二章

管理心理学的起源和发展

管理心理学理论起源于 20 世纪初期，于 20 世纪 40 年代末、20 世纪 50 年代初，进一步发展成为一门独立的学科。大体经历了以下过程。

第一节 | 管理心理学理论起源

一、管理心理学产生的历史背景

（一）历史背景与研究指导

1. 自然科学认识论与资本主义工业化发展背景

资本主义工业化革命以来，自然科学受到尊崇。这时的管理学研究一方面受到西方古典哲学认识论的影响；另一方面，受到资本主义自然科学大发现的影响。

西方哲学在 16、17 世纪所发生的"向认识论的转化"就主要由自然科学的进步所推动的。现代西方哲学所谓的分析运动也是在 19 世纪末 20 世纪初自然科学包括相对论和量子力学在内的一系列革命性变革的影响下出现的。由于西方17世纪自然科学取得的巨大成绩，人们很自然地产生了这样的想法：牛顿（Isaac Newton，1642—1727）的原则和方法在自然科学中是有效的，那么，为什么不能将他们运用于同样作为人类知识组成部分的其他学科领域呢？

2. 人性研究的实验主义方法

由于资产阶级庸俗哲学家对人性本质的"物化"，使实验主义的研究方法开始应用到了人性哲学中。"休谟就是主张在人性哲学中采用实验科学方法的最坚决的倡导者和实行者之一"[1]。他的功利主义哲学提倡"个人主义，个人利益与国家利益相容信念，并用自然主义方法论对其进行解释"[2]。

休谟（David Hume）的《人性论》的副标题"在精神科学中采用实验推理方法的一个尝试"采用了实验科学方法改造哲学的意向。他说：

"长期以来，天文学家，一直满足于从现象出发证明天体的真正运动，秩序和体积，直到后来，终于出现了一位哲学家，他根据最巧妙的推论，似乎也确定出了各行星的运行所依靠的那种规律和力量。关于自然的其他方面。也有同样的情况。我们在研究心理能力和结构时，如果运用同样的才力和同样的细心，也可以获得同样的成功，对此没有任何失望的理由。"[3]

（二）研究人的思想体系的最初形成

休谟的雄心就是成为精神科学中的牛顿。作为一个哲学家，休谟是从哲学的普遍性上高度概括牛顿实验科学的意义的。

至于如何进行人性的精确研究，休谟在《人性论概要》中表示，他"打算以规范的方式对人性进行解剖"[4]。在这里休谟的意思是说，研究人性应当采取分析的方法，"像解剖家那样"[5]，对构成人性的各个成分，对人心的各种活动、能力和作用进行解剖和描述，以发现它的最奥秘的源泉和原则。

休谟用"人性科学"规定了他的哲学研究的范围，并使之同自然科学区分开来。休谟认为，同研究自然现象的那些科学相比，人性科学是更基本的，因为一切知识都是由人来获得的，不论是数学还是物理学，脱离了对人的认识能力、范围和活动的研究，都难以取得进展。

---

[1] 休谟哲学思想的来源主要有三个方面：近代经验论和唯理哲学；17、18世纪英国的经验主义伦理学。参见［英］大卫·休谟：《人性论》，华夏出版社，1996年版。

[2] ［美］亨利·威廉·斯皮格尔，晏智杰等译：《经济思想的成长》（上），中国社会科学出版社1999年版，第184页。

[3] 司马云杰：《文化价值论——关于文化构建价值意义的学说》，陕西人民出版社2003年版，第14页。

[4] 《大卫·休谟书信集》（第1卷），商务印书馆1980年版，第32页。

[5] ［英］大卫·休谟：《人性论概要》，华夏出版社，1996年版。

(三)围绕人性的管理研究变革

西方社会在工业革命时代,物理方法的"无往不胜",使人们自以为能凭借科学理性分解清楚,并掌握任何知识领域。在西方管理理论中,人作为经济人——物质化的人,是价值创造的主体,也是影响价值社会实现的客体同时也是等同于物的生产要素,不仅财、物,而且人性和事态都被纳入到机械性的管理模型中去加以分析[1]。

西方管理学人性分析前提评价。正如我们所知,西方对人性的探索最初源于斯密(Adam Smith,1776)的《国富论》。而把"经济人"的观点用到管理上并建立其理论模型的是管理学家泰勒(Taylor,1911)。社会人的发现是梅奥(George E. Mayo,1933)对管理理论的重大贡献,它为建立行为科学打开了大门。西方管理学研究对人的假设经历了从"工具人""经济人""社会人""复杂人"到自我实现的人的演变过程。

事实上,正如雷恩(Daniel A. Wren,1979)所说:人们并不理性的,而是由本性支配的,因而通过理解这些本性,就可揭开迄今为止未经探索过的心灵的秘密。对人性的探索是管理理论发展的重要线索。

二、工业管理心理学形成与发展

可以说,管理心理学理论的形成与发展,是和现代生产力、科学技术相联系的社会化大生产的需要分不开的。由于生产力的飞跃发展和生产关系中劳资矛盾的尖锐化,在劳资双方寻求新的管理理论与方法的同时,科学的进步与发展,也为管理心理学这一新的学科理论的形成提供了可能条件。在这个时期,社会心理学、社会学等学科理论均有了长足发展,相继出现了心理技术学理论、群体动力学理论、社会测量理论及需要层次理论等。在20世纪初期,社会心理学及社会学等均已发展成为独立学科。

上述这些学科理论的形成与发展,为管理心理学奠定了比较充分的理论基础,从而使管理心理学的产生由必需变为可能。

(一)社会学家的功利主义人性论的启蒙。

霍布斯(Thomas Hobbes)和洛克(John Locke)是在英国资产阶级革命过程中出现的启蒙思想家,提倡科学知识等方面他们高举了启蒙的旗帜,他们的突出特点是将注意力转向了人性本身,并将人性同社会政治学说紧密结合起来,他们认识到,脱离对人性的考察就不能解释社会问题合理性问题。他认为,人的本性是自私的,每个人都想把一切占为己有,因此在"自然状态"下,人对人就像狼一样。为了求得社会的和平和安定,人们必

---

[1] 苏东水:《东方管理》,山西经济出版社2003年版。

须放弃自己的一切权利,用企业的方式将他们的权利转交给代表他们人格的国家或君主。霍布斯"已经开始用人的眼光来观察国家了"[1]。洛克的人性观念和政治学说与霍布斯不同。洛克认为,人类的自然状态不是人与人之间的战争,而是一种完全自由平等的状态,人生具有保护自己的生命、自由和私有财产不受危害的权利。由于人的本性是利己的,因此不可避免地会出现损人利己危害社会的行为,为了保障人们的自由平等的权利,人们就通过订立契约建立国家。因为国家的目的是维护人们的自然权利、惩治危害社会的罪人。所以,它本质上是民主的而不是专制的。洛克的观点显然比霍布斯的观点进了一步,与成熟的资产阶级的政治要求更相适应。

(二) 工业心理学兴起

心理学的知识在工厂企业管理中的应用是从心理技术学开始的。心理技术学实际上是劳动心理学开始发展时的名称。把心理学的知识最先开始应用于工业企业的是德国心理学家斯特恩(William Stern)。他在1903年提出"心理技术学"这一概念。之后,最早进行心理技术学具体研究工作的是心理学创始人冯特(Wilhelm Wundt)的学生、侨居美国的心理学家芒斯特伯格(Hugo Munsterberg),他受聘于哈佛大学,被称为工业心理学之父,他于1912年发表了名著《心理学和工业生产率》,又名《心理学与工业效率》。在这本书中论述了用心理测验方法选拔合格工人等问题,也研究疲劳及劳动合理化问题,提出创造心理条件,使每个工人获得最大满意的产量以及满足人的需要,符合于个人与企业双方利益等观点。

《心理学和工业生产率》一书主要包括三个方面内容:
(1) 尽可能有最好工人;
(2) 尽可能有最好工作;
(3) 尽可能有最好效果。

这方面的研究成果广泛地采用于职业选择、劳动合理化,以及改进工作方法、建立最佳工条件等地方。闵斯特伯格的研究方向,以及所采取的方法是与管理心理学的发展方向一致的,但是,他所考虑的面比较狭窄,还缺乏社会心理与人类学的观点和论据。所以,他的工业心理学未能引起广泛的注意。后来的霍桑试验为工业心理学增加了深度和广度。

(三) 人事心理学和工程心理学的出现

心理学在工业的应用产生了工业应用心理学。在这一时期,相继又有一些心理学者根据人的个性心理差异,对职工的选拔、使用和培训、考核等问题进行研究,逐步形成了"人事心理学"。又有一些心理学家从事设计适

---

[1]《马克思恩格斯全集》(第1卷),人民出版社1995年版,第227页。

合人的生理与心理实际需要的机器、工具设备和工作环境、工作程序的研究，以减轻人的疲劳程度，防止意外事故的发生，使劳动合理化以提高生产效率，从而形成了"工程心理学"或"人体工程学"，又名"工效学"。

三、人文哲学的发展与现代管理心理学的开端

人文社会科学中与人性关系最密切的，或者说可以作为人性科学的最基本内容的是逻辑、伦理学、美学和政治学。

（一）人文哲学的发展及人性心理研究途径

因为这些学科是直接以人本身为研究对象的。正是由于19世纪的人类学家，社会学家和心理学家在研究人类心理和文化发展上存在着直线进化和简单类比的自然主义、经验实在论的倾向，特别是存在着忽视个人心理发展中复杂的一面，因此，19世纪末、20世纪初，整个西方哲学社会科学领域掀起了一个反实证主义-进化论的思潮。

20世纪的初期，则主要表现为新康德主义、新黑格尔主义、实用主义、生命哲学、直觉主义等非理性的哲学社会科学家对实证主义——进化论的社会学、人类学和心理学的批判运动。他们认为，社会科学主要是研究人及人的行为，而人是有七情六欲的、有思想、有意志、受精神生活支配的，因此，不能用自然科学的方法，实证的方法去研究人及人的行为，而应该深入到人的精神世界给予说明。在这些哲学社会科学流派中，狄尔泰（Wilhelm Dilthey）的"精神科学"和李凯尔特（Heinrich Rickert）的"文化科学"是非常有代表性的。

反实证主义-进化论的浪潮中。弗洛伊德主义者、存在主义者、现象学社会学派、符号互动论者、法兰克福学派以及文化人类学领域里的族体心理学派已经发展起来，掀起了更大规律的反对自然主义社会科学家用实证主义、自然科学的方法研究人类心理和文化的运动。

（二）摆脱自然主义的束缚的指导及管理心理学研究的细化

1964年马尔库塞（Herbert Marcuse）与帕森斯（Talcott Pasons）在联邦德国纪念马克斯·韦伯（Max Weber，1864—1920）一百周年诞辰大会上的论战，而且全面地批判了后工业社会文化制度对人性的扼杀及对人的价值毁灭。他们的中心思想转向了个人，转向了心理，用的存在和心理衡量各种社会文化现象是否有合理性，是否真有价值，如存在主义者、法兰克福学派；同时也用个人心理和行为解释社会文化现象的起源和发展，如弗洛伊德主义者、族体心理学派。

从个人的存在、需要、心理研究人性存在于精神世界的价值，无疑是有局限性，特别是从人的变态心理、非理性的自我存在及人的生物本能出

发，更不能确切地解释文化的价值和功能。但是我们从中仍然可以看到合理成分。

存在主义者、法兰克福学派的批判理论，我们不仅可以从他们与结构功能主义者论战中看到人的欲望、要求、动机及整个精神世界的复杂性，而且从他们对现代文化的彻底批判中也可看到后工业社会的文化怎样丧失理性精神，从而造成了价值意识的危机。

第二节 | 管理心理学开创阶段

资本主义工业化革命以后，管理心理学进入工业企业生产管理的研究，这时候，管理心理学形成一个独立的科学体系得以开创。

工业心理学虽然把心理学引进了工业生产，成为管理心理学的先驱，对促进管理心理学的形成起了推动作用。但由于当时这项研究活动只局限在心理学的领域，只是从个人的心理出发，如探讨灯光照明、室内温度，以及物质报酬等因素对工作效率的影响，而没有注意到工作的社会环境、人际关系、领导与被领导者的相互关系，以及组织机构本身所具有的社会性。一直到霍桑试验，才进一步把心理学、社会心理学、人类学等各项学科结合起来，对企业中人们的心理与行为，进行综合探索、试验和解释，从而开创了管理心理学的道路，使霍桑试验提出的"人际关系学"成为管理心理学核心理论的一个主要内容。

一、梅奥的"霍桑试验"及人际关系理论

霍桑试验，是 1924—1932 年在美国芝加哥郊外的西方电器公司的霍桑工厂进行的。是一项由国家研究委员会赞助的研究计划。霍桑工厂是一个制造电话交换机的工厂，具有较完善的娱乐设施、医疗制度和养老金制度等，但工人们仍愤愤不平，生产成绩也很不理想。为探求原因，1924 年 11 月，美国国家研究委员会组织了一个由心理学家等多方面专家参加的研究小组，在该厂开展试验研究。这个试验研究的中心课题是生产效率与工作物质条件间的相互关系。为了开展这方面的研究，他们挑选了一批女工，分别编成两个小组，一个组为控制组，另一个组为试验组，前者生产条件始终不变，后者则作种种变化，然后比较两个组的试验结果，以便得出相应的结论。

（一）照明试验

梅奥（George E. Mayo）等人的这个试验是研究照明条件的变化对生产效率的影响。在试验开始时，研究小组设想：增加照明会使产量提高。但试验结果，两个组的产量几乎等量上升，看不出增加照明对生产产量有什么影响。后来他们又采取相反的措施，逐渐降低试验组的照明度。按研究小组的设想：试验组的产量必然会下降。可是事实上，尽管照明度一再下降，甚至降到相当于月光的程度，产量并没有显著下降。因此，尽管这一试验进行了两年半的时间，却得不出相应的结论。生产条件的改变并没有按人们预期的那样导致生产效率的相应改变。相反，与平常情况相比较，在整个试验过程中，在任何情况下，生产率均有大幅度上升。这个结果使研究小组感到茫然，以致使这项试验难以继续进行。就在这时，梅奥等哈佛大学的心理研究人员来到了霍桑工厂，重新组成了新的研究试验小组，继续进行试验工作。经过对前阶段试验的认真分析并进一步进行深入的试验，终于明了整个试验过程中两组产量都有提高的原因是：让工人们在特定条件下进行试验，参加人员认为这是管理当局对他们的格外重视；同时由于在试验中管理人员与工人之间，以及工人与工人之间有融洽的关系，因而促使了试验中两组产量的提高。这充分表明，良好的心理状态与人群关系比照明条件更为重要，更有利于提高工效。

（二）福利试验

梅奥等人的这个试验，是确定改善福利条件与工作时间等其他条件对生产的影响。梅奥选出6名女工在单独的房间里从事装配继电器的工作。在试验过程中逐步增加一些福利措施，如缩短工作日、延长休息时间、免费供应茶点等。试验研究者原来设想，这些福利措施会刺激人们生产积极性，一旦取消这些福利措施，生产一定会下降。于是在试验进行了两个月之后取消了各种福利措施。而试验的结果仍与学者们的设想相反，产量不仅没有下降，而是继续上升。经过深入地了解分析发现，这依然是融洽的人群关系在起作用。这个试验表明，人群关系在调动积极性、提高产量方面，是比福利措施更重要的一个因素。

（三）群体试验

梅奥等人在这个试验中是选择14名男工在单独的房间里从事绕线、焊接和检验工作。对这个班组实行特殊的计件工资制度。实验者原来设想，实行这套奖励办法会使工人更加努力工作，以便得到更多的报酬。但观察的结果发现，产量只保持在中等水平上，每个工人的日产量平均都差不多，而且他们群体的利益，自发地形成了一些规范。他们约定，谁也不能干得太多，突出自己；谁也不能干得太少，影响全组的产量，并且约法三章，不准向管理当局告密，如有人违反这些规定，轻则挖苦谩骂，重则拳打脚踢。进一步地调查发现，工人们之所以维护中等水平的产量，是担心产量提高，管理当局会改变现行奖励制度，或裁减人员，使部分工人失业，或者会使干得慢的伙伴受到惩罚。这一实验表明，工人为了维护班组内部的团结，可以放弃物质利益的引诱。梅奥由此提出"非正式群体"的概念，认为在正式的组织中存在着自发形成的非正式群体，这种群体有自己的特殊规范，对人们的行为起着调节和控制作用。同时，加强了内部的协作关系。

（四）谈话试验

梅奥等人在霍桑工厂组织了大规模的态度调查，用了两年多的时间，找工人个别谈话两万余人次，规定在谈话过程中，调查人员要耐心倾听工人对厂方的各种意见和不满，并作详细记录。对工人的不满意见不准反驳和训斥。这项谈话试验收到了意想不到的结果，霍桑工厂的产量大幅度提高。这是由于工人长期以来对工厂的各项管理制度和方法有许多不满，无处发泄。调查者使他们这些不满都发泄出来，因而使人感到心情舒畅，从而大幅度地提高产量。

以上试验一直进行到1932年方告结束。最后得出的结论是：

（1）生产条件的变化固然影响劳动者的生产热情，但生产条件与生产效率之间并不存在着直接的因果关系；

（2）生产条件并非增加生产的第一要素；

（3）改善劳动者的士气（态度）及人与人的关系，使人们心情愉快地工作并对自己的工作感到满足，这才是增加生产、提高工效的决定性因素。

1933年梅奥出版了《工业文明中的问题》一书，全面地总结了霍桑试验的结果，系统地提出了人群关系论的许多重要的管理观念。这些新的理论观念，如上所述的是：

（1）传统管理把人假设为"经济人"，认为金钱是刺激积极性的唯一动力。霍桑试验认为，人是"社会人"，影响人的生产积极性的因素，除物质条件而外，还有社会、心理因素。

（2）传统管理认为，生产效率主要决定于工作方法和工作条件。霍桑试验认为，生产率的提高和降低主要取决于职工的"士气"，而士气则取决于家庭和社会生活，以及企业中人与人之间的关系。

（3）传统管理只注意"正式群体"问题，诸如组织结构、职权划分、规章制度等。而霍桑实验还注意到存在着某种"非正式群体"。这种无形的组织有其特殊的规范，影响群体成员的行为。

（4）霍桑实验还提出了新型领导能力问题。它提出领导在了解人们合乎逻辑的行为时，还须了解不合乎逻辑的行为，要善于倾听和沟通职工的意见，使正式组织的经济需要与非正式组织的社会需要取得平衡。试验的结果证明，新型的领导能力在于，通过职工心理需求的满足度来达到提高劳动生产率和工作效率的目的。

霍桑试验的结论以及在此基础上所总结出来的人群关系论，在企业管理领域有着重要的意义与深远的影响。它第一次正式地把社会学、心理学引入到企业管理领域中来，因而有力地冲击了传统的管理理论，使管理者认识到他们的下属都是一些有思想、有情感的活生生的人，而所谓团体，就是由这些具有不同心理特征的人所组成的人群组织。

梅奥通过霍桑实验提出的"人际关系"理论，为管理心理学的形成奠定了实验的理论基础。在西方心理学界他被公认为工业社会心理学的创始人和管理心理学的先驱。

二、勒温创建的群体动力理论

群体动力理论的创始人是德国心理学家勒温（Kurt Lewin）。他借用物理学中"磁场"的概念，把人的过去，现在形成的内在需求看成是内在的心理力场，把外界环境因素看成是外在的心理力场。人的心理活动是现实生活空间内在的心理力场和外在的心理力场相互作用影响的结果。因此，要测定人的心理和行为就必须了解完成这一行为的内在的心理力场和外在的心理力场的情境因素。据此提出了心理力场的理论公式：$B=f(P \cdot E)$，其中 B 是个体行为，P 是个性特征，E 是环境，f 是函数。这个公式表明，人的行为是个性特征与环境相互作用的函数关系或结果。勒温最初用"场"的理论研究个体行为。后来又把"场"的理论扩大到群体行为的研究，提出"群体动力"的概念。所谓"群体动力"就是指群体活动的方向和对其构成诸因素相互作用的合力。因为群体活动的方向同样取决于内在的心理力场与外在的心理力场的相互作用。"群体动力"理论对于管理心理学的形成和发展有着重大的影响。在它的影响下有些人做了许多研究。如：不同的领导类型对集体心理气氛和群体行为的影响，领导行为的训练，意见沟通，团体审议等，对于丰富发展管理心理学做出了贡献。"群体动力"理论对于群体行为的研究和作出的贡献，构成了现代管理心理学有关群体行为问题的基本内容。

三、莫雷诺创建的社会测量学

社会测量学的创始人是莫雷诺（Joesph L. Moreno）。他从事社会心理学的研究，提出了社会测量学理论。社会测量学从理论上来看，有许多值得讨论的问题，但它作为一种测量技术，现已得到广泛的运用。这种技术主要是采用填写问卷，让被试者根据好感或反感对伙伴进行选择，并把这种选择用图表示出来,这样可以使人们对群体中各成员之间的关系进行分析。现代的管理心理学,也广泛运用社会测量技术并有所发展。

四、马斯洛创建的需要层次理论

需要层次理论是美国心理学家马斯洛(Abraham H. Maslow)提出来的。在20世纪40年代,他发表了《人的动机理论》,论述了作为人的动机基础的需要层次理论。他认为人的需要可分为五类。即生理需要、安全需要、社会交往需要、尊重需要和自我实现的需要。这五类需要从低级向高级依次发展,形成金字塔形的层次。要激发人的心理的内在诱因去努力工作,提高工作效率,就要采取有效的管理措施去满足职工的上述需要。马斯洛的需要层次理论对于管理学和管理心理学的发展都有很大的影响。

综上所述,管理心理学诞生于20世纪30年代,是时代的必然产物,是经济发展的必然结果,也是心理学、社会学等学科理论发展的必然表现。

五、人性行为及其动机的丰富与发展

西方人性行为及其动机分析主要划分为两种类型:第一种为边沁主义传统的享乐主义的价值追求;另一种为17世纪苏格兰文艺复兴运行深入发生时期形成的功利主义思潮。享乐追求最大化的概念一直为经济学所应用,而功利追求最大化为管理学做推崇。但这两者都不构成人性行为分析的最高成就。享乐主义在经济学中体现为物质效用论的发展与应用。西方管理学界以社会"人本化"的观念为起点发掘社会行为人的行为动机在20世纪30年代后从个体行为与群体行为入手,表现在勒温的群体动力学理论、梅奥(1933)的人际关系学说、马斯洛(1943)的需要层次理论、麦克雷格(Douglas McGregor, 1957)的X-Y理论、赫兹伯格(Frederick Herzberg, 1966)的双因素理论、弗罗姆(Victor H. Vroom, 1969)的期望理论、麦克莱伦(David McClelland, 1975)的成就动机等理论中。从这些视角研究人文价值思维对人的行为动机的影响,从而通过研究人的人文价值观如何影响或驱动人的行为来研究管理。

第三节 管理心理学的发展概况

管理心理学的形成过程同其他学科一样,它的理论有一定的科学试验基

础。作为这个学科核心理论内容之一的人群（人际）关系学说，就是在著名的霍桑试验的基础上发展起来的。自第二次世界大战以后，由"霍桑试验"产生的"人群（人际）关系论"开始真正影响到企业管理，许多企业都注重从社会学、心理学的角度来解决人的积极性的调动问题。因而在20世纪40年代末20世纪50年代初，管理心理学发展成为一门独立的学科。1949年在芝加哥大学召开的一次跨学科的讨论会上，正式把这门综合性的学科定名为"行为科学"。从这时起，在企业管理中，行为科学取代了人群（人际）关系论，形成了行为科学学派。从而促进管理心理学理论的进一步发展。

自20世纪60年代中期之后，行为科学的又一个重要动向是组织行为的研究，它的内容主要论述企业组织内人和团体的行为。其特征是既注意人的因素，又注意组织的因素。例如工作任务、组织结构、隶属关系等，在一定意义上，是人群关系学派和组织理论的综合。近年来，行为科学主要是围绕着组织行为的一些课题发展的，因而目前在西方比较流行的是把这个学科称为"组织行为学"，它是与管理心理学密切相关的科学。

管理心理学的发展对企业管理的科学化和现代化产生了重大的影响，它改变了传统管理对人的错误认识，从忽视人的作用而变为重视人的作用。因此，使现代管理由原来的以"事"为中心，发展到以"人"为中心；由原来对"纪律"的研究，发展到对人的"行为"的研究；由原来的"监督"管理，发展到了"动机激发"的管理；由原来的"独裁式"管理，发展到"参与式"管理。管理心理学这门学科虽然产生较晚，但是这门科学理论的出现和开创，得到了西方经济学界，特别是企业界的重视。它已被广泛地应用于工业企业的现代化管理之中。它的普遍应用的结果，对于激励工人群众的积极性，缓和紧张的劳资关系、强化企业管理，均起了不小的作用，因此，在许多国家被广泛地研究、传播与应用。

一、美国管理心理学的发展概况

美国的管理心理学产生于20世纪50年代。起初主要限于工业企业的组织管理，内容也多是围绕职工的士气对生产效率的影响等传统问题。而研究人员也局限于少数单位的心理学家。从20世纪60年代至今由于科学技术迅猛发展，智力劳动在社会劳动结构中的比重迅速增加，客观上推动了管理心理学的迅速发展。在研究方法上也从单因素分析发展到多因素的综合分析；从过去传统的实验室的实验研究发展为现场实验、参与观察，进行大规模的问卷调查和数理统计分析。在理论上从静态观点发展为从系统观点和应变观点去考察管理工作中的各种心理学问题。他们研究的成果是显著的。

1959年，美国心理学家海尔（Mason Haire）写了一篇论文，其中把工业心理学分为三个方面：人事心理学，人类工程学和工业社会心理学。这种划分得到学术界的普遍承认。工业社会心理学实际上就是管理心理学。1961年，美国心理学年鉴发表了一篇综述评论，这篇评论的标题是"工业社会心理学"，由著名管理心理学家弗罗姆（Victor H. Vroom）和社会心理学家梅尔（R. F. Maier）撰写。在这篇评论中指出，工业社会心理学应根据两个基本模型进行研究：

（1）以个体为分析单元，研究劳动的社会环境对个人动机、态度和行为的影响；

（2）以社会系统为分析单元，研究工业系统的结构和功能，企业中上下级的关系，生产班组和较大组织系统的社会心理问题。

1964年，美国心理学年鉴发表了第二篇综述，标题是"组织心理学"，作者是著名管理心理学家里维特等人。这篇综述介绍了从1954—1964年管理心理学方面的研究成果。从这篇综述中可以看到在这个阶段管理心理学的研究有下述特点：

（1）管理心理学的研究队伍在不断扩大，除了以心理学家为主体之外，社会学家和人类学家也参加到研究团体中来。

（2）研究的范围已由工业组织扩大到政治团体、公共机构、政府机关、军队、医院等各种组织。

（3）在研究方法上，逐步从单因素分析发展到多因素的综合分析；从过去传统的实验室实验方法发展为现场实验、参与观察以及大规模的问卷调查和统计分析等。

（4）研究方向逐渐趋于综合化。20世纪60年代末期出现了"组织行为学"，它从各有关学科的综合观点来研究组织中的行为规律。

二、中国管理心理学的研究概况

管理心理学在中国心理科学中一直是一个空白点，1949年以来很少有人研究过。1978年以后，现代管理科学开始传进中国。作为现代管理科学的重要组成部分，行为科学也随之传入。1978—1980年，不少理论工作者、教育工作者和实际工作者对行为科学作了大量介绍和评论。上海管理教育研究会于1979年第一个成立了行为科学研究组织，开展中国式行为科学与管理心理学的探讨。

20世纪80年代以来，在中国各地许多高校管理系和研究会组织了专门研究组，开设"行为科学""管理心理学"和"管理行为学"课程，从事培养这门科学的人才，开展科研工作。许多学者就探索如何运用马克思主义的基本观点,在中国的管理实践中借鉴、应用行为科学的研究成果,逐步创建具有中国特色的行为科学进行了广泛热烈的讨论。这是良好的开端,它将对推动中国的管理心理学理论的研究发生深远的影响。

案例

王阳明的心学管理思想[1]

王守仁(1472年10月31日—1529年1月9日),别号阳明,字伯安。浙江余姚人,他是明代著名的思想家、文学家、政治家和军事家,开创心学,开宗立派,把儒家、道家和佛家,三教合一。弘治十二年(1499年)进士(28岁),历任刑部主事、贵州龙场驿丞、庐陵知县、右佥都御史、南赣巡抚、两广总督等职,晚年官至南京兵部尚书、都察院左都御史。因平定宁王宸濠之乱有功而被封为新建伯,他是中国历史上继孔子之后为数不多的能做到立德、立功、立言三不朽的圣人。

王阳明曾被贬谪贵州龙场任驿丞,终在龙场悟道,创造了"心学"理论。日本阳明学者冈田武彦认为,王阳明是明代第一理学大师,阳明心学是中国最早提出尊重"人的个性"的学说,阳明心学在整个东亚产生了广泛的影响,为日本的明治维新提供了精神源泉,其主要包括三个方面的内容:一是心即理,二是知行合一,三是致良知。

一、心即理:心无外物

王阳明认为,"心"只要一个,而"天理"即为心之本体,所谓"夫心之本体,即天理也。天理之昭明灵觉,所谓良知也。定者心之本体,天理也。"因而心之本体就是善体。"理"就是天理,而良知就是天理,良知人人都有,即做任何事须从本心出发,合乎天理。什么是天理?就如儒家讲的爱是有差别的,你对你的父亲就比别人的父亲要好一点,你对其他人比对动物要好一点,你对自己人比对敌人要好一点,这个就是天理。

而"心无外物",就是良知需要从自己内心中去求,而不是一味假求外物。强调的是心和物是完全相通的,二者并不是对立的,而是统一的。其本质是人的一种价值存在。获得这种价值存在之后,人生就有了一个价值支撑,就有了一个价值出发点,就有了做事的原则。也就是说,凡事之所以有价值,都是因为跟你的心有关联,需要从本心、初心出发,合乎良知,即天理。所以理不外心,心具众理。所以,管理者的心与管理之道要明辨主次,心为管理之源。

---

[1] 改编自蔡仁厚:《王阳明哲学》,台湾三民书局,2019年版;肖知兴:《东张西望——东西方文化与管理》,机械工业出版社,2011年版。

二、知行合一：事上磨炼

王阳明的"知行合一"学说不同于朱熹和陆九渊，朱、陆都主张知先行后，而王阳明反对将知、行分作两截。他认为，知、行是功夫的两面，知中有行，行中有知，知行一体，二者不能分离，也没有先后。

什么是知行合一呢？这里的"知"不是指知识，而是指"德性之知"。知行合一，要求你真知，然后真的去做。就是"知之真切笃实处即是行，行至明觉精察处即是知，知行工夫本不可离"。这句话的意思是说知、行互相包含，你中有我，我中有你。所以明觉精察和真切笃实互相联系，不能机械地分割，故知、行互相包容、互为条件；"知是行之始，行是知之成"，知的过程与行的过程是相终始的。所以知行合一是一种把内在的道德意识、思维意识与外在道德践行、实践行动统一起来的方法论。一方面强调意识的自觉性，要求人在内在精神上下功夫；另一方面也重视实践，指出人要在事上磨炼，要言行一致，表里一致。"知行合一"，也是对管理效果的评估。

"事上勘磨"，这是管理实践的法则，就是要从事上炼心，成就定心之法。王阳明说，每天遇见的事情，都是养心定心的好机遇，每件事情都在打磨你的心，不要去回避问题，即我们要在管理中干中学，学中干。

三、致良知：破山中贼易，破心中贼难

良知概念最早见于《孟子》。良知与良能是孟子提出的人性论概念，指天赋的道德知识和天赋的道德能力。王阳明以"良知"概括孟子的四端之心说（恻隐之心、羞恶之心、辞让之心、是非之心）。王阳明认为，良知是人人都具有的本质，是超越了这种具体身心特征的心之本体，是人的心灵的内在秩序，体现着人的内在精神需要，表征着人的形而上追求以及终极关怀。因为这种心之本体的良知，人人都可以成为圣人。

什么是"致良知"？"致良知"，是办好一件事情的基础。就是在能分辨真我和假我之后，将其（良知的本体）扩充到底，使它在行为过程中占据主宰地位。简单地讲，就是你做事的时候要有正念。王阳明认为，"良知"不但知是非，知善恶，而且是人人具有，是一种不假外力的内在力量。"致良知"其实就是在实际行动中实现良知，也就是知行合一。并不只是抽象思维，只一味地想，而不动手去做。儒家一个基本的设定是：每个人都有良知，只要回到良知的体系之中，就能取得很好的效果。

这也可以解释为什么王阳明可以不顾身家性命，舍家为国平定宁王叛乱。因为儒家入世的责任心和济世安民的道义感，人人皆有道德良知的信念，才能支撑他临危不惧，进退自如，显现敢于担当、超越一切的济世情怀。

王阳明所讲的"破山中贼易，破心中贼难"，指的就是如何破除心中的私欲，将良知进行到底。这句话体现在他极富哲学智慧的心理战术。他的几次军事行动，都很好地运用了这种心理战术，通过击穿对手的心理防线来瓦解对手，也就是孙子所说的"上兵伐谋"。

王阳明平定宁王朱宸濠叛乱是他一生军功的顶点，在军事指挥的表现上可谓完美无缺。当时

朱宸濠在南昌起兵时，王阳明首先利用反间计，散布假情报，迷惑、离间对手，使得朱宸濠犹疑不决，没有立即出兵，给各地争取了准备时间。等朱宸濠终于出鄱阳，下九江，直趋安庆，窥伺留都南京时，王阳明抓住朱宸濠后方空虚之机，率领士卒直取南昌。待朱宸濠仓促回援时，王阳明驱兵痛击朱宸濠于鄱阳湖樵舍。王阳明战前让人用竹木准备了免死牌，上书一行小字："宸濠叛逆，罪不容诛；胁从人等，有手持此板，弃暗投明者，既往不咎。"关键时刻，王阳明下令连夜将几十万块免死牌扔入鄱阳湖中。第二天天亮，叛军人手一块免死牌，军心哗变。根据历史记载，鄱阳湖一战，王阳明指挥的军队砍下了宁王叛军4 600多人的脑袋，降服了大约几万人，而王阳明指挥的军队仅阵亡60多人。这堪称一场辉煌的胜利。

王阳明的攻心战略和良知说值得一些把员工当贼防的企业管理者们深思。连盗贼都有良知，何况员工。在这里老板们首先要破的，恐怕是他们自己心中的贼。标准的管理教科书上讨论人性假设，所谓X理论、Y理论、人际关系学派等，也强调要把员工当人对待。你把员工当好逸恶劳的小人对待，他们就会像小人一样地工作；你把员工当知耻思进的君子看待，他们就会像君子一样地工作。这种现象验证了主观心理预期自我实现是社会学家、心理学家们发现已久的一个非常有解释力的机制。

心理学上所谓的皮格马利翁效应（The Pygmalion Effect）讲的也是这个道理。在一个著名的实验里，心理学家到小学里根据孩子们放书包的铁柜子的编号随机选出一些孩子，列出名单，告诉老师这些是经过他们的专业检测后认定为才智出众的孩子。一段时间后，那一批孩子果真脱颖而出，成为才智出众的孩子。原因很简单：因为老师们在日常交往中处处把那些孩子当作才智出众的学生来对待，他们为了不负期待，更加专心，更加努力，于是就真成了才智出众的学生。这个心理预期自动实现的机制在生活、工作中其实无处不在。您把我当贼防，我要不偷点什么，好像都对不住您。您要是把我当个人看呢，我就会肝脑涂地，铁血以报。这个道理好像不需要博士、教授来讲，贩夫走卒都懂，可是要在企业管理、商业交往中恰到好处地运用这些原则，却绝非易事。

小 结

1. 自然科学大发现对于西方管理理论学的研究方法具有重大影响。随着资本主义工业化的发展，自然科学方法无往不胜，即使在人性研究中也采用实验主义方法，比如休谟认为解剖学可以应用于人性分析。这时管理学家对于人性的认识等同于生产要素一样的物质。

2. 管理心理学的形成源于资本主义工业化大生产的需要而兴起。不过自然科学为指导的物质化的研究手段越来越显示出其对学科体系发展的不适应，随着人文社会科学的发展，管理心理学更多纳入社会科学的指导，其研究手段也逐渐更新与进步。

3. 管理心理学的理论起源于心理学在工业中的应用，由此产生的工业应用心理学和同期先后出现的人事心理学、人类工效学（或称工程心理学、工效学）三个分支学科为管理心理学的理论提供了素材。

4. 管理心理学的开创阶段是以梅奥的"霍桑试验"及人群关系理论为基础的。他们将人视作"社会人"，将影响生产效率的因素扩展到人的社会性需要、士气及组织中的非正式群体，为管理心理学奠定了实验的理论基础。此后，勒温创建的群体动力理论，莫雷诺创建的社会测量学，以及马斯洛创建的需要层次论都对管理心理学理论的发展起到了较大的推动作用。

思考题

1. 自然科学大发现对管理心理学研究的影响。
2. 资本主义工业革命时期人性研究的方法。
3. 工业心理学兴起闵斯特伯格研究的几个方面。
4. 梅奥的"霍桑试验"是什么内容？通过试验他得到了什么新的理论观点？
5. 人际关系学说与泰勒的"科学管理"有什么区别？
6. 请说明下列关系：

$$行为 = f(个体、环境),$$
$$成绩 = f(能力、激励),$$
$$生产率 = f(技术、能力、激励)。$$

7. 马斯洛提出人类需要是按生理、安全、社交、尊重、自我实现逐级发生的，你认为对吗？请详细说明马斯洛的需要层次理论。
8. 阳明心学包含哪些内容？其对企业管理者有何启示？

第三章 管理心理学的理论基础

学习管理心理学，必须要具有有关学科的基础理论知识，了解什么是管理，管理的实质、理论和方法是什么，了解什么是人的本质，人的心理和行为等学问。因此，本章准备对管理学、人为学和心理学的基础理论知识，作简要介绍。

第一节 管理学的理论基础

管理学是一门系统的科学，同时也是一门综合性的学科。对这门学科研究内容重点说法不一，有的认为是对人的管理；有的认为是对资源的管理；有的认为管理学重点是研究组织、决策、系统职能的一门科学。马克思在《资本论》中明确指出管理有二重性，它体现着对指挥劳动和监督劳动方面的管理。

一、管理的实质

管理的实质是经济意义上的管理。最初，人类为了生存组织猎取食物，开展农牧及生产活动，同时抵抗自然灾害风险形成了群体活动中的组织管理行为。随着社会经济的发展，人类的管理应用于社会经济生活、政治生活，乃至军事活动中的各个方面。

市场经济阶段中，管理的实质是用以指导人们如何有效地管理社会生产、交换、分配、消费诸过程所有一切活动的。所谓管理，就是对社会生产总过程各环节的运动进行决策、计划、指挥、监督、组织、核算和调节。管理学是从管理实践中形成和发展起来的，是由一系列的管理理论、职能、原则、形式、方法和制度等组成的科学体系。这门学科是由社会科学、自然科学和技术科学相互渗透综合而成的。

从广义上讲，管理学是包括政治、经济、科技等方面的管理，从内容上来讲，经济管理这门学科就包括：工厂企业的管理，部门经济的管理，国民经济的管理和世界经济的管理等。作为管理科学体系，它的构成如图3.1所示。

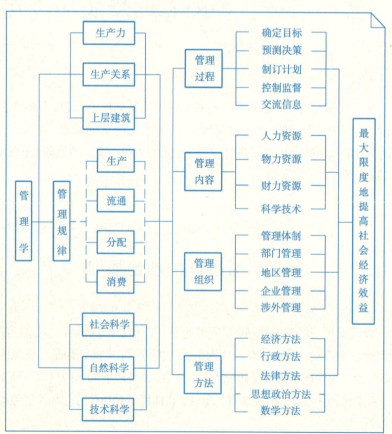

图 3.1　管理学体系

由此可见，管理学是一门具有多功能、多层次、多属性这样一些特点的学科，是一种综合地研究生产力、生产关系和上层建筑的科学体系。自人类有了共同劳动，就一直发生着管理行为的活动，古代许多浩大卓越的工程，不仅是生产技术和协作劳动发展到一定程度的标志，而且也是人类管理才能和经验发展到一定程度的标志。资本主义生产的发展也是这样，如果没有一定的成功的管理作为基础，产业革命、工业生产的进步和大规模发展，是不可想象的。不过，正式把管理作为一门科学加以研究和探讨，则是在近百年才开始的。

二、管理理论

西方管理思想的渊源是古希腊文化传统，它在近代资本主义的条件下演变为具有一定科学形态的管理理论。自泰勒的科学管理理论以来已走过了蓬勃发展的一百多年历史，经历了由古典管理理论阶段的科学管理和组织管理，到行为科学理论阶段的人际关系和组织行为的管理，再到现代管理理论"丛林"阶段的众多理论流派的转变。这三个阶段管理思想的发展与管理实践对现代人类的经济社会发展产生了深远的影响。

彼得·德鲁克在《后资本主义》一书总结了过去 200 年来知识所带来的三次革命：工业革命、生产力革命及管理革命。第一次是工业革命 (industrial revolution)，从 1760 年到 1840 年，核心是机器取代了体力、技术，超越了技能；第二次是生产力革命 (productivity revolution)，大致从 19 世纪末到 20 世纪初，核心是以泰勒制为代表的科学管理的普及，工作被知识化强调的是标准化、可度量等概念。随着电力和生产流水线的出现，规模化生产应运而生。公司这种新组织正是随着科学管理思想的发展而兴起的。第三次是管理革命 (management revolution)，始于 20 世纪 60 年代，知识成为超越资本和劳动力的最重要的生产要素。我们现在正在面临时代大变局的第四次革命，即"智能革命" (intelligent revolution)，从互联网到移动互联网，再到物联网，从云计算再到大数据、区块链，未来商业的一个基本特征是基于机器的人工智能、区块链等的智能化将成为未来商业发展的基础。如何从不确定性的环境中获益将是企业未来面临的挑战。

（一）古典管理理论

这是西方管理理论发展的第一阶段，这个阶段又分别由三种理论组成。

1. 早期管理理论

这种理论产生于 18 世纪下半期，即资本主义发展较早的时期，其主要代表有斯密 (Adam Smith)，这是最早的代表人物，他的代表作是《国民财富的性质和原因的研究》(1776 年)。斯密是从手工业作坊转变到机器生产的过渡时代的经济学家。也就是说，他是产业革命前夕的经济学家。他的劳动价值论，特别是关于分工的理论，对于资本主义的经济管理具有重大的意义。斯密提出了劳动分工的学说，分析了由于工业的分工而获得的经济收益，主要是技术的进步，时间的节约，以及新的机器和工具的采用。这些，对于劳动生产率的提高和资本的增值都有巨大的作用。斯密第一个提出了生产经济学的概念，提出了计算投资效果的概念。另一个重要的代表人物是李嘉图（David Ricardo），他是斯密的继承者，他生活于英国产业革命完成了手工业作坊向机器生产过渡的时代，这时资产阶级的工厂和新的工业制度已经确立。他在1817年发表的《政治经济学和赋税原理》，以劳动价值论为基础，来研究资本、工资、利润和地租，认为工人劳动创造的价值是工资、利润和地租的源流。并由此得出结论：工资越低，利润就越高；反之，工资越高，利润就越低。从而揭示了资本主义经济管理的中心问题和剥削本质。马克思对于由斯密提出后由李嘉图进一步发展的劳动价值论，曾给以很高的评价。

在早期的经济管理理论学说中，如莫尔（Thomas More）、康帕内拉（Tommaso Campanella）、圣西门（Claude-Henri de Rouvory）、欧文（Robert Owen）、傅立叶（Charles Fourier）等的著作中，均有重要的经济管理理论方面的论述。欧文，是这一时期的一位英国的空想社会主义者，又是一位成功的企业家，他所经营的企业，连年盈利。但是他反对刻板僵化的劳动分工，进而反对资本主义剥削制度本身。他认为资本主义制度是使社会贫困的祸根，机器时代破坏了社会融洽和道德风尚。他提出济贫法案，以农业生产为基础的"合作村"的设想。他在经济管理上的特点是：

（1）重视人的因素和人的作用；
（2）实行灵活稳健的人事政策和待人处世的方法；
（3）主张对人力进行投资；
（4）主张改善劳动条件和工资待遇；
（5）主张要与工人和睦相处；
（6）强调对人的本性进行深入了解与剖析；
（7）养成一丝不苟、准确无误的工作习惯。

2. 传统管理理论（又称经验管理）

这种理论的特点是，根据企业多年管理实践的经验积累而成的一整套管理理论和方法。可以列出这一理论阶段代表人物且为人们所熟知的有：巴贝奇（Charles Babbage），他发展了斯密劳动分工学说；还有艾默生（Harrington Emerson），概括管理效率十二原则；麦尤斯，提出的管理六原则；白朗倡立了管理三原则；等等。这些都是一些经验管理的总结。英国数学家巴贝奇，在 1832 年发表了《机器与制造业的经济学》，影响很广。他在斯密的劳动分工学说的基础上对专业化的有关问题进行系统的研究。他对制针工序进行观察研究，得出劳动分工可以提高经济效益的结论：劳动分工可以缩短学会操作的时间；可以节约变换工序所费的时间和原料；同时，由于简单操作的重复而产生的熟练的技巧，可以促进专用工具和设备的发展。他研究了制造程序和工作时间，提出了把专业技能作为工资与奖金基础的原理，是后来被称为"科学管理"的基础，现代工业生产的流水线就是这个思想的应用。关于采取机器代替人力操作的前提，他提出了一系列问题，如产品质量是否可靠，有何经济效果，机器的投资和运行成本、维护费用、运输费用是否合算，等等。巴贝奇在 150 年前提出的这些问题，迄今仍然很重要。

但是，在整个 19 世纪还没有一个完整的生产经济学和生产管理的科学理论。这个时期的工业组织和管理被称为传统管理，其特点实际上是一种经验管理即个人（中心）管理。管理者就是企业所有者——工厂主。管理的目的是维护和扩大工厂主的权益。对于传统经验管理理论，比较有概括性和典型性的是艾默生所概括的管理效率十二原则：

（1）管理人员要有明确规定的奋斗目标；
（2）管理人员要有丰富的常识；
（3）要有精明干练的咨询班子；
（4）要有严明的纪律；
（5）要大公无私，公平待人；
（6）及时、准确、可靠的信息和会计制度；
（7）要有工作的计划和迅捷的调度；
（8）要规定出工作的标准方法，安排好工作的时间进度；
（9）建立标准化的负载条件；
（10）要有标准化的操作方法和环境；
（11）要有明确成文的标准指导条例；
（12）要实行有效率的奖惩制度。

从这里已经可以看到经济科学管理理论的胚胎了，实质上，经济管理理论发展阶段中的经验管理正是为日后科学的经济管理理论的蓬勃发展奠定了基石。

3. 科学管理理论

随着科学技术的发展和大机器生产的社会化程度的不断加强，经济管理理论发展到了一个新的阶段，它的最显著的特点就是以科学技术作为建立经济管理理论的主要依据，由于历史的发展和现实经济的需要，资本主义经济管理理论在这一阶段上，形成了不同的理论学派。比较突出，有影响，且又获得了实践中成功的代表人物有：美国的泰勒（Frederick W. Taylor）、法国的法约尔（Henri Fayol）、德国的韦伯（Max Weber），以及后来美国的古利克（Luther H. Gulick）和英国的厄威克（Lyndall F. Urwick）。

以泰勒为首倡导的科学管理，比较系统地探讨了经济管理问题。他们的目的是在解决如何提高企业的劳动生产率问题。他们在严格的科学试验的基础上，通过所谓标准的操作方法的实施，提出了工作定额原理和标准化原理。与之相适应，他们还提倡推行一种有差别的、刺激性的计件工资制度。他们主张以取得雇主和工人双方的合作作为途径，来提高企业的劳动生产率。因为，雇主关心的是低成本，工人关心的是高工资，很显然着眼点不一致就必然会有矛盾的方面产生。但是，通过科学管理提高了劳动生产率，雇主和工人双方都可以达到目的，这也显示了统一的方面。所以泰勒等人认为，雇主和工人双方协调和合作是有基础的，这基础就是实行科学管理以提高企业的劳动生产率，从而也反证了实行科学管理的措施和方法是能够为雇主和工人双方共同接受的。1911年出版的《科学管理原理》一书，集中地反映泰勒的上述思想和理论，还涉及了计划职能和执行职能的划分，职能管理制的采用和组织结构上的管理控制原理等理论问题。

法约尔在他1916年发表的代表作《工业管理与一般管理》中，提出管理不同于经营，只不过是经营的六种职能活动之一。这是法约尔经济管理理论最主要的基点，所谓经营的六种职能是：技术活动、商业活动、财务活动、安全活动、会计活动和管理活动。对于管理活动，他强调了五种作用，即计划、组织、指挥、协调、控制。在论述管理活动这五种作用的基础上，法约尔提出了十四条管理原则即：①分工；②权限与责任；③纪律；④命令的统一性；⑤指挥的统一性；⑥个别利益服从于整体利益；⑦报酬；⑧集权；⑨等级系列；⑩秩序；⑪公平；⑫保持人员稳定；⑬首创精神；⑭集体精神。法约尔的这十四条管理原则，在本质上与艾默生的管理效率十二原则无显著差别，这就说明在经验管理和科学管理之间，没有明确的理论上的标志可划分，只是更为清楚地表明经验管理在实践中量的规定性的变化，导致了理论上质的规定性的变化，从而使经验管理更加系统化和理论化，形成了科学管理的理论。

所谓理想的行政组织体系理论的创立者——韦伯，在他的《社会组织与经济组织理论》一书中，详尽地阐述了他的理论。韦伯认为，为了实现组织的目标，要把组织中的全部活动分解为各种基本的业务，以分配给组织中的每个成员。要求用权责合一的等级原则把各类成员组织起来，形成一个指挥体系或者阶层体系。强调必须建立不受个人情感的影响而在任何情况下都适用的规则和纪律,组织中人员之间的关系则完全以理性准则为指导,他着重指出:这种理想的行政组织体系能够提高工作效率,在精确性和稳定性,纪律性和可靠性方面都优于其他组织体系。

泰勒、法约尔、韦伯等人所倡导经济管理理论是科学管理理论的创世之说,因此,从狭义上来讲,也曾被称为科学管理阶段的"古典管理理论"。他们的理论被后来的厄威克和古利克系统地加以阐述和整理。厄威克由此而得出了他认为适用于一切组织的八项原则:①目标原则,即所有的组织都应当表现出一个目标;②相符原则,即权力和组织必须相符;③职责原则,即上级对所属下级工作的职责是绝对的;④组织层级原则;⑤控制广度原则,即每一个上级所管辖的相互之间有工作联系的下级人员不应超过5人或6人;⑥专业化原则,即每个人的工作应限制为一种单一的职能;⑦协调原则;⑧明确性原则,即对于每项职务都要有明确的规定。而古利克则把各家有关管理职能的理论加以系统化而提出了有名的管理七职能论。这七种职能是:计划、组织、人事、指挥、协调、报告、预算。

从泰勒等人开始从事管理的实际试验和创立科学管理理论算起,迄今已过百年。他们的理论对管理科学的发展起了决定性的深远影响,其中许多原理和做法不仅至今仍被西方国家所采用,而且这些理论作为一系列科学方法的总结被中国经济管理理论所汲取。因此,认识和了解西方管理理论的起源和发展,对于中国提高经济管理水平,不无借鉴作用。

(二)行为科学理论

这是西方管理理论的第二个阶段。是从1920年代开始的"人际关系"——"行为科学"的理论。前一阶段科学管理学派强调严格管理,认为管得严才能出效率。"行为科学"学派,则强调人的行为,认为从人的行为本质中激发动力,才能提高效率。所谓行为科学,就是对工人在生产中的行为以及这些行为产生的原因,进行分析研究,以便调节企业中的人际关系,提高生产率。它研究的内容包括:人的本性和需要,行为的动机,尤其是生产中的人际关系(包括领导和被领导的关系)。行为科学,是随着资本主义社会矛盾的加剧才应运而生的。当泰勒等人创立的所谓科学管理的血汗实质被工人识破而开始日益无效的时候,一些西方资产阶级经济管理学者为了挽救颓势,把资本主义的社会学和心理学等引进企业管理的领域,提出用调节人际关系、改善劳动条件、注重人的内在因素等办法来提高劳动生产率。行为科学理论从它的形成和发展来看,可以大致上分成三个时期。

1. 早期的人际关系理论

1920年代后期,作为行为科学理论的奠基者——美国的梅奥和罗特利斯伯格（Fritz J. Roethlisberger），在美国进行了有名的霍桑工厂试验。在实验结果的基础上，提出了以下几条原则：

（1）工人是"社会人"，是复杂的社会系统的成员，必须从社会、心理方面来鼓励工人提高劳动生产率。

（2）企业中并存着"正式组织"和"非正式组织"，所谓非正式组织就是指人们在共同的劳动过程中，由共同的人性上的感情形成的联结，它对生产率有很大的影响。

（3）以通过对职工满足程度的提高来激发职工的积极性，从而达到提高生产率目的，是衡量领导能力的一种新型的标准。强调一个具有这种新标准能力的领导者，必须在企业的正式组织的经济需求和工人的非正式组织的社会需求之间谋求平衡，只有这样才能解决劳资冲突和矛盾，有效地提高生产率。梅奥和罗特利斯伯格以他们的论著《工业文明的人类问题》《工业文明的社会问题》《职工的生产率中的人的因素》等，创立了行为科学的基础理论，由此吸引了大量的西方经济管理学者，从而推动了行为科学理论的发展。

2. 行为科学理论的形成时期

20世纪四五十年代，行为科学的名称被确定以后，这门学科的理论，都有较大的发展。行为科学在这一时期的发展，主要集中在四个方面。

（1）马斯洛的"需要层次论"认为，要尽可能在客观条件许可的情况下，针对不同的人对不同层次的需要的追求使其得到相对的满足，只有这样才能解决现实社会的矛盾和冲突提高生产率。美国的赫茨伯格又进而对满足职工需要的效果提出了"激励因素-保健因素理论"，认为仅仅是满足职工的需要还不能排除消极因素，应当注重"激励因素"对人的作用，这样才能使满足人的各层次需要的工作收到提高生产率的实效。就如卫生保健不能直接提高健康状况，但能有预防作用那样，"激励因素"可以认为是消除职工不满和抵触情绪的一种"保健因素"。至于如何提高这种激励因素的激励力，弗罗姆又提出了"期望几率模式理论"，他认为，选择性行动成果的强度，即某一行动成果的绩效，以及期望几率，即职工认为某一行动成功可能性的程度，这两者直接决定了激励因素的作用大小。这就使对人的需要动机和激励问题的研究在理论上更加完整和系统化了。

（2）人性管理理论，即研究同企业管理有关的所谓"人性"问题。在这方面比较有影响的学派有麦格雷戈（Douglas McGregor）的"X理论-Y理论"和阿吉里斯（Chris Argyris）的"不成熟-成熟理论"。麦格雷戈从对那种以约束和强制为主的传统管理观点——X理论的否定和批驳为出发点，提出：人不是被动的，只要给予一定的外界条件就能激励和诱发人的能动性，在目标和动机的支配下努力工作，取得成就。主张出现问题时要多从管理本身去找妨碍劳动者发挥积极性的因素，这就是所谓的"Y理论"。麦格雷戈认为只有"Y理论"才能在管理上有效而获得成功。阿吉里斯提出，在人的个性发展方面，有一个从不成熟到成熟的连续发展过程，它意味着人的自我表现程度的加强。他告诫人们说，现在的企业结构和劳动组织把职工束缚在"不成熟"阶段，人为地抑制职工的"自我表现"，这就必然会伤害人的积极因素，造成劳资双方的对立。解决的方法是：建立以职工为中心的，参与式的领导方式；扩大职工的工作范围；加重职工的责任；依靠工人的自我控制和自觉行动。这种理论的出现在一定程度上调和了雇主和职工的矛盾和冲突，为西方一些后起的企业所采用。

（3）群体行为理论，即研究企业中非正式组织以及人与人的关系问题。群体动力理论的鼓吹者勒温，详尽地论述了作为非正式组织的团体的要素、目标、内聚力、规范、结构、领导方式、参与者、行为分类、规模、对变动的反应等，基本原则是继承和发展了行为科学早期理论的代表人物梅奥和罗特利斯伯格的思想。另一个对群体理论颇有影响的人物是美国的布雷德福，他主要是研究企业中人与人的关系，提倡实行"敏感性训练"，通过受训者在团体学习环境中的相互影响，使受训者更加明确自己在团体组织中的地位和责任，加强对自己感情和情绪的敏感性以及人与人关系处理的敏感性，从而能自我修正自己的行为和动机，使之与团体的目标一致而提高工作效率。这一理论对当今现代管理理论产生了很重要的影响，成为当代经济管理理论的一个重要组成部分。

（4）领导行为理论，即研究企业中领导方式的问题。作为行为科学理论的一个重要分支，代表性的理论有："领导方式连续统一体理论""支持关系理论""双因素模式""管理方格法"。以坦南鲍姆（Robert Tannenbaum）和施密特（Warren H. Schmidt）为首的"领导方式连续统一体理论"，从总体概念上强调了在企业的领导方式中，从集权的到民主的，从领导者为中心到职工为中心的方式中，存在着多种多样的，带有连续性和统一性的领导方式，应当根据企业人和物的状况、当前和将来的利益、目标和趋势来具体选择最有效的领导方式。以利克特（Rensis Likert）为首的"支持关系理论"，则从被管理者的社会和心理观念出发，认为领导者必须诱导职工认识到，他们在工作中的经验和接触是能够提高自己价值和重要性的，领导方式应当偏重以职工为中心的民主式，只有这样才能达到提高生产效率的目的。而以斯托克迪尔（Norh Stockdill）和沙特尔（Card Chartres）为代表的"领导行为四分图"和以布莱克（Robert R. Blake）和莫顿（Jane S. Mouton）为首的"管理方格理论"，又主张扬长避短，兼收并蓄各种管理方式，他们认为组织中的领导行为的两个主要因素,即主动结构(以工作为中心)和体谅(以人际关系为中心)必须结合起来,不应当在企业领导工作中趋于极端的方式,而应当是综合的领导方式。布莱克和莫顿还形象地设计了一种方格图表,以对生产的关心为横轴,以对工人的关心为纵轴,每根轴线分为9小格,共有81个方格,以这种形式来表示各种不同的领导方式,从不同的生产、费用、销售等曲线的最佳值域来选择最有效的领导方式。

3. 行为科学理论发展新时期

行为科学形成以后,迅速地发展和丰富起来,近期已发展到一个不同于形成阶段的新时期,其特点在于:有把行为科学与"科学管理理论"调和起来的倾向。但是这并不表明行为科学理论的颓势和无出路,相反,它对现代经济管理理论的形成产生了重要的直接的影响。

(三)现代管理理论

这是西方经济理论发展的第三个阶段,随着现代科学技术的飞跃发展,社会生产力的迅速提高,生产的社会化程度也日益加强了,经济管理理论的发展也随之活跃起来,继行为科学的形成和发展之后,出现了一系列的经济管理理论学派,如社会系统学派、决策理论学派、系统管理学派、经验主义学派、权变理论学派和管理科学学派等等,从而形成了经济管理理论的新阶段——现代管理理论。各个学派的思想和原理,既有渊源上的联系,又有观点上的论争。其中比较有影响的是社会系统学派,在这一学派的理论体系中又发展衍生出决策理论学派和系统管理学派。现将各种理论学派的基本原理和主要观点分述如下。

1. 社会系统学派

这一学派的主要代表巴纳德(Chester Barnard)认为,社会的各级组织都是一个由相互进行协作的个人组成的系统。它包括三个要素:协作的意愿、共同的目标、信息的联系。而非正式组织则与正式组织互相创造条件,并对正式组织产生积极的影响,并进而要求各级经理人员在系统中作为相互联系的中心,对协作的努力进行协调,以保持组织的活力。

2. 决策理论学派

这是在接受了行为科学、系统理论、运筹学和计算机程序等科学内容以后,从社会系统学派中发展形成的。其代表人物西蒙(Herbert A. Simon,中文名司马贺)等人认为决策贯穿着管理的全过程,强调决策和决策者在系统中的重要作用,建立了有关决策的过程、决策的准则、程序化的决策和非程序化的决策、组织机构的建立与决策过程的联系等理论原则。

3. 系统管理学派

它也是从社会系统学派中衍生出来的,它侧重于从系统的观点来考察和管理企业，以提高生产效率。这一学派强调各个系统和有关部门的相互联系网络的清楚有效，对当代系统管理经济中的自动化、控制论、管理情报系统、权变理论的发展有重要影响。

4. 经验主义学派

它的代表人物是德鲁克和戴尔等人，他们认为，以往的"科学管理理论"和行为科学已不能适应现代管理的需要和多方面的期望，强调要注意当今的企业管理现状和实际需要，主张注重大企业的管理经验，以此作为当代经济管理理论的基点。

5. 权变理论学派

这是随 20 世纪 70 年代西方国家科技进步、经济发展、政治剧变和职工构成及技术水平的改变，应运而生的一种经济管理理论。这一学派认为管理要根据企业所处的内外条件随机应变，不存在什么一成不变、普遍适用的"最好的"管理理论和方法，这种经济理论曾产生了一定的实用价值。

6. 管理科学学派

其创立者伯法（Elwood S. Buffa）等人认为，管理就是运用数学手段来表示计划、组织、控制、决策等合乎逻辑的程序，并通过电子计算技术求出最优的解答，以达到企业的最终目标。

以上是西方国家现代经济管理理论的一些主要学派，除此以外还有组织行为学派、社会技术系统学派、经理角色学派、经营管理理论学派等等，在这里就不一一介绍了。现代科学技术的高度发展及其在生产中的应用，也必然使生产劳动中脑力劳动的作用越来越大。科学技术人员在职工队伍中的比重不断增长，对他们的技术要求越来越高，在直接生产工人的劳动中，脑力劳动的部分也趋于增多，对各级经济管理人员应具有的生产技术知识和管理业务知识的要求更加深广。

（四）管理理论新发展

1. 西方近年来的管理新思潮的发展趋势

第二次世界大战后西方在人文领域出现了多元化研究思潮，对管理心理学的发展与演变形成冲击。

由于第二次世界大战，西方社会经历了前所未有的强烈冲击和空前的灾难。在废墟和混乱中，西方社会面临着重建家园的挑战。这种挑战中建立新的世界秩序成为理论界与实践者们关注的核心问题。

西方的学者与管理者们在反思历史失败教训中，试图探索出适合世界新的秩序的理论与思想。在这种大环境下，出现了二战后西方人文哲学发生巨大变革，并直接影响了人文学科与思想的变革。

西方传统的价值观、人生观、世界观、社会观与发展观受到批判。他们试图寻求使西方社会摆脱经济低迷，减少世界摩擦并能够促进人类共同发展的新价值观、新的世界观、新人生观、新社会观。

这个时期，新思潮既成为社会发展的必然产物，也成为社会大众的精神新寄托和渴望，同时，也是思想家、历史学家、艺术家以及经济学家的时尚。这一过程主要出现如下几个人文学派的变革，这些学派直接影响了包括管理学、文化学、人类学、建筑学及社会自然等诸多学科的变革。

2. 自20世纪60年代以后的管理心理学新发展

20世纪六七十年代，由于日本经济的飞速发展，日本诸多大企业在世界五百强中逐渐增加，并替代了美欧诸多企业。威廉·大内（William Ouchi）的《日本的管理艺术：美国如何迎接日本的挑战》《Z理论》《企业战略》；沙因（Edgar Schein）的《组织文化》等推动了20世纪西方管理新思潮的到来。

20世纪八九十年代波特（Michael Poter）结合管理与经济分析出版了其三部曲《竞争战略》《竞争优势》《国家竞争优势》。一方面体现出管理学与经济学融合的趋势，另一方面清晰表现出管理学发展的多元化思潮。接着《知识管理》《非理性思潮》《只有偏执狂才能生存》《十倍速社会》等等新思潮不断涌现。

20世纪80年代后的"文化人"假说对人性进行了进一步揭示，这在迪尔（Terence Deal）和肯尼迪（Allen Kennedy）于1982年写的《企业文化——现代企业的精神支柱》一书中得到阐述。企业行为与人性精神层面的研究已经成为当代企业经济研究的一个热点。

在20世纪60年代初，彼得·德鲁克提出了知识工作者和知识管理的概念。即"知识人"的假设。他指出，在新经济时代，知识不仅是与传统生产要素（劳动力、资本和土地）并列的资源，还是当今唯一有意义的资源。1993年，德鲁克在他的新著作中认为，知识已经成为最重要的资源，而不是一般的资源，这个事实正是新型社会独一无二的特征。在一个基于知识的社会中，最基本的经济资源是知识，"知识工作者"（knowledge worker）是企业最宝贵的资产。知识工作者将发挥越来越重要的作用，每一位知识工作者都是一位管理者，知识型员工具有更高的素质、良好的自我管理能力，严格控制在他们身上显得多余。在德鲁克的定义中，知识工作者就是一个知识管理者（knowledge executive），他知道如何将知识分配到最有用的地方，就像资本家知道如何把资金分配到最有用的地方一样。

20世纪90年代中后期，在德鲁克"知识人"的视野下，素有"知识创造理论之父"之称的日本知名管理学者野中郁次郎进一步发展了面向知识人的管理体系。在《创造知识的企业》一书中，他提出了知识创造理论,以知识创造能力来诠释日本企业的成功,强调了知识创造过程是一个以人为中心的集体创造过程。所谓的组织知识创造,是指一家企业作为整体创造新知识,在整个组织中传播,并把它体现在产品、服务和系统中的能力上。这是日本企业独特创新方式的关键。因为它们特别擅长持续不断地、渐进改良式地以及螺旋上升式地产生创新。野中郁次郎认为,日本企业是通过"由内向外"的过程进行创新的,并非诺贝尔经济学奖获得者赫伯特·西蒙(Herbert Simon)所提出的"信息处理范式"——一种"由外向内"的分析机制。野中郁次郎认为知识创造由四个部分组成,即社会化(socialization)、外显化(externalization)、组合化(combination)和内隐化(internalization)。这四个部分是组织知识创造的"引擎",即知识转换的SECI模型。体现了隐性知识与显性知识相互作用创造新知识的组织范式。同时,野中郁次郎非常看重"场"的概念,认为知识创造的关键在于"场"与团队。场是一个活动的共享背景,发生在特定的时空背景下,它是个体之间知识交互与创造的基础。不同的场能通过相互连接形成更大的场。为此,他强调了中层管理者的战略价值,认为"自中向上而下式"的管理模式兼备了"自上而下式"与"自下而上式"两种管理模式的优点,是最适合进行组织知识创造的模型。此外,他提出的"超文本组织"则吸收了官僚制和特别工作组的优点,将企业运作效率、稳定性、知识创造的有效性与动态性有机地结合在了一起,体现了东西方管理智慧的现代结合。野中郁次郎强调,企业应以"为社会创造更好的产品"为理念,以"创造未来"的精神实施创新活动。从这个意义上讲,企业需要更明智地开展商业活动和自我管理来造福人民[1]。

20世纪90年代以来,哈默(Michael Hammer)和钱皮(James A. Champy)以《再造企业——工商业革命宣言》一书,在美国和西方发达国家中掀起了一场企业再造革命。接着又陆续出版了《再造革命》(1995)、《管理再造》(1995)、《超越再造》(1996)、《企业行动纲领》(2002)等著作。

美国学者圣吉(Peter M. Senge)的著作《第五项修炼》中,对人类群体危机的症结中有了个人与群体价值观的突破,开始了人的心智模式的研究,提出了公共愿望与团队学习的学习型组织。萨维奇(Charles M.Savage)与其虚拟企业及动态协作团队,建立在人本理念研究基础上,在《第五代管理》中提出协作团队的概念。另外,美国日裔学者威廉·大内在1981年出版的《Z理论》及美国麻省理工学院斯隆管理学院教授沙因《企业组织文

---

[1] [日]野中郁次郎(Ikujiro Nonaka)、[日]竹内弘高(Hirotaka Takeuchi):《创造知识的企业:领先企业持续创新的动力》,吴庆海译,人民邮电出版社2019年版。

《化》的研究对经济学的企业理论也具有重要的借鉴意义。

表 3.1　西方管理理论的发展与演进

理论发展	主要管理理论	代表人物和著作
古典管理理论阶段	・工厂代替作坊 ・劳动分工 ・科学管理 ・一般行政管理 ・官僚行政理论	√亚当・斯密《国富论》（1776） √查里・巴贝奇《论机器和制造业的经济》 √泰勒《科学管理理论》（1911） √法约尔《工业管理与一般管理》（1916） √马克斯・韦伯《社会组织和经济组织理论》（1947）
行为科学理论阶段	・行为管理 ・定量管理	√玛丽・帕克・福列特《福列特论管理》 √梅奥《工业文明中人的问题》（1933） √麦格雷戈《企业的人性面》（1960）
现代管理理论"丛林"阶段	・目标管理 ・过程管理 ・公司战略（竞争战略） ・系统管理 ・权变管理 ・精益生产 ・全面质量管理 ・大规模定制 ・流程再造 ・ERP ・平衡积分卡（BSC） ・非理性主义思潮 ・企业文化 ・虚拟组织 ・核心能力理论 ・学习型组织 ・世界供应链 ・业务外包 ・颠覆性创新 ・知识管理理论	√赫伯特・西蒙《管理行为》（1947） √彼得・德鲁克《管理的实践》（1954） √赫伯特・西蒙、詹姆斯・马奇《组织》（1958） √哈罗德・孔茨《管理丛书》（1965） √伊戈尔・安索夫《公司战略》（1965） √菲利普・科特勒《营销管理》（1968） √系统管理学会《经营系统》（1975） √大野耐一《丰田的生产系统》（1978） √威廉・大内《Z理论》（1980） √迈克・波特《竞争战略》（1980） √理查德・帕斯卡和安东尼・阿索斯《日本的管理艺术》（1981） √汤姆・彼得斯和罗伯特・沃特曼《追求卓越》（1982） √查尔斯・汉迪《非理性时代》（1989） √大前研一《无国界的世界》（1990） √威廉・戴维陶，麦克・马隆《虚拟企业》（1992） √迈克尔・哈默《公司再造》（1994） √彼得・圣吉《第五项修炼》（1994） √詹姆斯・柯林斯、杰里・波拉斯《基业长青》（1994） √野中郁次郎《创造知识的企业》（1995） √克莱顿・克里斯坦森《创新者的窘境》（1997）
管理理论新发展阶段	・蓝海战略 ・量子管理 ・阿米巴经营 ・人单合一	√W. 钱・金（W. Chan Kim）和莫博涅（Mauborgne）《蓝海战略》（2005） √查尔斯・汉迪《觉醒的年代》（2007）、《第二曲线》（2012） √稻盛和夫《阿米巴经营》（2009）

3. 东方管理文化精髓及发展方向

（1）东方管理文化精髓。东方管理思想体系的文化精髓体现在十二字方针中，即，"以人为本、以德为先、人为为人"，"以人为本"这里所谓的

"人"就是处于管理系统中的人，即中国古代所谓的"民"，中国古代传统哲学是以"人"为核心的。在东方管理文化中我们定义"以人为本"即：一切以人为核心，实现人的全面、自由、普遍发展。

（2）管理学发展未来的方向。东方管理代表了现代管理学研究的发展方向。它提出社会责任，以及人与社会自然及宇宙的协同发展主张，强调企业管理人性化的发展方向。

（3）东方管理认为从社会治理秩序看，社会、企业与个人正进一步走向整合化、柔性化和人性化。东方管理是无形资产管理的精髓，东方管理对无形资产的管理上展现了"人为为人"的本质内容，各种管理必将会实现以"人"为中心、"人为为人"观念的殊途同归。

西方管理理论的发展与演进如表3.1所示。

三、管理现代化的挑战

按照现代化大生产对管理提出的要求，管理现代化主要包括以下六个方面的内容。

（一）管理思想的现代化

管理思想的现代化就是要把企业视为自主经营、自负盈亏的市场竞争主体，树立市场观念，服务观念，竞争观念，革新观念，经济效益观念和战略观念等。在经济管理的具体过程中，既要发展生产，又要加强经营，既要重视计划，又要注意市场，要把市场作为经济管理中的一个重要环节，相应地改变经济管理组织、制度和方法，提高经济效果。

（二）管理组织的高效化

就是要根据生产关系适合生产力，上层建筑适合经济基础的原理，根据集权和分权相结合，统一性和灵活性相结合的原则，建立管理机制，设置管理机构，确定生产组织和劳动组织，克服官僚主义，提高工作效率，促进生产力的不断发展。

（三）管理方法的科学化

就是要有一套适合现代化大生产要求的科学办法，使各项经济管理工作做到标准化、系统化、准确化、文明化和最优化。要事事有标准，人人讲标准，有章可循，照章办事；要在科学预测的基础上制定企业的目标，并对实现这个目标的有关因素及其内在的联系，进行定性和定量相结合的系统分析；要掌握充分、准确的数据，凭数据说话，而不能靠直观判断，凭经验办事；要重视文明生产，改善工作环境和劳动条件。建设一个项目，设计一个产品或处理某一个重大管理问题，要拟定多种方案，进行技术经济分析，从中选择一个最优方案。

(四)管理技术的智能化

随着现代化生产和互联网技术的发展,经济活动的信息量急剧增加,对信息处理的能力速度和准确性及数据分析与挖掘的能力提出了更高的要求,也推动了企业向数字化、智化转型。将大数据分析、深度学习、机器学习等智能技术运用于管理的趋势不可阻挡,可能会对现有的企业管理产生颠覆性的影响。

(五)管理人员的专业化

就是要由各方面的专家来管理。现代化工业生产,产品系列化、性能多样化、元件标准化、生产专业化。在一个企业或部门中,从设计、工艺、设备、质量管理、供销、经济核算等都已发展成为一门独立的学科,并创造了许多专业性的技术和方法,这种管理工作专门化,必然要求经济管理人员的专业化。

(六)管理方式的民主化

就是经济管理要求发扬民主,要发挥下级管理部门和管理人员的积极主动性,要广泛地组织工人参加管理。由于生产资料所有制不同,国家的性质不同,经济管理的目的不同,社会主义经济管理的民主化同资本主义的所谓经济管理民主化有着本质的区别。

上述管理现代化六个方面的内容,是密切联系、相互促进和缺一不可的。就其本身的内在联系来说,管理思想是核心,管理组织是保证,管理方法是基础,管理人员是条件,管理技术是手段,管理方式是途径。管理现代化同其他现代化一样,是一个具有特定含义的世界性的概念,不因国家性质、社会制度的不同而有本质的差异,同时它又是一个变化和发展的概念,它所包含的内容和要求是不断变化和发展的。20世纪初泰勒的科学管理理论只是代表那个时代的管理现代化,显然今天的管理现代化,无论是外延还是内涵都已有了极大的发展。管理现代化又将随着生产和科学技术的发展,而产生更加巨大的变化和发展。了解管理学的内容、理论和管理现代化的问题,对于我们学习管理心理学具有指导意义。

第二节 人为学的理论基础

人为学也称人学或行为学,是研究人的哲学,研究人的本质与行为运动规律的学问。其学说,早在两千年之前古代思想家就开始研究,但未正式形成一门学科。其理论散见于古今中外各书。这里，我们首先提出人为学作为一门学科，主要研究三方面的内容：①人的本质；②人的行为；③人为学说探讨。这门学问的研究对学习管理心理学有密切的关系。

一、人的本质

探讨人的本质，是我们学习研究管理心理学的出发点。对于什么是人，在历史上有不同看法。马克思首先提出人是社会关系的总和的观点。

（一）人是什么

关于人是什么的问题，东西方哲学家探索了很多。

1. 东方的人性观

东方的"人性"观体现在如下几方面的描述中：[1]

（1）人乃万物之精。中国史书中记载有人的起源的相关内容。它多从人的起源方面说明人的本质。我国古代有人与万物"混生"或说"俱生"说。所谓"元气蒙鸿，启阴感阳，乃孕中和，是为人也"；所谓"阴阳相成，万物乃形，烦气为虫，精气为人"，如此等等。

无非说明阴阳二气生万物、生男女、人的本质就是元气与精气。在《荀子·解蔽》中也有"人为万物之灵"等说法，表达了对人性为万物之精的尊重思想。

（2）人居万物之贵。春秋时期道家鼻祖老子曾言："域中有四大，道天地人，人居其一。"这是人贵思想的最早诠释。《小戴礼记·礼运》中有"人者，五行之秀气也"的记载。

（3）性善性恶。中国古代的孟子曾经把人性归于性本善，而中国古代的荀子曾把人性归为性本恶。这些归纳主要是从人的感觉、情绪、理性、意志力所影响的人的行为与社会伦理的关系方面解释人的本质或人的属性。

（4）仁孝义礼智的心性。中国儒家从道德伦理文化方面解释与规范人的本质。孔子的《大学》中即倡导以德行作为人的社会活动的指导，孔子说个人在社会行动规范上要"尊五美"，提出："德者，本也；才者，末也。"墨子在《尚贤上》也对人的社会行为规范提出了标准，他说："厚乎德行，辩乎言谈，博乎道术者。"即是指以厚德作为人的社会行为规范的根本。中国孔子把人归于仁，甚至把敬顺父母的"孝"看作是区别于犬马一类动物的标志。他从人的本性出发提出"仁者爱人"的入世思想。孟子把人归于仁、义、礼、智的存在，提出了"民本君轻"的思想，即是从道德文化特征上对人的本性的规范。

---

[1] 苏东水:《东方管理文化探索》,《当代财经》,1996年2期,第3页。

2. 西方的人性观[1]

西方文化价值观特征体现在，"唯神、重物、人合乎神、重利己、重国家干预、重自由放任"。表现在以下几个方面[2]：

（1）精神生活奉"神"。西方国家对人的观念一直处于在古希腊文化传统的影响之下发展的。在我们具体地追究其文化的本源的论述时，不难发现西方国家对于人的价值观的认识与东方国家的认识有很大的不同。西方国家社会文化是以"神"作为社会精神生活的内容。

（2）社会生活奉"物"。西方社会生活是以"资本"为内容，以"物"为基础的，而精神世界是上帝的世界，它是与人没有关系的，所以他们认为人的世界就是物质的世界。人如同土地、资本一样，属于按照原子一样的物质运动的东西。所以西方不能把人看作具有精神与物质的综合体，他们认为精神与物质是两分的。在这种基础上的对于人的认识表现为是自私自利为核心的个人主义价值观。内容涉及从自然哲学领域到社会哲学领域中各个方面。

（3）社会关系为"契约型"。西方国家的社会文化传统本质是一种"契约型"的，形成的是一种法制社会。社会活动的精神理念是以"资本"为中心，社会中人与人之间私有利益以明确的法律边界为约束的，社会关系建立在私有财产法律界定的利益关系基础上。

（4）人与自然关系对立。西方价值观趋向在整个工业文明发展历史中体现了人与自然关系对立的过程。西方古典哲学传统就包含着人与自然关系对立的矛盾。他们所强调的以各自运动的原子为中心，割裂人与宇宙关系的整体性，体现了人与自然关系主客、物我两分状态。西方古典哲学阐明的思想是人与自然两个不协调的、对立的过程。这导致西方整个工业文明过程中，人类对自然的索取，以及人与自然矛盾的不可协调。西方国家的学者曾对这种对立关系提出了"资源极限理论"。

（二）人的认识评价

人是具有情感特征的动物。这一点在东西方哲学中都有相似的认识。不过西方人文哲学将人性观引入管理领域则相对晚得多。文艺复兴、启蒙运动时期的思想家用世俗的人性反对天国的神性（也就是自然科学发展用以自然哲学指导人性研究，反对神性）。但是，他们所说的爱、人性等，乃是启蒙运动时期的思想、感情，仍然是那个时代特殊的社会心理。道德感、同情心、宗教感情以及意志、理性、爱等，虽然是人的一种本质力量，但它们都是由于文化长期而持续的发展产生出来的。

---

[1] 苏东水：《东方管理文化探索》，《当代财经》，1996年2期，第3页。
[2] 同上。

1. 早期关于人的认识的宿命观

（1）人具有宗教信仰。在西方柏拉图（Plato）把人的本质归结为宗教信仰。柏拉图之后，阿奎那（Thomas Aquinas）、圣·奥古斯丁（Saint Augustine）等，都把宗教信仰看成是人与动物的根本区别。我们知道，道德规范是人类社会关系发展的产物。而宗教信仰本身也是文化发展的不同形式，因此，用它们都不能真正说明人的本质。

（2）神化宿命的神秘的质料。人的认识的宿命观在东西方人文哲学，乃至宗教哲学都不乏拥趸。比如，中国的佛家、道家等宗教哲学，以及西方的天主、基督教哲学。

亚里士多德（Aristotle）虽然力图从理性、善、美等方面说明实体的人，但当他把人的来源归结为神秘的"没有质料的形式"的时候，也就悄悄地向神性上让步了。他说：

"人们在好几种意义上，把一件东西说成是第一的；但是实际在任何意义上，比如：在对人的定义上、在认识程序上、在时间上——都是第一的。"

2. 现代科学发展对于人的认识

（1）生物进化的结果。随着科学的发展，从生物进化的角度认识人是科学发展的结果。它从人体的结构及其功能适应环境的过程解释人的本质。这种观点可以追溯到达尔文（Charles R. Darwin）的进化论。达尔文从生物进化论的角度认为，人的情感、意识都不是凭空产生的。

只有到"长期而持续的文化把人提高以后，才在人的心理上出现"。高等动物在不同程度上存在着"记忆、注意、联想，乃至少量的想象和推理的各种能力"。

以此说明人的生物进化的本质。达尔文的进化论说明了人的来源但不能说明人的本质和人的规定性。

（2）科学实验方法对人性认识。随着生物遗传学、人体解剖学以及社会生物学、社会学、心理学、行为科学的发展，愈来愈从自然科学和社会科学两个方面解释人的结构性变化及其适应环境的过程来说明人的本质。比如，美国社会生物学家威尔逊（Edward O.Wilson），在《新的综合》一书中从个体、群落、基因群、基因库等结构性变化说明人性、人的行为本质。

（三）人的本质的多种表达

"人"这个字眼，看来似乎很简单，其实不知包含着多少深刻的含义。人是什么？许多人可能以为这根本不是一个问题，而不屑回答。谁不知道什么是人？我们就是人嘛！其实，这样回答并没有解决问题。由此，我们想到古希腊神话中那个有名的斯芬克司之谜。狮身人面女怪常叫过路人猜谜，并且规定条件，猜不中的都要给她吃掉；猜中了，她即自杀。谜面是：什么东西在早晨用四条腿行走，中午用两条腿行走，晚上用三条腿行走？不知有多少人因猜不中此谜而成了女怪果腹之物。后来，希腊英雄俄狄浦斯揭开了谜底——这就是人。人在婴儿时用四肢爬行，稍长后用两条腿走路，老年时用手杖帮助行走。女怪大喊一声，滚下山去，自杀而死。谜底揭开之后，读者可能觉得，这太简单了，不是吗？那就是人嘛。可在此之前，人们为此不知付出过多大的代价啊！斯芬克司之谜的谜底只回答了"这个东西是人"的问题，到底人是什么？它并没有涉及。如果你说我们就是人，和"这个东西是人"一样，并没有使人们对人是什么的认识前进一步。在相当长的历史时期里，人们对这个问题的认识是很模糊甚至错误的。可以说，"人是什么"的问题，是人类认识史上的又一个斯芬克司之谜。

古希腊哲学家巴门尼德认为，人是从土中生出来的。德谟克利特认为，人是从地里出来的，就和虫豸之类产生的方式一样。由此看来，人和动物的界限，他们还不能区分开来，并且对于人的产生的看法也是非科学的。一些学者力图把人和动物区分开来。比如古希腊哲学家亚里士多德（Aristotle）把人定义为"陆栖两脚的动物"。中国古代也有类似的说法。《列子·黄帝》指出："有七尺之骸，手足之异，戴发含齿，倚而食者，谓之人。"他们虽然看到人的身长、体形特征、居住和饮食方式不同于动物，但也没有把人和动物真正区分开来。

欧洲的中世纪是宗教神学统治的黑暗时代。在这一时期的宗教家看来，人没有独立的本性，人是上帝创造出来的，上帝也就是人的本质。近代资产阶级及其学者对人作过系统和富有成果的研究。他们用人权反对封建主义的神权，引起了对人的研究的普遍兴趣。他们反对把人归结为上帝，主张还其自然，认为人是有血有肉、有着各种欲望并应得到各种享受的。但具体的说法又各个不同。

英国哲学家培根说："人不过是自然的仆役和翻译员。"法国哲学家拉美特利说："人是一架复杂的机器。"他还以《人是机器》为题目写了一本书。德国哲学家路德维希·费尔巴哈是近代资产阶级学者中，对人的研究最富有理论成果的学者。费尔巴哈反对用神学的观点来解释人，认为人不是上帝的作品而是自然界的产物，人的本质不是上帝而是它自身。"理性、爱、意志力"等等就是人的本质。费尔巴哈从人是自然界的产物去考察人的本性，这无疑是反对宗教神学的一颗有力的炮弹，但他考察的仅仅是"人自身"，而不是现实的历史的人，是抽象的人而不是处在一定社会关系中的人，因而他所理解的人的本质，正如马克思指出的，只是"理解为'类'，理解为一种内在的、无声的、把许多个人纯粹自然地联系起来的普遍性"[1]。

---

[1]《马克思恩格斯选集》(第1卷)，人民出版社2012年版，第135页。

因此，承认人和动物一样，具有自然属性，不是马克思主义的创见。把意识作为区分人和动物的标志的，首先也不是马克思。历史上许多进步的思想家、革命家都是这样看的。如文艺复兴时期英国大戏剧家莎士比亚就这样说过："人类是一件多么了不得的杰作！多么高贵的理性！多么伟大的力量！多么优美的仪表！多么文雅的举动！在行为上多么像一个天使！在智慧上多么像一个天神！宇宙的精华，万物的灵长。"[1]莎士比亚是很明确地把理性、智慧作为人的标志的。正是在这一意义上他把人看作是宇宙的精华、万物的灵长。中国民主革命的先行者孙中山也指出："依余所见，古人固已有言：'人为万物之灵'，然则万物之灵者，即为人之定义。"[2]

可见，把意识作为人的标志，这也不是马克思主义的创见。当然，马克思主义并不否认意识是人的标志之一，但并没有就此停步，而是进一步对人的意识作了科学的说明，指出意识活动不是人和动物区别的最本质的特点。可是这一点也还不算马克思主义的创见，费尔巴哈曾明确指出："人之与动物不同，决不只在于人有思维。人的整个本质是有别于动物的。不思维的人当然不是人，但是这并不是因为思维是人的本质的缘故。"[3]

（四）人是社会关系的总和

在人的问题上，马克思、恩格斯比历史上任何哲学家、科学家都高明在哪里呢？就在于他们从社会关系的总和方面去考察人，考察人的本性。马克思说："人的本质并不是单个人所固有的抽象物，在其现实性上，它是一切社会关系的总和。"[4]这是对人的本质问题最科学、最深刻的说明。这一著名论断就像"一唱雄鸡天下白"，使人是什么的问题昭然若揭。

马克思这个论断的根据有以下几个方面。

1. 生产劳动、语言、思维

是人特有的属性，是人区别于动物的根据，是人的社会性的重要表现。众所周知，生产劳动是人类改造自然界以满足人类各方面需要的物质活动。在生产劳动过程中，人以意识为指导，有目的、有计划地改造自然界。以生产劳动为手段，人类一方面获取自然界已有的财富，如捕捉行兽，开采石油；另一方面还创造自然界没有的财富，作为自己的生存资料。而动物只能采用自然界已有的现成的东西，却不能创造自然界没有的财富。在生产劳动过程中，人必须结成一定的社会关系，即一定的经济关系，才能实现人类对自然界的改造。经济关系是其他一切社会关系存在、发展的基础。政

---

[1] 威廉·莎士比亚：《哈姆雷特》，人民文学出版社2018年版。
[2] 孙中山：《军人精神教育》，载于《孙中山年谱》，中华书局1980年版，第286页。
[3] 《费尔巴哈哲学著作选集》（上卷），商务印书馆1959年版，第182页。
[4] 《马克思恩格斯选集》（第1卷），人民出版社2012年版，第135、139页。

治关系、思想关系、民族关系等，都是由经济关系决定，为经济关系服务的。总之，生产劳动，不论就它的形式（经济关系），还是就它的内容（社会生产力）来说，都是社会特有的。这种社会性是人的本质的一个方面，或一个层次。

2. 语言是人类交流思想的工具

语言是在生产劳动过程中产生的。大家知道，生产劳动，不论在原始社会，还是在现代，都不是孤立的个人所能进行的。它需要人与人之间的协作。在从古猿到人的过程中，古猿的活动渐渐地过渡到人的生产劳动。在使用手和石器的生产劳动过程中，劳动者之间的直接协作成了改造自然获得最低限度生活资料的必然；大家同心协力地狩猎、捕鱼、伐木、取火，甚至采摘也要同心协力，以便防御野兽的袭击。为了做到同心协力地生产劳动，原始人需要有协调彼此行动的指挥，好像现在的劳动号子一样；而这种指挥必须具有一定的意义，否则达不到协调行动的目的。这种由口发出的表达一定意义的有节奏的信号就是语言。语言是在生产劳动中产生的包含有一定意义的社会现象。而动物是没有语言的。

3. 思维是语言的内容

语言是思维存在、传播的具体形式。它是意识区别于动物心理的最重要方面。思维具有社会性，因为它是人类特有的心理过程，它在生产劳动中产生，它借助于语言这一社会现象传播。大家知道，思维是对事物内在属性的认识，正确思维是对事物本质属性的反映。要形成思维，就要获得客观事物的大量现象，对这些在改造自然的劳动过程中获得的现象进行抽象、概括。抽象概括能力是人们在生产劳动中锻炼出来的，而这种抽象概括的实现非借助于语言不可。生产劳动、语言、思维相结合，形成了人类特有的主观能动性。这就是说，人在劳动中，借助语言的思维形式反映事物的内在一般属性，尤其是事物存在和发展的规律性。人类正是在思维指导下，通过语言协调人们的行动，以改造自然和社会。

当然，作为人的本质的社会属性的内容是十分复杂的。除了上面提到的生产劳动、语言、思维之外，还有民族国家关系、家庭婚姻关系、亲朋师生关系、同事同乡关系、宗教信仰关系等等。

（五）人的本质是一个历史过程

人类所处的各种社会关系不是永恒不变的，而是一个历史过程。因此不存在永远同一的人的本质。在其现实性上，人的本质是一个历史过程。

生产劳动是人类产生、存在的基础，生产劳动的发展是人的本质发展的基础。在生产劳动过程中，人改变着社会所处的自然界环境，也改变着人的社会环境。生产劳动是社会生产力和生产关系即经济关系的矛盾。这一矛盾既推动生产力，也推动着生产关系的发展。

俗话说，"江山易改，本性难移"。这话颇有道理：人的本质是稳定的，但不是绝对不变的，只是难以变动而已。人类的本质，个人的本质均如此。一个人呱呱坠地就会逐渐加入各种经济关系、民族关系、阶级关系、家庭关系。

总之，马克思主义主张，人的本质是历史的发展着的各种社会关系的总和。这是有充分历史根据和现实根据的唯一科学的关于人的本质的理论。

二、人的行为

学习管理心理学就要弄清什么是人的行为。

（一）人类行为的概念

1. 人类行为是环境的函数

什么叫行为？简言之，行为是人类日常生活所表现的一切动作。

关于人类行为的定义，心理学家克特·勒温曾写成如下公式：

$$B = F(P \cdot E) \tag{3.1}$$

式（3.1）中：

B——行为；

P——个人——内在心理因素；

E——环境——外界环境的影响（自然、社会）。

式（3.1）表示行为（B）是个人（P）与环境（E）交互作用所发生的函数或结果。

从心理学的角度讲，人的行为起源于脑神经的交合作用，总合形成精神状态，亦即所谓意识；由意识表现之于动作时，便形成了行为，而意识本身则成为一种内在行为。

人类行为是有共同的特征的。也就是不管男女老少，属于何种社会阶层，以及任何时代、任何种族的人类，有其不同于其他动物的行为的共同点。

2. 人类行为特征

综合心理学家研究的结果，人类行为特征至少有下列几个方面。

（1）自发的行为，指人类的行为是自动自发的而不是被动的。外力可能影响他的行为，但无法引发其行为，外在的权力、命令无法使一个人产生真正的效忠行为。

（2）有原因的行为，指任何一种行为的产生都是有其起因的。遗传与环境可能是影响行为的因素，同时外在条件亦可能影响内在的动机。

（3）有目的的行为，指人类的行为不是盲目的，它不但有起因而且是有目标的。有时候在第三者看来毫不合理的行为，对他本人来说却是合乎目标的。

（4）持久性的行为，指行为指向目标，目标没有达成之前，行为是不会终止的。也许他会改变行为的方式，或由外显行为转为潜在行为，但还是继续不断地往目标进行的。

（5）可改变的行为，指人类为了谋求目标的达成，不但常变换其手段，而且其行为是可以经过学习或训练而改变的。这与其他受本能支配的动物行为不同，它是具有可塑性的。

研究人的行为的共同特征，对探索动机的规律，管理心理活动的规律，是有很大帮助的。

人的行为的基本单元是动作。所有的行为都是由一连串的动作所组成的。人生在世界上，总是在做某些事情的，如走路、谈话、吃饭、睡觉、开汽车、造房子、织布等。在许多情况下，可以同时做一个以上的动作，如两个人一边走路、一边谈话或一边吃东西。在任何一个时刻，我们还可以决定从一个动作改变成另一个动作。为什么某人做这个动作，而不做其他动作？他为什么要改变动作，他有什么想法，要达到什么目的？管理工作的重要任务之一，就是要了解、预测与控制一个人在什么时候可能做出什么动作（动作的发生）；同时要了解是什么动机或需要能在某一特定时间唤起某个动作。

（二）研究人的行为的目的与种类

人为学是研究人的行为规律的科学，实际上是用心理学、社会学、生理学、伦理学等科学原理，以研究人的行为和人群关系、人的积极性为对象的一门综合性的科学。

人为学主要是研究人的行为激励问题，提供激励行为的各种途径和技巧。

1. 人为学研究的主要内容和目的

（1）研究人类行为产生的原因，目的在于激发动机，推动行为；

（2）研究人类行为的控制与改造，目的在于保持正确的行为；

（3）研究人与物的配合，如人机工程，目的在于提高劳动生产率和经济效益；

（4）研究人与人的协调，如人际关系，目的在于创造一种良好的激励环境，使人们能够持久地在激发状态下工作，保持饱满的情绪、高涨的兴致、十足的干劲、舒畅的心情，主观能动性得到充分的发挥。

总之，研究人为学的目的是在于调动人的积极性。

2. 行为的种类

行为的种类极多，可以从不同方面对其分类。

比如按行为主体的不同可分为个人行为，包括个人的生长、发育、学习、意见等行为；团体行为，包括团结、互助、合作、友好、谅解、默契、暗约、分歧、对抗、破坏等行为。按人类活动的不同领域，又有如下界定。

（1）管理行为，包括计划、组织、领导、激励、控制、决策、预测等行为；

（2）政治行为，包括选举、公务、行政、民族团结、国际关系等行为；

（3）社会行为，包括社会控制、社会变迁、社会要求、社会保险、社会文明、社会进步、社会发展等行为；

（4）文化行为，包括文化艺术活动、教育活动、体育活动、学术研究等行为；

（5）战争行为，包括思想战、心理战、谋略战、团体战、情报战、宣传战、军事战等。

（三）人的发展与行为过程

由于人并不总是理性的，所以，随着人类的实践活动，人文世界是不断发展变化的，而人的认识也是无极限的，这样，人的心理行为必然也受到认知能力与知识水平的限制，而其所接受的文化价值观，以及对"人文价值意义"的认知，就直接起到影响其心理与激发行动的作用。

所以，社会行为人的实际行动也可能是非理性的，比如慈善行为或情感行为（如商家以较低价格将食物出售给"五保户"老人的非经济理性的行为，再如家长因为孩子不好好学习而责骂孩子的非理性行为）。"这就如同一个追求理性的科学家也可能发生错误。"[1]

但是，知识水平只能对人的行为的因果关系的效果产生影响。而人所固有的心理动机却直接影响其实际行动。

1. 结果的衡量

主体人是从事实践和认识活动的人。客体人是进入人的实践和认识活动领域的事物，即主体实践和认识活动的对象。主体人的行动结果还受到客体人对这一结果为其带来价值意义的限制。因而，在人文化的发展中，主客体人之间的行为关系是一种文化纽带或文化关系。其中文化激励为管理心理学发展的重要内容。

主体人对客体人心理激发效果来自客体人对"人为"效果能否给其带来"意义"认同的影响，它决定"人为"激发的效果如何。它来自主体人对客体人"内心世界"的认识。所以，人为活动能否产生预期的效果就依赖于"人为"效果给社会行为客体人带来怎样的价值意义。

但是，客体人的价值观与动机的激发因素"人文价值意义"也不是一成

---

[1] 郑也夫：《代价论——一个社会学的新视角》，生活•读书•新知三联书店1995年版，第30—32页。

不变的，也是随着人文世界的发展不断变化的。所以，"人为"活动能否达到预期效果，在于主体人能否正确认识客体人"内心世界"。

从哲学的角度讲，认识论是一个重要的内容：不仅要对人文社会的动机激发因素——"人文价值意义"作出分析，还要对人的心理价值判断与价值认知作出分析（图3.2）。同时人的认知能力与知识水平也是制约"人为"预期效果重要的影响因素。可以说，认识论是关于价值意义的认识论和价值观念形成的理论，它将成为管理心理学分析重要的基础。

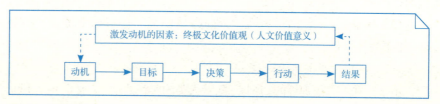

图3.2　行为逻辑

2. 客观环境与规律的探索对管理心理学的战略作用

管理学将是一个随着其他人文科学发展而一起发展的学科。我们无法对各种环境中、各种文化背景中的人的行为进行全面构建，这是不可能也是不现实的。但是，作为人们探索管理这一伴随人类诞生以来就有的社会活动提供的又一个研究思路，将是十分有意义的。这是探讨管理心理学的环境框架与内在运行规律的理论框架，这一先行内容可以使研究思路更清晰，为以后研究的假设打下基础。人性从企业组织内部的一定层次的假定，到次环境外部假定，再到亚文化圈与文化圈层的人性与文化特征与假定入手，探索人性存在环境与人性行为的习惯及规律，在各个变量下探索管理心理学的应用，以指导实践活动。

三、人为学说的探讨

（一）人为科学的研究范畴

任何一门学科的建立和发展都离不开实践，离开了实践就将成为无源之水，无本之木。科学来源于实践，科学又指导实践。中国是世界著名的文明古国。中华民族有着光辉灿烂的古代文化。中国人则在2000年前，就开始了对人类行为学问的研究，而且研究得很精辟。西方人为科学的一些理论，也是从中国学去的。因此，我们来探讨自己国家的人为学思想起源是非常有现实意义的。

我们建立在人为科学（苏东水，1992）的理论基础上，探索主体人的可塑性的心理与能动性的行为的运行规律，以及如何影响客体人的行为与活动，及其所形成的社会关系与布局的内涵特点等问题。

在我们研究管理心理学以人为主体的活动中，我们所界定的人是广义的。它既有自然人的含义，也有社会人的含义，既有社会行为主体的含义也有社会组织团体的含义。从广义范畴说，人为科学的探索非仅仅局限于自然人，而是界定为广义的人的范畴。它将如上对象统一规定为主客体人。所以，我们以人为科学为基础来分析管理心理学的研究对象、内涵、主客体及其运行过程代表广义的含义。

对于管理心理学的研究对象来说，由于人的行为的动态性，所以，对于研究对象也是界定为动态的主客体的过程。

主客体人之间的作用关系及其效果如何，往往是人为科学分析应用的重点。主体人的行为效果必然会影响客体人的行为，它是客体人对主体人行为的认知过程，也是主体人对客体人的激励过程。如果从广义范畴理解，我们可以将一个企业看作主体人，那么，人为也是社会行为主体企业对社会行为客体人的激励过程。在探讨这个问题时，我们不可避免地涉及了激励、需求、行为动机等一系列主客体人的心理过程。这一系列过程构成了我们研究的一些具体内容以及管理心理学探索中的一些内在运行机理。

（二）中国历史人文管理哲学的丰富积淀[1]

1. 关于人的行为规律的研究

早在两千年前，春秋战国时期，中国古代的思想家就提出了要研究人的问题。

荀子在《荀子·非相》中提出："人之所为人者，何已也？曰：以其有辨也。"其意是，人之所以为人，同其他万物的区别就在于人有意识。韩非在《韩非子·扬权》中提出："天有大命，人有大命。"其意是：天有天的规律，人有人的规律。孙武在《孙子兵法》中提出："人情之理，不可不察。"其意是：关于人的事情，应该进行研究，不研究是不合适的。

2. 关于发挥人的主观能动性的研究

荀子在《荀子·天论》中提出："从天而颂之，孰与制天命而用之。""天有其时，地有其财，人有其治，夫是之谓能参，舍其所以参，而愿其所参，则惑矣。"其意是：顺从天而且颂扬它，哪赶得上掌握它的变化规律并且加以利用它呢？天有四季的变化，地有蕴藏的财富，人有掌握天时、使用地利的办法，这就叫着善于同天地配合。如果放弃人的努力，期望天地的恩赐，那就太糊涂了。

---

[1] 苏东水：《东方管理文化探索》，《当代财经》，1996年第2期，第3—8页，64页。

3. 关于"人的本性"问题的研究

荀子在《荀子·性恶》中指出："人之性恶，其善者伪也。""今人之性，饥而欲饱，寒而欲暖，劳而欲休，此人之情性也。"他认为人的本性是恶的，而性善则是人为的。人的本性就是饿了想吃饱，冷了想穿暖，累了想休息。这些是人的性情。荀子的这种性恶论就是西方行为科学的"X理论"。荀况还进一步指出："若夫目好色、耳好声、口好味、心好利，骨体肤理好愉佚，是皆生子人之情性者也。"其意即说，眼睛爱看可爱的颜色，耳朵爱听悦耳的声音，嘴喜欢吃可口的食物，心里想着的是财利，身体喜欢舒适安逸。这些都是产生于人的性情。孟轲在《孟子·告子上》中指出："人之善也，如水之下也。"后人编的《三字经》中认为："人之初，性本善，性相近，习相远，苟不教，性乃迁。"孟子的这种性善论就是"Y理论"。在汉代，有人认为性的善恶是混杂的，有点类似"Z理论"。而到了清代，王夫之又提出了人性"日生日成"的学说，即人的本性不是天生而成的，是在新故相推的环境中变化发展的。他根据环境影响人的本性的理论，认为要教育改造人的思想和行为，必须从改造现实环境入手，做好"适其性"的工作。王夫之的观点实际是辩证唯物主义的观点。

4. 关于人的欲望和人的需要问题的研究

《荀子·礼论》中提出："人生而有欲，欲而不得，则不能无求；求而无度量分界，则不能不争；争则乱，乱则穷。"其认为，人生来就有欲望，有欲望得不到满足，就不能没有需求；有所需求，没有一定的标准限度，就不能不发生争夺；争夺起来就会混乱，混乱就导致贫穷。所以，荀子接着在《礼论》篇中又提出："养人之欲，给人之求，使欲必不穷乎物，物必不屈于欲，两者相持而长。"其意是，要研究人的欲望，满足人的需求，使人的欲望决不会由于物质缺乏而无法照顾，物资也一定不会因为满足欲望而用尽，物资和欲望，两者在互相制约中增长。

《荀子·王霸》中提出："夫人之情，目欲綦色，耳欲綦声，口欲綦味，鼻欲綦臭，心欲綦佚。此五綦者，人之情之所必不免。养五綦者有具，无其具，则五綦者不可得而致也。"其意是：人的心情表现是，眼睛要看遍最美的颜色，耳朵要听遍最好的音乐，嘴要尝遍最好的味道，鼻子要闻尽最香的气味，心里想要享受最大的安逸。这五种最大的欲望是人情所不可避免的。满足这五种欲望得有条件，没有条件，这五种欲望就不可能达到。《荀子·富国》中还指出："万物同宇而异体，无宜而有用为人，数也，人伦并处，同求而异道，同欲而异知，生也。皆有可也，知愚同，所可异也，知愚分。"就是说：世上万物，形体千差万别，虽然用处不同，都可以让人利用它们，这是自然道理。人类生活在一起，在物质生活上都有需求，但满足需求的方法和手段不同，他们都有欲望，但智力不同，这是人的本性啊！

管仲在《管子·牧民篇》指出："仓廪富知礼节，衣食足知荣辱。"这可以说是管仲的需要层次论吧。它说明人们在衣食丰足之后就要考虑荣辱等。即人在满足了生理需要以后，就会有心理方面的需要、社会方面的需要。《韩非子·五蠹》中指出："民之政计，皆就安利，如辟危穷。"这说的是，正常的人们的打算，总是追求安全和利益而避开危险和贫困。

5. 关于奖励和惩罚问题的研究

《荀子·富国》中指出："赏不行，则贤者不可得而进也，罚不行，则不肖者不可得而退也。贤者不可得而进也，不肖者不可得而退也，则能不能不可得官也。若是，则万物失宜，事变失应……"其意是：没有赏罚，有才德的人就得不到提拔，不贤能的人就不能被斥退，于是有能力的人和没有能力的人都得不到恰当的任用，这样一来，万事都安排得不适当，势态的发展变化也不能适应。在《诸葛忠武侯文集》中指出："赏以兴功，罚以禁奸，赏不可不平，罚不可不均。赏赐知其所施，则勇士知其所死刑罚知其所加，则邪恶知其所畏。"就是说：用赏赐去鼓励人们不怕牺牲，去为国立功，用刑罚使干坏事的人害怕规章制度，并得到约束。诸葛亮还提出："诛罚不避亲戚"，"赏赐不避仇怨"，应该做到"无党无偏"。他又说："人君先正其身，然后乃行其令"，要"先理身，后理人"。

《韩非子·五蠹》中提出："是以赏莫如厚而信，使民利之，罚莫如重而必，使民畏之；法莫如一而固，使民知之，故主施赏不迁，行诛无赦，誉辅其赏，毁随其罚，则贤不肖俱尽其力矣！"就是说：奖赏最好是重赏，而且该赏的一定要赏，使人们得到好处，惩罚最好是重罚，而且该罚的一定要罚，使他们感到害怕，法律要统一固定，使人们都知道。如果实行奖赏不随意变更，执行刑罚不随意赦免，受奖赏的人还要加以荣誉，遭刑罚的人随即加以恶名，那么法制的效果将起到规范人们行为的效果。

6. 关于"人和"思想的研究

日本人很重视人和，认为"人和、气顺"是他们成功的关键。日本企业里到处宣传人和为贵，人和是个宝，只有人和，企业才能发展。

实际上，"人和"的思想在中国古已有之，中国人很早就提倡了。《论语》中提出了"和为贵"，《荀子·王霸》中提出："上不失天时，下不失地利，中得人和，则百事不废。"孟子也提出："天时不如地利，地利不如人和。"荀子和孟子的多数观点都是对立的，但是在主张"人和"上却是统一的。

7. 关于人群行为和组织行为的思想

《荀子·富国》中指出:"离居不相待则穷,群而无分则争。""人之生不能无群,群而无分则争,争则乱,乱则穷。"这里,荀子提倡的就是集体行为。他认为群性是人类本性之一。

《荀子·王制》中提出:"人有气,有生,有知,亦有义,故最为天下贵也。力不若牛,走不若马,而牛马为用,何也?曰义。故义以分则和,和则一,一则多力,多力则强,强则胜物……故人生不能无群,群而无分则争,争则乱,乱则离,离则弱,弱则不能胜物。"就是说:人有力气,有生命,有意识,而且有道德,所以说人是世界上最宝贵的。人的力量不如牛大,奔跑不如马快,而牛马都为人所使用,是什么原因呢?就是说人能组织起来,而牛马却不能。和谐相处就能团结起来,团结一致就能有力量,力量大就显得强,强就能战胜万物。

8. 关于用人问题的研究

《荀子·王制》提出:"贤能不待次而举,罢不能不待顷而废。"这是说,对有贤德有才能的人,要破格提拔,疲沓无用的人要立即免职。《荀子·王制》中还提出:"王者之论,无德不贵,无能不官,无功不赏,无罪不罚。朝无幸位,民无幸生,尚贤使能而等位不遗。"就是说,人事制度是:凡是有德行的人,没有不给以尊贵地位的;凡是有才能的人,没有不给以官职的;凡是立功的人,没有不给以奖赏的;凡是有过错的,没有不给以惩罚的。朝中没有不称职而侥幸捞到官职的,百家中没有侥幸而苟且偷生的。诸葛亮提倡"为官择人",即要根据职务去挑选人才,要因职配人,而反对"为人择官",即不能因人设庙,不要为某一个人找到好的职位而设职位。

9. 关于领导行为的研究

《荀子·君道》中指出:"尚贤使能则民知方,纂论公察则民不疑,赏克罚偷则民不怠,兼听齐明则天下归之。然后明分职,序事业,材技官能,莫不治理,则公道达而私门塞矣,公义明而私事息矣。如是,则德厚者进而佞说者止,贪利者退而廉节者起。"其意是:尊重贤人,使用能者,人们就认清了方向;集中各种意见,不凭私见,百姓就不迷惑了;奖励勤劳的人,惩罚懒惰的人,百姓就不懈怠了。兼听各种意见,察明一切事物,天下的人就归顺了。然后,把职责搞得明明白白,把各种事情搞得井井有条,安排使用各种有才能技艺的人,使他们都能尽职尽责。这样,则公道通畅,私门也堵塞了;为公的风气充分发挥,谋私利的现象就能停止了;品德高尚的人得到起用,阿谀奉承的人就会受到抵制;贪图私利的人被清洗,廉洁奉公的人就能得到提拔了。《荀子·非相》中指出:"故君子之度己则以绳,接人则用曳。度己以绳,故足以天下法则矣;接人用曳,故能宽容,因求以成天下之大事矣。"其意是:君子用严格的标准来约束自己,而对别人则应该提倡引导。严格要求自己则能成为天下的榜样,对人提倡引导,就能够做到容人,并依靠名人,以成就天下大事。

《商君书·更法》中指出:"疑行无成,疑事无功。"其意是,犹豫不决就不会成功,优柔寡断就不会有功绩。怎样待人。《荀子·富国》中还指出:"忠信均辨,说乎赏庆矣,必先修正其在我者,然后徐责其在人者,威乎刑罚。"其意是:忠厚、实在、公道比赏赐还使人喜欢。首先使自身端正,然后再慢慢去要求别人,比刑罚还要有效。

《荀子·富国》中还指出:"故不教而诛,则刑繁而邪不胜;教而不诛,则奸民不惩;诛而不赏,则勤励之民不劝;诛赏而不类,则下疑、俗险而百姓不一。"其意是:不进行教育就进行诛罚,那么奸人就得不到惩戒;光靠诛罚不实行奖赏,那么勤勉的人就得不到鼓励,赏罚不合规律,那么人民就要疑虑,风俗就要险恶,百姓也就无所适从。

西汉杰出的政治家桑弘羊在《盐铁论·本议》中指出:"夫导民以德,则民归厚,示民以利,则民俗薄。俗薄则背义而趋利,趋利则百姓交于道而接于市。"其意是:用仁德引导百姓,百姓就能忠厚,用利诱惑百姓,风俗就向轻薄。风俗轻薄就会背离仁义;追求财利,老百姓就会在市场上奔走往来。

10. 关于怎样运用权力问题的研究

应用什么样的权力更好些?《荀子·强国》中指出:"威有三:有道德之威者,有暴察之威者,有狂妄之威者。此三威者,不可不孰察也。……故赏不用而民劝,罚不用而威行,夫是之谓道德之威。"这意思是说,威力有三种,有道德的威力,有强制的威力,有狂妄的威力,这三种威力不可不认真加以考察。……所以不用赏赐,百姓就能尽力,不施刑罚,权威就能树立。这就是道德的威力。荀子还说:"道德之威成乎安强,暴察之威成乎危弱,狂妄之威成乎灭亡也!"其意是,道德的威力的结果是国家巩固和强盛。强权的威力,其结果是国家必然灭亡。以上的介绍,说明中国古代思想家对人的行为早有研究。我们要总结中国古代文化遗产,做到古为今用。

(三) 人为学与东方管理三大体系的关系

以中国传统文化为代表的东方管理文化是一门博大精深的学科体系。东方管理人为学主要是研究谋略、人为、为人、用人、选才、激励、修身、公关、博弈、奖惩、沟通等方面的学问。

东方的管理人为学思想体系主要来源于六个最具影响的思想流派：①儒家，修己安人——修身、持家、治国、平天下；②道家，道法自然，返璞归真；③法家，功利主义行为；④墨家，利他主义行为；⑤释家，与人为善的行为；⑥易经（太极），人与自然和谐统一的辩证行为。

东方管理有三个相互依存的体系：一是治国学；二是治生学；三是治身学或称人为学。治国学主要是对社会人口、田制、生产、市场、财赋、漕运、人事、行政与军事等方面的管理学问；治生学主要是对管理农副业、工业、运输业、建筑工程、市场经营方面的学问。以上这三大体系积累的实践经验与学问极其浩瀚，形成了开放与发展的东方管理文化。

四、西方管理研究核心的历史性回归

（一）西方人文传统居主流地位的原因

1. 工业文明发端于西方

在人类工业发展史上，以古希腊、罗马文化传统为代表的西方人文价值传统在世界发展的历史进程中实际上一直居于统治地位，并成为西方工业文明演变和社会进步的有利推动因素。相反孕育东方文化精髓的中国古老哲学思想却因为历史与封建的漫长岁月影响了其与世界文化的发展相互融合的机会，从而也失去了在社会进步进程中应该起到的推动作用。所以在历史发展的很长时间内，在与西方人文社会传统的比较中处于被动与消极的地位。

2. 人类工业文明的西方中心论

在世界工业文明中的很长一段时期，众多的学者都秉持着"西方中心论"理念，无视、忽视、甚至贬低，乃至否定人性的存在及其内在的合理精神。马克斯·韦伯曾认为：以儒家思想为核心价值的东方传统文化存在着一种保守的"惯性"，无法形成有利于资本主义发展的"新教伦理"，因而对现代经济的发展形成一种滞后力。

直至20世纪60年代，西方学者以及大部分东方学者还停留在这种对东方传统文化以及东方管理思想极端否定的观点上。

不过，自20世纪70年代以来，亚洲国家经济不断崛起，西方社会普遍存在的这种看法发生很大改变。特别是在西方管理文化等领域新思潮的形成与发展中，充分借鉴了东方的，特别是中国的历史优秀人文思想，使管理学的发展获得了新的生机。

（二）西方人文化研究的历史性回归

意大利的文艺复兴运动作为人文主义复兴思潮。它的核心是：肯定人，注重人性，要把人、人性从宗教束缚中解放出来。这种人文主义思想

主要是反对神学中抬高神而贬低人的观点，肯定人的价值，强调人的可贵，要求人的个性解放和自由平等，推崇人的经验和理性，提倡认识自然、造福人生。

1. 人类活动社会化趋势

随着生产力的发展，生产社会化与人类集体劳作的活动空间逐渐扩大，人类活动开始体现社会性活动的性质。社会活动中的人本问题、人性的问题、人文化问题、人与宇宙的和谐问题、人的价值行为问题逐渐暴露出来。西方人文哲学思想指导的物质人性逐渐暴露出其不可忽视的错误，开始从文化角度认识人性。在意大利的文艺复兴时期，在当时有但丁（Dante Alighieri）的《神曲》，薄伽丘（Giovanni Baccaccio）的《十日谈》，以及美术三杰：达·芬奇（Leonard da Vinci）、米开朗琪罗（Michelangelo Buonarroti）和拉斐尔（Raffaello Santi），都对人文主义思潮的掀起作出了巨大的贡献。15世纪后期文艺复兴逐渐扩展到西欧各国，尼德兰的伊拉斯谟（Desiderius Erasmus）的《愚人颂》对封建规则进行了讽刺。英国莫尔的《乌托邦》勾画出人类理性的社会，莎士比亚的作品刻画了人性的各个层面。法国作家拉伯雷（Francois Rabelais）的《巨人传》和西班牙人文主义代表塞万提斯（Miguel de Cervantes Saavedra）的《堂吉诃德》都对人文主义思想发展起着推动作用。

人文化的认识在中国可以追溯到四千年以前的《周易》辩证哲学思想，在这个阶段，人与宇宙之间关系的辩证认识可以说是有史记载最早的。在中国以后漫长的文化历史中，人文化贯穿了诸子百家思想及各类人文哲学中，并为统治阶级应用于国家社稷治理中。西方人性认识思维的回归轨迹中，借鉴东方思维的趋势越来越清晰。

2. 西方社会科学人性研究"软思维"

西方社会科学最新思潮集中反映了对人性的研究。比如在管理领域从对人的精神世界"软因素"角度认识管理的效率。安索夫提出的适应性管理思维是企业有效创造并实现价值的过程。彼得斯的非理性主义思潮有对人的精神层面深刻的认识，他承认人的行为具有需要我们认真去研究的精神内容。国际上对日本与日本企业成功的研究产生了对民族文化在价值创造中所起到的作用的积极认识。20世纪80年代美国一些学者关于文化对企业创造价值所起到作用的研究上取得了一些进展，美国学者甚至对人与环境资源的关系进行价值评价，这些人性思维的发展都深刻地反映世界学术界重新认识人文社会学在构建人的价值意识的重要性，这一思维历程是正确的。人文社会科学的新发展应该指导价值理论研究的发展方向。

3. 人文化决定一个社会的成功

随着人类文明几千年历史的演进,在解决人类社会的发展问题上,越来越多的西方社会科学界的学者把目光转向人文化因素。当代西方学者丹尼尔·帕特里克·莫伊尼汉(Daniel Patrick Moynihan,1993)关于人文化在人类社会的地位有最明智的两句话:

"保守地说,真理的中心在于,对一个社会的成功起决定作用的,是文化,而不是政治。开明地说,真理的中心在于,政治可以改变文化,使文化沉沦。"

主观意义上的文化如何影响到各个社会在经济价值创造的贡献有多大,其成败多大,又是怎样形成的。这就需要我们从文化的角度深入挖掘人性,并从正确的人文化出发指导我们的价值研究。

第三节 心理学的理论基础

心理学是管理心理学的主要理论依据之一。我们研究和应用管理心理学做人的工作,预测行为的规律性,首先必须了解和掌握有关人的心理过程、心理特征及其规律性。

一、什么是心理学

心理学是一门研究人的心理现象及其规律的科学。长期以来,心理学一直从属于哲学的范畴。随着近代哲学思想和生理学研究的进步,尤其是19世纪以来,自然科学的迅速发展,特别是生物学的发展,为心理学的研究积累了大量有关人体的知识;医学在神经系统研究方面的巨大成就,为心理学的研究提供了科学依据。这些学科的研究成果促成了关于心理是人脑的机能的理论的产生,为心理学的创立奠定了基础。1879年,德国生理学家、哲学教授冯特,继承了近代哲学思想和18、19世纪欧洲心理学的研究成果,在莱比锡大学创办了世界上第一所心理学实验室,对各种心理官能进行系统的研究,并创立了心理学刊物,发表了许多心理学观点,从而使一向从属于哲学范畴的心理学分离出来,成为一门独立的学科。这是人类社会历史发展的必然结果。20世纪中期以来,心理学有了极大的发展。这是由于它的学科特点所决定的。心理学在它自身发展中的一个最突出的特点,就是它最容易与邻近学科建立联系,并向一切与之相联系的学科渗透和结合。心理现象是人脑的机能,因此,从脑的反应机制来说,人是自然实体;心理现象又是客观现实的主观映象,因此从反映的现实内容来说,人又是社会实体。可知,心理学应是既有自然科学属性,又有社会科学属性的科学。人的自然属性在人们的心理形成上起制约作用;人的社会属性则起决定性作用,两者不能等量齐观。

二、人的心理

(一) 心理的含义

心理,是感觉、知觉、记忆、思维、情感、意志和气质、能力、性格等心理现象的总称。客观事物以及它们之间的联系在人脑中的反映,即所谓心理活动。但心理是在动物进化的一定阶段上,出现了神经系统,对周围环境变化的长期适应而产生的。最初出现的心理现象是感觉;以后在外界环境急剧变化的影响下,随着动物神经系统的发展,动物的心理逐渐复杂化,继而出现了知觉、记忆、思维的萌芽。人的心理是动物心理发展的继续,动物心理的发展为人的心理产生作了生物学上的准备。但人的心理和动物心理有着本质的区别,人的心理是人类社会实践的产物,具有自觉性和能动性的特点,如图 3.3 所示。

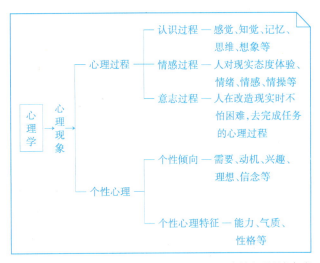

图 3.3 人的心理现象归类

(二) 心理是脑的机能

心理并不是物质之外的独立实体,而是高度完善的物质组成的人脑的属性。脑是神经系统的中枢部位,其中大脑两半球是中枢神经系统的最高部位。它的结构和机能最复杂,是人的心理活动的主要生理基础。而人的大脑皮层的活动又决定着人的心理。人的大脑如果受到损害,心理活动就必然遭到严重的破坏。高级神经系统基本活动的形式是反射。反射是有机体借神经系统实现的对一定刺激所做的一定的有规律性的反应。反射活动可分为无条件反射和条件反射两大类。无条件反射是动物和人先天具有的反射。条件反射是动物和人经过后天学习获得的反射。在无条件反射的基础上形成的条件反射,是一种心理反射。心理反射产生了动物有机体高级神经活动的复杂多变的现象。

从生理现象的产生来说,无条件反射和条件反射是一个有机统一体,两者的划分只是相对的。无条件反射只是在第一次出现时才是名副其实的无条件反射。尔后,每一次出现,都与条件反射有关;而条件反射则是在无条件反射的基础上建立起来的,已包含着无条件反射的某些成分。心理学的研究证明:条件反射就是大脑皮层对信号的处理过程。以现实中的具体事物及其属性的刺激为信号而建立起来的条件反射系统,称为第一信号系统,它是人与动物所共有的;以代表具体事物的语词这种特殊的、抽象的信号建立起来的条件反射系统,称为第二信号系统,它是人类所独有的。在现实生活中,人类的两种信号系统联系在一起协调活动的。

(三) 心理是客观现实的反映

人脑是人的心理产生的器官,但并不等于有了头脑就可以产生心理了。人脑只有在客观现实的作用下,才能产生心理。人的一切心理现象,不论是简单的感觉、知觉,还是复杂的思维、情感等,都可以从客观现实中找到源泉。没有人的实践活动就没有人的心理现象。

人的心理是客观现实在脑中的反映。所谓反映,就是物质在相互联系和相互作用的运动变化中留下痕迹的过程。它是一切物质普遍具有的属性。但是,随着外界事物发展水平的不同,反映也随着从低级运动形式向高级运动形式发展,产生新的变化。无机物只有机械的、物理的、化学的反映形式;有生命的物质则具有感应性的反映形式,这是有生命的物质对直接的、有生物学意义的刺激物积极的反映。有生命的物质发展到动物阶段,特别是有神经系统的动物,则具有感觉这种最简单的、最初级的心理反应形式;动物发展到脊椎动物,就产生知觉这种复杂的和高一级的反映形式;随着高等脊椎动物、哺乳动物的大脑皮层的发展,对外界事物的反应能力也不断得到发展,达到思维萌芽阶段,这是动物心理现象的最高发展水平。动物的心理反应形式的发展,为人的心理现象的产生提供了生物学前提,使人的心理活动更为复杂,更为高级。但是,由于人可以借助语言、词语形成条件反射,代替和概括由具体形象所引起的条件反射。所以人的心理对客观现实的反映不是镜子般的、被动的映像。人总是在实践中运用已掌握的知识经验,并结合自己的个性特征,主动地把客观事物变为观念的东西,积极探索最好的解决办法,有目的、有计划地选择可能的行动。这表明了,人对客观现实的反映,是主观与客观的统一。

三、心理过程

心理过程,即心理活动的过程,是心理现象的不同形式对现实的动态反映。在 19 世纪和 20 世纪初期,心理学家把心理现象划分为三个方面,即认识过程、情感过程和意志过程。其中最基本的是认识过程，它包括感觉和知觉，记忆和思维。感觉和知觉是简单的、初级的认识过程；记忆是一种比较复杂的认识过程；思维属于认识的高级阶段，它和语言密切相联系着，是人所特有的认识活动。人在认识客观事物时，总是表现出一定的态度或体验，如满意、喜欢、厌恶、愤怒等，这些主观的心理体验，属于情感过程，也可称为情绪过程。

人在与周围客观环境相互作用时，为对客观事物进行处理和改造而想办法，订计划，采取措施，克服困难。这种为努力实现某种目标的心理活动过程，称为意志过程。认识、情感和意志三种心理过程，简称知、情、意。它们虽然彼此有所区别，但又是统一的心理活动的三个不同方面。心理学对认识过程、情感过程和意志过程的研究成果，极大地丰富了管理心理学的理论。

（一）认识过程

认识是人脑的机能。人脑对客观世界的反映，包括感性认识和理性认识两个阶段。社会实践是认识的来源和发展的基础，是检验真理正确与否的唯一标准，也是认识的目的。认识从实践中来，还要再回到实践中去，用来能动地改造世界，同时也使认识本身得到检验和发展。凡实践证明符合于客观事物及其规律的认识，是正确的认识，反之是错误的认识。

人们认识客观事物的一般过程，往往是先有笼统的印象，再进行精确的分析；然后运用自己已有的知识和经验，有联系地、综合地去加以理解。可以说，人们对事物的认识过程，也就是人们对客观事物个别属性的各种不同感觉加以联系和综合的反映过程。这个过程主要是通过人的感觉、知觉、记忆、思维等心理活动来完成的。感觉是对事物个别属性的认识，是认识过程的开端；在感觉的基础上，人们对事物的个别属性加以综合分析，形成知觉，对事物有了较完整的形象。感觉、知觉是认识的初级阶段——感性认识阶段。人们为了加强对事物的认识，还借助记忆把过去生活实践感知过的东西，体验过的情感或知识经验，在头脑中重复反映出来，这是一个复杂的认识过程，起净化作用。人们对事物的认识过程，不仅通过感知去认识事物的外在联系，还以表象的形式向思维过渡，进一步认识事物的一般特性和内在联系，全面地、本质地把握事物的本质。这个思维过程（包括记忆过程）是人们对客观事物在头脑中概括的、间接的反映，是认识的高级阶段——理性认识阶段。

(二) 情感过程

1. 情感的一般概念

情感是人脑的机能,是人们对客观事物的一种态度的体验,是对事物好恶的一种倾向。由于客观事物与人们需要之间的差异,人对客观事物便抱着不同的好恶态度,产生不同的心理变化和外部表现。能满足或符合人们需要的事物,就会引起人们的积极态度,使人产生一种肯定的情感,如愉快、满意、喜爱等;反之,不能满足人们的需要或与人们的需要相抵触的事物,就会引起人们的消极态度,使人产生一种否定的情感,如嫌恶、愤怒、憎恨等。由基本需要引起的情感,如爱好、快乐、无奈、愤怒、恐惧和悲哀等,是最基本的情感;由社会需要引起的情感,如社交、尊重、承担更多的责任等,是高级的情感。情感产生的原因是客观现实。由客观现实所引起的人的需要是极其复杂的,因此,客观现实与人的需要之间就构成了各种各样的复杂关系。同一事物可以引起人的不同情感,不同事物当然更易引起人们的不同情感,因此,人们总是经常处于彼此交织着的情感之中。

与情感相联系的概念是情绪。情绪与情感既有区别又有一定的联系。它们都是人们对客观现实是否能满足需要的体验,都能使人产生一定的生理变化和外部表现。所谓区别主要表现在强度的不同,情绪是较强的情感,生理变化和外部表现较之情感更明显。有时两者也会互相转化。

情感与情绪不同于其他心理活动,它的任何一种表现形式都包含有自我体验、生理变化和外部表现三个方面。

2. 情感和情绪的分类

按基本表现形态,可将情绪分为以下三类:

(1) 激情。是一种爆发迅速强烈而时间短暂的情感或情绪,如狂欢、暴怒、痛哭等。

(2) 心境。是一种微弱平静而持续的情感或情绪,如心情舒畅、内心喜悦、闷闷不乐等。

(3) 热情。是一种强有力的、稳定而深刻的情感或情绪,如人与人之间长期相处产生的感情等。

按社会性内容,可将情感分为以下三类:

(1) 道德感。是根据社会道德行为准则评价别人或自己的言行所产生的情感或情绪,如信守合同、遵守公共秩序等。

(2) 理智感。是人的认识和探求真理的需要是否得到满足而产生的情感或情绪,如对难题的钻研,对偏见的鄙视等。

(3) 美感。是人的审美需要是否得到满足而产生的情感或情绪,如人对客观事物及其在艺术上美与丑的评价等。

3. 情感的两极性

情感或情绪往往表现为肯定或否定的对立的两极性，如满意和不满意、喜悦和悲伤、爱和憎等。在每一对立的情感中间还有许多程度上的差别，表现为多样化的形式。同一件事对同一个人有时会出现两极的对立情感或情绪。例如，学习中遇到困难时，可能引起愁闷，也可能引起激奋。对立的两极在一定的条件下可以互相转化。

两极性也可表现为积极的和消极的两方面。积极性可提高和增强人的活动能力，如愉快可使人积极工作；消极性会降低人的活动能力，如烦闷会降低一个人的工作效率等。

人的情感和情绪不但与身体健康有密切的关系，而且与人的行为也有密切的关系。激动的情感或情绪，会使人的行为产生差错，甚至产生越轨行为。因此，对人的情感、情绪必须加以正确的疏导。在管理中也应十分注意人的情绪，不断改进领导方式，使人在工作中心情舒畅。

（三）意志过程

1. 意志的一般概念

意志，是指人自觉地确定目的并支配其行动以实现预定目的心理过程。人在反映客观现实的时候，不仅产生对客观对象及其现象的认识，也不仅对它们形成这样或那样的情绪体验，而且还有意识地对客观世界进行有目的的改造。这种最终表现为行动的、积极要求改变现实的心理过程，就是意志过程。意志过程和认识过程、情感过程一样，也是人脑的机能。

2. 意志的特征

人的意志过程具有以下一些特征。

（1）能够自觉地确立目的。人类的活动是有意识、有目的和有计划的活动，这与其他动物（甚至某些高等动物）的活动是完全不同的。人离开动物愈远，他们对自然界的作用就愈带有经过思考的、有计划的、向着一定的和事先知道的目标前进的特征。

（2）自觉的能动性。人在繁杂的环境中主动地提出目的，同时主动地采取行动来改变环境以满足自己的需要。因此，意志集中地体现出人的心理活动的自觉能动性。

（3）意志具有对行为的调节作用。意志对行为的调节，有发动和制止两个方面。前者在于推动人去从事达到预定目的所必需的行为，后者在于制止不符合预定目的的行为。

（4）意志具有对心理调节的作用。意志不仅调节外部动作，还可以调节人的心理状态。当操作者排除外界干扰,把注意集中于完成作业时,就存在着意志对注意、思维等认识活动调节;当人在危急、险恶的情况下,克服内心的恐惧和慌乱,强使自己保持镇定时,就表现出意志对情绪状态的调节。

(5)意志具有坚持的作用。意志对行为的调节并不总是轻而易举的,有时会遇到各种困难,因此,意志过程的实现往往与克服困难相联系。克服困难意味着对行动的预定目的的坚持。

3. 意志与认识、情感的关系

(1)意志和认识的关系。离开认识过程,就不会有意志行为。人们在实现每一个具体的意志行为的时候,为了确立目的和选择手段,通常要审度客观的情势,分析现实的条件,回顾以往的经验,设想未来的后果,拟定种种方案,编制行动计划,并对这一切进行反复的权衡和斟酌;这就必须依赖感知、记忆、想象、思维的过程。这些过程是构成意志活动的理智部分。

认识不仅影响意志,反之也给认识以巨大的影响。首先,人对外部世界的认识,是有目的、有计划并需要克服各种困难的过程,如解决问题的思维活动,都离不开人的意志努力,即离不开意志过程;其次,人对客观世界的认识,是在变革事物的过程中完成的,而一切变革现实的实践活动都是有意志的行动,都必须受意志过程的支配和调节。因此,没有意志,也不会有深入的、完全的认识活动。

(2)意志和情感的关系。当某种情感对人的一定行为起推动或支持作用时,情感可以成为意志的动力。如一个非常热爱他所从事的事业的人,会克服各种困难去做好自己的工作;而一个人对所要达到的目标抱着漠然冷淡态度的人,不可能以坚强的意志去做好工作。

当人们在从事他所不愿做的事情时,情感也可能成为意志的阻力。"不乐意"的情感,对于这项活动而言,是一种消极的体验,它妨碍着意志行为的贯彻,造成意志行为的内部困难。由外部困难所引起的消极的情感体验(如困惑、焦虑、彷徨以至痛苦等),也能动摇人的意志。认识、情感和意志是密切联系、彼此渗透的。发生在实际生活中的同一心理活动,通常既是认识的,又是情感的,也是意志的。

4. 意志行为的结构

意志总是通过一系列具体行为表现出来的。受意志支配和控制的行为,是意志行为。研究意志行为,主要是分析行为的心理方面,即心理对行为的调节过程。意志行为的心理过程分为采取决定和执行决定两个阶段。

（1）采取决定阶段。这是意志行为的开始阶段，它决定意志行为的方向，规定未来意志行为的轨道。决定的采取并不是瞬时完成的，它是一个过程，有着丰富的心理内容，体现出人的意志品质。决定的采取，包括行为目的的确定，行为手段的选择和行为动机的取舍等环节。行为目的是指人的行为所要达到的目的是什么；行为手段是指借助怎样的具体行动去达到目的；行为动机则反映着人为什么要达到这一目的。采取决定，是在面临复杂的情境时作出抉择的过程。从动力方面看，要求这个过程进行得迅速而有效，才有利于下一步执行决定的顺利实现。对人的意志过程而言，这就是意志的果断性。果断表现在迅速而合理地采取决定的能力上；反之，如果在各种动机之间，在不同的目的、手段之间摇摆不定，迟迟做不出取舍，那是优柔寡断的表现；如果采取决定缺乏合理性，不经深思熟虑就贸然抉择，那是草率的表现。

（2）执行决定阶段。是意志行为的完成阶段。在这个阶段里，人的主观目的转化为客观结果，观念的东西转化为实际行为，实现对客观世界的改造。决定一经采取之后，决定的执行便是意志行为实现的关键阶段。再好的决定，如果不付诸实施，就失去意义，也不再能构成意志行为。执行决定，常要求更大的意志努力。这是因为：

第一，执行决定的行为要求巨大的智力或体力，并要忍受由行为或环境带来的种种不愉快的体验；

第二，积极而有效的行为，要求克服人的个性原有的消极品质；

第三，执行决定过程中，与既定目的不符的各种动机还可能在思想上重新出现，引诱人的行为脱离预定的轨道；

第四，行动中会出现意料之外的新情况、新问题，而主体又可能缺乏应付新情况、解决新问题的现成手段，从而造成人的行为的踌躇或徘徊；

第五，在行为尚未完成之时，还可能产生新的动机、新的目的和手段，它们会在心理上同既定目的发生竞争，从而干扰行为的进程。上述各项因素，都是妨碍意志行为贯彻到底的困难，要求人作出意志的努力。执行决定是使行为按照预定方向和轨道坚持到底的过程。从动力方面看，这一过程要求不能半途而废，要求行为不偏离基本方向，反映在意志品质上，就是意志的坚定性。意志坚定的，不论前进道路上如何艰难险阻，决不放弃对目标的追求；不论行动中如何枝节横生，总是坚持既定的方向，百折不挠。

> **案 例**

稻盛和夫的经营管理哲学[1]

企业家很多，但是拥有哲学头脑的企业家很少，稻盛和夫却一身而二任，既是一位企业家又是一位哲学家。理想主义者很多，但是能够将理想化为现实的人很少，稻盛和夫完美地结合了二者，既是一个理想主义者又是一个实干家。

一、稻盛和夫的经营哲学理念

稻盛和夫自幼深受中国传统的儒家、佛家、道家思想的影响，他的思想体系具有浓厚的东方文化特点。他反复提及的几个主张——"敬天爱人""自利利他""动机至善，私心了无"，都是源自中国古代的智慧宝库。稻盛和夫的经营实践同样具有浓厚的东方特色，他的一些做法和西方管理界截然相反。比如，与制度相比，他更重视人心；与物质激励相比，他更重视精神奖励；与股东利益相比，他更重视员工利益；与才能相比，他更重视人的品行。

稻盛和夫经营哲学的核心是"敬天爱人"。所谓敬天，源于对天的敬畏，就是依循自然之理、人间之正道，按照客观规律办事，使人的自由意志在客观规律许可的范围内发挥出最大的能量和作用；所谓爱人，被稻盛和夫称作"利他至上"，就是摈弃一己私欲，与人为善，体恤他人。"他"不仅是指自己公司的员工及其家属，还包括合作者、顾客，甚至自己的同行业竞争对手。对于公司员工，稻盛和夫认为，"敬天爱人"不仅是敬畏天道规律，以仁爱之心爱人，其深层含义是：从敬和爱出发，去看待众生，去看待一草一木和所有人和事，敬畏员工的无穷性潜能。

二、稻盛和夫经营哲学在企业中的运用

稻盛和夫一生中创办了两家《财富》世界500强企业：京瓷和KDDI。1959年创办的京瓷，从成立第一年即实现了盈利，此后的50年更是年年盈利，从未有过亏损。52岁时，稻盛和夫创办KDDI（原名"DDI"，目前是日本第二大通信公司）。2010年，78岁的他又临危受命，以零薪资，不带一兵一卒，接掌日航CEO帅印。26个月后，日航盈利超过全日空。是什么造就了稻盛和夫身上的成功和奇迹？他的回答很简单：无他，不过是在做任何经营决策时，都依据了"作为人，何谓正确"的判断原则。

"敬天爱人"的思想帮助稻盛和夫成功扭转了日航面临的亏损局面。在日航面临破产时，稻盛和夫入驻日航，上午同高管开会，收到高管们一大堆的抱怨，下午他深入一线，向员工们询问疑难问题的解决方法时，却发现员工们有许多的好办法。于是，他在3个月内走访了3万名日航员工，获得了很多好方法，因此他本人谦虚地认为日航是被自己的员工拯救了。在巨大的危机中，心存敬畏和爱，激发员工的无穷性潜能，就可以走出危机。对待顾客方面，稻盛和夫强调适当盈利，并且要求

---

[1] 改编自钟放：《稻盛和夫与日本宗教》，《日本学论坛》，2006年第2期，第59—64页；孟繁琴、刘荣、薛家友：《稻盛和夫经营哲学与儒家伦理道德》，《唐都学刊》，2004年第2期，第45—48页。

员工不断研发新产品让顾客满意。稻盛和夫说道:"我们不断研发出新产品是为了让顾客用了之后获得更大的收益。我们所做的每一件事都是衍生自'使顾客满意'这个原则。"对于同行业竞争者,稻盛和夫坚信市场竞争中"互利才能共赢""损人必然损己"的法则,认为竞争者成就了自己,以一颗感恩的心来对待自己的对手。

三、创立新的企业经营模式

"阿米巴"经营模式是稻盛和夫经营哲学在实践运用中的体现。阿米巴经营模式的提出让稻盛和夫在现实的公司经营中得以贯彻"敬天爱人"的哲学理念,从而实现"利他至上"的经营目的。所谓阿米巴经营模式,就是将整个公司划分成许多被称为阿米巴的小型组织,每个小型组织都作为一个利润中心,进行独立经营核算。如果每个独立核算部门每个月都实现了盈利,整个企业自然就实现了盈利。在京瓷,稻盛和夫"根据职能设立组织"的原则,以及最基本的必要职能,构建人尽其用的组织。组织的划分必须准确地把握事业的实际情况,并以此为依据进行划分。组织划分完之后,必须根据市场变化和竞争对手的动态,时刻不断地调整组织,建立符合当时情况的最优化组织,使每个阿米巴成为集生产、会计、经营于一体的独立的组织体,管理者与成员之间不再是劳资对立的关系,而是命运息息相关的利益共同体。通过阿米巴经营,公司既培养了员工的成本意识和经营头脑,又加强了员工的职业伦理教育,从而提高了员工的个人素质,实现了员工与公司、员工物质利益与人生价值的双赢。

稻盛和夫构建了一套高度涉及世界本原、人生的目的和意义、人地关系等系统的经营哲学,并在这种哲学理念的指导下建立起一套切实可行的、具体的制度体系和方法途径,将理论和实践紧密结合。

小　结

1. 管理心理学的基础理论涉及人为学、管理学和心理学三大领域。其中人为学是对管理心理学理论的创造性发展与完善。

2. 人为学的基础理论可以用最简洁的方式表述为"人为为人"。即每个人首先要注重自身的行为修养,"正人必先正己",然后从"为人"的角度出发,来从事、控制和调整自己的行为,创造一种良好的人际关系的激励环境,使人们能够持久地处于激发状态下工作,主观能动性得到充分发挥。这一思想吸收了西方管理心理学的"合理内核"和中国古代管理思想的精华,结合了中国企业管理的实践,弘扬了东方管理文化,对构筑中国式管理心理学体系有重要的意义。

3. 东西方人性观的特点及差异的表现形式。东方对于人性认识的探索,以及挖掘中形成的思想体系及其所蕴含的文化特征对现代管理心理学探索具有战略作用。人文化的探索成为管理学、管理心理学研究的一个重要前提。

4. 心理学、管理学的基础理论是掌握、运用管理心理学原理所不可缺少的组成部分。

思考题

1. 简述管理心理学在整个管理理论发展中的地位及其发展阶段。
2. 什么是人的行为？人的行为受哪些因素的影响？
3. 试举一例说明不同个性对管理工作的影响。
4. 一个管理者如何对待自己的工作环境？
5. 你认为应该如何发扬中国特色人为学说的精华？
6. 简述东方人性观与西方人性观的差异及人文化研究的价值。
7. 试论述"敬天爱人"和"自利利他"体现了管理心理学中哪些理论？
8. 稻盛和夫展现了哪些管理者应当具备的特质？
9. 阿米巴经营模式的成功应用是因为它契合了员工的什么心理？

第二篇
个性心理

DIERPIAN GEXING XINLI

现实中的心理活动总是在一定的个体身上发生。当以某种机能系统或结构形式在个体身上固定下来时，便表现为经常的、稳定的个性心理特征。

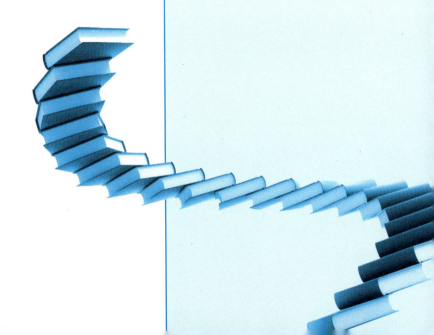

第四章 人的个性

心理学研究人的心理现象及其规律,它包括心理过程和个性心理两部分。心理过程所体现的是心理活动的一般规律性,但是,现实的心理活动总是在一定的个体身上发生的。个体的心理活动既体现着一般规律,又具有个别特点。个体心理活动的特点,当以某种机能系统或结构的形式在个体身上固定下来时,各种特点就便带有经常稳定的性质。这种在个体身上经常地、稳定地表现出来的特点,称为个性心理特征。

个性是个体带有倾向性的、本质的、比较稳定的心理特征的总和,其中包括气质、性格、能力等。它是在个体生理素质的基础上,在一定的历史条件下,通过社会实践活动形成和发展起来的。因此,个性是受周围环境和社会关系所制约的,它所反映的是具体的、活生生的、行动着的人。

管理者有两项重要任务:一是决策;二是用人。要正确选择、分配、提拔人员,就必须对工作人员的个性品质有一个全面的研究。因此,对人的个性的研究是非常有意义的。本章所讲的个性,是把心理学中关于个性的理论应用于管理,即应用于对员工的选拔与安排、员工的培养与教育等方面。

第一节 个性心理特征

一、个性的特点

个性一般是指一事物区别于他事物的特殊本质。而人的个性，是指在一个人身上经常地、稳定地表现出来的心理特点的总和。古代著名思想家孔子把人的个性划分为五种类型：一是庸人；二是士人；三是君子；四是贤人；五是圣人。现代心理学家认为，个性是指人的心理特征和品质的总和。个性的内部心理特征和品质是指人的性格、气质、能力素质和动机等，也就是指一个人的性格、能力、兴趣、气质等心理状态的总和。

这个定义有三个特点：

1. 具有独特性

正如一棵树上没有两片完全相同的叶子一样，世界上也没有两个完全相同的人。每个人都与别人有不同的能力与气质，每个人都有独特的性格与爱好。人与人之间都存在个别差异。

2. 具有综合性

即所有特点的综合，它既包括一个人在能力与兴趣方面的特点，也包括一个人在气质与爱好以及性格等方面的特点。

3. 具有稳定性

这里说的个性，是在一个人身上经常表现出来比较稳定的东西。例如，性急的人，他自己急，也要求别人快，这一件事要求急，那一件事也要求快，经常在各方面都急，才称之为性急的人。这就叫稳定性。我们说个性特征具有稳定性，是相对稳定，不是僵死不变的。一个人的个性形成以后，随着社会环境的变化和个人的发展以及人与人之间关系的改变，也会有所变化。特别是青年人的个性，具有很大的可塑性。管理者要善于了解和掌握人的心理变化的规律，针对不同人的心理状态的特点，采取适当的方法，做好人的思想转化工作，把人的积极性调动起来。

二、个性的形成

有人认为，个性是由遗传或者先天决定的，也有人认为，个性是由环境决定的，或者说后天决定的。如心理学家华森说：一个人生下来以后，我培养他什么样他就是个什么样子，我培养他成法官，他就是法官，我教他成小偷，那他就是小偷。我们认为，这两种看法各有片面性，正确的看法应该是两种因素结合起来，也就是说，遗传为个性的形成和发展提供了前提，提供了一个发展的可能性，但遗传不起决定作用。一个人的个性向什么方向发展，发展到什么水平，不是由遗传决定的，而是由后天环境决定的，特别是社会生活条件决定的。一个人个性的形成和发展，是一个复杂的过程，虽然人的生理素质对个性有一定的影响，但主要是在社会实践中，经过长期的塑造而逐渐形成和发展的。

一个人个性的形成和发展，大体都经历三个时期：

1. 儿童时期

受父母、兄长及亲友的熏陶和影响，即通常人们说的，孩子是大人的一面镜子，大人在孩子的个性发展上，打下什么烙印，往往会影响他的一生。

2. 学生时期

受师长和同学间的影响较深，使个性的发展按照一定的规范去实践。

3. 走向社会

这是个性发展最复杂的阶段，有许多因素影响着个性的发展。如社会制度，经济发展，政治形势，文化教育等等都对一个人个性的发展有重要影响。

三、环境对个性的影响

个性的形成和发展，受社会生活条件的作用和影响是很大的。虽然先天的遗传也有影响，但它只是提供了一个发展的前提，起决定作用的还是后天的环境，特别是社会生活条件的作用。世界上没有孤立存在的人，每个人都生活在社会关系中，都要受到一定的社会生活条件的教育和影响，受到社会关系的制约，社会关系虽然包括许多方面的关系，但主要是生产关系，由此决定的政治关系以及法律、道德、艺术、科学、宗教关系等等。这些都会影响到个性的形成和发展。人又是有能动性的，它接受外界的影响是积极的、主动的，人在改造客观世界的同时改造自己的主观世界，改变人的认识能力，改变人的气质、性格。人的个性就是在社会关系的交往中逐步磨炼而形成的。总之，个性就是处于社会关系中的个人所形成的个体心理特征的总和。也就是说，它是在先天遗传素质的基础上，通过后来的社会生活实践的过程，形成和发展起来的个体心理特征的总和。

四、交叉研究的发展与借鉴

儿童心理与民族文化心理研究对管理心理学的研究具有借鉴意义。它的启蒙来自17世纪的文化学者洛克（John Locke）及霍布斯（Thomas Hobbes）等人。

（一）文化模式的影响：文化学从儿童到成人对人的个性取向的分析

一个人人文化模式的形成受到文化、信仰、教育、环境，以及成长等方方面面的影响。它从一个综合方面对儿童自成长到成人的个性及其转变形成影响。文化模式的概念是由美国文化人类学家本尼迪克特（Ruth Benedict）在1934年出版的《文化模式》一书中提出来的。她认为：

文化发展是一个整合的过程。文化模式乃是一种文化的整体价值和意义。在克罗伯（Alfred L. Kroeber）和克拉克洪（Clyde Kluckhohn）的推动下，文化模式理论在美国盛极一时。许多人类学家都对文化模式理论作了进一步的阐述，其中贡献最大的当数本尼迪克特。

社会行为人心性的形成与人文环境息息相关。心性以不同的天性禀赋为基础，是人文环境的函数。那么，人的心性是否有规律可循呢？

"任何一种文化的存在都不是散漫的、无结构的、而是按照一定的结构功能发展起来的。文化在一定的生态环境中创造、积累、内聚、发展、各种特质渐渐稳定，结构功能也慢慢定型。文化的这种结构功能的稳定形态，通常称为文化模式。"[1]

既然文化模式是有规律可循的，那么，社会行为人的心性也是有规律可循的。

（二）价值意识定向：价值取向对个性倾向的影响

价值意识的定向性在本尼迪克特（Benedict，1944）的著作《文化模式》中被看作目标的选择或潜在倾向性。这种潜在的目标与潜在的倾向性来源于社会行为人对所存在的人文世界环境中的文化特质，这种特质就是社会行为人在反思中自觉形成的人文价值意义的认知所形成的人心性中的行为动机。本尼迪克特说：

"倾向性是某个兴趣，按一条特殊路线有意识（自觉）引导的方向，它在某种程度上可以解释说明种种模式的结构。任何一种文化几乎肯定都是若干独特的倾向性占主导地位。"[2]

她将价值意识的目标限定在有意识、自觉的范围内，这对于研究许多实际的目标无疑是至关重要的。所以：

"价值意识定向性质简称'价值定向'，它可以说是人们价值思维和价值选择的方向性，或者说是对特定的价值的兴趣、偏爱和倾向性。它表示人们价值思维的规律性及其趋势。"[3]

人的行动动机与目的来源于文化价值观，文化价值意义形成的价值意识定向决定行为目标。这是研究主体人在社会行为活动中为了有效地

---

[1] 司马云杰:《文化价值论——关于文化构建价值意义的学说》，陕西人民出版社2003年版，第83页。
[2] 〔美〕克拉克洪:《文化的研究》，见何维凌、黄晓京主编《文化与个人》，浙江人民出版社1996年版，第25页。
[3] 司马云杰:《文化价值论——关于文化构建价值意义的学说》，陕西人民出版社2003年版，第83页。

引导客体人的行为效果需要把握的关键要点。

(三)文化价值意义:不同文化群体的文化环境影响人的个性

价值意识定向是指人们价值思维和价值选择的方向性,或者说是对特定的价值的兴趣、偏爱和倾向性。它表示人们价值思维的规律性及趋势。

人文价值模式是指建立在价值意识定向基础上形成的人们所固有的思维模式与行为方式,它体现为人动机与目标的形成、价值判断和价值认知观念的形成,以由此形成的人的思维方式及行为模式。

在人文价值模式基础上,管理心理学研究主客体人之间的文化关系、行为关系等问题,特别是主体人如何激发客体人的积极性、能动性。

第二节 人的气质

一、什么是气质

气质是人的个性心理特征之一,指某个人典型地表现于心理过程的强度、心理过程的速度和稳定性、心理活动的指向性特点等动力方面的特点。所谓心理过程的强度指情绪的强弱、意志努力的程度等;所谓心理过程的速度和稳定性,指知觉的速度,思维的灵活程度,注意力集中时间的长短等;所谓心理活动的指向性特点,指有的人倾向于外部事物,从外界获得新印象,有个人倾向于内部,经常体验自己的情绪,分析自己的思想和印象。每个人生来就具有一种气质。有某种气质类型的人,常常在内容很不相同的活动中都会显示出同样性质的动力特点。

一个人的气质,具有极大的稳定性。它很早就清楚地表露在儿童的游戏、作业和交往活动中。但是,在环境和教育的影响下,气质也会发生某些变化,只是同其他心理特征相比,其变化要迟缓得多。

二、气质的类型和特征

人的气质可以划分为几种类型。中国古代医学家虽未直接提出气质说,但曾按人好动或喜静的程度把人分为五种类型,即好动的太阳型、少阳型,喜静的太阴型、少阴型和动静适中的阴阳和平型。古希腊医生希波克拉底(Hippocrates)根据日常观察和人体内四种体液(血液、黏液、黄胆汁、黑胆汁)各人多寡不同的假设把气质分为四种类型,即性情急躁、动作迅猛的胆汁质;性情活跃、动作灵敏的多血质;性情沉静、动作迟缓的黏液质；性情脆弱、动作迟钝的抑郁质。巴甫洛夫（俄文：ИВаН ПеТРОВИЧ ПаВЛОВ，英文：Ivan Petrovich Pavlov）通过对高等动物的研究，根据高级神经活动的强度、平衡性和灵活性等三个基本特性，把高级神经活动划分为四种基本类型：不可抑制型、活泼型、安静型和弱型。神经系统的基本类型是气质的生理基础，气质是高级神经活动类型的外在表现。四种神经活动类型分别与胆汁质、多血质、黏液质和抑郁质相对应。为了说明气质类型及其表现和神经系统的类型及其特征的关系，可参照表4.1。

表 4.1　气质类型及其表现和高级神经活动类型及其特征对照表

神经系统的特性及类型				气　质	
强度	平衡性	灵活性	特性组合的类型	气质类型	主要心理特征
强	不平衡（兴奋占优势）		不可抑制型（兴奋型）	胆汁质	精力充沛、情绪发生快而强、言语动作急速而难于自制、内心外露、率直、热情、易怒、急躁、果敢
	平衡	灵活	活泼型	多血质	活泼爱动、富于生气、情绪发生快而多变、表情丰富、思维言语动作敏捷、乐观、亲切、浮躁、轻率
		不灵活	安静型	黏液质	沉着冷静、情绪发生慢而弱、思维言语动作迟缓、内心少外露、坚毅、执拗、淡漠
弱	不平衡（抑制占优势）		弱型（抑制型）	抑郁质	柔弱易倦、情绪发生慢而强、易感而富于自我体验、言语动作细小无力、胆小、忸怩、孤僻

现代心理学家，通过对观察人们的心理活动在行为方面所表现出来的心理特点，如感受性、耐受性、灵敏性、可塑性、情绪的稳定性、倾向性等，对人的气质（或性格）进行分类。但它的分类方法很多，下面举几种常见的分类方法。

1. 按理智、情绪及意志的强度

（1）理智型：以理智来衡量一切并支配行动；

（2）情绪型：情绪体验深刻，行为主要受情绪影响；

（3）意志型；有较明显的目标，意志坚强，行为主动。

当然，还有许多中间型，如理智意志型。这种分类方法的特点，是以某一种心理机能占优势来划分气质的类型，在西方较流行。

2. 按心理活动的指向性

（1）内向型：重视主观世界，常沉浸在自我欣赏和幻想之中，仅对自己有兴趣，对别人则冷淡或看不起；

（2）外向型：重视客观世界，对客观的事物及人都感兴趣。赞成这种观点的人较多。

3. 按个体的独立性和顺从性

（1）独立型：独立思考，不易受干扰，临阵不慌；

（2）顺从型：易受暗示，紧急情况下易慌乱。

4. 按人的情绪特征

（1）A 型：情绪特征不安定，社会适应性较差；性格粗暴，脾气急躁，争强好胜，急于求成；群众关系较差，容易和他人发生摩擦。如果修养较差，不注意改进，这种倾向更为强烈。

（2）B 型：情绪特征和社会适应性都较为平均，但缺乏主导性；交际能力不强，智能也不太发展；其精力、体力各方面也都平常；平时不说好、不说坏；既不想先进，也不甘落后。

（3）C 型：情绪特征安定，社会适应性良好；不急不躁，性格温顺，较稳重，不得罪人，有一种老好人的味道；但较被动，胜任领导工作能力差。

（4）D 型：情绪特征安定，社会适应性强，群众关系好；有工作能力，领导能力，组织能力；工作认真负责，积极主动，肯动脑筋，能独当一面。

（5）E 型：情绪特征不安定，社会适应性差；喜欢独自思考问题，不太与人交往，平时很少出门，有自己的偏爱和兴趣；在专业研究和业余爱好方面，有钻研精神，具有一定修养和专长；性格较孤僻、清高，常感"怀才不遇"；对现实某些问题看不惯，又不想去改变。

A 型基本应该加以否定。有人认为它与高胆固醇、吸烟与高血压有关，是引起心脏病的重要因素。D 型是较好的，因此，称为"管理者型"，是值得发扬的。对于其他几种气质，应发扬其优点，克服其缺点。当然也不是说，大家都成为一种类型的气质，或变成同一种性格。不过，在实际生活中，纯属于某一气质类型的人是极少数的，大多数人是接近于某种气质，又具有其他气质的某些特点，表现出一种总和现象。

三、气质在管理实践活动中的作用

气质对人的实践活动有一定的影响。每个人认识自己和别人的气质的特点，学会掌握和控制自己的气质，对于教育工作，组织生产，培训干部等都有重要意义。

1. 气质类型无好坏之分

作为人心理活动和行为动作方面的动力特点的综合，它本身无所谓好坏。在评定人的气质时不能认为一种气质类型是好的，另一种类型是坏的。因为任何一种气质类型都有其积极的一面，又有其消极的一面。例如，胆汁质的人积极、生气勃勃等是他的优点，但也有暴躁、任性、感情用事等缺点；多血质的人既有灵活、亲切、机敏的一面，也有轻浮、情绪多变的一面；

黏液质的人有沉着、冷静、坚毅等的优点，也有缺乏活力、冷淡等缺点；抑郁质的人既有情感深刻稳定的优点，但也有孤僻、羞怯等缺点。因此，我们要注意培养自己的气质，要认清自己气质的积极一面和消极的一面；发扬积极的方面，克服消极的方面，在这样自觉的培养锻炼下，气质就会得到不断的改进。

2. 气质不能决定一个人活动的社会价值和成就的高低

据研究，普希金有明显的胆汁质特征，赫尔岑有多血质的特征，克雷洛夫有黏液质特征，而果戈里有抑郁质的特征，不同的气质类型并不影响他们在文学上取得杰出的成就。

3. 气质可以影响人的活动效率

虽然在人的实践活动中不起决定作用，但是它可能影响活动的效率。例如，要求作出迅速灵活反应的工作，对于多血质和胆汁质的人较为合适，而黏液质和抑郁质的人则较难适应。反之，要求持久、细致的工作对黏液质、抑郁质的人较为合适，而多血质、胆汁质的人又较难适应。

4. 气质可以影响人的情感和行动

气质对于形成和改造人的某种情感与行动特点，或个性特征等方面，都具有很大的影响，这就要求我们做教育工作和政治思想工作的人都需要重视它。气质是影响人的心理活动和行为的动力特点，是人的稳定的心理特征之一。但人的心理和行为不是由气质决定的，人的心理和行为是由社会生活条件和个人的具体生活状态决定的。气质同其他个性心理特征相比，它不是一个人精神世界最本质的特征，而只是具有从属的意义。但由于它是构成人们各种个性品质的一个基础，因此，它是一个必须充分重视的重要因素。

四、前景与问题探讨

历史上，西方科学管理的研究方法受到古希腊哲学家亚里士多德关于"原子论"关系分析的影响。随着人类文化学的发展，特别是人性论的发展，行为管理获得了丰富养分，并取得重大发展。

在西方，由于人文世界的发展，尤其经历了苏格兰文化启蒙及意大利文艺复兴之后，人文哲学对以人为核心的管理学的发展起到了战略作用。这使当时在文学、绘画、美学、民族心理学、民俗学、儿童成长心理学，以及人类学与社会学等方面取得的成就能够形成对管理认识的一种启蒙。虽然在管理心理学研究初期还未摆脱这种工业化自然科学认识的束缚，但是，无疑，这种思想准备为以后的管理心理学的研究与发展提供了人文启蒙性的指导与可供借鉴的丰富思想。

我们知道,中国历史上的人文哲学思想极其丰富与浩瀚。先贤们对人的内心世界的探索都已经达深刻。我们对新思想的探索应站在巨人的肩膀上,以便使我们更好地阐释真理。

第三节 人的性格

一、什么是性格

性格是个性中的重要心理特征,是区别个性的主要心理标志。性格一方面反映人的行为取向,它可以从外在行为上表现出来,如从一个人的发笑中,可以看出他的性格,是豪爽还是拘谨;性格还可以反映出一个人的动机和态度,如一个小气的人与一个勤俭的人,在行为方式上可能很相近,但动机和态度不一样,因此,性格是行为方式和现实态度的统一体。

（一）性格的概念

性格,是指一个人表现在态度和行为方面的较稳定的心理特征,如寡断、刚强、懦弱等,它是个性的重要组成部分,人的性格是受一定思想、意识、信仰、世界观的影响和制约的。由于具体的生活道路不同,每一个人的性格会有不同的特征。性格是在一个人的生理素质的基础上,在社会实践活动中逐渐形成、发展和变化的,并具有一定的复杂性、独特性、整体性和持续性。

1. 复杂性

性格是个人多方面特性的综合,就像一个多面的物体,每一面均属性格的一部分,且各部分之间都有密切的关系。这些个人特性,有些是显而易见的,如健谈、好动;有些是蕴藏在潜意识中,不但他人无从观察,就连自己也不易感觉。

2. 独特性

由于遗传、成熟、环境及学习等因素对各人的影响不同,因而形成的各人性格也不同,即使是双胞胎,也只是遗传的一个因素完全相同而已,而其成熟、环境、学习等因素则无法完全相同,因而所展现的性格仍然是有差别的。

3. 整体性

构成个人性格的各种特性,并不是孤立的,而是具有内在联系的一个统一体,因此,可以说性格是个人身心合一的组合。一个人生理方面的变异,会直接而迅速地影响到心理状态和行为表现;同样,一个人为了求得对社会生活的适应,也会随着环境的变化,不断调整与改进个人的观念和行为方式。

4. 持续性

个人性格虽然在异常重大外界条件的压力下,会产生突变,但在一般情况下,性格是有持续性的。如我们对一个人的了解,除直接寻找他的现实行为原因外,还要了解一下他过去的历史、工作、生活等情况。这样对一个人才能有全面的了解。

由于性格是一个极为复杂的问题,对它的研究虽然很多,但尚未形成一套为一般学者所共同接受的理论,如果将各种性格理论,按其主要内容的不同,大体可分为两大类:一类是偏重研究个人行为的发展与改进的理论;一类是偏重研究个人生理与行为特性的理论。各种理论研究的侧重面虽然不同,但都有一个共同点:这就是认为性格与行为有密切的关系。要提高对人的行为的预见性和控制力,掌握行为的规律性,不能不对人的性格给予深入的研究。

(二) 性格的特征

性格是一个十分复杂的心理特征。它有着多个侧面,包含着多种多样的性格特征。这些特征在每一个个体身上都以一定的独特性结合为有机的整体。

1. 对现实态度的性格特征

主要表现在处理各种社会关系方面的性格特征,如处理个人、社会、集体的关系,对待劳动、工作的态度,对待他人和自己的态度,等。对社会、集体、他人的态度所构成的性格特征,主要有善交际、富于同情心、为人正直、诚实等,或相反;对劳动、工作、学习态度的性格特征,主要有勤劳、认真、细致、节俭、创造精神等,或相反;对自己态度的特征,主要有谦虚、自信等,或相反。

2. 性格的意志特征

主要表现为行为活动的习惯方式,这是人对现实态度的另一种表现。按照调节行为的依据、水平和客观表现,性格的意志特征可分为以下四个方面:

(1) 表明一个人是否具有明确的行为目标并使行为受社会规范约束的意志特征,如独立性、目的性、组织性、冲动性、纪律性、盲目性、散漫性等;

(2) 表明人对行为自觉控制的水平的意志特征如主动性和自制力等;

(3) 在紧急或困难条件下表现出来的意志特征,如镇定、果断、勇敢、顽强等；

（4）表明人对待长期工作的特点的意志特征，如恒心、坚韧性等。

3. 性格的情绪特征

当情绪对人的活动的影响，或人对情绪的控制具有某种稳定的、经常表现的特点时，这些特点就构成性格的情绪特征。性格的情绪特征，按其活动的情况可分为以下四个方面：

（1）强度特征，表现为一个人受情绪的感染和支配的程度以及情绪受意志控制的程度；

（2）稳定性特征，表现为一个人情绪的起伏和波动的程度；

（3）持久性特征，表现为情绪对人的身体和生活活动所停留的持久程度；

（4）主导心境特征，是指不同的主导心境在一个人身上表现的稳定程度。

4. 性格的理智特征

它是指人们表现在感知、记忆、想象和思维等认知方面的个体差异。在感知方面有：

（1）主动观察型；

（2）被动感知型。

在想象方面有：

（1）幻想家和"冷静"的现实主义者；

（2）具有现实感的幻想家和脱离实际的幻想家；

（3）主动想象型和被动想象型；

（4）大胆想象的人和想象被阻抑或受限制的人；

（5）狭窄想象型和广阔想象型。

（三）性格的类型

为了便于掌握人的性格，心理学家们试图从形形色色的性格中，概括出共同的特征，加以鉴别归类。有些心理学家从事"品质"的研究，并未获得效果。如奥尔波特（Gordon W. Allport）在一次调查研究中就鉴别出17 593个品质。这样庞大的数字，对分析研究人的行为，并没有实际意义。1973年，卡特尔（Raymond B. Cattell）从大量调查中抽出了171个品质特征，在此基础上再概括出16个品质"原素"，也没有多大实用价值。另一些心理学家从事性格类型的研究。瑞士心理分析学家荣格（Carl G. Jung）早期把性格分为外向和内向两类，在此基础上麦迪（S. R. Maddi）把性格划分为四种类型，如表4.2所示。

表 4.2 麦迪的性格分类

性格	忧虑程度	
	高忧虑	低忧虑
外向	紧张，激动，情绪不稳定，爱社交，依赖	镇静，有信心，信任人，适应，热情，爱社交，依赖
内向	紧张，激动，情绪不稳定，冷淡，害羞	镇静，有信心，信任人，适应，温和，冷淡，害羞

行为科学家大多认为：这两种分类方法只能预测具有典型性格的人的行为，对大量处于中间状态的人，往往不能说明问题。

(四)性格的本质

关于性格的本质，至今仍然有多种说法。如果较朴素地表述，所谓性格就是人的个性心理特征的重要方面。恩格斯说："刻画一个人物不仅应表现他做什么，而且应表现他怎样做。"[1]这就是说，性格表现包括两方面的内容：行为的现实、行为的动机和方式。而行为的方式，包括思维方式、情感方式、实践活动的方式等等。这两方面的内容都表现出人的心理特征，这种心理特征在类似的情境中不断出现，有一定的稳定性，以至习惯化，便形成独特的性格。人的行为方式千变万化，心理特征也千差万别，因此，人的性格本身是一套很复杂的系统。每个人的性格，就是一个构造独特的世界，都自成一套有机的系统，形成这套系统的各种元素都有自己的排列方式和组合方式。

【例】 巴尔扎克(Honoré de Balzac)无需别人解剖就坦率地承认自己性格系统中互相矛盾的两大脉络。他在致阿柏朗台斯公爵夫人的信中，真实地描绘自己。他说："就我所知，我的性格最最特别。我观察自己，如同观察别人一样；我这五尺二寸的身躯，包含一切可能有的分歧和矛盾。有些人认为我高傲、浪漫、顽固、轻浮、思考散漫、狂妄、疏忽、懒惰、懈怠、冒失、毫无恒心、爱说话、不周到、欠礼教、无礼貌、乖戾、好使性子，另一些人却说我节俭、谦虚、勇敢、顽强、刚毅、不修边幅、用功、有恒、不爱说话、心细、有礼貌、经常快活，其实都有道理。说我胆小如鼠的人，不见得就比说我勇敢过人的人更没有道理，再如说我博学或者无知，能干或者愚蠢，也是如此。没有什么使我大惊小怪的。"[2]巴尔扎克在这里剖析了性格的二重内容(正反两大系列)，而每一系列中又有多种性格元素，这些性格元素，例如高傲与谦虚、懒惰与用功、疏忽与心细等，又可分别形成一组一组的对立统一体，从而形成复杂的性格系统。巴尔扎克的性格就存在于这种多重组合之中。

---

[1] 《马克思恩格斯选集》(第 4 卷)，人民出版社言 2012 年版，第 441 页。
[2] 段宝林：《西方古典作家谈文艺创作》，春风文艺出版社 1980 年版，第 340 页。

世界上许多文学艺术家，特别是现实主义的作家和评论家，早已注意这个问题。中国金圣叹、脂砚斋等著名文学批评家已对此有所论述；现代作家中，自觉地从理论上说明这个问题的极其重要性，并从美学上加以概括的是鲁迅。他指出，把中国文学成就推向巅峰的《红楼梦》，其美学价值，最重要的就表现在它打破了中国古代小说文学"叙好人完全是好，坏人完全是坏"[1]的性格单一化的传统格局，表现了"美恶并举"[2]性格的丰富性。切实地掌握性格的多重组合原理，对于总结中国当代文学的历史经验，对于思考分析中国企业管理中人的性格，都有很大的意义。

二、性格的发展

性格的发展，是一个有顺序的、连贯渐进的过程，包括生理状况的改变与心理状况的改变，使个人的生活和工作能适应新的环境及其变化。

（一）性格的概念

1. 内涵的发展

心理学家认为，个人的发展不仅表现在身体方面，而且还包括许多其他方面，如知识与技能的增加，力量、速度与动作技巧的提高，智慧与解决问题能力的增长，语言与沟通能力的增强，与别人社会关系的扩大，兴趣、活动与价值观的改变，等等。

2. 发展的连贯性

发展是一种成长与衰退互相抗衡的过程。个人自出生至死亡的整个过程中，在生命初期是成长占优势；到了生命晚期，则衰退逐渐变得显著。因此，人的生命永远不会停在静止状态，自生命的开始到生命的死亡，一直处于变化之中。

3. 身体衰退早于心理衰退

个人在发展过程中，身体的变化与心理活动的改变是同时进行的。但身体发展到一定的时期就开始衰退，而人的心理活动能力却有增强的趋势。所谓力不从心，就是这个道理。

4. 发展曲线

个人在发展过程中，其发展速度的快慢，呈钟形曲线状态，开始发展速度很快，曲线突然上升；到中年期，发展速度缓慢，其曲线呈水平状；到老年期，发展速度又加速，曲线突然下降。

---

[1]《中国小说的历史的变迁》,《鲁迅全集》(第9卷),人民文学出版社1981年版,第338页。
[2]《小说史大略》,《中国现代文艺资料丛刊》(第4辑),上海文艺出版社1979年版。

(二)性格发展的因素

影响个人性格的因素虽然很多,但就其形成和发展来说,不外乎以下两方面。

1. 生理性因素

(1)遗传。由于基因组成的千差万别和基因表现型的多态性,而导致外显性格的不一样,构成与各人间行为特征的差异。

(2)体格与体型。由于个人外表形象、个人体质的不同,而产生不同的性格。如体格健壮者,性格外向、较活跃、富于进取精神;体格瘦弱多病者,性格内向、沉静、胆小。

(3)性别。男女个人除生理上有各种差异外,性格方面也多有不同。男性比较具有好强心、进取心、创造力,对政治活动及团体活动较感兴趣;对艺术及美的欣赏则不如女性。男性对抽象理论及空间关系的领悟,对推理及逻辑的运用较优;女性则在语言及文字记忆上较强。

2. 环境因素

(1)家庭。家庭是人类社会中最基本的单元,是个人最早接触到的学习环境,凡语言、知识、行动、生活习惯,多从父母、兄姐学起。因此,可以说,家庭是培育个人性格的摇篮。心理学家认为,儿童成长期间是性格发展的主要阶段。孩子在四岁时的视觉、听力与学习能力,大致已具备了性格向成熟发展的基本智力,正是从本我向自我的过渡的时期。因此,学龄前儿童的教育,是至关重要的。

(2)学校。儿童一旦入学,即面临新的环境,承受新的压力,他不但要学习许多新的知识技能,而且还要学习如何与同学相处,并服从老师的指导。因此,过去在家庭中的学习环境,必须加以调整来适应学校的学习条件。学校教育对儿童与青少年的身体、智力、知识与性格的发展具有十分重要的影响。因此,学校的任务,不仅是知识与技能的传授,以补家庭教育的不足;而且需要帮助儿童及青少年走向社会,懂得正确的自我成长道路和超自我的标准。

(3)社会文化。社会文化包括的范围十分广泛,如历史渊源、政治经济制度、宗教信仰、民族风俗等,对人的激励与抑制作用十分强烈。如某些行为受到当地文化的激励,因而会加强个人对这方面行为的表现;如某些行为受到当地文化的抑制,则会削弱或消除个人对该方面行为的表现。随着人的年龄的增长,活动地区逐渐扩大,接触的人和社会现象越来越多,因而受社会文化的影响也越来越大,对个人性格的影响力也增加。

(4)职业。从事一种职业,除需要具备该种职业的知识和技能外,还要具备该种职业所应有的兴趣、道德、志向、工作习惯、纪律等。因而长期从事某种职业的人，就会逐渐养成该种职业的性格，对同一件事所表示的意见、价值观，常有所不同。例如，律师重视公平合理，科学家好奇喜研究，教师喜爱青少年，政治家不怕挫折，企业家事业心强等。

（三）性格发展的分期

性格是在生命发展中成长的。心理学家弗洛伊德（Sigmund Freud）认为人的性格受着"自我""超我"等力量支配，并经过三个阶段趋向成熟。对于大多数人来说，在青春期之前性格已定型。心理学家埃里克森（Erik H. Erikson）提出了另一种观点，认为在青春期以后，性格仍然可以变化塑造，并且贯彻于整个成年时期。他跟弗洛伊德一样，认为性格发展有阶段性，每一阶段有它的特征，如果第一阶段的发展受到阻碍将会导致性格的某种缺陷。他把一般人的性格发展按年龄分为八个阶段，并将每个阶段性格发展成功与失败的特点见表4.3所示。心理学家对人的发展的分期，多以年龄为划分依据，但所划分之期数与起讫年龄，则不完全相同。根据以上分期可知，除产前期、婴儿期、儿童期及青年前期外，其余的青年后期、成年前期、成年后期及老年期，都同人事管理有极为密切的关系。因此，是行为科学运用于企业管理研究的重点。研究的主要内容是：生理上的特征、心理上的特征、主要兴趣、适应能力等方面。

表4.3 埃里克森关于性格发展分期

阶 段	年 龄	特点	
		成 功	失 败
1. 早婴儿期	出生到1岁	基本的信任心	不信任
2. 晚婴儿期	约1—3岁	自主	羞耻和困惑
3. 早儿童期	约4—5岁	创造心	犯罪感
4. 中儿童期	约6—11岁	勤奋	自卑
5. 青春期	约12—20岁	自我认识	对自己地位认识模糊
6. 早成年期	约20—40岁	合群	孤僻
7. 中成年期	约40—60岁	继续成长	停滞
8. 晚成年期	约65岁以上	完善	失望

（四）性格发展的过程

美国哈佛大学教授阿吉里斯（Chris Argyris），长期从事工业组织的研究，以确定管理方式对个人行为及其在工作环境中成长的影响力。他的研究结果表明，一个人在由不成熟向成熟的转变过程中，性格会发生七种变化（表4.4）。阿吉里斯认为这些改变是持续的，而健全的性格便因此由不成熟趋于成熟。这些改变只是一般的倾向，但是，它使人们对成熟有了较多的了解。一个人的文化水平和个性可能使这些改变受到限制，但是随着年岁的增长，人的性格总是有日趋成熟的倾向。

表 4.4　性格的发展过程

序号	不成熟	成熟
1	被动	主动
2	依赖	独立
3	少量的行为	能产生多种行为
4	错误而浅薄的兴趣	较深与较强的兴趣
5	时间知觉性短	时间知觉性较长
6	附属的地位	同等或优越的地位
7	不明白自我	明白自我，控制自我

三、性格与管理

阿吉里斯着重研究了管理方式及其工作环境对性格成熟的影响。他观察分析了工业界经常见到的工人对工作不努力和对某些事物漠不关心的情况。这种情况的产生是否单是个人性格的问题呢？他认为事实并非如此。在许多情况下，是因为受管理方式的束缚而使性格不能成熟。在这些组织里，他们对工作环境只有极少的控制力。同时，他们被鼓励做一个被动、依赖及附属的人，因此，他们的行为便不易成熟。

阿吉里斯认为，以"X 理论"假设的正式组织具有先天性抑制人们成熟的"功能"。因为组织的成立是为了使集体达到某种既定目标，正式组织的代表通常就是这些建立组织的人。个人是无条件地被安插在工作之中的。先有工作设计，后有个人工作的安排。工作设计的依据，是科学化管理的四个概念：专业化、命令、统一领导以及一定的管理制度。管理者为使工人成为"可互相替换的零件"而不断提高并强化组织与管理的效率。

正式组织的权力和权威需要掌握在少数高阶层人手中，因此，位居下层的人必须受上司或系统本身严密的控制。专业化通常使工作过于简单而重复、固定，不具有挑战性，这就是专制型的、以工作为主的管理方式。在这种情况下，上级是决策者，下级只是执行这些决策而已，缺乏主动性。

正式组织的概念导致"性格不能趋于成熟"的假定，认为性格成熟与正式组织间是不协调的，管理者的工作行为阻止了人的性格的自然发展。阿吉里斯认为这是古典的管理理论仍相当流行的结果。

根据以上的情况,阿吉里斯同麦格雷戈一样,要求管理者提供给职工一种可以成长与成熟的环境,使其在致力于组织成功的过程中亦可以获得需要的满足。应当相信:如果受到适当的激励,人们可以自动自觉地工作且具有创造力。因此,以"Y理论"假设的管理方式对组织及个人都较有利。

性格鉴定的方法很多,如观察法、谈话法、作品分析法、个案法、实验法等。由于性格的复杂性,至今还没有一种有效的鉴定性格的方法。为了使被鉴定的性格比较符合于实际情况,多采用综合研究法。综合研究法,是把观察谈话、作品分析、个案调查等结合起来加以运用,有计划地观察一个人的各种外部表现;利用谈话直接或间接地了解被鉴定者在各种情况下的态度和行为表现;通过搜集被鉴定者的作业,如书信、日记、自传、文艺作品等,了解他对各种事物的态度与行为表现;同时通过对有关人员的访问,了解他过去的情况;最后,把获得的各种材料,系统地加以分析整理,找出贯穿于其言行与外貌中的性格特征和类型。

四、东方管理:性格与成败

东方管理思想不仅来源于历史百家哲学与治国文献,同时丰富的历史文学、戏曲及故事的流传也是其重要思想来源。比如,曹雪芹的《红楼梦》,其对几百个人物特点的刻画深刻入微,至今世界无一文学著作可以将其超越。

同样,作为通俗文学的代表著作,明代小说家罗贯中的长篇章回体小说《三国演义》,流传至今还脍炙人口、老少皆宜。其中桃园三结义中的关羽、张飞更是性格鲜明的人物。

关羽在《三国演义》中的着墨很多,是其中最为家喻户晓的人物之一。全书给他侠肝义胆个性特征的溢美之词经常是其他任何人物不能比拟的。比如,"义不负心,忠不顾死""披肝沥胆,在所不惜",最后勇敢地为刘备"断首捐躯"。历代评价关羽时,不外乎赞扬他的勇谋、忠义,同时也没有忽视他的骄傲。

关羽这个人的性格特征上比较复杂。他一直待士卒很好,可能和他出身有关系。但是,他对所有名士基本是"不服"的状态。比如,对诸葛亮、对马良、对鲁肃、对马超、对黄忠、对傅士仁和糜芳(国舅),从来不给对方留面子。

关羽仁义,但过于高傲,最终兵败;张飞粗中有细,但过于鲁莽,对人才敬重,但对属下特别不好,终被张达、范疆所杀。

张飞也是广大读者最熟悉、最喜爱的人物形象之一。历史上的张飞相貌如何？大家可能会说："豹头环眼，燕颔虎须"。张飞性格缺点是脾气暴躁，"不恤小人""暴而无恩"。正史《三国志》曾记载刘备批评张飞"卿刑杀既过差，又日鞭挝健儿，而令在左右，此取祸之道也"。之后，张飞果然就是死在任职其"左右"的部下之手。

第四节 ｜ 人的能力

一、什么是能力

（一）能力的定义

能力是与顺利地完成某种活动有关的心理特征，通常是指个体从事一定社会实践活动的本领。对能力的含义，历来有不同的解释，其中一种解释是，可以从两方面来理解能力的含义：一方面，是指个人到目前为止所具有的知识、技能；另一方面含有可造就性或潜力的意思。在能力中，又可分为智力、性向和成就三种。智力是指个人的一般能力；性向是指个人可以发展的潜在能力；成就是指个人通过教育或训练对学识、知识和技能方面所达到的较高水平。

（二）能力的作用

人的知觉或思维活动是在他所从事各种工作或操作中进行的。为了顺利地、成功地完成这些活动，重要的心理前提是具备某些能力。例如，熟练地进行操作，保质、保量、按期地完成生产任务，是操作工人应具备的必要能力；熟练地上好一堂课，内容新颖，讲解透彻，条理清楚，是教师应具备的必要能力；善于鉴别色彩、形象记忆，掌握线条比例是画家应具备的必要能力；而记忆清晰、思维敏捷、反应灵活则是一般的、为完成各种活动所应具备的能力。要成功地完成一项活动，仅靠某一方面的能力是十分不够的，必须具有多种综合能力方能获得成功。例如，为了完成学习任务，不能仅仅依靠记忆力，或仅仅依靠对课文的分析、理解，而必须同时具有观察力、记忆力、概括力、分析力、理解力等，才能出色地完成学习任务。在完成某项任务时，所需要的各种能力的最完备的结合，能使人迅速地、创造性地完成任务。这时可以认为，这个人在完成这项任务时具有较高的能力。各种能力的最完备的结合，叫作才能。如果一个人在某一方面或某些方面有杰出的才能，就会被称为天才。

（三）能力的分类

能力有一般和特殊之分。人在顺利地完成某项任务时，必须既具有一般能力，又具有特殊能力。一般能力是指在很多种基本活动中表现出来的能力，如观察力、记忆力、抽象概括能力等。特殊能力是指出现在某些专业活动中的能力，如数学能力、音乐能力、专业技术能力等。一般能力与特殊能力在活动中的关系是辩证的统一。一方面，某种一般能力在某种活动领域得到特别的发展，就可能成为特殊能力的组成部分。例如，观察能力属于一般能力，但机修工在长期修理机械过程中，需要区别正常与非正常的机械结构细节，察看机械的运转状况，从而形成敏锐的观察能力。另一方面，在特殊能力得到发展的同时，也发展了一般能力。因为机修工在修机过程中培养成的敏锐的观察能力，有可能迁移到其他活动领域，表现出他的精细观察的个人特点。因此，特殊能力是在一般能力获得充分发展的某种特殊的心理活动的系统；而一般能力则是在某种特殊系统基础上发展起来的，离开活动，既谈不上一般能力，也谈不上特殊能力。

二、能力结构理论

能力是具有复杂结构的心理特征的总和。研究能力的结构，分析能力的构成因素，对于深入理解能力的本质，合理设计能力测量的手段，以及科学地拟定能力培养的原则，是十分必要的。由于能力是一个十分复杂的心理特征，因而出现了研究能力的不同理论。它们的共同基础是能力测量中不同的因素分析法。下面介绍三种不同的能力结构。

（一）"二因素结构"理论

英国心理学家斯皮尔曼（Charles E. Spearman），在20世纪初期运用因素分析法，提出了能力的二因素结构理论。斯皮尔曼认为，能力是由一般因素（g）和特殊因素（s）所构成。完成任何一项作业都是由g和s两种因素决定的。例如，一个算术推理作业由 $g + s1$ 决定，而一个言语测验作业由 $g + s2$ 决定。两套测验的结果如果出现正相关，就是因为它们有共同的因素g；而它们不完全相关，就是因为每种作业包括不同的、无联系的s因素造成的。根据这些相关，他认为在能力结构中，第一位的和重要的是一般因素g，各种能力测验就是通过广泛取样而求出g因素。

（二）"群因素结构"理论

美国心理学家瑟斯顿（Louis L. Thurstone）提出与二因素结构理论相反的群因素结构理论。瑟斯顿认为，能力是由许多彼此无关的原始能力所构成。他总结出大多数能力可以分解为七种原始的因素，它们是：①计算；②词的流畅性；③词语意义；④记忆；⑤推理；⑥空间知觉；⑦知觉速度。他对每种因素都设计了测验内容和方法。然而实验的结果同他设想的相反，每一种能力与其他种能力都有正相关。例如，计算与词的流畅性相关为 0.46，与言语意义的相关为 0.38，与记忆的相关为 0.18 等。这说明各种能力因素并不是绝对割裂的，而是可以找到一般的因素。以上两种理论在历史上对能力结构的认识都有其积极的作用。但是他们虽然看到一般因素与特殊因素的作用，却把两者绝对地对立起来，没有从人的实际活动中认识一般能力与特殊能力的辩证关系。

（三）"智慧结构"理论

近年来，美国心理学家吉尔福特（Joy P. Guilford）提出了一种新的能力结构设想，称为"智慧结构"学说。他认为智慧因素是由操作、材料内容和产品三个变项构成的，像一个长、宽、高三个维度的方块。每一变项由一些有关的要素组成，因此，他以排列组合的方法，提出智慧可能由 120 种因素所组成，如图 4.1 所示。

吉尔福特认为，能力的第一个变项是操作，它包括认知、记忆、分析思维、综合思维和评价五种能力类型；能力的第二个变项是材料内容，它包括图形、符号、语意和行为四种能力类型；能力的第三个变项是成品，即能力活动的结果，它包括单元、门类、关系、系统、转换和含蓄六个方面能力类型。每个变项中的任何一个项目与另两个项目相结合，就可以得到总共 4×5×6=120 种结合。每一种结合代表一种能力因素。吉尔福特的智慧结构理论是对能力结构认识的一个深入，为心理能力的研究开辟了广阔的思路。

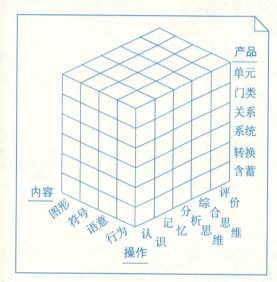

图 4.1 吉尔福特"智慧结构"图

三、影响能力发展的因素

影响能力的因素是很多的，归结起来可用图 4.2 加以表示。

其中以素质、知识和技能、教育、社会实践、勤奋等对能力的影响最显著。

（一）素质

素质是有机体天生具有的某些解剖和生理的特征，主要是神经系统、脑的特性以及感官和运动器官的特性。素质是能力发展的自然前提，离开这个物质基础就谈不到能力的发展。生来或早期听力、言语障碍的人难以发展音乐能力，双目失明者无从发展绘画才能，严重

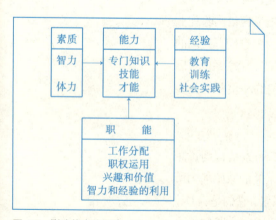

图 4.2 影响能力的因素

的早期脑损伤或脑发育不全的缺陷是智力发展的障碍。

素质是能力发展的自然基础，但不是能力本身。素质作为先天生成的解剖生理结构，不能现成地决定能力。刚出生的婴儿没有能力，只是由于他生来具有一定的解剖生理特点，因而他具有能力发展的一般可能性。只有在以后的生活实践中，解剖生理素质在活动中显露并发展起来，才逐渐形成能力这样的心理特征。

（二）知识和技能

知识是人类社会历史经验的总结，从心理学的观点来说，是头脑中的经验系统，它以思想内容的形式为人所掌握。技能是操作技术，是对具体动作的掌握，它以行为方式的形式为人所掌握。知识、技能与能力有密切的关系。知识是能力形成的理论基础；技能是能力形成的实践基础。能力的发展是在掌握和运用知识、技能的过程中实现的；同时，能力在一定程度上决定着一个人在知识、技能的掌握上可能取得的成就。

能力和知识、技能密切地联系着，它们之间既相互联系，又互相制约，这种关系主要体现在：掌握知识、技能以一定的能力为前提；能力制约着掌握知识技能的快慢、深浅、难易和巩固程度；而知识的掌握又会导致能力的提高。当然，知识、能力的发展与技能的发展不是完全一致的。

（三）教育

教育是掌握知识和技能的具体途径与方法。教育不仅在儿童和青少年的智力发展中起着主导的作用，而且对能力的发展同样也起着主导的作用。教育不但使学生掌握知识和技能，而且通过知识和技能的传授，还能促进心理能力的发展。例如，教师运用分析概括的方法去讲授课程的内容，并且引导学生把这样的方法作为遇到问题进行思维的手段；把外部的教学方法逐渐转化为内部概括化的思维操作。

儿童、青少年的在校教育，对能力的培养是至关重要的，但是，当人们走上工作岗位以后，原来已经掌握的知识和技能，就显得不够用，有些甚至是已经过时的。尤其是技能更是如此。因此，在职职工的职业教育，对现代企业的职工来讲就显得特别重要。他们必须掌握多种知识、多种技能，并能进行综合的运用。

（四）社会实践

能力是在人改造客观世界的实践活动中形成和发展起来的。劳动实践对各种特殊能力的发展起着重要的作用。不同职业的劳动，制约着能力发展的方向，如纺织厂的验布工人，辨别布面疵点的能力比一般人高。这是同从事这一职业的特殊要求分不开的。

不同的实践向人们提出不同的要求，人们在实践和完成任务的活动中，不断地克服薄弱环节，从而使能力得到相应的发展和提高。

（五）勤奋

勤奋是获得成功的必由之路。要使能力获得较快和较大的增长，没有主观的勤奋努力是根本不可能的。世界上许多政治家、科学家和发明家，无论他们从事的领域有多么大的不同，他们的共同点是长期坚持不懈、刻苦努力、顽强地与困难作斗争；没有刚毅的顽强、百折不挠的意志力，任何成就都不可能取得，能力的发展也无从谈起。

此外，营养状况、个人的爱好、兴趣等，对能力的提高也有重要的影响。

四、能力与兴趣

一个人的能力发展与兴趣有密切的关系。

所谓兴趣就是人们力求认识某种事物或爱好某种活动的倾向。当我们认识到某种事物或某种活动与我们的需要有密切关系以后，就会注意认识它和热情而耐心地对待它。这种注意认识和热情而耐心对待的心理状态，就是兴趣的表现。

兴趣以需要为基础，需要有直接需要与间接需要。所以，兴趣也有直接兴趣和间接兴趣。直接兴趣是由于实践本身的需要而引起的兴趣。间接兴趣则是对于某种事物本身并没有兴趣，只是由于某种实践的间接需要而引起了兴趣。例如，学习外语，有些人对它并不一定感兴趣，有时还会因学习困难而感到烦恼，但是当考虑到搞好本专业需要掌握外语时，也会表现出对外语的兴趣，这叫间接兴趣。兴趣与认识和情感相联系。没有对某一事物的深刻认识，就不会对这一事物有浓厚的兴趣；对某一事物没有浓厚的情感，也谈不到对这一事物的兴趣。认识越深刻，情感越强烈，兴趣才会越浓厚。

兴趣具有社会制约性，这表现为人们所处的社会制度不同，阶级地位不同，其兴趣也有不同的特点。不是每个人所有的兴趣都是正确的。所以，我们在生活和工作中，就不能只从兴趣出发。又由于兴趣是后天形成和发展起来的，高级的、正确的兴趣可以培养，低级趣味的东西可以改造。

五、能力的个别差异

人的能力是有个别差异的，即人与人之间的能力是不同的。

从思维能力的差异来看，主要有两种类型：一种是艺术型，这种类型的人，善于形象思维，爱好写文艺作品，讲故事非常生动、形象；另一种是思维型，这种类型的人善于逻辑思维，写文章、讲课，逻辑性很强，条理也很清楚,一层一层意思地讲,层与层联系得也很紧密。但在现实生活中,纯粹的艺术型或纯粹的思维型是没有的,大多是中间型或偏重某一方面。

能力是人的一个重要的心理特征,每个人都有一定的能力。人的个性有差异,人的能力也不同,因此作为一个管理者,必须根据每个人能力的特点安排他们的工作。

第五节 性格与能力、气质的关系

人的能力、气质和性格构成个性的心理特征,它们是在人的统一生活实践中形成的。它们之间是相互制约,相互影响,彼此关联,密不可分的。

一、性格与能力的关系

性格和能力是在人的统一的发展过程中形成起来的。

(1)性格的形成需要一定的能力为基础。学生在教育、教学过程中发展了体力和智力,性格也在相应地形成着。在观察过程中,一方面发展着观察力,另一方面也形成着性格的理智特征。

(2)能力的发展水平受性格特征的影响。例如,高度责任感、首创精神、热爱集体、严于律己、自信心强等等,这些表现在对待工作、对待集体与个人等方面优良的性格特征,对能力的发展都具有很大的促进作用。反之,如果具有工作不负责任,不关心集体,缺乏自信心等不良的性格特征,则会使能力的发展受到很大的障碍。

(3)优良的性格特点往往能补偿某方面的能力弱点。所谓"勤能补拙",就说明性格对能力发展的补偿作用。

二、性格与气质的关系

性格与气质既有区别,又互相渗透,彼此制约。

(1)从气质和性格各自的特点来说,虽然两者都是以高级神经活动类型为其生理基础,但气质更多地体现神经系统类型的自然影响。而性格更多地受生活环境的制约。

(2)气质对性格有深刻的影响。首先,在性格形成过程中,气质影响着性格的表现方式。例如,同样是勤劳的人,具有多血质气质的人,在劳动中容易表现情绪饱满，精力充沛；而具有黏液质的人，则可能表现为踏实肯干，操作精细。可见，气质给同样的性格特征添上独特的"色彩"。其次，气质对性格的影响，还表现在气质可以影响性格形成和发展的速度和动态。例如，对于自制力的性格特征的形成，具有胆汁质的人，需要经过极大的克制和努力，而对抑郁质的人则比较容易和自然。

（3）性格对气质的影响也是明显的，性格会在一定程度上掩盖着和改造着气质，从而使之服从于生活实践的需要。侦察兵在实践中形成的沉着冷静、机智勇敢等性格特征可能掩盖或改选胆汁质易冲动的气质特征。

（4）相同气质类型的人可以形成不同的性格特征，而不同气质类型的人也可以形成同样的性格特征。作为个性心理特征的气质与性格两者是不同的。从气质的自然性质而言，气质似乎是性格的基础；而性格则可以在一定程度上掩盖或改造气质。但是这种区别，不能截然对立起来，两者是彼此制约互相渗透的。

三、东方管理思想关于历史案例的分析：德与才辨析

儒家、法家、墨家等首先将"德"与"才"两个因素作为人才评价的两个核心标准。关于德才之辨——德行与才能孰更重要，历来是中国历史哲人探讨的一个问题。

古称德才兼备的人为才子。德与才是有机的统一体，二者不可分割，不可偏废。宋代政治家司马光在总结历史上用人治国的经验教训时指出："才者，德之资也；德者，才之帅也。"德靠才来发挥，才靠德来统帅，二者相辅相成，同样重要。只有德才兼备，才为贤者。

《诗经》里有"高山仰止，景行行止"的诗句，比喻对道德高尚、光明正大者的敬仰、仿效。《论语》中孔子也说："如有周公之才之美，使骄且吝，其余不足观也已。"即使有周公那样的才能和美好的资质，只要骄傲吝啬，他其余的一切也都不值一提了。

诸葛亮在《前出师表》中写道："侍中、侍郎郭攸之、费祎、董允等，此皆良实，志虑忠纯……亲贤臣，远小人，此先汉所以兴隆也；亲小人，远贤臣，此后汉所以倾颓也……"这里可以看出他在评价郭攸之、费祎、董允所用的"良实，志虑忠纯"。

曹操在205年的《选举令》中提到："……有受金取婢之罪，弃而弗问，后以为济北相，以其能故。"[1]214年的《求贤令》："……唯才是举，吾得而

---

[1] 源于《曹操集》皆转引自苗枫林：《中国用人史》，中华书局2004年版。

用之。"214 年的《敕有司取士毋废偏短令》："夫有行之士，未必能进取，进取之士，未必能有行也。陈平岂笃行。苏秦岂守信邪？而陈平定汉业，苏秦济弱燕。"217 年的《举贤勿拘品行令》："……其各举所知，勿有所遗。"从上述四次选人令中不难看出，在评判人才时，曹操明确排除了以往为主流的"以德为首"这一基本准则，而将"才"放在首位。

《论语·泰伯》中说："如有周公之才之美，使骄且吝，其余不足观也已。"从中可以看出，孔子是把才与德看成人才的两个重要方面，而且才不能取代德，德也不能弥补才。司马光则把德才并重这一量才标准发挥到了一个新的高度。在他编纂的长篇巨著《资治通鉴》"臣光曰：……夫聪察强毅之谓才，正直中和之谓德。才者，德之资也；德者，才之帅也"中也可以看出，司马光把德、才看作识别、选取人才的两个必要条件。

中国有重视德行的传统。儒家经典《周礼》中有"敏德以为行本"之说。孔子人生哲学的重心在道德品行的养成。无论做人做事都要以道德作为基础，只有品德高尚的人才能获得真正的成功。正如西莱·福格所说，决定一个人价值和前途的不是聪敏的头脑和过人的才华，而是正直的品德。品德就是力量，它比"知识就是力量"更为准确。

案 例

傲慢与谦逊：不同个性的孙杨与姚明[1]

2002 年，CBA 总决赛上，观众席的第一排，齐刷刷坐了十几个 NBA 球探。吸引他们的，是球场上那个身高 2 米 26，百米速度 15 秒，还有着 52.4% 投篮命中率的中国大个子——姚明。那个赛季的总决赛，姚明平均每场拿到 21 个篮板、4.3 个盖帽，砍下 41.3 分。已是 CBA 第一人的他，即将登陆 NBA。手握状元签的休斯顿火箭队，当机立断，选中了他。从姚明披上 11 号球衣的那刻起，全世界的目光都投向了这个中国球员。那一年，姚明 22 岁。2012 年，伦敦奥运会。400 米男子自由泳决赛的直播画面中，泳池上方，清晰地竖着一条黄线。那是该项目的世界纪录速度。哨响，年轻的孙杨鱼跃入水，一骑绝尘。别人在追逐他的身影，而他，在追逐那条黄线。3 分 40 秒 14，孙杨超越了黄线。他打破世界纪录，拿下了中国男子泳坛 28 年来的第一块奥运金牌。回国那天，媒体、粉丝，蜂拥而至。中国游泳协会官方杂志更用一句"中国太阳光耀伦敦"，彰显着世界自由泳的"新王诞生"。那一年，孙杨是 21 岁。两位知名体育明星，他们有太多相似点。都是 20 出头的年纪早早成名，都在各自的领域里，达到前无古人的成绩。也都经历过巅峰，陷入过低谷。但如今，数年过去，

[1] 改编自王耳朵先生：《看了归隐的刘翔和"当官"的姚明，才明白孙杨到底输在哪儿》，2022 年 3 月 7 日。

曾经并肩而立的两个"顶流",却走出了截然不同的人生轨迹。其中,纵然有机遇、环境的种种因素,可命运草蛇灰线,伏脉千里,他们如今的境遇,也是自己亲手写下的答案。

一、孙杨的任性与傲慢

孙杨似乎是必然会成功的。他继承了父母的良好运动基因,身高1米98,臂展2米12,划水幅度超过3米。简直是游泳的天选之才。他也足够努力。在体校,教练定下的目标,他从不少练。哪怕累,委屈,也是抱怨之后,继续越游越快。即便伤病不断,也从不认输。采访里,孙杨曾说:"我愿意把我的生命,我的健康,我的青春,我的一切,献给一池碧水。"他确实也是这么做的。

但,这样的孙杨,却摔了下来。前国家游泳队总教练陈运鹏评价过孙杨一句话:"孙杨的身材,在中国运动员中50年遇不到一个。可孙杨的性格,在中国运动员中50年也遇不到一个。"一直以来,孙杨的天才佳绩和因他性格而起的负面新闻,几乎一样多。伦敦奥运之后,孙杨交了个空姐女友,两人热恋,经常缺席训练。带了他十几年的教练批评了他几句,孙杨竟当众顶撞:"我不跟你练了。"

第二年,孙杨因无证驾驶被罚款、拘留。他所在的浙江体院的负责人坦言,其实早就想处理孙杨。因为他长期擅自在外食宿,不提报行踪,还私自去泰国旅游,目无纪律。但那时,孙杨的成绩太过亮眼,以至掩盖了他的缺陷。粉丝将他的恃才傲物,视为少年心气,亲切地称他为天真可爱的"大白杨"。

孙杨的傲慢,似乎成了一个"萌点"。仗着傲人的成绩,他可以指着英国选手吼:You loser, I win, Yeah! 以讽刺其他选手喝他的"洗脚水"。可以在参加节目时,屡次打断主持人和其他嘉宾的发言。可以在军营真人秀上,因为手指受伤,无视队伍纪律,直接掉头离开。因为他违反纪律,带队的班长自愿受罚,累得筋疲力尽。其他队员急得掉眼泪,纷纷提出帮班长一起承担责罚。而孙杨一言不发,始终不肯认错。《体坛周报》资深记者王勤伯曾对《南方周末》记者说:"孙杨永远觉得,自己只要抓住对方一个不对的理由,就可以蛮横、傲慢。"这样的孙杨,倘若一直处于巅峰,瑕不掩瑜,也许那些缺点都可以被原谅。但他忘了,没有人会永远活在巅峰。这一桩桩一件件,已经让他不再如从前那般众星捧月。对孙杨"修养""格局"的议论越来越多,褒贬不一。

直到2018年暴力抗检事件发生,这件事,一开始大家都觉得孙杨很冤。未被取消成绩,说明他根本没服用违禁药品;不少人也在质疑世界反兴奋剂机构的公平性,支持他上诉。可孙杨的反应,让人失望。其中一位尿检人员,诚恳地写下有利于孙杨的证词,但请求孙杨不要泄露他的个人信息。结果孙杨一转头,码也不打地将他的姓名、身份证号甚至配偶信息,发在了微博。丝毫不顾他人,将尿检官推入一场骇人的舆论风暴中。听证会上,孙杨身边的翻译员还在陈述,他突然没打招呼,一挥手直接喊进来另一个未向法庭报备的翻译员。主仲裁员和己方律师甚至都懵了。偌大的听证庭上,爆发出一阵阵嗤笑声。

孙杨用他的任性与傲慢,一步步把自己推进了尴尬的境地。官媒《检察日报》直接发文评孙杨事件:无视规则将承担相应后果。知乎上,一条"为什么孙杨一夜之间风评这么差"的问题,浏览量高达近500万。如今,4年零3个月的禁赛,足以让一个运动员的黄金年龄堕入暗淡。

孙杨也干脆开始了直播带货,在免税店卖化妆品。在一场直播中,他一言不发,拿着一张纸:"人数到3万,摘墨镜。"观看人数上涨,他又不紧不慢拿出另几张纸:"人数到5万,笑一下。""人数到8万,保持微笑。""人数到10万,才说话。"反感的人,不在少数。其实直播带货没什么问题,只要他合法纳税,也是靠劳动挣钱。但一个曾如日中天的运动员,因禁赛被迫暂停了自己的本职。一个曾被高高捧起的少年,因种种一意孤行被舆论重重摔下,唯有可惜。

二、最低调谦逊的 NBA 球员之一

姚明初入NBA时,并不顺利。作为第一个中国NBA状元,当时国外不少观众根本不看好他。首秀场上,也未得一分,差点成了笑柄。NBA名宿巴克利嘲讽他是菜鸟,故意放话:"姚明要是能单场拿到19分以上,我就亲搭档的屁股。"传到姚明耳朵里,他一句话,给足了巴克利面子:"那我就天天拿18分吧。"不久之后,姚明一场比赛斩获20分,凭实力赢得了所有人的认可和尊重。巴克利被迫兑现诺言,只不过亲的是驴屁股。有好事者又去问姚明作何感想,可他没有得理不饶人,而是温和地说:"巴克利就是在开一个玩笑而已,我很喜欢巴克利,我认为他是非常值得尊重的。"

姚明总是会谦逊地让人一步。助理要帮他拎鞋,他说自己只是个新人,用不着高高在上。奥尼尔当众说要让姚明难堪,姚明不仅问候了奥尼尔的脚伤,还给他写了张贺卡:"你是我景仰的人,我的目标是,和奥尼尔一样棒。"奥尼尔自愧不如,化干戈为玉帛,与姚明成了挚友。

2018年亚运会上,韩国篮协主席离场时对姚明说了句不认可中国队实力的话:"你们运气真好。"姚明不恼,主动与他握手:"谢谢方教授,运气一般都留给做好准备的人。"网上一度爆火用姚明丑照P成的表情包。他也乐呵呵:"给大家带来快乐挺好的,看着看着就习惯了。"

姚明具有中国传统文化中谦逊内敛的特点,也是东方智慧的体现。西方人讲究幽默,姚明恰恰把西方的幽默以及他自己东方的思维方式与智慧融合到了一起,形成了独特的"姚氏幽默"。其实姚氏幽默中有很多语句都蕴含着东方中庸、内敛等价值观与处世哲学。"在休斯敦的九年职业生涯中,姚明向外界展示了他过人的幽默感,这也颠覆了很多人的看法。"幽默是西方人非常喜欢的特性,而姚明恰恰具有这种特性,他独具特色的"姚氏幽默"不仅让中国人喜欢,美国的球迷也非常接受。例如,在被问到是否知道自己的媒体关注度已经超过了"老虎"伍兹时,姚明说:"因为篮球比高尔夫球大!我很幸运,能够得到这份工作。"这样的回答既谦虚,又用幽默化解了与世界巨星的对比。又如,当被问到两任火箭主帅汤姆贾诺维奇与范甘迪的区别时,姚明机智地说:"一个高一点,一个矮一点。"他的回答避免了对自己两任教练进行对比的尴尬局面。

明明有着过人的实力,有着极高的名气,姚明却总是轻轻放低自己的姿态,儒雅谦和地说话,踏踏实实地做事。这样的姚明,反而更受瞩目。科比多次表达对他的敬意,奥尼尔帮他穿西装,纳什、安东尼、帕克等一众球星,专程来参加"姚基金篮球慈善赛"。休斯敦市政府为他设立"姚明日",喜爱他的美国观众,甚至为他作了一首"姚之歌"。昔日的队友谈到姚明,至今仍是赞不绝口。

因伤退役后,姚明当选中国篮协主席。其实这是个社会组织,没有行政职称,看起来是个官,

实际上相当吃力不讨好。毕竟当时的中国男篮，积弊已久。网上对他还一片痛骂，说他当官捞钱。但2019年当中国男篮世界杯小组赛失利，又失去直通奥运会的资格时，有记者问姚明："如果责任一定要有人来担的话，那会是谁？"姚明斩钉截铁："我。"之后，他继续为中国男篮谋变革、拉赞助、做实事。诋毁羞辱面前，姚明会为别人留面子；荣耀加身时，从不觉得高人一等；再傲人的成绩都可以抛开，低调行事。

《时代》周刊的报道高度评价了姚明谦虚内敛的性格。"姚明在展示了自己自信心的同时，还始终保持着一种谦虚的态度，而这正是改善当今过度轻浮炫耀的 NBA 的一剂良方。"从中可以看出，实际上美国人同样认同姚明这种谦虚的品质。在《时代》周刊对姚明的描写中，"粗鲁"（rude）一词从来没有出现过，可见在美国的媒体记者以及球迷心目中，姚明并非一个粗鲁的人，虽然姚明从事的是充满了激烈身体对抗的篮球运动，但是姚明身上却拥有着一种儒雅的东方气质。

三、个性决定命运

孙杨与姚明，如果将他们的人生轨迹比作线状图，20多岁时，其实站在同一个起点。几经波折，但持续上扬。可在那之后，有人势头渐渐滑落，有人趋于平静，有人继续上升。为何？复盘两人这些年的经历就会发现，原来天赋和努力可以决定一个人的起点，但性格和品行，才决定了一个人的上限。孙杨的傲，让他学不会尊重、克己，目中无人的言行，终会让他失去那些更重要的东西；姚明的谦，背后是一个人的涵养和素质，一个让人舒服的人，别人怎会不报以尊重？俗话说"性格决定命运"，不无道理。谁的人生都有丰年荒年。在人之上时，请看看姚明，把人当人，因为保不齐哪天你会有下来的时候。低调自持，是成大事者的哲学，也是一个人能笑到最后的智慧。

小 结

1. 人的个性是作为个体的人带有倾向性的、本质的、比较稳定的心理特征的总和，其中包括气质、性格、能力等。它是在个体生理基础上通过社会实践活动形成发展的。管理心理学对人个性的研究旨在有效地开发人力资源和提高管理水平。

2. 能力、性格、气质是心理学的范畴，但对管理实践活动有着重要的作用。就气质而言，管理中正确分析气质与生产效率的关系，将气质与人活动的社会价值与成就决定分离，客观、公平地对待不同气质的人员是气质与管理的重要内容；就性格而言，营造有利于员工性格发展趋向成熟的环境，区别对待不同性格类型的员工，通过综合研究的方法鉴定性格进而了解性格的特点，是性格与管理的重要内容；就能力而言，管理中正确处理用人所长与人的能力全面发展的关系是能力与管理的重要内容。

3. 人的个性心理特征的三个方面是相互制约，彼此关联，密不可分的。

思考题

1. 什么是希波克拉底的气质类型学说?
2. 什么是巴甫洛夫的高级神经活动类型学说?
3. 如何认识气质在管理实践中的作用?
4. 什么是性格特征?
5. 影响性格发展的因素有哪些?
6. 影响能力的因素有哪些?
7. 性格与能力、气质之间的关系如何?
8. 比较孙杨与姚明的性格特征,分析对他们各自成长的影响。
9. 孙杨与姚明各具有什么能力?你认为能力比个性更重要吗?

第五章 人的需要

需要是人的个性倾向。根据心理学和社会学所揭示的道理，欲望和需要"是人的能动性的源泉和动力"。当人们产生了某种欲望或需要时，心理上就会产生不安与紧张的情绪，成为一种内在的驱动力，心理学上称之为动机。有了动机就要寻找、选择目标，即目标导向行动。当目标找到后，就进行满足需要的活动，即目标行动。当行为告成，动机在需要不断得到满足的过程中而削弱。行为结束了，需要满足了，人的心理紧张消除了。然后又有新的需要发生，再引起第二个动机与行为。这样，周而复始，往复循环，直到人的生命终结为止，这是人的动机与行为的一个客观规律（图5.1）。

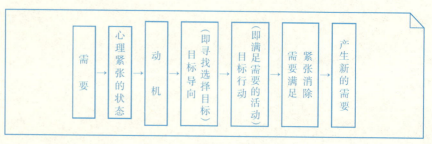

图 5.1 需要运动过程

第一节 人的欲望

人的一生离不开一定的物质生活和文化生活，也就是要有某种需要，需要在尚未得到满足以前，对需要者来说，只是一种欲望。欲望是激起人们心理活动的普遍原因，也是产生人们行为的原动力。因此，要在企业的生产经营管理活动中，有效地调动职工的积极性和创造性，就要从正确地对待和认真地研究人们的欲望入手，才能取得最佳效益。

一、欲望的概念

所谓欲望，是指人的需要尚未得到满足的一种反映形式，或者说，是人们所追求的目标尚未达到要求的一种表现形式。比如说，某个工厂的产品，计划在一年内达到国内先进水平，拿到金质奖章。这个目标在未实现以前，只是一种欲望。在实践中人们的积极性调动的程度，往往与他追求的需要目标有关。大量的事实说明，驱使一个人产生积极行为的动力，离不开人们一定的物质和精神需要的追求。正如恩格斯指出的，"人们总是通过每一个人追求他自己的、自觉预期的目的而创造他们的历史"。[1]形成欲望需要具备两个条件：一是缺乏，不足之感；二是期待，求足之感。这就是说，由于人体内部维持生理作用缺乏某种东西，并期待获得满足，就会产生欲望。欲望是人的一切行为和活动的根本出发点，也是人产生需要的前提。

二、欲望的种类

欲望的种类很多，大体可以分以下几个方面。

（1）以属性分：可以分为有形的欲望（以物质可以满足的）和无形的欲望（以精神可以满足的）；

（2）以时效分：可以分为将来的欲望和现在的欲望；

（3）以弹性分：可以分为弹性极小的欲望（如生存必需的食欲）和弹性极大的欲望（如奢侈欲，不影响生存）；

（4）以个体需要分：可分为生存欲望、发展欲望、荣誉欲望、舒服欲望等等。

三、欲望的特性

欲望有以下几个特性。

---

[1]《马克思恩格斯选集》（第4卷），人民出版社2012年版，第254页。

1. 欲望的无限性

随着生产的发展和科学的进步，人们的物质生活和精神生活的不断提高，人的欲望也就没有止境。正如荀子所说："欲不可尽"，"欲求不满"，这可以说是一条规律。它是推动科学的发展和人类进步的一个重要动力。

2. 欲望的关联性

就是说欲望不是孤立的，而是有关联性的，前一个欲望与后一个欲望，这个欲望和那个欲望都是紧密联系的。

3. 欲望的反复性

就是一种欲望满足了以后又会再发生。

4. 欲望的竞争性

就是两种或两种以上的欲望同时产生或先后产生，在竞争过程中，较有力的欲望代替其他欲望，或迫使其他欲望趋于灭亡。在企业管理中，我们掌握了人的欲望及其特点，就可以采取有效的相应措施，研究、预测和引导人们的行为，调动其积极性。

四、"欲"与"理"的关系

早在两千多年前，我国儒家学派就对"欲"与"理"的关系做了许多论述。

人的需求最初表现为"欲"，随着人文社会的发展，人的需求从最初的"欲"向"理"转化，"理"就具有了一定的社会文化的内涵。"理"是"欲"发展的文化产物的综合。"理"体现为人文社会发展过程中人们通过大脑反思所接受的客观存在的人文价值意义。

第二节 人的需要

管理的首要问题是如何调动人们的积极性。研究人们的需要就是为了解和掌握人的心理和行为规律，以调动其积极性。人们的一切活动都是为了满足自己的某种需要，需要成为人的行动的出发点。作为一个管理者，要实行有效的管理，就必须了解人们的需要。了解和掌握人们在想什么、有什么问题要解决的情况，才能进而激发人们的动机和行为，以提高人们的积极性。本节主要介绍什么是需要，需要的层次和如何满足人的需要等问题。

一、什么是需要

人的需要最初表现为"欲",随着人文社会的发展,人的需要多样化。人们之间的各类社会关系最初具有文化关系的特性。人的需要开始具有文化意义上的内涵。人文世界是作为本体性存在的,而人文价值意义作为人文世界特质的本体性的表达形式,社会行为人无时无刻不受其影响。所以,它是指导人们行为与社会活动的心理动力。由于人的需要从最初的"欲"向"理"转化,"理"就具有了一定的社会文化的内涵。"理"的存在是随着物质世界的发展,所派生出来的人类社会的各种文化关系,本质体现的是人文价值意义的关系。

(一)需要的含义

我们在上节讲过,需要是产生行为的原动力。因此,研究人的行为,必须从研究和控制人的需要出发。所谓需要,是指人对某种目标的渴求或欲望。人有食、衣、住等生理需要,也有与其他人交往、友爱、安全、实现理想等的社会需要。这就是说,需要是个体的一种主观的状态,而这种主观状态是人们对客观条件(包括体内的生理条件和外部的社会条件)需求的反映。例如,某人想当一个好经理,这个需要是他个人的一种主观愿望,但这个愿望并不是天上掉下来的,也不是他头脑中所固有的,而是在工作实践中,经过教育和培养,社会主义建设事业的需要转化为他个人需要的一种反映。这是属于社会条件对人的刺激所产生的需要的反映。需要随着历史发展而发展。在早期社会,人们的需要比较简单,大都是为了追求生理和安全的需要而活动,随着生产力的发展,人民物质文化生活水平的提高,需要变得复杂了,除了物质需要之外,又产生了多种多样的精神需要。

马克思和恩格斯是一贯重视研究和满足人民需要的。他们早在1840—1846年合著的《德意志意识形态》一文中论证历史唯物主义原则时,就把人们的需要区分为生理需要、精神需要和社会需要。而且把生产满足生理需要的物质资料作为人类第一个历史活动。他说:"……我们首先应当确定一切人类生存的第一个前提,也就是一切历史的第一个前提,这个前提就是:人们为了能够(创造历史),必须能够生活。但是为了生活,首先就需要吃喝住穿以及其他一些东西。因此第一个历史活动就是生产满足这些需要的资料,即生产物质生活本身……"[1]这里特别值得注意的是,马克思在"必须能够生活"这句话的边页上又写着:"黑格尔。地质学、水文学等等的条件。人体、需要、劳动。"可见,马克思是十分重视研究人的"需要"的。1891年恩格斯在马克思《雇佣劳动与资本》一书的导言中对人的需要

---

[1]《马克思恩格斯选集》(第1卷),人民出版社2012年版,第158页。

有论述:"一个新的制度是可能实现的,在这个制度,现代的阶级差别将消失……通过有计划地利用和进一步发展现有的巨大的生产力,在人人都必须劳动的条件下,生活资料、享受资料、发展和表现一切体力和智力所需的资料,都将同等地愈益充分地交归社会全体成员支配。"恩格斯在这段论述中,一方面,描绘的"一个新的制度",这正是我们现在已经消灭剥削阶级的社会主义社会制度;另一方面,又明确指出人有生活、享受、发展和表现一切体力和智力等需要,不过这些需要的资料不再是少数人支配,而是由全体社会成员支配罢了。斯大林在《苏联社会主义经济问题》一书里,把"最大限度地满足整个社会经常增长的物质和文化的需要",看作是社会主义的基本经济规律,看作是社会主义生产目的。

中国共产党在领导新民主主义革命、社会主义革命和建设过程中,也非常重视、关心和解决人民群众的迫切利益和需要,其中包括:衣食住行、柴米油盐、疾病、婚姻等问题。正因为中国共产党重视、关心和解决这些问题,才得到群众的拥护和支持。正如毛泽东所说:"假如我们对这些问题注意了,解决了,满足了群众的需要,我们就真正成了群众生活的组织者,群众就会真正围绕在我们的周围,热烈地拥护我们。"[1]最大限度地解决人民群众的需要,已成为中国共产党的优良传统的重要组成部分之一。

(二)需要的产生

1. 需要的产生

本章开始,已论述了需要产生运动过程一般有七个阶段(如图 5.1 所示)。例如一个人肚子饿了,引起了填腹的需要。在进食之前,感觉饥饿难受,驱使他产生觅食的动机,他就要选择食物的种类和寻找食物,这时就开始了目标导向行动。如果他选定吃米饭,当一口一口吃的时候,就进入了目标行动。米饭吃吃,需要满足,因饥饿而产生的紧张心理状态遂告解除。当然,一个具体行为的发生、发展和终止,并不如此简单,但作为一个基本的心理过程就是如此。需要与刺激是分不开的。刺激是多种多样的刺激,一般来说,可分为两大类:一是来自自身机体的刺激,也是有机体内部的刺激,它是通过内部感受器官感受到的,如饥渴、性欲、情感等,它是人的本能和心理活动的反映;二是外部的刺激,它是通过外部感受器官,如眼、耳、鼻、舌、身感到的,它是客观环境,包括自然和社会的各种事物在人的大脑中的反映(图 5.2)。

那么,内部刺激和外部刺激是什么关系呢?

图 5.2 人的需要的产生

---

[1]《毛泽东选集》(第 1 卷),人民出版社 1991 年版,第 137 页。

内部刺激是根据，是需要产生的最初萌芽，它表现为有机体对某些影响有敏锐的感应性（即意向）；外部刺激是条件，它使需要具体化（即定向）。例如，一个人对食物的需要，首先是由于身体内部胃的刺激，使有机体对各种食物有敏锐的感应性，产生了获取食物的意向，当他看到、闻到或回想起某一种食物时，便产生较强烈地获取这种食物的需要。总之，需要是在各种刺激的作用下产生的，但各种刺激又受其他因素的制约，内部刺激受一定的年龄、生理等特点的制约，外部刺激则受环境的制约。不同的年龄，不同的环境便会产生各种不同的刺激，由于刺激的不同，产生的需要也就不同。因此，作为一个有效的管理者，必须根据每个职工的不同特点，通过对环境的一定控制，来控制职工需要的具体定向，从而才能激发人的积极性。

2. 需要的发展

（1）人的需要的自然发展过程。另外，人的需要不能永远集中于原始最初的需要，它是随着社会文明的发展而发展的，社会文明的发展不仅赋予其多样化的内涵，同时赋予了其人文价值意义驱动的行为：管子把"仓廪实"和"衣食足"这些物质的发展，作为"知礼节"和"知荣辱"的基础，说明的是人文价值观（道德精神观念）的发展，而人文价值观赋予社会行为人以一定的人文价值意义作为行为的动机。

（2）人文教化与需求发展。"三事"辩证关系[1]。"三事"乃正德、利用、厚生。正德、利用、厚生三者之间的辩证关系体现了人文价值意义对社会行为的引导是随着物质生活的发展与丰富逐渐形成的。"三事"之说兼重物质利益和文化价值伦理，是比较全面的观点。物质利益的需要，是最基本的需求。随着物质生活的丰富，人们的精神生活也会逐渐发展与丰富，人文价值观将指导人们的社会行为。这是一个规律性的过程。

这里所谓的德体现的是一种正确的价值观念，为人们所接受的"德"对人而言是一种人文价值意义，指导人的行为活动。人的行为活动体现了其追求真理、追求至善、追求纯美的秉性，这就是精神价值追求的内容。精神价值来源于物质生活，反过来又指导人们物质生活。

（3）人性分析的"理""欲"辩证无不适用于饮食之男女。《周易大传》在讲到"崇德"与"利用"的关系时，认为：

"精义入神，以致用也。利用安身，以崇德也。过此以往，未之或知也，穷神知化，德之盛也。"

既重"崇德"，又重"利用"。朱熹在《周易本义》中解释说：

精研其义，至于入神，屈之至也。然乃所以为出而致用之本，利其施

---

[1] 苏东水：《东方管理》，山西经济出版社2003年版。

用，无适不安，信之极也。

(三) 需要的特点

需要是一切生命体的本能，人也不例外，每个人的活动都是直接或间接、自觉或不自觉地为了满足某种需要。但是，人的需要与一般生命体(例如动物)相比，有它自己的特点。

1. 物质需要与精神需要结合

人不仅有物质的需要，而且有高级的精神需要。人是有意识有思想的高级动物，除了有衣、食、住等生存方面的物质需要之外，还要有文化生活、理想、荣誉等精神方面的需要。古希腊哲学家赫拉克利特在说明人与动物的这种区别时，曾指出："如果幸福在于肉体的快感，那么就应当说，牛找到草料吃的时候，是幸福的。"物质需要的满足，并不能使一个真正的人感到幸福，只有加上精神生活的满足，才能引起强烈的幸福感。

2. 劳动创造与满足需要结合

人通过自己的劳动创造出满足需要的对象。列宁说："世界不会满足人，人决心以自己的行动来改变世界。"这就是说人与动物不同。动物只能消极地适应和利用自然。而人却能通过实践活动，引起客观世界的变化，创造出满足人们需要的东西。衡量一个人存在的价值，不能看他占有多少钱财，而应看他通过自己的劳动为社会创造了多少物质财富和精神财富。创造的财富越多，对人类的贡献就越大。

3. 人的需要与发展生产结合

人的需要与生产互相依存，互相促进。马克思说："没有生产，就不可能满足需要，那么，反过来说，没有需要也就没有生产。"这就是说，需要的提出和满足要依靠生产的发展。生产发展的水平决定着人们需要的特点和水平，同时劳动者需要的提高也是社会生产发展的前提。不断提高与满足人们日益增长的物质和文化的需要，是社会主义生产的根本目的，也是社会主义生产发展的前提。

人的需要随着生产的发展而发展。在早期的人类社会里，人们的需要比较简单，大都是为了追求吃、穿、住等生理和安全的需要而活动。随着生产力的发展，人民物质文化水平的提高，需要变得越来越丰富多彩和更加复杂了。与此同时，在物质需要不断得到满足的情况下，还追求多种多样的精神需要，要学习，要看书，要美化生活。总之，需要是随着生产的发展而发展的。

4. 人的需要与社会生活条件

人的需要取决于社会生活条件。在不同社会生活条件下的人，需要的内容和重点有所不同。社会生活条件包括：社会制度、阶级地位、职业、生活水平、工作与生活环境等。

以上四个方面，就是人的需要的特点。我们管理者的任务，就是要根据人们需要的不同特点，不断地创造满足人们需要的条件，以激发和调动广大职工的积极性。

（四）需要的分类

1. 需求的总体分类

人们的需要是多方面的，归纳起来大致可以分三类。

（1）从人们需要的性质来说，可以分为生理上的需要与心理上的需要。生理上的需要（也可以叫作物质需要），包括衣、食、住、行、安全、结婚等方面的需要。这是人类生活的基本需要，是推动人们行动的强有力的动力。心理上的需要（也可以叫精神需要）。除了生理上的需要以外的都属于心理上的需要，如文化的、成就的、地位的、归属的需要等等。这两类需要就是人们常说的"功利"。"利"就是物质利益，以满足生理上的需要；"功"就是荣誉、地位、自我成就、理想抱负等，用以满足心理上的需要。这些需要，就构成了激发人们的动机，支配人们行动的最有普遍意义的原因。

（2）从人们对需要的迫切程度来说，可以分为远的间接需要与近的直接需要。 远的间接需要——是指那些比较概括的、抽象的、总的需要，它常常以理想、志向等形式表现出来。例如，由于环境的刺激，产生了当一个著名的管理工程师的愿望。这种需要是促使行动比较持久的、稳定的动力，使职工有明确的方向和目标。近的直接的需要——随着远的间接需要的产生，就会产生一系列具体的需要，即近的直接需要，如学习科学技术的需要、考上大学的需要等等。这种需要是促使职工行动的直接动力。

（3）从人们需要的范围来说，可以分为社会成员个人的需要和社会成员的共同的需要。 在社会主义制度下，劳动人民的个人需要与社会需要，本质上是一致的。从经济上看，满足劳动人民的个人需要，是直接用于劳动人民的个人消费，它反映着劳动人民的当前利益和直接的个人利益。而满足全体社会成员的社会需要，是用于全社会的共同消费，它代表着劳动人民的共同利益和长远利益。

但是，满足劳动人民的个人需要与社会需要之间也存在着一定的矛盾。在一定的条件下，如果用于公共需要的部分多了，相对来说，用于个人需要的部分就要减少，相反，如果用于个人需要的部分多了，则用于社会需要的部分就要相应减少。因此，要调动职工的积极性，必须正确处理个人需要与社会需要之间的关系，也就是正确规定积累和消费的合理比例关系。

2. 相机选择下的需求分类

根据实际情况，一般地说，社会需要与个人需要可分为四种情况：

（1）社会需要与个人需要是一致的，或者说是相应的。如学习的需要，创造发明的需要等等。这种需要，社会与个人融合为一体，比较容易处理。

（2）社会需要与个人需要之间，部分一致，部分不一致（对立）。例如，遵守交通秩序的需要、遵守纪律的需要等等。前者与个人安全的需要是一致的，但与个人绝对自由的需要又不一致（对立）。后者与个人学习、工作的需要是一致的，但与一定时间中活动的需要是不一致的。在职工中，处理这一类需要，要根据需要结构的理论，通过对各种外部刺激的控制，使职工个人需要与社会需要一致的部分，上升为需要结构中的主要需要，使不一致的部分降为次要需要。职工仍能较快地接受。

（3）个人需要与社会需要没有直接联系。例如，同不良风气作斗争的需要，表面上与个人的需要没有直接联系。但如果讲清不良风气的危害，同时，把敢于同破坏劳动纪律等不良风气作斗争作为奖励、评先进生产者的一项重要条件，这样就把同坏人坏事作斗争的需要转化为个人对荣誉、对道德、对物质的需要。把同坏人坏事作斗争的行为转化为满足个人荣誉（表扬）、物质（奖励）、道德（情感）等需要的行为。这样职工就容易接受，正气就会上升。

（4）个人需要与社会需要相冲突。例如，在必要时为国、为民献身的需要，资助他人的需要等等。这类需要与个人生存的需要和物质的需要是冲突的。要使职工接受也最难。这类需要的转化与第三类基本相同，只是必须把这类需要转化为个人的核心需要，使它超过对生存和对物质的需要。

二、需要的层次

人的需要是怎样发展的呢？现代西方行为科学的代表人物之一马斯洛（Abraham H. Maslow）提出了"需要层次论"，认为人的基本需要有五个层次，即生理需要、安全需要、社交需要、尊重的需要、自我实现的需要。这种学说传入后，有人视为新奇，有人斥为邪说。其实，在马克思主义经典著作中，早就有了这种关于需要的理论。马斯洛的学说，在某些方面是同马克思的观点吻合的。不过马斯洛着眼于个人的行为动机，目的在于调节个人行为；而马克思着眼于宏观的历史现象，把人的需要的发展同社会生产力的发展结合起来考察，目的在于实现社会革命的理想。马克思主义把人的需要分为三个层次：生存、享受、发展。恩格斯根据这个观点，把广义的生活资料分为三种：生存资料、享受资料、发展资料[1]。

---

[1] 徐春：《人的发展论》，中国人民公安大学出版社2007年版，第62页。

（一）马克思主义的需要层次理论

马克思主义对人的需要层次的论述表征为一个过程，是一个发展的过程，在其过程中呈现出如下阶段性。

1. 提出人的第一层需要理论

马克思说："在现实世界中，个人有许多需要。"[1]马克思在1844年曾提到过人的多种需要，例如肉体生存所需资料、吃的需要，衣服和住宅的需要，交往的需要，捕猎活动的需要，劳动以外的各种需要，等等。当他把人的需要同个人活动特点联系起来的时候，就把它分成了自然的、精神的、社会的三种需要。时隔一年，马克思又用十分确定的语言，把人的衣、食、住称为人的第一需要，并指出，当第一需要满足之后，"已经得到满足的第一个需要本身、满足需要的活动和已经获得的为满足需要而用的工具又引起新的需要"[2]。这些论述告诉我们，首先必须满足人的生活需要，只有当这个第一需要满足之后，才能产生新的需要。但是，在此要明确一个界线，即第一需要不是最终需要。马克思着重指："固然，饮食和生育等等也是真正人类的机能，然而如果使这些机能脱离了人类活动底其他范围，并且把这些机能弄成最后的和唯一的究极目的，那么，在这样的抽象中，这些机能是动物的。"[3]

2. 恩格斯提出了社会主义社会人的需要理论

恩格斯在1891年，进一步发展了马克思关于人的需要的思想，在分析了资本主义社会的各种弊病之后，对社会主义社会人的需要作了新的阐述。他说，在一个新的社会制度下"通过有计划地利用和进一步发展一切社会成员的现有的巨大生产力，在人人都必须劳动的条件下，人人也都将同等地、愈益丰富地得到生活资料、享受资料、发展和表现一切体力和智力所需的资料"[4]。在此，恩格斯从物质资料的角度第一次提出了社会主义社会人的需要层次，即生活需要、享受需要、发展需要。斯大林根据苏联十月革命胜利后的社会主义建设的实践，对社会主义人的需要又作了进一步的论述。他说："不应当以过去为出发点，而应当以现在工人日益增长的需要为出发点。必须了解，我国工人的生活条件已经根本改变了。现在的工人已经不是从前的工人了。"[5]斯大林还提出了一个原则，他认为："马克思主义的社会主义，不是要缩减个人需要，而是要竭力扩大和发展个人需要，不是要限制或拒绝满足这些需要，而是要全面地充分地满足有高度文化的劳动人民

---

[1]《马克思恩格斯全集》(第3卷)，人民出版社1960年版，第326页。
[2]《马克思恩格斯选集》(第1卷)，人民出版社2012年版，第159页。
[3] 马克思：《经济学—哲学手稿》，人民出版社1956年版，第56页。
[4]《马克思恩格斯选集》(第1卷)，人民出版社2012年版，第326页。
[5]《斯大林选集》(下卷)，人民出版社1979年版，第281页。

的一切需要。"[1]他还说:"现在的工人,我们苏联的工人希望满足他们的一切物质和文化的需要:既要满足粮食供应方面的需要,又要满足住宅方面的需要,还要满足文化及其他一切方面的需要。"[2]最后,在晚年,斯大林又进一步把人的需要归纳为两大类:物质的需要和文化(精神)的需要。

3. 马克思提出了共产主义社会人的需要层次

马克思指出:"在共产主义社会高级阶段上,在迫使个人奴隶般地服从分工的情形已经消失,从而脑力劳动和体力劳动的对立也随之消失之后;在劳动已经不仅仅是谋生的手段,而且本身成了生活的第一需要之后;在随着个人的全面发展生产力也增长起来,而集体财富的一切源泉都充分涌流之后,——只有在那个时候,才能完全超出资产阶级权利的狭隘眼界,社会才能在自己的旗帜上写上:各尽所能,按需分配!"[3]马克思又说:"而在共产主义社会里,任何人都没有特定的活动范围,而是每个人都可以在任何部门内发展,社会调节着整个生产,因而使我有可能随我自己的兴趣今天干这事、明天干那事,上午打猎,下午捕鱼,傍晚从事畜牧,晚饭后从事批判,这样就不会使我老是一个猎人、渔夫、牧人或批判者"[4]马克思的上述论断告诉我们,在共产主义社会人的需要有两个方面的内容:

(1)劳动是人的生活的第一需要;

(2)就是每个人的"自由个性",即人的全面性的需要。

(二)西方的需要层次理论

1. 马斯洛的需要层次论

马斯洛认为,人类价值体系中存在两类不同的需要,一类是沿生物谱系上升方向逐渐变弱的本能或冲动,称为低级需要和生理需要;一类是随生物进化而逐渐显现的潜能或需要,称为高级需要。人的基本需要可以归纳为五类,如图 5.3 所示,即为人的五类基本需要。

(1)生理需要。这是人类最原始的最基本的需要,它指饥有食品、渴有饮料,寒暑有衣服和庇护所,疾病有药物治疗。这些需要如果不能满足,就会有生命的危险,所以是最强烈的,也是不可避免的最底层的需要。显然,这种生理需要具有自我与种族保存的意义,以饥与渴为主,这是人类个体为了生存而必不可少的需要。当一个人存在多种需要时,例如同

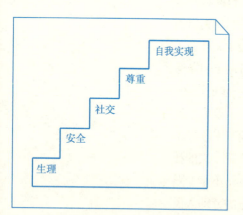

图 5.3 人的基本需要

[1]《斯大林选集》(下卷),人民出版社 1979 年版,第 339 页。
[2]同上书,第 282 页。
[3]《马克思恩格斯选集》(第 3 卷),人民出版社 2012 年版,第 364 页。
[4]《马克思恩格斯选集》(第 1 卷),人民出版社 2012 年版,第 165 页。

时缺乏食物、安全与爱情，总是缺乏食物的饥饿需要占有最大的优势。这说明，当一个人为生理需要所控制时，那么其他一切需要都被推到幕后。

（2）安全需要。这是要求劳动安全、职业安全、生活稳定、希望免于灾难，希望未来有保障，要求劳动防护、社会保险、退休金等。假使一个人的生理需要已基本上获得满足，接下来就会出现新的需要的定式，这就是上述这些内容的安全的需要。每一个在现实中生活的人，都会产生安全感的欲望、自由的欲望、防御的实力欲望。

（3）社交需要。社交需要又称为归属与相爱的需要。当前二项需要基本满足之后，社交需要就成为强烈的动机。人们希望和同事们保持友谊，希望得到信任和友爱(社交欲)。人们渴望有所归属，成为群体的一员，这就是人的归属感。

（4）尊重的需要。社会中的人有着这样一种愿望和需要，即自我尊重、自我评价以及尊重别人。尊重的需要又可分为两种附属的成分：①渴望实力、成就、适合性和面向世界的自信心，以及渴望独立与自由。②渴望名誉与声望。声望为来自别人的尊重、受人赏识、注意和欣赏。满足自我尊重的需要导致自我信任、价值、力量、能力、适合性等方面的感觉，而阻挠这些需要将产生自卑感、虚弱感和无能感。显然，尊重的需要很少能够得到完全的满足，但这种需要一旦成为推动力。就将会具有持久的干劲。

（5）自我实现的需要。自我实现需要是指人们希望完成与自己的能力相称的工作，使自己的潜在能力得到充分的发挥，成为所期望的人物。马斯洛说："音乐家必须演奏音乐，画家必须绘画，诗人必须写诗，这样才会使他们感到最大的快乐。是什么样的角色就应该干什么样的事。我们把这种需要叫作自我实现。"

马斯洛认为需要各层次间的相互关系表现为：

第一，这五种需要像阶梯一样从低到高，但这种次序不是完全固定的，可以变化，也有种种例外情况。

第二，一个层次的需要相对地满足了，就会向高一层次发展。这五种需要不可能完全满足，愈到上层，满足的百分比愈少。

第三，同一时期内，可能同时存在几种需要，因为人的行为是受多种需要支配的。但是，每一时期内总有一种需要是占支配地位的。

任何一种需要并不因为下一个高层次需要的发展而告消失，各层次的需要相互依赖与重叠，高层次的需要发展后，低层次的需要仍然存在，只是对行为影响的比重减轻而已。

第四，需要满足了就不再是一股激励力量。

马斯洛需要理论也有其两重性，作为其科学的一面，这是一种激励理论，在一定程度上反映了人类行为和心理活动共同规律。

第一，他对人的需要的分类比较细致，符合人的需要的多样性这个特点。同时指出低级和高级需要的差别，有利于把动物的需要和人的需要区别开来。

第二，他指出人的需要是有层次的，不是固定不变的，它有一个发展的过程。我们也应当研究这个发生发展的过程，并且能按照客观实际的发展过程，培养和促进人的需要的形成发展。

第三，他指示需要具有递进式发展的性质，每个时期有一个主导的需要出现，表明人在一定的时间里，他的行动受这个主导需要的调节支配，这也是比较符合实际的。了解人在某个时期的主导需要，可以使我们了解和预测人的行为表现，便于在管理工作中进行有效的动机诱导。

但是，马斯洛的观点属于人本主义心理学的观点，其哲学基础主要是存在主义。同时，他的研究是在西方社会的条件下进行的，其研究结果更多的是反映在他们的社会里人们这方面的事实，这是有局限性的，不够科学的。

2. 麦克莱伦成就需要理论

哈佛大学的麦克莱伦（David McClelland）认为人的基本需要有三种：成就需要、权力需要和情谊需要。他在成就需要方面，作了大量研究，发展出一套成就需要的理论。他认为具有强烈成就需要的人，把个人的成就看得比金钱更重要。工作上取得成功或者攻克了难关，解决了难题，从中所得到的乐趣和激励，超过物质的鼓励。报酬对他来说，主要是衡量自己的进步和成就大小的一种工具。这种人事业心强，有进取心，也比较实际。甘冒一定风险，但不是赌博，密切注意自己的处境，不都是所谓"进取的现实主义者"。

麦克莱伦认为，具有高度成就需要的人对于企业，对于国家都有重要的作用。一个公司拥有这种人越多，它的发展越快，得利越多。一个国家拥有这种人越多，就越兴旺发达，越是能迅速走在世界的先进行列。

麦克莱伦认为，高度成就需要是可以通过教育加以培养的。他为此组织了训练班。训练班一般为期7—10天。教学内容分四个部分：

（1）根据历年积累的资料，宣讲高度成就需要的人物形象；

（2）要求学员制订具体而可以衡量的两年规划，训练班每6个月检查一次进展情况；

（3）在一些基本概念上，如什么是生命的价值、什么叫科学、什么叫逻辑等，帮助提高认识，并提高学员的自我认识；

（4）学员交流成功和失败、希望与恐惧的经验，并形成团结互助的气氛。据报道，这种训练班在美国、墨西哥和印度都试过，并取得了效果。

麦克莱伦的方法能给我们许多启迪，我们不必原搬照抄，尽可以去芜存精，根据中国的具体国情和人口素质状况，大力培养具有高成就需要的人员。

三、满足需要

（一）满足需要的目的与原则

马克思主义还把满足人的需要看成是社会主义和共产主义目的的本身。马克思、恩格斯在《共产党宣言》中说："人们只要理解他们的体系，就会承认这种体系是最美好的社会的最美好的计划。"列宁也强调指出，要"充分保证社会全体成员的福利和自由的全面的发展"，总之，要使全体劳动者过最美好、最幸福的生活。斯大林根据马克思、恩格斯、列宁的论述，结合苏联社会主义建设的实践，作了极为明确的阐述："社会主义生产的目的不是为了利润，而是人及其需要，即满足人的物质和文化的需要。"

社会主义制度的建立，为最大限度地满足人民物质文化需要提供了可能性，但可能性不等于现实性，要使这种可能性成为现实性，企业领导者还要考虑解决职工需要的原则和方法。如果放弃原则，或者有原则而方法不当，那么，其结果不仅不能满足广大职工合理需要，还会挫伤广大职工的积极性。

因此，解决职工需要必须遵循几个原则。以下四个原则是在中国企业中解决职工需要的出发点：

（1）首先要考虑中国是一个处在发展中处于社会主义初级阶段的国家；

（2）要从中国人口多、底子薄的国情出发；

（3）解决需要的程度必须和生产力水平相适应；

（4）解决需要必须正确处理国家、企业、个人三者之间的关系。

（二）满足员工需要的途径

根据需要的理论，一般地说，满足需要有两条途径：

1. 职务以外需要的满足（也叫间接满足）

就是说，这种满足不是工作本身获得的，而是工作以后获得的。比如工资、奖励、福利、免费医疗、劳动保险，以及工厂办的托儿所、食堂，各种文娱场所等都属于工作之外的满足。但是这类满足有一定局限性。它的缺点在于工作和满足需要之间缺乏直接的联系。

2. 职务之内需要的满足（也叫直接满足）

这就是说一个人在进行工作的同时就能得到某种满足。这种满足，主要是指工作环境本身。就是要有一个安全、舒畅的工作环境，使职工觉得工作本身是一种享受。如提倡在厂区内种花，美化生产场地，对振奋精神有好处。所以，我们在研究满足人们的需要时，不仅要考虑一个人工作以外需要的满足，而且要考虑工作以内需要的满足，并且能尽量把企业的目标、经济需要与个人的生理和心理的需要结合起来。

(三)满足职工需要的方法

由于人的需要是复杂的、多方面的,要解决得好不是那么容易的。根据实践的经验,一般采取以下的方法,能取得较好的效果。

1. 从调查研究入手

调查研究是解决好职工需要的一个根本出发点和前提。

2. 在调查研究的基础上,要进行综合分析

职工的需要是多种多样的,有的是无限的,有的是有限的;有的是合理的,有的是不合理的;有的是眼前的,有的是长远的;等等。因此,在调查研究中取得大量资料的基础上,必须认真综合分析。在这方面,南京机床厂创造了一个很好的经验。他们在调查的基础上,进行综合分析,提出解决的途径(图 5.4)。

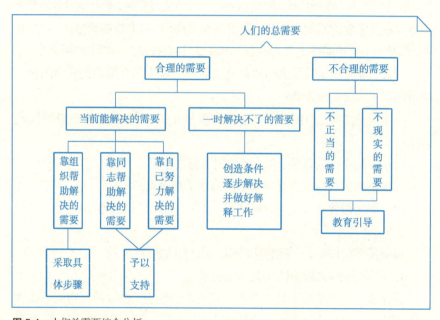

图 5.4 人们总需要综合分析

第三节 人的动机

人的行为是由人的思想、情绪、感情、能力和行为动机等因素所决定的。可以说人的行为是人的思想、情绪、感情、能力和行为动机等因素的综

合反映。研究人的行为，必须掌握和了解人的思想、情绪、感情、能力和行为动机等因素，这些都属于社会学、心理学研究的对象。所以最先提出人的行为动机和动机理论的是社会学家、心理学家。

管理人员所要处理的最大问题是"人"的问题，是如何调动职工积极性的问题。他不但要知道人类行为共同的特征，同时必须了解，一个人为什么要工作？他有什么需求？在同样的工作条件下，为什么有人觉得很满意而非常卖力，有人却感到沮丧，提不起工作情绪？只有了解人类行为才能预测行为，进而控制行为。研究动机的目的，就是为了解答人类行为发生、发展和预测及控制的问题。

一、行为产生的动机和模式

1. 介绍动机的概念

动机，是心理学的概念，原意是引起动作，是行为的直接原因。所谓动机，是指引起个人行为，维持该行为，并将此行为导向某一目标（个人需要的满足）的过程。当一个人饥饿的时候，他便开始去寻找食物。假如到厨房没有发现可吃的东西，他不会就此罢休，他可能到外面买点什么，直到肚子填饱，行为才告停止。在这里饥饿就是动机，它引起觅食的行为。进厨房或跑到外面的行为可以有变化，但是与觅食有关而继续指向目标（食物），吃下食物，就是动机获得满足的过程。像这种由动机引发、维持与导向的行为，即称为动机性行为。人类的行为仔细分析起来，可以说无一不是动机性行为。一个动机获得满足了，另一个动机继之而起，或同时有几个动引导一个人复杂的行为。前节所列举的行为的共同特征，也正说明了动机性行为的含意。

2. 介绍动机的来源

动机是促使个人产生行为的原因，而动机的主要来源有二：一是内在条件（需要），二是外在条件（刺激）。内在条件是个人缺乏某种东西的状态，称作需要。所缺乏的，可能是个人体内维持生理作用的物质因素（如水、食物等），也可能是社会环境中的心理因素（如爱情、社会赞许等）。个人缺乏这些东西的时候，身心便失去平衡，而产生紧张状态，感到不舒服。外在条件是个人身外的刺激，如食物的香味、电视的广告、优厚的报酬等。这些都是人身外部刺激的因素。如果，外在条件一定，则对某一物（如食物）的动机强度与身体组织缺乏的程度就直接相关。而内部条件若一定时，则对食物的需要强度，就随外部因素而变化。总之，动机性的行为，是内在和外在条件交互影响的结果，人类的行为并非机械性的反映，人类的行为因时、因地、因情及其个人内部的身心状况不同，而表现出不

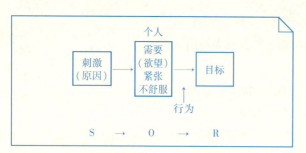

图 5.5 行为的基本模式

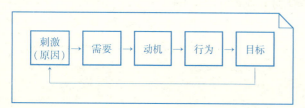

图 5.6 需要、动机、目标与行为的关系

同的反映,所以将行为(B)定为个体(P)与环境(E)交互作用的结果,即 $B = f(P \cdot E)$,较能说明行为的真正意义。

3. 介绍行为的模式

当代的心理学家都认为在刺激与反应之间,应该考虑有机体内在条件的问题,因此在 S(刺激)与 R(目标)之间,放入中间变项 O(个人),而以 S→O→R 的概念去了解个人的行为。人类行为的基本模式,就如图 5.5 所示。

图 5.5 可以说明,个人欲望的产生,有赖于个人当时的生理状态,社会情况(环境因素)以及个人对此环境的认识。把个人缺乏某种东西的状态叫作需要,而需要使一个人产生欲望与驱动力,引起个体活动。所以有的心理学家认为,动机与需要、欲望与驱动力皆被视为同义词,而可互换应用。也有的心理学家认为驱动力是一种力量,但无特定的方向,而动机则引导个人到达目标,如图 5.6 所示。

二、行为动机的种类

（一）动机

从上对动机的定义的论述,可以说凡是有关行为发生的原因或条件,皆可称之为动机。动机的种类很多,一般可以分为:

1. 生理性动机

起源于身体内部的生理平衡状态的变化,这是生物共同的需要,称为原始性驱动力或生理性动机。它是一般性需要或有机性需要所产生的,包括饥饿、渴、睡眠、性、温冷、解除痛苦等。

2. 衍生性动机

起源于心理和社会因素,一般是经过学习而产生的动机,因此,因人而可能有很大的差异,称为衍生性动机或心理性动机。是非机体性需要或个别性需要所产生的,包括爱情、亲和、成就、独立、社会赞许等。

3. 优势动机

反映在我们实际生活中的行为动机,常常不只是一个,而是同时存在很多个,而这些动机的强度又随时会有变动。一个人的行为由其全部动机结构中强度最高的动机所决定,叫作优势动机。

> 【例】 当一个人爬山时,身边没有水,渴了,渴的动机驱使他到处去找水,弄得精疲力竭,再也走不动了,这时需要休息的动机,取代渴的动机,成为优势动机,它支配人的行为。这时,人会坐下来休息,等疲劳消除到一定程度时,渴的动机就会再度成为优势动机,就会站起来继续找水。人类行为既然由优势动机所决定,管理人员对于组织成员的动机结构,便应该有所了解,不但要悉知全体职工当前最大的需要是什么,同时也应该洞察各个部属在某一个期间内最盼望的是什么。

(二) 对动机影响的因素

对个人动机的模式具有决定性的影响作用的因素,有以下三种。

1. 嗜好与兴趣

如果同时有好几种不同的目标,同样可以满足个人的某种需求,则个人在生活过程中养成的嗜好,影响他选择那一个目标。例如有人爱吃面条,有人爱吃米饭(同样为解决饥饿),有人喜欢喝茶,有人喜欢喝咖啡,有人兴趣收集邮票,有人兴趣收集火花。

2. 价值观

价值观的最终点便是理想。价值观与兴趣有关,但它强调生活的方式与生活的目标,牵涉到更广泛、更长期的行为。有人认为"人生以服务为目的",有人以追求真理为目标,有人则重视物质享受。

3. 抱负水准

所谓抱负水准是指一种想将自己的工作做到某种质量标准的心理需求。一个人的嗜好与价值观决定其行为的方向,而抱负水准则决定其行为达到什么程度。个人在从事某一实际工作之前,自己内心预先估计能达到的成就目标,然后驱使全力向此目标努力,假如工作的结果其质与量都达到或超过了自己的标准,便会有一个"有所成就"的感觉(成功感),否则就有失败感、挫折感。个人抱负水准的高低不同,基于三个因素:

(1) 个人的成就动机——遇事想做、想做好、想胜过他人;

(2) 过去的成败经验——与个人的能力及判断力有关,过去从事某事经常成功,自然就提高抱负水准,反之则降低;

(3) 第三者的影响——如父母、教师、朋友、领导的希望、期待或整个社会气氛都指向较高目标,则个人的抱负水准自然也随之提高。

凡抱负水准低的人,做事马马虎虎,得过且过,缺乏上进心。一般来说,一个士气高昂的企业团体,其成员都有较高的抱负水准。

三、动机的来源

(一) 人的行为动机的多样性

文艺复兴、启蒙运动时期的思想家用世俗的人性反对天国的神性。但是，他们所说的爱、人性等乃是启蒙运动时期的思想、感情、仍然是那个时代特殊的社会心理。道德感、同情心、宗教感情以及意志、理性、爱等等，虽然是人的一种本质力量，但都是由于文化长期而持续地发展出来的，人性的特征应该在文化学中寻找。

(二) 对人性行为动机的研究

西方人性行为动机分析主要划分为两种类型：第一种为边沁主义传统的享乐主义的价值追求；另一种为17世纪苏格兰文艺复兴运行深入发生时期形成的功利主义思潮。享乐追求最大化的概念一直为经济学所应用，而功利追求最大化为管理学做推崇。但这两者都不构成人性行为分析的最高成就。享乐主义在经济学中体现为物质效用论的发展与应用。西方管理学界在20世纪30年代后开始以社会"人本化"的观念为起点发掘社会行为人的行为动机，体现个体行为与群体行为两种，表现在勒温（Kurt Lewin）的团体动力学场论、梅奥（George E. Mayo, 1933）的人际关系学说，马斯洛（Abraham H. Maslow, 1943）的需要层次理论、麦克雷格（Douglas McGregor, 1957）的X-Y理论、赫兹伯格（Fredrick Herzberg, 1966）的双因素理论、弗罗姆（Victor H.Vroom, 1969）的期望理论、麦克莱伦（McClelland, 1975）的成就动机理论等。从这些视角研究社会行为人人文价值思维对其价值行为动机的影响，通过研究人的价值行为的导向研究管理。

(三) 人性行为动机辨析

马克斯·韦伯最早开始探讨人的行为中的理性与非理性行为动机。他把人的行为动机的来源划分为四种基本的理性型。

1. 目的取向的理性行为

如工程师造桥，其特征是行为的目的和手段都是理性的选择。

2. 价值取向的理性行为

如加尔文教徒为得救而勤勉于世俗工作，或人们为满足某种虚荣心作出的举动，其特征是以一种理性的手段追求理性的目的，而这种目的在行动者眼中具有价值。

3. 情感的行为

如父母打孩子。

4. 传统的行为

即一种传统习俗造成的行为。

韦伯认为，第一类是理性行为，第三、四类是非理性的行为，第二类型介乎理性与非理性之间[1]。

---

[1] 郑也夫：《代价论———一个社会学的新视角》，生活·读书·新知三联书店1995年版，第6—7页。

这一划分显然独具匠心。它通过对今天几乎每一个专业社会学家的影响证明了其理论上的魅力和贡献。但是我们越是思考理性、价值、目的、手段这些人类行为中的基本因素，就越是感到韦伯的这种划分得透彻、协调，感受到经典人性动机分析一以贯之的欠缺。

（四）东方管理中人之动机辩证

1. "欲"之本，"私"之末

对社会人的行为价值观的动机问题，自先秦以降，历代儒者一直在探讨。探讨的基础建立在人性的两个特征——精神价值追求与物质追求两者之上。

后人戴震（清末儒家学者）称为"理与私之间关系孰本孰末"[1]的问题。"欲"与"私"是不同的，人生之有"欲"，而生并未有"私"。

所以，"欲"是人生之本源。"欲"是本源性的，它包括人对物质生存欲的追求，但不包括人对精神价值观的追求，"欲"最初并未能体现一种价值观追求，这是人的本性使然。

2. "理"：人的行为动机

经济发展与人文社会的文化伦理道德是分不开的，早在两千多年前，我国儒家学派就对其做了许多论述。荀况是我国最早论述欲与理之间关系的人，他从人的欲望、从物质财富的供给与需求矛盾等方面说明文化伦理道德的是人们之间的文化关系。文化伦理道德的产生是为了正确处理人们的物质生活关系。从这种意义上说，理的存在就具有了文化关系的特征。

管子把"仓廪实"和"衣食足"这些物质的发展，作为"知礼节""知荣辱"的基础，说明随着人文价值观（道德精神观念）的不断发展，其对人的行为动机和行为目标的影响逐渐深厚。由于人的精神世界的存在与发展具有相对的独立性，人文价值意义作为人的精神世界的一项特质，也会以相对独立的形式存在与表达。它对人的行为的驱动具有自觉发生的特点。所以，随着社会文明进步，它愈来愈起到指导人们行为的心理动力的作用。

在"理""欲"辩证中，由于"理"的存在是随着物质世界的发展，所派生出来的人类社会的各种文化关系，本质体现的是文化关系。它的形成是具有历史发展的客观必然性的。

四、行为动机的测量方法

上述可见，行为的产生与维持都靠动机。但动机本身无法直接查知，管理人员如何去了解一个职工具有什么动机，而在某一状态下其动机的结

---

[1] 中国孔子基金会：《儒学与廿一世纪：纪念孔子诞辰2545周年暨国际儒学讨论会会议集》，华夏出版社1995年版。

构又如何，什么是优势动机，这只能从职工个人表现于外的行为去推断、分析。其测定的方法通常有下列几种。

（一）观察法

就是在实际生活中，或是在控制的情况下，观察职工的行动，加以推论。动机的象征是：追寻、选择及注意某一个（或某一类）对象，继续某种合理的行为直到目标的达成；以及目标达成后，个人所表现的满足状态。例如，一个职工他平时喜欢发表意见，一有什么团体活动便积极参与，对别人的事又很关心，且喜欢替别人出主意，我们就可以看出其领导或支配动机的情况。当他有机会被选为某某代表时，若表现极为兴奋、愉快，而落选时表现极为沮丧不乐，这样就更可确定他具有强烈的领导动机。

要想从行为的观察获得正确的推论，管理人员必须多与职工接触，而且做长期的观察，懂得察言观色，才能洞察对方的需要。

（二）自陈法

人类的动机如果只靠第三者从外面观察，则无法完全了解，而必须直接问及本人，所要求的是什么，一般又可用下列几种方法了解。

1. 问卷法

即让受试者按自己个人的情形，回答各种问题，常见的有是非法。如：

（1）你喜欢一个人单独工作吗？

（2）你愿意为了争取奖金，增加工作时间吗？

2. 选择法

可以列出两种假设情况，让受试者根据自己的意见圈选其中之一。如：

（1）我有什么意见就向上级主管表明。

（2）我在上级主管面前总感到胆怯。

3. 面谈法

即直接面对面地问职工一些问题，然后就其所陈加以分析，而推断其动机。

（三）投射法

用自陈法虽然可以弥补观察法的不足，但因自陈法是一种主观报告，有时可能为了迎合主管所好，有不真实的答案。因此可以采用不让受试者了解测试目的的方式，即看图说故事。例如让职工看三张幻灯片，内容为：

（1）工作情境——两个工人在操作一架机器。

（2）人事情境——一个主管模样的人与一个部属模样的人相对而立。

（3）办公情境——一个男人坐在桌前，桌上放一堆公文。

内容的设计不太明确，且具有多重意义。受试者看完图片后凭个人的想象编造一个故事，故事的内容必须涉及下列几个问题：

（1）图中所示为何等人，他们正在做什么事？
（2）目前的情况是如何演变而成的？
（3）你认为他们的情况将来会有什么样的发展？
（4）个人的感想。

受试者在编造故事时，会不自觉地将自己的愿望投射进去。因此分析其故事内容，即可推知其动机的一个部分。

以上三种方法各有其特征，如果能同时运用则更能正确地了解一个人的真正动机。但有时情况不允许，则可选择其中一种适当的方法。如对一群外来应征的职工可先用自陈法中的问卷法，做一个概括的了解，经采用后，再加以投射法深入分析，并配合观察法随时核对。这样了解，就较全面了。测量个人的动机，是为了满足职工的需要。从心理学观点看能满足个人要求的外在物叫诱因，在管理上则称激励。一定的需要往往是由特定的激励来满足的，了解了个人的需要之后，就应找出适当的激励，才能提高人事管理的效果水平。

案例

德胜洋楼：基于君子文化的管理模式[1]

德胜洋楼有限公司（以下简称德胜公司）成立于1997年，坐落于苏州工业园区，是美国联邦德胜公司（FEDERAL TECSUN,INC.）在中国苏州工业园区设立的全资子公司。德胜公司从事美制现代木（钢）结构住宅的研究、开发设计及建造，经过数年的发展，德胜公司现已成为拥有1 260名员工和超2亿固定资产的企业。公司目前年营业额近10亿元人民币，占据国内70%的市场份额。德胜用其高超精湛的工艺让客户由衷赞叹，更用鲜明有效的管理模式——君子文化管理模式引人注目。很多企业界人士、政府部门官员和国内外专家学者慕名而来，人们通过参观学习，深入了解了德胜独树一帜的君子文化管理模式。

一、以德服人

2005年，创始人聂圣哲在公司战略会议上提出"做敬业的真君子，共同建立德胜心态年"的口号，并提出成立"企业君子团"。君子团要维护员工的利益，维护君子团的利益，维护做事诚实的员工的利益。这确立了德胜洋楼以德治企、以德服人的战略定位。德胜把这种"德"诠释为诚实、勤奋、关爱、不走捷径的企业文化。德胜欢迎与公司目标一致的员工加入公司，德胜的目标正是将传

---

[1] 改编自胡海波、吴照云：《基于君子文化的中国式管理模式：德胜洋楼的案例研究》，《当代财经》2015年第4期，第66—75页。

统的农民工转变为现代产业工人，将他们塑造成合格的公民。在公司与员工关系上，德胜始终秉持"职工不是企业的主人，企业主与员工之间永远是一种雇佣与被雇佣的关系"这种观点，在此基础上产生了人格平等的健康文明的劳资关系。对产品的精益求精同样也是"德"的重要内容。德胜将对品质的重视提升到了道德修养的高度，产品质量是公司生存发展的关键所在，对产品力的不懈追求也是德胜作为君子公司的重要任务。

二、以人为本

企业以人为本，关心关爱员工，会在很大程度上改善劳资关系。德胜公司实施了很多人性化政策，比如公司允许员工休一至三年的年假外出留职；公司对现场工作人员执行强制休息法，在强制休息期间享受强制休息补贴；公司不鼓励员工带病坚持工作，带病工作不仅不会受到嘉奖，而且可能会受到相应的处罚；公司不会让一名员工私人出资垫付公司发生的各项费用。除此之外，公司对于老员工还有很多额外的福利。比如在公司连续工作满10年并通过公司考核的员工可以享受终身员工的待遇，终身都享有企业员工的权益和福利；在公司连续工作满5年的员工可以申请出国参观访问，费用由公司承担；公司给没有住房的员工提供免费宿舍；公司鼓励员工学开汽车，并报销部分学习费用；公司给所有员工都购买了商业医疗保险和商业养老保险，并且几乎全额报销治疗重大疾病的费用，解决了员工的后顾之忧；为有继续教育需求的员工提供无息的学费贷款；员工每年可以代表公司招待家庭成员一次，还可因家庭突发困难向公司申请补助。

德胜公司能做到以人为本这一目标其中最为重要的一个动力就是爱心。这种爱心首先是企业提供给员工的，员工在企业工作后处处感受到爱心，因此会将爱心转化为责任心，帮助企业更好成长。

三、以义代利

德胜公司的君子文化还表现在员工"义"的培养上。公司永远不实行打卡制，员工可以随心所欲地调休。德胜员工报销任何业务费用或个人费用都无需领导批准和签字，员工只需要写下费用发生的原因、地址和时间，签字后即可报销。这充分说明德胜公司通过对充分的信任培养了员工的"义"，这种价值观让员工不贪小利，最终形成高尚的自我修养。公司对员工的这种信任并不是无度的，比如，员工在报销前须认真了解公司关于报销的严肃提示，不诚信的报销行为会带来严重的后果。这样，从两方面入手，让员工在"义"与"利"中做出正确的选择，并形成风气，最终让员工人人都成为君子。这样的以义代利的做法还有很多。比如德胜员工在食堂购买饮料，从来没有专人收费，全部由公司员工自己根据消费的金额自主付款；公司储藏间的生活用品、长途电话都给员工免费使用，但规定生活用品不得带出公司，长途电话不得超过15分钟。这样员工必须在各种利益面前保持正义感，在享受自身福利的同时绝不越界，在面临做君子还是做小人时选择做君子。

四、诚信为本

诚信是君子的首要品格，是立人之本。德胜的君子文化中也处处散播着诚信的巨大能量。质量问题是德胜诚信建设的首要环节，作为一家公司，质量问题是公司的生存之本，是必须坚守的底线问题。德胜正是把时间和精力都放在好产品和好服务上，没有大肆地广告宣传，没有疯狂地资本扩张，德胜永远是"以能定产"，当质量与销量不可兼得的时候，德胜绝不为了扩大规模而做超过自己能力范围的事情。用口碑赢得客户远比靠广告吸引客户来得可靠，基于诚信，德胜坚守质量底线，注重"内修"，得到客户的一致好评。除了质量上诚信可靠以外，德胜也培养出了一个君子企业在业内的诚信与担当。比如，德胜负责建造的上海美林别墅，其闭路电视线路和游泳池工程出现问题，本应不是德胜的责任，但德胜主动承担所有责任。德胜不仅诚实自律，更要求合作伙伴诚实守信。德胜会对违反合同的合作伙伴施以最严厉的惩罚，从停工到强制拆除，目的就是为了培养行业中的诚信之风。德胜的诚信同样表现在反商业贿赂上。德胜规定：公司员工不得接受供应商和客户20支以上的香烟、100克以上酒类礼品，以及20元以上的工作餐，违者一经查实立即开除；所有供应厂商、客户在首次洽谈业务时，必须签署"禁止回扣同意书"。德胜人力资源部每半年会向所有供应商和客户寄发反腐公函及反馈表，还定期派专人暗访采购员的品行操守，在德胜的带动下，行业内清廉诚信蔚然成风。

五、以礼相待

君子文化非常强调礼节修养，从日常言行举止中可以看出一个人的习惯和谈吐是否符合君子的标准。因此德胜在培养君子员工的时候首先就从培养员工的生活习惯入手。比如，德胜公司非常重视员工的个人卫生，员工必须做到勤洗澡、刷牙、理发，在工作场合必须衣冠整洁；在日常生活中要"讲文明，懂礼貌，员工不得说脏话、粗话，真诚待人，不恭维"。这些日常行为规范中无不传递着一个"礼"字，员工经过企业文化的洗礼，改正了可能给人不好印象的习惯，因此在工作当中，员工间的交流也变得更加顺利。在人际交往方面，德胜提倡同事关系简单化，因为君子之交淡如水。德胜员工守则中就有这样的规定：同事间不闲聊关于公司或其他同事的话题；不得探听同事的报酬及隐私；不得经常与同事一起聚餐；不提倡将钱借给同事。德胜的君子文化渗透进了每位员工的内心，其效果是显而易见的，上班时，每位员工面带微笑，积极帮助同事解决问题，勤于打扫办公环境。德胜员工的君子礼节更可以从年会中体现出来，其员工在酒店举办的年会上的表现令酒店经理都颇为赞叹，称赞他们是"民工的面孔，绅士的风度"。可见君子行为在德胜公司的盛行程度。

六、疾恶如仇

在培养君子文化的同时，德胜始终严厉打击小人行径。德胜员工守则的第一页这样写道："一个不遵守制度的人是一个不可靠的人！一个不遵循制度的民族是一个不可靠的民族！制度只能对君子有效，对于小人，任何优良制度的威力都会大打折扣，甚至是无效的。"用制度（礼制）规范行为，让员工远离小人行径是德胜公司培养君子文化的又一方法。为此德胜制定了烦琐但有效的监督检查程序，将要求条款、执行细则、检查程序比例控制在1:2:3，这就保证了德胜公司的每一个生产任务都有详尽的检查程序，也保证了小人在企业内难以生存。

此外，德胜还有其他的制度约束，比如：独立的质量与制度督察官、神秘访客、权力制约规则等。所有这些制度都保障了君子在企业内不受排挤，正气在企业内得以伸张，企业的每一名员工都在君子文化的良好氛围中成长。

德胜公司的实践证明，农民通过教育可以蜕变为成熟的产业工人，可以成为绅士，可以成为真君子。尽管这些工人的收入只是行业里中等水平，过的是普通人的生活，但是他们坚守了"诚实、勤劳、有爱心、不走捷径"的优秀品质，在精神上，他们是真正的贵族！

小　结

1. 需要是人对某种目标的渴求，是个体的一种主观状态，人有生理需要，也有社会需要。

2. 欲望是人们所追求的目标尚未达到要求的一种表现形式，其形成条件是必须具备不足之感和求足之感。

3. 需要是受客观刺激而产生的，具体分为来自身体内部的刺激和来自身体外部的刺激。都是为了满足自己的某种需要，需要是人的行动的出发点。

4. 动机是一个人怎样发动一个行为、怎样维持这个行为、怎样加强这个行为、怎样把行为引导到目标，以及怎样停止这个行为的全部心理过程，即引起个体行为、维持该行为，并将此行为导向某一目标的过程。

5. 人的动机的发展具有复杂性，它将欲、私及理等因素结合在一起，是一个随着文明进展与文化丰富与发展而演变的过程，我们揭示它也是一个渐进过程。

6. 行为动机的测量方法通常有观察法、自陈法和投射法等。

7. 企业家的动机是打造一个精神王国，它体现了人的追求。企业家的动机与人的需求是密切相关的，它是经济变革的一个重要动因。

思考题

1. 人的需要有什么特点？
2. 什么是马克思主义的需要层次理论？
3. 什么是马斯洛的需要层次理论，并正确评价之？
4. 为什么说人的欲望、动机与需求是一个发展演变的过程？
5. 如何适应中国特色社会主义市场经济的新形势、正确处理职工的需要问题？
6. 影响个人动机的因素有哪些？
7. 从德胜的案例中分析员工需求与动机的关系，并阐述德胜管理模式成功的要素有哪些？

第六章 人的期望

期望是心理学的术语,也是管理心理学研究的课题。在现实生活中,期望这个概念显而易见于人们言谈之中,如"总经理对你抱有很大期望","我对成功抱有很大期望"。期望心理活动与人的需要和价值观,与客观存在着的目标相联系。需要期望目标。研究期望理论对调动职工的积极性,有着明显的现实意义。因此,本章着重介绍期望理论、价值观和目标管理的问题。

第一节 期望理论

一、什么是期望

(一)期望的概念

期望的确切含义是什么呢?按照行为科学理论的观点,期望是指一个人根据以往的经验在一定时间里希望达到目标或满足需要的一种心理活

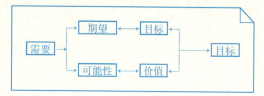

图 6.1　期望心理的形成过程

动。这种心理活动的产生和形成又是有条件的，它的变化是有规律的。

（二）期望心理的产生

人的需要是多种多样的，由于主客观条件的限制，人的某些需要并不能一下子获得满足，但是，人的需要也不因一时得不到满足就消失。当在社会生活中，人看到可以满足自己需要的目标时，就会受需要的驱使在心中产生一种期望。不过，这种期望心理处在萌发状态，只有当根据自己已往的经验对达到目标的可能性进行一番分析判断后才能形成，如图 6.1 所示。

【例】　某机床厂在设计制造一台大型滚齿机床过程中，遇到一个技术难关。厂领导几次组织攻关，均告失败。为此，厂里张榜求贤，公布论功行赏条件：凡是在规定时间内攻下难关的，技术员可升工程师；工人可升一级工资。这就在事实上给大家树立起一个目标，而且对一些人来说是个有价值的目标。消息传开后，立即引起许多技术员和工人的极大兴趣，一个正在市里俱乐部参加棋类比赛的技术员急忙中止比赛赶回厂里；一个已由车间调到厂打更班的老工人也找到领导要回车间攻关；更有许多人自动地翻图纸，找资料，不声不响地开始了攻关准备工作。

张榜招贤的布告牵动了几百人并不同程度地表现出对攻关目标的期望心理。但是，调查材料表明，许多人的期望心理产生后不久就发生了变化。一部分人期望心理消失，行动偃旗息鼓了；另一部分人则积极投入攻关活动中。据了解，前者在把自己的技术能力与经验同攻关所需的条件做了比较之后，意识到攻下难关的可能性很小，在这种情况下，尽管达到攻关目标能获得利益，但力不从心，只好放弃。后者在比较之后，感到攻关成功的可能性大，因而使期望成功的心理得到了强化，并表现出积极的攻关行为。

通过对上述事例的调查分析说明，人的期望心理产生和形成过程中，一般都与目标、目标价值及可行性比较相联系。这里的目标及目标价值是促使人们产生期望心理的外在因素；可行性比较，即个人能力及经验与达到目标所需的条件相比较，是形成期望心理的内在因素。当外在因素作用于人的大脑，经过内在因素的作用，出现能力及经验接近或大于客观要求时，人的期望心理便会产生和形成。

（三）期望心理的特征

期望心理一经形成，不仅带有普通心理特征，还有着区别于其他心理现象的特征，如期望心理同骄傲心理、违拗心理等就有着明显的不同。这里，介绍期望心理特征。

1. 表现一定的期望概率

期望心理活动的结果，常常表现为一定的期望概率。这个概率值是人的经验与能力的总和。例如，一位新领导到职上任后，人们会对他产生不同程度的期望。这种心理活动，首先是根据个人已往的经验和印象，对其进行一番分析；其次是把他的能力与解决现存问题所需要的能力加以比较、判断，然后，人们依据各自不同的结论，表现出对新领导不同的期望值。有的人期望高，概率值为 75% 以上，有的人期望低，概率值为 30% 以下。不管人们期望概率值是大还是小，都是个人经验的总和反映。因为，人的期望概率不是凭空而来，而是依据个人的经验判断而来的。这里需要指出的是，期望概率的大小与不同经验的多少成正比。一般说，经验丰富或比较成熟的人的期望概率主要表现在准确度上。

2. 表现一定的行为动力

期望心理与行为相联系，一般说，高期望，高表现；低期望，低表现。因为，期望心理是人的行为表现的内在动力之一，当期望成功的概率较高，成功后满足需要的价值大时，驱使行为表现的动力就愈大；反之，则小。

3. 期望心理伴随客观环境及目标的变化而变化

期望心理是有方向、有目的的，但期望的方向和目的不是一成不变的。它随着客观环境及目标的变化而发生不断的变化。

> 【例】 某重型机器厂盖了一批职工住房。由于"僧多粥少"，许多职工唯恐改善住房条件的期望实现不了，便酝酿着要哄抢新房的行动。对此，厂领导把即将竣工的 5 万平方米的住房建设工作暂缓一下，组织施工队伍抢挖第二批 5 万平方米住房地基，同时着手设计第三个 5 万平方米住房的工作。结果，一部分职工把期望的目标由第一批转移到第二批、第三批住房上来，职工群众中出现了把抢房变成让房的新情况。这充分说明，人的期望心理随着客观环境出现的新目标而发生变化。

二、期望理论

（一）期望理论的内容

期望理论是美国心理学家弗罗姆（Erich Fromm）于 1964 年在《工作与激励》一书中提出来的。它是一种通过考察人们的努力行为与其所获得的最终奖酬之间的因果关系，来说明激励过程，并以选择合适的行为达到最终的奖酬目标的理论。这种理论认为，当人们有需要，又有达到目标的可能时，积极性才能高。激励水平取决于期望值和效价的乘积。

$$激励水平高低 = 期望值 \times 效价$$
$$M(\text{motivation}) = E(\text{expectancy}) V(\text{valence}) \qquad (6.1)$$

激励（motivation）是指激励水平的高低。它表明动机的强烈程度，被激发的工作动机的大小，即为达到高绩效而作的努力程度。这种激励后来又被分为外加性激励和内在性激励两类。期望值是指人们对自己的行为能否导致所想得到的工作绩效和目标(奖酬)的主观概率,即主观上估计达到目标,得到奖酬的可能性。这种主观概率要受每个人的个性、情感、动机的影响,因而人们对这种可能性的估计也不一样,有人趋于保守,有人趋向冒险。比如,两个很想报考研究生的人,一个人估计他考取的可能性为30%,概率为0.3;另一个人估计他考取的可能性为80%,概率为0.8。

效价是指人们对某一目标(奖酬)的重视程度与评价高低,即人们在主观上认为这奖酬的价值大小。比如,前面所讲的两个想考研究生的人,他们两人对能否考取的重视程度也不相同,一个人采取无所谓的态度,他不愿意继续上学,想早点工作,所以考研究生的效价比较低,以10级量表来表示效价的高低。效价最高为10分,效价最低为0分,这个研究生可算3分;另一个人很重视,渴望能考上,这叫效价高,可算10分。

按公式(6.1)计算两个人对考研究生的激励水平就会是不相同的:

一个人的 M = 0.3 × 3 = 0.9
　　　　（低）　（低）　（低）

一个人的 M = 0.8 × 10 = 8
　　　　（高）　（高）　（高）

以上这个例子比较简单,但在实际上却存在期望值和效价相结合的多种多样的情况。一般有下列五种具体情况:

（1）　M = E × V
　　　（低）（低）（低）

（2）　M = E × V
　　　（低）（高）（低）

（3）　M = E × V
　　　（低）（低）（高）

（4）　M = E × V
　　　（中）（中）（中）

（5）　M = E × V
　　　（高）（高）（高）

以上我们只是从影响激励的期望值和效价这两个因素分析的,其实影响激励水平的因素还有关联性、结果绩效和报酬、能力和选择(图6.2)。

关联性(instrumentality)是工作绩效与所得报酬之间的联系。这种联系是个系数以1表示,一般在+1和-1之间变化。假如高工作绩效,总是导致报酬的提高,比如增加工资,这关联系数则是个+1的值;如果工作绩效与所得报酬之间没有联系,则关联系数接近于0。所以要激励职工更好地做工作，管理人员应主要抓住三件工作：一要明确做什么工作给什么奖酬；二是要使职工认识到这种奖酬与工作绩效有联系；三要使职工相信只要努力工作，绩效就能提高。

结果或奖酬是特定行为的最终产物，它可分为工作绩效和由工作绩效所导致的结果（如增加工资或提升）这两部分。这个结果越好越能提高激励水平，见图6.2 期望理论的基本模式。

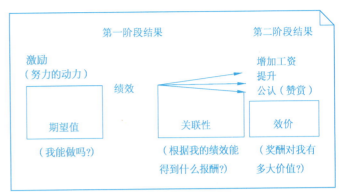

图 6.2　期望理论基本模式

（二）期望理论的模式

期望理论模式是用图表的形式把影响激励水平的诸因素之间的联系展现出来的（图6.3）。

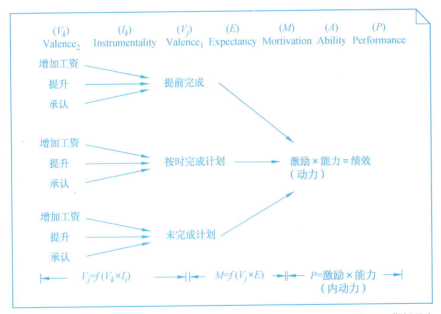

图 6.3　期望理论

从图6.3看出此模式展现出如下三个方面的联系：

（1）实际绩效是激励和个人能力的乘积的函数，以 P（绩效）$= A$（能力）$\times M$（激励）表示。把一个人想要做什么的积极性（激励）和他能够做什么（能力）联系起来。

（2）激励水平的高低（干某项工作的内在动力的大小）是第一阶段结果即完成工作任务的效价和能否完成任务的期望值的函数，以 $M = f(V_j \times E)$ 表示。

（3）第一阶段结果（完成工作任务）的效价 V_j 又是第二阶段结果（完成工作任务后能取得各种奖酬增加工资、提升、承认等）的效价与关联性的函数，以 $V_j = f(V_k \times L_k)$ 表示。

（三）期望理论的发展

自从弗罗姆提出期望理论以来，至少又有下列四个方面的新发展。

1. 区别了两种效价

把工资、提升等外在效价和成就、个人发展等内在效价区别开来，因而得到进一步扩充。外在效价是由个人的绩效从他人那里得到奖酬的结果，内在效价却来自工作本身。

2. 区别了两种期望值

指出第一种期望值是关于付出的努力和第一阶段工作结果（如绩效和工作目标的完成）之间的关系；第二种期望值是关于第一阶段工作结果（如工作绩效）和第二层次工作结果（如工资或成就）之间的关系关联性。这些期望值被称为 EⅠ（努力到绩效的期望值）和 EⅡ（绩效到报酬的期望值）。

3. 考虑其他与工作有关的变量对本理论的主要变量可能有影响

这些影响主要包括：在期望认知的形成中个性变量（如自尊和自信）的可能影响；过去经验对期望发展的影响；角色认知和环境条件对激励和实际绩效相互关系的可能影响。

4. 包括与工作有关的满足变量

按照新的模式把满足看作是实际绩效和来自这一绩效的真正报酬的函数。

期望理论研究表明，从努力到绩效和从绩效到报酬的期望值方面，总的看与个人的绩效和满足的结果有肯定性的联系；个性变量对个人的期望值和效价认知有影响；在期望值和效价相结合时，期望理论模式对绩效和满足的预测能力并没有重大变化。

三、期望理论在管理上的应用

以上对期望的产生、形成、特征的简要阐述，其目的是说明，在实际生活中，人的期望心理是客观存在。因此，我们在做人的思想工作中，必须遵循人的这种心理活动规律，注意工作方法，加强疏导，把人的积极性充分调动起来。

期望理论在管理上的应用，主要有以下几方面：

（1）人们可以自觉地评价自己努力的结果（绩效）和自己绩效的结果（报酬）。

（2）一个管理人员可以通过指点、指导和参加各种技术训练的办法，明确提高下级对努力到绩效的期望。

（3）报酬必须紧密地和明确地与对组织有重要意义的行为相联系。组织中的奖励制度和奖励又必须随个人的绩效而定。

（4）人们对其从工作中得到的报酬的评价（效价）是不同的，有的人重视薪金，有的人更重视挑战性工作。因此，管理人员应重视使组织的特定报酬同职工的愿望相符合。

（一）树立目标，激发期望心理

在调动职工积极性的工作中，我们不仅要了解职工的需要，还要根据职工的需要，适时地树立起有一定价值的目标，这是调动人的积极性的一项重要工作。

> 【例】 某钢锉厂为了提高产品质量，规定一级品合格率达到85%以上者可获得质量奖金；连续半年获得质量奖的职工可评为"信得过"操作者；连续两年获得"信得过"称号的，在晋级加薪时优先。这样一个把质量要求同职工的利益联系起来的决定，实际上就给广大职工树立起一个近期、中期、远期目标。实践证明，这个包含精神和物质利益的目标，极大地激发了广大职工搞好产品质量的积极性，使全厂一级品合格率有较大提高。

确立目标，激发期望心理，引导行为是一项细致的工作。需要指出的是：目标过高，令人望而生畏；目标过低，使人轻而易举；这都不能激发人的积极性。此外，还有一个目标价值问题，因为，没有满足人们精神和物质生活需要价值的目标，同样不能起到调动积极性的作用。实践证明，适时地确立适当的目标及目标价值是调动职工积极性的一个行之有效的方法。确立了目标是不是就可以自然而然地调动起职工的积极性呢？我们认为，作为一个领导者，还应帮助职工通过努力达到目标。例如，某厂规定，三年内管理人员要达到大专毕业文化水平。可是，厂里并没有在学习时间、教材等方面提供必要的条件，结果，使大家学习的积极性受到挫伤。这说明，创造条件并给期望达到目标的人以热情的支持是必不可少的工作。

（二）运用期望值调动积极性

由于人们的经验、能力、需要等方面的不同，因而对同一客观事物的期望概率也不一样；又由于人的期望概率常与环境和事物发展的结果出现矛盾，因此，了解、掌握人的期望概率值，有针对性地进行工作，是防止挫伤及消极因素，调动积极性的重要环节。大量事例表明，期望值与事物发展结果相联系时，有三种情况：

（1）结果小于期望值时，人会产生大失所望心理，积极性受到挫伤；

（2）结果等于期望值时，人会产生不出所料的心理，积极性得以保持；

（3）结果大于期望值时，人会产生出乎意料心理，表现为喜出望外，积极性更加高涨。

在调动职工积极性工作中，当某人期望值过高，而事物发展结果又不能满足期望要求时，就需要帮助他认真分析主客观条件，指出不利因素，使其降低期望值，以避免大失所望带来的消极情绪。

（三）把人的期望方向引导到正确轨道上来

由于人的需要不同，觉悟高低不同，加上所处环境因素的影响，一些人期望的目标和方向难免不切实际或偏离正确轨道，所以端正、疏导以至改变期望方向的工作是重要的。

【例】 俗话说"尺有所短，寸有所长"。处于同一能力梯度的员工，也存在各自不同的特长与优势。如果组织采用单一的评价标准，这部分"各有所长"的员工为组织所创造的价值因为无法体现在绩效标准上而被低估，造成员工的不公平感知，将会极大程度地挫败其工作积极性与成就感。世界五百强之一海尔集团的总裁张瑞敏便深谙此道。对于工厂的基层员工，生产率或合格率固然重要，但这并非张瑞敏对员工工作评价的唯一标准。当他看到一个普通工人的小发明小创造对工艺流程有改进作用时，便将这项技术以员工的名字命名，并将事迹刊登在《海尔人》报上公开表彰。此举产生了极大的激励效应，自此之后，"云燕镜子""晓玲扳手"层出不穷，而这也为海尔走向商业世界的领军地位奠定了坚实的基础。在海尔，员工都以能够获此殊荣为豪，因此，采用多元化的评价标准，每个员工可能都会因为某一标准符合自己的特长而成为这个领域的精英员工，从而对未来业绩产生优势体验的期望，对工作充满动力与激情。[1]

第二节 价值观

价值观是人的期望的心理基础，研究价值观对做人的工作，调动人的积极性，是非常重要的。

一、什么是价值观

（一）价值观的含义

价值观代表一个人对周围事物的是非、善恶和重要性的评价。人们对

---

[1] 马君、闫嘉妮：《破解精英激励的困局》，《清华管理评论》，2017年第11期，第50页。

各种事物的评价，如对自由、幸福、自尊、诚实、服从、平等、功名利禄、政治态度（制度的看法）、社会风气、受教育程度等，在心目中有轻重主次之分。这种主次的排列，构成了个人的"价值体系"。价值观和价值体系是决定人们期望、态度和行为的心理基础。在同一的客观条件下，具有不同价值观的人会产生不同的行为。因此，行为科学很重视对人的价值观和价值体系的研究。

（二）价值观的形成与来源

人的价值观决定于世界观，是从出生起，在家庭和社会中积累形成的。父母、老师、朋友、电视、报纸、书刊、互联网等都是形成价值观的来源。虽然个人的价值观和价值体系是随着生活的变迁而发生变化的，例如幼年认为珍贵的东西，到老年却不喜爱了；可是有些基本的观念，往往是相对稳定的，它们对行为长期起着指导作用。这对企业管理十分重要，因为企业成员在参加企业之前都有各自的经历，都带了形形色色的价值观进入企业，人们往往需要通过了解他们的价值观，才能解释他们的行为，并作为对他们进行思想教育的依据。

（三）价值观的分类

人们的生活和教育经历互不相同，因此价值观也有多种多样。行为科学家格雷夫斯为了把错综复杂的价值观进行归类，曾对企业组织内各式人物作了大量调查，就他们的价值观和生活作风进行分析，最后概括出以下七个等级。

第一级，反应型：这种类型的人并不意识自己和周围的人是作为人类而存在的。他们总是照着自己基本的生理需要作出反应，而不顾其他任何条件。这种人非常少见，实际等于婴儿。

第二级，部落型：这种类型的人依赖成性，服从于传统习惯和权势。

第三级，自我中心型：这种类型的人信仰冷酷的个人主义。他们爱挑衅和自私，主要服从于权力。

第四级，坚持己见型：这种类型的人对模棱的意见不能容忍，难于接受不同的价值观，希望别人接受他们的价值观。

第五级，玩弄权术型：这种类型的人通过摆弄别人，篡改事实，以达到个人目的，积极争取地位和社会影响。

第六级，社交中心型：这种类型的人把被人喜爱和与人善处看作重于自己的发展，受现实主义、权力主义和坚持己见者的排斥。

第七级，存在主义型：这种类型的人能高度容忍模糊不清的意见和不同观点的人，对制度和方针的僵化、空挂的职位、权力的强制使用，敢于直言。

这个等级分类发表以后，管理学家迈尔斯等于1974年就美国企业的现状进行了对照研究。他们认为，一般企业成员的价值观分布于第二级到第七级之间。就管理人员来说，过去大多属于第四、五级，现在情况在变化。这两个等级的人渐被第六、七级类型的人取代，虽然目前还是少数，可是趋势在不断增加。

价值观的最终点便是理想。价值观与兴趣有关，但它强调生活的方式与生活的目标，牵涉到更广泛、更长期的行为。有人认为"人生以服务为目的"，有人以追求真理为目标，有人则重视物质享受。例如，史布兰格认为在美国社会被重视的中心价值有六种，即：

（1）以知识真理为中心的理论性价值；
（2）以形式与调和为中心的美的价值；
（3）以权力地位为中心的政治性价值；
（4）以群体他人为中心的社会性价值；
（5）以有效实惠为中心的经济性价值；
（6）以信仰为中心的宗教性价值。

二、价值观的作用

价值观不仅影响个人行为，还影响群体行为和整个组织行为，进而还影响企业的经济效益。在同一个客观条件下，对于同一个事物，由于人们的价值观不同，就会产生出不同的行为。在同一个企业中，有人注重工作成就，有人看重金钱报酬，也有人重视地位权力，这就是因为他们的价值观不同。

美国许多经营得好的公司的成功经验之一，就是有明确的价值观，有共同的信念，并严守这个信念。正如IBM公司的原董事长兼总经理托马斯·沃森（Thomas J. Watson）在他所著《一个企业和它的信念》一书中回顾他父亲老沃森创建公司几十年成功的历史时所指出的那样——我坚定地认为：

（1）任何组织要生存和取得成功，必须有一套健全的信念，作为该企业一切政策和行动的出发点；
（2）公司成功的唯一最重要的因素是严守这一套信念；
（3）一个企业在其生命过程中，为了适应不断改变的世界，必须准备改变自己的一切，但不能改变自己的信念。

在该公司价值观和信念中最核心的内容就是为顾客提供世界上任何公司都比不上的最佳的服务，以及对公司职工的尊重。也正是因为该公司始终严守这个信念，所以它在同行业的竞争中获得了最广大的市场。

三、经营管理价值观

经营管理价值观是对经营管理好坏的总看法和总评价,也是企业经营管理工作的出发点。一般地,企业经营管理价值观主要有最大利润价值观、企业价值最大化价值观、企业价值——社会效益最优价值观。

(一)最大利润价值观

这是一种最古老的最简单的局限性最大的价值观念。这种观念认为利润代表了企业新创造的财富,利润的增加就是企业财富的增加。因此,企业的经营管理决策和行为都必须服从最大利润,以此作为评价企业经营管理好坏的唯一标准。这种观念的局限性在于:

(1)没有考虑货币的时间价值对利润的影响,即没有考虑利润的获取时间。

(2)没有考虑利润和投入资本额之间的关系,会影响企业经营管理决策时优先选择高投入的项目,不利于企业提高经济效益。

(3)没有考虑所获利润与所承担风险之间的关系,会使企业经营管理决策时优先选择高风险的项目,一旦不确定因素导致不利后果,企业将陷入困境,有可能被市场竞争所淘汰,甚至破产倒闭。

这种观念在18世纪、19世纪、20世纪初在工业发达国家普遍盛行,甚至在美国等其他国家现有的不少企业仍然信仰和坚守这个观念。

(二)企业价值最大化的价值观

从20世纪20年代开始,企业价值最大化或称之为股东财富最大化的价值观进一步修正和补充了最大利润价值观的不足之处。在企业规模不断扩大、组织复杂、投资巨额而投资者分散的条件下,企业财产的所有权和经营管理权逐渐分离,财产所有者与经营管理者之间形成了一种新型的委托代理关系。众多分散的投资者一般只考虑取得满意的利润,比如,把能否取得相当于投资的20%利润作为经营决策好坏的标准,而不会真正考虑企业未来的发展,对职工来说要取得满意的工资福利和工作环境,对消费者来说要得到价廉物美的商品,对政府来说要取得应得的税收。而经营管理者是在企业直接从事生产经营管理工作的,他们必须综合考虑到各方面的利益关系,并进行协调,以企业资产的保值增值作为企业发展的基础,以企业价值最大化作为企业发展的最终目的。

(三)企业价值——社会效益最优价值观

这是20世纪70年代兴起的新的价值观。企业生产经营的目标与社会利益在许多方面是共同的。在市场经济中,企业为了生存,必须面向市场,生产符合消费者需要的产品,满足社会需求;企业在进行简单再生产和扩大再生产过程中,会增加员工人数,对其员工进行教育和培训,从而解决了社会就业并提高了人口素质；企业为了在市场竞争中处于不败地位，必须改进产品质量和服务，提高生产技术，开发新产品，促进了社会生产效率和公众生活质量的提高。但是企业从其自身的获利动机出发，可能会生产伪劣产品，可能会不顾工人的健康和利益，不改善劳动场所的安全设施和卫生条件，也可能在生产过程中造成水源污染、大气污染及土壤污染等其他对人类生存环境的危害。

因此，企业必须在国家法律和商业道德的约束下，在政府有关部门的行政监督及社会公众的舆论监督下，充分兼顾企业价值和社会效益从而实现两者最优化。

组织行为学把以上这三种价值观的模型进行了如下的概括，如表 6.1 所示。

表 6.1　三种经营管理价值观的比较

比较方面	最大利润	企业价值最大化	企业价值——社会效益最优
一般目标	最大利润	令人满意的利润水平加上其他集团的满意	利润只是一种手段，只有第二位的重要性
指导思想	个人主义、竞争、野心勃勃	混合的，既有个人主义，又有合作	合作
政府的作用	越少越好	虽然不好，但不可避免，有时是必要的	企业的合作者
对职工的看法	只是一种手段，只有经济的需要	既是手段，也是目的	本身就是目的
领导方式	专权方式	开明专制、专制和民主混合	民主、高度的参与式
股东的作用	头等重要	主要的，但其他集团也要考虑	并不比其他集团更重要

中国经济体制改革的实践中出现了许多很值得重视的新价值观念。诸如经济效益观念、时间和信息观念、效率和创新观念、流通观念、人才开发观念、质量第一和市场竞争观念等，都是对传统生产型的企业管理观念的突破。

为实现企业经营管理现代化，管理者必须树立以下现代经营管理观念。

1. 战略观念

企业经营管理都应当有自己的战略，一般可归结为以下五个方面。

（1）战略思想主要有两点：①调动人的积极性，企业上下要沟通思想，让所有职工的想法与企业目标、任务以及最终目的一致起来；②要让本企业的所有职工都能接受新思想、新事物，要把新东西运用到管理上，运用到自己的产品上，运用到事业发展上，跟上时代。

（2）战略方针：国外大公司认为要把重点放在技术转让上。

（3）战略管理有五点：①选好经理（这比投资还重要）；②专家治厂；③科学管理；④应用新技术；⑤利润均衡发展。

（4）战略组织：管理机构应当是可变的，要根据企业总体发展而随时增加或减少。

（5）战略计划：应当有以下特性：①全面性；②完善性（每年要修改一次）；③统一性；④可靠性（生产最优质的产品）；⑤长远性（制定五年计划要考虑到以后10年的发展，10年计划要考虑到以后20年的情况）；⑥现实性。

2. 市场观念

中国的企业管理正在由生产型向生产经营型转化，因此从多方面预测和观察市场发展趋势，了解社会需求情况，对搞好经营管理是十分重要的。①要考虑与预测明显的潜在市场的发展变化；②要研究经济发展趋势；③考虑能源与其他物资供应情况及价格变化影响；④在有关领域里采用新技术的快慢；⑤世界经济发展影响。

3. 变革观念

从国外大企业实行分权，即扩大下层权力的经验看，主要有十点：①领导层要相对稳定，但不称职的要马上换掉，选拔干部要注意事前的考察；②保护和合理使用具有各种才干的人；③增加管理方面的投资；④组织机构和生产发展相适应；⑤要研究企业增长与人的素质增长的关系，当大增长时要谨慎，防止犯错误；⑥运用新技术提高劳动生产率；⑦以财务管理为中心，利润就是目标。既注意眼前利益，也要看到长远利益；⑧要有长远估计，领导层要把握方向，要保持在发展中求变；⑨要注意应变，不断修正设想；⑩要接受政府的行政指导。

4. 竞争观念

没有竞争，不管什么社会制度下都会死水一潭。竞争可以推动生产力发展，可以锻炼人才，可以"八仙过海，各显神通"。但竞争要在国家政策范围内，在政府指导下进行。

5. 服务观念

搞好销售后服务，对用户热情周到，有求必应，是现代产品经营的重要观点，也是扩大销售的一个重要环节。

6. 专业观念

按专业化原则组织生产是现代社会大生产的客观要求。从国外现状看，产品专业化和零部件专业化这两种形式仍占很大比重。就产品专业化，目前多注意发展横向专业化生产，即在多品种基础上发展专业化生产。

7. 素质观念

提高企业素质是提高企业经济效益的关键。企业素质是指构成企业生产经营能力的各种因素的总和。主要有五个方面：①领导班子的素质；②职工队伍的素质；③设备工艺的素质；④产品开发素质；⑤管理素质。衡量企业素质的主要标准是：①满足社会需要的能力；②有效利用人、财、物资源的能力；③扩大再生产的能力；④技术进步能力；⑤竞争与协作能力。

8. 开发观念

主要指两方面：一是人才开发，二是产品开发。人才开发包括：①选拔人才；②培养人才。产品开发就是要重视企业的科学研究，不断改革老产品，开发新产品，加速产品的更新换代，以满足社会多方面的需要。

9. 质量观念

国内外经济管理成功的企业总是把研究、保证和提高质量的工作放在重要地位。日本人提出："质量是企业的生命，关系到国家和企业的存亡。"美国的经理们认为"质量是成功的伙伴"，"公司的盛衰全赖于此"。国内很多企业管理人员也深知要"以质量求生存，以品种求发展"，认为"名牌"是企业的无形资产。要在质量上取得成就，就要有效利用物（指物质与能源）和人（指人的创造性与技能）这两种因素或力量。

10. 信息观念

信息和时间是两类重要资源。信息作为一种能创造价值并可用于交换的知识，已成为一种生产力。现代企业的生产与经营所需的信息量增长很快。1935年美国生产1美元产品处理信息费用为1.5美分，1975年已上升到3.6美分以上。现代企业管理必须加强信息观念。加强企业管理中的信息观念主要应做三件事：

（1）提高企业人员对信息的认识；

（2）建立管理信息系统；

（3）企业领导者要善于运用信息，把信息迅速转变为生产力。有的企业由于及时将所获信息应用于生产，一年就创利数十万元。

四、公司价值观的演变

（一）股东价值最大化的管理价值观

默林（Jack Murrin）认为：股东价值对于就业、社会责任、环境等的重要性历来是人们激烈争论的话题，往往争论的焦点在于股东与利益人（stakeholder）的价值哪个更重要？美国与英国历来的目标就是股东价值的最大化；而荷兰国家法律规定公司的治理重心应该放在企业的生存，而不是代表股东追求价值，而德国与斯堪的纳维亚国家的公司治理机制也有类似的规定。虽然如此，他探讨了股东价值最大化的最佳方案，虽然不同国家对企业管理的价值观趋向不同;他认为价值创造是衡量一个管理团队绩效的最佳标准。企业的价值创造要使企业的每一个经营者真正成为价值的管理者。

(二)利益相关者最大化的价值管理理念

瑞士圣盖伦大学教授彼德·戈麦兹提出在股东价值最大化的基础上实现利益相关者的整体利益最大化。其1998年著《整体价值管理》(辽宁人民出版社2000年出版)第一章就提到经济成就——环境的可持续性——社会责任与整体价值管理的新视野,他的价值管理思想是结合了传统的价值管理思维——财务管理与战略管理为一体。主要目标不是获取竞争优势而是获取公司整体价值提高的新目标。战略思路是起初增加股东价值,最后增加利害攸关者的价值。

企业的环境正发生着令人迷惑复杂快速的变化。企业的权利正在由内部转向外部,正在由管理层向自由市场转移,趋向于在其利益相关者之间分配,而这种权利转移的结果将成为决定企业最终竞争力的核心因素。

(三)生态学角度研究企业的价值

在企业价值管理这一领域既富有理论性和突破性、又富有实践性和操作性的论著尚为数不多。美国环境与资源价值评估领域的国际权威、美国著名环境经济学家弗里曼(Myrick Freeman)就经济环境学界的热点,用古典经济学的理论系统地研究了环境资源的价值,是该领域研究的理论权威。其1993年出版的权威著作《环境与资源价值评估——理论与方法》介绍了环境价值的经济学分析与计量方法。对从多学科角度研究企业价值管理的是一个有启发意义的重要的学术成就[1]。在中国古老的文明所蕴含的生态平衡价值观与当代中国的伟大实践中所获得的启示,提示人类与自然生态平衡对立的经济活动必然带来人类的惩罚,从而提出经济活动的价值伦理问题,这是对中国古老文化哲学的价值观的现代价值在世界范围的提倡与巨大认可。

(四)社会伦理文化、社会责任角度对企业价值的研究

美国近几年出版的《领导、伦理与组织信誉案例战略的观点》是经济管理在该领域研究的一部前沿性著作。他不仅仅从战略的高度突出了伦理与组织信誉的概念,提供了维护组织信誉的理论框架,还附之以具体的案例材料。美国哈佛商学院著名教授,世界知名的管理行为学和领导科学权威,两次获得麦肯西基金会哈佛商学院最佳文章奖的科特(Jone P. Kotter)与

---

[1] [美]莱斯特·R.布朗:《生态经济:有利于地球的经济构想》,林自新、戢守志译,东方出版社2003年版。

赫斯克特（James L. Heskett）著《企业文化与经营业绩》（*Corporate Culture and Performance*），研究了企业文化如何契合于企业组织、产业组织、竞争结构、社会环境等，使企业文化因素推动组织创造更大的价值[1]。研究了组织的文化与变革的环境的关系、组织形象如何体现价值等内容。

案例

微软社会责任的担纲与愿景

一、社会价值——惊险的跳跃

劳动产品光有自然使用价值不行，由自然使用价值到社会使用价值，也就是马克思所说的"惊险的跳跃"[2]。

比尔·盖茨等计算机巨头打造了后工业文明的计算机网络世界，使虚拟世界与现实生活方式得以结合。在新财富的打造者们完成了财富使命后，社会正在开启新财富的人文使命。比尔的"裸捐"行为也唤醒物质文明进步中的人类社会，暗示财富的下一个使命将是人文社会责任使命。

2008年6月末，他在接受媒体访问时表示：将把自己580亿美元财产全数捐给名下慈善基金比尔及梅琳达盖茨基金会。他说："我和妻子希望以最能够产生正面影响的方法回馈社会。"

"我们研究比尔与其微软帝国自建立以来的经营理念与经营活动模式的时候，我们始终发现比尔的微软公司自建立始，伴随虚拟网络帝国的构建过程中，他与他的团队组织始终同时围绕并致力于人文事业的打造与宣传，并在全世界范围内开展了各类人文、教育等事业及慈善活动。"[3]

二、比尔·盖茨——微软公司的经营管理体系思考：自始至终的社会责任与开放的人文关怀

比尔·盖茨的企业经营活动及社会活动充分体现在他的人生观、价值观的人文价值内涵中。微软公司最鲜明、最本质特征就是以人为本，而其外延充分体现了人文责任与关怀理念。微软公司的经营管理体系存在如下特征：

1. 谈文化：人文色彩浓厚

微软的管理策略是和他们"以人为本"的企业文化密切联系在一起的。微软公司不仅倡导终身学习的理念，同时倡导富有《圣经》般的人文关怀理念。公司在人文意识下实现沟通与进步，从而在事业发展中强化了人文责任。事实上，微软公司在人文意识强化下的学习沟通模式的贯彻，体现出如下的分布特征：70%的学习在工作中获得，20%的学习从经理、同事那里获取，10%的学习从专业培训中获取。

---

[1] [美]史蒂文·霍华德：《公司形象管理——21世纪的营销售制胜之路》，高俊山译，中信出版社2000年版。
[2] 马克思：《资本论》（第1卷），人民出版社1975年版，第124页。
[3] 赵渤，苏宗伟：《网络商务空间中东方管理组织协同形态应用趋势探讨——MICROSOFT管理模式成功轨迹解析及评价》，《上海管理科学》，2009年第2期，第1—4页。

2. 公益事业的三条原则

微软对于公益事业有三条准则：首先是在资源上，每一个地区的公益事业都会有两部分款项组成，一部分是总部拨款，一部分是当地分公司拨款，以保证任何地方的公益事业都有总部和分部共同参与；其次，任何公益事业都要符合微软公益事业指导方针而进行实施；最后，在实施过程中，一般都是与合作伙伴共同实施。

3. 责任至上、善始善终

外部责任：微软着力促进社会信息化的发展，尤其是着力扩大互联网的普及，让所有的人，不分种族、性别、年龄或贫富，都能拥有获得信息技术的途径；改善美国太平洋西北地区的现状，向当地社区和贫困家庭提供多种形式的捐助。

职业责任：公司和领导者有了关注的目标之后，还要有足够的责任心，才能把事情做好。微软公司要求每一个部门、每一个员工都要有自己明确的目标，同时，这些目标必须是"SMART"的，也就是：

S：specific（特定的、范围明确的，而不是宽泛的）；

M：measurable（可以度量的，不是模糊的）；

A：attainable（可实现的，不是理想化的）；

R：relevant（与其他目标是相关联的，而非独立存在的）；

T：Time-based（具有明确截止期限的，而非无时限的）。

4. 教育事业先行

微软坚信，要跨越数字鸿沟，必须教育先行。因此他们曾花很多时间来思考和讨论，谁是最需要帮助的人。通过调查研究，微软初步确定了受助群体：包括下岗职工、贫困地区的学生与教师、孤儿、妇女、残疾人等。基于这种考虑，一系列以跨越数字鸿沟为主题的公益项目得以在中国顺利出台，微软广大员工为能够参与跨越数字鸿沟的进程而感到欣慰与自豪。

5. 慈善事业与人文关怀

比尔及梅琳达·盖茨基金会的资助对象主要有四个领域：第一是改善全球健康状况，着手研究艾滋病、疟疾、肺结核、癌症等疾病的治疗途径，尤其是向非洲、亚洲等发展中国家大力捐资；第二是推进全球发展，关注发展中国家的家庭健康，疫苗接种，紧急救援以及计算机和互联网访问方面的工作；第三是全球政策和倡导，负责监督基金会与政府、慈善家、媒体组织、公共政策专家，并致力于同关键利益相关方建立战略关系，以确保基金会使命的达成；第四是全球增长和机遇，致力于在缺少公平和市场失灵的情况下催化产生可持续的变革，挖掘未开发市场的潜力，让每个人都能共享经济发展成果和社会效益。

三、人文责任——历史进程中任何事件背后的永恒的话题

"诚如人类的智慧所能做出的理解一样：以人文理念引导知识共享在推动社会的发展中，所有成功的社会主体，包括企业，人文理念将是共生于社会并使企业获得长久生存与发展的核心内容！假

设企业并非如此,那么这个企业在未来的成败是可以预言的,也不可能在社会进步中做到长寿常青。社会的需要,企业失去这一根本,摆脱承担这一人文责任与使命,被更符合社会价值体系所认同、所需要的企业所替代也将不再是预言性的假设"[1]。

《管子》有言:"守国之度,在饰四维。""凡牧民者,欲民之有礼也。欲民之有礼,则小礼不可不谨也。""仓廪实,则知礼节,衣食足,则知荣辱。"

比尔·盖茨财富模式背后的暗示[2]:未来网络世界与现实世界共生的新的人文秩序的打造责任也是共生的,而且是永恒的!它是未来企业在社会进步与发展中,能够共生、共存,并与社会共同发展的人文责任,它是企业在信息经济时代,在新的社会价值体系条件下的新的挑战!

第三节 目标管理

目标管理是一种过程型的激励理论。它的功能是通过目标的设置来激励人们的动机,指导人的行为,使个人的需要、期望与企业的目标挂钩,以调动人的积极性。目标管理在国外被称为现代企业的航标,是研究个性管理心理的组成部分。

一、什么是目标

(一) 目标的含义

目标,是指在一定的时间内,所要达到的具有一定规模的期望标准。在某种意义上就是人所期望达到的成就和结果。它的主要功能是:

(1) 提供一个中心点来分配资源和拟订作业计划;

(2) 提供一个尺度作为评价工作进度和成效的指标。

在企业管理中,目标可能是外界实在的对象,如一定的产量、质量指标;也可能是理想的或精神的对象,如达到一定的思想水平。目标又有个人和集体之分,团体目标规定着个人目标,也使团体内各个人的行动趋向一致。在一个工业企业中,少则几百人,多则几千人或几万人,要把每个人的行动统一起来从事共同劳动,就需要有一个共同的目标,使每个人的目标服从企业的共同目标,保证企业生产经营活动朝着预定的目标努力。这

---

[1] 赵渤、苏宗伟:《网络商务空间中东方管理组织协同形态应用趋势探讨——MICROSOFT管理模式成功轨迹解析及评价》,《上海管理科学》,2009 年第 2 期,第 1—4 页。

[2] 同上。

个共同目标被称为企业的总目标。企业总目标是整个企业管理活动的出发点，也是企业管理活动所指向的终点——期望得到的成果。因此，企业目标管理实际上就是根据企业的总目标拟订每个职工的行动纲领，规定每个职工的基本任务，决定每个职工的努力方向，使企业生产经营活动有节奏地、有成效地进行。

（二）目标与动机

人的行为是动机引起的，并且都是指向一定目标的。动机对人的行为起着引发、加强推动和导向的作用，它驱使一个人的行为走向既定的目标。

行为科学家强调通过目标的设置来激发动机、指导行为，这方面着重注意以下三点。

（1）目标必须与需要和动机结合，它既是鼓舞人心的奋斗方向，又是满足人们需要的目的物。因此心理学通常把目标称为"诱因"。

（2）无论设置个人目标或团体目标，要让职工本人参与。参与程度越深，义务感也越强。若上级为其设立目标，就会认为不是自己的目标，从而减低诱发力量。

（3）当人们受到阻碍不能实现目标时，往往会发生两种不同的动向：一种是客观地分析原因，调整力量，设置或改订更适宜的目标；另一种是导致非理智的破坏行为。企业管理者要善于引导，避免后一种倾向的发生。

（三）目标与行为

动机支配行为，促使人们向一定的目标努力，从而形成各种目标行为。目标行为一般分三类：

（1）目标导向行为。这是指为了达到目标所表现的行为。

（2）目标直接行为。这是指直接满足需要和达到目标的行为。例如，准备食物是目标导向行为，而吃饭就是直接的目标行为。

（3）目标间接行为。这是指与当前目标暂无关系，而为将来满足需要作准备的行为。

管理心理学将个人从动机到行为，直到达到目标的过程称为激励过程，如图6.4所示。

二、目标管理法

目标管理，亦称目标管理法（Management by Objectives，MBO），它是一种有名的管理技术，实质上是一种管理上的激励技术，也是职工参与管理的形式之一。

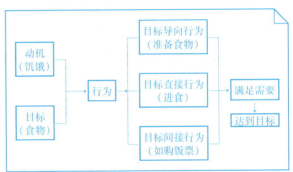

图6.4　目标激励过程

（一）目标管理的形成与发展

目标管理是 1954 年美国著名管理学者德鲁克在《管理的实践》一书中首先提出的,他论述"目标管理和自我控制"的主张时认为,一个企业的"目的和任务,必须转化为目标",如果"一个领域没有特定的目标,则这个领域必然会被忽视";各级管理人员只有通过这些目标对下级进行领导,并以目标来衡量每个人的贡献大小,才能保证一个企业总目标的实现;如果没有计划周密、方向一致的分目标来指导每个人的工作,则企业的规模越大、人员越多,发生冲突和浪费的可能性就越大。因此,他提出,让每个职工根据总目标的要求,自己制定个人目标,并努力达到个人目标,就能使总目标的实现更有把握,每个职工因此也就为企业作出了自己的贡献。为达到这个目的,他还主张,在目标管理的实施阶段和成果评价阶段,应做到充分信任职工,实行权力下放和民主协商,使职工进行自我控制（即自我管理）,独立自主地完成各自的任务;此外,成果的考核、评价和奖励也必须严格按照每个职工目标任务完成的情况和实际成果的大小来进行,以进一步激励每个职工的工作热情,发挥每个职工的主动性和创造性。

德鲁克的以上主张,在当时的企业界和管理学家中产生了巨大的影响,为以后目标管理方法的形成和实际应用,打下了坚实的基础。此后,经许多管理学家的不断探索和完善,以及在广大企业中的逐步推广应用,丰富并发展了德鲁克的目标管理思想,逐渐形成了比较成熟的目标管理方法。

（二）目标管理的内容

企业目标是目标管理的主要内容,它是企业在一定时期内,生产技术经营管理活动的主要依据,企业的一切生产经营活动都是围绕着企业目标的实现而进行的。在实践中,有的企业把企业目标称为企业方针目标。这里指的方针就是目标的抽象和概括,其实是一个定量化的实体。在企业实行目标管理中,目标的制定是一项主体工作,它的工作量是很繁重的。

企业目标一般是指企业的总体目标。它的基本内容指的是企业经营活动、生产发展、经济效益,以及由此形成的对国家和社会的贡献,对职工生活保障等方面的目标。目标是定量化的实体,是由项目和数值两个方面组成,前者牵涉到目标项目的选择,而后者则关系到目标值的确定。

1. 企业目标项目的选择

德鲁克曾经设计了八个目标项目的选择或设置内容,它们是：市场地位、革新、生产力、资源和财源、经理人才的培养、获利能力、工人绩效和态度、社会负担。对中国企业来说,在具体选择目标项目时,则要根据国情和企业实况来决定。当前,企业的目标项目要体现两个文明一起抓的精神,现提供以下几方面的内容，作为企业选择项目时参考。

（1）生产水平：主要包括产品的产量、质量、品种、均衡生产等要求；

（2）经济效益：主要包括产值、利润、成本、劳动生产率等各项技术经济指标；

（3）企业素质：包括领导班子、职工队伍的素质、企业经营决策能力、生产技术装备、产品竞争能力和企业应变能力；

（4）技术发展：包括产品开发、创优和升级换代，工艺改进、技术改革、试验研究和技术储备等；

（5）经营销售：主要销售渠道、市场占有、三包三保和售后服务等；

（6）组织人事：指人才培训和开发，干部培养和选拔；

（7）安全环保：包括安技措施、环保措施、劳动保护和事故控制指标等；

（8）文明卫生：指厂区管理、道路畅通、环境绿化、设备状态等；

（9）政治工作：包括思想教育、政治宣传、劳动纪律、治安防范等；

（10）生活福利：即关于群众的生活问题，如食堂、宿舍、浴室，住房分配，以及工人活动和休息场所等生活福利设施的改善。

2. 目标值的确定

目标值是目标项目的定量化。确定目标值有它自身的原则和要求。

确定目标值一般有两个原则：

（1）确定的目标值应该直接或间接地和提高企业或社会经济效益相联系；

（2）确定的目标值必须具有激励、诱导作用，以提高各级人员的积极性和工作能力。

3. 确定目标值一般有四个要求

（1）目标值应定量化，凡是能用数据的都应以数据表示，如果有个别目标不能用数据表示的，也要尽可能避免模棱两可概念的表述，否则就无法考核；

（2）目标值应略高于指标，使其有激励的作用；

（3）目标值必须注意到可行性，切忌好高骛远，防止挫伤职工的积极性；

（4）凡已经达到的标准，不能再用作目标值，这样做就会失去目标管理的意义。

（三）目标管理的过程

目标管理的整个过程分为三个阶段：目标的制定，目标的实施和目标成果评价（见图6.5）。

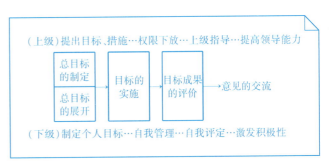

图6.5 目标管理的内容

1. 目标的制定阶段

企业目标作为一种体系，其制定阶段的工作的主要内容是：

（1）根据国家宏观经济环境和本企业产品市场的走势，结合本企业生产经营管理工作的任务而确定企业总目标；

（2）各车间主任（科室负责人）根据本部门的具体情况，为完成企业总目标而提出车间（科室）目标；

（3）各工段长（班组长）为完成车间目标，而提出工段（班组）目标；

（4）基层每一个职工为保证完成班级目标而制定个人目标。

这样，自上而下地把企业总目标层层展开，最终落实到每个职工，形成了一个纵横交错的目标连锁体系，共同为保证实现企业总目标而奋斗。

2. 目标的实施阶段

目标的实施阶段是目标管理的第二个阶段，也就是进入了完成预定目标值的阶段。这个阶段的工作内容主要包括三个部分。

（1）通过对下级人员委让权限，使每个人都明确在实现总目标中自己应负的责任，让他们在工作中实行自我管理，独立自主地实现个人目标。

（2）加强领导和管理，主要是指加强与下级的意见交流以及进行必要的指导等，至于下级以什么方法和手段来完成目标，则听其自行选择，这样就能极大地发挥各级人员的积极性、主动性、创造性和工作才能，从而提高工作效率，保证目标的全面实现。

（3）目标的实施者必须严格按照"目标实施计划表"上的要求来进行工作。目的是在整个目标实施阶段，使得每一个工作岗位都能有条不紊地、忙而不乱地开展工作，从而保证完成预期的各项目标值。

实践证明，"目标实施计划表"编制得越细，问题分析得越透，保证措施越具体、明确，工作的主动性就越强，实施的过程就越顺利。目标实现的把握就越大，取得的目标效果也就越好。

3. 目标成果的评价阶段

对目标成果的评价是目标管理的最后一个阶段，这个阶段的工作内容是：

（1）当目标实施活动已按预定要求结束时，就必须按照定量目标值对实际取得的成果作出评价，并使这种评价与奖励挂钩。

（2）要把评价结果及时反馈给实施者，让其主动总结经验教训。根据一些企业目标管理的实践来看，搞好成果评价工作的关键是：评定结果必须与集体和个人的经济利益真正挂钩，严格实行按劳分配、奖勤罚懒的原则。

4. 目标成果评价的主要目的

（1）通过评价活动，可以使目标实施者了解自己的工作状况。如果达到或超过目标值，就会获得工作上的满足感，从而产生了向更高目标前进的信心；如果没有完成目标值，也可以从中找到失败的教训和今后努力的方向。

（2）从整个目标管理活动来看，每个循环周期对成果作出的评价，将成为下一循环周期制定目标和保证措施的依据，成为根据具体情况调整下一循环周期定量目标值的基础。

（3）有关成果评价的资料，又能为人事管理工作中职工晋级、加薪、奖励等提供准确的信息，成为激励全体职工积极争取更好成果的强大推动力。

总之，成果评价的目的是促进领导工作的改善，鼓舞全体职工的士气，以便能更好地为保证达到下期目标而继续努力。

目标管理的这三个阶段构成了一个循环周期。目标管理就是不断地从一个阶段转入下一个阶段，从一个周期转入下一个周期的循环并不断提高的过程，从而构成为目标管理循环过程（图6.6）。

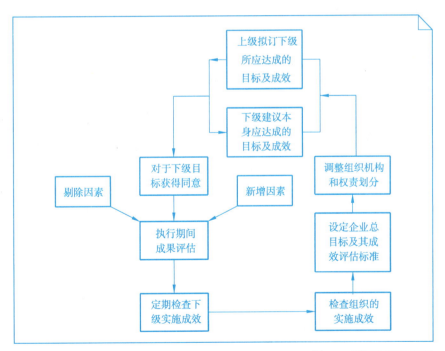

图 6.6　目标管理循环过程

三、目标管理的作用

"目标管理"这一概念在中国的企业管理中，20世纪70年代以前虽然没有明确提出过，但许多企业实行的"指标分解，层层落实"，十分类似于

"目标管理"。近几年来，中国不少工业企业以"管理为先导，带动全局"为指导思想，以"管理促技术，管理促提高，管理促发展"为目的，结合本企业的实际情况，对国外目标管理的科学方法进行了实际运用，对经营管理水平的进一步提高起了很好的促进作用。

从这些工业企业的实践来看，目标管理的作用主要有以下几个方面。

（一）能集中企业每个职工的力量，保证完成企业的各项任务

随着现代科学技术的进步和企业生产规模和经营范围的扩大，企业管理工作也相应地复杂起来。传统管理忽视了每个人必须"做什么""做多少""什么时候做"等关键问题，致使每个职工或部门看不清为企业作出更大贡献的努力方向，从而削弱了部门或个人工作同完成整个企业任务之间的有机联系。

企业目标管理通过总目标的层层展开，逐级落实，来制定整个企业的目标连锁体系，并要求下级制定的目标必须保证上级目标的实现，这样就能把每个人的力量集中到完成整个企业任务的总目标上。形成一个从上到下的"力往一处用，劲朝一处使"的朝气蓬勃的生产经营局面，大大加强了部门和个人的工作与完成企业任务之间的联系，使得总目标的顺利实现有了可靠的保证。

（二）能创造一个培养各级管理人员真正领导能力的管理环境

企业目标管理能创造一个培养和锻炼管理人员领导能力的管理环境，使他们逐渐具备真正的领导能力。"真正的领导能力"，是指不单凭职务权威和形式上的地位尊严去领导下级，而是像体育运动教练那样靠信任来实现领导的，这就是所谓"信任型"的领导方法。因此，目标管理在管理方法上实现了从"命令型"向"信任型"的转变，也就是从以往的由上级制定计划、发布指示、督促检查，下级只是按指令实施的传统管理上，转移到下级自己制定与上级目标紧密联系的个人目标、并由自己来实施和评价目标成果的现代管理方法上来。

（三）能促使每一个职工的工作能力的迅速提高

目标管理的基本方针是以全体职工为对象，以提高个人工作能力为中心，以取得个人目标成果为重点。所以，它能通过提高个人工作能力间接地与企业总目标相结合，成果评价也能以提高个人工作能力的努力程度为依据。这在客观上必然要求每个职工在制定目标时，十分重视自己工作能力的提高，并在实现目标的过程中进一步努力提高自己的能力。目标管理的这种强调个人工作成果和个人工作能力的原则，无形中激发了职工努力学习科学技术的积极性与热情，促进了职工个人工作能力的自我提高，从而普遍提高了职工队伍的政治和技术业务素质，劳动生产率和经济效益也

随之大幅度提高。

（四）能充分调动和发挥广大职工的主动性和创造性

现代工业企业在对人、财、物、产、供、销的管理中，人的管理是最重要的管理工作。这是因为"事在人为"，人是社会生产力中最积极的因素，企业中的一切生产经营活动都是由人来掌握的，因此，在企业管理中，怎样充分调动广大职工的积极性和进一步发挥每一个职工的聪明才智，是每个管理人员所面临的重要课题。

目标管理通过企业目标体系的制定、实施和评价活动，把企业各个方面的工作合理地组织起来，把上下左右的力量充分地调动起来，把每个人的潜力全部挖掘出来，形成一个为实现企业总目标而相互密切协作的有机整体。通过这个有机整体的运转，就能把整个企业的人财物、供产销各项管理协调起来，朝着企业总目标健康地发展，顺利达到不断提高经济效益的管理目的。

目标管理之所以能极大地调动广大职工的工作积极性和创造性，主要经验和做法是：

1. 坚持职工参与制定目标

每一个职工由于亲自参加目标的制定工作，无疑都会感到自己为达到企业总目标而"身负重任"，就会以极大的热情投入工作，故自己制定个人目标本身就是一种激励，在一定的情况下，这种精神上的激励作用往往会大于经济上的激励作用。

2. 坚持个人目标与总目标结合

恰如其分的个人目标，不但要求与总目标紧密结合，而且还要求略高于本人的能力，以求激发每个人的上进心，这种上进心若渗透在学习和工作之中，就会使职工产生更大的学习热情和发愤精神。

3. 坚持激发职工达到目标的责任感

职工通过制定目标、承诺目标，就会激发出努力达到目标的责任感。表现在工作中，这种责任感会促使人们面对各种变化了的生产环境，自己及时地作出正确判断，主动积极地克服困难，想方设法地去完成任务；同时，这种责任感还会激励人们独立自主地完成任务和迅速提高自己工作能力的信心，能发挥每个职工的判断能力、决断能力和创造能力，能针对自己不足之处主动地进行自我提高，进而力争达到自己的目标。

4. 坚持"目标＝权利"的原则

在实现目标的过程中，由于强调"目标＝权利"的原则，因此上级应基于对下级的信任，尽量下放权力（授权），使下级实行自我管理。这种自我管理，一方面是指目标实施者应经常对照自己的目标检查实施活动，另一方面又是指必须依靠自己的分析判断来决定行动方案，这样才能充分行使上级委以的权限，努力达到目标。

5. 坚持自我评价

在目标管理的成果评价阶段，应以对个人目标已"达到程度"为主，同时结合考虑达到目标的"困难程度"和"努力程度"进行考评的。因此，激励作用并不只是体现在对成果优良者的奖励和表彰上，也不只是体现在把评价结果反映到今后升级、提薪等人事考核上，更重要的是在于职工通过自我评价，能确认自己的工作成果，能发现工作中的价值和兴趣，并在目标达到后享受胜利的满足感等方面上。即使是那些没能实现目标的职工，通过总结经验教训，也能激起一种自我提高的强烈愿望。

案 例

谷歌的 OKR：追求卓越的管理目标[1]

谷歌公司（Google Inc.）成立于 1998 年 9 月 4 日，是一家总部位于美国的跨国科技企业，业务包括互联网搜索、云计算、广告技术等，同时开发并提供大量基于互联网的产品与服务，它是全球最大的搜索引擎公司。谷歌公司运用的 OKR（Objectives and Key Results，目标-关键结果）成为近年来众多学者热议的管理方式。OKR 被认为是行之有效的目标管理工具，但它不仅仅是一个目标管理工具。其更重要的作用是引导领导者和团队成员制定更具挑战性的目标，争取更大的影响和贡献，最终实现企业卓越管理。

一、OKR 的理论基础

OKR 的理论基础是美国麻省理工学院教授麦格雷戈于 1957 年提出的 Y 理论。Y 理论认为，认为人的本性是喜爱工作的，要求工作是人的本性。在一般情况下，人们能主动承担责任，是受内在兴趣自我驱动的，热衷于发挥自己的才能和创造性；大多数人都具有解决组织问题的能力。因而在管理中，为了促使人们努力工作，应考虑工作对于员工的意义，鼓励员工参与目标的制定；以"启发和诱导"来代替"命令和服从"，用信任代替控制和监督；重视员工的各种需要和内在激励，并尽可能在实现组织目标过程中予以最大的满足。在实际管理活动当中，管理者（经理人）要根据员工的爱好和特长安排工作，做到因人而异，充分地发挥每个员工的工作积极性和创造力。与 X 理论不同，Y 理论强调启发和诱导，为了实现组织目标，管理者会通过任务分配将组织目标划分给每位员工，并激励员工努力完成目标。通过奖惩措施的启发和诱导，员工往往会最大化地发挥主观能动性，以达成目标。

---

[1] 改编自陈德金：《OKR，追求卓越的管理工具》，《清华管理评论》，2015 年第 12 期，第 78—83 页。

谷歌公司把 OKR 目标管理与其追求卓越的管理目标相结合，鼓励员工培养跨层级思维，拥有更高站位，不仅可以思考工作权责之内的问题，更可以对公司经营活动建言献策，如此提升了员工对公司战略层目标的参与度，充分发挥每个人的特长，最终实现追求卓越的管理目标。这就要求，公司的每一名员工和经理人都认同公司所营造的组织文化，也愿意在这种文化中创造自身价值。

二、OKR 的指导思想

OKR 方法起源于英特尔的目标管理体系（iMBO）。1999 年，谷歌公司的投资人约翰·杜尔（John Doerr）把这一体系介绍给谷歌的两位创始人，经过发展演化，产生了 OKR 管理工具，短时间形成体系并为人称道。总体上看，OKR 目标管理的精髓有以下两点：第一，员工和经理共同制定目标，经理充分尊重员工对目标的选择，员工对结果负责；第二，员工设定目标后自主决定实现的路径和方法，经理人提供必要的资源，协助并监控员工实现目标的过程。

OKR 目标管理包括目标设定、关键结果制定和评估。它的特色在于，整个管理流程中，经理人与员工进行积极的双向互动和沟通。设定目标在设定目标时，应遵守目标设定流程。目标设定流程的要点是输入和交付物，在长期层面，输入长期战略愿景，则交付使命与目标；在中期层面，输入产品商业计划，则达成目标的主要任务、战略、主要成就的具体体现就会被交付；输入年度计划，交付的就是年度利润奖金指标和年度目标；在短期层面，输入优先级确定，交付的则是关键结果（图6.7）。

关键结果（Key Results）指的是通向成功的关键，即达成目标需要的可预见的、可衡量的里程

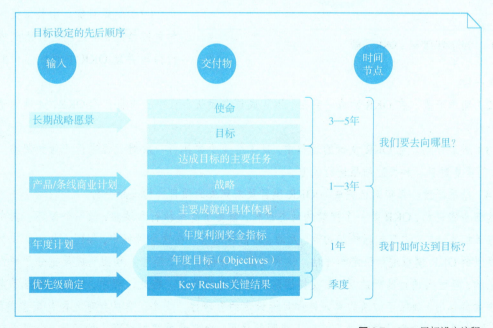

图 6.7　OKR 目标设定流程

碑。关键结果是定量的，它是要寻找的"目标"而不是任务，关键结果回答了"如何"实现目标。关键结果与关键绩效指标（KPI）非常相似，都表明实现目标的进展。在评估和管理关键结果时，需要注意以下重要事项：

（1）关键结果的数量和内容是否与完成战略目标相匹配。

（2）关键结果也要受到达成率的影响。如果战略目标和关键结果总是100%完成，需要考虑制定更加有挑战的目标（与客户的战略目标和关键结果除外）。

（3）关键结果对组织层面的影响力。将关键结果对组织层面影响力最大化。

（4）关键结果与战略目标的关联度。如果关键结果达成，但战略目标没有完成，则说明关键结果设置有问题，需要改进；如果关键结果未达成但战略目标已完成，这种情况下一般不调整关键结果。

三、OKR 的具体步骤

谷歌的 OKR 不仅是营造经理人和员工定期沟通的重要工具，更是追求管理卓越的体现。在企业文化的指引下，谷歌公司已将 OKR 与追求管理卓越进行了细致的结合，形成了 OKR 的具体实施四步骤，内容如下（图6.8）：

（1）制定目标。由员工提议目标和关键结果，由经理人与团队成员进行探讨并就 OKR 中的目标和关键结

图 6.8　卓越管理四步骤与 OKR 流程

果达成一致。

（2）明确职责。在 OKR 达成一致后，团队成员在团队会议中公布自己的 OKR，并确保责任具体到个人。

（3）进展评估。在 OKR 执行的过程中，每季度至少要执行一次对过程进行评估和调整。若有需要，则需要对目标和关键结果进行调整。

（4）结果评估。每年对已完成的 OKR 项目及未完成的项目进行差距分析。

这四步骤说明，OKR 是一个持续的动态过程，需要不断地执行和调整，像一个循环。其中心是计划与目标的设定，内容包括持续沟通、互动、评估和总结。在这个过程中，经理人和团队成员利用公司提供的 OKR 模板进行设定和评估。这种设定和评估是基于经理人和团队成员充分了解沟通的基础上的，经理人通过聆听的反馈，支持团队成员的有效需求。在此过程中，经理人充当了企业与员工桥梁的作用，确保了沟通的有效性和目标设定的合理性。一个优秀的经理人能起到完美的"黏合剂"的作用。谷歌公司非常看重经理人起到的作用，也非常重视对经理人的评估，公司会定期对

经理人的目标设定、绩效水平、沟通氛围、践行公司价值观等方面的指标进行评估。OKR 管理工具也逐渐成为很多公司追求卓越管理的重要工具,但在运用中应当注意加强经理人与员工之间的互动和评估、团队目标和 OKR 设定的一致性,同时也应当注意经理人的能力是否能满足公司的期望。

小　结

1. 期望是指一个人根据以往的经验在一定时间希望达到目标或满足需要的一种心理活动。目标及目标价值是期望心理产生的外因。可行性比较是期望心理产生的内因。期望心理表现为一定的期望概率,是人的行为的动力,并随内外环境的变化而变化。

2. 价值观是一个人对周围事物的是非、好坏、善恶和重要性的评价,是决定人们态度和行为的心理基础。

3. 公司价值观演变代表人类对企业主体行为与目标的定位过程。企业价值观从自我利益最大化到相关利益者、生态价值,以及文化伦理及社会责任的演变,代表人类开始对除自然人以外的客观主体——企业的行为提出了要求,是文明的进步。它代表管理学研究方向,一方面证明西方管理的人本化回归,另一方面也证实东方管理关于"共生共栖""人与宇宙协调发展"文化理念代表人类发展的方向。

4. 目标是在一定的时间内,所要达到的具有一定规模的期望标准。

5. 目标管理是通过目标的设置来激励人们的动机,指导人的行为,使个人的需要、期望与企业的目标挂钩,从而调动人的积极性。

思考题

1. 期望理论的主要内容是什么?
2. 什么是期望理论的模式?
3. 如何在管理中应用期望理论?
4. 目标管理有哪些作用与特征?
5. 目标管理过程分为哪些阶段?
6. 从公司价值观角度探讨微软公司成功的秘诀是什么?
7. 谷歌公司 OKR 目标管理是如何实施的?如何用"人为"管理理解?

第七章 人的挫折

在心理学上，挫折是指一种情绪状态，指挫败、阻挠、失意之意。

人们的需要产生动机，动机一旦产生便引导人们的行为指向目标。但这种指向目标的行为，由于受到社会、政治、经济的制约，并不是任何时候都能达到目标的。就是说，行为的结果，受到阻碍，达不到目标的情况是常有的，这就是挫折。

第一节 什么是挫折

一、挫折的含义

心理学上将挫折解释为当个人从事有目的的活动时，在环境中遇到障碍或干扰，其动机不能获得满足时的情绪状态。

人们随时都可能遇到挫折，挫折的结果有利也有弊。从利的方面来说，它引导个人的认识产生创造性的变迁，即增长解决问题的能力，也能引导人们以更好的方法满足欲望。但另一方面，如果挫折太大，则可能使人们心理痛苦、情绪骚扰、行为偏差，甚至引起种种疾病。

一个人的需要在受到阻碍时，其强度也会减低，但这种情况并不是一开始就发生的。相反地，这个人会有"对抗行为"的倾向——企图通过各种尝试来克服这种阻碍。此人可能会尝试多种的行为，以寻求某一种行为可以达到他的需要或减轻因阻碍而产生的紧张。

如图 7.1 所示，第一、二种尝试都未成功，直至第三次尝试才获得成功，满足了需要，达到了目标。如果此人一再尝试而不成功，他可能会改变目标或退一步，以满足这种需要。

如果经过各种尝试，阻碍无法克服，其需要最终未得到满足，就会受到"挫折"。职工受到挫折以后，可能会产生对抗行为。理智的对抗行为可能会导致目标的变化或减低需要强度。非理智的对抗行为可能导致侵略性的行为或破坏性行为，如敌意及罢工等。

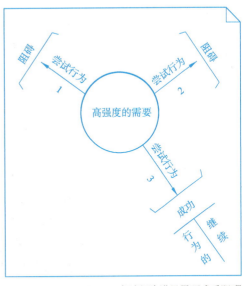

图 7.1 尝试行为满足需要或受阻碍

二、挫折的产生因素及特征

（一）产生挫折的因素

妨碍达到目标的挫折情况，一般可分为以下两类。

1. 外在因素

又可分为实质环境与社会环境：

（1）实质环境。包括个人能力无法克服的自然因素的限制，严重的例如无法预料的天灾地变，衰老、疾病、死亡；轻微的如下雨无法去郊游。

（2）社会环境。包括所有个人在社会生活中所遭受到的政治、经济、道德、宗教、风俗习惯等人为因素的限制，例如因种族或宗教或省籍不同，使一对相爱的男女无法结婚，或由于考试制度的关系，使一个具有特殊才能的人，无法发挥其潜力。在现代的文明社会里，社会环境对个人动机所产生的阻碍，往往比自然环境所引起的来得多，且其影响也更深远。

2. 内在因素

包括个人的生理条件与动机的冲突：

（1）个人的生理条件，指个人具有的智力、能力、容貌、身材以及生理上的缺陷疾病，所带来的限制。例如一个身材矮小的人，很难成为一个优秀的篮球选手。一个色盲者无法进医学院念书，或担任某些特殊工作。

（2）动机的冲突，指个人在日常生活中，经常同时产生两个或两个以上的动机。假如这些并存的动机无法同时获得满足，而且互相对立或排斥，其中某一个动机获得满足，其他动机受到阻碍，则产生难于做抉择的心理状态，称为动机的冲突。例如急于接受主管的提拔，但又担心新的职位无法胜任，而形成之"进退两难"的心境。

（二）员工挫折特征

动机的冲突是构成挫折的主要原因之一，个人的欲望及生活环境不同，所遇到的冲突内容也各有差异，然而，生活在现代社会中，由于环境共同的特征，亦可能使大家面临共同的心理冲突。

行为科学者认为下列三种冲突使得现代人的性格容易变成神经质：

1. 竞争与合作的冲突

现代社会里多以个人的表现论成败。因此，无论是求学、就职、婚姻、事业或其他社会活动，人人都必须经受剧烈的竞争，往往要打败别人才能成功。然而，在另一方面，人们从小所受的教育又要求大家协力合作、谦让、牺牲，因此，构成内心相互的冲突。

2. 满足欲望与抑制欲望的冲突

工商业发达，市面上刺激欲望的物质愈来愈多，并以巧妙的广告引发每一个人的购买欲，但另一方面或由于经济上，或由于传统道德上的理由，必须抑制这些无穷的欲望。

3. 自由与现实的冲突

社会上高唱自由，使大家误认为任何事情都可以按个人的自由意志做决定，然而事实上，无论升学、就职、或配偶的选择，都受到现实的限制，个人往往无能为力，忠于自己或迁就社会，形成现代人的一大冲突。

三、挫折的组织原因

造成员工挫折的原因除了上述一般性的因素外，还有下列几种属于组织特有的重要原因。

1. 组织的管理方式

传统的组织理论多采用 X 理论，主要用权威控制惩罚的方法管理职工，形成组织目标（要求职工服从）与个人动机（要求自我实现）之间严重的冲突。再如霍桑研究指出，以生产成绩为中心的个人奖励制度，即论件计酬的生产方式，迫使职工在金钱的需要与社会需要之间做一抉择，而产生内心的冲突。行为科学家阿吉里斯在《人格与组织》一书中，甚至认为现代人神经病的主要根源，是组织与管理的环境不良，阻碍了个人需求与人格的发展。

2. 组织内的人群关系

组织内上司与部属间的沟通关系如属单轨方式，即职工没有机会向上反映自己意见的机会，则影响其人群关系，缺乏信赖，产生不满的情绪，甚至仇视的态度。过分强调竞争与责任的人群关系，造成不必要的紧张气氛有害于心理健康。

3. 工作性质

工作对个人的心理具有两种重要的意义：

（1）表现出个人的才能与价值，获得自我实现的满足；

（2）使个人在团体中表现自己，以提高个人的社会地位。但如果工作的性质不适合个人的兴趣及能力，则反而成为心理上的负担，分权的不当，大材小用，或小材大用，都将构成工作人员的挫折。

又如现代的工业管理，过分强调分工精细和自动化，工业工程师设计工作时，多以生产过程为中心，忽略人的因素，以致工作对职工显得单调、枯燥与重复，使人在生产过程中，退居为次要的地位，损害了人类的自尊心。

4. 工作环境

工作场地的通风、照明、噪音、安全措施及卫生设备等实质环境，如果不理想，不但直接影响职工的身体健康，也引起情绪上的不满。在此特别要一提的是工作的性质已属单调、枯燥，如果实质环境的设计又缺少变化，则人们将面临类似感觉丧失的心理状态。人们在极端缺乏刺激变化的环境里，容易引起挫折，注意力无法集中，烦躁不安。

5. 其他

如工作与休息时间安排不适当，强迫加班或恶性延长加班时间，以及偏低的薪资，不公平的晋升制度，都足以影响职工的情绪。

四、挫折的差异性

个人的重要动机受到阻碍时，其所感受的挫折较大；而较不重要的动机受到阻碍时，则易被克服或被别的动机的满足所取代，因此只构成一种丧失的心理感受，对个人的挫折不大。然而，什么是重要动机？什么是不重要动机？不但因各人的心理发展层次不同，且因各人认识的方法不同，而有很大的差异。因此可以说挫折是一种主观的感受，对某人构成挫折的情况，对另一个人并不一定成为挫折。

另外，一个人是否觉得受到挫折与他自己对成功所定的标准有密切关系。例如：甲、乙两人都想赚钱，甲认为一个月有1 500元的收入就是赚钱，甲所订的目标为1 500元；乙所订的目标为2 000元。假定两人的能力与机会都大致相同，月收入都达到1 800元，则甲会感到满足与成功，而乙则感到挫折失败。

管理者必须善于了解职工的需要，创造条件，满足职工的合理需要，尽量避免职工受到挫折；当职工已经受到挫折时，要及时做好纾解工作，不使挫折导致非理智性对抗行为。

五、对挫折的容忍力

人随时都有可能受到挫折，有的挫折是短暂的，有的挫折是长时间的，有的比较严重，有的则较轻微。人们遇到挫折时所表现的反应各不相同，有人能向挫折挑战，百折不挠，克服挫折；有人却一蹶不振，精神崩溃，这种对挫折的适应能力，即受到挫折时避免行为失常的能力，叫作挫折容忍力。

挫折容忍力的高低，受下面三种因素的影响。

1. 生理条件

一个身体健康，发育正常的人，对生理需要的挫折容忍力比一个有疾病缠身，生理上有缺陷的人来得高。例如他不怕偶尔的饥寒交迫，他可以熬夜，也可以在阳光下长时间工作而不太感到疲劳。

2. 过去的经验与学习

挫折容忍力与个人的习惯或态度一样，是可以经由学习而获得的。如果一个人从小娇生惯养，很少遇到挫折，或遇到挫折就逃避，他就没有机会学习如何处理挫折，这种人的挫折容忍力必然很低。挫折既然是无法避免的，我们就应该学习，如何加强挫折容忍力。

3. 对挫折的知觉判断

由于个人对世界认识的不相同，因此，即使客观的挫折情况相同，个人对此感到的威胁也不同，因此对每个人所构成的打击或压力也不同。例如甲、乙两人同向迎面走过来的主管打招呼，而主管却没有回应，甲会觉得这是主管瞧不起自己，或故意跟他过不去，大大地伤了自尊心。而乙则可能不把事情看得那么严重，他想也许主管正在思考某一个问题而没有注意到自己。

一个人如果从小在生理上与心理上的需求都获得适当的满足，也即在温暖的环境里长大的话，他所面对的世界是较令人满意的，较易预测控制的，因此容易形成乐观的性格，而不会把挫折都看得非常严重。反之，如果在缺乏安全的环境中长大者，其面对的世界充满了威胁，很难乐观，自我的防卫力就特别强。

第二节 挫折行为

人们受到挫折会产生各种行为，一般表现如下几方面。

一、情绪上的反应

一个人受到挫折后，其原因不论是属于外在因素还是内在因素，在情绪上可能产生下列几种反应。

（一）愤怒的攻击

耶鲁大学人群关系研究所的德兰曾主张"挫折攻击假说"，认为攻击乃是挫折的结果，攻击行为的产生可预测挫折的存在，反之，挫折的存在，定引起某种形式的攻击行为。

1. 直接攻击

个人受到挫折后，引起愤怒的情绪，对构成挫折的人或物直接攻击。一个人如果受到同事无故的指责，他可能会怒目而视，反唇相讥或还以拳头，这就是直接攻击。一般说来，对自己的容貌、才能、权力及其他各方面较有自信者，容易将愤怒的情绪向外发泄，而采取直接攻击的行为。

2. 转向攻击

转向攻击在下列三种情况下表现出来：

（1）对自己缺乏信心，有悲观情绪，易把攻击的对象转向自己，责备自己；

（2）当个人觉察到引起挫折的真正对象不能直接攻击时（如对象为自己的上司、重要顾客等），把愤怒的情绪发泄到其他的人或物上去；

（3）挫折来源不明，可能是日常生活中许多小挫折的累积，亦可能是个人内在的因素，如内分泌失调或疾病。在此情形下，个人找不到明显的对象可以攻击，于是将此闷闷不乐的情绪，发泄到与真正引起挫折不相干的人或物上面，此时遭受攻击的对象便是替罪羊。

（二）不安

即使一个充满自信的人，如果一而再，再而三地受到挫折和失败，也会慢慢失去信心，对某些情况产生茫然的预感，而在情绪上出现不稳定，忧虑焦急的现象，同时在生理上也出现头昏、冒冷汗、心悸、胸部紧缩、脸色苍白等反应。

（三）冷漠

个人对引起挫折的对象无法攻击，又无适当的替罪羊可以攻击时，便将其愤怒的情绪压抑下去，在表面上表现一种冷淡、无动于衷的态度，失去了喜怒哀乐的表情。

（四）退化

本来个人的行为是随着发展的过程有一定的模式的，但当一个人受到挫折时，其行为的表现往往比其年龄应有的表现，显得幼稚，此种成熟的倒退现象，称为退化，尤其是情绪方面的表达。人们受到社会生活的影响，由孩童时期的任意发泄，慢慢学会如何控制，如何在适当的时候做适当的情绪反应。但一个人遇到挫折时便失去了这种控制，而像小孩一样哭闹、激动，为一点小事暴跳如雷，甚至挥动拳头。

二、防卫的方式

个人受到挫折后，所表现的愤怒、压抑或焦虑的情绪反应，都将同时引起生理上的变化，如血压升高、脉搏加速、呼吸急促、汗腺分泌增加、胃液分泌减少等，长久下去便导致心身性疾病，如高血压、胃溃疡及偏头痛、结肠炎等。

因此个人为了减轻或避免挫折可能带来的不愉快与痛苦，在生活经验中学会某些适应挫折情况的方式，因为这些适应方式在性质上是防卫性的（防卫自我不受焦虑等的侵害），故精神分析学家将此称为防卫方式。防卫方式的目的在防止或减轻挫折可能引起的焦虑，并非真正解决挫折问题，因此有时反而使问题更加严重。不过至少在问题发生时，不但可以减少焦虑且能保持或提高个人的自尊，故一般人都喜欢采用防卫方式。各人从其生活经验中寻其惯用的一套，成为其性格的一部分，常见的有下列几种。

（一）合理化作用

个人无法达成其追求的目标，或其表现的行为不符合社会的价值标准时，给自己找出适当理由来解释，这个理由未必是真理由，而且第三者看来往往是不合乎逻辑的，但本人却能以此说服自己，感到心安理得，如所谓的酸葡萄作用，即是这种防卫方式。虽然具有自欺欺人的味道，但能使个人的性格保持安全。

（二）逃避作用

个人不敢面对自己预感的挫折情境，而逃避到较安全的地方。

1. 逃向另一现实

例如回避自己没有把握的工作，而埋头于与此工作无关的嗜好或娱乐，以排除心理上的焦虑。

2. 逃向幻想世界

从现实的困难情境撤退，而逃到幻想的自由境界，如此不但能避免痛苦，还可以使许多欲望获得满足。幻想偶尔为之，确能减轻紧张与不安，也能带来某些希望，但超过程度，则幻想与现实无法分清，徒增适应现实的困难。

3. 逃向生理疾病

例如学生害怕考试失败，竟在考试当天发烧，或士兵在战争时所患的战争神经症以及神经性视盲、神经性失声等。个人借生理上某种机能的障碍以避免面对困难，这种疾病的产生往往是无意识的，与假病不同。

（三）压抑作用

将可能引起挫折的欲望以及与此有关的感情、思想等抑制而不承认其存在，即将其排除于意识之外。故压抑亦可谓是回避自我内部的危险，不敢面对自我的某一部分。压抑的结果虽可减轻焦虑而获得暂时的安全感，但被压抑的欲望并不因此消失，而深入个人的潜意识里，影响性格健全的发展。

（四）代替作用

个人对某一对象所抱持的动机、感情与态度，若不为社会所接受，或自忖将遇到困难时，将此种感情与态度转向其他对象以取代之，称为代替作用。

当个人的某种有目的的活动受到阻碍，或因个人本身的缺陷以致无法达到目标时，以另一种可能成功的活动代替之，通常称为补偿作用。例如一个自有缺欠的人，他可能奋发学习某一门技术，以期出人头地。

（五）表同作用

个人为了迎合供给需要满足的保护者，如父母、师长、主管，在思想及行为上模仿他们，将自己与他们视为一体，照着他们的希望行动，如此可以减少挫折，是为表同作用。

表同作用的另一种表现是一个人在现实生活中，无法获得成功或满足时，将自己比拟为某一成功者（现存的或历史上的），模仿他的穿着、言行等，借此在心理上分享他成功之果。例如一个殷切盼望成为电影明星，却因容貌平凡而无法如愿以偿的人，模仿某一成功明星的发型、姿态，宛如自己也当上了大众所羡慕的明星。

（六）投射作用

存在于个体内部的许多动机当中，有些是自己不愿意承认的，或者因为承认了之后会引起内心的不安及厌恶感，因而无意识中把这些动机，及与此有关的态度、习性等，排除于本身之外，而加到别人或物体上面，是谓投射作用。例如一个对别人抱有成见的人却谓别人对自己有成见。自己内心深处有贪污动机的人，却常常宣扬谁谁常常收红包。有的心理学家认为被害妄想是存于自己内心的攻击动机的一种投射。

（七）反向作用

个体为了防止某些自认为不好的动机呈现于外表行为，乃采取与动机相反方向的行动，即想借正相反的态度与行为，抑制内心的某些动机。例如过分的亲切及屈从，背后可能隐藏有憎恶与反抗的动机。攻击动机反向的结果可能采取自我牺牲的形式。

防卫方式具有调和自己与环境间矛盾的功能，在某些情况下非但无碍于适应，而且由于产生缓冲作用，使个人有机会"退一步想"或"从另一个角度看"而导致解决问题的可能。但在多数情形下，因为防卫方式只是消极地保护个人免于遭受打击，而非真正解决困难，因此挫折不但仍然存在，而且可能愈来愈脱离现实，以致无法以正常的行为适应环境，而造成不良适应的现象。

三、环境的不良适应

所谓良好的适应是指个人与环境之间保持一种调和的关系。换言之，个人的思想、性格、行为习惯与其生活环境中所要求的社会规范、道德标准、价值观念等相符合时即为良好的适应，不相符合时就叫不良适应。

根据工业心理学家布朗的说法，员工在工作环境中所表现的不良适应有下列四种。

（一）愤怒的攻击

对主管恶意的批评及制造谣言、发牢骚、出怨言、对同事不友善的态度，工场设备的破损、无故缺席、神经症等。当发现这种问题时，应追究其原因，而采取建设性的对策。惩罚及加强控制不能解决问题。

（二）不安

对某一人物及组织的盲目性效忠、情绪缺乏控制、易受谣言影响，不能明辨是非。

（三）固执

盲目排斥革新、不接受别人的建议、故步自封、明知方法无效，一再的重复。

（四）冷漠

当职工提出要求得不到管理人员适当的反应，或长时间无晋升的机会时，即表现因循苟且、得过且过、对任何事皆消极不感兴趣、自暴自弃等现象。

不良适应不但对个人来说是一种不幸，对组织全体亦为极大的损失。其可能的结果是：

（1）生产降低——工作效率低；

（2）灾害频生——易发生意外事件；

（3）缺勤增多——无故缺席者增加；

（4）纪律紊乱——违反纪律；

（5）士气低落——引不起工作动机；

（6）转业增加——离职他去；

（7）引起罢工——抵制生产。

组织环境中的适应，具有环境"要求"个人适应，个人必须适应环境的意味，亦即个人必须调整自己遵循组织的规范。因此当组织能充分满足个人的动机时，如提薪、晋升的机会、发挥才能，亦即组织足以形成个人的关联团体时，个人便心甘情愿改变自己以适应环境，否则即造成不良适应或不肯适应。

第三节 挫折与管理

人生长在现实社会中，要工作、学习、生活，要进行各种交往，而现实社会生活是充满各种矛盾的，随时有受到挫折的可能，不可能总是一帆风顺。

一、预防挫折

一般可采用以下几种方法预防挫折。

（一）消除产生挫折的原因

对于自然因素，有些虽然是不可避免的，但有些还是可以采取措施加以预防的，如准确地进行地震预测、暴风雨预报、台风警报等。尤其对生产过程中的因素更可以预见，如厂房不坚固、机器防护装置不健全、原材料堆放不当、通道堵塞、"三废"污染等。对于社会因素，应尽量引导职工适应环境，遵守法令、社会秩序、公共道德、人们的风俗习惯等，加强法治观念。对于生理因素，应考虑其个人的生理特点，使生理有缺陷的人受到尊重，不受歧视。

（二）改善人群关系

加强个人差异管理，使职工互相信任、互相帮助、互相支持、互相尊重，建立"同是一家人"的情感。尤其要注意改善领导与部属、管理者与被管理者的关系，发挥集体智慧，建立"平等"关系。如果职工之间矛盾尖锐一时无法解决，可暂时调动一下工作岗位。

（三）改善管理制度和管理方式

如适时调整组织结构，取消有碍发挥职工积极性的不合理的管理制度，改善人事劳动制度和工资奖励制度，实行参与制、授权制、建议制等。不使职工有受到严格监督和控制的感觉。

二、正确对待受挫折人

研究挫折的表现、产生的原因和影响因素，最终目的还在于找出对待受挫折人的有效方式方法。一般采用下列几种方式方法。

（一）采取宽容的态度

对领导者来说，对受挫折者的攻击行为采取宽容的态度是很重要的。帮助受挫折者是领导者的责任之一，应耐心细致地做思想工作，要以理服人，不应该采取针锋相对的反击措施来对付攻击行为。因为以反击对付攻击不仅是不符合互助友好原则的，而且收不到良好的效果，严重者还可能使矛盾激化。领导者应当把受挫折者看成像生理上的病人一样的心理上病人，他们非常需要得到像医生一样的领导者的帮助。

（二）提高认识，分清是非

宽容的态度并不等于不分是非，领导者应当在受挫折者冷静下来的时候，以理服人地热情帮助他们提高认识，分清是非。只有这样才更有利于促使受挫折者变消极行为为积极行为。

（三）改变环境

改变环境的办法有两种：一是调离原工作和生活的环境，到新的环境里去；一是改变环境气氛，给受挫折者以同情和温暖。为了更有效地把受挫折者的消极行为转化为积极行为，领导者必须尽量地少采取惩罚性措施，因为这样会加深挫折。我们在改造失足青年的工作中已取得了良好的效果。许多事实证明，只要创造适当的条件，在犯罪人身上也能激发出合作和忠诚的行为。

（四）精神发泄法（Catharsis）

这是一种心理治疗方法，就是要创造一种环境，使受挫折的人可以自由表达他受压抑的情感。人们在受到挫折后心理失去了平衡，常常是以紧张情绪反应代替了理智行为，只有使他们这种紧张情绪发泄出来，才能恢复理智状态，达到心理平衡。

精神发泄可以采用各种形式。可以让受挫折人用写申诉信的办法发泄不满，当他把不满情绪都写出来时，就会心平气和了。也可以采取个别谈心的办法，以及让他们在一定的会议上发表意见，领导人和同事们耐心听取他们的意见，并对其正确的方面给以充分肯定。

三、心理治疗

心理咨询是心理学家帮助人们治疗"心病"的方法。人们因各种主、客观原因，造成了心理上的苦恼，小则情绪不好和行为不当，大则导致精神病和神经病。为了治疗这些"心病"，除了需要很多临床心理学家从事心理治疗外，还必须有相当一批心理学家从事心理咨询工作，即与得"心病"的人磋商、交换意见，以提高其现有认识水平，帮助他们消除心理上的痛苦，从而在工作上取得更大的成就。

心理咨询与心理治疗有极其密切的联系。有时甚至很难分开。近几年来的研究成果表明，各种紧张刺激所引起的情绪改变和不良的个性特征是导致高血压、冠心病、哮喘、癌症等的原因之一。实践证明，只有解决了各种心理问题，才能使身体的疾病获得较好的治疗效果。

乔布斯：一个桀骜不驯的创造者如何在挫折中成长[1]

一个创业仅五年的公司，一下子跃居全美五百家最大公司之列，而五年前，连它自己在露面时也因弱小而羞红了脸。然而，若干年后，一个如此辉煌的典范，竟也在市场大潮中被击得东倒西歪，这就是经历风雨并在挫折与搏斗中发展的著名的苹果公司。

1. 狂傲不羁的创造者

乔布斯沉醉在20世纪70年代末期苹果公司的辉煌之中。他深信自己找到了成功的"法宝"，那就是结合革命性的科技和销售技巧，来实现个人电脑走进千家万户的理想。这本身就是叛逆性和革命性的想法，因为在70年代中后期，没有几个人能拥有一台电脑，就算想也办不到。他却用他的大胆和睿智，彻底地改变了电脑两个字的含义。这是他自豪的资本。

二十多年来，电脑都是为大机构而制造的，一般大众沾不上边。因此，苹果电脑成了革命性的产品。这种个人化的做法使苹果独一无二。而且苹果电脑推出的时间恰到好处，1970年代末期美国生产力成长减缓和20世纪80年代早期的经济衰退，都使全美的注意力转向富有创造力的白领阶层，期望能用他们的效率击退滞胀的现实，毫无疑问，个人电脑将有助于白领阶层工作效率的提高。

大红大紫的苹果公司受够了市场的宠爱和舆论的吹捧，他们陶醉在成功的喜悦之中。这喜悦是如此过分，以至于他们开始骄傲起来了。1985年以后，苹果公司逐年放慢了前进的步伐，乔布斯也因为自己的专横经营作风被逐出了苹果公司，苹果自此频频易主。公司内外都开始纷传苹果正在寻

---

[1] 改编自施小川、刘黎明：《反败为胜》，知识产权出版社1997年版。

找收养者,期望在他人卵翼下渡过以后的奋战岁月。直到1995年12月,舆论还在宣传苹果是否过继给蓝色巨人IBM或者被太阳公司收养。

2. 虚幻王国的梦想与地狱般的季节

乔布斯躺在帝王的殿堂里睡觉,不时的报捷声让他在虚幻的王国里舒舒服服地享受独霸个人电脑业界的轻闲与惬意。

这一觉一睡就是五年。1981年,享誉全球的电脑业界真正霸主宣布进军个人电脑市场。IBM,这只猛虎终于嗅到了个人电脑市场的特殊香味,也要分割这个一直被苹果公司垄断的市场。

IBM和众多中小型电脑公司的四面出击,令乔布斯着急了。1981年5月,亦即IBM宣布进入个人电脑市场之后的第二月,乔布斯召开了苹果公司高层管理人员会议。他说:"自1977年我们推出苹果二型电脑算起,至今整整五年过去了。五年来,我们陶醉在鲜花和掌声中,我们在顾客善良的表扬和首肯中忘记了一切。我们甚至忘记了作为一个科研群体应有的上进的使命。我们什么也没做。如今困境已经横在我们的面前。今年4月,IBM宣布进入个人电脑市场,这对我们的前景业已构成灾难性的冲击,而众多的中小企业也在对苹果的市场虎视眈眈。虽然苹果二型电脑仍然在市场上颇受欢迎,但我们不时也能听到顾客的抱怨声。我们不希望我们的产品在市场上被认为是垃圾,我们永远要居于竞争前列。IBM这个巨大的竞争对手来了,在很短时间内它将会推出我们不敢轻视甚至于难于匹敌的精华。苹果已走到了一个十字路口:一条是宽敞的却通向没落的魔鬼大道,一条布满荆棘却通向更加辉煌的领域。苹果的精神是永作开路的先锋。苹果行动的时间到了!"

1981年6月,苹果公司对外宣布它将开发全新的苹果三型电脑。在《商业周刊》和《时代》周刊等国际知名杂志上,苹果公司用巨幅广告告知公众,个人电脑领域的霸主苹果公司将在年底推出比苹果二型卓越百倍的苹果三型电脑。自信之极的口吻,煽动性的广告词,一时令舆论哗然,苹果三型在未出世之前就受到了公众热切的瞩目。

1982年1月,苹果公司对外宣布,由于苹果三型电脑复杂的技术要求,迫使公司推迟其上市时间,由原先的1981年年底推迟到1982年3月。

科研人员毕竟只是科研人员,他们可不管市场的反应。他们对苹果三型是如此精心地制作和呵护,以至于1982年3月他们仍然舍不得将乱成一团的苹果三型交给市场!

直到1982年5月,在市场的咆哮声中,他们才最终意犹未尽地把尚未修理得十分成熟的苹果三型交给市场。这时离原先预定的上市时间已推迟五个月;这时上市的苹果三型与原先设计的苹果三型已然是两个不同的概念。

受够了欺骗和等待的顾客拿到手的不是广告上的苹果三型,与他们的期望值相去甚远。粗制滥造的苹果三型电脑引起了用户的普遍不满,公司不断接到指责甚至是谩骂的电话,甚至有人到法庭起诉苹果公司对公众的欺骗行为,要求苹果赔偿他们的损失。舆论也抓紧时机凑热闹,一时竟把红极一时的苹果贬得一塌糊涂,苹果声誉急剧下降。股市也不甘寂寞,紧急反应,连连下跌。苹果遭遇了历史上最悲惨的经营季度。

"这真是一个地狱般的季度!"乔布斯凝视着厚厚一叠有关苹果事件的种种报道不安地说。

3. 一连串的挫折——乔布斯跌出权利层，拟另起炉灶！

乔布斯是一个绝对的完美主义者、精力充沛、富于幻想，又具有领袖气质。

1985 年第二季度，苹果首次出现赤字，高达 1 700 万美元。面对董事会的一片责难声音，斯卡利和乔布斯产生了严重分歧。乔布斯指责斯卡利的管理无方，指责斯卡利没有真正的战略部署；斯卡利则把苹果的困境归咎于乔布斯对他的经营决策的干涉。

最后摊牌的这一天终于来到了。1985 年 8 月的一次董事会上，时任苹果首席执行官斯卡利突然宣称：苹果公司有乔布斯在，他就无法执行职务。他这一举动被乔布斯称为"残酷的突袭"，似乎事先已取得董事们的理解。董事会上很快作出决议，解除乔布斯的行政职责，包括解除他在麦金托什部门的职务，今后只专任董事长一职。8 月 20 日，斯卡利公开宣布了公司的改组计划，名单中再也没有乔布斯的名字。

乔布斯一下子从苹果公司的权力中心跌到权力圈外，心里当然很不甘心，但想挽回已经太迟了。他终于作出了痛苦的选择：离开自己一手创建的苹果公司，另起炉灶，筹建新的公司。

苹果公司在这时犯了严重的错误，它拒绝开放其标准，致使它逐渐成为市场的单兵独将，孤身一人同 IBM 及其众多追随者奋战。苹果公司自此还仍然相信，只要拥有足够的技术实力，开发出更高级更新颖的电脑，一定能将 IBM 及其同盟军打败。

苹果功能卓越的电脑本应成为市场的抢手货，却因为没有追随者和必要的软件支持沦落为市场流浪汉。

这时的苹果公司才急了，他们转而求助于广告轰炸和自我推销。"酒香不怕巷子深"的观念荡然无存。

4. 苹果的酸甜苦辣——振作与新苹果的崛起

毫无疑问，这一历史过程是苹果发展中惨痛的教训。这是一场不应发生的悲剧。自创办至今，苹果公司经历了 4 位掌门人，而离开的前三位对苹果的评价都是消极的。美国硅谷一位有影响的人物指出："苹果有点像意大利，充满着创造力，也充满着混乱。"

总结苹果发展路程，自其创建后到 1985 年为止，苹果发展顺利，拥有四千员工，股票市值高达 20 亿美元。乔布斯个人也很顺利，名利双收。但接下来，乔布斯遇到了别人一辈子可能都不会遇到的两件事——被别人赶出了自己创办的公司，然后又去鬼门关走了一遭。而苹果公司，也开始进入了长达十五年的低谷。

1996 年，苹果公司重新雇佣乔布斯作为其兼职顾问。此时苹果经历了高层领导的不断更迭和经营不善之后，其营运情况每况愈下，财务收入开始萎缩。

但是，这时的苹果却已是危机重重。由于电脑产品缺乏更新，加上 IBM 与微软联盟的不断打压，苹果在 1996 年出现了 8.4 亿美元的巨额亏损，成了不折不扣的"烂苹果"。

1997 年 9 月，乔布斯重返该公司任首席执行官。乔布斯一上任就迅速砍掉了没有特色的业务。他告诉他的同僚，不必保证每个决定都是正确的，只要大多数的决定正确即可。因此不必害怕。有许多难以做出的决定，像砍掉无特色的业务，在今天看来十分明智，但当初做决定时却令人提心吊胆。

　　他对奄奄一息的苹果公司进行大刀阔斧的公司改组和一连串新产品降价促销的措施。终于在1998年第四个财政季度创造了一亿零九百万美元的利润，让"苹果"重新"红"了起来。

　　在乔布斯重掌苹果公司之后，为了挽回颓势，苹果走马换将。先后于1998年推出了iMac，2001年推出了iPod，2007年推出了iPhone。这几款重量级的产品不仅重整了苹果的山河，还将它推向了巅峰。

　　苹果在1998年8月推出全新改良的iMac G3之后，其股价便开始上涨并一发不可收。根据Marketwatch提供的数据，至1999年底，苹果股价从8美元左右一度飙升至30美元，并在20世纪末的最后一个交易日以25.70美元报收。

　　乔布斯形容说："当我重返苹果公司时，情况远比我想象的糟糕。苹果的职员被认为是一群失败者，他们几乎将放弃所有的努力。在头六个月里，我也经常想到认输。在我一生中，从来没有这么疲倦过，我晚上十点钟回到家里，径直上床一觉睡到第二天早晨六点，然后起床、冲澡、上班。妻子给了我很大的支持，再怎么赞扬她也不过分。"

　　乔布斯重新执掌苹果以后，个人性格与行事风格大为改观。乔布斯有着火爆的管理风格，很多苹果职员多半不敢和他同乘电梯，唯恐电梯未坐完即被炒鱿鱼。但年届中年的他现在的性情已圆融了许多。以前由于他暴躁的性格，员工见到他就躲起来。自其重掌苹果后，经常会与员工平静交流并听取员工关于公司的发展意见，有了很多的温和气息。

　　他说："我告诉你一个能够改变你看问题的方法的例子。一旦你有了孩子，就会自然而然地意识到每个人都是父母所生，应该有人像爱自己的孩子那样爱他们，这听起来并不深奥，但是许多人忽略了这一点。所以现在对我而言，解雇苹果公司的员工要比以前痛苦得多，但我没有办法，这是我的工作。我设身处地地想象他们回到家中告诉妻子儿女自己被解雇的情景，我从来没有像现在这样感情用事过。"家庭美满或许是乔布斯事业成功的另一个原因。

　　正是有了乔布斯放荡不羁与暴躁的性格，从而有了苹果电脑公司的出现、也通过苹果展示了乔布斯的个人特性。这种苹果创新模式与其说是信息技术的一次革新，毋宁说是电脑领域的一场管理文化革新的一场革命。

　　乔布斯与王安一样聪明，作为传奇式的创业者，都是奇理斯玛（chrismas）人物。以中国文化的视角看，不同于王安的是，在企业经营管理中，特立独行的乔布斯更多地体现在"勇"。被尊称为嬉皮士的乔布斯有一点中国历代开国之君所有的那种"无赖气""闲散"气，也有其独到的智慧与睿智，并以大无畏的气概勇猛精进，打下"苹果"江山。

　　但是，中国有句古话，"居马上得之，宁可以马上治之乎？"，可谓是"得之难治之更难"也。苹果创始人乔布斯在经历了一系列高峰低谷的磨难后，终于使苹果成为全世界计算机行业不折不扣的标杆。

小　结

1. 挫折是个体从事有目的的活动过程中遇到阻抗、障碍、失意致使个人动机不能实现、个人需要不能满足时的情绪状态。个人对挫折的适应能力称为挫折容忍力。

2. 个人受到挫折后,会表现出愤怒的攻击、不安、冷漠、退化等情绪上的反应。个人应该学会防卫自我不受挫折的侵害采取防卫方式进行调和。

3. 预防挫折应该消除产生挫折的原因,改善人群关系、培养良好的社会适应性,并改善管理制度和管理方式。

4. 精神发泄法是创造一种环境,使受挫折的人可以自由表达他受压抑的情感,促使其恢复理智状态,达到心理平衡的一种心理治疗方法。

5. 从挫折来源与性格角度正确看待乔布斯创造的苹果的管理文化特点。乔布斯作为苹果公司创始人,经历成功与失败后重掌苹果,在他与苹果挫折的命运中不仅有市场原因、管理原因,还有苹果遗传下的乔布斯的风格与文化。乔布斯的个人性格改观也是其成功的重要原因之一。

思考题

1. 产生挫折的内外因素有哪些?
2. 产生挫折的组织原因有哪些?
3. 挫折在情绪上的反应有哪些?
4. 挫折的防卫方式有哪些?
5. 预防挫折的方法有哪些?
6. 试从挫折的来源角度分析苹果创始人乔布斯成功与失败背后的因素?

第八章 人性管理

管理者的宇宙观和价值观中的一个关键问题是对人性的认识问题。研究这个问题是搞好企业管理的重要前提。因此，本章将对管理心理学的人性观、人性管理理论、人的个性差异管理以及行为改变作简要的阐述。

第一节 人性管理思想

一、管理心理学的人性观

人性是一定社会生产关系的产物，不同的阶层的人对人性的看法是不同的。人性还有自然属性一方面。哲学上所讲的人性论主要是指人的一般本性和各个时代发生了变化的本性，是人类本性的最高概括。而管理心理学的人性观，实际上是指管理者对职工需要和劳动态度的看法，它不同于哲学意义上的人性论。西方管理心理学者对人性管理的论述，主要是就人的自然属性方面展开的，当然也受着哲学人性论的支配。管理心理学家认为人性的特点主要表现在以下五个方面：

（1）人有高度自我、自尊及求得生存的欲望；

（2）人是有智慧、有感情的动物；

（3）人受先天的遗传与后天环境的影响；

（4）人的欲望并不完全相同，同一欲望也有强弱之差别；

（5）人可能受到某种激励而要求上进，努力去实现某一目标（理想），甚至不惜牺牲自己的生命；也可能因为受到某种刺激而感到内心的空虚、情绪的不安、甚至感到人生毫无意义，这里所说的人性，主要是侧重从自然属性方面表现论述的。

管理心理学者认为，在管理上若不注意研究人性，必然忽略人的重要作用，不去鼓励人与机器的配合，而犯了偏重机器而约束人的错误。若能把握人性，正确地运用人性，则可以充分发挥人的工作价值。这种价值不单表现在工作的数量方面，更重要的是表现在创造力与发挥经济力方面。

二、人性的假设

西方管理心理学者认为，从传统管理到管理心理学，实际上存在四种对人性的假设：经济人、社会人、自动人（自我实现人）、复杂人。

（一）"经济人"

这是早期的管理思想。它认为在企业里人的行为主要目的是追求自身的利益，工作的动机是为了获得经济报酬。泰勒称之为"经济人"，他认为资本家是为了获取最大的利润才开设工厂，而工人则为了获得经济报酬来工作，只有劳资双方共同努力，大家都可得到好处。泰勒曾经对这种管理称之为一次心理上的革命。

1957年，美国心理学家麦格雷戈用"X理论"这一名称归纳了历史上的经济人这一假设，其要点是：

（1）大多数人生来懒惰，总想少干一点工作；

（2）一般人都没有什么雄心，不喜欢负责任，宁可被别人指挥；

（3）以自我为中心是人的感性，对组织（集体）的目标不关心；

（4）人缺乏自制能力，容易受他人影响。

由上述看法产生了相应的管理观念。认为为了要达到企业经营目的，追求生产的高效率，管理与作业必须分开。并运用严格的管理制度，也就是强制性的管理对人进行控制。这就是所谓X理论。

X理论的管理特点就是"胡萝卜"加"大棒"。胡萝卜的作用在于满足人的物质追求，保持行为动力，大棒的作用在于追使人的行为与组织目标保持一致性。

(二) "社会人"

1. "社会人"的特点

提出"社会人"的概念是美国哈佛大学教授梅奥在霍桑工厂试验的积极成果。"社会人"的特点是：

（1）认为人的行为动机不只是追求金钱，而是人的全部社会需求；

（2）由于技术的发展与工作合理化的结果，使工作本身失去了乐趣和意义，因此，人们从工作上的社会关系去寻求乐趣和意义；

（3）工人对同事之间的社会影响力，要比组织所给予的经济报酬，更加重视；

（4）工人的工作效率，随着上级能满足他们社会需求的程度而改变。

2. 假设的管理观念

"社会人"的观点，比之"经济人"的观点，无疑是一大进步。它强调了人的社会性需求，突出了人际关系对个人行为的影响。相应于"社会人"假设的管理观念是：

（1）管理者除了应该注意工作目标的完成外，更应该注意工人从事某项工作过程中的各种需要，并设法给予满足；

（2）在控制激励工人之前，应先了解他们对团体的归属感，及对社会需求的满足程度；

（3）重视团体对个人的影响和团体的奖励制度。在这种理论指导下提出了职工参与管理，以满足职工的社会性需要，与"成就的需要"，改变对职工的外来控制与自我控制，为达到企业目标而努力工作。

(三) "自动人"

这个理论也是美国心理学教授麦格雷戈在1957年提出的。"自动人"是"社会人"的发展。"自动人"观点认为，人除了有社会需求外，还有一种想充分表现自己的能力，发挥自己潜力的欲望。麦格雷戈称之为Y理论，要点是：

（1）人的需要从低级向高级发展，低级需要满足后，便追求更高级的需要，自我实现是人的最高级需要。

（2）人们因工作而变得成熟，有独立、自主的倾向。

（3）人有自动自发的能力，又能自制。外界的控制可能构成威胁，而不利于行为。

（4）个人的目标与组织的目的没有根本的冲突，有机会的话，他会自动地把个人目标与组织目标统一起来。

上述"自动人"特点的假设是针对经济人特点的假设所构成的。据

"自动人"的特点，提出了与之相应的管理理论，即 Y 理论。

组织对工人不需要激励，而是提供机会，由工人自我激励，而自然地达到组织目标。

（四）"复杂人"

"复杂人"论者认为，前面三种对人性的假设都有很大的片面性。而且没有考虑人的个性，需求的差异和客观环境对人的影响。"复杂人"的观点是：人不只是单纯的"经济人"，也不是完全的"社会人"，更不可能是纯粹的"自动人"，而应该是因时、因地、因各种情况采取适当反映的"复杂人"。这被称为超 Y 理论，其特点是：

（1）人不但复杂，而且变动很大；

（2）人的需求与他所处的组织环境有关系，在不同的组织环境与时间、地点会有不同的需求；

（3）人是否愿意为组织目标作出贡献，决定于他自身需求状况以及他与组织之间的相互关系；

（4）人可以依自己的需求、能力，而对不同的管理方式作出不同的反映，没有一套适合于任何人、任何时代的万能管理方法。

与上述观点相适应的管理理论，即"权变理论"。该理论认为：管理实践按其本性就要求管理者在应用理论或方法时应考虑现实情况，因此，做好一个管理者的实际工作要取决于所处的环境与条件，它要求管理者具有洞察人的个性差异的能力，并能随机应变地采取适当的管理方法。

三、人性管理论的两重性

管理心理学者在管理上，提出所谓"人性管理"的论点。其理论依据有两个。

（一）Y 理论

根据 Y 理论，认为工作人员都有以下的通性：

（1）有可能被激发的"向上心"；

（2）有可能遭受伤害的"自尊心"；

（3）有可能蒙受毁损的"情绪"；

（4）有企图实现的"希望"。

这四项通性，对工作人员的工作效率都有影响。人因为有向上心，人人希望获得进取机会；因为有自尊心，人人希望得到各方面的赏识；因为有情绪的变化，人人希望生活与工作愉快；人有企图与希望，人人希望获得某种满足。

(二)需要层次理论

生理、安全、社交、尊敬、自我实现等需要,依次递进,需要产生动机,动机产生行为。

西方管理心理学者的人性观对人性认识的发展,在一定程度使企业管理界对人的价值、人的尊严和人在生产中的地位与作用的认识有了转变,在此基础上发展了以发挥人的内在动力为重点的一套组织管理制度和管理方法,对现代化生产的管理实践有一定指导意义。

第二节 个性差异管理

一、个性差异管理的必要性

个性差异,是指人与人之间在稳定的特征上的差异。企业职工,由于个人的经历、智力、体力、成长环境、工作性质、价值观的不同,从而形成相互间的差异。一方面,个人之间的差异,反映了各人的特长和优点,正是创新、解决问题和组织获得成就的动力,也是个人奖励的来源;另一方面,这种差异又反映了各人的缺点和不足,是分歧、矛盾、冲突的起因,影响组织的成就,造成办事效率低、拖延和阻碍的重要原因之一;同时,使领导决策缺乏基础,折中也很难令人满意。

二、自我认识与管理

个性差异管理,首先是自己对自己的管理。人们掌握了个性差异理论,认识了个性的差异,就能对自己的特点、专长、不足之处有所了解和认识,充分发挥自己的长处,克服自己的特点。

一个人不仅对其周围的人或物有反应,同时对自己的身体、欲望、感情与思想等也有反应。人本身不但是认识外界事物的主体;同时也是被自己所认识的客体。对他人的认识引导人们对别人的反应;对自我的认识便决定了个人行为的基本形态和生活态度。心理学家认为"自我"有两个层面:

(1)个体内部意识的自我。这是认识的主体,追求目标的自我,称"主我"或"纯粹自我"。

(2)呈现于外部世界的自我。即与他人相对的自我,社会化的自我。称"客我"或"经验自我"。

人群关系中,"客我"较之"主我"具有更重要的作用。

(一)自我概念的意义

所谓自我概念,简单地说,就是自己对自己的看法,个体的自我观。临床心理学家认为一个人的行为受其自我概念的影响,患心理疾病者因其自我概念的不正确而产生不正常的行为。自我概念与自我印象、自我认定具有同样的意义。最先给自我概念定义的是雷米,他说:"自我概念是综合现在及过去对自己所观察而获得的有关自己的知觉组织,是对自己的一种看法与想法,自我概念犹如一幅地图,当面临危机状态或选择情况时,有助于了解自己。"

自我概念中含有与他人之间的关系,具有"以人为镜"的性质,即以别人对自己的反应为镜子,从中获得对自我的印象。

心理学家认为,自我概念包括三个构成要素:物质自我、社会自我和精神自我。而此三种构成要素各伴有自我评价的感情(即对自己满意与否)与自我追求的行为(表 8.1)。

表 8.1 自我概念的构成要素

	自我评价	自我追求
物资自我	对自己身体、衣、食、住、行等物的自豪或自卑	丰衣足食,欲望满足,适应发展,较高水平
社会自我	对自己在社会上的影响、贡献、交往、威信的估价	贡献较大,受人尊重,搞好关系,互相帮助
精神自我	对自己的智慧、能力、文化水平、觉悟程度的评价	追求上进,品德高尚

自我概念的变化意味着一个人知觉组织的变化,因此,精神分析学家认为要治疗病人,使其恢复正常的行为,可以从改变其知觉组织着手,即重新组织其对世界的认识。

(二)自我概念的形成

自我概念并不是天生就有的,自我是个体在社会生活过程中与他人交互作用的结果发展所形成的。

内部意识的自我,会以实际行为表现于外。例如,一个人有强烈的求知动机,则他便经常看书,上图书馆或参加各种研讨会等。一个人借外显的行为将自己介绍给别人,但反过来别人对自己的看法,又影响了自己对自己的认识。

(三)角色理论

在自我概念发展的过程中,角色扮演起重要作用。一个人从小通过扮演他人的角色,而了解社会上各种行为的规范及习俗,即个体通过各种角色的扮演,与他人产生交互作用,并由此而参与社会生活,这就是著名的角色理论。

（四）自我涉与

个体的行为（包括知觉、学习、记忆、思考等）与自我涉与的程度有极大的关系，即一个人观察某一事态时，若带有强烈的自我意识，则对行为的影响较大。自我涉与也关系到适应的问题，当一个人对其所属的团体有强烈的自我涉与时，则此团体的行为规范便内化为自我的一部分，而易适应此团体的生活；反之，如果自我涉与的程度低，则遵循团体规范的约束力弱，而防卫自我的力量反而加强，因此形成所谓不良的适应。

三、组织对个性差异的管理

（一）差异的测定

人具有个性差异，这是客观事实，因此，组织要面对事实，对职工进行有效的管理，为了认识人的个别差异，了解差异的程度如何，就需要进行个别差异的测定。测定的主要内容有以下几方面。

（1）体格检查，是测定生理差异的方法。在测定时，通常根据需要先拟订最低合格标准，然后就个人体格作详细检查，以判定是否合格。

（2）智力测验，是对个人一般智力高低的测定，由心理学家先设计测验项目和标准，而后逐项测验，将测验结果与标准对照。处理各种业务或从事各种职业，所需要的智力高低不等。在一般的情况下，智力高的人，将来发展潜力大；智力低的人，将来发展潜力小。智力测验的方法，通常有观察法、实验法、谈话法、个案调查法、作品分析法、智力测量法等。

（3）性向测验，测定个人具有某方面的特种能力。与智力测验一样，需要由心理学家设计并运用。如果个人所从事的工作与其性向相符，将来必然取得较大的成就，如果个人所从事的工作与性向不相符，将来就不易取得良好的成就。

（4）成就测验，也称教育测验，是用来测定个人经过学习所获得的知识与技能的方法。通常由专业人员设计测定方法及标准，并加以运用。如果个人充分具备处理工作所需要的知识与技能，就不仅能够胜任工作而且可以取得较好的成绩；否则就不能胜任工作，也无成绩可言。

（5）性格测验，是用来测定个人除体格、智力、性向及成就以外的有关个人性格的特征的方法。这种测验的设计与分析，更必须由心理学家担任。但由于测验的准确程度较差，因此，只能作为了解个人性格特征的一种参考。

（6）成绩考核，测定个人处理工作绩效高低的方法。这一工作主要由主管人员担任。成绩考核与上述五种检定和测验、性质与作用均有不同。成绩考核不仅是对个人工作成绩的考查，而且也是对管理工作、人事安排是否恰当的考查。

（二）差异的管理

1. 知识和技能的差异

对于个人知识和技能方面的差异，可以采用一些补救的方法。补救的主要方法之一，是对职工进行培训，并辅以适当的奖惩措施，以增强培训效果；其次是保持个人的心理均衡，使个人对自己与环境都有一个比较清楚的了解，以求得个人的成长，促进态度与行为的改善，增强对环境的适应性。

2. 因差异产生的矛盾和冲突

如果由于团体内的个人差异而产生矛盾和冲突，通常采用三种不同的管理策略，或分而治之、或压制、或疏导。在不同的情况下，可以采用不同的策略，但最基本的方法是疏导。

（1）实行目标管理。让每个职工既了解组织的总目标，又掌握团体和个人的分目标，形成目标的一致性。

（2）实行参与制。使每个职工都感到自己是组织的一员。有与职位相应的权力，明确的责任。实行民主式的管理，在组织和制度上保证职工有参与管理的机会。

（3）授权。领导者布置工作时，只对下级交代任务，明确要求；具体的实施计划和方法，由下级考虑拟定，以提高下级工作的主动性，减少被动性。

（4）合理分工。兼顾组织需要与个人专长，使每个人都充分发挥自己的才能，创造工作成绩。

（5）在实现组织目标的同时，使个人获得"合理程度"的满足，包括物质的、精神的、使职工具有组织优越感和个人成就感。

（6）信息及时反馈。让每个职工及时了解企业目标实现的程度，个人的工作成果。建立良好的意见沟通渠道。

（7）良好的人群关系。互相信任、互相尊重、互相帮助、互相支持，使职工在组织和团体中有温暖之感。

（8）多奖励、少惩罚，采用疏导的方针。

（9）实行建议制度。在意见发表会上，只发表自己的意见，不批驳别人的意见。

（10）提高成熟度，使个人适应组织，适应环境。

第三节 | 人的行为改变

管理心理学者研究人的心理行为的目的,归根结底是为了调动职工的积极性,提高工效,增加企业的盈利,同时也使职工的需要获得满足。由于人类本身及环境等各种因素的影响,人们所产生的行为,有的是合理的,有的是不合理的;有的是正确的,有的是不正确的。合理的、正确的行为有利于达成企业的目标;而不合理的、不正确的行为则不利于达成企业的目标。

一、人的行为改变过程

(一)人的行为改变的层次

"改变"可以有四种情况:

(1)知识的改变;

(2)态度的改变;

(3)个人行为的改变;

(4)团体或组织行为的改变。

这四种改变的时间关系及相对的困难如图 8.1 所示。

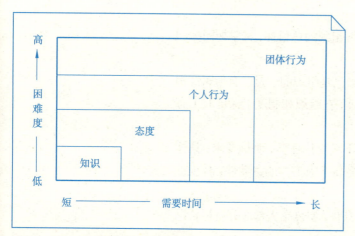

图 8.1 不同的改变所需的时间及困难度

知识的改变最容易达成,态度上的改变次之。这两种改变的结构是不同的,前者受环境影响较多,后者受感情影响较多。行为的改变较知识和态度的改变困难多、时间长。而团体行为或组织行为的改变则更难,费时更久。

(二)改变的周期

改变的周期可以分两种情况。

1. 参与性的改变周期

使新的知识为个人或团体所知时,参与性的改变周期便告完成。

我们希望团体将会接受这些资料,表现出积极的态度与承诺,向预计的目标前进。在这个阶段应采取个人或团体直接参与的策略,这就是由团体的参与来解决问题。下一步便是把承诺转变成实际的行为,如图 8.2 所示。

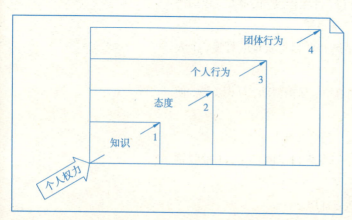

图 8.2 参与性的改变周期

一个有用的策略必须得到团体及个人的支持与行动,否则将一事未成。

2. 强迫性的改变周期

强迫性的改变,是在周期开始时,将改变加于整个组织,从组织到个人。如我们经常遇到某件事或某项决定从某月某日起开始实行,这就是属于一种强迫性改变周期的例子。

从领导生命周期理论来看,参与性的改变周期较适用于成熟的团体,因为他们对情况熟悉,同时具有相当

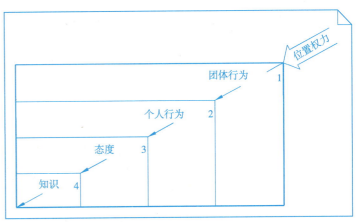

图 8.3 强迫性的改变周期

的知识与经验,成就感强烈,当改变一开始,成熟的人就能担负起责任。在这种情况下实行参与制,对于达成目标是有利的(图 8.3)。

强迫性的改变周期较适合于不成熟的人。因他们通常具有依赖性,除非被迫,否则不愿负起新的责任。事实上,这些人倾向于喜欢被领导、被组织,而不愿去主动工作。

这两种改变周期之间,尚有其他重大的区别:参与性的改变周期在领导者运用个人权力的情形下较有效率;而强迫性的改变周期则需要位置权力,如奖赏、惩罚与仲裁时才有效率。

参与性的改变周期,最主要的优点在于当它一旦被接受便能持久,因为人们对改变有高度的承诺。其缺点是比较迟缓。

强迫性的改变周期它的好处是速度快,缺点是,有一定的脆弱性,只有在领导者具有位置权力持久时才能维持。它甚至会造成仇恨、敌意,有时甚至是或明或暗地破坏、推翻领导者。在平时工作中,这两种改变往往是融合在一起,而不是分割得那样清楚。如参与就是参与,强迫就是强迫,是不可能分割的。

(三)改变的程序

在观察改变时,克特·勒温提出了改变程序可以分为三个时期的理论。

1. 解冻期

解冻的目的在于激励个人或团体正视改变,看到改变的需要。

解冻的做法:

(1)把接受改变的个人从他所习惯的例行工作、资料来源、社会关系中隔离;

(2)破坏所有社会的支持;

(3)贬低旧的经验,赞扬新的知识;

（4）愿意改变的应给予奖赏，不愿意改变的应给予处罚。

简言之，解冻就是破坏个人的标准、习惯与传统——旧的处事方法，使他接受新的方法。就力场分析观点而言，当驱动力增加或遏制力减少时，解冻便会发生。

2. 改变期

当一个人已经被激励去改变时，他便能接受新的行为模式。解冻是破坏个人的标准、习惯和传统，而改变是建立个人标准、习惯的过程。也就是说破坏了旧的处事方法，掌握新的方法的过程。

强迫或服从有时也被认为是引起改变的动力，当一个人受了握有位置权力的人命令，而被迫改变时，强迫或服从便发生了。在这种情形下，当改变的媒介存在时，行为便会改变；而在不受监督时，行为便不存在。因此，与其把强迫当作一种改变的动力，不如说它是一种解冻的工具。

3. 冻结期

新行为变成模式行为，而融入个人的个性、习惯，完全照新的方法处事。

为了保证新的行为不会随时间流逝而绝迹，就必须有计划地强化新的行为。有两种强化的方法：①连续的；②断续的。

连续的强化是指被改变的个人每次从事新的行为模式时都给予强化。在连续强化的情况下，一个人很快地学会了新的行为，但如果环境改变或不具有强化因素，新行为很可能绝迹。

断续的强化是指对每一次从事新的行为模式时不一定都进行强化。断续的强化，可以随机发生，也可以按预定的次数或时间间隔施行。实行断续强化，旧的行为绝迹得较慢。因此要想迅速地改变旧的，掌握新的，最好是使用连续的强化方式。在已经掌握了新的情况下，可以改用断续的强化方式，可使新的行为模式保持长久。

二、学习对行为改变的影响

（一）学习的意义

人类在遇到问题时，总是力求运用过去的经验（包括自己的与别人的经验），并吸取新知识新技术想办法加以解决。如工人学习操纵一台新机器，管理人员要进行一项技术经济分析等。人类与其他动物的最大的不同点之一，是在适应环境的过程中，能保存和运用过去的经验，并能用以改变当前的行为，这种因经验而产生的行为改变，在心理学上称之为学习。人类日常的种种行为，如说话、做事、吃饭、走路等，无一不是受到经验影响的结果。在管理中，工人从事生产，领导处理问题，技术人员进行科学实验等，都要遇到学习的问题。因此，学习是产生行为改变的重要条件之一。

人类之所以能进行学习，是因为人类具有探知外面环境的认识机能，即靠视、听、触、味、嗅及其他感觉器官，将环境中的各种刺激、情报传给大脑，经过大脑的联合作用并激发动

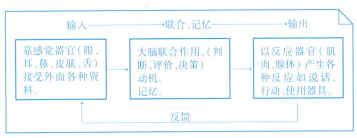

图 8.4　学习的基本模式

机，运用记忆，再由反应器官产生各种反应，如：开口说话、移动手脚、操作环境中事物等的实际行为。莱维特将人类的学习机构与一部电脑机器相比较，指出人类具有学习所必需的硬件装置和软件机构。硬件装置包括：输入装置、输出装置、记忆装置和联合装置；软件机构包括三项法则：①省力有效的法则；②反应的法则；③反馈的法则。同时，我们也可以了解学习的动态意义，即学习应该是主动的，不是被动的；是动态的，而不是静态的。

（二）人类学习与解决问题的特征

人类的学习机构虽然可与一部设计精巧的电脑相比较，但人类的学习过程比机器更复杂，其主要特征表现在以下几方面。

（1）机器只学习事物，但人类能学习更多的东西，除了事物以外，与此事物有关的人及其他因素都可能进入人类的学习机构中。例如，一个工人向工长学习新的工作时，除了工作方法之外，工长的态度、语气、感受等皆在不知不觉中被学习。

（2）人类对外界刺激的知觉是经过选择的，他以能够满足需要的对象为优先，而不一定接受所有应该学习的对象。再者接受了许多外界刺激之后，因为大脑的储藏量有限，若凌乱毫无整理，则无法记住所有的经验，因而大脑自动地分类保留有效的资料，这种分类系统，成为发展学习能力的重要基础。

（3）人类的学习，除了谋得解决问题的正确途径外，也可能学到错误的方法。人类常在尝试与错误过程中吸取正确的反应，虽然较浪费时间与精力，但错误经验的储藏，有利于将来处理类似的问题。

（4）学习必须要有动机，即"我要学习"的心理倾向，才能收到效果。人与机器不一样，单纯地重复而无动机则无法学习。例如我们天天接触钞票，但很少人能说出钞票上印有多少字，字体是什么。学习是主动的，如果无意学习，则第三者不管如何施加压力，亦事倍功半，聪明的做法是先引起学习的动机。

（5）人们遇到待解决的问题时，先运用学得的各种符号及抽象概念

等,来代替问题中的事物及其关系,以寻求可能解决的途径,是为思考。思考的方式因人而不同,有人喜欢靠直觉,富于想象,较不合乎逻辑,有人则喜欢运用抽象符号,善于分析,推理,处处要求合乎条理。这可能与先天的条件,后天的教育,以及从事的职业有关。例如:发明家、画家、音乐家多属于想象型;而工程师、数学家、会计师多属于分析型,此两种类型对于组织解决较复杂的问题都是不可缺少的。

(6) 人们解决问题时,所采纳的方法并非客观上最完美的解决方法,而是自以为最满意的方法,莱维特称此为满足的模式。解决问题时包括两种过程,一是寻求方法的过程;二是选择方法的过程。当人们搜集有关解决问题的资料时,无法收集到所有的资料,例如,要买一部旧车,你无法走遍全市观察所有要出售的旧车,而且其市场是流动性的,找到最后一部时,第一部或者已卖出。因此,应多斟酌自己的时间与精力,适可而止。面临的抉择时又可能凭自己的感情、头脑、某些检验的工具或过去的经验,最后选择一部自己满意的车子。

(三) 学习曲线

在学习进行的过程中,学习的成果常随练习次数的增多与时间的经过而有所变化,若将此种关系画成曲线,即成为学习曲线。通常将练习次数或时间记于横坐标,而把成就的分量记于纵坐标。在企业组织里,学习曲线可相当于生产曲线,管理人员可由此了解学习进步或工作进展的情形。

1. 先慢后快

工作刚开始时进步缓慢,经过一段时间后开始进步递增,此是正加速变化。其原因可能是:

(1) 初从事工作,心理上未进入现实状况;

(2) 工作内容较复杂或困难,一时还不能熟练,多见于技术性工作;

(3) 以前的旧习惯干扰当前的工作。

2. 先快后慢

有些工作一开始时做起来进步很快,但继续下去后渐渐表现进步递减,此是负加速变化。其原因可能是:

(1) 刚开始时有较高的工作动机,兴趣浓厚;

(2) 单调而熟悉的工作,时间一久效率渐低;

(3) 有些工作含有难易不同的内容,较易的部分先被克服,剩下较难的部分,进步自然就缓慢下来。

3. 高原现象

在学习一种复杂的活动时,不但在曲线上可以发现缓慢或快速进步的现象,同时也呈现缺乏进步现象,此种现象在学习曲线上形成一种水平的部分,如果此水平部分持续较长时间,则此部分称为高原现象。呈现高原现象的原因可能为:

(1)工作时间太长,产生心理上与生理上的疲劳;

(2)方法不当,一时无法突破困难;

(3)可能正进行潜在学习,其成果未表现出来。

4. 开头与最后冲刺

在学习一系列的材料或从事一连串的工作时,曲线的开始与接近终了的部分,往往呈现良好的成绩,此是因开头时动机特别强,注意力集中,而当得悉最后目标已接近时,动机再度提高,特别努力的结果所致。心理学家金斯里做记忆的实验时也发现,排列在系列首尾两端的材料比中间部分者记忆保留得多。

5. 学习极限

学习曲线若呈平坦延伸的现象,而不再进步,则可能已达学习的极限,但此种情况不太多。学习活动需要消耗个人生理上的能量,而此能量是有限度的,学习如果超过此一限度,固无进步可言,但事实上,个人真正的生理限度很难达到。强烈的动机、适当的情绪、良好的身体状况及理想的学习环境,皆有助于提高生理极限。真正的学习曲线,视操作者的能力及作业的内容,困难程度及其作业方法而异,可分为以下几种,如图8.5所示。

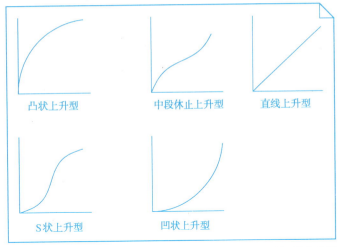

图8.5 学习曲线类型

(1)凸状上升型(速度递减曲线):多见于操作者的能力超过作业的困难度或工作动机高昂时;

(2)中段休止上升型(减速后上升曲线):开头进步缓慢随后进步加速,多见于略有困难的作业或技术性工作;

(3)直线上升型(等速曲线):从头到尾进步的速度大致相同,多见于作业单元较大者;

(4)S状上升型(加速后减退曲线):多见于作业内容相当困难而作业时间较长及多使用体力的工作;

(5)凹状上升型(速度递增曲线):多见于更困难的作业而工作者肯努力时。

（四）影响学习效率的因素

几十年来有关人类与动物的研究，人们可以确定在下列几种情况下，有助于提高学习的效率。

（1）学习者具有强烈的学习动机时。

（2）所要学习的新反应与过去所学的旧反应或态度不相矛盾时。

（3）所要学习的材料彼此相关，并与学习者的动机密切关联时。

（4）学得的新反应可以从学习情境中概括到别的情境，而且可以适当地活用时。

（5）新反应获得增强时，即表现了新反应后获得奖赏，或获知新反应确实是适当的。

（6）学习者在学习过程中以积极的态度参与尝试各种新活动，而非只是一种被动的听讲者。

（7）学习的情境允许提供练习新反应的机会，并容纳高原现象的存在时——高原现象为快速进步之前，一段毫无进展的期间，此时若允许继续练习，则必能突破难关。

（8）将学习的内容分成几个容易学习的适当单位，以适当的速度授予学习者。

（9）教导者以有助于学习者发展新反应的方式引导之。

（10）尊重个别差异，对于学习速度，学习深度及广度，以及学习顺序不要强求一致。

三、态度对行为的影响

态度，一般是指个人对所处环境中各种人物和事物的认识，评价及其倾向性。态度可以影响一个人的行为，也可以决定一个人的生活方式。

（一）影响态度形成的因素

态度不是先天就有的，而是在后天的生活环境中，经过学习而形成的。在学习过程中，一般认为，以下一些因素可影响态度的发展及态度的最后模式。

1. 需要的影响

个人对凡能满足自己需要的对象，或能帮助自己达到目标的对象，必然产生喜好的态度；反之，对阻碍其目标或引起挫折的对象，则产生一种厌恶的态度。因此，需要的满足与否对态度有重要的影响。

2. 知识的影响

知识形成态度，也改变态度。态度的组成成分中包含有认识的成分。个人对某些对象态度的形成，与个人对该对象的认识程度有关。如对原子武器的态度，与对原子武器的知识了解有关。

3. 团体的影响

个人的许多态度是由其所属的团体而来的，属于同一团体的职工常有类似的态度。人们对于他所喜欢的团体所规定的行为规范及其共同的态度，具有支持和遵守的倾向。

4. 个人性格的影响

同一团体的成员虽然具有类似的态度，但各人之间仍有较大差异，这就是由于各个人的性格不同所造成的。如一个团体中，多数人赞成的事，个别人反对的事是经常有的。

5. 其他

如个人受创伤或戏剧性的经验。态度多半是由经验积累而慢慢形成的。但也有一些态度可能仅经过一次经验就可能形成。如所谓"一朝被蛇咬，十年怕井绳"的情况。

以上所说是影响态度形成的因素，而态度的形成过程是通过学习而完成的，这种学习包括交替学习与模仿学习。

（二）态度的改变

态度是通过学习的过程而形成的，因此，要想改变某种态度，或以某一新的态度取代旧的态度，按理并不是很困难的事。但态度一经形成后，即成为个人性格的一部分，而影响整个行为的方式。因此，态度的改变或取代，并不像一般学习那么简单，学习有时只改变一个人态度中的思想与信念的成分，而没有改变感情与行为的倾向，因此，时间一过，态度又会恢复老样子。

态度的改变，一般可分下面两种情况：

1. 改变原有态度的强度

这时态度的方向没有改变，只是改变态度的强度。如从略有反对（或赞成），改变为强烈的反对（或赞成）。这种改变，称为一致性的改变。

2. 以新的态度取代旧的态度

态度的方向有改变，态度的强度也可能有改变。如本来反对的变为赞成；本来喜欢的变为不喜欢，或反过来。这种改变称为非一致性的改变。

（三）态度的作用

态度对于影响一个人的行为起着重要的作用。例如，态度会影响一个人对别人的知觉与判断，会影响学习的速度与效率。同时，态度也帮助个人决定加入何种团体，选择什么职业，交什么样的朋友及坚持何种生活信念等。

1. 态度的习惯性

态度一旦形成之后,便成为个人适应上的习惯性反应,时间长久了,可能形成一种刻板无弹性的态度。这种刻板的态度,往往阻碍一个人去仔细分析人或事物的个别差异,影响正确的社会性判断。同时,一般人容易根据现成的态度,或社会舆论去判断他人,如团体中的少数成员,往往采纳多数人共有的态度,或猜测上级的态度,而决定自己应取何种态度。

2. 态度的忍耐力

态度在不同的情况下,具有不同的忍耐力。如一个职工对自己所在单位有深厚的感情,热爱自己的工作,将自己的前途与单位的命运紧密相连,任劳任怨,恪尽职守,受到一些挫折也毫不灰心,则他的态度忍耐力较高;反之,态度忍耐力较低。

3. 态度对学习的影响

态度对学习具有选择性或过滤的作用。当学习的内容与个人的需要相一致时,容易被吸收、同化、记忆;与个人的需要不一致时,则可能被阻止、歪曲、排斥。

4. 态度的隐藏性

一个人的态度,有时可能会显露出来,有时隐藏起来,甚至有相反的表露。例如,对工作感到满意的职工,生产量可能很高;而对工作不满意的职工,也可能有同样高的生产量。因此,管理人员不能根据自己的一般观察或想象去推测职工的感情、愿望及目标,也不能根据一个职工的表面态度就做一个结论,而要透过现象去分析一个人的真实动机,找出支配态度的思想根据。

案 例

潮宏基的员工为何不偷窃?[1]

在黄金珠宝首饰加工业,管理人员监守自盗,工人偷窃原材料或产品的现象时有发生。为应对行业偷窃现状,珠宝首饰加工厂会对员工进行严格的监控与管理,例如工厂要求员工每日必须更换无金属的工作服,接受金属探测器检测,不能频繁离开工位等。每当用于加工的黄金和珠宝原材料有所丢失,员工都必须在保安的监控之下互相搜身,即便防止偷窃的方法不断发展创新,行业偷窃行为也依然存在。在各大工厂为寻求解决办法而绞尽脑汁的时候,潮宏基却认为人性本善,人不是

---

[1] 改编自黄铁鹰:《潮宏基的黄金管理法则》,《商业评论》,2008年第4期,第70—74页 / 程佳敏:《跟进"潮宏基"降管理内耗》,《中国印刷》,2016年第2期,第49—52页。

单单追求经济利益的"经济人",员工之间具有情感交流,能够在信任和团结的氛围中互助协作。通过人性化的管理,企业在满足员工需求,增强员工归属感的同时,自然能够获得员工的高度忠诚,避免偷窃行为。

一、打破行业搜身惯例的人性化管理:潮宏基相信人性本善

"潮宏基"是广东潮宏基事业股份有限公司的自有品牌,主要从事镶嵌首饰的设计、加工、生产、批发和零售。关于潮宏基的员工不会偷窃的一种解释是得益于其天然的地理优势,由于地处远离珠宝首饰加工厂密集分布的汕头,这里只有潮宏基一家珠宝首饰加工厂,没有像是打金店这样的配套行业。凭借其独特的选址优势,即使潮宏基的员工偷窃了原材料,也没有相应的打金店会收购,所以员工偷窃动机不强。

然而在黄金珠宝首饰加工业,搜身早已是行业惯例。潮宏基在早期为防止偷窃现象也曾对员工采取搜身的方法,但管理者很快意识到员工之间存在着个性差异,并不是所有员工都有偷窃动机,事实是绝大部分员工并不存在偷窃动机。如果对所有员工都统一进行搜身,反而会伤害这些员工的自尊心,导致信任感的缺失,员工产生不满情绪,工作积极性不高,最终影响的是企业生产效率。于是潮宏基创新管理方式,从人性管理的角度出发,认为人性本善,在互相尊重和彼此信任的组织环境下,组织成员受到环境的影响会自觉纠正自身行为。潮宏基重视人的自尊和价值,重视员工在组织中的地位,给予组织成员充分的尊重。正是对人性的正确把握和运用,依靠成员的自我驱动,潮宏基不用搜身,也能杜绝偷窃行为。

二、潮宏基的制胜法门:人性管理与科学管理双管齐下

如何能在行业乱象中洁身自好,潮宏基准确把握了人性管理的思想和科学管理方法,重视人的重要作用,认为员工有自尊和获得他人尊重的需要。每一个员工都是一个独立的个体,有自己独特的人格,同时人也是复杂的,有自己的需求和欲望。人的行为受到周围环境和条件的影响,可以在科学的管理制度下约束自己的行为。潮宏基从人性管理的角度出发所运用的科学管理方法主要表现在:

奖罚分明,保证员工利益。在黄金珠宝首饰的生产过程中,基本上每个环节都会发生物料损耗,如由工艺造成的金属在高温下挥发、工人技术不熟练造成的材料损耗、员工偷窃造成的物料丢失。原材料的特殊性使黄金珠宝首饰加工业面临着巨大的成本压力,为应对物料损耗问题,首饰加工厂大多采取少奖多罚的制度,比如对员工节省下来的原材料,按市场价格的 50% 给予奖励;对于超出损耗定额的部分,按市场价格的 150% 进行惩罚,这一不公平的奖赏制度在保证企业效益的同时也加重了员工的偷窃动机。相比之下,潮宏基对首饰加工过程中产生的物料损耗设置了比较公平的金粉回收制度。为了保障企业利益,潮宏基设置了合理的损耗标准,对超出损耗标准的部分,员工需要按照市场价的 110% 支付赔偿作为惩罚;同时为了维护员工利益,对员工节省下来的部分,工厂按照市场价的 90% 支付给员工作为奖励,对于技术熟练的员工来说,节省下来的物料奖励可能比工资还要高,员工也就没有偷窃动机,这一合理的奖罚方式在保证员工和企业利益的同时,有效地

避免了偷窃行为。

员工共同参与管理，尊重员工意见。在大多数珠宝首饰加工厂中，工人的计件工资往往由厂长决定，员工没有相应的权利。而潮宏基的计件工资由各级主管与员工代表组成的工作小组共同参与制定和管理，小组成员负责制定工资标准，确定该组内的计件工资，并自主决定物料丢失后的处理方式，或搜身、或由丢失者独自承担损失、或由小组成员共同找回，都由成员自行决定。潮宏基鼓励员工参与，认为员工之间可以做到互相帮助、互相信任、互相尊重、互相监督。事实确实如此，在潮宏基，小组内若有物料丢失，其他成员会一起帮忙找回，捡到物料的人也会主动上交，因为每个人都有可能丢失物料。小组成员在这样的氛围下互帮互助，建立了和谐融洽的人际关系，同时小组成员互相监督，共同为维护组织氛围而努力，他们不会容忍有偷窃行为的组织成员，因此组织成员几乎不存在偷窃动机。员工参与管理提供了人人参与管理的机会，组织尊重员工提出的意见和建议，使每个员工感到自己是组织中的一员，员工也愿意为组织献计献策，比如产品定价部门需要用尺子测量产品的规格，员工建议将尺子刻度刻在桌子上，从而大大提高了测量的准确率和效率，组织与员工之间的关系是双向的，在保障员工参与管理的同时，组织的整体管理水平也能得到提高。

重视员工需求，提高员工满意度。潮宏基的人性化管理始终重视员工需求，站在员工的角度思考问题，如考虑到首饰的清洗溶液易燃且有腐蚀性，为保障员工安全，工厂将清洗程序集中处理，清洗后的金粉也由工厂统一回收，为弥补由此造成的员工收入损失，工厂主动让利，提升损耗定额，保障员工收入；在淡季时合理安排生产，提供带薪培训和带底薪轮休，保障员工的工作需求；在员工解聘方面，潮宏基不会轻易开除员工，而是将能力不匹配的员工安排到更适合的岗位上，对态度有问题的员工提供一次改正的机会。正是潮宏基人性化的管理理念和科学的管理方式，员工的满意度大大提高，继而产生了一系列积极的影响，如减少组织的人员流动，缓解组织的人力成本压力，为组织保留大量技术精湛的员工，提高企业效率等。

三、人性化管理：实现企业与员工双赢

潮宏基秉持着人是组织最重要资产的理念，真正做到了以员工利益为先，将员工利益放在企业利润之前。潮宏基深知只有满足了员工的需求，才能实现企业的需求，设置公平合理的奖罚制度，既为组织留下了技艺精湛的员工，也减少了劳动密集型产业因人员流动造成的成本损失；鼓励员工参与，从普通员工中选拔物料管理人员，既提高了员工的工作积极性，也满足了加工厂的人力需求；给予员工充分的信任，重视员工需求，既增强了员工的归属感，又为组织建立具有高度认同感的企业文化创造了条件。

实现人的价值最大化是实现企业价值最大化的前提，人性化管理就是要求企业站在员工的角度思考问题，将企业发展与满足员工需求相结合。企业对员工的态度影响员工行为，进而影响企业效率，从员工的角度出发，尊重员工，信任员工，满足员工合理需求是提高企业效率，实现员工与企业双赢的不二选择。无论是员工满意度，员工收入，还是企业生产效率，潮宏基都走在行业之最，为国内黄金珠宝首饰加工行业树立了标杆，潮宏基的人性化管理无疑是实现了员工与企业双赢的典范。

小 结

1. 人性管理是管理心理学的关键问题,更是管理实践的重要前提。即人本管理或以人为中心的管理。

2. 管理心理学的人性观反映了管理者对被管理者需要和劳动态度的看法。从传统管理开始,经历了"经济人""社会人""自动人"和"复杂人"四种不同的人性观阶段。这种对人性认识的发展,在一定程度上使管理界对人的价值、人的尊严和人在生产中的地位与作用的认识有了转变,并在此基础上发展了以发挥挖掘人的内在潜力为重点的管理方法。但应看到管理心理学的人性观也具有两重性。

3. 个性差异的客观性决定了个性差异管理的必要性,它是人性管理的核心内容,具有两个层次:自我认识与管理、组织对个性差异的管理。

4. 人性管理归根到底是为了最大化企业效益,满足职工需要,巩固合理、正确的行为,转化非理性、不正确的行为。人行为的改变分知识的、态度的、行为的、团体的行为转化四个层次,是与学习相联系的。强化也是一种学习。

思考题

1. 有哪几种主要的人性假设?
2. 组织如何正确对待个性差异?
3. 行为改变的程序如何?
4. 态度对于人的行为有哪些作用?
5. 试从人性管理的视角,分析潮宏基的员工为何不偷盗。

第三篇 管理行为

DISANPIAN GUANLI XINGWEI

管理行为包括激励、决策、领导、组织和创新,这些重要的行为环环相扣,构成整个管理行为的基本框架。

第三篇
管理行為

第九章 激励行为

激励是管理上一个异常重要的功能,是管理心理学的核心问题。作为领导管理者,为了实现既定目标,就更加需要激励全体成员,以充分调动人们的积极性和创造性。这一章将介绍激励的概念与作用、激励的过程和原则以及激励行为强化的方法等。

第一节 什么是激励

一、激励的概念

(一) 定义

激励就其词义上看,就是指激发鼓励的意思。所谓激发就是通过某些刺激使人发奋起来。在组织行为学中的激励含义,主要是指激发人的动机,使人有一股内在的动力,朝着所期望的目标前进的心理活动过程。激励也可说是调动积极性的过程。

(二)特点

激励特点是：有被激励的人；激励人有从事某种活动的内在的愿望和动机，而产生这种动机的原因是需要；人被激励的动机强弱，即积极性的高低是一种内在变量，不是固定不变的，这种积极性是人们直接看不见、听不到的，只能从观察由这种积极性所推动而表现出来的行为和工作绩效上判断。

二、激励的作用

激励，对于调动人们潜在的积极性，出色地去实现既定目标，不断提高工作绩效，均具有十分重要的作用。

(一)激励在管理职能中的重大作用

企业中，有效地组织并充分利用人力、物力和财力资源是管理的重要职能，其中又以人力资源的管理最为重要，在人力资源中，又以怎样激励人为最关键和最困难。管理学家们早就能够精确地预测、计划和控制财力和物力，而对于人的内在潜力，至今无法精确地预测、计划和控制。激励之所以越来越受到重视，是由竞争加剧、激励对象的差异性和其要求的多样化所决定的，其表现如下：

（1）在国内外竞争加剧的情况下，企业为了生存和发展，就要不断地提高自己的竞争力。为此，就必须最大限度地激励全体职工，充分挖掘出其内在的潜力。

（2）组织中人员的表现有好、中、差之分，我们通过各种激励办法，就是要不断地使表现好的人，继续保持积极行为，使表现一般的和差的人，逐步地转变成为主动积极为组织多做贡献的成员，促使更多的人能够自觉自愿地为实现组织目标而奋斗。

（3）激励对象的要求是多方面的，要满足这些要求就必须采取多种激励办法。包括多给金钱、友谊和关心，尊重、好的工作条件、有趣的和有意义的工作等等。

管理者的任务就在于对于不同的人采取适合其要求的激励因素和激励措施。

(二)激励在组织实现目标中的重要作用

1. 吸引人才

通过激励可以把有才能的、组织所需要的人吸引过来，并长期为该组织工作。从世界范围看，美国特别重视这一点，它从世界各国吸引了很多有才能的专家、学者，这也是美国所以在许多科学技术领域保持领先地位的重要原因之一。为了吸引人才，美国不惜支付高酬金，创造好的工作条件等很多激励办法。美国国际商用机器公司（IBM）有许多有效的激励办法：提供养老金，集体人寿保险和优厚的医疗待遇；给工人兴办了每年只交3美元会费就能享受带家属到乡村疗养待遇的乡村俱乐部；减免那些愿意重返学校提高知识和技能的职工的学费；公司筹办学校和各种训练中心网，让职工到那里学习各种知识，如学习国际金融知识和编制计算机程序等等。

2. 发挥才能

通过激励可以使已经就职的职工最充分地发挥其技术和才能，变消极为积极，从而保持工作的有效性和高效率。美国哈佛大学的心理学家威廉·詹姆士在《行为管理学》一书中阐述在对职工的激励研究中发现，按时计酬的职工仅能发挥其能力的20%—30%。而如果受到充分激励的职工其能力可发挥至80%—90%。这就是说，同样一个人在通过充分激励后所发挥的作用相当于激励前的3倍至4倍。

（三）激励对提高员工绩效的作用

通过激励还可以进一步激发职工的创造性和革新精神，从而大大提高工作的绩效。

> 【例】 日本丰田汽车公司，采取合理化建议奖（包括物质奖和荣誉奖）的办法鼓励职工提建议。不管这些建议是否被采纳，均会受到奖励和尊重。如果建议被采纳，并取得经济效益，那么得的奖更多更重。结果该公司的职工仅一年内就提出165万条建设性建议，平均每人提31条，它所带来的利润为900亿日元，相当该公司全年利润的18%。激励全体职工的创造性和革新精神，对于加速中国的现代化建设也很重要，比如某轴承厂，该厂开展的合理化建议大奖赛的效果就很好，仅缩小切断刀口一项建议，每年就可节省钢材130多吨，节约价值达70多万元。随着科学技术的不断进步和生产过程的日趋复杂，单靠机器设备并不能增加生产，对职工的科学技术素质的要求越来越高。因而进一步激发职工的创造性和革新精神就显得越来越重要了。

三、激励的理论

自20世纪二三十年代以来，管理学家、心理学家和社会学家们就从不同的角度研究了应怎样激励人的问题，并提出了许多激励理论。对这些理论可以从不同的角度进行各种归纳和分类。比较流行的分类方法是按其所研究的激励侧面的不同及其与行为的关系不同，把各种激励理论归纳和划分为内容型、行为改造型和过程型和综合激励模式。

（一）内容型激励理论（Content Theory）

这是研究需要这个激励的基础的理论，它着重对激励的原因与起激励作用的因素的具体内容进行研究。其中，最有名的是马斯洛（A. Maslow）

的需要层次理论、奥德弗（Alderfer）的 E. R. G 理论、麦克莱伦（P. C. Meclelland）的成就需要理论和赫茨伯格（F. Herzberg）的双因素理论等。

（二）行为改造型激励理论（Behavior Modification Theory）

这是着重研究激励目的理论，激励的目的正是为了改造和修正行为。这种理论主要有挫折论、操作型条件反射论和归因论等。

（三）过程型激励理论（Process Theory）

这是着重研究动机的形成和行为目标的选择，即激励过程的理论，其中最有影响的是期望效价论、公平论和波特尔和劳勒的激励过程模式和综合激励模式等。

（四）综合激励模式理论

罗伯特·豪斯（Robert House）所提出的激励综合模式，就是企图通过一个模式把上述几类激励理论综合起来，把内、外激励因素都归纳进去。其代表性的公式是：

$$M = V_{it} + E_{ia}(V_{ia} + E_{ej}V_{ej}) \tag{9.1}$$

公式（9.1）中：

M——代表某项工作任务的激励水平高低，即动力的大小。

V_{it}——代表对该项活动本身所提供的内酬效价，它所引起的内激励不计任务完成与否及其结果如何，故不包括期望值大小的因素，也可以说期望值最大是1，所以可不表示。

E_{ia}——代表对进行该项活动能否达到完成任务的期望值，也就是主观上对完成任务可能性的估计。进行这种活动时，人们要考虑自己完成任务的能力，以及客观上存在的困难等。

V_{ia}——代表对完成任务的效价。

$E_{ej}V_{ej}$——代表一系列双变量的总和。这些双变量中的第一个 E_{ej} 代表任务完成能否导致获得某项外酬的期望值；第二个 V_{ej} 代表对该项外酬的效价。在估计 E_{ej} 时，人们考虑完成任务后，有多大把握得到相应的外酬，如加薪、提级和表扬。

公式中下标的意思是：

i——内在的；e——外在的；t——任务本身的；a——完成。

如果我们把公式（9.1）中的括号破除，将 E_{ia} 乘入，则公式右端则变为如下三项：

（1）V_{it} 代表工作任务本身的效价，即这工作对工作者本人有用性大小。只要本人做那种工作感到有很大乐趣，很有意义，那么完成工作任务的期望值就为1，即完成任务的主观概率是百分之百，所以不必再乘 E_{it} 了。因此，这一项也代表做这件工作本身的内激励。

（2）$E_{ia} \cdot V_{ia}$ 代表任务的完成所起的内激励作用。

（3）$E_{ia} E_{ej} V_{ej}$ 代表各种外酬所起的激励效果之和，其中引入两项期望值是因为前者是对完成任务可能性的估计，后者则仅是对完成任务与获得奖酬相联系的可靠性的估计。

总之，前两项属于内在激励，第三项属于外在激励。三者之和代表了内、外激励的综合效果。

第二节 | 激励的过程与因素

管理基本原理表明，人的工作绩效取决于他们的能力和激励水平即积极性的高低。其公式是：工作绩效 = 能力 × 激励。根据这个原理，管理工作者的重要任务之一，就是要着重研究激励的心理活动过程是怎样进行的。想办法激发动机，强化动机，运用动机的机能，影响职工的行为。把组织目标变成每个职工自己的需要，把企业的利益与满足职工个人的需要巧妙地结合起来，使人们积极地、自觉自愿地努力工作。这就是激励所要解决的问题。

一、激励的原则和过程

激励是指引起行为的一种刺激，是促进行为的一种重要手段。在某一特定情况下，受激励的行为将产生一定的结果，激励所研究的问题，就是认识和掌握这种因果关系的规律。人类生产活动的根本动机是从欲望出发的。形成欲望要具备两个条件：一是缺乏，有不足之感；二是期望，有求足之愿望，两者结合成一种心理现象，就是欲望。如上所述，人类欲望具有：无限性、关联性、反复性和竞争性。如果能正确运用人类欲望的特性，社会在满足职工欲望的同时，又能实现组织目标，使企业与职工双方受益。

（一）激励的原则

心理学上对于能满足个人需要的外在事物叫诱因，在管理上就是激励。为了实现组织目标，对职工的行为提出一定的要求，规定一些准则，尽量使职工的目标与企业的目标保持一致，为此，对职工的行为必须进行引导。了解职工目标与组织目标的差异及原因，用适当的诱因，满足职工的需要，从而激励起职工的积极性。

对职工的激励一般应遵循下列几项原则。

（1）组织目标的设置与满足职工的需要尽量相一致。目标本身就是一种刺激，要激励职工，首先要明确目标，使职工了解他们要做的是什么，有什么意义，与个人的目前利益及长远利益有什么关系，同时规定一定的工作标准及奖赏方式，以使每个职工均能按组织目标而努力工作。

（2）公司企业的行政管理政策、规章制度，要有利于发挥职工的积极性和创造力，要使它们成为激励因素，成为推动力，避免成为遏制的力量。

（3）要有良好的管理方式和管理行为，为实行参与制、民主管理、授权管理。学会运用影响和以身作则去推动工作，避免滥用权力。

（4）建立良好的人群关系。领导与群众，上级与下级要互相信任、互相关心、互相尊重。上下左右要沟通良好的意见。

（5）形成良好的风气。使每个职工热爱集体，以厂为家，有光荣感，形成一种和谐的气氛。

（6）创造良好的生产条件和工作环境，保障职工的身体健康和精神愉快。

（二）激励的方式

激励的方式主要有以下两种。

（1）外在的激励方式。包括：福利、晋升、授衔、表扬、嘉奖、认可等。

（2）内在的激励方式。包括：学习新知识的新技能、责任感、光荣感、胜任感、成就感等。

外在激励方式虽然能显著提高效果，但不易持久，处理不好有时会降低工作情绪；而内在激励方式，虽然激励过程需时较长，但一经激励，不仅可提高效果，且能持久。

（三）激励的程序

激励也要研究一定的程序，一般有如下的激励程序。

（1）了解需要。了解每个人各种需要的强度，需要的结构，满足需要的方法及需要不能满足时如何做工作。

（2）情况分析。主要是对影响个人行为周围环境的分析，以求改进，或引导职工适应环境。

（3）利益兼顾。要兼顾组织、团体和个人的利益。

（4）目标协调。达成企业目标的同时，满足职工的需要。

在综合考虑上述几方面的情况后，要选择适当的奖励办法，采取有效的管理措施。

二、激励效果的影响因素

人能够被某种因素所激励而积极；也可能被某种因素所刺激而消极。人本身是一个有机的系统，不是一个机械系统，人能接受各种激励，包括物质因素和精神因素。人的行为，一方面受其个体变数的影响，另一方面又受其环境因素的影响，这两个变数是影响行为的决定因素。

（一）个体因素

人的思想、分析、推理、判断行为及沟通等，不管如何理智，都免不了受个体情绪的影响。

一般说来，考虑的问题越重要，受情绪因素的影响也越大。

1. 中枢神经系统和内分泌系统功能的影响

当我们集中精力动脑筋想问题时，心跳就加快，对环境中其他刺激的接受程度就降低；而在心跳正常时，对外界刺激的接受就较灵敏。

2. 个人情绪的反应直接影响行为的引发和进行

如当领导批评得越是严厉时，职工的"自卫反应"便越强烈。这说明，人们不可能完全以理性为主进行反应。当职工和领导在一起时，其内外行为是会变化的，这是因为权力和地位对心理产生的冲击作用。情绪对行为的影响，自己对自己的体会较难，而发现别人则较为容易。所以，人们互相帮助，能够减轻或消除情绪对理性决策的影响。

3. 情绪虽有时被压抑，但其作用却不会消失

情绪总是不断地在影响人们的行为、思考、推理、判断和决策的，当个人对某种情况有情绪反应时，该情况必与其本人的利益有关，绝对地客观看问题是不可能的，因为人是综合运用理性和情绪来思考问题的。

4. 情绪冲突对行为的影响

情绪的冲突对行为的影响较大，如一个人平时工作不积极，偶尔一次受到了表扬引起强烈的情绪冲突，产生要求进步的需要，开始改变过去的不良行为。这种冲突是来自内在的需要的，经过积极引导，新的生命力就注入到人的心灵或组织中去，就会产生持久的效果。

（二）环境因素

人所处的周围环境，会影响他的各种行为。如果要把人们引向某一方向，就必须使人们与环境间的关系有相应的变化和调整。不是改变环境，就是人去适应环境。如果人与环境经常处于不相适应的状态，不但影响行为，而且会导致生理上的变化。引导人们适应环境的方法主要有以下几种。

1. 设置目标

对于所要完成的工作内容，要有明确的规定，使人们能积极努力地奔向目标。

2. 规定标准

标准不能订得太高,也不能订得太低。如果让一个人去做他力所不能及的工作,他就会失去信心,产生挫折感;如果让他做轻而易举的事,他就不会有什么激励作用。

规定的标准必须是经过努力可以达到的,所谓"跳一跳",才能摘到的"果子"。

3. 制订方案建议制度

做任何一件事,都可能有几个方案可供选择,有了这种制度就能激发职工遇事动脑筋、想办法,采用最有效的工作方法,选择最经济合理的实施方案。对于先进的工作方法和经济合理的方案应给予必要的奖励。

4. 公开的授权

权力和责任的公开化,使自己和他人都能正视权力和责任,避免有职无权和对工作不负责任的现象。

不论是环境因素,还是个体因素,对不同的人来说是不一样的。因为人的动机、需要、行为虽有一般规律,但又都因人而异。例如,职业、年龄、文化程度、经济状况、家庭出身等各人是不同的,因此,可用一个综合性的因素说明,这个综合性因素就是成熟度。所有的人都是从不成熟发展到成熟的,不过速度有快有慢,道路有曲有直,时间有早有晚而已。

三、激励的手段和效果分析

对不同成熟程度的人,应采用不同的管理办法和不同的激励方式。对不成熟的人,应管得严一些、细一些、多一些;对成熟的人,则应管得松一些、粗一些、少一些。对不成熟的人多采用改变环境满足生理安全上的需要来激励他,调动他的积极性;对成熟的人则多用工作本身、满足社会性需要、成就、理想来激励他,调动他的积极性。如果把成熟的人当做不成熟的人来对待,管得很严、很细、很死,就容易束缚他的积极性;如果把不成熟的人当做成熟的人来对待,管得太松、太粗、太少,则会造成工作上的差错。

(一)激励效果的分析

运用激励的目的,就是要达到一定的效果,否则就失去了激励的意义。一个人的能力,在一般情况下,并未完全发挥出来。能力发挥的程度越高,其工作效果越大,而能力发挥的程度主要决定于激励因素。虽然人的能力的发挥也有一个限度,因为激励太高,或者已经满足了预定的需要,随着需要的满足,激励便不起作用了。激励效果的大小,还与激发的力量有密切的关系。

$$激发力量 = \sum 目标价值 \times 期望概率 \qquad (9.2)$$

这是一个期望值模式,它说明积极性被调动的程度与各种目标价值和期望概率有关。激发对象对目标的价值看得越大,估计能实现的概率越高,激发的力量也越大。

目标价值表示这种需要对某个人来说有多大强度,或者说这一目标在他看来需要到什么程度。不同的目标,对不同的人有不同的价值。期望概率是指达到这一目标的可能性(可行性)。

目标价值再大,如果期望概率很小,使人感到无望,也不可能调动起人的积极性。

目标价值和期望概率,多由个人自己判定。目标价值的确定与一个人的思想境界有关,也与他当时所处的环境、地点、时间等条件有关。前者是内因,后者是外因。期望概率则多由个人根据自己的经验来作出判定。

期望在达到之前,期望值只是一种估计,它所具有的激发力量最后究竟怎样,要看实际结果。实际结果与期望值比较,有以下三种可能。

(1)实际结果>期望值,使人高兴,信心增加,大大增加激发力量。

(2)实际结果=期望值,属预料之中,如无进一步激励,积极性只维持在期望值水平。

(3)实际结果<期望值,产生挫折感,会使激发力量失去作用。

通过以上的分析可知:在运用激励方法时,要注意不同的目标价值或同一目标对不同人的不同价值。在管理工作中,通过积极引导使员工对目标价值有正确的认识。对实际结果小于期望的情况,应采取预防性措施。如果确因本人估计不当,应把工作重点放在实际结果出现前改变本人对期望的估计;或者改变他的目标,指出他对期望概率的估计与实际可能性的差距,以减少消极力量的增加。

(二)个人行为激励的手段

(1)分析员工工作情绪因素。激发满意因素,消除不满因素。一般说,影响职工工作情绪的因素如图9.1所示。

(2)采取各种有效的管理制度。例如:民主管理、参与管理;目标管理;工资与奖励;福利与服务;工作丰富化;弹性工作制。

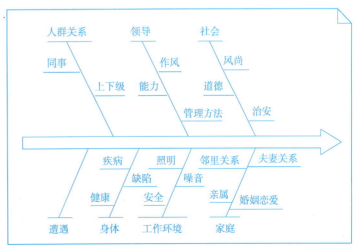

图9.1 员工工作情绪因果分析图

（3）开展以工作成效为中心的评比和竞赛。

四、东方哲学与东方管理文化的激励

中国儒家思想认为，领导者自身修养是激发树立良好社会关系与社会秩序的基础。道德尤其内在要求，也有其运行的内在规律的。儒家提出"修己安人、内圣外王"的发展序列。

孟子说："先王有不忍人之心，斯有不忍人之政也。以不忍人之心，行不忍人之政，治天下可运之掌上。"（《孟子·公孙丑上》）以心治心，管理者自己首先要有一颗充满能量的心，然后才能去激发、带动、调节被管理者的心理能量，达到"大治"的目标。

儒家强调正人先正己，由内而外，由己及人，《大学》中说："古人欲明明德于天下者，先治其国；欲治其国者，先齐其家；欲齐其家者，先修其身；欲修其身者，先正其心；欲正其心者，先诚其意；欲诚其意者，先致其志；致志在格物。"这里所说的"格物、致志、诚意、正心、修身"，是追求人内心的修养完善；"齐家、治国、平天下"则是为政治民，追求理想的社会。

第三节　激励强化方法

一、强化的概念

强化是心理学术语，是指通过外力来干预某种刺激与行为的联系。按其作用，可分"正强化"和"负强化"两种。正强化是指对某种行为给予肯定或奖励，使该行为巩固、保持；负强化是指对某种行为给予否定或惩罚，使它减弱、消退。正强化是积极的强化，负强化是消极的强化。如果说引起一个行为是靠动机的话，那么巩固、保持这个行为或减弱、消退这个行为就是靠强化。没有强化，不可能有正确的行为。因此，强化与激励具有同样的意义。

二、强化的方法

运用强化作为手段，来达到预定的行为结果，可采用以下方法。

1. 设置鼓舞人心的目标

一个鼓舞人心的奋斗目标，不仅可以激发人的动机，而且可以强化行为。一个企业要有自己的近期、中期和长期的奋斗目标，如品种、产量、质

量、利润、职工福利、技术改造等。围绕这个总目标，各部门、各单位和每个人都要订出自己的分目标。明确了目标，人们在生产中就会时刻把自己的行动与目标相联系，这些大小目标就是人们的行为活动在不同的阶段上所要达到的预期结果。

2. 采用渐近法

所谓渐近法，就是根据人的认识规律，把一个复杂的行为过程分解成许多小的阶段，逐步加以完成。采用渐近法可以使职工树立信心，加强工作的计划性，使职工适时了解自己的工作成果。渐近法要求指标和计划的制定要合理，一般应比原来水平定得稍高些，使得大多数职工经过努力就能达到或超过。

3. 信息及时反馈

及时进行信息反馈，可使职工随时知道自己行为活动的结果如何。这样，就可针对问题，分析原因，及时改进，以达到修正行为，不断改进工作的目的。运用信息反馈强化行为，其效果是十分显著的。

4. 个人需要的满足

行为是由动机引起的，而动机是由人的需要激发的，这是客观规律。要搞好管理工作，调动起人们的积极性，使每个职工保持旺盛的士气，就要按照职工心理活动的规律，承认需要，满足需要，以激发职工动机，强化行为。对于不能满足的需要，也要做好工作，避免产生消极情绪。

不同的强化因素，对不同的人，可能效果不同。如金钱可以激励某些人更努力地工作，但对于另外一些人，金钱可能没那么大的作用，工作成就可能是重要的。因此，管理者必须了解和掌握不同的强化因素对不同人的作用。

强化与惩罚是有区别的。强化会增加良好行为发生的次数，对人有鼓励作用，即使是负强化，只要做好工作，也可消除副作用，而惩罚则只是终止或压制正在进行的行为，它对未来行为并没有长远或确切的影响，即使有也是间接的影响。同时，惩罚会给人带来心理上的创伤。

因此，企业领导者必须慎重地使用惩罚手段。当然在必要时，仍需使用惩罚手段，对一个人的惩罚，可教育大多数人，从这个角度讲也有一定的效果。

三、强化在企业管理中的作用

一般来说，把正、负强化的理论运用于企业管理之中，往往表现为对职工的奖励与惩罚和表彰与批评。对正确的行为，有成绩的工作，都应给予肯定和奖励。反之，一切不利于生产和工作的行为造成了失误，要酌情给予惩罚。企业这种奖惩制度就是强化原理的具体运用。奖励是正强化，惩罚就是负强化，这两种强化在行为控制中都是起到一定作用的。

强化学说的一个重要原则，就是凡是直接、间接对生产作出贡献和成绩的人和事，必须给予肯定和奖励。否则就等于这样的行为没有价值，得不到社会的承认，即得不到强化，因而积极性就会消退，这种行为就将无法持续下去。反之，给予肯定、表扬、奖励，就能维持动机，促进这些行为保持下去。

奖励的方法是多种多样的，总的来说，分为物质奖励和精神奖励，物质奖励是用以满足"生理上的需要"，精神奖励是用以满足"心理上的需要"。奖品、奖金是物质奖励，表扬、授予光荣称号、论文被发表、成果被采用、命名、参加某种代表会议等都是精神奖励，提级、升职则是两种奖励的综合。

这两种奖励的关系如何处理为好，值得进一步研究。从行为科学的角度看，两种形式都是必要的。物质是基础，衣、食、住、行是人最基本的物质需要，目前，我国的物质生活水平还很低，人们关心切身的物质利益，这是必然的，没有适当的物质奖励，职工的积极性难以持久。

因此，在企业管理中，对生产和各项工作作出成绩和贡献的人和事，给予表彰或奖励，将会起着促进、引导和榜样的重要作用。

> 案例

海底捞的"三为"激励机制

火锅是个最没有技术含量，最没有行业进入壁垒，从业人员素质较低，也是中国连锁餐饮市场竞争最激烈的行业之一。四川海底捞餐饮股份有限公司成立于1994年3月20日，是一家以经营川味火锅为主，融汇各地火锅特色于一体的大型直营连锁企业。海底捞始终秉承"服务至上、顾客至上"的理念，以创新为核心，改变传统的标准化、单一化的服务，提倡个性化的特色服务，将用心服务作为基本理念，致力于为顾客提供"贴心、温心、舒心"的服务；在管理上，倡导双手改变命运的价值观，为员工创建公平公正的工作环境，实施人性化和亲情化的管理模式，提升员工价值。历经二十多年的发展，海底捞已经成长为国际知名的餐饮企业，2018年9月26日在香港证券交易所上市，上市市值突破1 000亿港币。截至2020年6月30日，海底捞在全球开设935家直营餐厅，其中868家位于中国大陆（内地）的164个城市，67家位于中国香港、中国澳门、中国台湾及海外，包括新加坡、韩国、日本、美国、加拿大、英国、越南、马来西亚、印度尼西亚及澳大利亚等地。海底捞能够成功在竞争激烈的餐饮业杀出重围，风靡全国，拓展到世界各地，源于董事长张勇卓有成效的激励机制。

一、以人为本的发展观：让平凡的人做出不平凡的事

"以人为本"发展观是一个企业能力的发展、制度的发展和精神文化的发展。其内涵体现在企业管理中，尊重人的本性和人的需求，以员工和客户为本，充分发挥员工的积极性和创新性，满足客户的需求；将员工个人的愿景融入企业的愿景中，让员工与企业共同成长，使员工能够分享企业的经营成果，不断提升员工的生命存在的价值。

在如何发动员工提供优质的服务方面，海底捞董事长张勇懂得了"把员工当成家里人"的道理。他认为，怎样才能让服务员都能像自己一样用心呢？有创造力？答案很简单：把员工当成家里人。[1] 只有把员工当家里人才能让员工把海底捞当成家。怎样将员工当家里人？海底捞员工宿舍是正式住宅小区而非地下室，且离工作地点不会超过20分钟，配备空调，宿舍有专人管理、保洁。员工的工作服、被罩等也统一清洗。公寓甚至配备了上网电脑，对那些夫妻员工，还考虑给予单独房间。若是某位员工生病，宿舍管理员会陪同他看病、照顾他的饮食起居。员工的家人一旦因为大病无钱医治，公司还会负责到底。企业真正做到"以人为本"，不仅尊重人，而且关心人、爱护人，让他们工作起来没有后顾之忧。这些都体现了海底捞实施人性化和亲情化的管理模式。

在管理上，海底捞为员工创建公平公正的工作环境，提升员工价值。海底捞知道，要让员工感到幸福，不仅要提供好的物质待遇，还要让人感觉公平。海底捞不仅让这些处在社会底层的员工得到了尊严，还给了他们希望。为了让员工有更好的职业生涯舞台，公司为员工设计了3线晋升路线，你可以通过管理线、技术线和后勤线得到升职或加薪。这种制度的好处在于，如果不升职，也可以通过在自己的岗位上努力工作，获得较高的级别，使得基本工资提高。这样就可以实现做得好，同样可以实现低岗高薪。另外，海底捞实行"员工奖励计划"，给优秀员工配股，员工可以享受12天带薪年假、父母免费探亲，优秀员工的奖金一部分会直接寄给员工的父母，并为父母交保险。凡此种种，海底捞解决了员工的后顾之忧，给员工安全感。只有员工在组织里拥有了安全感，心才会稳定下来，对组织忠诚。

海底捞通过关爱和尊重员工，给予员工希望和愿景，促进员工发挥主动性、积极性和创造性，促进员工的全面发展，让这些从农村来的平凡的人做出不平凡的事！真正做到了将员工的愿景融入了企业的愿景中。通过员工用双手改变自己的命运，使员工能够分享企业的经营成果，逐步提高个人的生活质量，实现自身价值的提升。

二、"以德为先"的企业价值观：把信任变成信仰[2]

"以德为先"价值观是企业领导者对企业经营理念、经营目标、经营方式的取向做出的选择。其内涵体现在企业以"信""仁""和"为特征，提倡重诚信、重品质、重规则的企业经营道德、质量道德和竞争道德三方面的融合；强化内在素质培养，形成良好的企业精神与文化氛围，对外要树立良好

---

[1] 黄铁鹰：《海底捞你学不会》，中信出版社2015年版。
[2] 中国管理模式杰出奖理事会：《中国企业转型之道：解码中国管理模式④》，机械工业出版社2012年版，第145—165页。

的商业信誉和道德形象。

1. 信德：诚信经营——经营道德

尊重人、相信人是海底捞的核心价值观。公司对内给予员工信任和授权，200万元以下的财务权都交给了各级经理，而海底捞的服务员都有免单权。不论什么原因，只要员工认为有必要，都可以给客人免费送一些菜，甚至免掉一餐的费用；对外诚信经营，曾先后在各省荣获"先进企业""消费者满意单位""名优火锅"等十几项称号和荣誉，创新的特色服务赢得了"五星级"火锅店的美名。连续4年获"中国餐饮百强企业"荣誉称号。这些都体现了海底捞的经营管理道德的结果。

2. 和德：以和为贵——竞争道德

海底捞通过"师带徒与员工轮岗制度及合理的薪酬福利制度"促进上下级之间和员工之间的和谐，到达"内和外争"；在确立服务差异化战略指导下，海底捞不搞低价竞争，通过优质的产品质量及员工为顾客提供"超五星级服务"的优质服务质量，始终秉承"服务至上、顾客至上"的理念，以创新为核心，改变传统的标准化、单一化的服务，提倡个性化的特色服务，将用心服务作为基本经营理念，致力于为顾客提供"贴心、温心、舒心"的服务；提升企业价值，体现了企业的竞争道德。

3. 仁德：仁者爱人——质量道德

仁德不仅体现企业对员工的关爱和尊重，更体现在对消费者的责任。为了确保食品安全，海底捞在北京、上海、西安和郑州等地成立了大型食品基地和物流配送中心，统一生产、加工和配送。同时，建立菜品安全的追溯制度，对每天采购和产成的菜品和成品进行全程质量监控，门店还专设48小时各类菜品留存制度，确保食品质量的全程可控。这些做法无疑提升了企业产品的品质。

海底捞公司倡导双手改变命运的价值观，"用心服务"的经营理念，以拓展全国市场为经营目标，尊重员工、信任员工，注重企业的经营道德、质量道德和竞争道德，在给予普通员工物质回报的同时，还让他们一同收获幸福感和成就感。

三、"人为为人"的经营观：敬天爱人，自利利他

"人为为人"经营观就是表明企业在未来发展中经营战略、经营思路、业务模式的方向。即企业人为经营观，其内涵体现在"利己"与"利他""激励与服务""人为与为人"的平衡与统一，是自我导向和他人导向的有机融合。其体现了通过利他从而利己，双方的获利带来的企业发展和业绩增长，而带来的社会财富的共享。

1. 利己与利他

海底捞总是把顾客的幸福和员工的幸福作为赚钱的前提，他们懂得一个人想得到幸福，他必须首先使别人幸福。利己先利人，就是通过利他实现了利己的目的；海底捞一家店的日翻台率一般在4~5次，一家旗舰店的年营业额可以到达5 000万元左右，一家新店从开店到回本盈利的周期为6个月。大大提升了企业的效益。

2. 激励与服务

海底捞的企业文化精髓在于"用愿景激励员工，用温情感动员工，用情谊维系员工，用安居温

暖员工"。公司用心对待员工，员工才会用心去对待顾客。海底捞不仅通过制度管理，更懂得通过感情沟通管理。

3. 人为与为人

海底捞通过对员工的关爱、尊重和信任，激发和释放每个员工的善意和潜能，使员工积极主动地投入到工作中，为顾客提供了优质的服务，促进了顾客对企业的回馈，为企业创造价值，使企业业绩持续增长，提升了企业的效益。在这个的管理过程中，无形中提升了三方面的价值：员工价值—顾客价值—企业价值，即"企业为员工创造机会，员工为顾客创造价值，客户为企业创造效益"（图9.2）。这就是"人为为人"的循环递增的过程，最终促进了企业经营的可持续的发展。

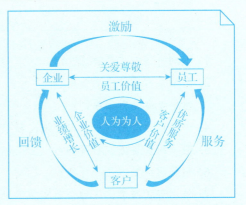

图 9.2　海底捞"三为"互动模型图

从马斯洛的需要理论——人在不同的阶段有不同的需要，生理需要、安全需要、社交需要、尊重的需要及自我实现的需要。张勇非常深刻理解这个道理，在员工不同需求阶段给予不同的需要，从将员工当家里人，尊重和关爱员工；通过各种激励机制，促进员工发挥主动性、积极性和创造性；以此促进了企业对顾客的优质服务，到达企业与员工的共同目标——企业实现效益。正如张勇所言：只有员工对企业产生认同感和归属感，并给予他们成就感，才会真正快乐地工作，用心去做事。

小　结

1. 激励就是激发动机，调动积极性的过程，是管理的重要职能，是管理心理学的核心问题。对激励的理论研究以内容型理论为代表，还包括行为改造型理论、过程型理论和综合型理论。

2. 激励研究的重点在于分析整个激励的过程模型及相关的影响因素分析，基于此，寻找有效的激励方法并用之于管理。就激励过程而言，主要是在良好组织环境和管理软环境的六项原则，遵循需要分析→情况判断→利益兼顾→目标协调的程序完成激励。就影响激励的因素分析而言，其基点在于以激励效果的最大化，从而决定与被激励者有关的内外变量的组合特点。

3. 激励手段是激励理论在管理实践中运用的表现。通常的"强化法"是基于条件反射的心理生理假设，是行之有效的激励手法，但在使用过程中应从具体问题的前提出发，灵活运用。

4. 海底捞实施的"三为"激励机制，激发和释放每个员工的善意和潜能，提升了员工价值，使员工积极主动地投入工作中，为顾客提供了优质的服务，促进了顾客对企业的回馈，为企业创造价值，使企业业绩持续增长，提升了企业的效益，促进了企业经营的可持续发展。

思考题

1. 激励有哪些主要特点?
2. 激励具有哪些主要作用?
3. 激励要遵循哪些原则?
4. 个人行为激励的手段与方法主要有哪些?
5. 激励的主要方式有哪些?
6. 强化的主要方法是什么?
7. 借鉴海底捞案例探讨企业实施激励的方式、手段和效果。

第十章 决策行为

第一节 决策行为的过程

一、决策的概念

决策一词的含义，有如下几种理解：

（1）用于决策分析的各种方法，即所谓"决策论"；

（2）决策领导者处理重大事件所下的决心和行为；

（3）决策的全过程，决策不应该理解为仅仅是主管领导干部"拍板"那一瞬间，而是应该包括一连串的准备工作和计划执行的行为。人类大脑器官的思维活动，其最终结果是见之于人的各种行为效应。由思维活动过渡到行为之前，这中间必然形成某种明显的动机。决策人的动机，就是人们在社会或自然环境中，基于某种理想而产生的将要追求的目标。当人们经过思考，决心采取行动去达到这种目标时，这便是决策概念的产生。决策是同其所期望达到的目标紧紧连接在一起的。没有目标当然也就谈不到决策过程。

任何一个人，在日常生活中所要产生的动机，所要下的决心，所要追求的目标是非常之多的。这对某一个人来说，当然应该算作他的种种决策。可以这样认识，广义的决策是人类社会生活最普遍的现象。然而本节所要讨论的将是一些重大的决策，譬如政治、经济、科学、社会以及军事等事件的决策问题。但是，上述两者的决策程序却是近似的。在重大事件的决策过程中，首先也要建立一个目标（有时不止一个），这是任何决策所不能缺少的最初的一步。

二、决策行为的过程

目标的产生与建立仅仅是一个思维动机，是人们预计将要追求的一种设想。至于这种设想的细节、边界、各种影响因素还都只是一个轮廓。想象中的目标是否值得追求还没有十分把握，还没有下决心。下决心则是决策的任务。一旦目标建立起来，接下去便是决策过程的开始。

对于整个决策工作，应该把它看作是一个系统。这个系统由三个部分组成，以下还有若干个子系统，相互衔接组成一个完整的决策程序动态结构（图10.1）。这个工作系统的运转，首先从参谋系统开始，这个系统的中心任务是产生多种方案。因此这个系统包括情报信息、预测研究、可行性分析三个子系统。每个子系统都是根据目标要求，以提出各种可供选择的方案为中心，开展各自领域的工作的。接下去是决策系统。这个系统的中心任务是进行卓有成效的方案论证和方案选优工作，并把确定下来的方案各点准则编入执行计划。再接着便是管理系统。这个系统是根据计划内容、指标和时间要求、具体实现决策目标。九个子系统的工作是一环扣一环，阶梯式接力递进的，这是一个决策的全过程，是一个总的工作程序。

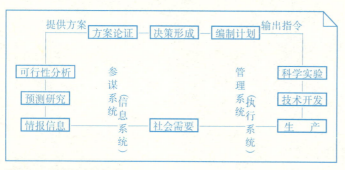

图 10.1 决策程序结构图

（一）参谋系统

参谋系统的三个组成单元各自具有如下具体功能。

1. 情报信息

情报工作的第一个功能就是为决策服务。情报调研是决策程序的起步。知识信息是人们认识世界和改造世界的源泉，是现代科学技术三大支柱之一，当然，它也是决策科学化的基础。决策不能没有足够的信息，否则便成了无米之炊。情报是知识的化身。情报是以信息的形式进行流动，为人类的各种活动服务的。满载着科学知识的信息，对于人们的意志行为是不可缺少的，对于人们的决策决心更是不可缺少的。

情报来源于社会实践，又贡献给社会实践。知识信息首先来自科学实验，然后经过一番加工整理，提供给决策系统，接着又变为人们的行动——生产斗争和科学实验。这是一个不断上升不断飞跃的知识循环过程（图10.2）。

情报的收集存储、加工整理、分析研究，也有一整套程序。这个工作程序通常分为一次情报、二次情报、三次情报等等。所谓一次情报，就是指科学工作者们所撰写的论文报告。这一步一般都不是情报专业人员去做，但是情报人员要进行有选择的收集。二次情报是指检索和翻译加工工作。这项工作很重要，因为

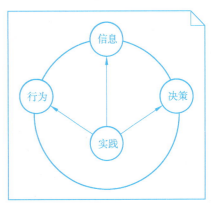

图 10.2　知识生产循环过程

处在"知识爆炸"时代的今天，如果没有检索工具书的引导，人们在浩如烟海的出版物中查找自己需要的情报是困难的。三次情报就是情报的分析研究工作。这种研究工作的成果、最普通的形式是专题报告、文献综述、动向分析、背景资料等等。此外，还有一种未经加工的以语言形式出现的信息，常常是人们所需要的宝贵的情报源。在学术交流活动中，对这一部分情况的收集是不容忽视的。

在上述各种形式的情报中，以三次情报形式进入决策参谋系统的最多见。在情报本身的特性里，有一条是针对性，情报研究工作，完全可以根据决策目标的具体要求，有针对性地提出各种专题性报告或背景资料。

2. 预测研究

预测与情报同是决策的前提，预测研究是决策过程的一个重要环节。但是，预测必须建立在情报工作的基础上，否则预测研究便无法进行。预测是研究某一事件未来发展状态的，而未来的发展规律是同现在和过去的情形紧紧联系在一起的。这就有可能根据某一事物的历史和现状的种种资料去推测未来。这是人们对于客观事物发展规律的一种认识方法。而过去和现在的各种资料的收集整理、归纳分析是情报工作的基本任务。

3. 可行性分析

可行性分析是研究人们在行将追求某种目标的过程中所出现的各种变化因素，并从这一角度出发，应用现代科学方法，进行分析研究寻求达到目标的各种可行方案，为决策论证提供基础条件。可行性分析同预测技术是衔接的。它同预测的区别，一是注意未来发展结果的远期效应，一是注重一旦方案付诸实施，围绕构成该方案的种种客观条件（如资金、设备、原料、能源、人力、技术、管理水平、自然条件、社会条件以及经济效益等等）能否具备满意的可行程度。这是一个系统研究过程的一个阶段。这个阶段

的中心任务是对已经初步形成的各种方案的利弊得失加以分析比较,并做出定性或定量估价。同时把可行方案按照优先选用的顺序,推荐给决策主管干部形成最后决策。

可行性分析是属于系统工程的一个分支。它所使用的工作方法至今尚无一个统一的模式。由于专业不同,各部门任务不同,各层次各行业存在着千差万别的情况。因此可行性分析不可能统一,只能根据具体问题进行具体分析的原则建立各行业各层次自己适用的可行性分析方法、步骤和内容。但是,这一工作的大体步骤是这样的:首先根据目标要求和情报、预测资料,由负责这项工作的专门班子提出一些较为粗略的可行方案,这个方案虽然有些量的概念但不精确。主要是列出各种有关因素,建立概括的逻辑模型。经过这一阶段工作之后,便进入下一步的精确分析研究阶段。这个阶段应用科学方法,建立数学模型,使用计算工具,提出定量的分析和实施方案。

以上各段工作均属决策过程中的参谋系统。这一系统的工作效果,对整个决策过程具有极为重要的意义。过去因决策不科学所发生的失误,究其原因,恰恰是未能组织这一系统的全部活动。决策主管干部情报意识不强,对预测和系统分析不够重视,在组织上没有建立进行这种工作的参谋班子(或称智囊组织、咨询机构)。然而,一项决策是否科学,关键就在这里。

(二)决策系统

1. 方案论证

方案论证亦可称为规划论证。前面一系列的准备工作可看作是论证的调研阶段,各种方案产生阶段。而论证则进入了决策阶段。这个工作的组织实施,一般由应决策机构(如科技计划部门、总体设计部门、参谋咨询部门以及其他专业顾问组织等),聘请有关专家和专业干部,召开技术论证会议。任务是对已经提出的多种方案进行择优讨论,并向决策领导者负责推荐经过择优的可行方案。

2. 决策形成

决策领导者,对于经过论证的方案进行最后抉择。这一阶段同前面的方案论证和下一步的编制计划同为决策结构中的决策系统。这一工作主要是在领导部门、职能机构中进行的,它是决策的核心部门,是全局的关键。一个有效的管理者,一个称职的领导者的全部使命就在于此。担负这一职责的主管领导人,要具备良好的思维分析能力,敏锐的洞察力和判断决策素质。决策过程的绝大部分工作都是专业工作者的任务,也就是利用智囊技术,发挥"外脑"功能。决策主管干部并不需要掌握那些具体方法,但必须知道这一整套程序,各程序单元的功能以及各种方法的可靠性。经过上述几个阶段的工作新产生的方案,较之以往由领导者直接决策应该是具有更大的科学性和较少的风险性。

三、决策方案的实施

决策不可能一次完成,它应该包括"定案"后的一系列实施过程。首先是制订规划、计划、使决策方案得以在时间和空间上的具体安排,还有实验观察,技术开发,定型投产等阶段。

实施过程也是验证决策质量过程。在这一过程中还会发生许多反馈信息,甚至出现必须采取补救措施或作出相应对策的问题。有时还要进行多次的追踪决策,用以修正原方案中的某些不正确部分。对于这样一个决策结构,应该认为是一个封闭反馈自控系统。但是,也应看到,在极少情况下,必须作出具有较大风险性的决策时,却是很难指望通过反馈信息,进行追踪决策而加以修正的。

第二节 决策者的心理特征

一、思维在决策中的作用

思维是人类心理活动的核心。它与感觉和知觉一样,是人脑对客观现实的反映,思维是通过分析、综合、比较、抽象、概括、具体化等基本过程来完成的。决策行为本身就是一个思维过程,就是对发展着的事物的认识不断深化的过程,同时也是不断采取行动解决问题产生方案的过程。决策过程中所涉及的各种方案,最初都是人们头脑中的思维产物。在一般情况下,人们总是感受到了许多信息,进而发现了一些问题,然后是不断地积累资料,并储存在头脑里进行长时间的思索、考虑,寻求某种比较满意的答案。

一个解决问题的决策程序,大体要经过查明情况、制造方案、优化选择、采取对策和控制发展这几个阶段。然而在这一连串的过程中,思维活动占有极重要的地位。虽然决策中应用许多科学方法,而决策工作中人的思维能力、智力活动、直接判断等等因素是不可忽视的。一个有学识的人,一生中他的大脑可能储存了大量的知识信息。当人们面临某种需要解决的复杂问题时,大脑便可迅速地把储存的有关信息输出来。这种信息输出是多种多样的，有的是对问题的答复，有的是一个紧急情况的处理对策，有的是一个深思熟虑的决策方案，有的是一个具有深远意义的未来图景。

二、思维认识偏离实际的原因

人的主观认识与客观实际情况总有一定的距离，总有一定程度的失真现象，这种认识上的失真，在对社会现象的判断，对军事行动的判断，对个人行为的判断以及对于人才的识别等等活动中是普遍存在的。由于思维认识的偏离造成重大失误者、古今中外数不胜数，其原因有以下几个方面。

1. 人类认识能力并不十分精确

各种感受器官本身就有相当大的误差。人工的观测、判断、计算，如果没有先进工具的相助，其精确度是很低的，何况个人的表达、理解、认识都有一定的偏差与局限性。

2. 思想方法绝对化

采用这种思维逻辑对科学、对社会、对个人都是有害无益的。任何好的决策都不可能是百分之百正确，好与坏、成功与失败都是相对的，纯而又纯的东西在世界上是没有的。社会事物的性质是经历渐变到突变的辩证运动过程的。任何事情都不可能一刀切。评价一个人总是要根据他的全部历史和全部工作进行全面分析，如果主流是好的，或三七开，或四六开，都应该承认是好的。

3. 不同条件就有不同情况，任何事情都有时间和空间的差异

社会现象是时刻在变动的，是因地而异的，认识有明显的时间性。随着时间的流逝，原来对的东西可能变成不对的东西。例如，牛顿的万有引力定律统治了物理学界许多年，而爱因斯坦的理论却证明原来的定律并不完全对。当然也有相反的情况。原认为是错误的东西，后来被实践证明是正确的。

4. 统计规律与个体差异

根据大量资料进行统计，发现科学家的创造发明最佳年龄区是25—45岁，这作为社会现象来看是对的，但是这不等于在这个年龄区以外的人就没有重大科研成果。那些智力超常的少年"神童"和大器晚成的老年科学家也大有人在。社会现象与个别现象应该有所区别，要具体问题具体分析。然而对社会规律性的研究就不能从个别现象出发，而要对大量样本进行统计分析。因为社会事物有许多偶然现象。人所生活的环境是一个复杂的社会，只有进行大量样本的搜集和统计才能获取反映社会本质的规律性。客观事物的发展，主观意识的认识都有一个形成过程。站在一边，远远地一

望就下结论是不行的。认为随便一个什么典型都可以拿来当作普遍规律加以推广,把个别事物当作历史的必然现象,用这种思维成果参与决策,十之八九是要碰壁的。

在大量样本的统计方法中,使用概率论说明一种社会现象的规律性是决策程序中最常见的方法。所谓"概率"是数学语言,是说明一件事物出现的可能性程度,譬如直观预测法的特尔斐法就是使用概率法对参加预测的专家意见进行统计处理的,就是把参加征询的所有专家的回答意见,经过统计运算取得一个中位数、一个上四分点和一个下四分点,用以表示一组专家意见的统计分布的。进行多次循环征询的意见越是协调、集中,用以作为决策依据的可靠性也越大。在决策过程中应用统计概率是十分重要的,不要认为听了专家个人判断的意见就是可行的,专家个人判断也有许多不足之处。专家本身也会存在思维偏离的问题,他们有可能受专业知识的限制;受个人偏爱和兴趣的影响;受社会的、人事的和心理因素的左右等等。如果把专家所提供的信息输入决策系统,应用科学方法加以处理,将会大大提高重大事件决策的科学性。

人们的思维活动与实践活动既有统一性又有矛盾的一面。上面所谈的人们的认识与客观实际的距离,人们对决策事件发展的理想期望与社会发展许多不定因素之间的矛盾,决策者主观思维判断的许多片面缺陷以及不能采用科学方法处理异常复杂的信息误差等等,都是说明主客观矛盾的一个方面。但是,世界是可以认识的,思维与实践完全可以统一起来,关键在于决策者的努力。

三、决策者应有的思维特征

(一)对思维概念的一些理解

什么是思维?关于这个问题,毛泽东曾经这样地指出过,认识的真正任务在于经过感觉而到达于思维。而这个思维就是人在脑子中运用概念以作判断和推理的工夫。根据这个论述便可使我们有如下的理解,就是说人们在社会实践中对客观事物的认识有一个过程。在各种人才的标准里,思维能力是一个核心条件。人才条件主要是由德、学、才、识等四个方面构成的,所谓"才",系指一个人所具有的各种能力,诸如观察能力、记忆能力、思维能力、想象能力、表达能力和组织管理能力等等。在这些能力中,最能代表人才本质的是思维能力。一个管理者或决策者,他所应该具备的条件中最不可缺少的便是良好的思维能力。决策者在选择目标和决定方案时,在预见事件发展过程中成败得失的风险时,都需要良好的综合判断能力。决策者在对待决策方案执行过程还应该有足够的决断和应变能力,用以应付事先未曾充分估计到的新的意外情况等等。

(二) 决策领导者的思维特征

1. 应有广阔的思维品质

这种思维能力，可在不同知识领域，不同实践范围，能深入问题的各个方面进行综合研究，并能作出许多重要的抉择。

2. 应有善于深入思考的品质

要能够从不被人们注意的一些日常现象中发现事物的本质和规律性，预见未来发展进程，而不被某种片面虚假现象所蒙蔽。高级决策领导干部的这种思维品质是万不可缺少的。

3. 应有独立决断的能力

有这种思维特征的人，头脑冷静，意志坚定，处理问题果断，有魄力，对任何复杂问题，都有自己的独立见解，不随声附和，不随风摇摆，能坚持自己的原则立场，勇于向强大的传统势力挑战。

4. 应有思维的敏捷性

决策者的思维敏捷性非常重要。不论领导一个方面的科研、生产或领导一项重大工程建设，都和带兵打仗一样，应能在紧急情况下，当机立断，迅速而正确地处理突然发生的各种复杂问题，否则，任何犹豫、拖拉和不负责任，都会给企业造成巨大损失。

第三节 决策行为的价值观与方法

方案准备得再好，最后毕竟还是要领导拍板定案的。因此，领导者能否集中参与决策人员的智慧，从中选择出最优方案，作出正确的决策行为，就成为整个决策能否达到科学要求的关键一环。

为了很好地担负起这一责任和采取正确的行动，领导者必须运用科学的思维方法，采取正确的行动。

一、决策行为的价值观

(一) 决策行为的价值准则

决策行为的价值观，首先要着重审查决策目标是否有效达到，是否符合当初确定的价值准则。作为一个领导者，必须把决策目标放在首位。偏离目标的方案即使是精细完善的，运用了再多的科学方法、再高深的数学技术，也决不能作为决策行动的依据。达到决策目标的程度，符合价值准则程度，是决策行动的最高准绳。方案和措施都是可以改变的，而目标和准则是不可改变的，如果变了那就是另外一个决策了。醉心于某个方案，顽固地坚持自己喜爱的某些措施，而忘记了根本目标和准则，是领导者采取决策行动时常易犯的毛病。

（二）决策行为价值观的衡量

在专家们的决策工作中，必然广泛运用各种现代科学方法和技术，进行投入和产出的计算。但是一个真正的决策，必然包括了无法用计量比较的内容。例如，资金究竟是优先投放到工业上还是教育事业上，它们之间都很难找到可以共同计量的比较指标。在不可用计量比较的内容之间，唯一联系它们的因素是价值。因此，领导者的决策就是要权衡和判断它们的价值。价值有三类：学术价值、经济价值和社会价值。一项科研成果可以具有很高的学术价值、荣获某种奖金或荣誉，但不一定会在可以预见的将来具有实际的经济价值。一项具有很高经济效益的技术发明也可能给生态平衡、环境保护、伦理道德带来不利的影响。这三类价值在特定的社会条件下，都有特定的客观评价标准，领导者必须对此有充分的了解，然后才能求得某种有效的权衡，进而采取正确的决策行动。

（三）决策行为权衡的原则

决策权衡的一个重要方面是利害原则。它不外乎是有利无害、有利有害和有害无利三种情况。同时，在有利有害中，又有利大于害、利等于害和利小于害三类状态。在有利有害、有害无利中，也有利大利小或害大害小之分。领导者在权衡各种利害得失的时候，一般来说，得利的多少可以作为决策行动的依据；但是也并非只有利大于害才是唯一的决策行动原则。在许多情况下，先取小害以图今后之大利，也是采取决策行动的重要原则。

价值判断不是一成不变的。不同的社会制度，不同的发展阶段，不同的资源条件，不同的国情和地区情况，价值观也有所不同。简单地照搬和套用某种固定程式，是不可能成为一个高明的决策者的。

二、决策行为的方法

不同类型的决策行为，要有不同的思考方法。领导者在审查专家们的研究报告并作出最后决断时，要注意区别决策的类型，给予不同考虑。

（一）确定型决策行为的方法

对于确定型决策，既然结果是确有把握的，那么决策就应根据已有情报选择最佳方案。不仅如此，领导者还要以"灭此朝食"的决心，竭尽全力去实现最佳结果。决心不大，实施不力，就会贻误时机。纵然决策是选中了最佳方案，也会因为时过境迁，事态变化而得不到最佳结果。这是确定型决策失误的常见原因。看准了，就全力行动，这是确定型决策的基本思考原则。

（二）风险型决策行为的方法

风险型决策，是指要冒一定风险的决策。对于这种决策，领导者应着重考虑以下四点：

（1）选择最有希望的方案行动。

（2）准备好必要的应变方案，以便在可能的不测事变发生时得以应付自如。

（3）运用各种主客观条件，尽量化险为夷。通过试点、实验，及时收集新的情报，使风险型决策转化为确定型决策。

（4）留有余地，要有最后的保险手段。如同机器设计中要有安全阀、旁通阀、控制阀等一样，风险型决策要有尽可能有效的保险手段。例如，作战方案中要有预备队，投资建设中要有后备金，以及通过思想政治工作提高人们对决策的信心，同心同德地去执行等等。它们的作用不仅在于决策实施的关键时刻，可以保证决策胜利；而且万一失败，也可把损失减少到最小限度，并且安然地过渡到新的决策上去。

风险越大，上述四点考虑就越重要。风险型决策最忌讳孤注一掷。

（三）不确定型决策行为的方法

对于不确定型决策，领导者又应该怎样科学地思考呢？既然我们掌握的决策条件太少，决策的后果不确定，那么就要考虑以下四方面。

（1）要"摸着石头过河"。这是领导者决策时最基本的原则。决定问题不要太匆忙，要留一个反复考虑的时间。最好过一段时间再看看，然后再决定。

（2）多方案并进。每个方案都要有原则差别，这样不仅成功的希望大了几倍，而且纵使失败了，也能积累下更多的经验教训，为新的成功的决策打下良好的基础。

（3）步子不要太快。快了"摸石头"也罢，多方案也罢，都失去了意义。结果即使方案基本正确，也会欲速则不达。

（4）要把力量集中在信息反馈上。要有灵敏、准确和有力的反馈措施，及时收集情报，及时总结经验教训，以便随时应变。僵化不变，必然失误。在不确定型决策中，失误往往是难免的。问题是，如果失误了还僵化不变，那就要误上加误，造成灾难性的后果。

此外，如竞争型决策，最主要的是掌握"知彼知己，扬长避短，出奇制胜，动态对策"等思考方法。

三、决策行为的系统观

在社会化大生产的情况下，任何事物都不是孤立的，而是处于系统的层次之中的。同时，系统的局部与全局又有着十分复杂的交叉效应，局部有利的事，并不总是对全局有利的，甚至常常损害全局利益。所以，领导者必须有全局的系统的观念，从战略高度去进行决策。即使是决策一个局部问题，如果没有全局的把握，不了解它在全局中的地位，上下左右的联系，以及各方面的交叉效应，也是不可能达到科学的要求的。具体说来，一个正确的决策行动，必须注意以下几点。

（1）决策的依据必须充分考虑到大系统、相关系统以及以往决策的系统，彼此要协调适应。

（2）要充分了解决策的后果将要涉及哪些系统，从而要引起哪些系统进行相应的变革和对策。

（3）决策本身要系统展开。不仅决策应是一项系统的设计，而且决策的实施也要按系统层层展开。一层层的"子系统"必须服从于上一层次的大系统，才能最后保证决策目标的实现。决策不系统展开，有的认真抓，有的又不认真抓，在实施中必然南辕北辙，这是决策的大忌。

（4）从系统观点出发，领导接受或决策的方案，必须是一个完整的方案。只采纳方案的一部分，必然破坏整个系统，纵使部分再合理也不能发挥作用。

四、决策行为中逆反意见的作用

不同意见对于正确的决策行动，有重大意义。

（1）不同意见的发表，实质上等于提出了更多可供选择的方案。

（2）不同意见之间互攻他短，各扬己长，就使各个方案的利弊得以充分显现，从而可以取长补短。同时，争论可以激发人的想象力和创造力，彼此互相启示，开阔视野，深化思路，从而得到最优方案。

（3）不同意见的讨论，也是统一决策认识的过程。一旦决策，就可同心同德，上下一致地实施。既减少了阻力，又不易走样，这就有利于发挥大家的主动性和积极性。

（4）不同意见的存在，还能提高决策的可靠性。当以后实践证明决策错误时，原来的反对意见往往就是一个现成的补救方案，不致临渴掘井，束手无策。

（5）不同意见的讨论，也是领导者避免受人愚弄和左右的最有效的措施。事物是很复杂的，要想比较全面地正确了解情况，作出决策，就必须听取各种不同意见，经过周密分析，把它集中起来，可以说，听取不同意见，是决策者的座右铭。

在吸取不同意见进行决策的过程中,开展民主的学术性的讨论,有特别重要的意义:以远见卓识为评价标准,使不同意见得以充分发表,从而可以抓住问题的科学性的核心。有了这个科学性的核心,就能把理想的目标与现实的情况最大地结合起来。

由上述可见,一个领导者要使自己的决策行动科学化,应当有从事决策工作所必需的全局观点和民主作风。

案例

海尔:先谋势,后谋利——海尔的战略决策观

一、吃"休克鱼"的内涵

吃"休克鱼"是海尔兼并扩张举措的一种形象的比喻。

从国际上讲兼并分为三个阶段,当企业资本存量占主导地位、技术含量并不占先的时候,是大鱼吃小鱼,大企业兼并小企业;当技术含量的地位已经超过资本作用的时候,是快鱼吃慢鱼,像微软起家并不早,但它始终技术领先,所以能很快超过一些老牌电脑公司;到20世纪90年代是一种强强联合,所谓鲨鱼吃鲨鱼,美国波音公司和麦道之间兼并就是这种情况。在中国,国外成功的例子只能作为参考,大鱼不能吃小鱼,也不可能吃慢鱼,更不能吃鲨鱼,在现行经济体制下活鱼是不会让你吃的,吃死鱼你会闹肚子,因此只能吃"休克鱼"。

所谓"休克鱼"是指硬件条件很好,管理不行的企业。由于经营不善落到市场的后面,一旦有一套行之有效的管理制度,把握住市场很快就能重新活起来。

二、吃"休克鱼"的思考方法

从20世纪90年代初开始的近10年间,海尔先后兼并了18个企业,并且都扭亏为盈。

在这些兼并中,海尔兼并的对象都不是什么优质资产,但海尔看中的不是兼并对象现有的资产,而是潜在的市场、潜在的活力、潜在的效益,如同在资本市场上买期权而不是买股票。海尔18件兼并案中有14个被兼并企业的亏损总额达到5.5亿元,而最终盘活的资产为14.2亿元,成功地实现了低成本扩张的目标。

人们习惯上将企业间的兼并比作"鱼吃鱼",或者是大鱼吃小鱼,或者是小鱼吃大鱼。

而海尔吃的是什么鱼呢?海尔人认为:他们吃的不是小鱼,也不是慢鱼,更不是鲨鱼,而是"休克鱼"。什么叫"休克鱼"?海尔的解释是:鱼的肌体没有腐烂,比喻企业硬件很好;而鱼处于休克状态,比喻企业的思想、观念有问题,导致企业停滞不前。这种企业一旦注入新的管理思想,有一套行之有效的管理办法,很快就能够被激活起来。

三、决策的比较与战略思考

从国际上看,企业间的兼并重组可以分成三个阶段。

先是"大鱼吃小鱼",兼并重组的主要形式是大企业兼并小企业;再是"快鱼吃慢鱼",兼并重组的趋势是资本向技术靠拢,新技术企业兼并传统产业;然后是"鲨鱼吃鲨鱼",这时的"吃",已经没有一方击败另一方的意义,而是我们常说的所谓"强强联合"。

而吃"休克鱼"的理论,为海尔选择兼并对象提供了现实依据。国情决定了中国企业搞兼并重组不可能照搬国外模式。由于体制的原因,小鱼不觉其小,慢鱼不觉其慢,各有所倚,自得其乐,缺乏兼并重组积极性、主动性。所以活鱼不会让你吃,吃死鱼你会闹肚子,因此只有吃休克鱼。

小 结

1. 决策行为实质上是一个比较、选择、确定和执行的过程。在管理中,完整的决策行为包括了决策系统、参谋系统和管理系统。

2. 决策离不开思维,离不开人主观能动地分析、综合、比较、抽象、概括。正确的决策要避免认识偏离和思维的固着。就管理者而言,应具备正确的思维方法,培养广阔思维、深入思考、独立判断、敏捷反应的良好思维品质特征。

3. 决策行为还以价值准则和权衡准则为指导,建立在充分理性的基础上。决策者还应掌握在确定条件、风险条件和不确定条件下的决策艺术,从系统观的角度出发,兼顾不同意见对正确决策的重要作用。

4. 海尔公司吃休克鱼的战略具有决策的充分依据与权衡标准。海尔先谋势后谋利——海尔的战略决策观从价值准则、决策思维及确定与不确定条件、风险条件等方面都是深思熟虑的策略选择。

思考题

1. 简述决策行为的过程。
2. 决策者应有哪些思维特征?
3. 什么是确定型决策?应如何考虑?
4. 什么是风险型决策?应如何考虑?
5. 什么是不确定型决策?应如何考虑?
6. 如何运用系统观念来指导领导者的决策行为?
7. 简述海尔公司的吃休克鱼战略特点,在决策程序上包含了哪些内容?

第十一章 领导行为

领导行为对一个部门、一个企业的管理的好坏具有决定性的影响,它是组织领导一个部门或企业人力、财力、物力以及调动一切积极因素的关键,是实现组织目标和满足职工需要的带头行为。

第一节 领导的内涵与要素

一、什么是领导行为

(一) 领导的概念

关于领导一词,历来有不同的解释。传统的管理理论认为领导是组织赋予一个人的职位和权力,以率领其部属实现组织目标。但多数行为科学家认为领导是一种行为和影响力,这种行为和影响力可以引导和激励人们去实现组织目标,是在一定条件下实现组织目标的行动过程。这种行为和影响力并不排斥行使组织所赋予的权力,实行监督和控制,但更重要的是通过个人（领导者）依据组织内的实际情况，运用领导技能，采取正确的领导方式和领导行为，团结和带领全体职工高效率地去实现组织目标。

（二）领导与人群关系

人们在组织中发生交互关系，彼此互相影响，但各人的影响程度并不完全相同。人群关系的性质不同，影响别人的行为效果也不同。某些人因其在组织中的作用和地位高于其他成员，或因其能满足成员的某种需要，具有一定的威信、良好的品德，富有工作才能等，因此，对成员有较大的影响力，博得了群众的信任，成为组织中特殊的人物。他能带动组织，控制组织，是组织的领袖，或叫领导者。在企业中，领导者与被领导者的区别，主要表现在职位上的不同。

管理心理学家们认为领导是透过人群关系去影响团体中的每一个成员，激发其努力实现组织目标的，因此，领导与人群的关系如何，对实现组织目标有密切的关系。

（三）领导行为要素

管理心理学家以因素分析法研究领导行为，认为领导行为包括下列四项因素：

（1）支持，指领导重视与支持职工的价值观及感情的行为。

（2）促进相互关系，指领导善于促进职工间密切合作互相满足的关系，并不断发展此种关系的行为。

（3）强调目标，指领导善于激发职工努力达成组织目标的行为。

（4）协助工作，指领导能协助职工拟订工作计划，调整工作关系，提供工作的知识、技术、器具、材料等，使其便于工作，并能提高工作效率的行为。

因此，过去传统的以个人与权力为核心的领导观念，以及强调个人人格特性，如写作能力高、有智慧、有雄心、有正义感、判断力强等都是不全面的。

领导者是组织中的一种角色，而领导是领导者的一种行为，是一种人与人之间的关系，及人与工作或人与目标之间关系的一种形式。

一个组织可以指定一个领导者，或选出一个领导者，但却不能指定或选出某种领导行为。因此，对领导行为的培养就显得特别重要。

人们往往将领导与管理视为一件事，其实这两个概念有重大的区别。从本质上讲，领导的概念较管理为广泛。管理是一种特殊的领导，其最高的目标就是实现组织目标。因此，两个概念的主要区别在于"组织"。领导虽然也同个人及团体共同来实现目标，但是，这些目标并不一定都是组织的目标。一个人可以尝试去实现他个人的目标而不去考虑组织目标。因此，一个人可能很成功地达成个人目标，而不一定能有效地达成组织目标。

二、正式领导者与非正式领导者

领导者与组织一样，可分为正式领导者与非正式领导者两种。其功能如下。

1. 正式领导者

正式领导者拥有组织结构中的正式职位、权力与地位，其主要功能是领导职工达成组织目标。如：

（1）制订和执行组织的计划、政策与方针；
（2）提供情报知识与技巧；
（3）授权下级分担任务；
（4）对职工实行奖惩；
（5）代表组织对外交涉；
（6）控制组织内部关系，沟通组织内上下的意见。

正式领导者的功能是组织赋予的，能实现到何种程度，要看领导者的能力以及领导者本身是否为其部属所接受而定。

2. 非正式领导者

非正式领导者虽然没有组织赋予他的职位与权力，但由于其个人的条件优于他人，如知识经验丰富，能力技术超人，善于关心别人或具有某种人格上的特点，令职工佩服，因而对职工具有实际的影响力，也可称为实际的领导者。其主要的功能是能满足职工的个别需要。如：

（1）协助职工解决私人的问题（家庭的或工作的）；
（2）倾听职工的意见，安慰职工的情绪；
（3）协调与仲裁职工间的关系；
（4）提供各种资料情报；
（5）替职工承担某些责任；
（6）引导职工的思想、信仰及对价值的判断。

非正式的领导者，因其对职工具有实际的影响力，因此，如果他赞成组织目标，则可以带动职工执行组织的任务；反之，如果他不赞成组织目标，则他亦可能引导职工阻挠组织任务的执行。

一个正式的领导者要制定政策，提供知识与技术等，当然需要适当的智慧与智力。但领导行为主要是人群关系的行为，因此必须具有较高的被组织内的职工所接受的感情，才能发挥其领导的效果。多年来，许多学者一直找出具有哪些特性的人当领导才能发挥最大的效益，所得的结论是：

（1）敏感性——善于体贴别人，精于洞察问题；

（2）个人的安全感——有安全感的人，情绪稳定，做事庄重，让人觉得可靠，可以信赖；

（3）适量的智慧——领导者需要某种程度的智慧才能处理许多事物，但也不需要太高的智慧，因为智慧太高者往往容易恃才傲物，不能体谅一般人。

由此可知，一个真正有作为的领导者，他同时应具有正式领导者与非正式领导者的功能。既能实现组织的目标，也能满足职工的个别需要，也就是他必须同时将工作领袖与情绪领袖两种角色集于一身。但是，这种标准或理想的领导者是不可多得的，通常的领导者皆偏向于工作领袖的性质，因此，容易忽略部属的社会性及情绪的需要。在这种情况下，职工中较善于体谅别人者，便逐渐变成大家的情绪领袖，担负起安慰、鼓励、仲裁及协调等功能的作用。

三、领导者应具备的基本技能与要求

具备怎样的条件才能做一个好的企业领导者呢？长期以来，对领导者应具备的条件存在许多不同的看法。有的人十分强调领导者个人的特性，如高尚品德，办事公正，不谋私利，有工作才能，有事业心，身体健康等。而更多的人认为领导是一种动态过程，要把研究的重点放在领导与被领导的行为和环境的相互影响上，而不是放在个人的特性上。行为科学家们认为应针对不同的情况和环境，创造出各种理论和模式，以帮助领导者在遇到某种具体情况和环境时，能采取最适当的领导行为。

（一）领导者应具备的基本技能

领导者在领导下属的过程中，一般需要具备技术技能、人文技能和观念技能。

1. 技术技能

它是指领导者必须通过以往经验的积累，及新学到的知识、方法和新的专门技术，掌握必要的管理知识、方法、专业技术知识、计算工具等。他能胜任特定任务的领导能力，善于把专业技术应用到管理中去。

2. 人文技能

它是指领导者必须具有善于与人共事并对部属实行有效领导的能力，善于把行为科学应用到管理中去，如对职工的激励方法和需要的了解，能帮助别人，为他人做出榜样，善于动员群众的力量，为实现组织目标而努力工作。一般认为这种技能比聪明才智、决策能力、工作能力和计算技术等更为重要。

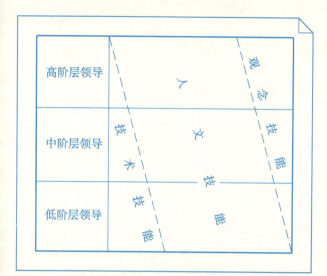

图 11.1　企业不同的领导阶层所需的管理技能

3. 观念技能

它是指领导者必须了解整个组织及自己在该组织中的地位和作用，了解部门之间的相互依赖和相互制约的关系，了解社会团体及政治、经济、文化等因素对企业的影响，具有良好的个人品德和素质，有高度的事业心和进取精神，善于把社会学、经济学、市场学及财政金融等知识应用到企业管理中去。有了这种认识，可使一个领导者能按整个组织的目标行事。

领导职位高低的不同，对以上三种技能的学习和掌握的要求也不同，如图 11.1 所示。

当一个人从较低的领导阶层上升到较高的领导阶层时，他所需要的技术技能相对地减少；而需要的观念技能则相对地增加。较低管理阶层的领导者因接触生产和技术较多，因此，他们需要相当的技术技能，而高阶层的领导者则不必过多了解某些技术上的问题，而特别需要能够明了这三种技能的互相结合运用，发挥各方面的力量，实现整个组织目标。

技术技能和观念技能可随领导阶层的不同而有所变化，但人文技能则对每个阶层的领导者都具有重要的意义。

（二）优秀领导者应具备的条件

行为学家利克特（Rensis Likert）在《管理的新模式》一书中提出：一个优秀的领导者必须具备下列条件。

（1）优秀的领导者虽对组织负全部责任，但并不单独作出所有的决策。他要善于引导团体内的意见交流，虚心听取各种不同意见，由此获得有助于决策的情报资料、技术性知识、及各种事实和经验。

（2）优秀的领导者在无法等待团体讨论而必须临机做出某种决策时，必须能预测此种临机的决策能够获得职工的支持，使团体迅速采取一致的行动。

（3）优秀的领导者首先要特别注意建立团体成员一贯合作支持的气氛，上下团结一致，为实现统一组织目标而努力。

（4）优秀的领导者必须能负起组织上交给自己的职责，但对于部属的影响应尽可能减少使用位置权力，即少利用其正式领导的地位与权力去指挥部属，而多利用自己的为人与指导去影响部属。

（5）优秀的领导者应具有善于同组织中的其他团体联系的能力，他能将本团体的见解、目标、价值及决策反映给别的团体，以影响别的团体；同时，也能将别的团体的各种见解，目标等告知本团体，促使双方意见交流与相互影响。

（6）优秀的领导者必须善于处理团体所面临的技术问题，并随时将专门知识提供给团体，必要时可请技术专家或其他专家给予协助。

（7）优秀的领导者不仅是一位"以团体为中心的管理者"，并且他善于激发团体旺盛的士气，以达成组织的目标，努力促使团体成员对较大的组织也产生责任感与连带感。

（8）优秀的领导者应具有敏锐的感受性，能洞察问题的所在，了解成员的需要与感情，并随时伸出支援之手。

（9）优秀的领导者必须能适应外部环境的变化，引导团体在环境中生存与发展。

（10）优秀的领导者要善于规划团体的目标，并引导各单位及个人依据团体的总目标设置分目标，并努力去实现各自的目标。

第二节 | 领导的行为和效率

领导行为包括的内容十分广泛，如工作行为，人群关系行为，规划目标行为，控制行为，决策行为，预测行为等等。其中以人群关系行为最为重要。

一、领导行为

（一）领导行为四分图

领导行为四分图是美国俄亥俄州立大学于1945年所研究设计的，他们经过调查研究列出了1 000多种刻画领导行为的因素，通过逐步概括，最后归纳为"抓组织"和"关心人"两大类。

"抓组织"主要包括组织机构的设置、明确职责和相互关系、确定工作目标设立意见交流渠道和工作程序等。"关心人"主要包括建立互相信任的气氛，尊重部属的意见，注意部属的感情和问题等。按照"抓组织"与"关心人"的不同内容，他们设计了"领导行为描述答卷"，每项内容列举了15个问题，发给有关领导者进行调查。根据调查结果，发现两种领导行为在一个领导者身上有时一致，有时并不一致，因此，他们认为领导行为是两种行为的具体组合。他们用"四分图"的形式将这一概念加以表示。根

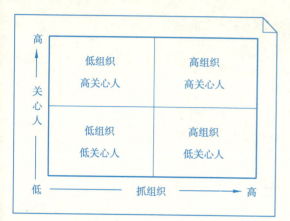

图 11.2　领导行为四分图

据调查结果在图上评定领导者的类型。这是以二度空间表示领导行为的首次尝试，为以后领导行为的研究开辟了一条新的途径（图 11.2）。

（二）领导管理方格

在俄亥俄州立大学领导行为四分图的基础上，美国得克萨斯州立大学心理学教授布莱克和莫顿于 1964 年提出了"管理方格理论"。这是一张对等分的方格图，横坐标表示管理者对生产的关心，纵坐标表示管理者对人的关心。评价管理人员的工作时，就按其两方面的行为，在图上找出交叉点。这个交叉点便是他的类型（图 11.3）。

布莱克和莫顿在提出管理方格图时，还列举了下列五种典型的管理方式。

1. "9.1 型管理"——偏重任务的管理

这种管理只注重任务的完成，而不注重人的因素，职工都变成了机器。这种领导是一种独裁式的领导，下级只能奉命行事，一切都受到上级的监督和控制，使职工失去进取精神，不肯用创造性的方法去解决各种问题，并且不愿施展他们所学到的本领。最后，管理者同职工可能转向"1.1 型管理"。

2. "1.9 型管理"——一团和气的管理

这种管理同偏重任务的管理遥遥相对，即特别关心职工。它的论点是，只要职工精神愉快，生产成绩自然很高。认为不管生产成绩好不好，都要首先重视职工的态度和情绪，这种管理的结果可能是很脆弱的，万一和谐的人群关系受到了影响，生产成绩就会随之降低。

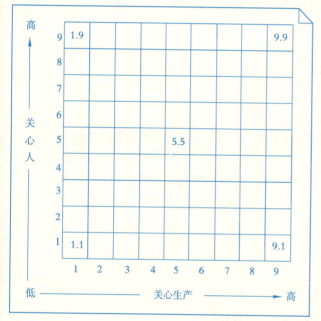

图 11.3　管理方格图

3. "5.5 型管理"——中间的管理

这种管理是一种不高不低的管理。既不过分偏重人的因素，也不过分偏重任务，努力保持和谐的妥协，以免顾此失彼。碰到真正的问题，总想敷衍了事。这种管理虽比"1.9 型管理"和"9.1 型管理"强些，但是，由于公司牢牢奉守传统的习惯和产品的一般标准，从长远的观点看，会使企业逐渐落伍。

4. "1.1 型管理"——贫乏的管理

这种管理对生产任务的关心和对职工的关心都做得最差。这种管理是管理者和整个公司的失败，但是，一般很少出现这种情况。

5. "9.9型管理"——集体精神的管理

这种管理对生产的关心和职工的关心都达到了最高点。结果，管理工作发扬了集体精神，职工都能运用智慧和创造力进行工作，关系和谐，任务完成得出色。这种管理可以获得以下的良好结果：

（1）增加了企业的竞争能力和盈利能力；
（2）改善了各单位之间的相互关系；
（3）充分发挥了集体精神的管理；
（4）减少了职工的摩擦，增进了职工间的相互了解和谅解；
（5）促进了职工的创造力和对工作的责任感。

总之，在"9.9型管理"的情况下，职工在工作方面希望相互依赖，共同努力去实现企业的组织目标；领导诚心诚意地关心职工，努力使职工在实现组织目标的同时满足个人的需要。

管理方格可以被认为是衡量一个管理者倾向的态度模型；领导行为四分图可以被认为是观察别人对领导行为感受的一种行为模型。这两个模型可以结合使用（图11.4）。

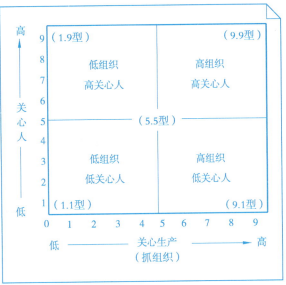

图 11.4　领导行为四分图与管理方格理论的结合

（三）领导方式选择

在领导方式的研究中，有人试图寻求一种固定不变的最理想的模式，以适应对各种情况的领导，但没有成功。因此，一般普遍认为，领导方式必须从实际出发，依据具体情况而定。如领导的地位、权力、技能及所处的环境，被领导者的条件，工作的性质，时间要求，以及组织气氛、企业的习惯等。

领导者对被领导者采取的控制方式不同，使职工产生不同的气氛，以致影响全体职工的行为及整个组织的活动效果。以勒温为首的一群心理学家很早就对独裁、民主、放任的领导方式进行了研究。三种领导方式所产生的不同效果，如表11.1所示。

从一般意义上说：以考虑工作为重的领导，是独裁式的领导；以考虑关系为重的领导，是民主式的领导。在独裁方式下，所有政策都由领导者决定；在民主方式下，政策在制订过程可以公开地进行讨论。独裁式领导，是基于X理论的假设；民主式的领导，是基于Y理论的假设。坦南鲍姆和施密特于1958年提出"独裁-民主序贯图"（1973年经过修改后再次发表）。在"序贯图"中显示了一系列不同民主程度的领导方式，以此说明领导不能机械地选择独裁或民主方式，而应根据客观实际要求，把两者适当地结合

表 11.1　独裁式领导、民主式领导、放任式领导

	独裁式领导	民主式领导	放任式领导
团体方针的决定	一切由领导者一人决定	所有方针由团体讨论决定，领导者给予激励与协助	完全由团体或个人决定，领导不参与
团体活动的了解与透视	分段指示工作的内容与方法，因此无法了解团体活动的最终目标	职工一开始就了解工作程序与最终目标，领导者提供两种以上的工作方法供职工选择	领导者提供工作上需要的各种材料，当职工前来质询时，即给予回答，但不做具体指示
工作的分工与同伴的选择	由领导者决定后，通知职工	分工由团体决定，工作的同伴由职工自己选择	领导者完全不干预
工作参与及工作评价的态度	除示范外，领导者完全不参与团体作业。领导者采用职工个人喜欢的方式评价职工的工作成果	领导者与成员一起工作，但避免干涉指挥。领导者依据客观事实评价职工的工作成果	除成员要求外，否则领导者不自动提供工作上的意见，对职工的工作成果也不做任何评价

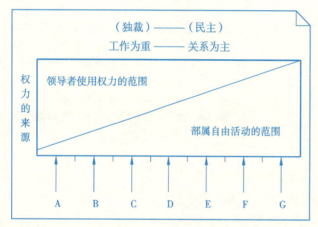

图 11.5　独裁-民主序贯图

起来。图 11.5 表明在独裁和民主两个极端的领导方式之间，可以产生多种的领导方式。

A——领导者作决策并予以公布；

B——领导者"推销"（说明）决策；

C——领导者提出观点，并征求意见；

D——领导者提出决策草案，供讨论修改；

E——领导者提出问题，征求建议，作出决策；

F——领导者明确问题范围，请集体作出决策；

G——领导者允许下属在上级规定的范围内自由活动。

偏向于独裁一端的领导者较重视工作，并运用他们的权力去影响部属；而偏向于民主一端的领导者较重视群体，因此，给部属相当的工作自由。通常这种领导方式还可延伸到放任的领导方式。放任的领导方式，允许人们做他们想做的事，没有人去影响其他的人。显然这种形态不包括在图 11.5 中，因为放任意味缺乏领导，领导的角色已被放弃，因而没有领导的行为。

（四）领导生命周期

在三度空间领导效率模型的基础上，卡曼创造了领导生命周期理论。他认为，有效的领导行为，要把工作行为、关系行为和被领导者的成熟度结合起来考虑，生命周期理论便是反映工作行为、关系行为和成熟度之间的

曲线关系的。它要说明的中心问题是让领导者了解自己的领导方式与部属成熟度之间的关系。因此，领导生命周期理论强调的是领导者对部属的行为。部属在任何情况下都是重要的，不只是因为他们可以接受或拒绝领导者，而更重要的是因为部属实际上决定了领导所拥有的个人权力的大小。

在领导生命周期理论中，成熟度与阿吉利斯的"不成熟成熟理论"所阐述的概念是一致的。主要是指成就感的动机，负责任的意愿与能力，以及个人或群体与工作关系的教育与经验。领导生命周期理论认为如果被领导者从不成熟趋于成熟，领导行为必然从 D（高工作低关系）→ C（高工作高关系）→ A（高关系低工作）→ B（低工作低关系）（图 11.6）。

提出领导生命周期理论的目的在于按照被领导者的成熟度来研究采用适当的领导方式。因此，该理论的曲线方程式便可以描绘在三度空间领导效率模型中的效率层面。

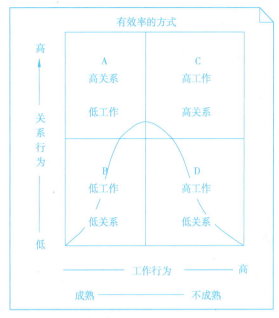

图 11.6　领导生命周期理论

（五）领导功效比较

领导功效比较，主要是对领导是否成功或有效进行分析比较研究。

如果一个人试图对他人的行为做某种影响，称这种影响为"试图的领导"。其反映可能是成功的，也可能是不成功的，或者是失败的。但成功的领导，不一定都是有效的，人们所需要的领导应是既成功而又有效的。

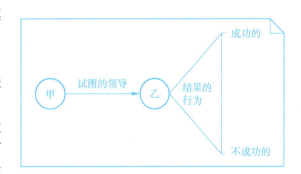

图 11.7　成功的与不成功的领导

如管理者甲试图影响乙去做某件事。从表面看，如果乙完成了这件事，可以说甲的领导是成功的；若乙没有完成这件事，可以说甲的领导是不成功的。但是深入一步来看，却未说明效率是怎么回事，即没有说明乙是在什么动机支配下去完成这件事的（图 11.7）。怎样来看甲的领导既是成功的而又是有效的呢？

所谓有效，从行为科学角度讲，主要表现在乙做这件事，是心悦诚服的，还是迫于某种压力。如果乙去做这件事，是由于甲的位置权力（如控制了奖惩），乙不敢不去做，那么，对于甲的领导来说，可以被认为是成功的，但不是有效的。如果甲事前向乙说明这件事的必要性与可能性，并虚心听取乙的意见，将做这件事变为乙的自觉行动，即甲的领导方式符合乙的心理愿望，乙认为在这个活动中可以直接或间接达到自己的目标，从而

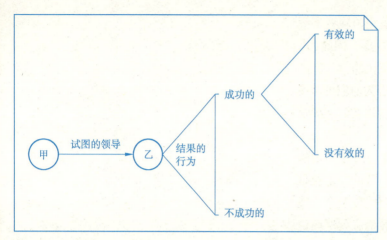

图11.8 成功的与有效的领导

按要求完成了这件事,这时,可以说甲的领导是成功的,而且是有效的(图11.8)。

成功与一个人或一个团体的行为有关,而效率则描述了个人或团体的状况或倾向,因而是一种态度上的观念。

一个人如果只以成功为念,他倾向于强调位置和权力,并使用严密的监督和控制。如果他既想成功而又讲效率,他不仅依靠位置权力,而且也会尊重别人,给人以自我实现的机会,采用的监督和控制也是一般性的。

总之,成功而无效的领导,只能短期地影响别人的行为;反之,成功而有效的领导,则会长久地影响别人的行为。

二、领导效率

(一)领导效率模型

在传统观念里,效率主要对产品成果而言,可用单位时间内完成工作量的大小来表示,其公式为

$$工作效率 = 工作量 \div 工作时间 \tag{11.1}$$

行为学认为这是不全面的,特别是对领导者来说更是如此。事实上,效率是领导者、被领导者及环境交互作用的函数或结果,是一种动态过程。这可用下列公式表示

$$工作效率 = f(领导者、被领导者、环境) \tag{11.2}$$

在领导行为四方图和管理方格理论的基础上,美国学者雷丁于1970年出版的《管理的效果》一书中提出:"三度空间领导效率模型"的理论。在三度空间领导效率模型中,工作行为与关系行为相同于领导行为四分图中的抓组织与关心人。四种基本的领导行为分别是:高关系低工作,低工作低关系,高工作高关系,高工作低关系(图11.9)。

这四种基本的领导行为方式充分地描述了领导者的特性。当一个人趋于成熟时,他对各种刺激便会发展成一套习惯的模式:

$$习惯 a,习惯 b,\cdots\cdots,习惯 n = 特性$$

一个人在类似的状况下有类似的行为。这种行为便是其他人对这个人的认识，或者说是他的特性。通过对特性的了解和认识，可以预测人的某种行为。

领导行为是一个领导者整个特性的一部分，即所谓领导特性。领导特性是一个领导者在引导别人的行动时所表现的行为模式。这种模式通常包括工作行为或关系行为，或者是两者的结合。工作行为：包括建立组织，明确职责，规定信息交流渠道，完成任务的时间、地点及方法等。关系行为：包括建立情谊，互相信赖，意见交流，授权，让部属发挥智慧和潜力并给予感情上的支持。

雷丁在二度空间领导行为模型中，首次加入效率层面，构成了三度空间领导效率模型。认为应从三个角度去衡量领导行为，即：工作行为、关系行为、效率（图 11.10）。

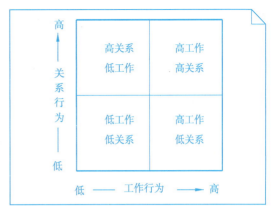

图 11.9　基本的领导行为方式

（二）领导效率

在讨论效率时，往往集中于评价领导或管理者的某种工作结果，这无疑是重要的，但更重要的是在于效率与整个组织的关系。我们一方面要考虑到领导者试图领导的结果，同时，也要考虑到某段期间的组织效率。利克特提出了三个有助于所研究效率的变数——因果变数、干涉变数及产出变数。

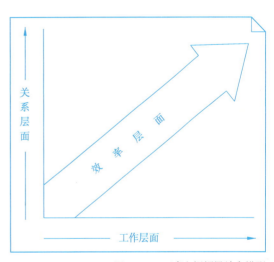

图 11.10　三度空间领导效率模型

1. 因果变数

是影响组织发展路线和成就的因素，是组织控制范围内的因素，有刺激作用。包括的内容有：领导方式、管理策略、组织结构、组织目标及技术等。

2. 干涉变数

表明组织内部人力资源的现状及组织的建立和发展。因而是一种长期的目标。包括的内容有：期望、角色观念、习惯、激励的力量及行为等。

3. 产出变数

表示个人或组织工作的结果——成就。是一种短期的结果变数。包括的内容有：生产量、成本、销售额、盈余、工会—公司关系及缺勤率等。

图 11.11 表示刺激（因果变数）影响组织（干涉变数）所造成的反映（产出变数）的关系。

（三）领导效率分析诊断

力场分析理论是由勒温（Kurt Lewin）所创立。这是一种诊断情况、分

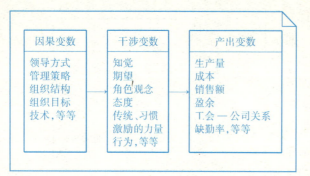

图 11.11 因果变数、干涉变数及产出变数的关系

析影响效率变数的方法。勒温假定在任何情况下，同时存在着驱动力和遏制力两种力量。这两种力量都可能影响某种情况的改变。

驱动力，是影响某一情况向某一特定方向发展的力量，即推动的力量。驱动力能引起某种变化，也可使某种变化继续下去。如领导者的压力、诱因报酬、竞争、名誉及地位等，都属于驱动力。

遏制力，是遏止或降低驱动力的力量。如漠不关心、敌意、较差的生产条件、独裁式的领导方式等，都属于遏制力。当驱动力与遏制力相等时，便达到了均衡。图11.12 "均衡"代表目前的生产水平，均衡或目前的生产水平，同驱动力与遏制力之间关系的改变有关。提高生产水平，不外乎两个办法：一增加驱动力；二减少遏制力。靠增加驱动力提高生产水平，如凭借权力、奖惩等，往往不易持久。要想提高工作效率，增加生产，就得增加驱动力，减少遏制力，而后者比前者尤为重要。

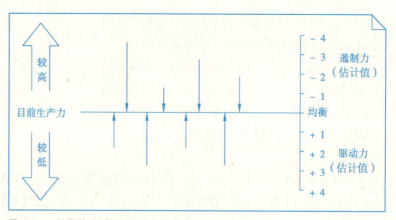

图 11.12 均衡状态下的驱动力与遏制力

（四）领导者节约时间的途径

时间是最宝贵的资源。一个优秀的领导者必须学会有效地管理自己的时间，了解节约时间的途径。

1. 先做最重要的事

一个人的时间有限而工作很多，因此，要分轻重缓急，最重要的工作先做。一般凡是全局性的，具有时间性的工作都是重要的。在不同的岗位上，不同的时间里有不同的重要工作。对于不必要的事情要有毅力加以拒绝。

2. 用较多的时间去处理困难的问题

因为困难问题需要学习思考,需要调查研究。困难问题往往是主要矛盾,解决了就会使工作有较大的起色。因此,领导者应安排较多的时间去处理困难问题,勿使自己整天忙于琐碎的事务性工作中。

3. 分析自己对时间利用的有效性

方法是详细记录一周的活动。

(五)领导管理方式评价

对所有领导方式,具体情况需作具体分析。例如,高工作与高关系的方式,只有在某些情况下适合,如经济竞争激烈,需要全体职工精诚团结,共同去战胜对方的情况。再如,高工作与低关系的方式适合于攻击、暴力或紧急的情况,如侦破、消防等,这时需要的是高度的组织能力与集中统一指挥,强调严格执行命令,但紧急情况过去以后,又可采取其他的领导方式。

总之,实验研究表明领导方式的好坏都是相对的。优秀的领导者会经常注意修正自己的领导行为,以适合于组织与环境的需要。一个领导者越能迅速改变自己的领导方式以适合于情况的变化或属下的需要,便越能有效地达到组织与个人的目标(表 11.2)。

表 11.2　他人对领导方式是否有效率的看法

基本方法	有效率	无效率
A (高关系低工作)	通常被认为对人们有绝对的信任,同时注重发挥人的才能	只对和谐有兴趣,是个好人,同时,不愿为了完成工作而损坏关系
B (低工作低关系)	通常被认为适度地允许属下决定如何工作,在与属下的社交往来方面只扮演不重要的角色	通常被认为对工作、对关系都不注重,处于被动的状态
C (高工作高关系)	通常被认为能满足组织的目标与需要,同时给予职工高度社会感情上的支持	通常被认为花了太多的时间去组织和提供社会感情上的支持
D (高工作低关系)	通常被认为能使部属了解自己应做什么,但需用自己的方法来达到这点	通常被认为对他人没有信心,不愉快。同时,只对短期的产业有兴趣

第三节 领导班子的合理结构

在任何一个组织中,人的行为都是互相影响、互相制约、互相补充和互相适应的。因此，每个单位的领导班子都必须有一个合理的结构。科学技术的全才是没有的，经营管理的全才也是极少的。可以说，绝大多数人都是"偏才"，即具有某一方面的才能。但"偏才"组合得好，却可以构成真正的、更大的全才，这就是领导班子合理结构的问题。一个具有合理结构的领导班子，不仅能使每个领导成员人尽其才，做好各自的工作，而且能通过有效的结构组合，发挥出新的巨大的集体力量。

领导班子的合理结构，主要包括：年龄结构、知识结构、智能结构、素质结构及专业结构等。因此，领导班子的结构是一个多维的、动态的综合体。

一、年龄结构

不同年龄的人有不同的智力，不同的经验，因此，领导班子的年龄结构是十分重要的。领导班子应是老、中、青三结合的，但总的趋向应是年轻化的。现代社会处于高度发展之中，知识老化周期越来越短，新知识、新技术日新月异，不断涌现。因此，尽管随着年龄的增长，也会增加知识数量的积累，但在吸收新知识方面的优势无疑地是在中青年方面的。人的知识水平的提高与年龄的增长，不是一种正比的关系。现代生理科学和心理科学的研究表明，一个人的年龄与智力有一定的定量关系。在知觉方面，最佳年龄是10—17岁；在记忆方面，最佳年龄是18—29岁；在比较和判断能力方面，最佳年龄是30—49岁；在动作和反应速度方面，最佳年龄是15—25岁。人所具有的创造冲劲的强弱与年龄成反比；年龄的高低与其在组织中所居的职位高低成正比。年轻而富于创造冲劲的人多居于低级职位，年长而创造冲劲衰退了的人，则多居于较高的职位；年轻人想创造而缺少机会，年长者有机会而又不想创造，这在领导班子中是一个很突出的问题。当然这也不是绝对的，而只是一般现象。

领导班子的年轻化，是现代社会的客观要求，是组织领导现代化大生产的需要。但是，也不能把领导班子的年轻化片面地理解为青年化，要从实际情况出发。领导年轻化，被认为是一个"模糊数学"的概念。不能过分计较年龄的高低，而是指一个领导集体应有一个合理的老中青比例，有一个与管理层次相适应的平均年龄界限。既要防止领导老化，又要保证领导的继承性。

二、知识结构

现代化领导班子的成员，必须具有足够的知识水平，在整个社会知识结构中，他们应该是属于高知识水平的范围的。因为，随着教育的普及，现代社会成员，不论是专家还是工人，都具有越来越高的科学文化水平，现代化领导班子的成员，不具有更高的知识水平，就不可能有效地领导具有高知识水平的部属。

学历和知识训练是很重要的，但它一般都是专业化的，而一个单位的领导，特别是高阶层的领导，总是面对着全局的、复杂的综合情况的，因此，必须具有更广博的知识，因而在领导集体中，必须有一个合理的知识结构。个人的知识有限，集体的知识就可以全面得多，广泛得多。还应强调指出，学历与实际水平之间是有很大差异的。学历代表一个人曾经接受训练的程度，还不能代表一个人的实际领导能力。科学研究表明，在现代社会中，一个人大约只有10%的知识是在正规学校中学到的，有大约90%的知识是在工作实践和职业学习中获得的。在现实生活中，通过自学而成为专家的人是很多的，在实际工作中锻炼出来的领导干部也不少。因此，在选择领导干部时，除了重视学历之外，还必须注意考察实际的工作能力和知识水平。

三、智能结构

领导的知识化及其效能与他运用知识的能力有关，即领导不但有知识，而且还会运用知识，这就是智能的问题。智能主要包括：学习能力、研究能力、思维能力、表达能力、组织能力和创造能力等。知识的缺乏，可以查阅百科全书，而思考问题，设想方案却是任何东西也代替不了的。由于领导处于职工带头人的地位，智能就显得更为重要了。因此，领导班子应包括不同智能型的人，既要有高超创造能力的思想家，又要有高度组织能力及具有实干精神的实干家，不是清一色、一刀切的，只有这样，才能发挥最优的智能效能。

四、素质结构

应具备怎样的条件可做一个领导者，在本章第一节已有详细论述。所谓素质结构是指具备不同素质的领导者在领导班子中互相支持、互相配合、互相补充、团结一致，发挥各自的长处，共同搞好工作。素质结构是领导班子坚强有力、开拓创新的基础。

五、专业结构

专业结构是指在领导班子中，按其专业与职能的不同，形成一个合理化的比例构成。在现代企业里，科学技术渗透一切领域，科学技术是提高劳动生产率的主要手段。因此，领导干部专业化是现代生产的必然的客观要求。当然这种专业结构包括管理专业、工业技术、行为科学等。要懂技术、懂业务。领导阶层的不同，对专业结构的要求也不同。

案例

百度的领导结构与管理模式

古语有云:"圣人不以一己治天下,而以天下人治天下。"荀子有言:"人之生不能无群,群而不分则争,争则乱,乱则穷。"其包含了企业组织管理与治理方式的内容。它需要企业不断调整领导与组织形式,不断适应瞬息万变的社会经济与科技变化的要求,从而从环境到企业治理的方方面面,对领导创新与组织创新提出要求,她需要企业不断进行组织模式,实现流程再造。

一、百度的创始人及其团队

李彦宏 31 岁创建中国最大的搜索引擎公司——百度。百度创始人、CEO 李彦宏走的是一条知识改变命运的道路。

2005 年 8 月 5 日,李彦宏出现在了美国纳斯达克,一夜之间,他的身价超过了 9 亿美元,创造了一个新的财富神话。

百度的创始人的事业开始于网络淘金,在当时的我国是个新生事物而其组建的团队也具有年轻化富有朝气的特点。可以说百度的成员结构正迎合了新经济阶段对于新事物的探索的要求。这些富有探索与创新精神、具有电子网络语与计算机专业技术的年轻人为了他们感兴趣的事业而凝聚在一起。

李彦宏在其博客中曾谈到,百度的决策权并非由其个人独裁。他举了个例子,在一项新业务的命名中,他考虑很久的一个名字被否决了。而大家最终以多数决议决定了一个新的名字,他感到遗憾,但是也只能接受。看得出,百度的领导团队决策上,他们的企业目标清晰,制度也很明确,具有民主决策的特点。

二、百度的高度扁平化组织氛围:强化无为而治,创新无极限

首先,百度的组织具有高度扁平化的组织形态,它可以使组织在最窄的管理幅度下高效运营;其次,百度采取高度扁平化的组织适合网络信息运营迅捷与综合的方式的特点与需要;最后,扁平化组织高度适应了知识型与创新型企业运营的需要,它在高度综合化组织信息与知识创新上起到不可替代的作用。

但是,随着百度企业的不断壮大,其最终难以摆脱人员组织不断膨胀的命运。在百度不断扩展后,亦如腾讯、阿里巴巴一样,雇佣

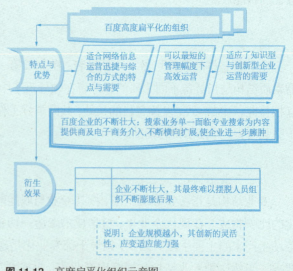

图 11.13 高度扁平化组织示意图

人数骤增，成为员工人数过 2 万人的庞大组织。庞大的组织必然遇到组织运转与创新的障碍。事实上，企业规模越小，其创新的灵活性与经营转轨，战略调整及适应变革的能力强。

1. "无为而治"：组织自我激励

"无为而治"本是中国老子的道家哲学，遵循这种理念，为国内企业应用于管理方式上的情形确实不多。但是，诚如西方管理所涉及管理情形一样，X 管理适用于行政命令与纪律性强的行业，比如军队，行政机构及标准化工厂，而 Y 与超 Y 理论则更适用于知识研究高等教育等知识创新型机构的管理。

2. 百度的无为而治：创造高效率的价值生成机制

百度组织激励模式的特点，在于发挥员工这种内在自我激励的能力，从而激发与创造出了高效率的价值生成机制。比如，百度的副总裁朱光开始就遭遇到这种"无为而治"的管理方式。一次，临近中午，他的团队还没有人来上班，他打电话问员工在干什么。"快到春节了，一个员工理直气壮地说她得去办年货，我一时都不知道要说什么。"朱光回忆，但就是这位员工几小时后交出一份让他惊喜的策划方案，"类似的事情很多，给予自由的空间首先就是对员工的信任，信任能带来创新。"一直以来，百度的产品开发就以非常"自由"的状态进行。

3. 自由空间创造科学与创意平等：减少行政干扰与束缚

自由还能创造平等，即便来自百度创始人李彦宏本人的意见也未必被采纳。比如，在给"百度 Hi"取名时，他的意见并没有得到多数支持，之后他在博客里写道："虽然百度小声是我喜欢的名字，但百度并非总是我说了算，所以就叫 Hi 吧。"

4. 质疑与挑战需要无处不在：鼓励创新并减少创新活动中的失败成本

在百度，大部分人都要接受挑战，且不怕"被挑战"。比如说，一个项目小组 3 个人，一位高管、一位下属，还有另外一个部门的人。那个部门的人说，觉得下属做的东西不好用。"有的公司遇到这样的情况前面两个人心里都会不高兴，下属会想，有什么事儿你跟我直接说，我们老板坐在我旁边呢，你说完了我们老板会对我印象不好的。但是在百度，提出对你的挑战，你就要想这个事情，如果确实如他所讲，那么你要改进工作，如果他讲的有问题你就讲出来，然后澄清、理解。而作为公司的管理层，他也不会想这两个人都有什么问题。"王湛认为，这种简单的沟通方式是一种工作态度，是人与人的相处之道。

三、百度无为而治的技术创新组织效果

2020 年中国搜索引擎行业市场规模达到 1 204.6 亿，年同比增长 10.8%，随着垂直搜索市场的发展，搜索引擎仍有较大的发展空间。在 2020 年 9 月份国内搜索引擎市场占有率的排行榜中，百度仍位列第一，市场占比达到 81.01%；同年，在国内主要搜索引擎产品

图 11.14 "无为而治"的管理模式

的综合竞争力方面,百度搜索在技术创新和用户覆盖方面保持较大优势;在国内搜索引擎全平台用户份额方面,百度搜索位居榜首达到70.3%;百度搜索在5G和AI的加持下,技术创新仍走在行业的前列,拥有众多自主知识产权,是世界上少数几个掌握搜索引擎核心技术的公司之一。百度首席技术官王海峰表示,"百度智能云在智能客服、物联网、智能医疗等领域为疫情防控做出了及时有效的帮助"。在中国未来的"新基建"中,百度也依然发挥着不可替代的作用。

小 结

1. 领导是一种行为和影响力,这种行为和影响力可以引导和激励人们去实现组织目标,在一定条件下实现组织目标的行动过程。领导的三要素是领导者、被领导者和环境。

2. 领导者应该具有技术技能、人文技能与观念技能三方面的基本条件。

3. 拥有组织结构中的正式职权、权力与地位的领导人是领导职工达成组织目标的正式领导者,而没有组织赋予的职权,而是其个人对他人有实际影响力的领导是非正式领导者。

4. 独裁式领导是基于X理论,以考虑工作为重,所有政策都由领导决定的领导方式;民主式领导是基于Y理论,以考虑人际关系为重,政策可以公开讨论制订的领导方式。

5. 领导行为四分图、领导管理方格、独裁民主贯序图、领导生命周期理论、领导效率研究及节约时间的途径是有关领导行为理论中的重点内容。

6. 领导班子的合理结构是以其年龄结构、知识结构、智能结构、素质结构、专业结构合理化为基础。

思考题

1. 领导者的主要功能是什么?
2. 领导人应具有哪些特征?
3. 领导人应具备哪些基本条件?
4. 什么是领导行为四分图?
5. 什么是"独裁民主序贯图"?
6. 什么是领导班子结构合理化?具体包括哪些内容?
7. 以独裁–民主序贯图为基础分析百度的管理模式与领导行为特点。

第十二章 组织行为

第一节 组织的意义与作用

一、组织的概念

组织是企业管理的重要功能之一。所谓组织是指对人员及事物进行有效的组合工作。组织的主要特征是为了达成某一特定的目标,在分工协作的基础上,各自分担明确的任务,在不同的权力配合下,扮演不同的角色。因此,可以说,组织就是对各种不同角色的组合工作。

二、组织的内容

1. 组织设计

设计和确定各部门和工作人员的职责范围,确定企业的组织机构系统,确定各部门及工作人员的相互关系,在合理分工与协作的基础上,充分发挥协调配合的功效,使全体职工齐心协力去达成组织目标。

2. 组织运用

执行组织所规定的各部门及工作人员的工作职责,根据组织原则,制订具体的方法，并开展正常的组织活动。

三、组织的构成要素

组织的构成要素，可分为无形和有形两种。

1. 无形要素

无形要素是组织构成的道义及精神的条件。

（1）共同的目的。企业和职工均以追求共同的经济利益为主要目的。

（2）自愿效力。理想的组织内部的关系，应该使每个职工都能自觉自愿地为组织工作，为组织效力。

（3）坚强的信念。对企业的生存和发展充满信心，工作任劳任怨，百折不挠，以达成企业的组织目标为己任。

（4）协调一致。协调一致的配合活动是组织形态的最具体的表现。有分工而无协作，各自为政，是无法达成组织目标的。

2. 有形要素

有形要素是组织构成的物质条件。

（1）达到目标的实施工作。为实现组织目标所需要进行的各项具体工作。各部门及工作人员必须努力工作，实现各自的分目标，才能保证总目标的实现。

（2）确定实施工作的工作人员。根据每个人的经验、资历、能力与行为，决定担任何种工作，并规定有质量上和数量上的要求。

（3）必备的物质条件。包括工作场所、机器、资料、灯光以及各种设备与工具等。这些在实施工作中所需要的物质条件，都是必需的，应给予及时的供应。

四、组织的重要作用

（一）组织对企业的意义

合理而有效的组织对于搞好企业管理、实现企业的组织目标，满足职工的需要，具有十分重要的意义。

（1）使组织中的每个成员都能充分认识到自己所进行的工作对达成企业组织目标的重要作用，从而使每个成员都能按时、按质和按量完成自己的任务。在实现组织目标的同时也满足职工的需要。

（2）使每个成员都能了解自己在组织中的工作关系和他的隶属关系，并能正确处理各种关系。

（3）使每个成员不仅明确完成工作任务的职责和义务，而且了解自己应有的权力，并能正确地运用。

（4）及时调整与改善组织结构，使各部门及工作人员的职责范围更明确合理，以适应企业生产的变化和发展。

（5）增加企业的利润，提高企业的竞争能力。

（二）不良组织结构对企业的影响

如果一个企业的组织结构不健全，办事效率低，使职工的工作情绪低落，必将影响组织目标的实现。一个不良的组织结构，主要存在以下的问题。

（1）分工与协作不合理，职责范围、工作内容及权力等不明确，指挥混乱。

（2）管理层次或管理幅度划分得不合理，权力或过分集中，或过分分散。

（3）目标混乱而不明确，相互缺乏协调一致的配合。

（4）工作指派不合理，如属于甲单位应做的事，分给乙单位去做，应该甲负的责任，却责怪乙。

（5）机构臃肿，人浮于事，办事效率低，扯皮现象严重，这是最危险的。

（6）用人不当。将有能力的人安置于部属地位，而将无能之辈置于较高的位置。

五、组织的种类

早在20世纪20年代末、20世纪30年代初，人们就发现，在企业里不仅存在正式组织，而且存在非正式组织。正式组织的组织结构，成员的义务和权利，均由管理部门所规定，其活动要服从企业的规章制度和组织纪律；非正式组织，是未经管理部门规定的，自发形成的，是以感情为基础的无形组织。

（一）正式组织

1. 正式的组织通常具有的一些特点

（1）经过了组织的规划过程，不是自然形成的，组织结构的特征反映出设计者的管理信念；

（2）有明确的目标，或为追求利润，或为提供服务，或包括多种的目标；

（3）讲究效率，工作协调，良好的个人与环境的关系，能以最经济有效的方式达到目标；

（4）分担角色任务，形成良好的人群关系，分工专业化；

（5）建立权威，上级的正式权力是由组织赋予的。下级必须服从上级，以便于贯彻执行命令；

（6）制订各种规章制度，约束个人的行动，要求组织的一致性；

（7）组织内的个人是可以互相替换的，张三的工作及职位，李四可以代替，不重视个人的独特性。

2. 逻辑理性社会体系

因此，从组织的观点看个人时，只关心个人对于达到目标所表现的活动及扮演的角色。韦伯(Max Weber)称此种正式组织为逻辑理性社会体系。在此体系中，个人只是听从于组织的安排，力求适合组织与工作的规范，以达成组织的最终目标。布劳与史可特将正式组织依其所受益的对象为标准分为四种：

（1）互益组织。重视组织内各分子的利益，如工会、俱乐部、政党、教会、职业团体等；

（2）商业组织。以所有者及经营者的利益为主，如工厂、商店、银行、保险公司等；

（3）服务组织。以顾客的利益为主要目标，如医院、学校、社会福利团体等；

（4）公益组织。以公众的利益为第一，如警察、消防队、国防部及政府机关等。

(二) 非正式组织

指个人在正式组织之外，依个人的情况而组成的，一般规模不太大。非正式组织具有以下的特点：

（1）由于人与人之间有共同的思想感情，彼此吸引，相互依赖，是自发形成的团体，没有什么明白的条文规定。

（2）非正式组织的最主要功能是满足个人不同的需要，自觉地互相进行帮助。

（3）非正式组织一经形成，即产生各种行为的规范，控制成员相互的行为，可以促进也可以抵制正式组织目标的达成。

（4）非正式组织的领袖并不一定具有较高的地位与权力，他们或是能力较强，经验较多，或是善于体恤别人。但他们具有实际的影响力。

非正式组织的主要功能在于满足个人的心理需求，因此可称为心理社会体系。

六、组织管理的原则

不管是什么样组织，其管理的目的均在于使组织内的每一个人都能恪尽职责，每一个单位都能发挥其功能，并能彼此协调工作，共同达到组织目标。

如何才能有效地管理，除了必须考虑个人的各种要求与工作环境及物质条件外，属于组织社会环境方面的问题，应遵循以下几项原则。

1. 统一目标

组织目标明确后，必须让每一个人、每一个单位了解组织总目标的内容，了解自己的作用及与他单位、他人的关系，不能只为了达成自己单位的目标而影响大局。

2. 命令一致

在职能式组织中的工作人员，可能同时接到好几个不同单位主管的命令指挥，如果这些命令互相抵触，将使他不知如何是好。因此发号施令的主管应事先彼此协调，在不违背大目标的原则下，谋求命令的一致。

3. 权责相称

一般正式的组织对于工作人员的权责都有明确的划分。权力与责任不但需要明确的划分，而且要力求相称与公正，否则不仅影响职工的工作情绪，还可能没有充分的权力，使某些人无法完成自己的任务。

4. 划定管理范围

一个主管所能影响的部属人数有限，不宜将管理的范围过于扩大，应根据工作的性质、主管的能力、部属的训练、上下沟通等实际情况，而划定一个适当的范围。

5. 良好的意见沟通

意见沟通具有上情下达、下情上达的作用，同时也是提供资料，以便组织做决策的工具。因此凡是阻碍上下沟通的情况，应尽量避免。管理的层次分得太多，有碍于下层意见向上传达，但层次分得太少，则又可能扩大各层次主管的管理范围，如何在此两者之间取得均衡，应慎重考虑。

6. 适当的授权

组织规模扩大，业务活动繁杂与专业化之后，应建立授权制度。授权是指将决策权由高阶层下放至较低阶层，这是因为业务繁杂，高阶层管理人员无暇应付全盘事务；经营所需要的知识，日趋专精，一个主持人不可能对各种知识均能通晓；同时现在职工都希望被重视，参与管理，授权不但可以满足职工的成就欲，也可激发其工作潜力，提高工作积极性。

7. 必须具有弹性

组织的管理应具有一定的弹性，不能墨守成规、一成不变，才能适应内外不断变化的情境。应该定期地检查技术方面的因素，如原料、工作设计与方法；人力方面的因素，如职工的动机、能力、称职与否；以及外在社会因素，如消费者的态度、嗜好，做适当的改进。

8. 各种工作应确定计划

各种工作都必须根据组织目标确定切实可行的计划。

9. 节约费用

组织精干而有效,不能因人设事,因人设机构,规定几个人干就是几个人干,不能随意增加或减少。

10. 其他

如专业化、有效控制也可作为原则予以考虑。

第二节 | 组织的设计与结构

一、组织设计与改善的程序

组织的设计与改善须经过一定的程序,现将以下七个程序分别介绍(图 12.1)。

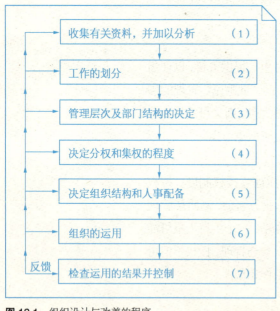

图 12.1 组织设计与改善的程序

（一）收集与分析有关资料

在组织的设计与改善前,必须收集有关的资料并加以分析。

1. 收集和分析有关环境的资料

搞好企业管理的关键,在于发现问题,及时解决,并利用周围环境的有利条件,以最大限度地收集有关资料,并加以分析:

（1）工作的划分；

（2）管理层次部门结构的决定；

（3）决定分权和集权的程度；

（4）决定组织结构和人事配备；

（5）组织的运用；

（6）检查运用的结果并控制；

（7）反馈经济效果。

而环境是不断变化的。因此,可能给企业带来某些问题,也可能带来某些机会,要应付这些问题,利用这些机会,就必须调整旧的组织或设计新的组织,以适应变化了的情况。为了使组织设计能有效地适应环境的变化,在组织设计之前,必须先收集并分析有关企业环境的资料。

2. 收集和分析先进组织的资料

各类企业都有自己的特点和优点,因此,在组织设计之前,必须收集和分析各先进组织的情况，并了解他们的先进思想、组织形式和实施办法，以便作为本企业组织设计时的参考。

3. 收集和分析本企业内职工的建议和意见

本企业的职工对本企业的组织是否合理最有发言权，要经常听取他们的建议和意见，以作为组织设计时的参考。

（二）工作的划分

企业的工作，一般可分"作业工作"和"管理工作"两大类。在收集和分析有关资料之后，就是对工作的划分。

1. 作业工作的划分

作业工作划分的目的是决定最适当的内部单位，主要可采用以下三种方式。

（1）由上而下的方式。以最高层次的经理或厂长为出发点，层层向下进行划分，直至作业阶层为止。

（2）由下而上的方式。先将全部必须完成的作业工作，划分成由若干个人担任的工作项目，再将若干个人的工作归并成一个单位的工作，然后再将数个单位归并为一个部门，如此向上推，直至最高层次的经理或厂长。

（3）按流程划分的方式。针对某项工作的流程顺序，从工作开始到全部完成，逐步考查每一项基本作业，并使每一个步骤的工作确实有人承担。

划分作业工作时，必须注意下列问题：①必须利用分工专业化的优点，克服其缺点；②应力求管理上的方便；③应有助于工作的协调；④必须考虑职工的需要和满足；⑤应能减少作业的费用，取得最大的经济效果；⑥有利于人群关系的发展。

2. 管理工作的划分

管理工作要划分的内容很多，管理工作划分的目的是管理工作的分工与落实。以计划工作为例加以说明。计划工作划分的方式有以下三种。

（1）按照计划的内容划分。这是最简单的一种划分方式。在通常情况下，某一作业由谁领导，就由谁进行计划。

（2）按照计划的类型划分。如组织的总目标与政策由董事会决定；长期计划由职能参谋部门制订；部门计划则由部门主管制订等。

（3）按照计划的阶段划分。计划的制订一般可分以下五个阶段，每个阶段均有专人负责：问题的诊断和发掘；解决问题的途径和方法的拟订；有关资料的收集和分析；每一途径和方法采用后，对可能效果的预测和比较；最佳途径和方法的选择。

（三）划分部门与层级

组织内部部门及层级的多少，主要决定于组织规模及管理幅度的大小。

1. 部门及单位的划分

影响部门及单位划分的因素主要有以下两项：

（1）业务性质。企业的业务性质复杂，分工需要精密，单位必然较多；反之，则单位较少。

（2）企业规模。企业的规模大，人员多，单位较多；反之，则单位较少。

2. 内部组织的划分

企业组织内部的单位，可以下述五项基础进行划分：

（1）依产品或产品生产线划分；

（2）按生产程序，或设备的类型划分；

（3）按职能划分；

（4）按地区划分；

（5）按顾客划分。

划分部门及单位时，应注意：必须将该工作在性质上与其他工作相对地分开，或者可以自成体系，使组织体外部的联系尽量减少，分工与责任明确，避免扯皮现象。

3. 层级的划分因素

企业规模大，工作人员众多，单位划分也多。此时，除了横向单位增加外，也必然增加纵向单位。横向单位多，增加管理幅度；纵向单位多，增加管理层级。因此，减少管理层级与减小管理幅度是互相矛盾的。现代企业一般采用缩小企业规模的办法解决这一矛盾。

影响管理层级与管理幅度的因素主要有以下几方面。

（1）部属的能力。部属能力强，管理幅度可大些；反之，应小些。

（2）职务的性质。职务的性质繁杂，需要创造力大，对外接触多的管理人员，管理幅度宜小些；反之，宜大些。

（3）主管本身的条件。主管本身的条件优良，才智过人，管理幅度可大些；反之，宜小些。

（4）参谋的利用。由于职能参谋的利用，可协助指挥、监督和调整管理，管理幅度可稍大些。

（5）信息传递方式。信息传递方式良好，速度快，效率高，管理幅度可大些；反之，宜小些。

（6）管理手段现代化。如计算机的使用，能提高工作效率，管理幅度可大些。

（7）节约费用。组织层级少，管理人员少，意见沟通快，费用也少；层级多，管理人员多，意见沟通迟缓，费用也多。

管理幅度与管理层级的相对划分，只能以实际情况而定，不可能有一固定模式。

(四) 分权与集权管理

组织内部单位及层级决定后,下一步就是考虑有关的因素,以决定集权和分权的程度,然后才能确定组织结构。

管理方式,根据决策权的归属,可分为集权管理和分权管理两种。

1. 集权管理

集权管理,是指企业的一切决定权,均由高级管理层级掌握的管理方式。有的亦称为"独裁式"的管理方式。

2. 分权管理

分权管理,是指企业的一切决定权限不集中于高级管理层级,中、下级管理层级也有一定的决定权。各部门的管理者,对计划或管理有一定自主性的管理方式。

集权与分权各有利弊,集中与分散的程度必须视企业的具体情况而定。一般多趋向于实行分权管理,以利于调动中、下级管理人员的积极性和主动性。现代管理者主张"授权"。所谓授权,就是给予属下实施工作时所应有的权力。采用授权的方式比分权的方式效果更好。

(五) 决定组织的结构和人事配备

根据所握有的资源进行企业结构和人事的配备。

(六) 组织的运用

组织运用的具体方法主要有下面四种。

1. 制订各种工作制度

工作制度,是指具体规定工作的起点,应经过的中间部门,以及工作的终点等,以便各部门的工作能按照一定的次序与方法进行,同时,集合全体组织,协调一致地执行工作制度。

2. 制订各种作业方法

作业方法,是指以人或部门为基准,制订作业的方法,使各级人员对于职务与责任都有明确的观念,并且有完善的执行作业的标准方法。

3. 制订监控方法

监控方法,是指时常观察、监督和控制自己管理范围内的事务或作业,并予以协调统一,以便发现问题,及时解决,使各项工作顺利进行。

4. 表册记录和汇集报告

建立适当的表册以作记录,记录是一切报告的根据;汇集报告是监控事务或作业的依据,是意见沟通的重要渠道之一。

在组织运用时,除上述四项具体方法外,还应注意:

(1) 高层管理人员间的合作与协调;

（2）非正式组织的影响。

（七）检查运用结果并控制

组织控制可分狭义及广义两种。狭义的组织控制就是随时检查组织运用的结果，看其能否适应环境的变化，并作必要的修正。广义的组织控制则包括以下各项活动。

（1）组织结构的设计，包括划分各部门各单位，并说明其相互关系。

（2）规定工作范围、控制范围及编制组织手册。

（3）组织的实施和人员的培训。

（4）随时检查运用结果，以考察其是否适合环境状况。

（5）组织的再设计，再实施，再定期审核。

经过以上七个程序，构成一个组织设计或改善的周期。将检查运用的结果和需控制的因素反馈至下一个程序。

（八）组织设计原理

组织结构的设计，应基于下述五项基本原理。

1. 分工与协作原理

分工与协作为一件事的两个侧面，是不可分割的。分工是为了明确责任，达到协作的目的；协作是为了使工作结合，取得效果。合理的分工与协作，是推动企业发展的强大动力。

2. 管理幅度原理

由于一个管理者受体力、精力、时间和知识的限制，因此，不能同时直接地个别地领导数百人的活动，并使其相互配合，因此，必须确定合理的管理幅度。

3. 统一指挥原理

在分工与协作的基础上，建立强有力的指挥系统，使各部门、各单位在统一指挥下彼此协调，密切配合。

4. 平衡原理

为了维持组织的生存与发展，不被淘汰，必须使组织能适应社会环境的变化，使组织的内在因素与外在因素维持平衡。

5. 效率原理

效率，是投入与产出之比，是衡量企业经营管理好坏的重要尺度，除短期的临时的组织之外，一切组织均须继续存在，因此，生存是对组织的绝对性考验。组织是否能生存，看其是否有成效，而成效又决定于组织是否有效率。

二、组织结构与组织原理

（一）正式组织的形态

正式组织随工作内容的渐趋复杂与扩大，可能会产生许多管理上的问题，为适应管理上的需要，共经历有四种不同的组织形态。

1. 直线式组织

直线式组织有如军队中的组织，最为单纯。工作人员根据作业进行的过程分成不同的部类与等级。以制造工厂为例，从采购原料，经过加工、制作、组合、检查、出售等过程，分成若干单位，各单位分派专人负责管理，此管理人员具有全权处理本单位的事情的权力，对部属有直接的权威，部属只对顶头上司负责（图12.2）。

2. 直线参谋式组织

在直线式组织的基础上附加一个顾问机构，即在实际作业上虽然采取直线式的方法，但另有一群专家顾问提供意见与指导，这是大脑与四肢分工的方式，但参谋人员只做忠告，不做决策，没有命令及指挥的权力（图12.3）。

3. 职能式组织

直线参谋式组织因参谋机构没有决策及指挥权，因此无法提高组织的实际效率，为了保证提高组织效率，必须将直线组织的执行功能与参谋机构的策划功能密切联合，构成职能式组织（图12.4）。

职能式组织中的管理人员，本身是某一方面的专业人员，他不但可以对所有有关的部门提供意见，并拥有执行的权力。例如财务部门的经理是一位会计专家，他不但实际负责自己部门内的工作，同时也可以指导销售部门及生产部门有关财务方面的工作，因此一个部属可能同时需要听从两个以上的上司的指示。

4. 直线职能式组织

较大的组织分化为几个直线组织，如多角经营的企业组织，在不同的地方设立不同的工

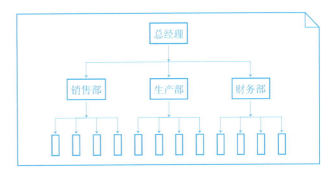

图12.2　直线式组织

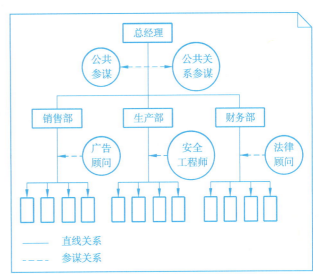

图12.3　直线参谋式组织

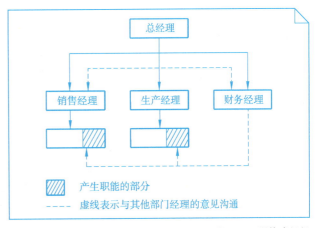

图12.4　职能式组织

厂，组织内的各单位虽为职能式组织，但上下命令只限于该直线组织内，其他直线组织对他没有直接的指挥权。

（二）组织图解

企业的组织机构是通过组织图解来表示的。

1. 组织图解的特征

将组织结构的概况，以图解方式表示，使上下人事关系、个人的职权、各单位间的联系等，能够一目了然。组织图解也可以说是一种组织结构的设计图，它可以描述组织结构中的三种要素：

（1）权威结构。组织图解可以表明各阶层上司与部属间正式权力分配的关系，通常将方块绘于图表的上下位置，上面的权力大于下面的权力。

（2）沟通结构。组织图解的第二个作用是表明组织中的正式沟通关系，以连接方块的线条表示沟通渠道，这些线条说明谁可以直接跟谁联系。

（3）角色结构。组织图解还表明组织中个人所担任的职权，即个人在组织中正式扮演的角色。其方法是将个人在组织中的头衔记于方块内，如总经理、计划部经理、销售部经理等，或校长、教务长、训导长、工学院院长、企管系系主任等。

2. 组织图解的种类

企业组织、政府机关、教育机构或其他任何一种组织，可以按其组织结构的特征或实际需要，设计各种不同的图表，一般常见的有下列几种。

（1）金字塔式组织图表。这是传统的组织图表，其优点是简单明了、单纯、直接而完整，由上而下表明组织中上司与部属间的正式关系，权力的大小，沟通的渠道也与此方向一致，此表强调权威的阶层性，一般企业组织都可采用（图12.5）。

（2）垂直式组织图表。垂直式组织图表的基本精神与金字塔式组织图表一样，简单、明了，重视按层级划分权威的高低（图12.6）。

（3）水平式组织图表。水平式组织图表是将金字塔式组织图表横向调90°。其特征是不强调权威的高低，民间团体组织多适用之（图12.7）。

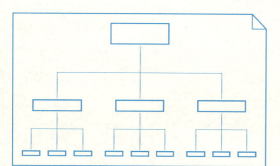

图12.5 金字塔式组织图表

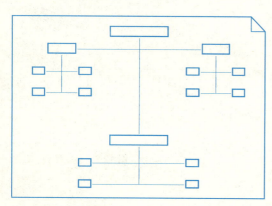

图12.6 垂直式组织图表

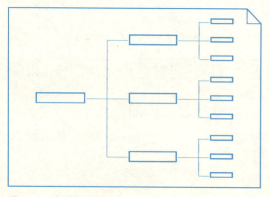

图12.7 水平式组织图表

（4）圆形组织图表。其特征是进一步降低权威性。在此图表中，可以从任何角度观察组织系统（图 12.8）。

（5）直线式权责记载图表。所述的四种图表虽然说明了各层级管理人员权力的大小及沟通渠道的关系，但对个人实际所承担的工作内容及责任则无法表明。因此，又有所谓直线式权责记载图表的出现。其方法是将个人的职位头衔记于图表顶部，将所分担的职责与权力列于水平左侧，用不同的符号表明不同形态的工作与不同程度的责任，记于格子内。一般是以部门为单位列表以企业组织中销售部为例，如图 12.9 所示。

由于这种图表是以部门为单位绘制的，因此，不容易从图表上了解组织的全盘情况和沟通的关系。

上述五种图表各有其特征，企业可以选择其中一种，或两种以上并用。组织图表的作用不但在于使组织外的人容易掌握组织的情况，更重要的是使组织内的每一成员能够确定自己在组织内的地位，以及与他人之间的关系。

组织图表所描述的只是一种组织结构的静态形式，是某一定点时间的组织状态。但是，实际上，组织是一种动态形式，它必须不断地适应周围变换的条件，此时需要的职务工作，过些时候可能被废除，而增添新职。因此，组织图表应根据企业实际情况，依环境的变化，予以调整和改善。

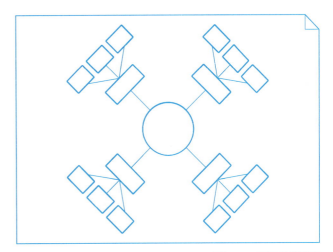

图 12.8　圆形组织图表

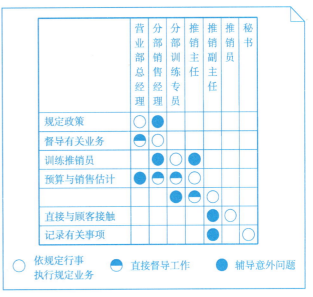

图 12.9　直线式权责记载图表

（三）企业组织结构的现代化

1. 管理体制与组织机构的合理化

西方国家的企业十分重视改善企业的管理体制与组织结构。他们认为这不仅是提高管理水平和节约管理费用的前提，而且是关系到企业经营成败的重要条件之一。所以一些西方企业管理学者普遍认为：企业不仅需要有才能有创造力的领导人，而且还必须有良好的合理的管理组织系统。一般认为，一个企业的管理体制和组织结构是否合理的主要标志是：

（1）必须适应于当前企业的生产技术和经营的情况；

（2）必须具有高度的效率和灵活性；

（3）必须适应竞争的需要；

（4）能获得高额利润。

2. 集中管理与分散经营的紧密结合

合理的管理体制和组织结构，首先必须正确处理集权与分权的关系。集权多了，便于统一指挥，但不利于调动基层的积极性；分权多了，有利于调动基层的积极性，而不利于集中统一指挥。美国在 20 世纪 20 年代前的管理体制以集权为主，20 世纪 20—50 年代的管理体制，是从集权逐步过渡到分权的管理体制。以上过分集中和过分分散的管理体制都各有一定的缺点。20 世纪 60 年代以后，美国的一些企业为了克服上述两方面特点，把集权与分权紧密地结合起来，加强系统观点，增加灵活性、适应性，提高了管理效果。

3. 寻求现代管理组织结构的新形式

美国工业企业为了寻求新的管理组织形式，试图建立合理的组织结构，以便能在各职能部门之间进行协作，把管理中的"垂直"联系和"水平"联系，集权和分权最有效地结合起来，尽快地达到企业的最终目标。

（1）规划—目标结构。规划—目标结构的实质在于：在已有的直线—职能结构中组成（暂时或长期的）专门机构，这种机构既保存着同原有的直线—职能机构的垂直联系，为了实现规划，又同有关的部门进行水平的联系，采用这种结构可以提高中层管理的机动性和责任感，而上层管理则可摆脱日常的事务性工作。

（2）多维结构。所谓多维结构是借用数学上的概念。"维"是几何和空间理论的基本概念。直线为一维，平面为二维，立体为三维，再加上时间，就构成了四维。企业管理组织结构中包括：事业部（制造、销售等）、职能部（科室）、地区、时间等四个方面，借用上述概念，也称为"四维"。多维结构，实际上是矩阵结构再加上地区和时间的发展，即把平面的矩阵变为四维的立体结构。这种管理体制，能使事业部和职能部更好地取得协调，并考虑到地区和时间的因素，能及时地准确地开展业务活动。

（3）超事业部制。这种组织形式，是在事业部的上面再建立一个"执行部"或"执行局"来统辖事业部，以便更好地协调各事业部的活动，减轻最高领导的日常事务工作，加强企业的灵活性、适应性，提高工作效率。

（4）模拟性分散管理结构。这种组织形式是借用自然科学中的概念，"模拟"是人们研究自然界的一种方法，用这种方法，人们并不直接研究某个现象或某个过程的本身，而是先设计一个与该现象或过程在某些性能上相似的模型,而后通过这个模型来间接地研究该现象或过程,进行必要的处理,取得某项成果。

管理组织借用这个概念,是指在企业中,不真正实行分散管理,而是模拟其独立经营,独立核算的性能,达到改善经营管理的目的。采用这种结构的主要是一些大型的公司或联合企业,因为公司或企业庞大,不宜过于集权;同时,由于这些公司或企业生产过程和经营活动的整体性强,又不宜过于分权,于是就按地区或其他标准把公司或企业分成若干"组织单位",这些"组织单位"被看作是独立的事业部,有相当大的自治权和自己的管理机构。各"组织单位"之间按内部的"转移价格"进行产品交换,并计算"利润",进行模拟性的独立核算,以此促进企业管理的改善。

(5)系统结构。这种组织结构,事实上也是从"规划——目标结构"形式发展而来的。所不同的不是由几个人或几个部门组成,而是由范围很广的各种完全独立的单位(如政府机关部门、企业、大专院校、科研单位等)参加,为完成一个共同的规划目标而抽调人力、物力组成一个复杂的系统。

目前,世界各国许多企业、公司都力求使企业管理体制和管理机构合理化、科学化,设法恰当地解决集权与分权的矛盾,把集权与分权更好地结合起来,把高度的专业化与广泛的协作更好地结合起来,使之既具有灵活性,又具有原则性;既具有稳定性,又具有适应性;同时,要求机构精简、效率高,力求使体制与机构适应生产力发展的要求,具有强大的竞争能力。

三、组织与环境

组织所处的环境是复杂而多变的,这些复杂而多变的环境对组织结构和组织运用的影响极大。如何使组织适应这种复杂而多变的环境,近年来,管理专家们都采用系统研究的方法,从整体环境来研究组织的问题,而不只是研究某一问题的起因和影响。

(一)组织与环境的关系

组织与环境的关系十分复杂,环境的因素也是多种多样的。在研究这些关系时,应注意以下问题。

1. 注意考察环境影响的因素

环境影响因素,通常可以分成以下五种:

(1)物理环境——地势、气象条件、各种设施;
(2)文化环境——社会规范、文化观念、价值观、目标;
(3)技术环境——技术发展水平、技术知识、技术设备;
(4)经济环境——原材料、资金、税利、销售;

（5）政治环境——制度、法律、安定程度。

这些环境因素对组织及其相互之间产生极为复杂的交互作用。要从系统观点考察这些交互作用。

2. 适当划分组织与外部环境

组织与外部环境之间，划分一个确切的界限是比较困难的，但又不能没有一个相对的划分。因此，必须适当地将组织与外部环境划分开，该划入组织的划入组织，该划归社会的划归社会。

3. 系统考虑外部环境的影响

组织通常有多种目标和功能。例如，一个企业组织的主要目标是生产优良产品和提高利润，但它同时也有为社会提供就业机会，保障工人的生活，保证环境不被污染，以及为社会提供其他公用福利费用等功能。这些目标与功能有时相互冲突，或受到社会各方面的不同压力，很难说某一因素对组织产生绝对性影响，因此，必须从系统的观点上来考虑外部环境对组织的影响。

4. 内部的影响

组织中的成员，他们一方面属于组织的一分子，另一方面也是社会上以及其他组织或消费者的一分子。由于他们具有多种身份，因此，也将多种要求与社会规范带入组织内，使组织与外部环境的关系更为复杂。

因此，当我们探讨组织与环境的关系时，最好先列出外部环境的影响因素，对照本企业的实际情况，最后确定其影响的程度及后果，决定组织如何调整和改变。

(二) 组织对环境的适应

环境影响组织，组织适应环境的变化，以求得生存和发展。雪恩（Edgar H. Schein）在《组织心理学》一书中，提出了"适应循环"的方式。

1. 适应循环的过程

这种适应循环的方式可分以下六个步骤：

（1）及时了解和掌握内部环境与外部环境所发生的变化；

（2）向组织内的有关单位沟通各项变化的情报资料；

（3）依据获得的情报资料改变组织内部的生产过程；

（4）尽量减少因改变组织内部的生产过程而带来的不良副作用；

（5）生产出符合变化情况的新产品及提供新服务等；

（6）通过反馈作用，进一步观察外部环境状态和内部环境统一的程度，鉴定这些适应改变是否成功。

2. 适应循环

对适应循环过程中的每一个步骤可能遇到的困难采取相应的措施加以

解决，这样才能使循环过程顺利地进行。

3. 组织适应环境应具备的条件

一个良好的组织必须具备以下的条件才能适应环境的变化：

（1）必须具有良好的意见沟通系统。信息的传递要可靠、准确和及时，尽可能采用双向沟通方式；

（2）组织内部要有足够的灵活性与创造性，静止的、片面的态度是无法适应环境的变化的；

（3）实行参与制。通过参与制，使组织目标受到每个成员的信赖与支持，得到每个成员的承诺；

（4）在组织内，使每个成员都觉得自己是受支持的，而毫无压力及威胁之感，这种气氛的基础是良好的人群关系；

（5）在实现组织目标的同时，使每个成员都有获得个人需要满足的机会，以及充满希望和信心。

第三节 | 组织行为的管理实践

组织一经建立以后，就应保持相对的稳定性，但又必须适时地改善，以适应企业的发展和环境的变化。

组织与外部环境的关系是相当复杂而且是互相依附的。而在外部环境中的物理环境、文化环境、技术环境、经济环境和政治环境也是互相关联和不断变化的，同时影响组织，使组织内部环境发生各种变化。组织发展的历史，也就是适应环境变化的历史。同时，组织的调整与改善还应适应组织内部环境的变化，如职工需要的提高、人群关系的变化、国际贸易的扩大等。

一、目标管理

企业管理中，目标可能是外界实在的对象，如一定的产、质量指标；也可能是理想的或精神的对象，如达到一定的思想水平。目标又有个人和集体之分，团体目标规定着个人目标，也使团体内各个人的行动趋向一致。

（一）目标激发动机

行为科学家强调通过目标的设置来激发动机，指导行为，这方面着重注意以下三点。

(1)目标必须与需要和动机结合,它既是鼓舞人心的奋斗方向,又是满足人们需要的目的物。因此心理学通常把目标称为"诱因"。

(2)无论设置个人目标或团体目标,要让职工本人参与,参与程度越深,义务感也越强。若上级为其设立目标,就会认为不是自己的目标,从而减低诱发力量。

(3)当人们受到阻碍不能实现目标时,往往会发生两种不同的动向:一种是客观地分析原因,调整力量,部署或改订更适宜的目标;另一种是导致非理智的破坏行为。企业管理者要善于引导,避免后一种倾向的发生。

(二)特点与缺陷

近年来的目标管理,主要是以长期规划或战略规划为中心,其主要特点如下。

1. 目标管理是系统观念的应用

企业各部门及职工个人分目标的拟订是为企业总目标服务的。因此,对各部门及职工个人分目标的评价也必须以实现企业总目标的程度为依据。

2. 目标管理是参与管理的应用

对于工作目标及实现的方法,每一工作人员都有亲自参与研讨的机会。

3. 目标管理是授权管理的应用

推行目标管理必须实行分级授权,采用成果评价的工作方法。每一部门及个人不仅都有自己的分目标,并且负有盈亏的责任。

4. 目标管理是合作协调整体观念的应用

现代管理十分强调整体观念,因此,目标管理是一种组织的行为,只有在共同了解、合作及协调的情况下,总目标才能实现。

5. 目标管理是自我控制和自我评价观念的应用

在实施目标管理的过程中,需要检查时,可先由自己评价个人目标实现的程度,并提出工作改进的意见。

在美国企业界,对目标管理作用的估计,存在有不同的看法,持不同意见的人认为目标管理主要有以下三个缺陷:

(1)未包括在目标内的工作,容易被忽视;

(2)容易产生只重视个人目标,而忽视工作的相互依靠性;

(3)目标管理仍有忽视人的作用的倾向。

针对以上问题,有些企业管理学者对目标管理在实施中所产生的缺陷提出了补充意见,美国哈佛大学莱文森就是其中较为突出的代表,他提出了三项补充意见。

（1）人与人、部门与部门之间应建立"真诚的同伴关系"，不应把人当物看待。

（2）每一项具体目标，都应包括在集体制订的整个部门的目标之内，每个人对集体的贡献，应采用集体评价的办法，报酬的多少也完全依据集体达到目标的程度而定。

（3）除个人和集体目标外，还应制订由个人及上级共同完成的目标，这样有利于下级对上级工作的评价。

经过这样的补充目标管理理论才比较完善。

目标管理是一种根据工作目标来控制每个职工行动的新的管理方法。其目的就是通过目标的激励，来调动广大职工的积极性，从而保证总目标的实现；其核心就是强调成果，重视成果评定，提倡个人工作能力的自我提高；其特点就是以"目标"作为各项管理活动的指南，并贯穿于企业管理整个过程的始终。

二、参与管理

参与管理是根据Y理论对人性的假设，所形成的一种管理制度。实行参与管理制度，要求在组织内的各层级，由其主管及其下属共同讨论本单位的目标，或作决策分析，当下属了解和接受这种目标或决策之后，会产生一种亲切感和对目标的承诺，可不必由外部进行严密的监督和控制，相反地，他会以"自我指导"和"自我控制"为企业的目标效力。实行参与管理的最大好处是可以鼓励职工最大限度地贡献出自己的智慧、经验和创造力，使整个组织发挥更大的效能。同时，可使职工获得"社会性的需要"和"自我实现需要"的满足。

由部属参与决策，除了具有对职工的激励作用之外，对于提高决策的质量，也有很大的效果。如可以汇集各方面的知识、经验和智慧，了解不同的观点和意见，决策技能的互相补充等。

参与管理，按其"参与"的方式，可分为"个别参与"和"群体参与"两种。

（一）个别参与

是指只由参与的部属提出建议，由主管予以考虑，而参与的部属不能反映别人的意见，也不能听到彼此的反映。

（二）群体参与

是指参与的部属，不但可提出建议，而且可以在同时同地听到彼此的反映，并可以反映别人的意见。

群体参与决策，由于大家共同讨论问题，可以互相取长补短，集思广益,能取得更大的效果。

当前,在行为科学指导下所产生的各种参与管理制度,在美国、日本等国极为盛行,名目繁多,现只介绍几种主要的参与管理制度。

1. 生产委员会

由职工代表和管理人员的代表组成,主要的任务是讨论生产上的问题。这种委员会已有数十年的历史,对解决生产上的问题有一定成效,但不够普遍。

2. 职工建议制度

在美国、日本采用这种制度的企业较多,著名的有伊斯曼·柯达公司和联合飞机公司。柯达公司的职工建议制度创立于1898年,由于该制度有助于提高产品质量、降低成本、改善生产程序、增进安全以及沟通不同阶层管理人员之间的意见,所以一直沿用至今。该制度的特点是,凡采纳的建议,发给建议人奖金;对不采纳的建议,也要用口头或书面方式提出理由,如果建议人要求试验,可由厂方协助进行试验,以鉴别该建议有无价值。

3. "初级董事会"制度

这是麦考密克公司于1932年创立的一种参与制度,由于成效显著,现已为数百家公司所采用。

> 【例】 麦考密克公司共成立了十一个"初级董事会"。这些董事会成员由中下层管理人员中选出,力求能容纳不同部门的经理,使该董事会成为由各种管理专家混合组成的代表性机构。十一个"初级董事会"分别负责生产、销售和管理这三个方面的业务。每个董事会都有权自行选出自己的董事长,并有权调查公司的生产业务和档案,有权向公司董事会提出建议。"初级董事会"所提的建议,多数都会被公司董事会采纳。这种"初级董事会"可以达到三个目的:
> (1) 训练和培养经理人才;
> (2) 促进各级管理人员之间的意见交流;
> (3) 提出一些新观念,使公司更有效能,更现代化。
> 这种董事会6个月改选一次,每次改选五分之一的董事,每个董事有额外的津贴和假期。其他公司在采用这种管理制度时,都根据自己的情况做了适当的修改。

4. 建立生产线小组责任制

生产线小组责任制是美国通用汽车公司国内部负责人汤·马瑟斯创立的。

> 【例】将每一条生产线组成一个小组，每个小组管理人员连同生产工人由30—100人组成，选有一名小组长，任期4个月，定期轮换。第一任小组长通常是设计部门的主管，第二任小组长是机械部门的主管，第三任小组长是操作部门的主管。各小组财务上自成系统独立核算，编有年度预算，由国内部董事会核定，年终小组将纳税后利润的70%上交总公司，其余利润归小组支配使用。

5. 实行工人参加小组管理

日本一些大企业实行工人参与小组管理搞得比较突出，如日本丰田公司、小松制作所等企业。工人参与小组管理开始是以质量管理为中心内容，由公司提出产品质量要求，组织质量管理小组，给予质量管理小组一定的权力，由质量管理小组提出改进质量的措施来确保产品质量。后来，日本各企业在质量管理小组的基础上，进一步发展成所谓"自主管理"小组，管理的内容从质量问题扩大到生产率、成本、工艺、安全、设备、工具等各方面。

三、工作再设计

现代化工业生产分工愈来愈细，机械化和自动化程度越来越高，工序、操作单一，劳动节奏日益紧张，工人由于长期单一重复的劳动，而感到单调乏味：产生厌倦心理，导致旷工现象日趋严重。为了提高人们对工作的满意程度，使劳动丰富多样，因而采取了工作再设计的措施。内容包括以下几种。

1. 扩大工作范围

对生产工序重新进行安排，不再是由一个人负责一道工序或一种操作，而是由几个工人组成作业组分管几道工序。如何工作，由组内灵活安排。一般说来，扩大工作范围，有三种办法。

（1）延长加工周期。不使工人过于紧张，限时限刻完成任务。但这种办法对某些工种，如汽车装配线、冲压生产线不太适用，因为周期延长了就得改变工艺流程。因此要考虑工人对加工周期长短的适应性和加工周期对生产效率的影响。

（2）下放责任和职权。企业管理部门把部分事务的处理权、决策权和责任下放给车间、小组。如每周的生产计划交由小组自行制订，并负责安排执行，而且要保证产品的质量和数量。

（3）生产工人兼搞些辅助工作。就是分工适当粗些。如挡车工适当兼一些设备的维修、加油等工作。优点：可调节紧张程度，缺点：工时利用不充分，分工不易明确，职责不易划清。

2. 工作轮换

适用于培训新工人。因为工种经常轮换，不利于专业化，使工人感到不适应。

3. 弹性工时

弹性工作时间，是近年来国外某些企业对工作制度的一种改革。在 8 小时工作时间内，除一部分时间须按照规定上班外，其余时间让职工自行安排。例如工厂的工作时间规定为上午 7：30—下午 6：00。其中上午 10：00—下午 4：00 规定全体都到，其余两小时可以让职工自由安排。实行这种制度的公司都反映生产率提高，差错减少，缺勤和迟到显著降低。职工为能自由支配作息时间感到满意。

四、劳动福利组织

（一）实行终身雇佣制

这一制度是美国、日本某些大企业首先采用的。这一制度规定：只要职工能为公司努力工作，干出成绩，不犯大的错误，公司一般不解雇职工（公司经营危机倒闭例外），职工可以工作到退休年龄退职。实行职工终身雇佣制加强了职工对工作的安全感，促使职工树立"以厂为家"的思想，调动了职工工作的积极性，稳定了技术力量，有利于公司的经营管理。

（二）给职工各种特殊的福利待遇

当前，在欧美日主要西方国家的一些大公司、大企业，不仅职工的工资比一般中小企业职工工资要高，而且职工的福利待遇也比一般中小企业优厚。

> 【例】日本丰田汽车公司职工福利待遇最为突出。职工没有住房，可以申请房租低的公司职工宿舍；5 年工龄以上的职工私人买房，可以向公司领取 500 万日元以下的买房贷款，在 20 年内还清；职工没有汽车可以买公司生产的丰田车，给予 8 折优待。职工买车经济困难，还可享受公司的无息购车贷款，分期偿还。此外，丰田公司还为职工提供了设备良好、环境安静的体育场、文娱室、医疗中心、图书馆和研究中心等。所有这些优厚的福利待遇，使职工们能安心工作，生活无后顾之忧。

（三）用非正式组织凝聚人心

这一措施是日本大企业大公司所特有的。如丰田公司利用职工中的同乡、同学、同年以及业余爱好等各种关系，组织了许多充满"乡土情""人情味"的非正式的业余组织——"会"，以此增加公司的凝聚力，使员工为公司努力工作。公司对这些"会"热心扶植，积极帮助，为这些"会"组织的活动提供会场、设施、茶点等。

案 例

字节跳动——变革在路上[1]

字节跳动正式进入了自己的下一阶段。在更换CEO(首席执行官)、调整员工工作制、裁撤部分业务,以及不断发生的小的人员变动后,字节跳动终于对整个公司的组织架构进行了一次彻底变革。

2021年11月2日,已正式接任字节跳动CEO的梁汝波对内发布全员邮件,宣布实行业务线BU化(Business Unit,业务单元),并成立六个业务板块:抖音、大力教育、飞书、火山引擎、朝夕光年和TikTok。相关业务板块负责人均向梁汝波汇报。此前的5月,字节跳动创始人张一鸣在内部全员信中称,他与梁汝波将于2021年底前完成字节跳动CEO职责的过渡交接。此次组织调整,意味着交接已如期完成。而且,它不只是一个最高层人员更迭那么简单,如果套用张一鸣"Develop a company as a product"(像打造产品一样做公司)的说法,从此字节跳动这个产品更改了它最重要的一个底层机制。

一、"大抖音"的形成

在此次调整中,最引人关注也是最重要的调整,就是"大抖音"的形成。梁汝波宣布,将今日头条、西瓜视频、搜索、百科,以及国内垂直服务业务并入抖音。该板块负责国内信息和服务业务的整体发展,为用户提供更优质的内容及服务。这也意味着,资讯聚合产品、中视频、搜索和百科,将更大地发挥与短视频的协同效应,一方面避免无效的内部资源消耗与竞争,另一方面以打通生态的方式构建出字节跳动自身的内容业务板块。

在此之前,今日头条和西瓜视频等业务在字节跳动内属于通用信息平台旗下,事实上这个平台并没有在组织架构的设计上拥有很紧密的协同属性,它们更多在以一种类似项目制的、以业务为导向的方法"各自为政"。而配套的则是字节跳动的"人才冗余"战略,在高速增长中不停招募人才放到这些不同的项目里,哪怕明显"人多于事"。这种业务导向的项目制有利于堆起来大量优秀人力,在共享一套以强大的算法为核心的技术底座基础上,不同业务方向,尤其是新的业务方向各自为战,从而期待能够"大力出奇迹"。但看看此次并入抖音的两个主要产品最近的发展情况,就能理解这种方法对字节跳动来说已经不合时宜。

《今日头条》作为字节跳动赖以起家的产品,自2019年来增速放缓,有数据显示其2019年1月至6月的平均日活跃用户数量一直在2.50亿至2.88亿之间波动。增速放缓也对应着今日头条CEO的频繁变动,它的最新一次换帅是在今年2月,原今日头条CEO朱文佳被调任至TikTok,负责技术研发相关工作。而一度被寄予厚望的西瓜视频也没能实现公司对它的预期。最早引入视频内容时,今日头条平台上5—10分钟的视频内容在2016年便超过了图文内容。头条视频也因此独立,后改名西瓜视频。但之后的路途坎坷,人们的使用习惯以及西瓜自身的内容建设都没能让它成为下一个主阵地,相反却见证了《抖音》的崛起。近年来烧钱扶持创作者、重金购买内容版权以及通过

---

[1] 改编自先闻道企业智库:《战略视角解读:字节跳动调整组织架构有何意义?》,2021年11月11日;Luna:《字节跳动组织架构调整》,2021年11月3日;人力资源分享汇:《聊聊字节跳动组织架构变化》,2021年11月6日。

《今日头条》和《抖音》进行导流，都没能复现抖音式的增长。

此次调整显然宣告了过去这种粗放式增长思路的终结。尤其是，当《抖音》这个最核心的产品本身也开始有遇到瓶颈的迹象——据相关报道引用数据显示，抖音自2020年6月公布日活跃用户数量破6亿以来，2021年全年的数据并无明显增长，过往被掩盖的大量重复造轮子的问题，眼看要蔓延开来甚至制约抖音的发展，它必须得到解决，资源不能也无法再分散下去。此次今日头条和西瓜视频并入抖音，彻底明确了字节跳动这家看起来什么都想做的公司，今天真正的核心业务是什么。今天的字节跳动必须要把重心押注在关键业务的增长和变革上了。

二、"分封诸侯"

除了用"大抖音"来明确公司当前最重要的业务方向，此次架构调整中还呈现出明显的组织层面的自我纠正。过去今日头条和西瓜视频都只是一级部门，但这两款产品的负责人的汇报关系又指向作为抖音业务单元的负责人的张楠；而明显要基于这些内容平台才能发展的搜索部门，又一直没有在架构关系上和抖音们有个明确连线。诸如此类的协同关系往往显得错综复杂，而这都是字节式"扁平化"管理所带来的表象。字节跳动在过去数年的快速崛起和高速增长，让它成为中国互联网公司里的最热门研究范本，也让它的管理方式、公司文化等收获一众拥趸，"扁平化"被视为它的标签，并被很多新兴公司，以及不少期待对组织进行变革的传统公司所推崇（图12.10）。

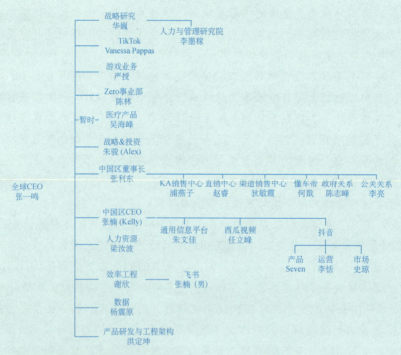

图12.10 字节跳动调整前组织架构

（资料来源：陈晶、陈耕，《字节跳动商业化调整，抖音、搜索、电商、教育都有变动》，2020年10月12日）

不过，这种组织形态现在看来，显然和它的高速增长是密不可分的。而在大环境改变和公司的增速遇到瓶颈后，越来越多的人开始思考这种扁平的架构与高速增长的关系，两者究竟是"鸡生蛋"还是"蛋生鸡"。进行反思的显然也包括字节跳动自己。此次组织架构调整明显是对过去种种加在字节跳动组织形态身上的印象的"否定"。梁汝波的内部信里，就重点梳理了这些拧巴的关系。他形容此次调整是按照"紧密配合的业务和团队合并为业务板块，通用性中台发展为企业服务业务"的原则，对组织结构进行的优化与升级。

新的调整后字节跳动形成的六大核心业务单元里，每个业务单元都由一位副总裁级别高管负责。这家快十岁的公司，架构图（图12.11）从未如此清晰，也更加像一家"古典"互联网公司的

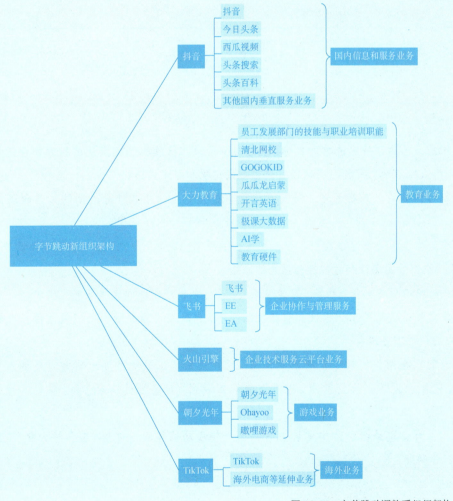

图 12.11 字节跳动调整后组织架构

（资料来源：陈晶、陈耕，《字节跳动商业化调整，抖音、搜索、电商、教育都有变动》，2020 年 10 月 12 日）

层级设置。各个业务单元里都有了更多的层级，也就有了更明确的上下级关系，这也不可避免地进一步打破了所谓的扁平制。在某种程度上，这是一种新的"诸侯制"：张楠统筹大抖音；谢欣整合了本就由他带领孵化出的效率部门，继续带飞书"打仗"；陈林继续掌管调整方向后的大力教育；而技术输出和游戏业务也明确了杨震原和严授两名负责人；TikTok则继续由身在新加坡的周受资带领，但他也放弃了CFO（首席财务官）的头衔，不再有协助字节跳动上市的压力。以上所有人都向梁汝波汇报。

以往一心打造"极致扁平"的组织模式的字节跳动，选择了层级更明显、核心业务更明确的"中间态"的组织方式。在这个互联互通的时代，互联网大厂为应对环境变化而做出的组织调整，有点中庸的味道了。

小　结

1. 组织是为了达到特定的共同目标，经过各部门分工合作和不同层次的权力和责任制度而合理地协调一群人的活动。按其组成途径可分为正式组织和非正式组织。

2. 组织结构的设计是指管理人员有意识地事先确定组织中各部分之间的关系和职工的工作方式。

3. 组织结构设计必须遵循集权与分权相结合的原则、专业化原则、互相联系和协调原则，有效控制的原则，组织的稳定性和适应性相结合的原则。

4. 正式组织的形态有直线组织、直线参谋式组织、职能式组织和直线职能式组织。

5. 组织发展是提高职工积极性和自觉性的手段，也是增进组织效率的有效途径。目标管理是组织发展中的一个重要内容。

6. 参与管理在组织发展中也有重要作用，可以鼓励职工最大限度地贡献自己的智慧、经验和创造力，使组织发挥更大的效能，也可以使职工获得"社会性的需要"和"自我实现需要"的满足。

7. 工作再设计也是组织结构发展中的一项比较成功的经验。包括"工作扩大化""工作丰富化""弹性工作制度"等。

思考题

1. 关于组织概念的传统观点与现代观点有什么不同？不同点中的最主要区别是什么？
2. 试详细说明组织的三大特征。
3. 用一个实例来说明组织的三个基本要素。
4. 组织结构设计有什么重要意义？
5. 分别阐述组织结构设计的几项原则。
6. 影响组织结构的因素有哪些？
7. 简述几种基本的组织结构。
8. 组织发展包括哪些内容？
9. 如何正确理解企业组织结构的现代化的含义？
10. 字节跳动的组织变革中体现了哪些方法与原则？
11. 字节跳动组织变革的出发点是什么？是如何进行组织变革的？
12. 你认为字节跳动的组织变革路径是正确的吗？还要增加什么方面的内容吗？

第十三章 创新行为

创新是民族的灵魂,是企业获取竞争优势的源泉,是企业提高经济效益的根本通道。在 21 世纪经济日益全球化的背景下,研究创新心理行为的特点、类型、内容和方法对于建立和完善企业创新机制、提高企业的创新能力具有非常重要的实际意义。

第一节 创新的特点与作用

一、创新的定义

(一) 中国古代思想家对创新的界定

我国古代思想家一般将创新定义为对"道"的追求过程。例如,儒家讲究通过"仁"而致道;道家讲究直接求道;释家讲究"悟"道。其中,道家和释家都发展了一整套较完整的直觉思维、意会认知、心性修炼的实践方法。《周易》堪称我国古代对创新研究的顶峰之作。

一阴一阳之谓道。继之者善也，成之者性也。仁者见之谓之仁，知者见之谓之知，百姓日用而不知，故君子之道鲜矣。显诸仁，藏诸用，鼓万物而不与圣人同忧，盛德大业至矣哉！富有之谓大业。日新之谓盛德。生生之谓《易》。成象之谓乾。效法之谓坤。极数知来之谓占。通变之谓事。阴阳不测之谓神。(《周易·系辞上》)

这段话基本上对创新进行了完整的定义。

（1）创新的目的是去追求道，而这种道是由一阴一阳的相互作用和转化而构成的。

（2）创新的本质就是生生。"'生'即创造，'生生'即不断出现新事物。新的不断代替旧的，新旧交替，继续不已，这就是生生，这就是易。"[1]因此，创新的结果就是日新。

（3）创新的方法就是乾坤互补。乾即主动生成各类物象，以形象思维的形式进行发散思维；坤即效法而助成某物象，以逻辑思维的形式进行辐合思维。只有形象思维与逻辑思维、发散思维与辐合思维并举，才能获得创新成果。

（4）创新才能成事。因变而立事，事或能成。兵无常势，水无常形，既要顺道而行，又要不拘一格，在事物矛盾面的相易相生之中做到游刃有余，才能成事。

可见，我国古代的思想家事实上对创新的研究已经非常深入。后来的研究者继续这一研究，取得了丰富的成果。

（二）西方经济管理学者对创新的界定

西方经济管理学界较早比较系统的提出创新概念的是熊彼特。熊彼特（Joseph A. Schumpeter）在《经济发展理论》（1912）一书中对创新进行了界定：创新是生产手段的新组合。他认为创新始于发明创造，但是发明创造并非就是创新，创新必须包括应用过程。创新具有示范作用，这种示范作用往往会引起全社会范围的大面积的技术扩散，技术扩散的结果就是全社会经济的发展。应该说，当时熊彼特并没有把创新局限在技术领域中。然而，后来的经济学家们大多关注的就是技术创新。

1951年，索罗（S. C. Solo）提出了一个里程碑式的命题，技术创新包括两个基本的步骤：新思想的提出和该思想的实现与发展。后来，李恩（G. Lynn）对技术创新给出了一个定义：技术创新就是始于对技术的商业潜力的认识而终于将其完全转化为商业化产品的整个行为过程。曼斯费德（M. Mansfield）则将视角对准产品创新，认为产品创新就是从新产品构思

---

[1]《张岱年全集》(第5卷)，河北人民出版社1996年版，第228页。

开始，到新产品的销售与交付为终结的过程。1982年，著名经济学家弗里曼（C.Freeman）从经济学的角度对技术创新给出了一个比较全面的定义，认为技术创新就是指新产品、新过程、新系统和新服务的首次商业性转化。科斯（R. H. Coase）教授及其追求者威廉姆森（Williamson）则换了一个思维角度，从企业性质的角度来探讨组织创新。他们认为，现代公司的形成与发展，就是追求节约交易费用目的和效应的组织创新的结果。组织创新的原动力就在于追求交易费用的节约。威廉姆森提出了组织创新的三条原则和方向：

（1）资产专用性原则；

（2）外部性内在化原则；

（3）等级分解原则。

在管理学界，德鲁克对创新提出了自己的看法。他认为，任何使现有资源的财富创造潜力发生改变的行为，都可称为创新。创新应包括以下几个方面的含义：

（1）有系统地抛弃昨天；

（2）有系统地寻求创新机会；

（3）自觉自愿地以企业家精神来组织企业的创新活动；

（4）自愿在现存的管理结构之外独立建立一个开创性的冒险事业；

（5）自愿更新统计口径，以适应经济学与创新管理，以及为创新者制定合适的补偿政策的需要。

（三）本书的界定

经济学家和管理学家从各自的角度出发，对创新从不同的角度进行探讨，给后来的研究者提供了很多很好的启迪。但是，创新活动不仅仅是一个经济、管理学的研究领域，它更属于一个涉及多种心理活动过程的心理范畴。因此，从管理心理学的角度对创新进行界定是非常有必要的。

从词源来看，"创"，斩、劈之意，后引申为始造。"创，始也。"（《广雅》）"新"同"薪"，从斤，从木，辛声。原指用斧子砍伐木材，后引申为"初次出现""新鲜""新颖"等意。"创新"实际就是突破旧有的常规，产生出新颖独特而有价值的成果之意。

笔者以为，创新就是指创新主体为了发展的需要，在一定的观念指导下，以一种新颖独特的方法，通过艰苦、专心致志的努力，改造客体，使之产生有社会价值的、新颖别致的成果的活动。

可见，创新包括三个基本要素：创新主体、创新过程、创新结果。组织创新包括两个层次：作为个体的创新过程；作为群体的创新过程。在前者，创新主体就是单个的个体，在后者，创新主体就是指团队和组织。在创新的三个要素中，显然，我们最难界定的就是创新过程。创新过程作为创新主体与创新结果的联系纽带，其中牵涉到诸多复杂的心理活动过程。

二、创新的特点

（1）创新的结果应当是新颖而独特的，具有较高的社会价值的。对企业而言，就是要能提高企业的经营业绩，有利于提高企业的利润。

（2）创新所采用的方法必然是新颖而独特的，不同寻常的方法。这种方法至少应该对创新主体如此。不一样的东西就是创新。比如，某企业采用企业流程再造（BPR）的思想对企业的流程进行重构，对该企业而言，虽然BPR的思想并不是该企业提出的，但同样是一次创新行为。创新可以分成许多等级，愈高级的创新风险也愈高，但报酬也愈大。市场大的公司比较适合用高级的创新。

（3）创新需要付出巨大的努力，需要创新主体专心致志。创新需要突破旧有的思维模式，需要付出艰辛的努力才能获得成功。有些人仍然认为，天才可以毫不费力地产生设想，然而天才并不这么认为。天才的每个重要的想法，无一不是经过艰苦反复的努力才获得的。创新需要坚忍不拔的精神。奥斯本认为，专心是创新的关键。

（4）创新的主体有创新的欲望和动机。这种创新的欲望可能来自外部，例如专利的保护、外部的鼓励等；也可能来自内部，例如恐惧、激情、对成就感的追求以及自我实现的需要等等。

（5）创新是为了满足一定的需要的。一个新主意代表着对某种问题的可行解决，或是对于一种机会的可能满足。因此，一个好的主意应该不再仅仅是代表着一种可能性，而是确实可以满足一定的需要。

三、创新与知识

创新心理行为的基本成分是创新能力，也可称为创新力。创新力是指创新主体在创新过程中，凭借个性品质的支持，利用已有的知识经验，独创性地解决问题的能力。可见，创新过程需要三个方面的要素支持：知识、创新能力和个性品质。这里我们首先论述创新与知识的关系。

（一）知识是创新的基础

创新一定要有一定的知识基础，否则就会流于天马行空式的漫谈，但也不能把创新力与知识等同起来。知识是创新的基础，但是有知识并不能保证具有创新能力。我们经常可以看到一些知识水平差不多的科学研究者创新水平却大不一样。过分偏重知识经验的积累，忽视创新能力的培养和教育是不正确的，创新的整个过程都离不开知识。

（1）新设想就是在问题意识的刺激下，对已有的知识进行分割、组合的结果。

（2）知识可以帮助创新主体对设想进行简化、转化或分解，对设想进行价值判断和可行性分析，寻找捷径。

（3）创新的结果还需要运用原有的一些理论进行验证。

（4）创新本身就是一个知识积累的过程。

创新主体是否具有创新方面的知识也很重要。尽管有些人并没有意识到自己在创新时应用了何种创新的技法，但这方面的知识却在客观地起作用。毫无疑问，掌握一定的创新手段和方法，更有利于创新活动的开展。

（二）创新更需要创新能力

但是有了知识并不能保证实现创新。创新更需要的是创新能力。而创新能力是抽象形态的知识在反复的应用过程与创新主体的个性特征融为一体的结果。因此，如何实现知识向创新能力的转化是一个非常关键的问题。对于这个问题，一方面可以在学校教育中进行，如加强素质教育、创新教育，克服那种填鸭式的教育模式。另一方面，现代企业也可以对员工进行创新能力的培训。国外诸多公司（如通用电气等）的实践证明，这种培训能显著地改善员工的创新能力。

另外，知识的前沿性也是一个重要问题。过时的知识并不能导致有价值的创新。例如，多年前上海某保温瓶厂花了十年时间，组织技术攻关，搞成一次以铝代银镀膜的新工艺。大家都非常欢喜，然而去申请专利时，被告知该工艺早在几年前由英国某公司研制成功，并已取得专利，这样的教训不得不让人深思。

（三）知识管理的目标就是知识创新

现在，无论在软件、网络这样的智力密集型行业，还是在钢铁、石油这样的资本密集型行业，知识的创造、传播、共享和利用，都已经成为保持企业持续竞争优势的关键。知识已经成为一种新兴的"资本"，对知识的管理已经成为各组织的一个管理前沿问题。

知识管理就是要在企业中营造一种知识分享的文化氛围，组织成员通过各种沟通渠道，最终把个人知识转化成组织知识，同时也迅速地把组织知识融入个人的工作当中去，在提高组织工作效率的同时促进个人的成长和学习——知识在个人与组织之间良性循环。知识管理包括两个核心过程：个体"诀窍""最优解"的外显化；组织知识的个人内隐化。这两个过程不断地循环反复，螺旋上升。个体知识—组织知识—个体知识……这一不断循环反复的过程就是一个持续的知识创新过程。

四、创新与个性

创新不仅与知识、创新能力有关,而且和个性特征有关。国外曾有人对著名的创业家的个性进行分析,发现创新家的个性往往与众不同(表 13.1)。

表 13.1 13 个企业家的成功和主导的行为模式

创新者	创新的产品	主导的个性与行为
他们开创了一个产业		
史蒂夫·乔布斯	第一台个人电脑	独断——他是王者
费雷德·史密斯	第一家夜间递送业务	魅力——能鼓动人的领袖
诺兰·布什内尔	可视游戏之父	自信——非常自尊
比尔·盖茨	MS-DOS 软件的创造者	欲望——A 型行为和习惯
革命化的健身		
阿瑟·琼斯	自动健身器	叛逆——初生牛犊不怕虎
改变世界生活方式		
泰德·特纳	首家全天候有线新闻	冒险家——赌博精神
马赛尔·毕奇	首创一次性文化	专心致志——死不回头
改变我们休闲的方式		
霍华德·海德	第一只金属滑雪板,大号网球拍	直觉——右脑精神
完善交通		
本田宗一郎	革命化的摩托车,第一台无污染发动机	持之以恒——坚韧不拔
比尔·里尔	革命化的商用喷气飞机	狂怒不羁——不衰的性欲
开创新市场		
汤姆·莫那汉	首创送货上门的比萨饼服务	力争上游——赢家就是一切
盛田昭夫	录像机随身听之父	叫人信服——杰出的推销者
索罗蒙·普拉斯	首创批发俱乐部产业	急不可耐——无法容忍平庸

资料来源:引自诺诺:"别对我说这是不可能的——改变当代世界的十三个男人",刊载张志雄主编:《企业家的空间》,学林出版社,1998 年版。

(一)高的成就动机

所谓成就动机,即人们在完成任务中力求获得成功的内部动因。它是个体对自己认为重要、有价值的事情乐意去做,并且努力去达到完美的一种内部推动力。高成就动机的人倾向于为他们自己确立的高目标而努力。这种对成就的不懈追求,实际上是创新的意向、动机和欲望。没有很强的创新欲,创新就不能进行。

阿特金森（Anthony B. Atkinson）指出，人们之间的差异在于创新力的"主动性"，而不是先天的智能等级。

（二）具有怀疑、批判的精神

"学而不思则罔"说的就是要进行思考、怀疑。创新就是要标新立异，要突破原有的心智模式。大多数人由于传统观念的束缚，很容易产生惰性，往往会对新思想、新方法、新体制进行抵触。世界上许多新思想提出来时，都是被视为异端邪说。因此，要创新，最重要的是要突破自己的思维习惯，抛开各种顾忌、各种唠叨，不屈于外来压力，敢于质疑"权威的"思想、方法。李四光敢于怀疑外国石油专家的"中国无油论"，提出中国有油说。在怀疑、批判时，创新者往往要承担各种压力，因此，创新者的自信程度非常重要。只有自信，才能对创新成功充满希望；只有自信，才能坚持真理，不流于世俗。我国著名经济学家马寅初提出"新人口论"，主张节制人口生育。在遭受非人批判压制后，马寅初依然坚持自己的理论。要怀疑，并非要怀疑一切。有人认为，既然要怀疑，那就不要学任何东西了。这种想法是极端错误的。殊不知，"学而不思则罔"的下一句是"思而不学则殆"。怀疑需要创新者虚心好学，学习本身也是创新。没有一定的知识基础，"创新"也就成了缘木求鱼。

怀疑说的是胆，学习说的是识。创新要求的是"胆""识"兼备。

（三）要有坚强的意志品质

远大的志向是很重要的。创新过程中会出现各种各样的困难，只有在远大的志向激励下，依靠顽强的毅力，百折不挠才能最终取得成功。没有坚强的意志，很难想象既冻又饿且病的莫扎特能写出《安魂曲》；没有恒心和毅力，很难想象马克思能花40年时间写《资本论》。

五、创新的作用

（一）创新是社会发展的动力

人类的文明史也就是人类的创新史。人类社会的每一个进步，各种科学技术的采用，社会制度的更迭，无一不是创新的结果。F·培根曾说，在所有的能为人类造福的财富中，再没有什么能比改善人类生活的新技术、新贡献和新发明更加伟大的了。创新是人的本性，是人类社会赖以存在和发展的根基。梁漱溟在1937年就说道："代表这大生命活泼创造之势，而不断向上翻新者，现在唯有人类。故人类的生命意义就在于创造。"

同样，一个民族和国家是否具有创新能力也是其能否繁荣昌盛的重要标志。一个民族若失去了创新能力，虽然可能也会一时繁荣，但是摆脱不了落后挨打的命运。近现代世界经济中心的转移就证明了这点。自1920

年以来,美国就一直是世界经济的中心,这是为什么?其中,很大一部分的原因是美国采用各种方法引进科技人才,加强创新。据统计,仅1946—1974年这28年间,美国引进的高级科技人员就达24万,这些人才的创新能力为美国经济的繁荣立下了汗马功劳。只要看看每年诺贝尔奖金获得者的国籍,我们就可以知道美国的创新能力如何了。

因此,国家发展的希望就在于创新。我国三千年前的《诗经·大雅·文王》中有诗云:"周虽旧邦,其命维新。"意思就是说,周虽然是旧的邦国,但其使命就在于革新。"天行健,君子自强不息"的思想,就是激励中国人民变革创新、努力奋斗的精神力量。

(二)创新是企业永续发展的根本

21世纪是新经济和经济全球化的世纪,也是一个不确定性加剧的世纪。这种不确定性来源三个方面:企业面临越来越剧烈的全面竞争;环境变化越来越快;顾客的需要也在变化。企业如何应对这三个方面的不确定性已经成为一个迫在眉睫的问题。

> 【例】 波士顿咨询公司的研究表明,20世纪50年代《财富》世界500强大多都在20世纪90年代的名单中消失,20世纪70年代《财富》世界500强,近三分之一在20世纪90年代的名单中消失。这些企业"消失"的原因何在?就在于这些企业没有对环境的变化作出及时的应对,或者是应对方式不对。应对环境急剧变化的最好方式就是创新。

企业通过创新,不仅可以形成和加强自己的核心竞争能力,更是拓展新的生存空间,延长企业寿命。不懂得创新的企业迟早归于失败。浙江民营企业家鲁冠球依靠创新,将一个铁匠铺发展成为一个跨国企业。鲁冠球用三句话来总结他的创新思路:"人无我有,人有我优,人优我全。"海尔从一个亏损上百万的企业成为今天的电器巨人,也在于其不断追求创新。正因为海尔文化的核心是创新,海尔文化才能激活"休克鱼"。

一个没有创新精神的民族是一个没有希望的民族,一个没有创新精神的企业同样也是一个没有希望的企业。

(三)创新是个人事业成功的关键

现代社会中的劳动者若单纯依靠体力劳动,已经难以实现自己事业的成功。我们有充分的理由相信,21世纪将是知识的世纪,核心产业将是知识产业。个人事业能否成功将取决于个人获取知识、运用知识以及创造知识的能力。谁学得快,谁能创造性地解决问题,谁就最能适应这个社会。不论是管理者,还是普通的员工,没有高知识型、高创新型的素质,就不能适应21世纪的经济发展要求。

第二节 创新思维的特征与形式

创新能力是多种能力的综合。包括观察力、注意力、记忆力、想象力以及思维能力。其中,核心因素是进行创新思维的能力。"聪明的思维意味着创造性的思维。"这里,我们将着重讨论创新思维的特征和形式。

一、创新心理行为过程

创新思维过程是指创新主体从开始创造到成果产生的一段心智历程。这段过程非常复杂,很多创新事实上是只可意会,不可言传的。但这并不能阻碍人们对创新思维过程的研究。关于创新心理行为过程,自1926年英国心理学家华莱士(G. Wallas)提出"准备、酝酿、明朗、验证"四阶段说以来,又出现了美国心理学家奥斯本(Alex F. Osborn)的"发现问题、提出设想、解决问题"的三阶段说,苏联心理学家鲁克(Aleksander H. Rook)的"提出问题、搜索相关信息、酝酿、顿悟、检验"五阶段说,法邦(D. Fabun)的"期望、准备、操纵、孕育、暗示、顿悟、校正"七阶段说,加拿大学者塞利尔(G.Cellier)的"恋爱与情欲、受胎、怀孕、痛苦的产前阵痛、分娩、查看和检验、生活"七阶段说,美国学者沙克劳斯(Shacklaus)的"定向、准备、设想、评价、行动"五阶段说。尽管后人对创新思维过程进行或粗或细的划分,但从内容上来看,很多部分都基本相同。

(一)定向

所谓定向(Orientation),即规定一个问题或确定一个目标。发现需要解决的问题是创新活动的敲门砖。而发现问题首先又需要有敏锐的观察力、已有的知识储备、独立思考的习惯和努力寻找"盲点"的科学探索精神,否则,问题摆在面前,也不会为其发现。个人的兴趣对定向起了很大的作用。"定向"其实问的就是一个"为什么要创新",它通过激发人的情感因素来刺激个体的创新欲望。在定向的过程中,还需要个体对问题进行分析与界定,区分真问题和假问题。

(二)准备

准备(Preparation)就是列出所有关于问题或目标的事实,这些事实可能是已知的,也可能是需要进一步挖掘的。准备阶段要解决两个方面的问题:一是解决自信心的问题;一是收集资料的问题。就收集资料而言,一般可以采用5W1H(何人、何事、何时、何地、如何)的方法进行,但要注意,不要把自己局限在一般的信息来源中,要用一些技巧来开发一些不同寻常的来源。并从多角度、多思路进行试探解决。

"准备"其实就是问关于问题或目标的何人、何事、何时、何地和如何。在准备期,通过输入并整理有关的问题的事实,创新者应在信息的层次上清楚自己知道了什么和还需要知道什么。

(三) 孕育

在孕育(Incubation)阶段,就是要用发散性思维来得出尽可能多的、不明确的结论或答案,并对每个结论和方案进行辐合思维,对该结论或方案进行评价(Evaluation)。探索的问题是"用什么办法我可能……"不要问自己"我怎么样才能……"之类的问题。因为后者往往暗示只有一个答案。在这个阶段,个人可以自己给自己召开一个单人的头脑风暴会议,将所得的答案全部写出来。

这个阶段是假说与方案反复酝酿的阶段。表面上可能创新活动毫无起色,但创新者头脑里则在紧张地工作着,这其实是创新者的有意行为。根据华莱士的看法,潜意识在创新活动中是有用的。因此,在孕育阶段,创新者可以换换工作,让脑子得到一阵休息。

事实证明,创新是一种有节奏的活动,有动有静,需要劳逸结合。

孕育阶段的时间长度是不一定的。在这段时间里,创新者的观念就像在"冬眠",例如爱因斯坦就历经两个"十年沉思"才得以提出"相对论"。

(四) 明朗

这个阶段的最大特征就是灵感的出现。所谓灵感,就是一个苦苦思索的问题,突然一下的"闪光"使问题得以解决,从而豁然开朗(Illumination),柳暗花明又一村。

灵感毫无疑问来自孕育期的努力工作。为数众多的学者都证明了这一点。达尔文在他的自传中写道:"在小车缓慢行驶过的道路上,我清楚地记得答案从我脑海里涌现出来时的确切地点。"达尔文在获得这些灵感之前,事实上早已对他们的问题进行了若干年有意识的思考。

灵感很大程度来自潜意识的作用。著名数学家纽曼(Johnyon V. Neumann)证明了这点,他说他经常在晚上带着尚未解决的问题睡觉,因为,他觉得在次日早上醒来时,他就能在放置在床头的白纸本上草草写出了答案。

心理学家史密斯(Edward E. Smith)则倾向于从内心紧张状态而引起无意识努力的角度来理解灵感。他认为:"当发明者的知识和能够使他实现其发明的因素快要促成他实现发明的时候,他内心的紧张程度就会增加……他越接近目标,兴奋程度就越高。在这种情况下,这种紧张的突然放松经常被比作摄影的'闪光'是有一定道理的。"

(五) 验证

通过灵感所获得的答案或方法是否就是答案呢?还得进行验证

（Verification）。只有通过逻辑、实验、实践等方面证实了的答案或方法才是真正的最后的结果。

阿基米德通过洗澡悟出用水的浮力来推测王冠是否掺假的设想后，也历经多次实验才证明王冠中是被掺了银。又如，可口可乐公司曾花大量资金用以改变可口可乐的配方，结果推出新配方后，消费者并不喜欢。市场证明，这次创新是失败的。

值得注意的是，并非每次创新都必然要历经这五个阶段的。我们这里所谈的只是一般的参照系。在现实的创新实践中，有可能只历经了其中某几个阶段，也可能是各个步骤是颠倒的。

二、创新思维的构成要素与特征

（一）创新思维的构成要素

对于创新思维的构成要素和实质方面，不同心理学派有不同的看法。

精神分析学派从潜意识以及与驱动力有关的冲动和观念出发，认为创新思维的本质在于暂时放弃那种阻塞思路和妨碍产生新的解决办法的逻辑的理性。格式塔心理学派则强调心理压力与张力在解决问题中的作用，认为创新思维就是重新组织问题的过程。例如，韦特海默认为，创新思维就是新的格式塔形成的过程。联想学派主张创造性思维能力是将有关的因素形成在某些方面是有益的、新的联系的思维能力。并且被联结的因素相互之间越是遥远，那么创新思维能力也就越强。人本主义心理学家则认为创新主体的创新思维与个性因素密切相关，尤其是个体对经验的敏感性，以及不轻信原理和概念的品质。认知学派则倾向于从创新构成要素和过程来理解创新思维。例如，吉尔福特（J.P.Guilford）认为创新思维就是发散思维（Divergent Thinking），并且表现出流畅性、变通性、独特性以及精致性等特征。

可见，各个学派从各自的传统观点对创新思维作了不同的探讨，这当然有利于我们对创新的研究。但是也同时出现不同学派各自强调不同的要素以取代创新思维。例如索里（J.M. Sawrey）就曾对吉尔福特的观点进行了反驳：发散思维与辐合思维的关系就如同归纳推理与演绎推理的关系一样，在实践中，推理既不纯粹是归纳的，也不纯粹是演绎的，它永远都具有这两种因素。正因为如此，一些心理学家开始对创新思维从综合的角度开始理解，如卡格尔（M. Cagle，1985）提出了创新思维的三维模型。

卡格尔从三个维度来理解创新思维。

（1）阶段维，创新思维包括五个阶段：识别、揭示、综合、评价和验证。

（2）思维类型维，包括内省的、感觉的、直觉的、隐喻的、发散的和综合的等六种思维类型。

（3）心理态度维，包括想象、灵活性、宽容、冒险和好奇五个方面。

卡格尔认为人类的创新思维大致要包括抽象领域和具体领域两个方面。抽象领域是新观念的形成，具体领域则是新观念的具体化。这两个领域都离不开一般类型的创新思维（内省、感觉、直觉、隐喻、发散和综合），这六种思维类型在具体、抽象两个领域，在阶段维、心理态度维中连续活动、一贯到底。

我国学者熊川武教授则从信息加工、认识论的角度提出：创新思维是人脑通过转化信息揭示事物新关系的心理过程。该观点认为创新是以信息为基础的；认识世界就是要把握事物之间的关系，发现事物之间的新关系能实现信息无序向有序的转化；个体内部信息的转化与交换，以及个体与外部环境的信息转化与交换是找到新关系的基本途径。

根据以上学者及其他学者研究成果，我们可以发现创新思维是一个非常复杂的心理活动过程。创新思维在很多方面表现出一种互补的结构。创新思维过程至少包括以下三个方面。

1. 意识与无意识的互补与运动

在精神分析学派看来，无意识是创新思维的关键所在。

这无疑有一定道理。然而，在创新思维过程中，不仅存在无意识的作用，更存在意识的作用。根据傅世侠、罗玲玲（2000）的研究表明，创新思维是一个意识与无意识交替作用的过程。

2. 紧张与松弛情绪状态的交替运动

格式塔心理学就特别强调创新主体内部的情绪紧张状态，这种情绪状态往往会引起一种创新张力，正是由于这种张力，才导致人的创新行为。在创新思维的过程中，事实上，不仅仅只有这种创新性的紧张情绪状态，往往还存在着松弛状态。海纳特（G. Heinelt）认为，创新过程的本质特征就是紧张与松弛的循环。紧张到松弛、松弛到紧张这一不断循环的心理状态变化始终伴随着创新过程。

3. 各种思维类型的互补与运动

例如，逻辑思维与非逻辑思维的互补与运动；发散思维与辐合思维的互补与运动；柔性思维与刚性思维的互补运动；垂直思维与侧向思维的互补与运动。

（二）创新思维的特征

1. 新颖性

这是创新思维的基本特征。创新思维要求打破惯常的解决问题的方式，以一种新的方式来处理事情。创新思维的结果也表现出新颖性，必须反映出事物之间的新的关系。这种新的关系也许是由于事物的运动、发展、变化确实产生了的，也许是并没有新出现，只不过以前不被人所认识的，也许是人们先前的认识不正确，也许这种关系虽被人发现，但特定社会范围内的个体并不知晓，他通过努力也发现了这种关系。

2. 创造性想象的参与

创新思维区别于一般思维的特点之一就在于创造性想象的参与。爱因斯坦说，想象比知识更重要。奥斯本进一步阐述道，创新能力就是想象、预见和提出见解的能力。创造性想象参与后，能结合以往的知识经验，在头脑中形成新的假设、新的形象，这是创新活动顺利进行的必要条件。在科技创新活动中，创造性想象是以它的新颖性、生动性来推动创新思维的发展。

3. 创新思维需要多种心理活动过程作支撑

例如，创新思维既包含有发散思维的因素，又有辐合思维因素。因此不能将发散思维等同于创新思维。创新思维也包括了动作思维、形象思维和逻辑思维等基本思维因素，没有这些基本思维作为基础，创新思维没法完成。只要承认思维都是以信息为基础这一点，就必然要承认这些基本思维不仅是非创新思维的因素，也是创新思维的要素。观察、注意、记忆等心理活动也是创新思维中不可忽视的因素。甚至个体的个性因素诸如好奇、冒险、宽容也会对创新思维产生重大影响。

三、创新思维的形式

前已有论述，创新思维活动过程极其复杂，并且常常是多种形式相互重叠交错在一起。

（一）发散思维与辐合思维

吉尔福特在1967年提出创造性思维就是发散思维的命题，从而引出了关于发散思维与辐合思维的争论。吉尔福特认为，发散思维是从所给的信息中产生信息，其着重点是在从同一的来源中产生各种各样为数众多的输出，并且很可能会发生转移作用。换句话说，发散思维就是从一个问题出发，思维的方向向外发散，从各个角度去寻找多个答案。其基本特征就是敢于突破旧有的思维框架。

很多人以为，发散思维和辐合思维是吉尔福特最先提出的。然而，在我国古代，早就有人进行这种区分。正如本章开篇所引用的《周易》那段话中所说："成象之谓乾。效法之谓坤。"乾即发散思维，坤即辐合思维。这两句话并且构成了一个严密的逻辑关系，乾是生成各类物象，而坤则是将由乾所产生的各类物象加以实现。

关于发散思维与辐合思维在创新思维中的作用，目前存在三种观点：

（1）并称观，例如吉尔福特就是这种观点的典型代表，主张创新思维和发散思维可以并称；也有一些人认为辐合思维是创新思维的本质。

（2）主导观，即认为发散思维是创新思维的主导性成分，但不是唯一成分。

（3）结合观，即认为创新思维是作为两种组成成分的发散思维和辐合思维运动的过程。

它们相辅相成，按发散—辐合—再发散—再辐合……的规律，不断地把创新思维提高到新水平。发散思维进行"大胆假设"，而辐合思维则进行"小心求证"，两者有机结合，共同完成创新使命。

发散思维与辐合思维是相互联系的。我们经由发散思维从不同方向去探索问题的多种解决，如何在这么多的解决方案中经过衡量、检验选择其中一个，又依赖辐合思维。可见，并称观过于偏激，明显存在理论上的漏洞；主导观有一定道理，但并没有看到辐合思维在创新思维的一定阶段，照样可以起到主导作用；从发展、运动角度来理解创新思维的结合观则是一个比较全面的观点。也是本书所持的立场。

（二）直觉思维、形象思维与逻辑思维

这种分类方法是由我国著名科学家钱学森提出的。逻辑思维是运用概念、判断、推理，比较按部就班地，一步一步地得出结论，去反映事物的本质，其基本特点在于强调逻辑性。形象思维则是用图形、声音、模型等材料作为思维手段去解决问题，其基本特点在于直观形象。

直觉思维则是不经过一步一步的分析，也没有严格的逻辑证明，而是突然顿悟，其基本特点是突发性、随机性、模糊性。也正因为如此，直觉思维又被称为顿悟思维、灵感思维。直觉思维是显态的自觉的形象思维和逻辑思维转化为隐态的不自觉的形象思维和逻辑思维之后，与大脑内储存的信息在无意思的状态下相互联系、相互作用的结果。创新思维需要逻辑思维，但这仅仅是一个必要的条件。形象思维，特别是直觉思维被大多数心理学家认定为创新思维的主要形式。

关于形象思维与逻辑思维的区分，在《周易》里也有论述："乾"即形象思维，形象思维是柔性的，而"坤"则是逻辑思维，逻辑思维是刚性的。先有形象思维去产生创意，再有逻辑思维去进行逻辑证明。这两个过程不可分割，正所谓刚柔相济。

若从中国传统文化的角度来看，我国古代学者惯用的是形象思维和直觉思维。例如，道家强调"道法自然，无为而有为"，以静制动，这其实揭示了创新中的一个非常重要的命题：除了意识，无意识对创新也很重要。如果说想象思维与逻辑思维是属于有意识的阶段的话，那么直觉思维往往发

生在无意识阶段。因此，道家的一套静心的法则对于我们如何进行直觉思维是很有帮助的。又如，释家讲求"明心见性"，并提出"戒、定、慧"三套基本方法，追求"悟"。中国佛教关于"顿悟""顿教"已经形成了一套完整的理论与实践体系，这对于我们现在的创新思维训练无疑仍具有非常重要的启发意义。

斯玻里（Roger Sperry）博士和他的学生在创新思维的生理基础上作了大量研究。结果发现，我们的大脑可以分为左脑和右脑。左脑趋向于借助符号、文字来思考，而右脑则趋向于借助直觉形象来思考。人类用左脑来推论、判断、说话、计算数字；用右脑来梦想、知觉、想象、直觉。关于左右脑的功能差异见表 13.2 所示。

表 13.2　人类左右脑功能比较

左脑的功能	右脑的功能
说	不经描述，即能知晓
读	立即看出整个事物
写	看出相同之处
分析	了解类推和隐喻
思想的连贯	直觉
摘要	洞察力
分类	感觉剧情内容
推论	综合
说理	想象
判断	空间的认知
计算的数学能力	视觉的记忆
字句的记忆	分辨各种类型
使用符号	以自己的方式感觉
管理时间	使所有的事物与目前相结合

资料来源：哈佛管理丛书编纂委员会，《如何开发你的创造力》，哈佛企业管理顾问公司出版社，1984。

毫无疑问，创新思维需要综合利用两个半脑才能完成。然而，众多研究表明，人类的创新能力更多的依靠头脑的直觉部分，也就是更多的依赖右脑。这很可能是因为人类的学校教育往往注重左脑的开发，而忽视右脑的开发。这样，就产生了一个新的口号：开发右脑。

（三）垂直思维与侧向思维

这种分类方法是英国的玻罗（Edward de Bono）提出的。他认为，侧向思维(Lateral Thinking)就是把注意力转向外部,从而找到问题限定条件下的常规方法之外的新思路。垂直思维(Vertical Thinking)则是从一个信息推演到下一个信息的逐步逻辑推理过程。这两种思维过程对创新思维都有贡献。一方面,侧向思维有助于创造独特的想法和方法,另一方面垂直思维对于评价这些想法和方法很有用。侧向思维提高了垂直思维的有效性,因为它为垂直思维提供了更多的选择。垂直思维则提高了侧向思维的影响,因为它能很好地利用产生出来的想法。侧向思维可以用一句成语来描述,"无意插柳柳成荫"。

表13.3 侧向思维与垂直思维的比较

侧向思维	垂直思维
1. 尽力发现看事物的新视角,强调事物的变化和运动	1. 尽力发现判断事物关系的绝对事实,强调事物的稳定性
2. 避免寻找"正确"或"错误"的东西。尽力发现不同的东西	2. 为每一步搜寻"是"或"否"的证据。尽力寻找是"正确"的东西
3. 对想法进行分析以决定如何应用它们来产生新想法	3. 对想法进行分析以决定为什么它们不能起作用因而需要抛弃它们
4. 通过"不符合逻辑地"(自由联想)从一步跳跃到另一步,努力引进不连续性	4. 通过一步一步的逻辑推理来持续搜寻
5. 在产生新想法时,欢迎使用偶尔得到的信息;考虑不相关的因素	5. 挑选那些被认为能产生新想法的信息;拒绝那些被认为无关的信息
6. 通过避免明显的事实取得进展	6. 使用已确定的模式取得进展;考虑很明显的事实

资料来源:[美]赫尔雷格尔等:《组织行为学》(第9版),俞文钊、丁彪等译,华东师范大学出版社,2001年版。

第三节 创新的内容和方法

一、创新的内容

美国著名经济学家熊彼特(Joseph A. Schumpeter)在《经济发展理论》一书中对创新进行了定义,他认为创新包括下列五种情况。

(1)采用一种新的产品——也就是消费者还不熟悉的产品——或一种产品的一种新的特性。

(2)采用一种新的生产方法,也就是在有关的制造部门中尚未通过经验检定的方法,这种新的方法决不需要建立在科学上新的发现的基础之上;

并且,也可以存在于商业上处理一种产品的新的方式之中。

(3)开辟一个新的市场,也就是有关国家的某一制造部门以前不曾进入的市场,不管这个市场以前是否存在过。

(4)掠取或控制原材料或半成品的一种新的供应来源,也不问这种来源是已经存在的,还是第一次创造出来的。

(5)实现任何一种工业的新的组织,比如造成一种垄断地位(例如通过"托拉斯化"),或打破一种垄断地位。

可见,熊彼特的五种创新内容可以概括为三个方面:经营管理创新、技术创新与制度创新。

今天,这三个方面的内涵已经大大扩展和延伸。例如,经营管理创新包括管理方法的创新、营销创新、产品创新、供应链创新、组织文化的创新、人力资源管理创新、组织结构创新等。我们认为,各种形式的创新归根结底是要归结到个体的思想、观念的创新,换句话说,解放思想,实事求是是最基本的方面。个体思想、观念创新的结果必然进一步推进知识创新。知识创新、观念创新的开展与深入需要对文化进行进一步的创新。因此,这里将重点讨论观念创新、知识创新与文化创新。

(一)观念创新

观念创新是组织创新的先导。没有观念创新,其他各项创新无从谈起。观念是外部世界的主观反映,外部世界是不断变化的,观念也应不断地发生变革。另一方面,不同的人对同一外部世界的反映也会不一样,有的反映正确,取得了良好的成效,有的反映错误,则导致失败。因此,作为管理者要持续不断地审视自己的观念,自觉地进行观念创新。

从上面的论述,我们可以给观念创新下一个定义:所谓观念创新,即发现事物之间的内在联系,形成能比以前更好地适应组织内外环境的变化并更有效利用资源的新概念或新构想的活动。观念创新的第一步就是管理者自己要树立正确的创新观。也就是说,要能正确认识到创新的意义、价值、必要性、内容、方法等等。若没有树立正确的创新价值观,观念创新也就没有任何意义。

在现代的企业组织中,观念创新应辐射到企业管理方方面面,如经营理念要创新、市场营销观念要创新、企业品牌要创新等。

笔者在第五届(2001年)世界管理论坛暨第五届东方管理论坛的主题报告《21世纪世界管理的发展趋势》中,从新经济与经济全球化的角度论述了新世纪管理理念创新的方向。

该文提出传统管理理念已经不能适应新经济时代的企业所处的环境,进行管理理念的创新是企业生存和发展的关键。新经济时代在管理过程中物质与人的地位发生了重大的转变：物质地位下降、人力资本的地位上升。企业管理理念变革的中心是围绕着由物转移到人这一知识载体展开。企业管理理念创新的内容主要表现在服务、团队、学习的理念上。

1. 服务理念

在新经济时代管理者的职责由对员工在生产过程中严格控制转变为企业员工提供完成工作任务所需要的各种资源。

2. 团队理念

新经济时代企业的竞争是集体智慧的竞争，管理是团队的游戏，一个成功的管理者应该是能够与人合作的人。具有一种扁平化组织结构的团队能够有效地适应市场的变化，机构精简、效率提高。

3. 学习理念

新经济时代的企业组织是学习型组织。一个优秀的管理者应当能够通过学习型管理，使员工成为生产中的最佳资源。

（二）知识创新

知识已经成为企业中最重要的资产。知识管理就是要对组织中的知识资本进行管理，是管理界的最新理念之一。知识管理的直接目标就是知识创新，知识创新是持续竞争优势的主要来源。

知识有广义和狭义之分，安德森的"陈述性知识"、梅耶的"语义知识"都属于狭义知识。我们平常说不仅要掌握知识，更要形成能力，这里的知识就是狭义的知识。按照广义的知识观，知识不仅包括它的储存与提取，而且包括它的应用，即所谓的"真知"。加涅的"智慧技能"，布卢姆的领会、运用、分析、综合、评价都是指知识的应用。从管理实务来看，更应该从广义的角度去理解知识。

日本著名学者野中郁次郎（Ikujiro Nonaka）等人从显性知识（Explicit Knowledge）和隐性知识（Tacit Knowledge）的角度来论述知识创新。隐性知识只能是无意识的理解和应用，很难清晰地描述，它形成于个人的直接经验和行为，经常得通过高度互动的交谈、讲故事和分享经验而得到分享。相反，显性知识更精确，也能被清楚地描述，尽管要从原来创造和使用的情境中抽离出来。它具有规范化、系统化的特点，因而便于沟通和分享，例如产品说明、科学公式、计算程序等。外显知识在组织中扮演越来越重要的角色，许多人认为它是知识经济中最重要的生产要素。从某种程度上来说，显性知识与隐性知识的分类和安德森的陈述性知识与程序性知识的分类是异曲同工的。

野中认为知识创新就是知识的螺旋上升过程。要发生这个过程，需要三个层次的相互作用。

1. 隐性知识与显性知识间的转化

通过社会化、外在化、组合化和内在化而实现的知识创新过程（SECI），这个过程主要涉及隐性知识与显性知识间的知识转化。在野中看来，知识创新有四种基本形式：社会化，即从隐性知识到隐性知识；外在化，即从隐性知识到显性知识；组合化，即从显性知识到显性知识；内在化，即从显性知识到隐性知识。"社会化—外在化—组合化—内在化—社会化……"永不停顿的螺旋上升过程就构成了知识创新。

2. 知识创新平台

巴（日语，大致相当于"场所"之意），即知识创新平台，它是知识螺旋上升过程的基础。巴不单单指物理环境（一间办公室或多场所商业空间），也指虚拟的超物质空间（即电子邮件、电话会议）和精神空间（即共同的经验、观念和理想），或者这三类空间的任何组合。在野中看来，巴的创造和再创造是知识创新的关键。换言之，营造一个知识创新的平台是知识创新的关键。

3. 知识资产

即知识创新过程中输入、输出的内容。这些知识资产是组织知识创新的基础。知识资产可以包括四种类型：经验性知识资产、概念性知识资产、常规性知识资产以及系统化知识资产。经验性知识资产是通过经验传递而共享的隐性知识，它在组织成员间，成员与客户、供应商或合作企业间，或两者之间分享。这种隐性的经验知识资产是企业特有的、难以模仿的、使企业具有可靠竞争优势的资源。任何企业都必须依靠自己经验来创建自己独特的经验知识资产。这种知识的创新必须采取社会化（隐性到隐性）的知识创新模式。概念性知识资产是用意象、符号和语言作为概念清楚表述的显性知识。例如，品牌价值、产品概念以及产品设计。这种知识一般可以采取外在化的创新模式来构建。系统性知识资产是系统化了的显性知识。这种知识资产的一个显著特征就是容易转移。因此，对于一个将竞争优势建立在这种知识资产基础上的企业而言，通过法律或者其他手段来保护这些资产也就成了当务之急。常规性知识资产是指日常工作化了的、融化在组织行为与实践中的隐性知识。

例如，组织文化就是这样的一种知识资产。这种知识资产是通过内在化过程创造并共享的。组织的知识创新是在一个高度变化的不确定的环境中展开的。当外部不确定性引入到组织中来时，组织成员便面临常规、习惯和认识框架被淘汰的局面。这时，成员就会被迫去重新认识、评估自己的基本思想和观念。对组织旧有知识内容的不断忘却的过程，就孕育着知识创新。

野中提供了知识创新的一个模式，并对组织的知识资产进行区分。这对于现有企业进行知识管理、知识创新无疑具有非常重要的指导作用。

（三）文化创新

企业的发展在经过产品竞争时代、服务竞争时代之后，如今则正处于文化竞争的时代。有人将企业文化称之为企业管理领域中的一场革命。

现在，管理学者们普遍认为：

（1）"管理本身就是一种文化"，"管理文化"对于管理方式的形成和运用具有很大影响；

（2）"管理文化"可以成为企业的一种"软约束"，一个企业的管理文化有可能成为企业的竞争优势；

（3）企业的管理文化是现代企业生存与发展、成功与失败的关键；

（4）融合多种文化之后发展起来的"管理文化"比单一的"管理文化"具有更强的生命力，必须以学习的态度，促进"管理文化"的融合发展。

可见，对文化进行创新已经成为企业创新中必要一环，营造一种创新性的企业文化是每一个企业在创新时要做的一件重要工作。目前，世界上存在两种类型的创新文化：以美国企业为典型的个体创新文化、以日本企业为典型的群体创新文化。对于我国企业而言，要倡导一种什么的创新文化，以有效推进我国企业的企业创新呢？我们认为，我们决不能单纯模仿美国式的个体创新文化模式，也不能照搬日本式的群体创新模式，而应从中国传统文化入手，创立自己独特的创新文化。

（四）中国企业文化创新的三个方向

笔者认为，中国企业在进行文化创新时，应体现出以下三个方向。

1. 以人为本

所谓"人"，就是处于管理系统中的人，即中国古代所谓的"民"。中国传统管理哲学是以"人"为核心的。孔子曰："仁者，爱人。""夫仁者，己欲立而立人，己欲达而达人。"墨子曰："君，臣萌通约也。"孟子说，"民为贵"，又说，"天时不如地利，地利不如人和"。由此可见，早在两千多年前，我国古代先哲们就提出了人本思想。这些思想当今仍具有现实意义。从企业文化角度来说，中国古代的人本思想就是要求管理者要为员工着想，要为顾客着想，要重视人际关系的协调，关心他人，爱护他人，帮助他人成就事业，满足他人的需要，利用亲缘、地缘、文缘、商缘、神缘在内的"五缘"等纽带，取得情感、服务、伙伴关系、经济等多方面的支持。

2. 以德为先

"为政以德，譬如北辰，居其所而众星共之。""道之以德，齐之以礼，有耻且格。"说的就是要有道德。这对于企业文化的建设而言，具有重要的借鉴意义。一个企业其重视创新的价值观经反复宣传、灌输和强化，企业成员对此产生了高度的认同，那么企业内部就会形成一种以创新为荣，以平庸为耻的德，从而对企业成员的行为产生明显的导向作用，创新也就成为了员工的自觉行为。

企业在文化创新时，要注重商德的建设。商德的内涵可以概括为"诚""信""和"。"诚"就是要以诚待人，以诚处事。不仅要对自觉的属下讲"诚"，而且在与其他人在经济往来中也是如此。"信"也是儒家的基本道德规范。一个人要在社会上立得住脚，并且有所作为，就必须为人诚实，讲究信誉。诚信实际上是一种资产，一种保障。"礼之用，和为贵。"只有人际关系协调，才不会发生资源的无谓损耗，才能有效克服劳资紧张关系，极大提高劳动生产率。

3. 人为为人

"人为为人"是中国式企业文化的精髓。"人为"就是"人的行为、作为"，中国哲学重视人的道德和行为的可塑性，为人的发展提供了广阔的可能性。"为人"是"人为"要达到的目的。就管理行为而言，管理活动要始终兼顾到被管理者。"人为为人"作为东方管理文化的本质特征，它揭示了管理主体与管理客体之间的辩证关系。可以说，人为为人是对古今中外管理行为本质的高度概括，是"激励与服务"积极行为的综合体现，强调人自身行为的激励与修养。每一个管理者首先要注意自身的行为修养，"正人必先正己"，然后从"为人"的角度出发，来控制和调整自己的行为，创造良好的人际关系和激励环境，使管理者和被管理者都能够持久地处于激发状态下工作，主观能动性得到充分的发挥。人为与为人互相联系，并且可以转化，对任何管理者和被管理者都有一个从个人行为逐步向他人服务转化的过程，即从"人为"向"为人"转变的过程。这一过程体现在家庭、行业、国家一切方面的管理之中，管理者和被管理者越是注重自身行为的素质，其"为人"即管理的效果就越好。因此，在构建创新型企业文化时，一定得遵循"人为为人"的准则。

现在，全球化为企业文化建设提出了更高的要求。跨国公司首先即面临一种文化的整合。企业本身就是由文化、目标各异的个体、群体所组成，国际的文化差异必然加剧潜在的文化矛盾冲突和对跨国经营的制约。因此，怎样消除这种潜在的文化冲突也就成了跨国企业首先要解决的一个问题。我们认为：文明的冲突、交流与合作，已成为全球化进程中永恒的主题和旋律；在不同文化之间要相互补充，吸收各自管理文化的合理内核；未来企业文化的建设应以东方管理文化为核心，吸收西方管理文化的科学成果，促进东西方管理文化的大融合。

二、创新的方法

创新方法很多,但基本上都是围绕一个主题展开:如何产生尽可能多的观念和想法,并从中挑选出最有魅力的解决方案。按照刘仲林的看法,众多的创新技法基本上可以分为四类。

(1)联想族,该族技法的特点就是创造一切条件,打开想象大门,提倡海阔天空,抛弃成规束缚,例如,头脑风暴法、检核表法和田十二法都属于该族。

(2)类比族,该族的特点就是以大量的联想为基础,以不同事物间的相同或类似点为纽带,充分调动想象、直觉、灵感等,巧妙地借助其他事物找出创新的突破口,统摄法、中山正和法、仿生学法等属于该族。

(3)组合族,该族技法的特点就是把表面看来似乎不相关的事物有机结合在一起,合二为一,顿生新奇,形态分析法、焦点法、信息交合法等属于该族。

(4)臻美族,该族技法的特点就是把对象的完美、和谐、新奇放在首位,用各种技法实现这一目标,在思考中充分调动想象、直觉、灵感、审美判断力等,缺点列举法、希望点列举法、求奇法等属于该族。

(一)头脑风暴法

头脑风暴法(Brain Storming)为美国著名创造工程奠基者奥斯本(Alex F. Osborn)所发明的一种智力激励法。奥斯本曾在通用电气公司任职,开设创造工程课程,培养在岗员工的创新思维能力。他在1953年《应用想象》一书中正式提出头脑风暴法。

头脑风暴法就是一组人采用开会的形式,通过相互启发,把与会人员对问题的主要看法聚集起来去解决问题。该法的主要特点是能有效地克服心理障碍,在短时间内获得新观念,创造性地解决问题。

1. 小组中运用

头脑风暴法一般在10人左右的小组中运用的效果较好。它之所以有效,是因为:

(1)主意的产生依靠联想。联想是产生新观念的基本过程。在集体讨论解决问题的过程中,每人提出一个新观念,都能引起他人的联想,相继提出一连串的新观念,从而产生联想连锁反应,形成新观念堆,为创造性地解决问题提供了更多的可能。有研究表明,不论男女,集体的创造性想象能力,都比个人的创造性想象能力高得多。

(2)热情感染。集体讨论能激发人的热情。小组中个人自由发言,相互感染,能有效地突破习惯思维。

(3)小组讨论能激发人的竞争意识。心理学研究表明,在有竞争意识的情况下，人的心理活动效率会提高50%。因此，在有竞争意识的情形下，人人会竞相发言，力求有独到见解。

（4）在小组讨论中，个人的欲望自由不受干预和控制。这有助于抛开个人的顾忌，从而释放自己的思维潜能，提出大量的新观点。

2. 方法实施的要点如下

（1）建立两个小组：设想组和专家组。设想组的基本任务是在规定的时间内提出大量的观念，专家组的任务是负责对设想组提出的各种观念的价值进行分析和评价。一般而言，两个小组要分开解决问题，以克服设想组成员因为担心专家在场怕批评，不敢大胆发言的心理。

（2）设想组在讨论时，要多多益善，主意越新、越怪，越好。要把所有人的设想无一遗漏地记录下来。

（3）设想组成员在讨论时，不论他人的观点正确与否，不得批评，甚至不能有任何怀疑的表情、神色和动作，以防止阻碍创造性设想的出现。

（4）专家组在评价时，要每个观点，都要深思熟虑，要注意吸收每个观点的合理成分。

（5）小组长在讨论时不得发号施令，批评他人，要注意引导成员扩大思维的空间，提出更多的观念。

（6）如果在第一个循环中不能解决问题，应另换一套人马重新开始这一过程，若要继续由这些成员来解决的话，需要再换一个讨论的思路和角度。

3. 头脑风暴法有四个基本原则

禁止批评（推迟判断）；自由畅想；多多益善（以量生质）；借题发挥。在上述各条原则中，奥斯本认为最重要的是要推迟判断和以量生质。"通过保留判断（推迟判断），人们在同一期限内能够提出大约两倍的有用的设想，直至人们掌握一系列能够直接检查欲实现的标准为止。""人们越是提出更多的设想，就越有可能走上解决问题的正确轨道。"换言之，过早地下结论会把许多新观念拒之门外。我们越是增加观念的数量，我们就越有可能获得有实用价值的观念。

4. 多种形式

头脑风暴法一经提出，立即风靡世界。后人又在其基础上发展了多种形式的头脑风暴法。

（1）美国热点公司提出批判风暴法。这种方法不仅不禁止批判，反而重视批判。其要点是揭示具体问题的矛盾、缺点以及弊端，对现有的观点进行批判，并把它们集中在一张表格上，集体讨论来解决问题。

（2）通用电气公司则发展了一种评价头脑风暴法。这种方法的要点是利用集体知识和经验分两个阶段来解决复杂的问题。具体做法是：先提出问题，运用一般的头脑风暴法，初评建议，收集建议，最后评价，小组审阅，综合报告，收集和综合对报告的评论。

（3）日本三菱树脂公司提出了三菱头脑风暴法。这种方法的特点是与会者事先就有关议题提出观点并写在记录纸上，然后当众宣读，经质疑和批判后，进行图解集中加以讨论，得出具体的、切实可行的方案。另外还有费利普斯提出的大组头脑风暴法，日本人提出的 NBS 法等。

（4）戈登法。该法由美国阿沙·德·里特尔公司的戈登（W. J. Gordon）所创。该法认为，奥斯本的方法是在会议一开始就将目的提出来，这种方法容易使见解流于表面。因此，戈登主张除了会议主持以外，不应让与会者知道真正的意图和目的。这种方法是这样来实施的，最初主持人不让与会者知道讨论主题，而是由主持人决定一个与主题有关的问题作为议题，进行头脑风暴，主持人在其中因势利导，把握好方向。最后，支持人把真正的意图和盘托出。显然，这种方法成功与否的关键在于主持人的水平和能力。

（5）网络头脑风暴法。该法是最近随着互联网的发展而发展出来的，主要思想就是利用合作软件技术自动将观点散布到每个成员，成员由此被激发出其他新的观点。现在有些公司专门提供这样的合作软件技术。这种方法的实施要求有一定的硬件支持，例如每个参与讨论的成员必须有一台与网络连接的，组织内部必须建有局域网。这样的软件允许每个人将自己的观点输入网络，显示在显示板里。这样，参与者可以迅速看到别人的想法，也可以立即将自己的想法输入进去。网络头脑风暴法相对于传统的头脑风暴有一个进步，那就是采取匿名的形式，从而能使参与者更加自由地产生新观点。参与者不再有"自己像个傻瓜"的顾忌。

另外，还有很多，例如鲁尔巴赫的默写式头脑风暴法；日本广播公司开发的 NBS 法；川喜田二郎的 KJ 法；古莱特所创立的 7×7 法；菲利普斯的 66 法；美国 ATT 公司的麦金吉创立的快速思考法等等。

总的说来，头脑风暴法把一个组的全体成员组织在一起，使每个成员都毫无顾忌地发表自己的观念，既不怕别人的讥讽，也不怕他人的批判和指责，这是一个使每个人都能提出大量新观念的最有效的方法。

(二) 统摄法

统摄法（Synectics）为戈登根据实验观察所创，现已在全世界获得广泛应用。该法有三个基本假设：

（1）人类的创造过程是可知的，而且能够具体描述；

（2）创造作为文化现象在艺术中和在科学中是相似的，而且都可以用同样的基本心理过程来表征；

（3）人类的创造性主要来自潜意识。

在戈登看来，所谓创新无非就是将看起来毫无关系的事物组成新的结构，创造出更出色功能的事物来。也就是说，创新并非从无到有，而是将已知的事物作新的组合，这种组合需要以与以往不同的角度来观察，找出新的性质、功能、结构，这个过程被称为同质异化（Making the Familiar Strange）。同时，在观察新奇的事物时，必须了解该事物如何由现存的性质、功能、构造的搭配所组成，这个过程被称为异质同化（Making the Strange Familiar）。这是统摄法的两个最基本的原则。

如何才能做到同质异化和异质同化呢？就需要类比。戈登提出了四种类比方法。

1. 拟人类比

拟人类比（Personal Analogy）把研究对象人格化，使自己"设身处地地考虑一下"。化学家可以把自身与反应中的分子等同起来。例如，凯库勒将自己比作蛇，在噬吞他的尾巴，从而得出苯环的设想。

2. 直接类比

直接类比（Direct Analogy）就是对两种事物、知识或技术等进行比较，找出它们之间的相似点、相同点。例如，贝尔发明电话的设想，是比拟人的听觉系统的构造而得到的。鲁班从手指被带齿的草割破这一已知事物中，直接联想到截断木头的难题，因而发明了锯子。英国工程师布鲁内尔观察到木蛀虫在进入木材时是先建造一个管状的通道，布鲁内尔由此而提出了"盾构施工法"。

3. 象征类比

象征类比（Symbolic Analogy）就是利用具体的事物表现某种抽象的思想与感情，使问题立体化、形象化，为解决问题开辟道路。

4. 幻想类比

幻想类比（Fantastic Analogy）就是在创新思维中，想象力超过现实，用理想、完美的事物类比待解决问题的类比方法。按照戈登的说法，他是把弗洛伊德的愿望满足原理运用到发明创造上。

（三）形态分析法

形态分析法（Morphological Analysis）由美国加州理工学院教授茨维基（F. Zwicky）1942年创立。该法的一个主要特点就是将研究对象视为一个系统，然后把系统分成据以解决问题和实现基本目的的参量和特性，并加以重新排列组合，产生新观念。

1. 形态分析法的七条原则

茨维基的学生艾仑（M. S. Allen）系统论述了形态分析法的七条基本

原则：

(1) 任何一种有限的概念都是不完全的；

(2) 知识是无限的；

(3) 任何领域都在探求整体知识；

(4) 要彻底解决某一问题，必须从所有已知要素的所有可能组合关系中获得答案；

(5) 在各种事物之间有一种放之四海而皆准的关系存在；

(6) 综合法应先于分析法，否则不能获得客观的分类；

(7) 应先探求各种价值的形态结构，而后探求所需要的观念或答案。

2. 应用该种方法的基本步骤

(1) 明确所要解决的问题；

(2) 对该问题编制形态特征表；

(3) 考察每个形态特征的可能变量，并作下标记；

(4) 研究所有组合的功能价值；

(5) 对各种解决方案进行评价，找出最优解决方案。

(四) 缺点列举法

缺点列举法是通过对事物特别是对物品的观察，把它的缺点列举出来，提出改革设想，并且付诸实践。缺点列举法要求创新者具有敏锐的观察力和批判性思维。这样就能发现事物尤其是物品的缺点，然后加以改进，创造新产品。

该法最初由日本鬼冢喜八郎发明，他针对日本篮球鞋容易打滑这个缺点，把运动鞋的平底改成凹底，从而解决了篮球鞋打滑的问题。现在，我们可以利用该法进行企业创新。例如，我们可以针对企业生产经营管理中存在的缺点进行分析和改进。

1. 应用该法时应注意的几点

(1) 充分调动所有参与者的积极性。参与者可以是本企业的员工，也可以是顾客，还可以是合作伙伴、咨询专家。要让所有参与者能畅所欲言。

(2) 列举缺点只是改进的手段。对提出来的缺点一定要仔细分析，有用的设想一定要付诸实施。

(3) 对揭短者给予一定的奖励和保护措施。

2. 应用缺点列举法的具体步骤

(1) 选择需要革新的对象。例如，根据用户对产品的批评，确定要革新的产品。

(2) 从各个方面对要革新的产品进行分析与评价，尽量把它的缺点都列出来。

（3）针对产品的主要缺点，提出改革设想，并付诸实现。

该法简单易行。既可以通过集中开会的形式进行，也可以在平常进行，例如设立意见箱、缺点箱，定期汇总分析。该法最大的效果也许就在于能最大限度地发挥员工的创新积极性，满足员工的成就需要。斯密曾在《国富论》中写道："劳动分工程度最高的工厂所使用的大部分机器最初都是普通工人发明出来的。他们受雇于某种很简单的工作，自然会把头脑用于找到进行工作的更简易、更便利的方法上。"这就是对普通员工伟大的创新能力的生动描述。我国著名企业海尔就特别注重对普通员工这种创新能力的开发，鼓励每个人在自己的岗位上有所发明、有所改进。

三、影响创新的环境因素

环境因素可以分为组织外部因素和组织内部环境因素两大类。外部环境因素包括社会政治制度、市场规模、产业结构、资本市场、知识产权保护、社会文化等；内部环境因素包括企业文化、组织架构、激励制度、学习氛围、人力资源开发、领导风格等。

（一）外部环境因素

1. 社会政治制度

不同时期的社会政治制度会影响和制约创造力的发挥。历史上众多史实证明了这点。雅典与斯巴达都是古希腊同时期的两个奴隶制城邦国家，然而两个国家的创新能力却迥异：在斯巴达那里找不到一位值得纪念的科学家、发明家、艺术家；相反，雅典则出了不少发明家，例如安纳查昔司发明了风箱，特奥多鲁斯发明了杠杆、三角板、车床、量尺等。原因何在呢？就在于斯巴达实行的是寡头奴隶主贵族专政，而雅典实行的是奴隶主民主制度，后者有制度优势。

2. 社会经济因素

不同的经济制度对创新具有不同的激励作用。实践证明，社会主义市场经济制度能极大地激发人民的创新潜能。市场规模也会影响到创新。我们知道，市场中的激烈竞争是创新的动力。企业只有通过创新，才能获得核心竞争力。如果市场规模非常大，需求就会很大，从而创新的驱动力也就越大。产业的基础架构、区域聚落也与创新相关很大。产业的竞争越激烈，越利于创新。同样，聚落的形成也可以促使创新的加速产生。例如，硅谷。资本市场的成熟度也与创新有关。一个成熟、发达的资本市场，是创新的重要推动力。

3. 社会文化

社会文化是不是鼓励创新，也非常重要。例如，社会对知识财产权的

【例】 美国新英格兰地区的128公路地区与硅谷的发展差异就深刻地说明了这点。为什么硅谷蒸蒸日上,而以麻省理工学院为依托的128公路地区每况愈下呢?根本原因就在于它们存在的制度环境和文化背景完全不同。128公路地区的新英格兰传统使这里等级森严、僵化、保守;而硅谷则不理睬繁文缛节,它造就了一批勇于进取和敢于冒险的人。在硅谷,变化就是其最重要的文化特征。因此,我国应摒弃传统文化中某些不利于个体潜能发挥的评价标准和落后的习俗,努力营造宽松、自由、鼓励个性发展和创新的文化氛围,从而激发人们的聪明才智。

认可程度、财务会计的透明程度、鼓励创新的教育环境等等。

(二)内部环境因素

1. 企业文化

企业是否授权,是否强调员工自立,是否能容忍失败,是否是一种民主化的管理方式,是否鼓励新见解等等,都会影响创新。集权追求的是秩序和服从,而创新本质上是革命、批判、反传统。因此,要挖掘员工的创新潜能,首先就应避免权力过分集中。这样也就出现了一个问题,是否创新就意味着可以违反公司的基本纪律呢?我们认为,创新与组织纪律并不天然的矛盾,而是有着联系。组织中最基本的纪律一定要遵循,在这些基本的原则之下,可以进行创新。

2. 组织结构

网络化的组织、虚拟化的组织、学习型组织有利于创新。网络型的组织中,下属拥有较大的自主权,很多问题可以自行处理。决策速度也加快,能很好应对市场变化。虚拟化的企业不仅把组织成员,而且把供应商、公司顾客以及顾客的顾客都看成一个共同体,充分调动内外各种资源来进行创新。学习型组织讲求通过自我超越、改善心智模式、建立共同愿景、团队学习、系统思考等五项修炼来提升组织的学习能力,这五项修炼的过程实质上也就是创新的过程。

3. 激励制度

人人都有创新的潜能,要使全体组织成员的创新潜能发挥出来,最重要的还是要有一套激励的机制。

(1)要有物质激励的机制。宏鹭是这样做的:看别人的专利、写报告就给奖金;有创新的动机也给奖金;写出来,申请出去,给奖金;收到权利金后再分红。

(2)要有精神激励的制度。对员工创新的尊重和支持,会给员工极大的成就感,从而大大刺激创新灵感。

(3)要建立一套学习机制。企业永续发展的前提就是要长期保持旺盛的创造力，这就需要有一个完善的学习机制。

4. 领导风格

要经营好企业，需要培育创新的环境。这是领导者的工作。一个企业的领导风格深深地影响着组织的创新。对于企业领导者而言，充当着双重角色，既要提出一些设想，更要鼓励其他人员提一些新的建议。发扬民主的领导风格，有利于组织成员创新思维的发展。

四、影响创新的个体因素

（一）习惯性思维

很多人认为，年龄的增长会削弱我们的创造积极性，其中一个原因就是我们会慢慢地成为习惯势力的牺牲品。教育和经验在我们身上形成了一种抑制力，这种抑制力使我们思考问题的方法更加刻板。各种经验在我们的头脑中形成一个固定的思想锁链。心理学中把这种现象称为"功能固着"，或者"思维定式"。要创新，就要打破习惯性思维的枷锁。

（二）戒备性思维

现实生活中，人们往往有两种理论：名义的行动理论，应用的行动理论。名义的行动理论是指人们认为应这样做的理论；应用的行动理论是指个体实际上表现出来的行为理论。换句话说，名义的行动理论是人们想要做的行为方式，而应用的行动理论则是人们实际上表现出来的行为方式。人们总是按照不一致的方式来对待事物，并没有注意到名义理论与应用理论之间的差异。这样的原因就在于人们受戒备性思维的控制。戒备性思维就是鼓励人们坚持自己的假设、推理和结论，并避免对其进行真正独立的、客观的检查，从而避免尴尬、威胁、挫折感或无能感。因此，对于创新者而言，除非认识到自己的戒备性思维，并进行有效的突破，否则任何创新活动都是一场空。

（三）学而不思

创新是在继承的基础上进行的。广博的知识能促进创新思维。但是在学习别人的知识时，如果不加以批判性地吸收，则会成为别人思路的奴隶。因此，孔子说：学而不思则罔。

（四）知识贫乏

缺乏创新需要的必要知识，创新的可能性就非常少。

另外，个体的个性也对创新思维产生影响。前已有论述，这里就不再赘述。

第四节 | 创业者的心理行为

我们处于一个企业家的时代，在这个时代，到处充满着创业的激情，对创业成功的憧憬。创业者的心理行为，已经成为管理学、创业学、管理心理学研究的热点问题。

一、创业与创业者

关于创业以及从事创业活动的创业者的有关内容在很大程度上是与企业家这个概念同步发展的。自20世纪中期，著名经济学家熊彼特提出企业家就是创新者、经济变革和发展的行动者以来，越来越多的学者开始注重企业家的一些基本特征，如创新性、对商业机会的把握、组织、创造、财富和风险承担，并且越来越注重企业家作为创业者的一面，从而将企业家与创业联系起来。如荣斯塔特（R. C. Ronstadt）给出企业家与创业的定义是：

创业是一个创造增长的财富的动态过程。财富是由这样一些人创造的，他们承担资产价值、时间、事业承诺或提供产品或服务的风险。他们的产品或服务未必是新的或唯一的，但其价值是由企业家通过获得必要的技能与资源并进行配置来注入的。企业家就是一个创业者。关于创业这种行为，我们可以做出如下定义：创业是一个发现和捕获机会并由此创造出新颖的产品或服务和实现其潜在价值的过程。创业者就是那些创办新的企业，并努力发展新的企业的那些人。创业者在创业过程中，必须要贡献时间和付出努力，承担相应的财务的、精神的和社会的风险，并获得金钱的回报、个人的满足和独立自主。

二、创业的心理行为过程

创业的过程是指一个创业者从其发现、评估新的市场机会，到进一步地将其发展成为一个新创企业，并进而加以管理的全过程。对于创业者而言，在整个创业过程中涉及与一般的管理职能并不完全相同的知识和技能。一个完整的创业过程一般包括以下四个阶段。

（一）识别与评估市场机会

识别与评估市场机会是创业过程的起点，也是创业过程中具有关键意义的阶段。许多很好的商业机会并不是突然出现的，而是对于有准备头脑的一种回报，或者当一个识别市场机会的机制建立起来后才会出现。在大多数情况下往往并不存在正式识别市场机会的机制，然而通过某些来源可能会有意外的收获，这些来源包括消费者、营销人员、专业协会会员或技术人员等。无论市场机会的设想来源于何处，都需要经过认真细致的评估，因为对于市场机会的评估是整个创业过程的关键步骤。

（二）准备并撰写经营计划

一个好的经营计划对于创业者的成功是非常重要的。经营计划不仅是对市场机会作进一步分析的必要步骤，同时也是真正开始创业的基础，它是说服自己更是说服创业投资者投资的重要文件。一个较为完整的经营计划应包括四个方面的内容。

（1）创办企业的各种原因；

（2）哪类的商务企业适合你；

（3）企业今后的经营范围；

（4）具体的营销、财务、生产、组织以及运营计划。

这个经营计划对于确定创业资源状况，获得所需资源和管理新创企业是必不可少的。

（三）确定并获取创业资源

这一阶段从确定创业者现有的资源开始。创业者应对资源状况进行分析，尤其是要将对于创业十分关键的资源和其他不重要的资源加以区分。创业者不能低估所需创业资源的数量及其多样性，并且对于尚缺乏的资源或资源不适合对于创业风险所带来的影响作出清醒的估计。

把握好如何在适当的时机获得适当的所需资源。一个创业者应尽量地保持对所有权的最大程度的控制，特别是在起步阶段更是如此。随着企业的成长，可能需要更多的新资金的投入，对于创业者而言，应有效地组织交易，以最低的成本和最少的控制来获得所需要的资源。

（四）管理新创企业

在获得所需资源后，创业者需要按照经营计划建立新创企业，此时需要考虑企业的运营问题。既包括企业管理的方式问题，也包括确定企业成功的关键因素并加以把握的问题，同时创业者还应建立起一个控制系统，对企业运作的各个环节进行有效的监控。企业的发展有其生命周期，一个新创企业也会经历初创期、成长期、快速成长期和成熟期等几个阶段。每个阶段创业者所面临的管理问题也有所不同。创业者需要根据每一阶段的特点，考虑和采取不同的管理措施与对策，有效地控制企业成长的节奏，保持企业的健康发展。

三、创业心理行为的特征

（一）前瞻性

创业心理行为的第一个特征就是前瞻性，这种前瞻性表现为前瞻性的意识、前瞻性的创意和前瞻性的产品。创业者需要有前瞻性意识。创业者创办一个新的企业必然要考虑企业的未来定位，只有意识的超前，才能使创办的企业在未来有一个合理的定位。正是因为具有前瞻性的意识才能使创业者具有创造性或创新性，才能与众不同，才能使新创企业具有其他企业所不具备的新意，才能使创业者创业成功。我们分析众多创业者的创业案例后，发现创业者前瞻性创意主要来源于四个方面：顾客需求的分析；现有市场上竞争者的产品和服务分析；分销渠道、专利局的文档的研究；企业本身的研究与开发活动。

创业者前瞻性的行为特征还表现在努力生产出具有前瞻性的产品，即产品创新。前瞻性产品的开发是对前瞻性创意所进行的开发及精炼，进而得到最终产品或服务。

（二）创新性

创新性是创业心理行为的最本质的特征。创造力也自然成为创业者不可或缺的素质。从创业本身定义看，创业者创业包含一个创造的过程，即创造某种有价值的新事物。创业者的创新性涉及许多方面，其主要内容包括以下方面：目标创新，寻找市场新的切入点，采取了与市场在位者不同企业战略；技术创新，发展出新的要素、新的要素组合方法以及新的产品；制度创新，对企业系统中各成员间的正式关系进行调整和变革，调整和优化企业所有者、经营者、劳动者三者之间的关系，使各个方面的权力和利益得到充分的体现，使组织的各种成员的作用得到充分的发挥；组织机构和结构的创新，更合理地组织管理人员的努力，提高管理劳动的效率；市场创新，去引导消费，创造需求。

（三）风险性

创业者一般都具有冒险的个性。本田宗一郎就是一名职业赛车手，在36岁时差点死于赛车，在55岁时成为直升机驾驶员。著名媒体天才特纳（Ted Turner）是一名帆船高手。1977年他驾着"勇敢号"获美洲杯冠军。在1979年获法斯内特死亡赛杯，这次比赛中有15位赛车手死亡。创业本身就存在着风险。新创企业中风险的具体表现形式包括技术、财务、投资分析、利率、通货膨胀、环境等风险。而且，不同的创业领域也会有不同的创业风险。虽然在创业过程中会遇到种种风险，但创业者依然勇往直前，敢为天下先。

四、创业者心智模式的修炼

心智模式（Mental Models）是指根深蒂固于心中，影响我们如何了解这个世界，以及如何采取行动的许多假设、成见，或甚至图像、印象。过去的经历、习惯、知识经验、价值观都会对心智模式的形成产生影响。心智模式一旦形成，就不容易改变，并使人自觉或不自觉地从某个固定的角度去认识和思考发生的问题，并用习惯的方式来加以解决。因此，人们通常不容易觉察出自己的心智模式。创业的最大阻碍就在于创业者心中隐藏的、强而有力的心智模式可能和创业行为相抵触。因此，创业者进行心智模式的修炼也就非常必要。具体说来，包括四个方面的修炼：创业意识、创业心理素质、创业能力、创业知识结构的修炼。

(一) 创业意识的修炼

创业意识乃创业之先导。创业意识构成创业者创业的动力，由创业需要、动机、兴趣、理想、信念、价值观等几个方面组成，是人们从事创业活动的强大内驱力。

1. 积极的个人价值观

研究表明，积极的个人价值观对于创业者非常重要。成功创业者往往表现出追求事业成功和永不满足的价值趋向。

【例】 皮尔·卡丹(Pierre Cardin)就具有这样的价值观。卡丹出生于意大利的威尼斯近郊，父母是意大利人，靠种植葡萄养家糊口。第一次世界大战破坏了他的家庭生计，生活难以维持，卡丹两岁时随父母移居法国的格勒诺布尔。由于他的父亲不会讲法语，到法国后找不到工作，生活更加困难，这样，童年的卡丹没有受过多少教育。

第二次世界大战爆发后一个早晨，卡丹带着一只箱子，骑着一辆自行车前往巴黎，由于他违犯了禁令，曾一度被德国占领军投入监狱。卡丹到了巴黎后，身无分文，几乎走投无路。后经人介绍进入"帕坎"时装店学徒，从此开始了他的服装生涯。后来，卡丹又先后转到"希芭格里"和"迪奥"时装店工作。这样，他在巴黎这三家最负盛名的时装店整整工作了5年，由于他勤奋好学，掌握了从设计、裁剪到缝制的全过程，同时卡丹也确立了自己对时装的独特理解，他认为，时装是"心灵的外在体现，是一种和人联系的礼貌标志"。

1950年，羽翼渐丰的卡丹，自己在里什庞斯街一所楼房的陋室里开设了一家时装店，生产和销售戏剧服装和面具，既当老板，又当伙计。1953年，他首次举办了自己设计的女式时装，并一举成功。他的名字赫然出现在许多报纸上。达官贵人、小姐太太们不嫌他的门面小，纷至沓来。1954年，他的第一家时装店正式开张。卡丹是一个非常富于创造性的人，他凭借独特的商业眼光，广为开辟，锐意进取，打开了时装的新天地。1953年他改变了传统的时装经营方式，把量体裁衣、个别定做改为小批量生产成衣并不断更新经营方式，这样，全世界的俊俏妇女才有机会穿上他设计的长裙。后来，他又把主攻方向改为男式时装。当卡丹第一次展出各式成衣时，他被指责为离经叛道。结果，他被雇主联合会除名。不过，数年之后，当他重返这个组织时，他的地位提高了。1959年，卡丹异想天开，举办了一次借贷展销，这一极其超常的举动，使他遭到失败。服装业的保护性组织时装行会对他

> 的举动万分震惊，因而再次将他抛弃。可他在痛定思痛后，又东山再起，不到三四年工夫，居然被这个组织请去任主席。
>
> 就这样，皮尔·卡丹的帝国规模越来越大，不仅有男装、童装、手套、围巾、挎包、鞋和帽，而且还有手表、眼镜、打火机、化妆品。并且向国外扩张，首先在欧洲、美洲和日本得到了许可证。1968年，他又转向家具设计，后来又醉心于烹调，并且还拥有了自己的银行。他正是有一种积极向上的价值观，才得以不断取得成功。

2. 超常的创新欲望

兴趣是创业情感中一个最积极、最活跃的心理因素。创业者只有对所从事的创业活动产生浓厚的兴趣，才会激发创业的情感，产生创业的需要，变成创业的自觉行动。美国现代心理学家布鲁纳（Jerome S. Bruner）认为："兴趣是一种特殊的意识倾向，是动机产生的重要原因。"无数创业成功者的实践表明，创业者的创业兴趣不仅能转化为创业动机，而且也能促进创业智能的发展，达到提高创业成效的目的；反之，创业者若对创业失去了兴趣，创业对他来说就不再是一种快乐的事，而是一个沉重的包袱，思想上就会对创业活动产生厌倦感，失去继续创业的信心与决心，从而放弃对创业成功的执著追求。

3. 强烈的自我控制欲

创业者需要具备并保持旺盛的斗志和充沛的精力和动力克服自身的惰性、管理新创企业并推动其成长。因此，是否能够保持旺盛的斗志和充沛的精力是准备成立一个新企业的人们所必须考虑的问题。这种旺盛的斗志体现了创业者的个人控制欲。研究表明，人们创业是出于个人的心理祈求。强烈的个人控制欲表现为较强的主观能动性。一项研究显示，越成功的创业者能动性越强，创业者总体上比一般人具有更强的能动性。

4. 对个人独立性的执著追求

与自我控制欲密切相关的是对个人独立性的追求。创业者往往是喜欢按照自己的方式做事的特立独行的人，这种人很难循规蹈矩地按照别人的指令做事。渴望独立，也就是做自己的领导，通常被认为是一个创业者最强烈的心理需求之一。是什么因素促使一个创业者冒各种失败的风险去创立一个新的企业？虽然激励因素各种各样，但最常被提及的因素是独立性，也就是不愿意为别人工作。

5. 对成就感的需求

对成就感的需求，一方面指的是一个人需要被社会所承认，另一方面指一个人希望自我实现。创业者对成就感的需求是一个更具争议性的创业者品质。麦克莱伦对成就感需求的研究表明,对成就感的需求体现了创业者的个性。在其成就感需求的理论中,区分了创业者个性的三个方面:

(1)在解决问题、确定目标和通过个人的努力达到这些目标时个人负有责任;

(2)通过适当的风险承担以提高个人的技能,而不是为了获取机会;

(3)关于决策实施和任务完成的后果的知识。

然而,麦克莱伦(David C. Mcclelland)还进一步发现,有时单纯追求个人成就感的创业者常常面临个人成就和组织成功之间的矛盾。有的创业者个人很有能力,但是不善于将自己的能力外化为组织的能力,结果整个企业的运作就变成创业者不得不独自勉力支撑整个企业的运转,企业其他成员爱莫能助。因此,创业者的个人成就应该建立在组织成功的基础上,而不应该让组织的成功完全依赖于个人成就。

(二)创业心理素质的修炼

良好的创业心理素质是创业成功的必备条件。所谓心理素质就是指人们应付、承受以及调节各种压力的能力,并主要表现在人们的情绪及其行为的稳定性方面。它是个性心理特征在个体应付外界压力时的具体表现。

创业是艰苦的,中间会遇到各种各样的困难,而且还有失败的可能,所以在创业过程中拥有良好的创业心理素质是必须的。创业者应能正确地了解自己,正确地认识社会,认识到创业的艰难,形成谦虚、豁达、坚韧不拔的创业心理素质。

美国"卡鲁创业家协会"曾对75位美国成功的创业家做过仔细分析研究,分析出11种"创业家的心理特征":①健康的身体;②控制及指挥的欲望;③自信;④紧迫感;⑤广博的知识;⑥超人的观念化能力;⑦脚踏实地;⑧不在乎地位;⑨客观的待人态度;⑩情绪稳定;⑪迎接挑战。

我们认为,创业者在创业心理素质的修炼上应注意以下几个方面。

1. 自知与自信

人贵有自知之明。只有时时了解自己,才能准确判断自己的长处和短处,才能准确了解自己所处的地位,才能扬长避短,充分发挥自己的特长,才能选择一个适合自己的创业模式。对一个创业者来说,一个真正好的模式,应该是适合自己的,即其有能力操作而且能把现有的资源有效整合进去。没有自知的人就不可能有创意的产生,也不可能将企业创办成功。但是,自知也并不等于自卑。自知是建立在自信的基础上的。自知使创业者能够把握自己,自信则使其能够具有持之以恒的动力。

> **【例】** 日本本田汽车公司创始人本田宗一郎，在二次大战日本战败后决定创设一家小型企业。他认为自己的能力从一开始就只表现于工程及生产领域，因此，他坚持公司不能插手其他业务。正是他的自知，缔造了今日的本田汽车公司。
>
> 亨利·福特1903年决心自行创业时，他也非常自知。在创业之前，他先寻找了适当的合伙人来负责他不熟悉的业务领域：管理、财务、销售及人事。福特的合伙人名叫柯森，他的管理才能使公司的业务蒸蒸日上，但柯森的杰出表现和成就遭到了福特的嫉妒。1917年，柯森终于被迫离开福特公司。柯森离职后，公司开始走下坡了。一家曾经叱咤风云的汽车业霸主最后几乎面临破产的窘境。直到亨利·福特过世，他的孙子亨利·福特二世接手经营这家已濒临破产边缘的企业之后，公司才略见起色。福特因自知而成功，也差点因无知与过分自信而招致失败。

2. 加强耐挫能力

创业是与风险联系在一起的。无论是财务方面、社会方面的风险，还是心理方面的风险，是创业过程不可分割的一部分。现有的实证研究还不能断言乐于承担风险是创业者区别于其他人的特性。然而，现有的一些实证材料已经证明创业者是否具备耐挫能力对于创业成功起着至关重要的作用。创业意味着失败和挫折，王选为此付出了18年在实验室里没有节假日的艰辛，比尔·盖茨苦熬了17年才有今天的成就。当卡丹第一次展出他设计的各式成衣时，人们就像在参加一次真正的葬礼，他被指责为离经叛道，后来还被雇主联合会除名。如果没有超强的耐挫能力，难以想象他能成功。

（三）创业能力的修炼

创业能力的修炼也是创业者心智模式修炼的一项重要内容。创业能力包括专业职业能力、经营管理能力和综合性能力。综合性能力包括两个方面：方法性的能力（如创新能力、学习能力、认知能力、信息处理能力等）和社会性的能力（如人际沟通能力、社会协调能力、公关能力等）。经验表明，科学合理地组织运筹人、财、物以及时间、空间的能力，发现机会、把握机会、利用机会和创造机会的能力，收集信息、加工处理和分析信息的能力，学习能力，良好的社会公关能力等等，是关系创业成功与否的重要因素。

1. 创新能力

创新是成功创业者的最重要的能力。他们善于把握原有事物的缺陷、捕捉新事物的萌芽，提出新的切实可行的解决问题的方案。对海尔集团的快速发展的原因，海尔集团总裁张瑞敏是这样总结的：最大的诀窍是不断地创新、不断地进入新领域。当一个企业感到疲倦、不能创新、不能战胜自我的时候极限随时到来，海尔一旦出现决策失误，也许就像泰坦尼克号一样，顷刻沉没。

创业者的创新能力如何培养呢？就是要加强创新思维的训练。国外在这方面已作了大量的工作，结果发现：经过创新思维训练的领导人普遍比没有经过创新思维训练的在思维敏捷性、奇异性方面要好。

2. 经营管理能力

创业初期，也许由于公司规模较小，管理上的障碍不是很大。随着公司的进一步发展，管理问题往往成为抑制公司进一步发展的瓶颈。许多创业者在公司成长一段时间后，也认识到这个问题，开始到高校"回炉"，攻读 MBA，以提升自己的管理能力。一些创业失败的例子表明，经营管理能力是一个非常重要的问题。

3. 人际协调能力

创业者还需要培养自己的人际协调能力。企业本身就是要依靠人才能运作起来，单凭创业者自己的一双手是难以成功的。要运作好企业，需要协调好企业内部成员的关系，也需要协调好企业与顾客、社会、政府、社区的关系。现在有些创业者以为只要有创意，有发明，自己就一定能成功，这是个误区。

（四）创业知识结构的修炼

良好的创业知识结构是创业者今后发展的基础。良好的知识结构为创业心理行为提供了一个基本的认知框架和认知背景。我们可以将影响创业心理行为的知识结构分成三类：专业知识、经营管理知识、综合性知识（如社会技能、方法论等方面的知识）。其中，后面的两种知识起着至关重要的作用。

知识并不等于能力。创业者在构筑资金知识结构时应着重注意两点：一是形成合理有序的知识结构而非大量系统全面的知识；二是在实践中应用知识，将各类知识转化为解决实际问题的能力。

案 例

大疆无限：汪滔的创业之路[1]

2006 年时，他 26 岁在宿舍创业，7 年后其创办的企业成为全球无人机市场第一，身家高达 450 亿元！从名不见经传到亚洲最年轻亿万富豪！他，就是大疆创始人——汪滔。

一位不招人待见的完美主义者；一位低调又强势的创业"疯子"；一位将技术视为生命的科技

---

[1] 改编自北洋均:《世界无人机制造的领头雁——80 后大疆汪滔》，2020 年 8 月 25 日；邱处机:《41 岁，大疆创始人身家 400 亿：8 年全球第一，他凭什么？》，2022 年 1 月 12 日。

狂人。

少年时代的汪滔并没有显示出非凡的能力和才华,"从小学到大学成绩既不算好,也不算坏;长得既不算帅,也不算丑"。他跟其他孩子唯一的特别之处就是非常喜欢天空,尤其是在10岁那年读了一本画着"红色直升机"的探险故事后,他愈发憧憬天空的奥妙。

汪滔的家境很不错,父亲是一位工程师、母亲是教师,父母从不干涉儿子的爱好,并且在汪滔16岁那年,送给了他一架遥控直升机。这架玩具直升机并不容易控制,在一次"坠机"事故中,高速旋转的螺旋桨,在汪滔的手上留下了一个疤痕,也在这个16岁的少年心里埋下了制造一个能够自动控制的直升机的飞行梦想!

在杭州读完高中后,汪滔考上了华东师范大学电子系。大概是年少轻狂,或许是梦想太大,华东师大容纳不下他的野心,已经读到大三的汪滔选择了退学,他向斯坦福大学、麻省理工学院等名校递交申请,但因为他的成绩并不突出,名校并没有给他机会,最终,香港科技大学录取了他,他才得以继续飞行梦!

在香港科技大学,汪滔不是学霸,更不是风云人物,但他的动手能力非常强悍,参加了两届机器人大赛,汪滔获得了香港冠军、亚太区并列前三。2005年,汪滔选择将自己童年的梦想作为毕业设计——设计飞行控制系统,让直升机能够自由地悬停。"我觉得自己的性格里有天真的成分,从小喜欢一个东西,就是希望把它变成现实。"拿着学校给的1.8万元港币经费,汪滔与两个同学一起忙了大半年,然而在最终的演示阶段,本应悬停在空中的飞机却掉了下来,失败的毕业设计得了一个C。

这个很差的毕业成绩,虽然让汪滔错失了去欧美名校继续深造的机会,却意外地给他打开了另一扇门——他成功吸引了机器人领域的研究权威李泽湘教授的注意。李泽湘是改革开放后中国派出的第一批公费留学生,在美国留学与工作的13年里,他亲眼见证了美国、日本等发达国家在高科技领域不惜成本的投入。这样的经历让他有着异于常人的清醒和极其敏锐的认知——他破格将汪滔招到自己门下,继续攻读硕士研究生。

汪滔没有让李泽湘失望,虽然他不是资质最好的学生,却是最执着、最能拼的学生。为了把想象变成现实,汪滔拿出了所有时间精力甚至一天就睡2个小时,最终,他在宿舍中制造出了飞行控制器的原型,第一套飞控系统的样品——无人机的大脑终于成型。

如果说汪滔是一匹骏马,李泽湘就是他命中的那个伯乐。他为汪滔开启了一扇通往"中国技术与中国制造"的大门。

2006年,在李泽湘的支持下,汪滔与两位同学"长期旷课"来到深圳,在莲花村一间不足20平方米的仓库里创办了自己的公司,名字就叫大疆,寓意是"大智无疆"!然而,这两位同学并不看好这次创业,一个参加工作,一个出国留学,唯独汪滔继续坚持。

在大疆举步维艰的时刻,哈工大大四学生卢致辉、放弃原有工作加入大疆的陈金颖与陈楚强,与汪滔组成了四人创业团队!

汪滔在产品细节上的追求近乎到了变态的严苛。卢致辉曾回忆说：他对一颗螺丝拧的松紧程度，严格要求到用几个手指头拧到多少圈才可以！一架无人机上有几百颗的螺丝，就是这样一颗一颗地按照不同的圈数拧上去。

大疆在论坛里卖出了第一架无人机，这架无人机成本1.5万元，开价5万元，相比同类产品几十上百万元的价格，大疆无人机已经算非常亲民了。而这5万元，是汪滔赚得的第一桶金。

2008年，大疆无人机飞抵汶川地震灾区上空，拍摄了1 000多张灾后照片；

2009年，汪滔带着自主研发的直升机完成了在珠穆朗玛峰地区的测试飞行，这是有史以来人类第一次在高海拔地区放飞无人飞行器。大疆无人机很快在国内打开了市场和知名度！

尽管大疆已经有了不少的订单，不过，那时候大疆的无人机不仅个头太大、而且是直升机，同时价格也十分高昂：12万—25万元。这种设计不但造价贵而且操作也不方便，很多人买了也不会玩！

这不是汪滔的目的，他还坚守着儿时的梦想：降低无人机的价格和操作门槛，变成一个所有人都能玩得起、所有人一上手就会玩的东西！

2009年，印度电影《三傻大闹宝莱坞》启发了大疆！从那时起，汪滔敏锐认识到，体型更小的多翼飞行器应该有一个很棒的应用方式，那就是——航拍。

2013年1月，大疆精灵1无人机横空出世，这是第一款随时可以起飞的便携式四旋翼飞行器。在这架划时代的产品身上汇集了三块最重要的拼图：飞行控制系统、云台和远距离图像传输，用户可以第一时间看到"精灵"航拍的壮观景象！这款只卖679美元的无人机，在没有任何市场投入的情况下大获成功！

2013年10月，大疆又搞出了精灵2，精灵2带着自主研发的摄像头，飞到人类到不了的地方，到了精灵4，其人工智能已经变得十分聪明！撞树挂机？不存在，无人机会自动飞走！

2013年，大疆的销售收入为8.2亿元，2014年就达到了30.7亿元，是前一年的近4倍。到了2014年11月，大疆已经凭借着精灵系列无人机，占据了全球无人机市场50%的份额，成为当之无愧的世界第一！到2015年，大疆的净利润已经增长至2.5亿美元。飞速增长的盈利收入令业内刮目相看，当然也对他背后神秘的掌门人产生好奇：为何这位80后能够在荒无人烟的无人机领域一举成名？

在一次采访中，汪滔曾说："我们这个时代不缺明星，但打开电视，还找不到一个让工程师、发明家也能成为明星的智力竞技运动。"

于是，从2014年开始，汪滔每年拿出8 000万，四年里拿出3个多亿发起和承办全国大学生机器人大赛（RoboMasters），"希望RoboMasters能塑造姚明、刘翔这样的全民偶像，更能产生乔布斯这样受人尊敬的发明家和企业家"。

我们坚信中国的未来，一定会有越来越多的年轻人像汪滔一样站出来，用创新技术撑起中国制造2025！

小 结

1. 创新就是指创新主体为了发展的需要,在一定的观念指导下,以一种新颖独特的方法,通过艰苦、专心致志地努力,改造客体,使之产生有社会价值的、新颖别致的成果的活动。创新对社会、企业和个人都具有非常重要的作用。

2. 创新能力是多种能力的综合。包括观察力、注意力、记忆力、想象力以及思维能力。其中,核心因素是进行创新思维的能力。

3. 创新心理行为过程包括定向、准备、孕育、明朗、验证等五个阶段。创新思维是一个非常复杂的心理活动过程。创新思维在很多方面表现出一种互补的结构:意识与无意识的互补与运动;紧张与松弛情绪状态的交替运动;各种思维类型的互补与运动。

4. 组织创新的内容包括多个方面,核心应该是观念创新、知识创新与文化创新。

5. 创新方法对创新活动具有非常重要的作用,而且是有规律可循的。国内外创造学者已发明了上百种创新方法。

6. 影响创新的因素包括环境因素与个体因素。环境因素又包括组织内因素(企业文化、组织结构、激励机制、领导风格等)与组织外因素(社会政治制度、经济环境、社会文化)。个体因素包括习惯性思维、戒备性思维、学而不思以及知识贫乏等。

7. 创业是一个发现和捕获机会并由此创造出新颖的产品或服务和实现其潜在价值的过程。创业者就是那些创办新的企业,并努力发展新的企业的人。

8. 创业心理行为过程包括识别与评估创业机会、准备并撰写经营计划、确定并获取创业资源、管理新创企业。创业心理行为过程有前瞻性、创新性、风险性三个特点。

9. 创业的最大阻碍就在于创业者心中隐藏的、强而有力的心智模式可能和创业行为相抵触。因此,创业者应进行创业意识、创业心理素质、创业能力、创业知识结构四个方面的修炼。

思考题

1. 什么是创新、创新心理行为过程包括哪几个阶段?
2. 创新与知识有何关系?
3. 试述创新思维的特点,并说明有哪些类型。
4. 试述创新的内容。
5. 你能说出哪几种创新方法?
6. 试述影响创新的因素。并举例说明。
7. 试述创业者如何进行心智模式的修炼,并举例说明。
8. 汪滔的创业经历体现出其具备哪些创新思维特质?
9. 汪滔创业心理行为有哪些特征?这些特征表现出他哪些创业心智模式?

第四篇
人群心理

DISIPIAN RENQUN XINLI

人、物、环境是现代管理中的三要素，人与物、人与环境、人与人之间构成了这三要素的三种核心关系。

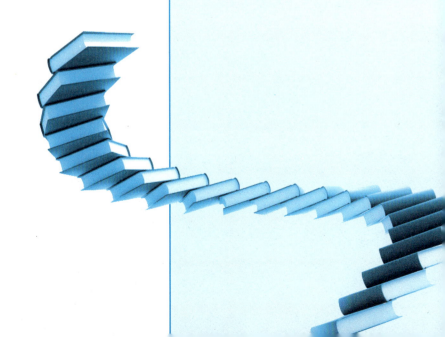

第四篇
人物小説

第十四章 劳动者心理

人、物、环境是现代管理的三要素,人与物、人与环境、人与人构成这三要素的三种关系。人是居于主导地位的。研究人的劳动心理,对激励人的积极性,提高劳动生产率和经济效益,有重大的意义。

第一节 劳动者的疲劳心理研究

一、疲劳的概念

疲劳,是人在劳动和活动过程中由于能量消耗而引起的机体的生理变化,也就是指劳动者在连续劳动一段时间以后,出现疲劳感和劳动机能减退的现象。疲劳也是人的机体为了免遭损坏而产生的一种自然的保护反应。

"疲劳"与"疲乏"既有联系又有区别,是两个概念。疲乏是疲劳的感受,本身就是疲劳所引起的一种心理状态,如引起了饥饿、口渴。但这两者的联系并不是那么紧密的。有时,疲乏并不仅是在疲劳积累到一定程度之后才忽然产生的。如一个人在干着他不感兴趣的工作时,那么一般在出现疲劳之前早就已经感受到疲乏了。反之,当人已相当疲劳了,但由于工作的巨大吸引力,劳动者可以长时间不感到疲乏。

再来区分"疲劳"同"疲劳过度"这两个概念。在前一种情况下,劳动者必须作短暂的休息,其结果是机体得以复原。在长时间的紧张而没有应有休息的劳动中,便会疲劳过度。这是很危险的,因为这会严重损害机体的功能,甚至产生不可复原的损害。我们也常常可以见到"体力的""智力的"和"神经的"(神经心理学的)疲劳这类名词。前面两个名词标志着分别在体力和脑力劳动中产生的疲劳。但由于这两种劳动的界限日益淡薄,这样的区分也正逐渐在失去其意义。第三个名词指的是产生于"被动等待"情况下的疲劳,这在仪表工、调度员、操作员的工作中常常可以见到。

综上所述,所谓疲劳就是人们自感不适和劳累,疲劳是一种生理心理现象。疲劳时要休息,休息可以消除疲劳,疲劳与休息是每个生命体所经历的周期性过程。现代化工业生产是人与机器配合进行生产,人的劳动要受到机器速度的制约。一旦劳动者疲劳加剧,而又没有得到休整,就会降低劳动效率,影响产品质量,甚至出现疾病、事故和灾害。疲劳会引起兴趣的减退,出现厌倦和无聊,有时会出现恼怒,会对人、设备和工具采取粗暴行为。疲劳研究是管理心理学研究的一个重要内容。

二、疲劳的实质和表现

从生理上来说,疲劳的实质是什么?在这方面学者们有着不同的见解。

1. 疲劳物质积累论

认为疲劳是由劳动中人体内老废物质过多引起的。如,正常人血液中的葡萄糖占 0.1%,而体力劳动后下降到 0.07% 左右,大部分氧化而成为乳酸,乳酸积多就产生四肢疲劳。

2. 能量消耗论

认为人们在劳动中消耗过多的能量就产生疲劳,这与体内高能分子 ATP 的过多降解有关。如果完全禁食,肝脏所贮存的糖原仅能维持 6—7 小时。

3. 物理化学变化协调论

认为疲劳是人体内物质的分解与合成过程产生不协调所致。

4. 中枢神经论

认为疲劳是中枢神经失调引起的。

最后一种说法比较受到重视。疲劳可以分很多种。按其表现形式可分为生理疲劳和心理疲劳两种;按时间长短可分为急性疲劳和慢性疲劳两种;

按疲劳的部位不同可分为局部疲劳和全身疲劳两种；其他还有环境疲劳和姿势疲劳等。在管理中应根据疲劳的不同表现，采取适当措施，使工人尽快消除疲劳。产生疲劳的因素，概括起来有下面三个。

（一）生理因素

人不工作也会疲劳，这是由于心脏和其他器官的活动，以及维持体力和消化等生命机能都需要消耗能量的缘故，这是生理上的疲劳。这里，所讲的生理疲劳，是指工作疲劳在生理方面的表现。由于人们从事的工作性质不同，生理疲劳又可分为体力疲劳和脑力疲劳两种。

1. 体力疲劳

是指由于肌肉持久重复地收缩，能量减少，造成工作能力降低甚至消失的现象。体力疲劳产生的原因是肌肉关节过度活动，体内新陈代谢的产物——二氧化碳和乳酸——在血液中积聚并造成人的体力下降的结果。

2. 脑力疲劳

是指用脑过度、大脑神经处于抑制状态的现象。人的大脑是一个复杂而精密的组织，它具有巨大的工作潜力，也容易疲劳。脑力疲劳也就是我们通常所说的精神疲劳。在脑力劳动占比重较大的现代工业操作活动中，精神疲劳往往先于体力疲劳。

体力疲劳和脑力疲劳是互相影响、紧密相关的。极度体力疲劳不但降低直接参与工作的运动器官的效率，而且首先影响到大脑活动的工作效率。同样，极度的脑力疲劳也会造成精神不集中，全身疲倦无力，影响操作的准确性。

（二）心理因素

心理疲劳，是指工作疲劳在心理上的表现，心理疲劳主要反映在注意力不集中，思想紧张，思维迟缓，情绪低落和行动吃力等方面。在心理上则表现为情绪浮躁、厌烦、忧虑、倦怠、感到工作无聊等。心理学家认为心理疲劳的心理原因是"倦于工作"，并非由于极度的体力或脑力疲劳所造成的。当然两者有密切的关系。

引起心理疲劳的原因极多，如问题长期不得解决，优柔寡断，思虑过度，情绪不安，内心矛盾冲突、心烦意乱，工作不称心，人事关系不和谐，以及随着生理疲劳而产生的紧张、倦怠感和厌烦感，尤其是对工作引不起兴趣，或因挫折而引起的精神抑郁和忧虑等。心理疲劳由于消极情绪的不良作用，影响神经活动的协调性，使反应迟钝，记忆衰退，动作准确性下降，感知灵敏度减弱，创造性思维丧失。其他心理机能也发生多种变化。如需要注意力高度集中的劳动，往往造成心理上的紧张，很快就会感到疲劳。另外，人们对工作的兴趣、热情等心理因素也都会影响疲劳。饱满的情绪、浓烈的兴趣，在主观上减少了疲劳，这叫"乐而不疲"。

心理疲劳产生的原因是一个十分复杂的问题，因此，减轻或消除心理疲劳也是十分复杂的。要消除心理疲劳，就需要加强思想政治工作，教育职工树立正确的人生观，激发职工为实现四化而工作的动机，增加工作兴趣；满足职工的合理需求，使职工的消极情绪转变为积极的情绪等；在工作设计方面也要采取相应的措施，如调整人事关系，工作丰富化，给每个职工在工作上有自我实现的机会等。

（三）工作能力曲线

人在工作中，随着时间的推延，其工作能力会发生变化。研究工作能力与时间的函数关系，有助于我们理解疲劳的实质。紧张而持续的劳动将影响工作能力。具体来说，可以从下面几点来分析：

1. 作业强度和持续时间

作业强度越大，越容易疲劳。干重体力劳动，只能持续较短时间，做轻工作就能持续较长时间。

2. 作业速度

过于快的作业速度，很容易产生疲劳，只有采取"经济速度"才能减少疲劳和提高效率。

3. 作业环境

恶劣的环境会使作业者加速疲劳，温度、湿度、照明、噪声、灰尘、震动等处理不好都会引起疲劳。此外，肌肉的不合理活动也会产生疲劳，像单面的肌肉劳动，局部肌肉的长时间劳动以及静态的肌肉劳动等也容易产生疲劳。

4. 作业时刻

根据有些人的研究，人的生产力在一天的24小时中，有一定的周期性，就是在一个星期5天工作日中也有一定规律性。图14.1是一张有关周期性的参考图。从图上看到，一个人夜里的生产力大大不如白天，所以夜班作业比白天作业疲劳产生得快，大约作业时间为白天的80%就会疲劳。

一个人的工作能力由于受到一系列恒定和偶然因素的影响，而经常发生变化。对这些因素人们已作了细致的研究并得出了一些规律性的结论。在工作日内，工作能力的变化，受到生理和心理因素的制约。研究它，具有最实际的意义。为更好地研究，特设计了一种专门的曲线图。根据工作能力变化的情

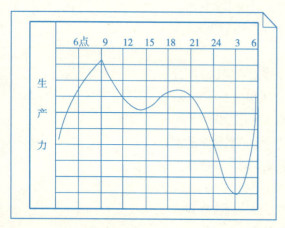

图14.1 一天工作时间周期

况,得出"人的机体工作能力曲线"。这里一般用产量或劳动生产率作为工作能力的标志。图14.2列出了若干工作能力曲线。这些曲线是在不同的企业中,在不同的年份进行各种不同的劳动过程中测绘的。令人惊异的是,它们竟具有相同的趋向,可以从中得出工作能力变化的一般规律。

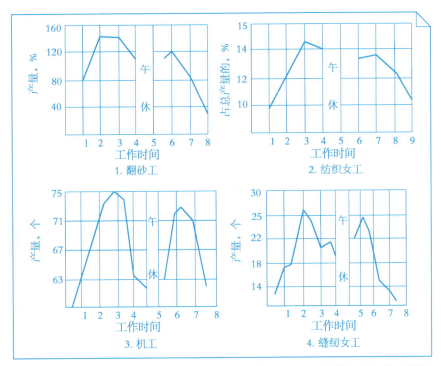

图14.2 工作日进程中工作能力的变化

一般来说,这个变化过程可分为几个阶段。

1. "工作开始阶段"(也可以叫作"进入工作阶段")

大家知道,并非每一台机器都能一下子用全部能力开始工作。这个要求对于人来说,则更是如此。人的机体是逐渐地发挥出工作能力来的。如果忘了这一点,于己于人都没有什么好处。工作能力逐渐发挥出来,最后达到极点,然后在这种状态下保留一段时间。

2. 最大工作能力阶段

但由于疲劳不断积累,最大工作能力状态无法保持,工作能力开始下降,即进入第三阶段。

3. 工作能力降低阶段

如果不进行午休而继续工作,疲劳可能达到极大值,以后即使是作了长时间的休息,也不能使工作能力充分恢复。午休后,曲线的情况仍然同上半班相同,但有着某些性质上的不同。午休后,"工作开始阶段"一般都是不长的。"最大工作能力阶段"则更短。但是最重要的是机体的最大工作能力都要比午休前低,因为即使是适时的和相当长的午休,也不能消除积累起来的疲劳。

上述变化情况当然是符合人的机体的实际情况的,对于人的健康也是如此。与此同时,工作能力曲线在某种程度上有其独特性质的,它既取决于总的机体的生理状况,也取决于每个人的生理状况。因此在绘制工作能力曲线图时,取的是数天内每个阶段的平均值。每个阶段的时间长短由许多因素来决定,因此难于定出一个到处适用的数值。这里有着个人特性的影响,也有工作难易程度和生产的特点的影响。因此只能定出一个近似值。"工作开始阶段"一般是20—50分钟,午休前"最大工作能力阶段"不超过2小时,后半个工作日的"工作开始阶段"约10—30分钟。对于每种具体情况,都可以根据各个阶段的具体数据画出自己的工作能力曲线。另一方面,在实际应用中,我们要的是集体的曲线图。因此要选择有代表性的工人,测定他在数天内工作日各个阶段中的工作能力,然后得出这些工人的平均值。这就是这个工人集体的工作能力曲线。

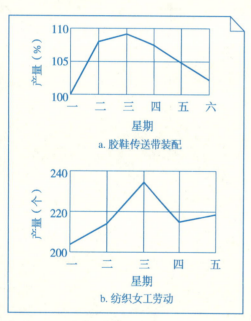

图 14.3　一星期内工作能力的变化

一个人的工作能力在一个星期之内并不是恒定不变的。我们同样能够绘出一个时期内的曲线并找出它的变化规律。它同一个人在一个工作日内的工作能力曲线惊人的相似。对两个企业的工人在一星期里测得的数据列于图 14.3。我们可以看到,同样经历了那几个阶段——"工作开始阶段""最大工作能力阶段"和"工作能力降低阶段"。我们也注意到,最大值一般都产生在星期三,即在一星期的中间。有趣的是,类似的规律在别的工作中也表现了出来。

在对某学校学生进行的研究中,用专门的方法对他们完成作业的情况作了测定,发现他们的工作能力有如下的变化:星期一——99%;星期二——105%;星期三——108%;星期四——96%;星期五——97%;星期六——95%。

工作能力在一年之内也在发生变化。这方面一系列研究表明,最大的工作能力是在冬季,而最小值在夏季。现举某纺织厂的产量变化曲线图为例(图 14.4)。

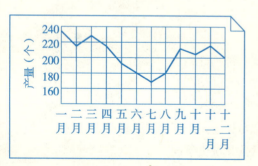

图 14.4　一年内工作能力的变化

我们已经有意识地在忽略掉个人因素的情况下,介绍了人的机体固有的工作能力的自然变化。现在必须把这个很重要的问题予以补充说明。我们假设一个人以最大的工作能力工作一段时间。这时他的疲劳逐渐积累起来，他的自然工作能力正在降低。换句话说，机体要求减少产量。但是，人被工作所吸引，尽量不去这样做。在不长的一段时间疲劳之后，他可以在一些时间里相当轻易地保持先前的水平。这就是所谓"充分补偿阶段"。工作在继续进行着，人同先前一样，保持着最大的能力，但是这越来越难了，因为疲劳情况越来越严重了。此时，机体真正要求减低产量，劳动者已经不能以自己的意志力来补偿自己的疲劳了，因而不管他是否愿意，产量在不断下降。不过在这种情况下，产量的降低，根据机体的自然状态，还没有达到应该达到的极限。这就是"不稳定补偿阶段"。有时在工作日结束时，工作能力显然已经很低了，而人们还是能够增加产量。这叫作"最后冲刺阶段"（常常叫作"最终迸发阶段"），对它有种种的解释。但不管怎样，在这里起着主导作用的是各种个人因素。或许还可举出这种情况。这工作并不是工人所喜欢干的，他今天只是"心不在焉"地干着。

因此，他的产量会极低，甚至在机体允许他取得最大成绩的时候还是这样在绘制工作能力曲线图时，应取数天的产量数据，并且在相当程度上考虑到个人因素的情况下，取其平均值。

三、疲劳的测定

（一）疲劳测定的要求

测定疲劳程度需采用专门的方法，其中主要规定了用以测定疲劳的一些指标。工作量的多少是最不适当的一个指标。某些研究者有根据地认为这个指标在一般情况下是没有什么用处的。道理很简单，因为工作量的多少不光取决于疲劳程度，而且也受到疲乏程度的影响。换句话说，心理因素像意志力、情绪等等，在这里起着很大的作用。疲劳的测定问题是多年来一直在研究并在专门文献中广泛讨论过的一个问题。这些都表明了它的重要性和解决的难度。例如，早在 1930 年，就已经知道了 50—60 种测定疲劳的方法，但却没有一种能够充分满足实用的要求。

1. 测定方法

为了让在工业中测定工人疲劳程度的人了解到这件事的困难，现把这种测定方法应达到的要求叙述如下：

（1）测定的结果应能反映客观实际，而不受测定者主观解释的影响；

（2）测定的结果应有定量的表示；

（3）测定的方法应是十分灵敏，以便测出各种程度的疲劳情况；

（4）测定的过程不应太长，以不增加工人的疲劳程度，不使工人工作时分心；

（5）对疲劳最终程度的测定应在工作结束时立刻进行，最好是在工作日结束前 5—10 分钟进行（提出这个要求的原因是，在工作结束后，消除疲劳的过程立刻就开始）；

（6）测定工作应不致使工人感到不快和产生不正常的感觉。

2. 对测定的评价

为了对自己工作的效果作出评价，生理学家和心理学家对许多工人进行了疲劳测定，然后再取其平均值。这些工人是从该生产单位（车间、小组等等）中挑选出来的，并在数量和质量上应有一定的代表性。测定应在研究工作开始前后，或者在提出减轻疲劳的合理化建议前后分别做一次。测定工作一般在工作日快结束时进行。所得数值，必然悬殊，这可作为疲劳已得到减轻的证明。有时，还要在整个工作时间内研究疲劳的变化情况，办法是每隔一定时间（一般是 0.5—1 小时）测定一次。

许多研究者认为，可以根据以下三种迹象发现疲劳的存在。

（1）身体情况的变化（脉搏、血压、呼吸商等等）；

（2）完成某种专门任务时工作能力降低（对某种信号的反应迟缓，忘掉在文章中删去某个字母，记不住各种数据等等）；

（3）感到疲乏。

（二）疲劳测定的方法

下面介绍在工业企业中测定工人疲劳最适合的几种方法。

1. 脉搏测定

脉搏是表明体力疲劳程度的最可靠的准绳。这种方法主要根据这样的规律：随着疲劳的增加，脉搏次数也会增加。现在已经有器械可以测定脉搏次数（例如脉搏计），使用它可以不致使工人中断工作。

2. 动作测定

人体动作时间照片对于测定疲劳程度很有用处。已经发现，随着疲劳的增长，人体动作照片的性质也发生着变化：即动作多了，幅度大了，周期性的准确度差了。采用这种方法能够对各种不同的疲劳程度进行准确测定。

3. 信号测定

对一定信号的反应情况也是一种测定疲劳程度的好办法。向工人发出光信号或声信号，他应当立即揿压杠杆或者按电钮作出反应。此法的基本道理是：疲劳出现的时候，反应的时间会增长（即反应速度减慢）。在所有的反应中抽取若干反应，取其平均数值，并根据标准差的情况，作为疲劳程度的标志。第二种指标尤其重要，因为人疲乏的一个标志是行动的变化与不稳。

上述测定方法的优点是无可怀疑的，但使用起来有所限制，因为用它进行测定时需中断工作。虽然时间不长（10分钟以内），但用来研究疲劳的变化，仍然或多或少地存在着一些困难。用研究动作的变化方法来测定疲劳程度，原则上可以不影响他人，并可以在实际中采用。采用此法时，需要一种由机器控制的测算动作速度的专用设备，还需应用计算设备，以算出该动作时间内的标准差。而最终目的是要设计一种装置，它能根据动作的变化情况来确定容许的疲劳程度，并向工人发出相应的信号，还能够在疲劳达到极限水平时，停止机器的运转。

4. 自我感觉测定

由工人讲述疲乏的感受也可以作为表明他疲劳程度的良好标志。很久以来，这种标志被否定了，有些人认为它并不可靠，但是他们却忘记了甚至连医生（不仅是心理疗法医师或精神病学家）也在实践中广泛地运用着询问病人感受而得的情况。说句公道话，在研究疲劳问题时，并非最近才指出必须考虑主观因素的重要性。在现时，许多研究者都已认为，把疲劳的感受资料用于工人疲劳问题研究，是完全恰当的，并且还提出有必要制定一种专门的方法。这方面作了首次尝试的是"自我感觉测定法"。

在工作日期间，每隔半小时向工人提问："现在你有哪些疲劳的感觉？"同时请他指出他的动作有哪一种感觉——是软弱无力，中等情况，还是强有力的。这种询问要持续数天。在对取得的资料进行定量分析时，可以用这种感觉的变化程度或者新出现症状的轻重程度作为测定疲劳的单位，即疲劳单位。譬如，如果新的症状突然一下子出现了中等或者甚为强烈的情况，那么这就等于2—3个疲劳单位。根据疲劳的出现和增加的情况，再在疲劳单位前加上相应的系数。在出现"全身的疲劳"症状时，一下子可增加三个疲劳单位。在测试完毕后，应根据全体工人每半小时询问一次、持续数天所取得的资料，算出其平均数值。

5. 疲劳强度测定

目前，测定疲劳强度比较科学的方法，是计算能量代谢率。

产生疲劳的重要原因之一是体力消耗。工作时体力劳动强度不同，能量的消耗也不同。由于各个劳动者的体质有所不同，因此，对同样强度的体力劳动，能量的消耗也不同。为了消除这一差异，把能量代谢率作为衡量劳动强度的指数。

$$能量代谢率 = 劳动代谢量 \div 基础代谢量$$
$$= （劳动时能量消耗量 - 安静时能量消耗量）\div 基础代谢量$$

(14.1)

基础代谢量是劳动者在清醒安静睡卧状态下、维持生命所需的最低能量消耗量，用 B 表示。

安静时能量消耗量，用 R 表示，一般为基础代谢量的 1.2 倍。即 $R=1.2B$。

能量代谢率用 RMR 表示。

劳动时能量消耗量，用 T 表示。

$$RMR=(T-R)\div B=(T-1.2B)\div B \qquad (14.2)$$

$$T=(RMR+1.2)B \qquad (14.3)$$

能量消耗量的测定是通过测定劳动者呼出气体中的氧气和二氧化碳的比例，算出劳动者氧气的消耗量后，折算得到的。

RMR 数值与劳动时使用身体的部位、工作的性质、工作的速度、使用工具的形式、重量等都有关系。

能量代谢率大的工作，持续的作业时间要短一些；这样就要插入适当的休息，以减轻疲劳。一般情况下，一天劳动时间平均的能量代谢率大体在 2.7 以下为宜。表 14.1 举例说明能量代谢率与工作强度、劳动时间率的关系。

表 14.1 能量代谢率与工作强度、劳动时间的关系

能量代谢率	工作强度	8 小时所需能量（焦耳）	劳动时间率	事　例
0—1	极轻强度	2 300—3 850	80%	一般办事员
1—2	轻强度	3 850—5 230	80%—75%	邮局盖章
2—4	中等强度	5 230—7 320	75%—65%	木　工
4—7	重强度	7 320—9 080	65%—50%	土建工
7 以上	极重强度	9 080 以上	50% 以下	伐木工

从能量消耗观点看，超额完成定额者必须多消耗能量，因此，超额完成定额的劳动者，必须多摄取食物营养以补充多付出的能量消耗。因而对超额完成任务的劳动者给以必要的物质补助，是完全应该的。

不同的劳动强度需要不同的能量消耗。RMR 值大于 4 的工作不可能长时间连续劳动，需要中间插入较长的休息时间；RMR 值小于 4 的工作，原则上可以较长时间持续劳动，但由于精神疲劳等会影响注意力集中，也应插入适当的但不必过长的休息。在劳动时间内，扣除休息时间后的实际劳动时间所占的百分比叫实际劳动率。RMR 值愈大，实际劳动率应该愈低。

不同的工作速度所需的 RMR 值不同，以无负荷的步行为例。实测值如表 14.2 所示。

表 14.2

步行速度（米/分）	60	70	80	90	100	110	120
RMR 值	1.9	2.4	3.1	4.0	5.0	5.4	8.4
RMR/米	0.0317	0.0343	0.0388	0.0444	0.0500	0.0582	0.0700

由此可见，步行速度从 60 米/分增加到 120 米/分时，每快 14 米相应的 RMR 值差不多增大一倍。

背负仪器箱的劳动者步行百米所需的氧气需要量实测结果如表 14.3 所示。

表 14.3

负重步行速度（米/分）	10	30	40	50	60	70	80	90	110	130	150
步行百米所需氧气（升）	1.4	0.80	0.70	0.65	0.50	0.60	0.67	0.80	1.25	1.75	2.50

由此可见，被测的负荷仪器箱的劳动者，每分钟步行 60 米是比较适当的速度，这时他的氧气需要量亦即能量消耗量为最小。这个速度称为他的经济速度。在这个速度下，能够不易疲劳地持续工作最长的时间。加快工作速度表面似乎可以提高效率，实际上，由于疲劳的迅速积累，必须休息较长的时间才能恢复，总的算起来反而不值得。比经济速度更慢的工作速度，表面上似乎省力，但是完成同样任务的时间要长，从而使完成同样任务总的能量消耗也增大，所以也是不值得的。因此，研究具体工作项目的经济速度有很重要的实际意义，可使劳动者以最小的能量消耗，获得最大的效果。

劳动强度愈大，劳动者所需吸入的氧气量亦愈大。当需要的氧气与吸入的氧气基本相等时，处于平衡状态。当劳动强度大时，平衡状态在短时间内就被破坏；当劳动强度小时，平衡状态可以维持较长的时间。对一些劳动者的试验表明：如果劳动强度的 $RMR \geq Z$ 时，平衡状态可以维持 6 小时；当 $RMR = 3.6$ 时，平衡状态只能维持 80 分钟；而当 $RMR = 5.0$ 时，平衡状态只能维持 20 分钟，正因为如此，必须在劳动过程中插入必要的休息时间，这样可以减轻劳动强度，保证生产质量和减少工伤事故。

显然，过分延长劳动时间对解除疲劳是不利的。但由于从休息转入工作要有一定的集中注意力的适应过程。因此，休息过于频繁对工作效率也不利。

四、疲劳的消除

疲劳的消除具体方法有如下几种。

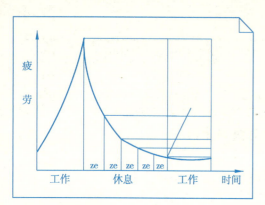

图 14.5 休息恢复作用

（一）实行休息制度

劳动者的中枢神经系统具有集中注意力、思考、刺激等功能，劳动者在劳动过程中产生疲劳，最先反映出来的是中枢神经系统的疲劳现象。为此，要消除人的疲劳，就需要适当地休息。从以上分析产生疲劳的因素，是可以采取措施减少疲劳的。然而，疲劳总是要出现的。

这就必须采取措施消除疲劳。休息乃是消除疲劳的重要措施，通过休息可以使疲劳消除。

（1）休息的效果是随时间的增加而不断下降，如图 14.5 所示。在第一个休息阶段其效果最大，接着就慢慢减少。

（2）初期疲劳，通过休息，恢复很快，过度疲劳，恢复很慢。有人做过一个试验，第一次肌肉收缩后，大约 10 秒钟可以恢复；连续刺激 15 次，第 15 次收缩后，需要半个小时才能恢复；如果连续刺激 30 次，第 30 次收缩后，需要两个小时才能恢复。

因此，对休息应做恰当的安排，一般应该在开始感到疲劳就安排休息，那种把休息时间集中使用而让作业者较长时间连续工作，打疲劳战的办法是不可取的。有人建议，普通的工业生产，上午可休息两次，下午休息一次，每次 15 分钟左右。当然还得结合各个单位的具体情况来考虑。对于需要精力高度集中的工作，可以每隔半小时休息一次，每次 5 分钟。对于重体力劳动可以上下午各休息两次，每次休息 15 分钟。一般的机械作业，上下午各休息 1—2 次，每次 15 分钟。

（3）休息不一定是静止不动，动中休息是积极的休息，叫活动性休息，安排得当，效果是很好的。

从上可见，不论是体力疲劳还是脑力疲劳，都会影响人的身心健康，影响工作效率。因此，在劳动过程中适当安排休息，并且要辅以睡眠和其他积极性的休息，可使工作能力保持在某种稳定的、最优的水平。而极度疲劳时仍要继续工作，将导致各种不良的后果。

（二）进行工间操

工间操对于工业企业来说，并不是一件新鲜事。但并非所有的工厂都充分地认识到它对工人的重要性。它同样也是一种减轻疲劳、造成良好劳动条件的很好手段。工间操是以"积极休息"为基础的。某厂在规定了作工间操之后，工伤减少了 23.5%，缺勤日数减少了 19.8%，电话机装配工的劳动生产率提高了 9.3%。

用作工间操的最好时间是下半个工作日。对选择体操动作的要求是很高的。最重要的是，体操应使在劳动过程中得不到活动的肌肉得到运动。因此，对于在劳动中浑身肌肉都活动的工人，就不必再做工间操了。

（三）进行气功锻炼

气功是中国医药伟大宝库的重要组成部分，它有独特民族风格和丰富多彩的内容。

气功不仅能治病，而且能防病。不仅能增进身体健康，而且也能增进心理健康，消除疲劳。目前，气功对于治理心身疾病与心理功能失调的效果较好。

气功锻炼能否取得成就的关键在于能否入静。入静是练功过程中人脑的生理活动与心理活动处在特殊状态。

为了达到入静状态，可采取一些诱导入静方法。其要点都是排除杂念，集中意念。

1. 放松法

在意识的指导下，将身体从头到脚，分为头、臂、躯干和下肢几个部分，使身体各部位依次逐步放松，使意识集中，而进入入静状态。

2. 默念法

就是在意识的指导下，有意默念某些语句，默念的内容要根据病种、病情和自己的心理特点来选择。例如疲劳者或高血压病人，可以默念"身体松""心情平静""血压降"等词句。默念不仅有助于入静，而且是一种强有力的自我暗示，起着调整身心的作用。

3. 数息法

呼吸时一呼一吸为一息，练功者默数自己的呼吸并连续计数，使意识集中于呼吸的计数方面，有意地排除其他杂念的干扰，使心境安定，意识集中，身体放松，有助于入静。

4. 意守身外法

意守身外即意守身体以外的事物。意守的内容要能使人心情平静、轻松、愉快，而不能意守使人心情激动的内容。

5. 意守身内法

意守身内法主要包括意守丹田等穴位，历代练功家都很强调意守丹田。气功家认为意守丹田能够起着增强腹式呼吸，增强胃肠功能，疏导经络等作用。

气功是一种自我的身心的保健法。练功的过程是心理活动能动地调整生理过程，也是一种消除疲劳的过程。

（四）改善劳动条件

在劳动心理学中，有一系列方法可以降低、甚至消除工人不愉快的心理状态。这些方法不仅作为"反单调"措施去运用，还与改善车间劳动条件结合起来应用。在这些方法中，首先，是色彩和音乐的应用，这是改善工人劳动条件非常重要和极其有价值的因素；其次，在设计操作工艺时，应充分考虑工人的生理和心理特点；再次，在工作中应随时通报工人的劳动成果；同时，要经常强调工作的目的；此外，还要大力改善环境卫生等，这些都是很重要的因素；最后，采取工作再设计措施，使劳动丰富多样。

第二节 劳动者的工作环境研究

劳动者的活动始终离不开特定的环境。劳动者在有利于身心健康和劳动操作的环境中，工作效率就可能提高；而在严重污染以及高温、缺氧、高压、振动等恶劣环境中工作或学习，不仅不能提高工效，有时甚至会危及生命安全、肢体的健全。因此，对劳动者环境的研究，创造一个良好的劳动环境，将有助于保障劳动者的身心健康，提高工作效率。

在生产活动中，人是劳动的主体，机器是劳动的工具，而环境就是劳动条件。劳动环境的好坏直接影响到劳动者心理状况。在工业企业生产中，组成劳动环境的因素很多，但主要是指光、声、电、磁、力以及放射性元素等有害物质运动时所产生的一些现象，如照明、大气温度、噪声、振动、压力、缺氧、加速度、失重、辐射等。对环境设计，不仅要考虑生产工作上的需要，而且还要考虑到对人的身心健康的影响。一般来说，劳动环境可分：极难容忍的劳动环境；不舒适的劳动环境；舒适的劳动环境；最舒适的劳动环境。研究劳动环境的目的，在于创造良好的条件，对人身采取保护。

一、气候

人体总是要保持一个恒定的温度（一般是37℃），这个温度稍有变化就会使人感到不舒服，降低工作效率，甚至产生病理变化。

人体通过食物的消化，持续地产生热量，又将多余的热量不断地向周围散发，以保持体内的稳定温度。人体是靠对流、辐射、传导、蒸发四种方式散发热量（图14.6）。各种方式所散发的热量的比例为：辐射48%，传导与对流33%，水分蒸发19%（呼吸2%）。据一些资料所说，一个坐着从事轻度工作的人，每小时散发的热量约为418.68千焦耳。热量的散发与周围的温度、湿度有关系。温度过高，会使人体的热量无法向外散发，于是体温上升,心脏活动增大,人的作业行动减退,差错增加。在生产上表现为产量和质量下降。温度太低,则人体的热量大量向四周散发,使关节变硬,活动不灵活,注意力减退,工作效率下降。当湿度过大时,人体的汗蒸发不出来,感觉不适;湿度太小即周围空气干燥,人身上的汗蒸发太多,口干舌燥,也不舒服。可见,工作场地的气候情况对工作效率有直接影响。什么样的温度和湿度才能使人工作起来适宜,效率提高呢?考虑到人的工作性质不同,人对冷热的感觉有差异,以及人们的衣着不同等,对于最适温度只能给出一个范围(表14.4)。

图 14.6　向周围排散的人体热量

表 14.4

工作性质	温度℃		湿度 %
	夏 天	冬 天	
脑力工作或轻体力劳动	20—26	18—23	40—70
站着轻工作或坐着重工作	19—24	17—21	40—70
站着重工作或轻负荷运输	17—23	15—20	30—70
重体力劳动或重负荷运输	16—22	14—19	30—60

为了保证从事生产或工作的人们有良好的气候条件,首先须在厂房建筑时充分考虑这个问题,在建筑设计中处理好门、窗、天窗的设置,房间的日照,阳光的辐射以设备、空气调节设备来创造合适的温度和湿度条件。

二、照明

合适的采光是人们从事工作和生产的必要条件,光照太弱会降低工作效率,影响工作质量,使人容易疲劳。

人的眼睛对光照具有很强的适应能力,比如,人既能在阳光下看东西,也能在月光下看东西,太阳光相当于 100 000 勒克斯(照度的单位,照度是射到一个表面的光通量密度,光通量是光源的辐射能量);月光相当于 0.2 勒克斯,这两者的照度是 1∶500 000。有这样的适应能力,人们在得不到充分光照的地方也竭力想看到东西,这样,眼睛就会很快地疲劳,甚至造成错误动作。根据试验,疲劳现象是随着照度的增加而减少的,图 14.7 反映了这种关系。当照度为 100 勒克斯时,有80% 的试验者在接受试验后出现明显的疲劳现象。而照度约 2 000 勒克斯时,出现的疲劳就极少。因此,要给工作场所规定合适的照度。中国在"工业企业采光和照度标准审查稿"中规定了标准的照度(表 14.5)。

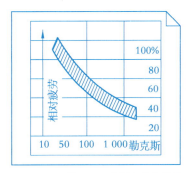

图 14.7　光源与疲劳关系

表 14.5　采光标准

视觉工作分级	视觉工作特征		照度（勒克斯）
	工作精确度	识别物件细节大小 a(mm)	
Ⅰ	特别精细工作	$a \leqslant 0.15$	250
Ⅱ	很精细工作	$0.15 < a \leqslant 0.3$	150
Ⅲ	精细工作	$0.3 < a \leqslant 1.0$	100
Ⅳ	一般工作	$1.0 < a \leqslant 5.0$	50
Ⅴ	粗糙工作、仓库	$a > 5.0$	25

此外，光的色彩对工作效率、工作质量也有影响。人之所以能够辨别出各种物体的颜色，是因为照射到物体的光线中，具有与物体相同的色素。有些人工光源，显色能力欠佳，就会影响工作效率。例如，中国某毛纺厂的产品质量检验工作一直不够理想，有时甚至漏检率达到51%，后来才发现，做检验工作时所用的日光灯显色能力较差，使得检验结果不准确。

三、噪声

噪声是一种使人感到烦躁、扰乱、不舒服或者有害于听觉的声响，它对人具有各种程度的危害，轻则干扰听觉，降低语言的清晰度；重则损害听觉，包括：立即受损——大于150分贝的噪声；听力损失——永远不能恢复；听力疲劳——暂时的听力衰退。此外，还可能影响睡眠，造成失眠与神经衰弱；影响人的新陈代谢，使消化不良与血管硬化等。在生产中，噪声使人容易烦恼与疲劳，降低劳动效率；能够干扰讯号，容易引起工伤事故。因此，人机工程学要研究生产的噪声问题。

1. 降低声源的噪声辐射

这是最根本的方法。譬如，对噪声大的设备进行修理和改造，甚至停止使用，或者限制使用时间；或者加用消声器，使机器所辐射的噪声在一定范围内很快地衰减；或者将机器封闭或遮蔽，限制噪声大量向外辐射；或者给机器加上防震措施减少由震动发出的噪声。

2. 控制噪声的传递途径

譬如，在机器的布置上，使得噪声不直接向工作人员辐射；或者让声源尽可能离工人远一点，使噪声衰减；用吸声材料吸收辐射而来的噪声。

3. 对噪声接受者采取防护措施

譬如适当调换工作时间或轮流工作，或者使用耳塞等。

四、色彩

对人们经常工作的劳动环境,如果能巧妙地发挥色彩的积极作用,使周围环境的墙壁、走道、地板、设备、工作台、管道甚至劳动服装等,都配以恰当的、受人欢迎的色彩,就可以创造一个符合心理要求的色彩环境。特别是在工人实际劳动环境——车间里,如果色彩配合得当,工人操作时,就会心情愉快,注意力会更加集中,还可以提高劳动效率。一般说,车间的主色应采用对光具有高反射性的颜色(如白色、淡黄、浅绿),以提高车间的光亮度,使车间显得清洁、宽敞、美观。对车间的设备(各种机床)、加工零件、职工的劳动服装都要配以协调的色彩。某些重要部分,如开关、加油处都要用鲜明的色彩加以突出,以便于操作。还可以把相同的设备涂成一种颜色,以区别于另外的一些设备。表 14.6 是各种设备的标志色彩。

表 14.6 设备的标志颜色

类 别	主要标志颜色	文字颜色	中文代字
消防设备	红 色	白	消 防
危险物料	黄 色	黑	危 险
安全物料	绿 色	黑	安 全
防护物料	浅蓝色	白	防 护

在劳动安全方面,颜色也有其特殊的作用。讯号装置、危险部位都可以应用专门的色彩,以引起人们的注意。

五、音乐

在工业企业的生产过程中,音乐对劳动效率的提高有着显著的影响。

根据有关工厂的调查,工人认为播放工人喜爱的音乐,可以带来以下的感受和快乐,对提高工效和心理健康起了作用:

"从歌声开始一天的工作,非常愉快。"

"音乐使人精神振奋,心情快乐,动作变得快而灵活。"

"我喜欢工作时播放音乐。当有乐曲、歌声时,总使你工作生活得轻松些。"

"当我听到音乐时,我就会感到,今天好像是在过节。"

"我非常热爱音乐。它的价值在于,它能帮助人们变得愉快,充满活力。这时你不会感到疲劳。音乐给我巨大的影响。这种时候,你好像变成了另一种人,有着另一种自我感受。"

总之,音乐的功能在于对工人的心理状态与情绪产生极大的积极作用,从而减轻了他们的疲劳程度。但它像每一个心理因素一样,在实际进行播放时,应非常谨慎;不然,不仅不能带来希望的效果,而且可能是有害的。

第三节 劳动者的心理健康

劳动者的心理健康是管理心理学中的一个重要内容。要让员工积极有效率的工作,心理健康是一个必要的前提。

一、劳动者心理健康的概念与特征

(一) 健康的新定义

在我们的传统观念中,健康是一个医学而不是心理学的研究范围。健康也往往被定义为没有疾病。这样的定义完全是从生理上对健康加以界定的,并且将健康与疾病绝对对立起来。然而,一个人没有疾病,但他也可能表现出生病的行为[1],仍然可能不能积极而有效率的工作。心理健康应是健康的一个重要方面。

1974年,联合国世界卫生组织(WHO)提出了一个关于健康的经典定义:"健康不仅仅是没有疾病,不体弱,而是一种躯体、心理和社会功能均臻良好的状态。""向所有人普及医学、心理学及相关知识,使之受益,对享有全面健康甚为必要。"该组织并且还提出不同文化、不同种族、不同社会、不同时代的人格健康有三个共同的标准:自我控制的能力;正确对待外界的影响的能力;保持内心平衡和满足状态的能力。

世界卫生组织对健康的定义不仅包括生理方面和心理方面,更为重要的是将个体社会交互作用的质量也纳入健康的主题。这样的定义非常全面而准确,现在已被绝大多数人所认同。

(二) 心理健康的标准

1. 中国古代心理健康标准

我国古人非常关注心理健康。并且很早就发现心理因素与疾病的关系,还提出了一系列"心病"治疗的方法。例如,《素问》中说,"怒伤肝、悲

---

[1] 按照赖斯(P. L. Rice)的看法,生病行为是指病人和医生的一种社会角色的期望,其核心内容是评估病症、寻求药物治疗、寻求家庭的支持等,生病行为可能在有疾病也可能在无疾病时发生。由于生病行为往往可能增加同情、引起注意和特殊的待遇等,生病行为的社会角色可能与躯体疾病相混淆。当心理因素可能增加人们从事生病行为时,心理因素可能引起疾病。

胜怒；喜伤心、恐胜喜；思伤脾、怒胜思；忧伤肺、喜胜忧；恐伤肾、思胜恐。"以其胜治之。"我国古人不仅仅早就明白心理健康的必要性，而且已经发展出很多养心的方法。

聂世茂在研究《内经》后，认为我国古代学者有九条标准心理健康标准：

（1）经常保持乐观心境，"心恬愉为务"，"和喜怒而安居处"。
（2）不为物欲所累，"志闲而少欲"，"不惧于物"。
（3）不妄想妄为，"谣邪不能惑其心"，"不妄作"。
（4）意志坚强，循理而行，"意志和则精神专直，魂魄不散"。
（5）身心有劳有逸，有规律地生活，"御神有时"，"起居有常"。
（6）心神宁静，"恬淡虚无"，"居处安静"，"静则神藏"。
（7）热爱生活，人际关系好，"乐其俗"，"好利人"。
（8）善于适应环境变化，"婉然从物，或与不争，与时变化"。
（9）涵养性格，陶冶气质，克服自己的缺点，"节阴阳而调刚柔"[1]。

2. 西方心理健康标准

心理健康是西方心理学家日益关注的一个重要主题，甚至在1978年健康心理学正式成为一门学科。1982年，以健康心理学命名的杂志也正式出版。

从理论上来讲，健康心理学的基础是生物心理社会模式。前面所讲的世界卫生组织就是这一模式的支持者。这种模式强调，躯体、心理和社会三个方面的力量一起共同影响人们对疾病的易感性、成功治疗疾病的可能性以及维持健康的概率。

西方心理学家对心理健康的标准问题并没有达成一致，例如奥尔波特（G. W. Allport）提出了六条标准：

（1）力争自我成长；
（2）能客观地看待自己；
（3）人生观的统一；
（4）具有与别人建立亲睦关系的能力；
（5）人生所需要的能力、知识和技能的获得；
（6）具有同情心和对一切有生命的事物的爱。

而马斯洛（A. H. Maslow）和米特尔曼（Mittelman）提出了心理健康的十条标准。世界精神卫生学会则提出了四项标准：身体、智力、情绪十分调和；适应环境，在人际关系中彼此能谦让；有幸福感；对待工作和职业，能充分发挥自己的能力，过着有效率的生活。

---

[1] 颜世富：《心理健康与成功人生》，上海人民出版社1997年版，第9页。

(三)心理健康的内容

心理健康不仅仅指没有心理疾病,还应该指一种积极的心理状态。事实上,在心理疾病与心理健康之间存在一个连续带,其中并没有一个非常明显的界限。在心理健康与心理疾病之间存在着一个"心理亚健康区"。套用一句医学术语的话,处于"心理亚健康"状态的人应该是属于"带菌者"。很多人目前虽然没有心理疾病,但已经处于"亚健康"状态,如不加以适当调适的话,很可能滑入患病区。

我们在考虑心理健康的标准时,也应从这样的一个角度去理解。同时,也得考虑到我国传统文化因素的作用。唯有这样,才可能真正确立我国劳动者心理健康的内容。我们认为,我国劳动者心理健康的内容包括以下五个方面。

1. 智力正常

所谓正常,就是和同年龄组的个体发展水平差不多。同年龄组个体的智力分布通常接近正态分布,智力超常与智力落后都是少数。若个体智力落后于同龄人的绝大多数人的水平,则属于心理不健康。这种智力水平往往会影响到个体学习、工作以及生活等方方面面的能力。

2. 需要结构合理

不同的人具有不同的需要,然而需要的结构必须合理。也就是必须在符合社会要求和不违背社会规范的前提下,发展高层次的、切合实际的需要。当一个人沉迷于低层次的生物性、物质性需要时,会变得心胸狭窄,纠缠于利害得失的圈子里,平添诸多烦恼和忧愁。在正确的人生观指导下的高层次的精神需要才可能真正超越庸俗的利益关系,不断获得精神上的幸福和乐趣。国外有研究表明,一生孜孜不倦献身于科学研究事业的学者寿命通常远远超过平均水平。这从一个侧面论证了需要结构的合理是心理健康的一个重要标准。

3. 情绪健全

情商(EQ)概念现在非常时髦,其实情商论及的就是个体的情绪管理能力。健全的情绪是心理健康的一个重要标志。美国临床心理学家雷曼(R. S. Lyman)认为,情绪健康的人具有下列特点:

(1)情绪安定,没有不必要的紧张感和莫须有的不安感;
(2)能够把气馁心转向到具有创造性与建议性的方面;
(3)对别人的情绪容易同感;
(4)具有喜欢别人与受别人喜欢的能力;
(5)能表现出与发育阶段相适应的情绪;
(6)能建设性地处理问题,能适应变化;

(7)具有自信,善于与别人交往;

(8)既能自己满足,也能接受帮助,两者能保持平衡;

(9)为了将来,现在的需要得不到满足能忍受;

(10)善于生活。

情绪稳定,不过分偏激,处于相对平衡的状态,反映中枢神经系统活动的协调,说明人的心理活动协调。心情愉快,态度积极也是情绪健全的一个重要方面。

4. 人际关系和谐

人总是处于人际关系之中的。人际关系和谐是心理健康的一条重要标准。劳动者心理健康的一个主要问题源就是人际适应。个体适应社会,首先就是对人际关系的适应。心理健康的人乐于帮助他人,也相应地得到他人的帮助。人际关系紧张的人,往往会随时担心别人坑自己,心理压力大,负担重。

5. 自我意识准确

要健康地对待他人,首先就要健康地对待自己。善待自己要求个体能正确地认识自己、评价自己和控制自己。心理健康的人往往能正确认识自己、正确评估自己的情感体验、正视现实、悦纳自己。有的人往往看不到自己身上的缺点,却将他人身上的一点毛病加以扩大化,并当作是别人的致命缺点。

二、劳动者心理健康的影响因素

(一)心理因素

1. 人格因素

人格因素涉及的内容非常广泛,包括性格、气质、世界观、人生观等等。其中,最重要的是性格。抑郁、孤僻、急躁、自私、虚伪、胆怯、嫉妒、敏感、多疑等不良性格最容易导致心理健康问题。例如,孤僻的性格往往很难和他人建立良好的人际关系,很难适应社会。多疑的人由于经常没来由地担心,往往心理上处在不安全、痛苦的状态。这样的人怀疑领导不信任自己,怀疑同事议论自己,怀疑自己患了很严重的疾病甚至不治之症。

这不仅造成人际关系紧张,而且自己也处在紧张状态。长此以往,会产生严重的心理疾病,并进而导致生理疾病的发生。对于这种多疑人格的员工,领导得多给予关怀,使其有安全感,同时要引导他正确认识事物,开阔其心胸。

2. 适应不良

人不可能在一个地方待一辈子,周围的环境总归在发生变化。人只有很好地适应周围的环境，才可能心理健康。这种适应包括三个方面：物质环境、人际环境以及文化环境。例如，新员工进入公司，首先得适应这里的物质环境，还得适应公司的企业文化，更要适应公司的人际关系网络。这种适应也不是单向的、被动的，而是双向的、主动的。

人际关系的协调是个体适应环境的最主要的方面。不良的人际关系，特别是长期持续的不良人际关系，使人心情苦闷、烦恼，降低机体的抵抗力，容易导致疾病。人际关系紧张也容易抑制人的创新动机，阻碍个体的创新行为，降低工作效率。因此，管理者要及时调整员工的人际关系，员工自己也要认识到人际关系紧张的危害性，学习一些基本的人际沟通技巧，积极主动地去构建良好的人际关系。

3. 情绪、情感因素

忧郁、愤怒、恐惧等情绪、情感因素也是导致心理问题的重要因素。长期的忧郁会降低人体的免疫能力，长期的抑郁情绪，可造成胃溃疡等疾病。愤怒是个体的意愿与活动遭到挫折而发生的一种情绪紧张的反应，愤怒在一定条件下，例如对坏人坏事的愤怒，能激发创造的动机，有助于提升创新能力和工作效率。强烈的愤怒如大怒、暴怒、持续的怒，对人的身心则有害。大怒、暴怒或持久愤怒不但可使人的心理功能降低，思维广阔性、深刻性、灵活性、反应准确性降低，而且对人的心血管系统、肠胃系统、肌肉运动系统功能影响很大。恐惧会让人心跳加快、血压升高、呼吸短促、身冒冷汗、脸色苍白、四肢无力，也会让人的智力水平下降，记忆准确性降低，甚至有可能产生某种疾病。因此，管理者应及时了解员工忧郁、愤怒、恐惧的原因，及时化解员工心中的"结"，与员工建立良好的人际关系。

4. 长期应激状态

应激是人体在遇到出乎意外、紧张情况下所引起的情绪状态。应激与心理健康是相互影响的：应激对心理健康有很大的影响力；相反，心理健康也能改变个体的抗拒或应对能力。管理心理学中研究最多的是工作应激。所谓工作应激，是指员工的行为或工作环境所引起的员工生理、心理反应的综合状态。由于应激会使人体内产生一系列生理和化学反应。因此如果这种因素持续作用，会使一些器官或系统对某些疾病的抵抗力降低，并导致一系列心理、行为症状（表14.7）。

5. 认知因素

很多心理问题都来自个体认识不对。创立理性情绪疗法（Rational-Emotive Therapy）的埃利斯（A. Ellis）就坚持认为个体所产生的诸多情绪障碍并非由某一诱发性事件本身所引起，而是由经历了这一事件的个体对这一事件的认识、解释与评价所引起的。人们的情绪问题往往和人们对事

表 14.7 工作应激的心理、生理与行为症状

工作应激的心理症状	工作应激的生理症状	工作应激的行为症状
焦虑、紧张、迷惑和急躁； 疲劳感、生气、憎恶； 情绪过敏和反应过敏； 感情压抑； 交流的效果降低； 退缩和忧郁； 孤独感和疏远感； 厌烦和工作不满情绪； 精神疲劳和低智能工作； 注意力分散； 缺乏自发性和创造性； 自信心不足。	心率加快，血压增高； 肾上腺素和去甲肾上腺素分泌增加； 肠胃失调，如溃疡； 身体受伤； 身体疲劳； 死亡； 心脏疾病； 呼吸问题； 汗流量增加； 皮肤功能失调； 头痛； 癌症； 肌肉紧张； 睡眠不好。	拖延和逃避工作； 表现和生产能力下降； 酗酒和吸毒； 工作完全破坏； 去医院次数增加； 为了逃避，饮食过度，导致肥胖； 忧郁胆怯，吃得少，可能伴随抑郁； 没胃口，瘦得快； 冒险行为增加，包括不顾后果的驾车和赌博； 侵犯别人，破坏公共财产，偷窃； 与家庭和朋友的关系恶化； 自杀和试图自杀。

资料来源：[美] 菲利浦·赖斯，《压力与健康》，石林等译，中国轻工业出版社，2000 年版，第 147—149 页。

物的看法[1]有关。不合理的情绪来自不合理的信念，这种不合理的信念有三个特征：绝对化（Demandingness）、过分概括（Overgeneralization）以及糟糕至极（Awflizing）。只有认清并最终放弃这些不合理的信念，个体才可能走向真正的健康。

（二）生理因素

生理与心理是交互作用的，不单单心理因素会影响生理健康，生理因素也会影响心理健康。事实上，生理健康是心理健康的基础。

大脑的某些器质性的变化往往会引起轻微脑功能失调，以及神经功能障碍。国外曾有报道，说一位中年工人因脑部受伤，伤愈后性格则大变。腺体功能障碍、内分泌系统失调也可能产生诸多心理健康问题。例如，肾上腺素分泌过多，会导致躁狂症；肾上腺素分泌过少则导致抑郁症。又如，甲状腺功能亢进者，神经系统兴奋性增强、易激动、紧张、烦躁、多语、失眠等，而甲状腺功能低下者，条件反射活动迟缓、智力下降、记忆力减退、联想和言语减少、嗜睡等。现代医学研究已经深入到基因，基因和心理健康也许存在些许关系，例如，患有唐氏综合征（Down's Syndrome）的人反应总是有点迟钝，表情总是很高兴。

营养状况也会影响个体的心理健康。例如，每天饮入过多的咖啡，容易神经过敏、失眠、易激动、心悸。摄入过多高碳水化合物，容易引起疲

---

[1] 埃利斯称这种看法为信念（Belief）。

劳、抑郁。

（三）社会因素

如果说个体的心理因素是影响心理健康的内因的话，则社会因素是引起心理问题的直接因素和诱因。这种诱因往往来自三个方面：

1. 组织因素

组织因素是影响个体心理健康的一个重要诱因。组织因素包括工作环境条件、工作性质、组织结构、工作中的人际关系等。工作条件可能包括物理危险、超载工作、工作单调、倒班工作等等。单位人际关系紧张、工作单调乏味、组织结构僵化、工作角色模糊、职业发展不顺等都容易引起烦躁、压抑、焦虑等心理障碍。因此，管理者应注意营造一个良好的工作环境，为职工进行良好的职业规划，对工作流程进行重新改造，采取一系列安全保障措施。

2. 家庭因素

家庭对个体生活的重要场所。家庭正常结构的破坏、家庭主要成员不良行为的直接教唆或间接暗示、家庭关系不融洽、家庭主要成员的不良性格等都会对个体的心理健康产生影响。埃里克森曾指出，个体从小在家庭遭受忽视、抛弃、敌视，成年后也往往不信任别人，不信任周围环境，尤其是不信任自己的能力，并持续感受焦虑。家庭关系也会影响到个体的工作效率。企业如果适当地关心职工的家庭生活，往往会取得意想不到的效果。

3. 社会因素

社会风气、社会变迁、生活节奏等等也会影响到个体的心理健康。现在，我国改革持续深入，社会竞争加剧，生活节奏加快，使得人们的心理压力也逐渐加大。社会、政治、经济、文化生活中的一些不健康的因素如贪污受贿、低级趣味等等都会给个体心理健康带来不利影响。

三、劳动者的心理健康

劳动者可以分成不同类型，例如按劳动方式可分为体力与脑力劳动者，按年龄可分为老、中、青年劳动者。研究各个类型劳动者的心理健康，有利于提高社会生产力。

（一）青年人的心理健康

1. 青年常见心理障碍

青年人由于其年龄特征，特别容易发生以下几种心理障碍。

（1）人际关系障碍。青年人由于独立性的发展，加上青年人大都是独生子女，独特的家庭环境造成他们容易出现人际交往上的不适应，普遍存在胆怯、敏感、自卑、自傲、猜忌、嫉妒等不利于交际的人格特征。青年员工刚刚从家庭、学校走向社会，往往交际意识薄弱，交际技巧匮乏，难以建立良好的人际关系。

（2）人格障碍。青年人最主要的心理问题集中在人格。青年人常见以下几种人格障碍：反社会人格，缺乏道德责任感，对他人和社会缺乏同情心和羞耻感，不能从挫折中吸取教训；强迫型人格，缺乏安全感，追求完美，过于谨慎，过分自我克制；偏执型人格，敏感多疑，心胸狭窄，自视过高；自恋型人格，过于自负，喜欢他人的注意，自我为中心；依赖型人格，没有主见，缺乏自信；癔症型人格，情绪不稳定，好感情用事，喜欢幻想，爱做白日梦。

（3）婚恋障碍。青年恋爱、结婚是他们在生活历程中迟早要发生的事情，是青年心理生活的一个重要内容。青年在恋爱、结婚过程中容易出现以下一些问题：①过早恋爱与过晚恋爱。过早恋爱，由于缺乏经验、心理承受能力差等而难以承受失恋的痛苦，过晚恋爱则可能产生巨大的心理压力，以致最后经人介绍，仓促结婚，婚后感情不和，影响工作。②恋爱动机不端正。男女思想感情一致是恋爱成功和婚后幸福的基础。只有心理上合得来，才可能体验到愉快和幸福。有些青年在恋爱时要么追求外貌，要么追求权势和金钱。这就使爱情发生变质。这样的结合不可能获得真正的幸福。③失恋后的心理行为障碍。失恋是在恋爱中发生的恋爱关系结束而存在单方面的思恋的感情痛苦。对爱的绝望感、孤独感、虚无感是失恋者最常见的心理体验。失恋后的青年往往容易出现抑郁、报复、自杀心理。

（4）神经官能症。神经官能症又称为神经症。神经官能症一般没有器质性的病变，而主要是一组脑功能的暂时性失调。神经官能症主要表现为精神活动能力的下降，情绪的失调，自主神经系统机能的失调以及疑病性强迫观念等。青年神经官能症包括神经衰弱、恐惧症、强迫症以及癔症等。学习压力过重，升学、就业压力过大，长期从事脑力劳动，失恋，人际紧张等都可能导致神经衰弱。神经衰弱表现为精神不振、体力不支、容易疲劳、多梦易醒、容易激动、入睡困难、记忆力减退、注意力难以集中等。出现神经官能症的症状时，不要过度担心，只要及时去求诊，通过药物与心理治疗，是能治愈的。

2. 青年健康心理调适

（1）构建积极合理的认知结构。心理障碍大多来自个体的不合理的认知。只有剔除不合理的认知，才可能获得真正幸福快乐的生活。管理人员应着重加强青年人科学人生观、价值观、爱情观、职业观的构建，帮助青年员工树立合理的认知结构体系。

（2）学习一些人际沟通的技巧，主动积极地与他人交往。良好的人际关系是获得安全感、取得成功的重要保证。掌握以下一些人际交往技巧无疑是有用的：学会发现他人的优点，要真诚地鼓励和赞美他人；尊重他人，容忍他人，不将自己的原则和态度强加于他人；学会倾听；主动帮助他人，也乐于接受他人的帮助。

（3）学会用脑。合理用脑对于维持心理健康非常必要。长时间超负载的用脑，可能会降低用脑效率，甚至损伤大脑，引发脑功能失调。大脑两个半球是有分工的，交替从事不同性质的活动，能达到有意识地开发和调剂大脑两个半球的效果。脑力劳动一段时间，最好能有一段时间的休息。每天坚持锻炼身体对于维护身心健康很有益处。

（二）中年人的心理健康

1. 中年人常见心理压力

中年是人一生中的全盛时期，在职业和创造力方面最有收获的年华。生理机能与心理机能都较稳定，中年人的观察力得到了很好的发展，记忆力、思维与想象能力都发展到成熟阶段。

由于中年人工作压力大，心理经常处于紧张状态；许多中年人上有老下有小，对子女升学就业操心牵挂，也让人情绪不安，心情抑郁；由于中年人生理功能已经开始衰退，免疫功能开始下降，因此中年人心身疾病发病率开始增高。因此，中年人的心理健康问题应加以重视。

而以往，我们往往忽视了中年人心理健康问题。中年人的心理压力主要集中在以下三个方面。

（1）家庭责任。中年人家庭负担非常沉重，要赡养老人，而且要支付子女的教育，以及要承受婚姻的种种危机。这些家庭责任所带来的巨大压力往往让中年人脾气变得暴躁，内心紧张而焦虑。我国有些中年知识分子英年早逝，其中不乏压力大、超负荷运转的原因。

中年人还面临婚姻危机的考验。结婚时，双方山盟海誓，信誓旦旦，希望能白头偕老。然而，婚后夫妻双方深入了解，可能会产生很多矛盾。夫妻只有通过相互适应，婚姻才可能逐步得到巩固。现代社会，婚外恋增多，大多是压力过大，而家庭又难以满足其某些需求所致。

（2）职业压力。大多数中年人在事业上都有明确的目标，他们都希望能尽快实现目标。然而事实也许并不如其所愿，很多人并没有达到其预定目标。这时，他们往往会感到焦虑不安、有一种强烈的失败感。特别是，现在我国实行就业制度改革，有些中年工人下岗待业在家，他们又缺乏寻找新工作所需的技能，这给这一代中年人形成了极大的压力。很多人感到无助、受骗，一些人甚至产生过激行为。

（3）害怕衰老。进入中年，大多数人都有落后时代的恐慌。他们知道，以前的诸多抱负只有抓紧时间才能实现。有些人也在这个时候，看破红尘，慨叹这辈子怀才不遇。到了中年后期，身体功能明显下降，有些人还染上疾病，回想过去，展望即将来临的老年期，只能哀叹："人到中年万事休。"

2. 中年人健康心理调适

对中年人而言，要应对各方面的压力，保持和增强心理健康需要做到以下三点。

（1）控制情绪，保持愉悦。情绪是人对客观事物态度的体验。中年人生活压力大，如果一些琐碎的事情都能引起情绪反应如不满、抑郁等，情绪总是波动很大，肯定会影响到心理健康和身体健康。为了培养稳定而乐观的情绪，首先要树立正确的人生观，具有正确的人生观才能正确地认识与对待生活中发生的问题，才能保持情绪反应适度。其次，要培养幽默感。幽默感能增加生活趣味，缓和与消除紧张情绪。有研究表明，幽默感具有减轻愤怒的作用。再次，生活要有规律。生活杂乱无章，自然容易使人心情烦躁，情绪波动。

（2）协调好人际关系。中年人相对于其他年龄层次的人而言，人际关系更为复杂。在人际关系中，健全的心理适应是保证心理健康的重要条件。在工作中，积极的心理适应能使人心情舒畅、工作协调、工作效率高。在人际关系中，心理适应不健全，往往让人心情消沉，工作关系紧张，工作效率降低。在家庭中，积极的心理适应，有助于家庭友好和睦，让生活充满希望。为了建立良好的人际关系，首先需要了解自己的优点、长处、短处以及自己的个性特征，这是建立积极的心理适应的基础。中年人越是了解自己，越能处理好各种人际关系。其次，要了解他人，要了解他人的需要、性格、兴趣、爱好、工作习惯，这样与人相处才能融洽，彼此尊重。第三，还要积极参加社会活动，不能封闭自己，只有不断地与他人交往，自己才可能不断地跟上形势的发展，与他人建立友好的关系，开阔自己的眼界。

（3）正确对待挫折。在现实生活中，中年人遇到困难，遭受失败、挫折在所难免，这往往造成心理上的焦虑不安。遇到挫折时，中年人不仅应该好好地仔细分析挫折的原因，进行合理的归因，而且也应采取一些措施来减轻自己的心理冲突。下列方法不妨一试。

① 目标调整法。抱负水平越高，引起的挫折也就越大。因此，事先不要把抱负水平放得太高，留有充分的余地，往往能减少或减轻不少挫折。

② 语言调节法。语言对人的情绪体验与表现具有重要的作用。语言能够有效地引起和抑制情绪反应。就是不出声的内部语言也能使人控制自己的情绪。有的中年人在书桌上放着"镇定"的字牌，对于控制紧张的情绪

反应是有帮助的。

③ 转移升华法。该法的低层次是注意转移法，例如中年人在家庭生活中遇到烦恼的事情，容易引起情绪消沉。这时，看看振奋人心的电影、电视等，对于缓冲和消除不愉快的心情是有帮助的。该法的较高层次是将挫折所引起的对抗的精力引向一种更高层次的需求，例如司马迁惨遭宫刑，蒙受奇耻大辱，他便将自己的痛苦引向撰写《史记》。

④ 合理宣泄法。有人说，强忍着自己的眼泪，就等于慢性自杀。这话不错，个人的苦闷、焦虑不要长期憋在心里，要用适当的方式，向自己的领导、朋友或亲属倾吐出来，减轻内心的痛苦。

⑤ 宽容他人，助人为乐。中年人在工作与家庭生活中，遇到一些不愉快的事情，而这些事情又往往都是非原则性的问题，这时要尽量谅解他人，要多想想他人的长处，多想想他人的帮助与关怀。同时，自己可以去帮助他人，做点好事，这样有利于消除自己的负面情绪。

（三）老年人的心理健康

1. 老年人心理障碍

什么是衰老？衰老不是仅发生在老人身上的事情，而是一个延续终生的过程。"老"至少包含三个层面的含义：一是自然的衰老，这主要根据生理上的各种征兆来判断；二是个体的认知能力和创造能力可能继续发展，这讲的是心理衰老；三是作为社会人，他可能继续扩展他的朋友范围和作为一个公民的事务范围，这是社会衰老。所谓"老骥伏枥，志在千里""老当益壮"以及"姜还是老的辣"都是从后两个方面来阐述的。因此，我们在分析老年人心理特征时应该注意到这三个方面的衰老是不统一的。

以上三个衰老过程的不统一，加上现实生活中的种种烦恼，使老年人特别容易出现以下一些心理问题。

（1）疑病倾向。老年人往往由于身体衰老原因，过分关心自己的健康状况。这些关心可能因某些主观感觉而加强，并因固执的性格，容易出现疑病倾向。一听到他人说他胖了或瘦了，都会引起他左思右想，疑神疑鬼。有时看到报刊上的一些医学知识，再对照自己的身体状况，可能为此而心神不定，惶然无措。

（2）猜疑妒忌。一般老年人自尊心特别强，也容易对他人产生不信任感，常计较别人的语言举动，甚至以为他人居心叵测，由于老年人理解能力与判断能力的下降，可能会不断强化自己的这种想法，越来越不相信他人。

（3）焦虑抑郁。老年人很容易产生消极情绪，例如焦虑、抑郁、悲伤、惊慌、怨恨、恐惧和愤怒等。他们往往有杞人忧天之感，时常感到大难临头而紧张不安。有研究表明，已退休、身体健康、经济条件较好的老年人中，也有44%的人具有抑郁症状。

（4）情绪多变。老年人比较难以控制自己的情绪，有时像小孩那样天真，有时又是万分激动。遇到不顺心的事情或者别人的顶撞，就会勃然大怒。

（5）唠叨健忘。老年人学习和新技能的组合能力减退，记忆力明显下降，尤其是近事容易忘记，对旧事的记忆比对近事的记忆好些。由于旧事记忆衰退不明显，故而产生怀旧心理，出现喜欢唠叨，啰嗦，留恋过去，而对新事物却难以吸收。

2. 影响老年人心理健康的社会因素

老年人产生上述心理障碍的原因自然有其心理衰退方面的原因，然而也有一定社会原因。

（1）离退休。由于离退休，原先的社会网络逐渐变得惨淡，人际关系也一下子变得狭窄，家庭地位也往往发生变化，这些都可能导致老年人无所适从，从而形成心理压力。老年人也因而变得好与人争吵。

（2）经济问题。退休后，老年人经济来源减少，往往会产生入不敷出的感觉，并因此而为经济问题担忧。尤其是因某些意外损失后，更是心事重重，开始害怕生病。

（3）配偶死亡。一对长期相濡以沫的夫妇，突然一方撒手而去，对另一方的打击也是难以形容的。老年人会因此而悲伤、孤寂。

3. 老年人健康心理调适

老年人要维持健康的身心，需要做到以下几个方面。

（1）遵守生物节律，保持良好的生活习惯。中国古代把"起居有常"作为养生的一个重要原则。《内经》指出："食饮有节，起居有常，不妄作劳"，反对"以酒为浆，一妄为常，醉以入房"的不正常的生活习惯。

> 【例】 德国著名哲学家康德（Immanuel Kant）年幼时身体不好，可是后来他却高寿，活到80岁。这是与他的生活作息规律密切相关的。有人对他的生活作了这样的评述：他的全部生活都按照最精确的天文钟作了估量、计算和比拟。他晚上10点钟上床，早上5点钟起床。他7点整外出散步，哥尼斯堡的居民都按他来对钟表。起居有常，使人的生理活动与心理活动有节奏，对老年人的心理环境的改善颇有益处。中国沈丘县的102岁的老寿星买淡顺（回族）总结她的长寿经验有三条，其中有一条就是讲卫生，生活有规律。老人夏天每天洗澡，一天洗脸数次，每晚换一次衣服，冬季每晚洗脚，每天早睡早起。

（2）正确对待离退休，处理好家庭关系。有些老人退休后，总怀念工作时的情景，往往感到非常孤单寂寞，并不时与家人争吵，导致家庭关系不和睦。其实，退休是非常正常的一件事。人需要奋斗，也需要放松、休息。年纪大了，就该心安理得地颐养天年。民主、平等、和睦的家庭生活和必要的天伦之乐对老年人来说是迫切需要的。老年人往往也因为子女远离身旁而闷闷不乐，对这个问题，应持客观豁达的态度，子女也要尽量体恤父母，常去探望。

（3）不要总担心死。老年人往往体弱多病。有些老年人对待疾病焦虑不安，忧心忡忡，甚至怀疑自己已经病入膏肓。这种精神状态无疑将加速疾病的发展。乐观主义的精神和坚强的意志是老年人与疾病做斗争的最为宝贵的心理状态。罗素曾说，克服疑病、怕死念头的最好的办法就是让自己关心更多的事情，多考虑那些个人以外的事，把人生看成同河流一样，历程千里，终归大海，没有任何界限。

（4）淡化自我意识。老年人如果自我意识比较浓，很容易固执己见，会产生诸多烦恼和痛苦。有些老年人退休后仍然关心原单位的发展，特别是一些领导同志，可能不满意继任者的某些做法，对他们横加指责，哀叹自己当年选错人。由于老人在家里也逐步退出家长的角色，老年人总是感叹子孙们不听他的建议，从而感到失望和烦恼。其实，长江后浪推前浪，一浪比一浪高，这是历史发展的规律。失望、烦恼、焦虑、痛苦会损害老人的身体，最终受害的还是老人自己。因此，老人应淡化自我意识，不要去过分为家庭、单位的事担忧。

（5）丰富生活，避免空虚。老年人对付空虚、无所事事、孤单寂寞的最好方法就是丰富生活，及时改善自己的心理环境。

四、经理人的心理健康

（一）经理人心理压力源

不仅普通员工可能存在心理问题，而且经理人更容易产生心理健康问题。这主要是由经理这一角色的压力所造成的。具体说来，给职业经理人造成巨大心理压力的原因有以下五个方面。

1. 经营业绩的压力

职业经理人时刻都为自己的经营业绩而处心积虑。现在，市场竞争压力越来越大，外部环境的不确定性也越来越大，要取得良好的经营业绩需要付出巨大的努力。由于经理职位不同于普通岗位，其责任、权利、义务都较大，工作的复杂性较高，决策的权利也较大，在某种程度上来说，工作的自由度较高。然而，这种高的自由是要付出代价的，这种代价就是个人的决策成本。

2. 人际关系的压力

职业经理人面临复杂的人际关系网络，与上级领导的关系，与下属、同事之间的关系，与客户的关系，与政府有关部门的关系，与社会公众的关系，与家庭的关系等等。如何处理这么多复杂的、相互纠缠的人际关系，是职业经理人要解决的一个重要课题。

3. 职业适应的压力

经理人调任新的职位时，例如开始从事新的行业、升上新的岗位，往往会出现职业适应的压力。这时，往往会发生知识经验的断层，经理人得重新审视自己，检视自己的位置，重新学习，重塑良好的职业心理技能。

4. 下岗与再就业的压力

随着我国改革的继续深入，社会主义市场经济体制的进一步完善，职业经理人市场也将逐步形成、完善。若经营业绩不好，职业经理人随时都面临下岗、失业的风险。而一旦过去从业记录不良，很可能出现再就业的困难。

5. 职业道德的压力

职业道德对于一个经理人来说是至关重要的，现代企业中的职业经理人经常面临职业道德的两难选择。例如，某公司人力资源总监在确定裁员名单时，是否应将自己的好朋友列入呢？公司经理是从股东利益出发，还是从社会利益，抑或从职工利益出发来进行决策呢？等等。

（二）经理人健康心理调适

1. 积极发展情商

经理人必须学会调节自己的情绪。稳定良好的情绪可使人心情开朗、精力充沛、思维敏捷，这种积极的情绪也能够感染下属，形成一个良好的工作氛围；相反，抑郁、悲观的情绪不仅让人注意力下降，萎靡不振，患得患失，工作效率下降，而且有损经理人的权威，恶化企业的工作氛围。

经理人要不断锤炼自己的人际交往技能。有研究表明，经理人最需要具备的能力是人际沟通能力，而经理人也往往不是将主要的精力放在人际沟通上，并且很多经理人总是指责他人缺乏人际沟通技能，而从来不检视自己。

经理人还要塑造自己的性格。性格在某种程度上来说，比能力更为重要。性格是可以改变的。只要自己认识到自己性格上的缺陷，有意识地加以纠正，自然会得到改造。

2. 进行职业生涯发展规划

职业生涯指一个人一生的职业历程。制定自己职业生涯发展规划是职业选择、职业适应、职业成功的第一步。如何制定自己的职业生涯规划呢？首先，要问清楚自己"我真正想做什么？我为什么要去做？我现在正在做些什么？我为什么这样做？"对这几个问题的回答有助于厘清自己的工作价值观，以及自己的工作目标。其次，要了解自己的兴趣、性格、能力特征以及自己的优点、缺点。只有职位的特性符合自己的个性，才可能很好地适应职位。最后，制定详细的职业生涯发展计划。

3. 正确对待竞争与合作

现代社会是一个竞争与合作并存的社会。单单强调竞争，只会恶化人们之间的关系，不利于人们的心理健康。职业经理人压力的很大一部分是来自竞争的压力。只有营造一个"人为为人"的心智模式，经理人才可能真正超越竞争，实现双赢的结果。

4. 不断学习

经理人工作一段时间后，往往感到自己知识不够用。这时，有些人又重新回到校园进行"回炉"。与组织学习是组织应对巨大环境压力的有效途径一样，学习也是经理人不断增强自己"核心竞争能力"的一条重要途径。只有不断学习，经理人才可能跟上形势的发展，才可能取得持久的成功。

5. 加强职业道德修养

违反职业道德，不仅会遭受社会的唾骂，影响自己的职业生涯，而且会使自己时刻受到良心的谴责。加强职业道德修养是每位经理人保持心理健康的一个重要方面。目前，这个问题在我国也已经开始引起广泛注意了。

五、投资者的心理健康

(一) 投资的心理行为过程

股票投资的主体是人，人的投资行为不可避免地要受到其心理特征、心理过程的影响。

国内外诸多投资专家、学者都非常重视投资心理在投资成功的重要性，他们或多或少地对投资心理进行过论述。例如，格雷厄姆曾说过，"在投资者的潜意识和性格里，多半存在着一种冲动，它常常是在特别的心境和不同常规的欲望驱使下未意识地去投机，去迅速且够刺激地暴富。""对于理性投资，精神态度比技巧更重要。""把资金投资于普通股带来严重的并发症和危险。这些不是普通股所固有的性质，而更多的是来自持有者面对股市时的态度和行为。"[1]又如桑德尔·富莱奇这样来分析过投机股票的人：(他们)常有的坚定不移的感情，是"孩提时代的全能感情"的长久持续的一种形态，投机者或许知道对自己期望的股票选择产生影响的几个主要

---

[1] [美]本杰明·格雷厄姆：《聪明的投资者》，王大勇，包文彬译，江苏人民出版社1999年版。

原因，但并不知道，最主要的不懂得和其他一切有关的情况相比自己掌握的灵活情报重要性如何，因此，不知道成功的把握有多大。正因为如此，于是夸大自己已知情报的价值。他为使自己的下赌合理化而呼唤一刻也不曾忘记的幼儿时的全能感[1]。

股价在市场上不断地波动，股民的收益也随之而涨落。这也就难怪股民每天都像根弦那样提着心，吊着胆，股民的心理状态随着股价的波动而呈现出周期的变化。读者可以参看图 14.8，该图形象地描述了股民心理是如何随股价波动而波动的。

从图 14.8 描述的过程来看，从投资者第一个阶段的"积极购买"到最后一个阶段的"抛售"，都表现出了股民的心理作用。正是由于股民"贪婪""恐惧""固执己见"等心理因素造成了股民现实的投资行为与理想的投资行为发生错位。

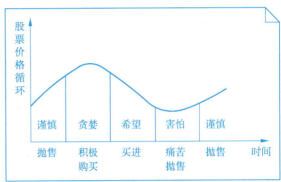

图 14.8　随股价波动而波动的股民心理与行为

正由于现实的投资行为往往与理想的投资行为发生错位，投资者往往会产生巨大的心理冲突，这种心理冲突往往构成了投资者心理障碍的一个主要来源。

一般说来，任何一项投资行为都受到股民心理的影响，这种影响包括意识层面的，也包括无意识层面的；包括个体层面的，也包括群体互动层面的。我们应从多个层次、角度入手，厘出一些不利于股票投资的心理特征，帮助股民克服投资过程中的一些心理障碍。

（二）投资者常见的心理问题

1. 性格障碍

有人也将股民的性格障碍归结为人性的弱点。我们认为，抽象谈论股民的人性并没有多大价值，人性也并不是一成不变的，股民是一个积极的主体，他们能不断锤炼自己的性格。以下一些性格障碍在投资者身上比较常见。

（1）贪婪。股票市场上不乏这种贪婪者。他们没有意识到，也许不想控制，抑或不能够控制自己的贪欲。每当股票价格上涨时，总不肯果断地抛出自己手中所持有的股票，总是在心里勉励自己：一定要坚持到胜利的最后一刻，不要放弃有更多的盈利机会！这样往往就放弃了一次次抛售股票的机会。更有的贪婪者在高位时还不断地买进，接下"最后一棒"。而当股票价格下跌很久时，又迟迟不肯买进，总是盼望股价再跌一点再买。

---

[1]　[美]亨利·克莱·林德格瑞:《金钱心理学》，宿九高，小筠译，吉林人民出版社1991年版。

具有贪婪性格的人很难控制住这种欲望，而这种欲望往往会让煮熟的鸭子飞了。

（2）恐惧。由于股价每一次波动都涉及个人利益，因此股民投资时往往会有恐惧心理。特别是一些经历过投资失败的投资者更是容易形成恐惧性格。那些经过一次深度套牢的股民往往成了惊弓之鸟。每当股票一跌，就赶忙赔钱卖出。另外，有的股民在买入股票之前就缺乏足够的心理准备，在少量亏损的时候不肯认赔，随着股票价格越跌越低，投资者的心理也变得越来越脆弱，最终有一天承受不住对股价进一步下跌的恐惧时，便在极低的价位卖出股票，从而造成巨额亏损。

（3）犹豫不决。股市不确定性很高，这往往会将有些投资者的耐性磨掉。有些原本行动果敢的投资者也变得犹豫不决。犹豫不决性格的投资者容易产生四种病态心理："多心"，自己看好的股票，一旦真的买进时，又开始犹豫，开始怀疑自己的判断；"多疑"，当自己手里股票的走势与当时自己的预计一发生背离时，就开始怀疑自己立场，开始去搜寻各方信息来重新决策；"多虑"，当手里股票真的上涨时，又开始担心起来，怕再度被套，赶紧抛出；"多动"，一听"马路消息"，马上作出反应，殊不知"过度反应"有百害而无一利。

（4）从众。由于人类的乐群性，以及对偏离大多数人的恐惧，人们往往会选择处于主流之中，这样心理上会感觉安全些。其实，投资大众在大多数时间里，特别在市场波动的主要趋势上是正确的，但在市场的转折关头投资大众却常常会发生错误。"当所有人想的一样时，可能每个人都错了。""太多人发出同样的预言，反而把预言搞砸了。"尼尔（Humphrey B. Neill）就是基于对股民从众心理的认识而提出了著名的"相反意见理论"。

2. 情绪障碍

投资者的情绪会影响到整个投资过程。在股市中，缺乏平常心是很容易导致情绪问题的。应该说，人们对利益的追求是人们进入股市的原动力，不想赚钱是不现实的，问题就在于由于过分追求利润，往往会导致一些情绪问题发生。这类情绪问题往往和贪婪、恐惧联系在一起的。事实上，如果不非得买在最低点，也不追求卖在最高点，那么股票投资就是一件很容易也很自然的事情了。

投资者的情绪问题也往往和市场人气结合在一起。追涨杀跌大都是情绪在作怪。一旦大多数投资者出现悲观情绪，股票市场就进入熊市；反之，当大多数人情绪乐观时，股票市场进入牛市。1636年荷兰郁金香狂潮、1720年英国南海泡沫、1720年法国密西西比阴谋等历史著名案例，现在股市的每次"井喷行情""金融风暴"无一不见情绪因素在市场中作怪。

3. 认知障碍

股民的认知障碍包括股价错觉、心理定势、直觉判断等等。在这里，我们主要论述直觉判断。

所谓"一朝被蛇咬，十年怕井绳"，就是可获得性直觉偏见，一般而言，过去发生的事件给人留下的印象越深刻，对后面的影响也就越大。所谓代表性启发法是指人们倾向于根据样本是否代表总体来判断其出现的概率，越有代表性的，被判断为比较少代表性的越常出现。觉曼（D. Dreman）曾报道了一个发生在美国股市中的例子[1]：

> 【例】 在1987年美国股市大崩溃之后的一段时间，许多专家都预期随后会马上出现一个非常严重的衰退期。毕竟这曾经在1929年的时候发生过。于是许多投资者纷纷退出市场，静观市场变化。然而那些退出市场的投资者非常难过地看着股票在随后的一些年里，翻1倍，到1999年的时候，已经翻了5倍了。调整启发法是指股民在进行投资预期时，往往会先静观股价变动一段时间，然后根据股价变动锚定一个变化范围，然后决定当它们下跌10%或20%左右时就开始购买。在这个过程中，人们往往会忽视股票本身真正的价值。事后偏见是指人们在总结前面的投资经验，开始下一步的投资预期时，往往会高估自己的能力，津津乐道于自己的成功经验，却忽视自己在其他投资预期失败时的痛苦。

（三）投资者健康心理调适

股民每天心理都是七上八下的，备受心性折磨。保持健康的心理状态和良好的心理素质是投资者最应具备的能力。那么，投资者又如何培养和保持健康、积极的投资心理呢？

1. 正确对待挫折

股市中永远有烦恼，永远有后悔，也永远有赚头。任何投资者都会面临暂时的挫折。既然失败是正常现象，投资者应努力学会从失败中站起。同时进行合理的归因。只有正确对待挫折，增强自己的耐挫能力，并采取适当的应对措施，投资者完全可以取得成功。

2. 铸造自信

在投资市场中，人们往往从各自的角度出发，对投资市场的走势议论纷纷，仁者见仁，智者见智，其中也不乏那些投资大户有意施放的"烟幕弹"。在投资市场上常常吃亏的是那些听信别人的传言，盲目跟进，没有自己的主见的投资者。

独立的判断力是来源于投资者的自信。自信心对于任何人来讲，都是

---

[1] David Dreman: Psyching It Out, *Forbes*, 2000, 166(5): 290.

一笔巨大的财富,它对一个人事业的成功和心理素质的发展有着不可估量的作用。投资是一项具有高度技巧性的行为,自信对于每一个投资者来说尤为重要。投资者不要被周围环境所左右,要有自己的分析与判断,决不可人云亦云、随波逐流。"波动是永恒的真理,把握投资最终要靠自己"。

3. 加强自我管理能力

"凡事预则立,不预则废",投资亦是如此。所谓自我管理能力是指投资者在进行投资活动的过程中,将自己正在进行的投资活动作为意识对象,不断地对其进行积极而自觉的监视、控制和调节的能力,包括:制定投资计划的能力、实际控制的能力、检查结果的能力、合理归因的能力、采取补救措施的能力等等。它统摄整个投资过程,辐射以上所述的各种心理品质,是投资者最应培养的一种能力。只有加强自我管理,才能使操作更富有纪律,能坚持自己的投资理念,不朝三暮四,从而有效地减少投资者的情绪性。

4. 锤炼性格

性格即命运。良好的性格是投资成功的保证;而不良性格往往是投资失败的根本原因。投资者应努力克服恐惧、贪婪的性格,重塑坚毅、果敢而富有耐心的性格。

5. 克服情绪困扰

投资者应努力克服自己的情绪困扰,不做情绪的奴隶,营造一个良好的心境。要以一种豁达的态度去看待股市的涨跌。有些投资者抱着短线进入的股票,后因为某种原因未及时获利了结,只得被迫转为中、长线投资。这时发扬一下阿Q精神,自喻"短线索罗斯,长线巴菲特"也不为过。

案 例

格兰特研究:什么样的人生最幸福?[1]

哈佛大学著名的"格兰特研究"(The Grant Study)持续了75年,是人类史上为期最长的实验,花费超过2 000万美元。实验的结论之一是"只要找到真爱,人生繁盛的机会就会显著提升"。

1938年,时任哈佛大学卫生系主任的阿列·博克教授觉得,整个研究界都在关心"人为什么会生病/失败/潦倒",怎么没有人研究一下"人怎样才能健康/成功/幸福"? 于是,博克提出了一项雄心勃勃的研究计划,打算追踪一批人从青少年到人生终结的全过程,关注他们的高低转折,记录他们的状态境遇,点滴不漏,即时记录,最终将他们的一生转化为一个答案——什么样的人生最

---

[1] 改编自"格兰特研究"第四任项目主管、哈佛大学医学院教授罗伯特·瓦尔丁格(Robert Waldinger)2015年11月在TED的演讲;游识猷:《人生赢家的"十项全能"》,《意林》,2015年第16期。

幸福？

这项研究追踪了724位男性，并将其分成两组。第一组是哈佛大学大二的学生。他们属于美国著名主持人汤姆·布罗考（Tom Brokaw）所说的"最伟大的一代"。他们都在第二次世界大战期间完成大学学业。之后绝大多数人为战争工作。另外一组追踪的群体是波士顿最贫穷区域的男孩。他们来自20世纪30年代波士顿麻烦最多、最底层的家庭。

调研过程中，每隔2年，这批人都会接到调查问卷，他们需要回答自己身体是否健康，精神是否正常，婚姻质量如何，事业成功失败，退休后是否幸福。研究者根据他们交还的问卷给他们分级。不过，光是自我评定可不够。每隔5年，会有专业的医师去评估他们的身心健康。每隔5—10年，研究者还会亲自去拜访这批人，通过面谈更深入地了解他们的亲密关系、事业收入、人生满意度，以及他们在人生的每个阶段是否适应良好。后来这群青少年长大成人，进入社会各行各业。有的成了工厂工人，成了律师、泥瓦匠、医生，有一位成为美国总统。有的成了酒精依赖者，一些患上精神分裂症。有的从社会底层一路爬升到上流社会。而一些人却沿着相反的方向走过这段人生旅程。

这批人经历了第二次世界大战、经济萧条、经济复苏、金融海啸，他们结婚、离婚、升职、当选、失败、东山再起、一蹶不振，有人顺利退休安度晚年，有人自毁健康早早离世。

这项研究让人们得到的最清晰的信息是：最幸福的人生完全无关乎财富、名声或者拼命工作，良好的关系让我们更快乐、更健康。

"男子气概"没用；智商超过110就不再影响收入水平；家庭经济、社会地位高低影响不大；性格内向外向无所谓；不是非得有特别高超的社交能力；家族里有酗酒史和抑郁史也不是问题。

真正能帮你迈向繁盛人生的是如下因素：不酗酒、不吸烟、锻炼充足、保持健康、童年被爱、共情能力高，青年时能与人建立亲密关系。

如下数据可能会让你大吃一惊：与母亲关系亲密者，一年平均多挣8.7万美元；跟兄弟姐妹相亲相爱者，一年平均多挣5.1万美元；在"亲密关系"这一项上得分最高的58个人，平均年薪是24.3万美元；得分最低的31人，平均年薪少于10.2万美元；能在30岁前找到"真爱"——无论爱情、友情还是亲情，就能大大增加你"人生繁盛"的概率。

主持这项研究整整32年的心理学者乔治·瓦利恩特说，爱、温暖和亲密关系，会直接影响人的"应对机制"。活在爱中的人，面对挫折时，可能会选择拿自己开个玩笑，和朋友一起运动流汗宣泄，接受家人的抚慰和鼓励……这些应对方式，能帮人迅速进入健康振奋的良性循环。反之，缺爱的人，遇到挫折时往往得不到援手，需要独自疗伤，而酗酒、吸烟等常见的"自我疗伤方式"，则是早逝的主要诱因。

当然，并不是每个人都能幸运地拥有美好童年。好消息是，不论你几岁，都有机会"在爱里获得重生"。哈佛那批人中，化名"卡米尔"的入选者直到35岁才从医护人员那里第一次感受到别人的关爱——当时他因肺结核住院14个月。此后，卡米尔从自杀未遂的神经症患者，变成尽职尽责的医生、丈夫和父亲，他的病人、下属和家人都衷心地爱他。最终，他在82岁攀登阿尔卑斯山时因心脏病突发去世，许多人出席了他的葬礼，向他告别致意。虽然他的开场并非最佳，但收尾时却丰盛繁茂。

这项研究的第四任主管、哈佛大学医学院教授罗伯特·瓦尔丁格（Robert Waldinger）在TED的演讲中，介绍了项目的研究成果。他聚焦于所有人都关心的"生命进程中，是什么让我们保持健康和幸福？"这个问题，他用两个长达75年的纵向随访研究的成果给了我们答案，强调构成美好生活的最重要因素并非富有、成功，而是良好的身心健康及温暖、和谐、亲密的人际关系。其中对于关系有三条是至关重要的：

第一条是：情感联结对我们有益，而孤独却有害。与家庭、朋友和周围人群联结更紧密的人更幸福。他们身体更健康，也活得更长。而孤独是有害的，他们到中年时健康状况退化更快，大脑功能衰退更早，而且寿命更短。

第二条是：起决定作用的不是你朋友的数量，而是你亲密关系的质量。处于冲突之中真的对我们的健康有害。举个例子：充满冲突而没有感情的婚姻，对我们的健康非常不利，甚至有可能比离婚还糟。而生活在良好、温暖的关系中是有保护作用的。

第三条是：良好的关系不仅有益身体，也保护大脑。在80岁之后依然对另一个人有依恋，他们保持清晰记忆力的时间更长。所以我们学到的是，良好、亲密的关系有利于我们的健康和完好状态。

所以他认为，好的生活是建立在好的关系上的。而这种理念是值得传播的。正如马克·吐温所言："生命如此短暂，我们没有时间争吵、道歉、伤心。我们只有时间去爱。"

小　结

1. 劳动心理的研究主要包括如何根据劳动者的疲劳心理行为合理组织劳动和休息；如何分析劳动者的工作环境、条件和速度对劳动效率的影响；探讨如何维护劳动者的心理健康，建立有效的劳动制度和组织方式，以提高工作效率。

2. 劳动者的疲劳是在一段时间的连续劳动后，出现的疲劳感和劳动机能减退的现象，从描绘人的工作能力与工作时间关系的工作能力曲线中，可以分析疲劳的实质，从而合理地安排工作时间和劳动强度。

3. 要注意劳动者疲劳的防止与消除，可以通过工休制、工间操、气功等方式完成，尤其要注意劳动者工作环境的改善与提高。

4. 健康不仅仅是没有疾病，不体弱，而是一种躯体、心理和社会功能均臻良好的状态。维护劳动者心理健康是全面心理管理的一个重要组成部分，健康的心理应具有智力正常、需要结构合理、情绪健全、人际关系和谐、自我意识准确等特征。

思考题

1. 如何理解疲劳是生理因素和心理因素的综合反映？
2. 消除疲劳的原则是什么？为什么工作再设计能消除疲劳？
3. 谈谈工作环境与工作效率之间的关系。
4. 简述常见的影响心理健康的因素。
5. 职业经理人如何维持健康的心理？
6. 根据格兰特研究，人要拥有健康与幸福的生活需要哪些要素？为什么？

第十五章 消费者心理

第一节 消费者心理的特点与行为过程

消费,一般指实际需要的消费和潜在性的消费。前者的消费是有一定限度的;后者的消费一般说是没有限度的。研究消费者行为的目的,是在于满足潜在需求,促进生产发展。尽管消费行为千殊万异,但都有相同的过程,即:商品的刺激;商品的购买;商品使用的评价等过程。这个有机整体的过程,构成了消费者行为系统。

一、消费者心理的特点

消费者行为是人类行为的一环,是商品刺激和顾客反应的结果。心理学家用"S→O→R"的简化模型解释消费者行为的过程。其中 S 是刺激,O 是有机体,R 是反应。在购买现象中,给予消费者商品刺激(S),则消费者(O)可能产生购买反应(R)。现详述如下。

(一)商品刺激(S)

商品对消费者而言,有两种代表性:

（1）商品真正的"物理特性和效用"，如汽油可以使汽车行驶；

（2）商品所代表的"社会意义"，如"商标形象"可以显示个人的地位和财富。

商品刺激的呈现往往受环境、生理、心理、社会心理、社会及文化等因素影响。

（二）消费者特性（O）

消费者购买行为的特性，可用"一般性"及"特殊性"的概念，将消费者行为排列在一连续尺度上加以表示，如图 15.1 所示。

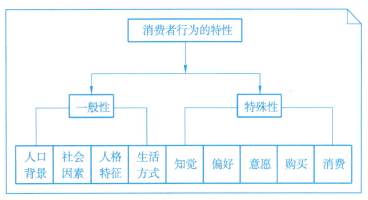

图 15.1 消费者特性的一般特殊性连续尺度图

其中：

人口背景因素包括：年龄、性别、地域、地域流动、家庭、生命周期、种族团体、民族团体等；

社会因素包括：职业、教育、经济收入、社会阶层等；

人格特征包括：群居性、冒险性、自信心、自尊心等；

生活方式包括：活动、兴趣、意见、需求、价值观等。

（三）消费者反应（R）

商品或商标通常都具备某种象征意义，个人透过他的生活方式及自我概念而加以评价。

消费者行为可算是一种决策过程。从个体经济的理论出发，消费者可以理性地"在有限的收入范围内，花费最少金钱而购得最大的满足感。"但由于"满足感"是一主观概念，所以消费者决策并非完全理智，会受主观的情绪因素和性格影响。特别是当其他旁观者在场时，商品消费往往成为一种"自我的表现"。从广义上来说，个人的购买目的是强调自我，使他的行为符合个人理想或个人意象，能保持态度上的和谐。这种表现是人类行为原则之一。特别是当商品的"物理性质"差异并不太大，这时社会象征显得相当重要。商品与消费者特性间存在某些平行关系，但要注意的是：

（1）同一商品对不同的人，存在不同的意义。

（2）并非所有购买决策都与个人的自我表现或自我肯定有关。

（3）同一商品的不同商标，对各类购买者具有不同的意义。

（4）不可能所有的消费者，均有强烈的自我表现欲望。希望晋升为上层社会的人士，经常有较强的表现欲。相反地，比较踏实的消费者在购买时，会以价廉实用为原则。

（5）不同国家或社会，对自我表现的强调，不尽相同。

二、消费者心理与行为研究的作用

购买者和销售者的关系如图 15.2 所示。

图 15.2 购买者和销售者的关系

从图 15.2 购买者和销售者的关系说明：销售者将货品和服务卖给购买者，购买者付出金钱，但销售者有义务将商品消息传达给购买者，它可以是直接传达（如人员接触、电话通知、登门推销……）或是间接传达（通过广告）。最后，购买者把商品及服务的情况反映给销售者，以便作进一步的改善。

进行消费者行为的研究，对销售者来说，还有如下作用：

1. 对开发新的市场机会的作用

透过研究消费者的行为，可发现新的消费团体及个人尚未满足的需要，从而作出预测。

2. 对有效地分割市场的作用

通过对消费者行为的研究，对消费者特性有所了解、予以分类，从而拟定不同的行销策略，以分割并占领市场。这样，可以更加注意产品多元化的发展，以适应不同的需要。

3. 对促进目前的行销活动的作用

进行消费者行为的研究，可分析消费者的需要，了解购买行为的转变和竞争的状况，商标适应的状况；它还可以提供资料，以改善本企业现时的行销活动，如广告的吸引力、信息的可靠性、商标的改良及推广等方面。

4. 对促进零售的作用

研究消费者行为，有利于生产者作出分销决策，将不同性质产品分销到不同的零售商店，以期适销对路，进一步扩大销售。

三、消费者行为的过程与模型

（一）消费者行为的过程

1. 购买行为历程

行为科学家把消费者购买行为的历程分为六个阶段，并把每一阶段的变化用阶层性效果加以表示。

（1）知晓阶段：个人发现产品的存在；

（2）了解阶段：个人了解产品的效用；

（3）喜欢阶段：个人对产品产生良好印象；

（4）偏好阶段：个人对产品的良好印象已扩大到其他方面；

（5）确信阶段：由于偏好而产生购买愿望，认为购买是明智的选择；

（6）购买阶段：由态度转变为实际的行动。

以上六个阶段说明：从最初接触某类产品直至转变为购买行为的过程，首先是一种思维运动。它的各阶段的阶层性效果，取决于三种基本心理状态：认识（个人的思维）、感情（个人的情绪）和意愿（个人的动机）。

2. 购买行为的完成

还有的把消费者从产生购买的愿望到购买行为的完成，分为五个发展阶段：第一是需求的发现；第二是寻找目的物；第三是作出购买的决定；第四是商品的使用；第五是对产品的评价。

早期的消费者购买行为理论，则是从个体经济学的观点出发，强调"效用原则"，其特征是以个人从消费或劳务中获得利益和满足为准则。它假设的消费者购买行为是：个人根据收入水平及产品价格，加以自己的偏好，作出理智的购买行为，以获得最大的利益和满足感。

（二）消费者行为的模型

模型是为解释现实事物或行为所假设的一种理论构架，它将复杂的现实事物加以简化，以便于分析。模型至少具备下列四种功用：

（1）比较简便，可以传达很多消息而不失其精密性及准确性；

（2）能综观全局，可以观察并分析所有现象和特性；

（3）容易区分变项的重要性，可用来解释、预测复杂的行为及不同重要性的变项；

（4）便于分析因素间的相互作用。

消费者的行为模型也是最基本的人类行为模型。它是消费者的前序事件（产品刺激）及发生的行为（购物反应），从而推测个人的心理历程。但由于心理历程是内隐的，所以心理学家将这种中介变项称为黑箱，如图 15.3 所示。

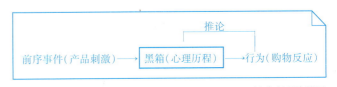

图 15.3　消费者行为模型

根据这个基本模型，可逐步建立一个较详细而完整的消费者行为模型。

1. 个人的心理因素

人类的记忆系统储存很多影响消费者心理的因素：

（1）性格特性。由于个人在性格上都有他的独特性，所以存在不同的需要、购物动机和反应特质；

（2）过去经验和消息。某类记忆是可以察觉的（意识记忆），但也存在无法察觉的记忆（潜意识记忆），两者同时影响消费者的思维及行为方式；

（3）价值观与态度。个人的态度与价值观是概念、信息、习惯及动机的组合，受实际经验影响而改变，广告推销的目的正是要使这种组合产生转变。

2. 系统的输入

消费者个人受外界环境刺激的影响，这些刺激主要为两类：

（1）物理性刺激。消费者透过感官（感觉受纳器如眼、耳、口、鼻、手等）所接受的刺激；

（2）社会性刺激。消费者家庭的需求、社会的道德规范、社团或朋友的期望等引起的刺激。

3. 激发作用

激发作用的产生受"需求激动"影响，当需求激动时，个人内在系统会呈现不平衡现象，感觉不舒服（如饥饿难熬的情形），于是采取行动（如购买食物）减低这种感觉。

4. 知觉

当系统被激发后，个人变得主动与警觉，但个人每天会碰到很多刺激，必须利用"比较历程"，有选择地吸收或输入刺激。在选择过程中，个人的过去经验会影响他的决定。经验将告诉他哪类刺激可解除饥饿（如米饭），哪类不可以解除饥饿（如空碗）。

个人在购买决策过程中，不但评价输入的资料和刺激，而且选择对个人最有意义的刺激项目，作出最佳的决策。此外，知觉还具有选择性，个人往往不接受与自己价值观或态度相矛盾的事物。例如，当个人偏爱某种商标时，从大众传播中明白这是不明智的，会处于一种不调和状态而尽量避开这类广告，或索性改变原来的态度。

个人知觉选择的途径有以下两种。

（1）注意：有选择地注意有关的刺激；

（2）曲解：在比较历程时，将个人不喜爱的商标曲解，赋予不良好的印象而偏爱个人喜爱的商标。

5. 消费者决策过程

消费者决策过程的开端是确认问题，即确定将要满足自己某一方面的需求。问题确认后，决策过程还需经过寻找方案、方案评价、购买历程及购买结果四个程序。

（1）方案的寻找：即根据可知的外在信息、感受知觉、各种资料及记忆和思考进行方案的寻找。形成消费者"记忆—决策"循环；

（2）方案的评价：对接收到的信息、情报及较多的方案、资料进行评价；

（3）购买历程：即前面所谈的各种影响决策的心理历程因素；

（4）购买结果：指检验自己的决策是否明智、判断购买决定是否合理，把行为的后果储入记忆系统,作为未来行动的基础。

至此,一个完整的消费者行为模型已经建立,如图 15.4 所示。

(三) 消费者购买行动的类型

企业最关心的是用户的购买行动。如购买什么产品,选择什么牌子的产品,从什么部门、商店购买,他们希望怎样的价格?这些问题,可以通过对消费者进行观察、记录、分析等进行了解。一般来说,消费者的购买行动可分为下列几种。

(1) 连续型的购买行动。指某一消费者连续不断地使用某一种牌子的产品,坚持不变。

(2) 交替型的购买行动。指消费者交替使用某几种牌子的产品。

(3) 间歇型的购买行动。指售出单位与用户之间原本有一定的供求关系,但由于遇有特殊情况,使购买行动暂时中止;而一旦这些特殊事件消失,便重新恢复原来的购买行动。

(4) 随意型的购买行动。指消费者在众多牌号产品的选择中没有固定的购买规律,而是"随遇而购"。

以上各类购买行动是可以相互转化的。研究购买行为的条件与方式,对提高企业经营销售效果是很有作用的。

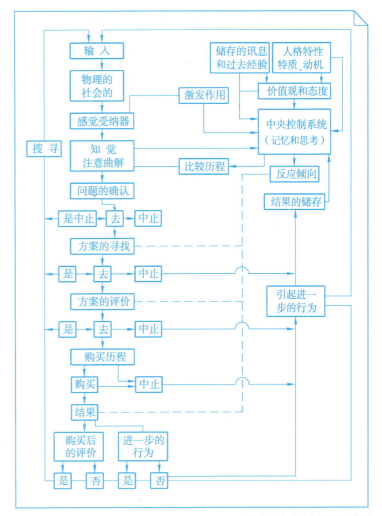

图 15.4 消费者购买行为结果模型图

第二节 消费者行为的心理影响

影响消费者行为的因素是多方面的,主要有个人内在心理因素,和人群关系、购买力及文化水平等社会因素。

一、消费者的知觉

不同的人和不同的环境刺激，对产品产生不同的知觉，而赋予不同的意义。以下的四个原则，可作为了解知觉现象的基础。

（1）知觉是有选择性的，个人会有选择地受刺激。

（2）知觉是有组织性的，个人会将刺激组织作为有意义的代表。

（3）知觉受刺激因素本质的影响。物理刺激本身是一种知觉要素，包括产品或广告的颜色、光暗对比，出现频数（重复次数）及运动（跳动或静止）等。

（4）知觉受个人因素的影响，包括个人的自我概念、需求、心向、过去经验及对广告的注意等。

以下略述消费者知觉和购买行为的关系。

1. 购买行为和知觉的选择性的关系

这种关系已在前面"消费者模型"谈及，此处不再重复。总的来说，对于购买行为，知觉是生产单位或"广告者希望消费者知道的"以及"消费者本身希望知道的"两种现象的妥协。

2. 购买行为和知觉的组织性的关系

个人接受刺激的意义，是"刺激的特性"与"个人对刺激的解释"间的妥协。

3. 消费者和商标形象的关系

透过商标的作用及各种促销活动的影响，消费者经常受产品的刺激。消费者往往将个人的需求、价值观、动机等转嫁到产品身上。因此对产品刺激会因人而异，各有不同的认知和意义，这就是商标形象。

行为科学家认为要研究消费者对产品的观点，可采用"转助回忆法"，以问卷或访问的形式探讨消费者购买该产品的决定因素，即是产品的哪种重要属性引起消费者的购买行动。但这种方法相当花费时间、精神和财力，同时又不能保证精确程度。

4. 消费者和厂商知觉的差异

消费者和生产单位对产品有不同的评价标准，生产者应了解消费者的观感。

5. 购买行为和价格的知觉的关系

消费者经常认为价格是品质的指标，价格高能保证产品的品质。但生产者必须注意产品的"价格弹性"，即价格与销量的关系。比方说，化妆品若以低价推入市场，往往受到挫败；但当介绍一种新的实用塑料桶子，价格低对开拓市场是相当有利的。

6. 购买行为和风险的知觉的关系

个人在购买行动中，未必能获得预期的结果，所以购买行为实际上存在风险。风险的知觉，可分为功能性及心理性两种形式。功能上的风险与产品效用有关，如药物的效力。而心理上的风险则涉及产品能否强化个人的自我概念和带来幸福感。

7. 购买行为和降低风险的知觉关系

消费者在作出重要决策时，如购买房屋、汽车，往往寻求降低风险的方法，从而提高购买效果的确定性。要减低风险，必须涉及更详尽的资料，然后依功能或心理性风险的大小，评价资料的可靠性。长期对产品的使用经验（商标忠实性），可以帮助减低风险。

以上说明一个人感觉过程的敏感程度受知识、经验、情感和态度等方面的影响。

二、消费者的学习

这里所讲的"学习"，是指采用某种方式，使消费者行为持续地产生转变的过程。从广义上来说，消费者行为实际上是一种调节适应的行为。消费者会经常评价个人的购买决策及购买策略，然后重复使用或加以修正。

1. 消费者学习的概念

行为科学"联结论"学者认为：学习是刺激与反应时间的接近性而产生试验及经验的结果。

"认知论"学者认为人类行为并非完全来自试验及过去经验的结果。他们强调"人是主动"和对问题存在顿悟性，个人可透过对环境的了解而作出适当的反应。

一般来说，基本的学习模式，可用驱力、线索、反应及增强等概念解释。"驱力"是指引个人采取行动的内在紧张状态，饥饿可算是一种驱力。驱力还可进一步分为原始驱力及衍生驱力。原始驱力是源于生理需要，如饥饿、口渴等，而衍生驱力是从学习产生的。"线索"是一种环境刺激，当感到饥饿时，食品的广告便成为线索。至于"反应"，是指个人在环境中找寻线索，采取行动，如在饥饿时购买食物。而"增强"是指当反应受到报酬时产生的作用。在饥饿时进食可满足个人的需要，于是进食的反应受到增强。当增强再次发生时，个人遇到同一的刺激，会马上作出某种固定反应，形成学习。

2. 培养消费者对商标的忠实性

消费者经过对某种牌子的商品的重复使用，便会从经验中产生对某类产品的习惯性购买，以提高他的购物效率。所以厂商应致力于建立消费者对商标的忠实性。

3. 研究消费者对商标的类化作用和区辨作用

所谓类化作用,是指个人对类似刺激的线索有同样的反应倾向。当消费者对某一商标的旧产品建立信心时,他会将信心类化到同一商标的新产品身上。

所谓区辨作用,是指消费者对类似的线索加以选择,以作出准确的反应。厂商若能使消费者清楚地区别该商标的独特线索而产生好感,便可拥有一定程度的市场占有率。

4. 引发消费者购买行动的学习模型

有的学者提出学习的模型是:$E = D \cdot K \cdot H \cdot V$

E 代表行为或个人潜在的反应,如购买行为;

D 代表个人的内在驱力,如饥饿;

K 代表产品所具备的诱因的多寡,如某类特殊食物的商标对消费者有一定的吸引力;

H 代表习惯强度,如重复购买的经验;

V 代表线索强度,如产品的广告次数。

换句话说,行为 E 是 D、K、H、V 四个变量的乘积;这四个变量的价值愈大,则消费者购物的可能性愈高。当某一因素值为零时,则潜在的反应(E)亦变为零。购买行动便不会产生。厂商应透过控制这四个变项,引发消费者采取购买行动。

5. 增强消费者对广告的记忆

有关消费者对广告的记忆,有下列的结论:

(1)接受广告后,最初的遗忘速率很高,然后逐渐稳定下来;

(2)记忆量的多寡与接受广告的重复次数成正比;

(3)有意义和生动的广告,容易记忆;

(4)接受广告完整,则记忆比较持久;

(5)对最初及最后出现的资料,较容易记忆。而在中间出现的资料,遗忘率较高。

6. 采用随机学习模型

可通过购买行为,特别是最近期购买的次数及结果,预测消费者未来的购买行动。

以上说明,学习过程是指一个人在认识上的提高,感情上的转移,或素质上的修炼等。很多心理学家都认为学习是人类行为发展中最基本的过程。从学习效果来看,大致有三种类型:

(1)加强型的学习。一个人使用某商品后,感到满意,那么必然引起他对这种商品更加浓厚的兴趣,使印象更深,信念更加稳固。

(2)削弱型学习。由于对某种商品使用不满意,使他原有的兴趣消失，信心动摇起来。

（3）重复型的学习。这种学习既没有加强，也没有减弱，只是在原有水平上重复而已。

在"学习"理论的研究中，要特别强调实践的作用。一个消费者直接参与学习过程，要比从侧面受启发的效果大得多。

三、消费者的动机

动机是刺激与反应的中介变项，是引起行为的内在力量。可分为生理性动机与心理性动机等。

具体说，所谓动机是指外因作用于人体之后，通过人的内因（对事物的看法、认识、态度、性格等）的反应变化，而做出的有效的行动和表现。一个人产生购买行为的动机何在？这是相当复杂的问题。对此，行为科学家曾提出过各种解释，而马斯洛的"需要层次论"则引起人们较为广泛的兴趣。

行为科学家的动机理论，认为本能（驱力）是行动的起源。但本能是内在压力，个人要解除这种压力，将面对很多矛盾和困难，因此，需要采用各种自卫机能保护自己，如：

认同作用：有人有模仿或学习敬仰人物行为的倾向；

投射作用：个人将潜意识里不喜欢的动机或行为归诸别人，如广告客户往往不认为产品不够吸引力，托词产品的广告失败；

替代作用：个人受了委屈，将怒气由一物迁往他物。

研究动机理论，对了解消费者购物动机是很有价值的，但因为样本太少，研究过程存疑，研究结果不能一致，研究技巧又未臻完善，需要花费太多的时间，所以很多厂家都不会进行动机研究。

另外，个人性格也会影响知觉和购买行为。

四、消费者购买行为的心理类型

对消费者进行购买行为心理类型分析，有助于企业进一步了解消费者购买动机，从而促进企业生产适合消费者需求的产品。

消费者购买行为的类型一般分为以下六种。

1. 信誉型

有的消费者崇尚名牌，这是名牌信誉；有的是企业信誉，某厂商品A是名牌，就连该厂非名牌的商品B他也信得过；还有一种是营业信誉，即对某个商店或对某营业员特别相信，每次购买似乎非和他打交道不可。

2. 习惯型

有的人并不计较商标、牌号是否出名，他用惯了某种商品，对它有较深刻的印象，便产生了一种特殊的感情，若给他换个牌子，就感到不如意。

3. 选购型

这部分消费者购买商品时，非常仔细认真，左顾右盼，甚至邀同伴当顾问。在选购型的消费者当中，有的以选价为主，购买商品，首先考虑的是价格如何，对于"一次性处理"很感兴趣。有的以挑选优质为主，价格高低，属于次要问题。其他还有如选购花式为主的消费者，等等。

4. 随机型

没有预定的设想，"随遇而购"，一切以兴趣为转移。随机型购买者有的因为购买目的不强，有的则因为缺乏商品知识，确实不知道应该如何选择。

5. 触发型

原不打算购买，忽遇锣鼓喧天的商品展销会，或遇有人排队，争购某一商品，现场情景激发了他的购买行为。

6. 执行型

这些人的购买行为是奉命行事，指令可能来自不同方面：或者是长者嘱咐，或者是同事委托，或者是孩子的强求。这种人购买商品时，机动权限很少，许多选择条件已被指令者所限定。

五、消费者的态度

关于态度与消费者行为间的关系，在消费者行为模型一节中已谈及，这里只集中讨论态度转变的因素。

在行销时，厂商必须确定消费者对产品的态度；若消费者对产品产生不良印象时，则应致力于怎样使他改变原来的态度。那么如何去转变消费者态度呢？

(一) 研究和处理态度的信息

社会心理学家认为说服消费者的过程，可分为如下六个步骤，见表15.1。

表 15.1

步骤	项目	代号	有效指标测验
1	出现	$P(p)$	问题内容分析
2	注意	$P(a)$	聆听法、流传法、再认法
3	思考	$P(c)$	回忆法、语言差别法、检查列表
4	同意	$P(y)$	意见问卷、语文式量表
5	记忆	$P(r)$	迟延一段时间后，用前述方法测量
6	行为	$P(b)$	量表法、购买质量、消费者座谈会

对产品产生良好态度的可能性 $= P(p) \cdot P(a) \cdot P(c) \cdot P(y)$

实际购买的可能性 $= P(p) \cdot P(a) \cdot P(c) \cdot P(y) \cdot P(r) \cdot P(b)$

这些步骤，是处理信息研究的依变项，而独变项是"沟通因素"的运作或作用。沟通是指传达者利用可行的途径，将信息传递到特定的收受者。传达者、信息、途径及收受者（即消费者）的特性，均影响信息的传达。最后，消费者对产品所产生的态度是与上述因素的交互作用有关联的，从消费者对每个步骤的接纳程度，可推算他对产品是否产生良好的印象，以估计他购物的可能性。

整个信息的传递过程是：

（1）最初传达者将信息码，利用文字、符号及记号表达信息；表达的方法包括说话、文学、语言、动作、表情、电波、数字传输等；途径可以是面谈、收音机、电视机、电话、录音机、互联网等；

（2）收受者必须把信息译码，加以解释，以了解信息的内涵及意义；

（3）回馈过程，收受者将传达结果回馈给传达者。

以下介绍传达者、信息、途径及收受者在信息传达中所扮演的角色。

1. 信息传达者对消费者态度转变的影响

信息传达的成功与否，决定于收受者与传达者的接触方式。假使广告信息来自有名望的厂商、受人尊重的推销员、可信性高的传达者等等，则信息被接受的可能性高。

行为学家认为态度的转变与这几方面有正相关：

（1）"认识可信性"，如传达者的权力、荣誉、胜任感等；

（2）"情感可信性"，如传达者的可信赖程度，个人对产品的偏好等。但资料的学习与情感的比重是负相关，假使个人情感占较高的比重，会减低对信息的记忆和保留。

心理学家认为个人在作出购买决策时，像处于一"解决问题的赛局"下，主动地搜集信息，产生所谓"内化作用"；或像处身于"心理社会的赛局"中，用亲友团体的标准衡量决策，这是所谓"认同作用"。

社会心理学家研究信息来源与消费者态度转变的关系，有下列发现（表 15.2）。

表 15.2

信息来源	产生作用	改变态度的条件
专家	内化	符合个人价值观
拥有权力的人	服从	收受者被监视
具吸引力的人	认同	个人与他人有密切关系

2. 信息因素对消费者态度转变的影响

应考虑有关信息的特征：如真实性、趣味性、煽动性、威胁性、应否下结论（或待个人发掘）、采用高潮法还是低潮法。信息的因素与态度转变的关系复杂（是否能产生效果要视乎情况而定）。

3. 信息途径对消费者态度转变的影响

"厂商控制"的途径包括广告、人员推销及促销活动等，是消费者获得消息的来源。而"非厂商控制"途径包括杂志、新闻资料、人际的意见交流（口述广告，如亲友的推荐）等，往往成为决定态度的主要因素，是购买行动前的最后消息来源。在作出购买决策的各个阶段，不同的途径产生不同的效果，彼此是"互补性的增强"，而非互相竞争。

4. 信息收受者的影响

沟通过程可视为一交易过程，当个人接受信息（利益）时，也需花费时间和精力。理论上，沟通过程的"边际酬赏"相等于"边际成本"。由于个人存在不同程度的知识及自信，所需的信息内容及数量也因人而异。

（二）态度结构与态度转变的关系

态度的结构由感情、认识和行动等三个互相关联的因素组成，（图 15.5）。

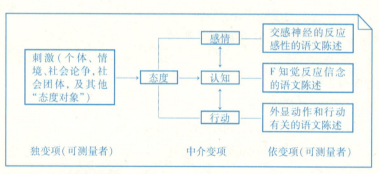

图 15.5 态度结构的简图

决定这种态度的因素，可用"原子价"及"多重性"的观念表达。原子正、负价决定个人对事物的信息、感觉及行动倾向，相同的观点为"正价"，不同的观点是"负价"。在多重性方面，可用构成"向度"因素的"单元的数目及种类"表达。若从感觉因素而言，可用"单纯"的"喜欢不喜欢"来表达，也可应用较"复杂的"的"情绪单元"，如"喜、怒、哀、乐"等。刺激（个体、情境、社会论争，社会团体，及其他"态度对象"）态度认知 F 知觉反应信念的语文陈述感情交感神经的反应感性的语文陈述行动外显动作和行动有关的语文陈述独变项（可测量者）中介变项依变项（可测量者）。

利用结构中的"态度向度""因素"间的交互作用及"态度群"等概念可预测态度的转变。

1. 态度向度和态度转变的关系

当产品原子价的强度愈大，或多重性愈复杂时，则态度愈不容易改变。此外，个人还受其他因素，如成本、习惯及社会接受等因素影响。

2. 态度因素交互作用与态度转变的关系

社会心理学家提出"符合律",用"认知失调律"解释态度的转变。他们都认为:个人希望认识及感觉因素能够保持一致,因此,只要改变个人的认识或感觉因素,则个人的态度便会产生转变。其次,感觉因素的转变可以动摇个人的信念,如一产品消息(广告)能创造一种"心情",与消费者分享,以提高他采取购买行动的可能性。所以大部分广告都从感情或感觉入手,而较少过问信念因素。结论是,可以通过认知及感情因素改变态度,及最后导致行为的转变,如图 15.6 所示。

图 15.6　消费者态度转变示意图

此外,不同环境会产生不同的心情。所以广告必须配合环境。如将食品广告放置在喜剧片后,可以获得更佳的效果。若将它放在恐怖片后,所产生的效果不会合乎理想。

当产品刺激被接受时,消费者可能产生认知或信心上的矛盾和不协调,因而产生行动倾向。

3. 态度群和态度转变的关系

当态度群内的各种态度不能调和时,会引起态度的转变,以达到平衡和谐的状态。相反地,如果态度群内的各种态度协调一致,个人会产生抗拒转变的现象。

(三)态度的功能

态度具备四种功能,它的形成、激发及转变因素如下:

1. 工具性的功能

或称效用性的、适应性的功能,也就是通过需求的激发及活动,创造新的需求及抱负水平。

2. 自我防卫的功能

如通过抑制冲动,解除威胁,控制个人内在的冲突并避免外在危险以保护自己。

3. 价值显示的功能

如通过个人重新检讨自我意象,控制与旧价值冲突的一切环境和某种程度的不满意情绪,以加强良好的自我意象、自我表现和自觉感。

4. 知识的功能

如通过提供与问题有关或更有意义的新信息给个人,以满足个人了解现象的需求，使个人可以分析及解释现象，增强认识的能力。

第三节 群体因素对消费者行为的影响

社会及文化环境对消费者购买行为有很大的影响，其中以个人所属团体对他的影响最重要。团体是一群互相接触的人，能够顾及他人的需要及整个群体的标准及重要性。

一、社会群体因素对消费者行为的影响

个人为达到目标，往往必须参加团体。个人可以同时是多个团体的成员，但每个团体对个人的意义和重要性不尽相同。

通常对个人最重要的团体称为"参考团体"，它影响个人的信念、行为及判断能力。它的规范也就是个人行为的准绳。

1. "参考团体"可分为：

（1）"所属团体"，即个人是该团体的成员；

（2）"理想团体"，指个人不属于该团体，但有诚意参与这团体，所以他的行为会接近这团体的规范；

（3）"分离团体"，个人的价值观及行为不受这团体规范的约束。

2. 参考团体对消费者行为的影响

（1）可以影响个人的社会化过程，即影响个人学习或认识、行为、生活方式。

（2）对个人发展及"自我"的评价相当重要。

（3）是一种社会规范的工具。

由上所见，多数人会根据社会的价值观或潮流的趋势作为判断的准则，而非单凭个人判断。

譬如买衣服以趋时为原则。

【例】 文卡生在1965年曾做过研究，他让受测者评价三件完全相同的衬衣，并选出最佳的一件。当受测者独自作出选择时，个人的选择是随机的；当个人在团体中（与三位实验助手一起），他的选择不再是随机，会受团体的影响，产生选择某件衬衣的倾向。从研究的结果推论：团体对个人施加压力，使他的行为合乎团体的规范及标准。

个人与团体的特殊关系，决定团体对个人施加压力的大小。个人的角色（被期望的行为）及被团体接受的程度，都与团体影响力有正式关系。团体越高，吸引力在个人心目中越重要，它的影响力愈大，对团员的要求愈严格。成为这团体的一分子，个人会以此为荣，乐意服从它的规范。如某学生考进一所高等学府。

在现实生活中，可以看到，个人购物时，不知不觉地受团体及其他成员的社会影响，比如为了获得团体的重视，个人消费行为会尽量符合团体的准则。

行为科学家认为社会文化因素，包括社会阶层、次文化（信仰、人生观、种族……）及文化等因素，对消费者购买行为也是有影响的。

二、参考团体因素对消费者行为的影响

参考团体在行销上具有一定意义，假使产品是个人的必需品，个人对它们产生好感，称为正价；反之，称为负价。所谓产品评价是基于个人的主观意见，但它往往受参考团体的左右。

团体的规范与消费行为很有关联。从分析参考团体中，可以知道某类产品会受团体的影响，从而决定产品的规格及样式等产品性质。产品的特殊性决定团体对产品的影响程度。

通过研究参考团体，可分析人际的沟通系统，并探讨产品多元化策略与口述广告间的关系。假使参考团体的凝聚力（向心力）愈大，则团体分子的从众倾向愈强。而"非正式的领袖"可以影响成员的行为。行销学家怀特的研究发现，在美国费城，中产阶级装设冷气机主要因素是受口述广告的影响，个人以邻居等为参考团体，通过彼此交流意见而采取购买行动，可见人际沟通系统对销售产品的重要性。

三、家庭群体因素对消费者行为的影响

家庭是一独特的参考团体，与其他团体比较，它同是"收入、消费"的单位。家庭对个人有两方面的影响：

（1）它能影响个人的判断标准和信念；

（2）能够中和社会对个人的态度、价值及个性等的影响。

要了解家庭在行销上的意义，必须考虑下列变数：①角色规范；②家庭的影响力；③"守门人"的效果等。

在规范较小的团体里，有两种基本行为：一是以工作或目标为中心的行为；一是社会情绪或表象的行为。虽然两种行为同在个人的行为中表现，但会因人而异。比如在购买时，男性会较强调产品的效用及物理属性，受

理性支配较大。而女性则较强调产品美观。在购买过程中，女性通常扮演幕僚的角色，即妻子提供意见，丈夫作出决策。当家庭人数增加时，则大家在一起拟定决策的次数也随而增多。因此，在购买决策时，家庭的影响力相当明显。

影响家庭购买决策的因素，一般说有以下几个方面。

（1）社会阶层：如普通阶层的家庭，主要是由妻子拟定决策。

（2）社会活动：如婚后脱离某个团体。

（3）种族背景：某些团体的传统，是以男性为一家之主，拥有决策权的。

（4）生命周期：随年龄增长，夫妻间经过长久稳定的生活，明了对方的需要，于是共同作出决策的机会也随之减少。

（5）孩子诞生：新角色的出现，使家庭的互动关系变为复杂，打破原来夫妻两人平等而和谐的角色关系。

行为科学家认为，消费者行为不是一个孤立、静止的东西，而是随着时间、地点和一定条件而不断变化的。因此，他们主张要用动态、变革、创新的观念去研究消费者行为。

案例

无印良品（MUJI）为何能获得全球消费者的青睐？[1]

无印良品（MUJI）于1980年诞生于日本，其品牌的内涵是指"没有名字的优良商品"。出发点就是否定品牌化，追求商品本身，实现没有商标的商品、没有品牌的品牌、没有特点的特点的"无印"理念。MUJI自1991年开始进军海外，目前已成为可以代表日本的全球化品牌，业务范围涵盖25个国家及地区，全球门店数量超过了900家，商品种类遍及服装、生活杂货、食品乃至家居领域，超过了7 000种。MUJI的发展并没有以快速扩张为目标，而是以MUJI的消费者为本。虽然在全世界范围内销售商品，但MUJI的营销策略是将日本商品原样输出，这样的策略不仅没有让MUJI受到文化壁垒的影响，反而使其在世界各地获得众多的粉丝，并为不同文化所接受，爆款商品层出不穷。作为一个全球化品牌，MUJI何以在全球范围内获得消费者的青睐？

1."简约"的无印风格深受全球喜爱

无印风格如今已成为MUJI的专属代名词，MUJI在创立之初，就将"极简"作为其落脚点，并使这一特点深入人心，无论在日本还是海外，MUJI都得到了消费者的喜爱，并积攒了一批"只愿

---

[1] 改编自［日］松井忠三：《无印良品世界观》，吕灵芝译，新星出版社2017年版。

意在这里买东西"的无印粉丝。

MUJI以其理念为名，研发的商品在全球热卖。没有任何花纹和品牌标识的聚丙烯收纳盒、半透明材料的PP收纳箱、设计简单的香薰机，以及充斥着白色和米色等柔和色调的众多产品，无一不将其简约的风格发挥到极致。

追求简约可以使MUJI节约染色、漂白等工序成本，但并不代表MUJI会就此降低产品要求，恰恰相反，减少的工序提高了MUJI对材料的严格把控。相对于着色产品来说，半透明材料中的瑕疵和异物更加显而易见，而MUJI店铺中陈列的半透明材料商品随处可见。同样地，使用羊或羊驼等动物毛做成的毛衣和地毯省去染色环节保留了商品原本的质感，这些都对MUJI的素材选择提出了较高要求。无印良品自创立以来，始终秉持着抵制大量生产、大量消费社会的理念，选取构成生活基本的真正必需的东西，重新评估其真正必要的形状和素材，削减生产过程中的冗余，让包装保持简朴，由此便孕育出了简约美丽的无印良品风格，与当下大众追求的"极简主义"不谋而合，在全球都深受喜爱。

2. 鲜明的品牌个性赢得海外消费者的普遍认可

MUJI的商品由日本商品部研发，带有浓重的"日本色彩"，相对于宜家、优衣库和H&M等品牌，MUJI具有品牌原生国家的特征，在世界打响了"只诞生在日本、来自日本的制造商"的名号。MUJI的商品充分体现了以"禅"和"茶道"等为代表的日本美学意识和高度精神性，通过将日本特色和无印良品特色融合，成功地在消费者心中留下"日本品牌MUJI"的印象，鲜明的品牌个性赢得了海外消费者的普遍认可，从而颇受欢迎。

MUJI产品的哲学理念与许多国家的消费者产生共鸣。如法国"细心而专注地使用喜欢的物品，让它长久陪伴自己"的传统理念与MUJI所追求的"从全世界人们日常生活中使用的物品中发现良品，再遵循其生活和文化、习惯的变化进行改良，最终形成具有无印良品特色的商品"的观念相吻合；而意大利所追求的"使用传统食材和传统烹饪方法，守护本国的传统料理"的想法与MUJI"避免像快餐一样的商品"的理念有异曲同工之处，或许正是这一理念的契合，MUJI的商品在意大利很有人气。同样，在中国，MUJI商品中的哲学理念蕴含着中国禅宗思想，使中国消费者更为接受其简约的产品风格。随着中国中产阶层人群的工资逐年上涨，MUJI在中国的粉丝也与之成正比增长。MUJI传达的简约、质朴的生活方式恰恰是节约和质朴的澳大利亚人所追求的，特别是USB风扇和男用内裤等，而日本产的文具更是让当地消费者直呼"好用得不想离手"，MUJI也因此获得了当地较高的关注度；MUJI商品传达的剔除冗余的禅意生活同样受到美国人的青睐。富足而方便的生活一旦过剩，人们便开始向往简朴的生活，或许在不远的将来，MUJI传达的禅意生活会得到越来越多消费者的认同。

3. 制胜海外的战略和战术

MUJI的海外发展并非一帆风顺，甚至曾面临严重的赤字危机，社会上也一度充斥着"无印良品"时代即将结束的嘲笑声，但MUJI凭借制胜的战略和战术将"失败"转化为"成功"。

MUJI的产品致力于从日常生活使用的物品中提出"新的生活方式"，如"简约而经济"的家具彰显了"简约而经济"的生活，使用棉屑制作的抹布等"环保商品"彰显了"环保的生活态度"，从而给消费者传达出这样一种信号：选择使用无印良品就是选择一种生活方式，使用无印良品是一种生活态度，这一独特的经营方式让MUJI一骑绝尘。

能够适应不同国家和地区的市场是全球化品牌在海外制胜的关键因素。MUJI虽是将在日本售卖的商品原样输出，但会根据不同国家的人事、劳动关系进行相应调整，如分别制作英文版、中文版、韩文版、新加坡版和澳大利亚版的指南手册"MUJIGRAM"，创造适合于各个地域的"MUJIGRAM"。另外，MUJI在开设新的店铺之前，会到当地进行一番考察，根据当地消费者的需求灵活应对，如根据本土市场灵活设计商品，改变销售方式，或者让公司机制迎合当地特色，因此MUJI可以吸引到不同国家和地区的消费者。

"不管在哪里、使用者是谁，MUJI的商品都要渗透到他/她的生活中去"是MUJI所要实现的目标，MUJI认为品牌只有渗透到那个国家的人们心中，才能在海外获得成功。MUJI始终洞察消费者对"用之美"的诉求，在海外发展中，始终提倡以融会在"禅"和"茶道"中的日本传统价值观为基础的生活态度，并非华美而功能众多，而是去除了冗余的朴素，致力于创造外形优美并且能够被长期喜爱和使用的终极设计，使MUJI真正渗透到顾客的生活中[1]。

MUJI的成功来自其对消费者最本质需求的思考，它的成功无法被轻易复制。MUJI在诞生时就打出"便宜，源自合理"的标语，在保持商品本质的前提下去掉多余的包装和装饰工序，思考消费者真正想要的东西，倾听消费者内心最本质的诉求，跨越年龄和文化差异，设计更便于消费者使用的设计，向理解MUJI理念的顾客提供更多商品的想法，寻求消费者与MUJI理念之间的共鸣，最终创造了属于自己的客户群。

小 结

1. 消费者行为模型是对消费者具体行为进行抽象和概括所形成的，用以解释消费者行为过程的一种模型，也可以称之为消费者对商品刺激所产生的购买反应。

2. 通过研究消费者的知觉、学习、动机及性格等心理因素，有助于我们进一步掌握消费者的行为，为制订有效的营销战略提供基础。

3. 购买心理是因人而异的，常见的购买心理类型有信誉型、习惯型、选购型、随机型、触发型、执行型等。

4. 社会及文化环境对消费者购买行为有很大影响，其中以个人所属团体对他的影响最重要。个人参加到某个团体中以后，其行为必须符合团体规范。参考团体对销售活动有一定的指导意义。

5. MUJI将极简主义的哲学理念融入其经营管理中，并能够适应不同国家和地区的市场消费者的需求是其全球化品牌制胜的关键因素。

---

[1]［日］增田明子：《无印良品式营销》，王慧，吕灵芝译，中信出版社2019年版。

思考题

1. 简述消费者行为过程。
2. 研究消费者行为对销售活动有何指导意义?
3. 信息沟通过程是如何影响到消费者态度转变的?
4. 消费者态度结构与态度转变有什么关系?
5. 从消费者心理与行为角度分析MUJI品牌成功的主要因素。

第十六章 青年人心理

青年是社会中一个思想活跃、积极探索、敢于创新的重要群体,是管理过程中不可低估的一支力量。青年永远都是新人类。

第一节 新时代青年心理的特点

一、青年期的界定

青年期(Adolescence)就是一个人身心发育过程中,从儿童到成人的过渡期。"Adolescence"源于拉丁语"Adolescere(to Grow Up)",意思就是"达到成熟"。成熟包括两个方面:生理成熟,心理成熟。可见,青年期强调的就是个体社会化的成熟过程。青年心理学就是要探索一个人在青年期这一历程中所经历的各种心理活动,把握青年期心理发展的本质与规律。

关于青年期的年龄划界,不同的学者从不同的理论出发,有不同的看法(表16.1)。我国著名心理学家朱智贤将人的心理发展过程分成以下几个阶段：乳儿期（从出生到满 1 岁）；婴儿期（从 1 岁到 3 岁），相当于托儿所时期；学龄前期（从 3 岁到 6、7 岁）；学龄初期（从 6、7 岁到 11、12 岁）；少年期（从 11、12 岁到 14、15 岁），又被称为学龄中期；青年初期（从 14、15 岁到 17、18 岁）；青年晚期（从 18 岁到 25 岁）。这种分类方法将青年期划分为青年初期和青年晚期。青年初期主要表现为生理上的成熟，而青年晚期则主要表现为心理上的成熟。这种划界法在我国得到了广泛的认同。

表 16.1 不同学者对青年期的划界（举例）

研究者	划分的标准以及时期		
[日]桂广介	13—15 岁青年前期，从儿童向成人的发展过程	16—18 岁，青年中期，开始适应青年世界	19—22 岁，青年后期，摆脱青年世界，向成人世界同化
[日]津留宏	男 12—13 岁，女 11—12 岁，青春期发育及与之相随的心理、人格变化		20—25 岁，成熟（身体、社会、人格）
[美]科勒（L.Cole）	男 13—15 岁，女 11—13 岁，前青春期	男 15—17 岁，女 13—15 岁，青年初期	男 17—19 岁，女 15—18 岁，青年中期	男 19—21 岁，女 18—21 岁，青年晚期
[日]依田新	12—14 岁，生理变化	获得内心世界时期	21—24 岁，疾风骤雨趋于平静，开始确立生活观和世界观

二、青年心理发展的实质

历史上对青年心理发展的实质有过众多的理论描述，大致分为三类：

（1）偏重生物发生观的理论，如霍尔（G.S.Hall）的复演论（recapituration theory）、格塞尔（A.Gesell）的成熟论；

（2）偏重社会环境发生观的理论，如勒温（K.Lewin）的青年场论、哈维格斯特（R.Havighurst）的发展任务说、班杜拉（A.Bandura）的社会学习论；

（3）偏重心理发生观的理论，如埃里克森（E.Erikson）的心理社会发展论、皮亚杰（J.Piaget）的发生认识论等等（表 16.2）。

表 16.2 不同研究者对青年心理发展实质的看法

研 究 者	青年期发展的关键特征	研 究 者	青年期发展的关键特征
霍尔（1904）	疾风骤雨期	埃里克森（1950）	同一性的确立
霍林沃斯（L.S.Hollingworth, 1928）	心理断乳期	鲍罗斯（P.Blos, 1967）	第二次个性化
缪勒（G. E. Müller, 1923）	第二反抗期	勒温（1948）	边缘人
斯普兰格（E. Spranger 1922）	自我发现（第二次诞生）	奥苏贝尔（D.P.Ausubel, 1958）	个性的再形成时期（人格的重建）

然而他们都是过分强调某一方面的因素，因而在认识青年心理发展的实质方面不免有所偏颇。

其实，我们认识青年心理发展的实质必须从辩证唯物主义的观点出发，才可能得出正确而全面的答案。从辩证唯物的观点看来，青年心理的发展就是由于青年人心理内部矛盾运动的过程。推动青年人走向成熟的动力就在于生理系统、环境系统和心理系统在个体活动中相互作用所构成的矛盾运动。我们可以在青年人心理发展过程中发现到众多的矛盾现象：独立与依赖；开朗与忧郁；大胆与怯懦；闭锁与交友；情感与理智；理想与现实；求知欲与现有的认识水平；等等。

事实上，许多学者也都看到了青年人心理发展过程中的矛盾现象。但在对这种矛盾现象进行解释时就出现了不同的意见。例如，精神分析学派强调是青年人"本我"与"自我"之间的矛盾运动推动青年人心理的成熟；斯普兰格（E.Spranger）则认为是青年开始意识到自我和非自我之间的区别，并体验内心的矛盾情感，从而逐步成熟起来；埃里克森认为，推动青年人发展的是个体理想自我与现实自我之间的不同一所产生的矛盾；等等。他们从各个侧面对这种矛盾运动进行解释，但并没有揭示出最本质的根源：生理成熟、心理成熟的异时性。正是由于心理成熟与生理成熟度的不合拍，造成了青年期心理的种种矛盾。

三、研究新时代青年人心理的意义

学校、企业以及其他组织中的管理工作，都要与青年打交道。我们在管理实务中，经常会碰到这样的问题：如何调动青年的工作积极性？如何去测定和了解青年的社会态度？如何选拔青年领导干部？如何招聘青年员工？如何保持青年员工的心理健康？如何更好地利用青年人的创造力？如何更快地促进青年人成才？等等。要很好地回答这些问题，就需要了解青年个体行为与个性心理。

青年了解一些青年心理知识，就能更好地自我认知，自我设计，自我实现。学习青年心理知识，他们就能够更好地了解自己，有自知之明，从而采取有效步骤发挥自己的优点与优势，矫正自己的缺点，弥补自己的不足。学习青年心理知识，他们就能更好的维持身心健康，提高学习效率，过着美好幸福的家庭生活，保持积极的工作态度。

四、新时代青年人心理行为特征

（一）新时代青年的行为特征

如果从年龄结构看，新时代青年应该是从80后青年人算起，包括了90

后和 00 后，这些人从不同的环境中成长，在价值观、竞争观、心理意识及消费观等有着各具不同的特征。总的来讲他们都表现出了批判意识、创新精神、竞争心理、自主意识、民主和平等意识等精神，及参与意识、超前消费和心身失范加重等行为特征。

1. 批判意识

现代青年相对于过去的青年而言，不再是被动的、毫无保留地接受来自各个方面的教诲，他们接受新事物的意识和能力非常强，思维独立，具有批判精神，他们特别喜欢问为什么。"为什么"已经成为青年比较普遍的思维方式。哪怕是权威的理论，现在的青年也敢于质疑。他们主张用事实说话。

2. 创新精神

习近平指出："创新是一个民族进步的灵魂，是国家兴旺发达的不竭动力，也是中华民族最深沉的民族禀赋。"青年就是最富有创新精神的群体。他们一般没有光荣的历史和经历，不会迷恋过去；他们敢于质疑权威，常常不甘墨守成规、亦步亦趋；他们追求新颖独特的生活方式，比较喜欢提出自己的新观点。

3. 竞争心理

"乖孩子"是青年人最忌讳的词语。青年期是一个逐步摆脱依赖的时期，在这个过程中，青年们争强好胜的心理以各种不同形式的竞争表现出来。他们不仅与自己的同伴比，也与自己的长辈比；不仅从工作上比，而且也从生活和其他方面比。他们愿意以各种不同的形式表现自己，希望能通过竞争一显高低，并对自己的才能加以证实。他们厌恶论资排辈，追求机会的平等。

4. 自主意识

当代青年特别崇尚独立自主。注重自我形象、自信、富于同情心。近年来青年的独立自主意识有了很大的提高，无论对单位还是组织，还是对社会或家庭，其依赖性均已大大弱化，价值取向和行为选择的个性化更加明显。在现代青年心中，那些靠父母、靠后台获得名誉地位的人是可怜的，而只有依靠自己的努力，在经过艰辛的磨炼之后攀上人生高峰的人，才值得由衷的尊敬。

5. 民主与平等意识

当代青年是社会中的一个极为重要的群体，他们十分渴望得到社会和成年人的理解和尊重。他们有较强的平等意识、法律意识和自我保护意识。他们总以各种各样的方式去谋求与成人平等的权利，也学会如何去保护自己的利益。逆反心理是我们现在经常提到的一个词语。事实上，逆反心理出现的原因就在于青年人希望通过这样的方式去谋求平等的地位。

6. 参与意识

青年追求平等与民主的结果便是青年富有参与意识。他们热心社会活动，有较强的公民意识。广泛的参与已经成为当代青年普遍的行为特征。青年不愿自己是一个局外人和旁观者，他们往往领导着时代发展的潮流。例如，根据国家网信办第 47 次《中国互联网发展状况统计报告》发布的数据：截至 2020 年 12 月，我国网民规模为 9.89 亿，其中 20—29 岁，30—39 岁的网民分别占比 17.8% 和 20.5%，总计人数为 3.78 多亿人，说明我国的网民是以青年为主体。

7. 超前消费

储蓄一直被我们认为是一种美德。而现在的青年的思想、行为发生了巨大的变化。他们挣了钱，不是储蓄起来，而是将大部分用于消费。超前消费被认为是现代人的象征，他们不再大惊小怪，而是心安理得地消费。贷款购车、购房、求学已经被视为一种正常的消费方式。对于休闲，他们也开始采取一种积极的态度。

8. 心身失范加重

近年来，中国社会经济的快速发展，竞争压力的增加，新旧价值的撞击，导致青年的心理卫生问题有明显增加的趋势。因心理和行为问题导致的恶性事件屡有发生。择业、社交、学习、生存过程中产生的抑郁、偏执、孤独、敏感心理症状持续增多。性、毒品犯罪等失范出轨现象更成为社会负潮流中不可忽视的支流。例如，我国第三次精神卫生工作会议透露的数据显示，有焦虑不安、恐惧、神经衰弱和抑郁情绪等问题的大学生占学生总数的 16% 以上。可见，现代青年的心理行为障碍问题日趋严重。

造成青年压力过大的另一个原因就是单一的价值标准。现在的学校教育，虽然提倡德、智、体全面发展，但实际上往往考试至上。考试成绩往往成为评定青年学生成败的唯一标准。至于道德、实践能力、社会能力则往往不受重视。单一的价值标准必然把青年逼向一条小道，走其他路就是失败，这给青年带来了心理上极大的压力和威胁。

(二) 当代青年的需要

1. 青年需要的广泛性

现代青年有着他们独特的需要，并且需要的内容非常广泛。

（1）友谊的需要。对友谊的需要是青年人的显著特征之一。友谊是一种来自双向关系的情感，它是双方共同凝结的情感。产生友谊的需要的原因有很多，有些青年渴望得到知识，于是产生了寻求比自己聪明的朋友的要求；有些青年是为了摆脱孤独，以增强自己生活、工作、学习的信心；有些青年是为了寻找心理冲突的辩护人。总的说来，友谊对于青年人而言，能给青年摆脱家庭依赖后提供新的感情寄托；能促进自我的发展；能加深对人类的美好感情。正因为如此，身处逆境、痛苦彷徨的青年特别渴望得到友谊。

（2）自尊的需要。自尊，就是要求他人尊重自己。青年随着生理、心理的日益成熟，特别想在别人面前显示自己的力量。我们知道，自尊感是涉及人们自身存在价值的一种重要情感。这种情感在青年期往往以非常激烈的形式表现出极端的状态，它既是推动青年前进的强大动力，又往往是引起冲突、造成事端的主要因素。

青年的自尊可以分为个体自尊和群体自尊。个体自尊常常表现为对人格、生活、爱情、成才、事业等的自尊需要。群体自尊需要则通常表现为家庭、集体、民族自尊等。青年的自尊需要有以下三个方面的特点：①青年对自尊的需要往往处于其他需要之上。当这种需要与其他需要发生冲突时，青年常常会毫不犹豫的维护自尊的需要。某企业领导在公司大会上点名批评一青年销售经理上班迟到，该销售经理一时气愤，下午就递交了辞呈。②青年对自尊的体验往往非常敏感，我们常可以看到有些青年为一件成人看来是微不足道的小事而争得面红耳赤，有的甚至发生殴斗。③青年的自尊感波动非常大。处于顺境时，还能容忍他人的些许冒犯，产生自尊自大心理；当处于逆境时，又产生了自卑、自暴自弃的心理。这主要是由于青年人的自我评价不稳定和不成熟所致。

（3）被人理解的需要。曾有多少青年高呼"理解万岁"。这是可以理解的。青年处于一个心理、生理迅速发育的时期，必然会产生各种各样的适应问题，内心充满了各种各样的矛盾和冲突。这时，特别渴求他人的理解。理解也就成为青年发展友谊的一个重要标准。只有相互理解，青年才能够向朋友吐露心迹，也只有相互理解，青年才对朋友充分信任。现代社会，"代沟"越来越明显，青年对理解的需要也越来越强烈。

（4）娱乐的需要。青年一般追求感官刺激，热爱生活，特别喜爱娱乐活动。现代青年对娱乐的需要也越来越强烈。我们可以从文化娱乐业的发展就可以看出这点。购买音像制品、参加各类演唱会、买书、旅游等已经构成青年人消费的热点。在青年人的消费支出中，文化类、娱乐类的消费支出占有一个非常大的比例。

（5）与异性交往的需要。与异性交往的需要是现代青年男女的显著特征之一。青年期的一个显著特征就是：青年男女从回避异性，发展到乐于同异性交往。异性交往的最初形式往往是群体交往，然后出现了异性间的个别交往。个别交往经常是兴趣相投，思想方法能相互理解。与异性进行交往对于青年的成熟具有非常重要的作用。著名青年心理学家威廉斯

（F.Williams，1930）就强调，青年男女为了实现心理上的适应，必须做到两点：从精神上脱离家庭而走向独立；建立与异性朋友之间的良好关系。他认为，青年人主要就是要解决这两大发展任务。后来，哈维格斯特提出的十项青年期发展任务中的第一项，也是青年应学会与同龄男女之间新的熟练的交际方式。可见，与异性进行正常的社会交往对于青年人而言，具有非常重要的意义。

当然，在异性青年交往过程中，可能会含有一定的性色彩，这常常使人产生担忧。其实，这种担忧是没有必要的。友谊与爱情是有区别的。异性友谊对青年有很多的积极作用。异性友谊有可能孕育着爱情，但是它与爱情是不同的，主要的区别就是爱情具有排他性，而友谊则没有。

（6）自我实现的需要。青年都有一种成才的欲望。他们特别渴求自身价值的实现。这种自我实现的需要往往是推动青年人去从事、去完成某种工作，并达到某种理想的内在动力。

2. 青年需要的时代性

青年会随着时代的发展产生出新的需要。青年富有开拓进取的精神，很少保守，对新事物非常敏感，对社会变化反应异常迅速。青年人总是站在时代发展的前端。因此，青年需要也随着时间的推进而迅速发生变化。

（三）当代青年的价值观

青年期是人生观、价值观的形成时期。在这段时期，青年开始认真思考人生态度、生活方式、生存价值等问题，并伴随着怀疑、烦恼、挫折和苦闷等情绪状态。青年价值观是通过社会化过程得以形成，并且往往与自我同一性的确立过程同时进行且相互制约。当代青年的价值观有以下特点。

1. 发达国家青年价值观的变迁

密西根大学教授英格莱哈特在1997年提出当今世界各国的价值观变迁存在两个维度：现代化维度，即从传统价值观向现代价值观的转变；后现代维度，即从生存价值向幸福价值转变。与现代西方各国跨入后现代社会相应的是，现代西方各国青年价值观也开始从现代价值观向后现代价值观转变。主要表现在以下几个方面。

（1）道德的相对主义。这点其实在现代社会就已经出现。在传统社会，青年人对待是非观念有一个非常确切的标准，这套标准往往是社会认可的绝对真理。但在后现代社会，这种绝对标准已经被消解，取而代之的是道德的相对主义。

（2）权威的弱化。这点在现代社会也已经出现，在后现代社会更加明显。青年越来越蔑视权威的价值。

（3）人生价值的庸俗化。日本青少年研究所所长千石保对现代日本青年的人生价值观进行了研究,发现有以下几个特征:追求"即时满足",否定手段价值;认真、拼搏、奋斗精神的崩溃;从英雄偶像崇拜转到追星;从物质优先转到生活质量优先;忠实自己的生活,不愿意为社会做贡献。

(4)工作价值的退化。现在,不少西方国家青年认为工作并非生活的全部,工作以外的生活更有人生意义。研究表明,56.7%的日本青年人,69.1%的美国青年人,74.4%的法国青年人,66.4%的瑞典青年人有这种想法。很多青年认为工作的目的就是为了自己,而并不是为了企业和国家。利己主义倾向越来越明显。

(5)性观念的开放化。现在,西方青年对同性恋、同居的容忍度越来越高。很多青年不想生孩子。美国、丹麦20%的青年同居,瑞典婚外生育的比例在1991年就已经超过50%。

(6)消费的符号化、快餐化。传统社会的消费观注重实用价值,而现在的青年越来越注重符号价值。消费并非因为缺乏,而是因为某种符号。消费的要素已经转变为商品的符号价值,如品牌。同时,精神文化领域的消费日益流行快餐化。专业化的文化杂志生存受到威胁,而拼贴杂志、感官杂志大行其道。

(7)人际关系事务化。在现代西方社会,传统意义上的朋友关系逐渐淡漠。青年朋友之间存在一个界限。青年朋友之间的交流仅限于一般的散步、谈论异性、吃饭、买东西等方面,而缺乏对人生感悟等的内心倾吐。相互之间存在一定的隔阂,隐私观念日益加强。越来越多的青年追求独立的生活空间。

2. 我国当代青年价值观变迁的特点

(1)多元化。我国自改革开放以来,社会发展的一个重要特点就是价值观的多元化、相对化和复杂化。西方文化的传入,对中国传统价值体系构成了严重的冲击。中国青年价值观在新的经济条件下发生了更为显著的变化,在读书求知、职业、婚恋、消费等领域都有具体入微的表现,逐步体现出"高度分化,走向整合"的基本轨迹。我们对多元价值的容忍度也日益提高。对某个问题,过去只有一种解释给予说明,也只允许接受这一种解释,现在则允许各种各样的解释和说明。面对这样的多元化的情境,当代青年采取灵活多样的姿态去适应这一发展特点,从而形成了各种各样的价值观。

(2)盲目化(信仰危机)。我国社会变迁非常迅速,而文化的发展远远跟不上社会变迁的速度,从而出现文化的断层。在社会变迁中,青年人需要对新环境适应,旧有的传统模式已经不足以应付新的需要,更何况青年人的价值体系原本正处于一个构建的过程中。因此,在这时,青年人的心态往往失却均衡。在失衡的状态下，个体的态度观念很容易受到新事物的影响，甚至不加以选择就予以接受。从而产生"信仰危机"，或称为"认同危机"。在认同很难达成共识的情况下，个体缺乏价值判断的参照系，从而容易人云亦云。

（3）后现代化。我国社会现在仍然处于现代化的进程中，但同时又面临后现代化的发展任务，同时又处于一个日益全球化的背景之中。这样复杂的形式在我国青年价值观上已经凸显出来。我国青年在某些方面已经表现出后现代化的倾向。例如，快餐文化的风行，青年朋友伙伴关系的淡化，拜金主义、享乐主义的抬头，对名牌的追求等等。后现代化的价值观在某些方面是对社会有利的，是有助于社会发展的，例如尊重人性、鼓励个性的发展、追求环保等。

（四）当代青年的情绪

青年心理学家霍尔将青年人情绪特征归纳为"疾风怒涛"。这描述了青年人情绪的一个重要特征。其他心理学家对青年的情绪特征也作了一些探讨。归纳而言，当代青年人的情绪特征具有以下特征。

1. 剧烈性

这是青年人的情绪区别于其他年龄段人的本质特征。在青年，人生的情绪发展到最高峰。同样的刺激，对成年人而言，可能不致引起明显的情绪反应，但却能激起青年强烈的情绪体验。这种情绪反应一方面是生理因素造成的，如青年人的肾上腺激素的分泌迅速增加；另一方面是心理方面的因素，主要就是青年人认知结构的不稳定，青年人正处于一个构建认知结构的阶段，没有一个可供参考的框架来同化、理解周围的诸多事物。

2. 波动性

青年人情绪的第二个特征就是波动性。青少年都有这样的一个特点：可能因为成功而欣喜若狂，也可能因为一点点挫折而一蹶不振，垂头丧气，懊悔不止。这可能有三个方面的原因：个体的生理原因，由于青年人是身体发育的一个重要阶段，某些生理变化会导致个体的情绪波动，例如女青年的月经会引起焦躁、烦恼等情绪；社会方面的原因，由于青年人逐步跨入成年人，社会对青年人的人际交往、与父母的关系、社会工作、社会责任的期望都会发生变化，青年人一时难以适应这些变化，会导致情绪问题；个体心理因素，青年期的个体充满了各种心理矛盾，心理经常处于不平衡的状态，这种矛盾冲突往往会导致情绪表现。

3. 掩饰性

青年的情绪往往会出现表里不一的现象，我们将这种现象称为青年情绪的掩饰现象。青年人往往希望别人不要看出他的内心体验，明明非常高兴，也要表现出不很愉快的样子，明明非常难过，也要表现出若无其事。原因就在于青年人总想维护自己在他人心中的良好形象。因此，在管理工作中，要透过现象，去洞察青年员工的内心世界。

第二节 青年人成功心理行为

每位青年都在为自己事业的成功而奋斗着。了解青年成功心理行为规律，无疑对追求成功的青年具有重要意义。

一、青年智力的开发

青年成才的过程，就是青年人力资源开发的过程。人力资源开发的一个基本内容就是智力的开发。

智力是一个人顺利完成各种活动所必需的一种综合性的基本能力。心理学家对此有不同的界定，有人将智力说成是抽象的思维能力，有人认为智力就是学习的能力，也有人认为智力就是解决问题的能力，还有人认为智力就是适应环境的能力。还有人对智力的结构进行探索。例如，斯滕伯格认为智力分为五种成分：元成分、操作成分、获得成分、保持成分以及迁移成分。

在我国，心理学界一般倾向于将智力定义为一般能力，包括观察力、注意力、记忆力、想象力和思维力等基本要素。其中，以思维能力为核心。

青年是智力的成长时期。美国加州大学的贝雷（N.Baylay）发现，个体的智力上升过程的停止时间并非通常认为的16、17岁，而是要到25、26岁左右。韦克斯勒（D.Wechslar）也得出类似的结论。有些心理学家（如L.L.Thurstone；R.B.Cattell；N.W.Derney）则从智力内部的各种成分入手，发现各种成分达到顶峰的时间是不一样的。但是纵观这些研究结论，我们可以发现，智力在青年期仍然处于一个较快的发展时期，并在青年末期达到高峰。可见，在这样一个非常关键的时期，我们开发和培养青年智力是非常有必要的。

（一）培养观察力

观察是思维的知觉，是青年认识世界、改造世界的基础。一个成功者只有具备敏锐的观察力，才可能发现事物的本质特征，并从中得到启迪和创新的灵感。洗澡，再普通不过的事情了。洗完澡，把浴缸的塞子一拔，水汩汩流走。谁也没有去观察它。然而，麻省理工学院的谢皮罗教授却观察到：水每次流走时，水漩总是向逆时针方向。他开始寻根问底，最后他发现这种现象是与地球的自转有关。由于地球是自西向东旋转，所以北半球的漩涡总是朝逆时针方向旋转，而南半球则恰好相反，在赤道则不会形成漩涡。他还认为，北半球的台风同样是朝逆时针方向旋转的，道理与洗澡水的漩涡一样。正是因为谢皮罗敏锐的观察力，他才能从洗澡水形成的漩涡这样一个普通的现象，了解到南北半球水流的旋转，天空风云的变幻。如何培养青年的观察力呢？

（1）应该养成良好的观察习惯。观察要有目的、有条理。

（2）应该培养观察的良好心理品质。要有耐心、细心，能持续而稳定地观察；要培养青年观察的兴趣；要培养青年在观察时积极思维的习惯。

（3）要对青年进行有关观察方法的训练。可以采取培训的方式，将一些观察方法（如顺序法、比较法、特征列举法等等）传授给青年，让他们反复练习。

（4）要克服观察中的一些偏见，防止在观察时渗入主观因素。

【例】 心理学界曾做了一个非常有趣的实验。有40位心理学家聚集在德国哥廷根开会。突然，一个村夫冲进会场，后面紧追着一个手持短枪的黑人。两人在会场中央搏斗起来。忽然，一声枪响，两人又一起冲了出去。这紧张而惊险的一幕持续了20秒。会议主持人马上要各位与会者将当时的发生的一幕记下来，好供警察当局办案使用。这其实都是有意安排好了的，现场都有摄影可以供核对的，只不过事先与会者不知道而已。研究者将当时40位心理学家交上的报告与事实进行核对，结果发现，在40篇报告中，只有一篇在主要事实上，错误少于20%，有14篇的错误率达20%—40%，25篇的错误率在40%以上。并且，半数以上的报告中，有10%以上的细节纯属臆造。比如，黑人穿的本是一件黑色短衫，但有的人说成是全红的，或咖啡色的，黑人本来是一个光头，但有很多人说他头戴便帽，或者说戴高帽。按理，心理学家都是经过科学观察训练过的好手，不会出现如此大的错误。然而他们都不同程度的在作观察记录时渗入了自己的主观想象。要避免在观察中渗入主观因素，必须反复、细致、耐心地观察。

（二）加强注意力

从认知心理学的角度来看，注意是一种心理活动的内部机制，对心理活动起着控制和调节作用。事物纷繁复杂，注意可以保证人们能及时集中自己的心理活动，正确地认知客观事物，从而更好地适应周围环境。注意力对于工作、学习都具有非常重要的意义。没有注意，也就没有辨识。有些工作是需要注意力高度集中的，例如质检员、驾驶员、流水线上的某些工作等，一旦发生注意力分散，可能导致严重的问题。学习也需要具有高度的注意力，集中注意力学习一个小时，比精神恍惚地学习 10 小时效果要好。

注意力有有意注意与无意注意之分。无意注意是事先没有预定目的，也不需要作意志努力的注意。这种注意力主要受客观刺激的强度、对比度、新奇度以及个体的兴趣、需要、精神状况等的影响。有意注意则是有预定目的的，在必要时还要作一定意志努力的注意。我们工作、学习当中主要依靠的是有意注意，然而仅靠有意注意也不够，且容易引起疲劳，还需要无意注意来调节。另外，无意注意也往往是创新灵感出现的一个途径。例如，伦琴发现 X 射线以前，很多科学家都碰到过 X 射线，而都没有加以注意，从而错过科学发现的良机。因此，青年一定要同时注意培养这两种注意力。

如何培养有意注意力呢？

（1）要培养注意的动机。只有提高动机，才能更好地集中注意力。例如，加深对任务的理解就可以提高注意动机。理解越透彻，越能集中注意力。

（2）锻炼注意意志，努力排除与任务无关的内外部因素的干扰。

（3）培养间接兴趣。

（4）培养注意集中能力、分配能力。工作、学习过程中可能一天要完成几件事情，也可能需要同时完成几件事情，这时能否主动及时地将注意从一个对象转移到另一个对象上，能否在同时进行的几种活动中分配注意力，就显得特别重要。

（5）要注意营养，不能偏食。

如何培养无意注意力呢？最重要的就是要培养自己的兴趣。兴趣是注意的先导。

> 【例】 英国人默多克（W. Murdoch）发明煤气就是因为他从小有玩火的兴趣。他小时候和其他许多男孩一样，喜欢玩火。而且，默多克的玩火和其他男孩子不一样，他不满足于用已知的可燃物，如木头、纸张、煤块来点火，而且挖空心思地找其他人没有烧过的东西来试试。一次，他找到了一些页岩，当地人都知道这些页岩可以燃烧的。默多克将页岩放在水壶里加热，过一会，壶嘴里冒出了气体，他划根火柴去点，气体燃了。后来，他又把煤放在壶里烧，产生了煤气，用一根 21 米长的铁管引到自己住房里，用来照明。从而发明了煤气。

（三）锻炼记忆力

记忆是学习、工作内容的储存和再现过程。中国古代就有不少过目不忘的佳话。《晋书·符融传》称符融"耳闻则诵，过目不忘。"建安七子之一王粲，与人同路，遇到"道碑"，读过之后，竟然能够"背而诵之，一字不失"。

现代人的惊人记忆更是屡见不鲜。青年人如何趁着人生记忆的最佳期，把自己的记忆力更进一步地挖掘呢？

1. 要掌握记忆成功的条件

（1）注意力集中。记忆其实就是感知的事物在头脑中留下痕迹的过程。青年学习时注意力集中，大脑细胞兴奋点强烈，对事物印象深刻，就容易记忆。

（2）记忆目标明确。记忆的目标越明确，越具体，记忆的效果越好。两组学生同时朗读同一篇文章，对甲组同学提出以后要背诵的要求，对乙组则不提任何要求。结果发现，甲组同学的记忆效果远比乙组同学记忆效果好。青年人学习时记忆目标明确，就会使大脑细胞处于高度活跃状态，容易接受外界信息，从而痕迹越清晰，储存更持久。

（3）积极思维，力求理解。记忆可分为有意记忆和无意记忆，有意记忆又可以分为机械记忆和意义记忆。实验已经证明，有意记忆优于无意记忆，意义记忆优于机械记忆。相对于死记硬背的机械记忆而言，意义记忆依据材料的内在联系进行记忆，它的基本条件就是理解，其基本特征就是有积极的思维活动参与。因此，青年在记忆过程中，一方面要找出记忆材料本身的内在联系，另一方面要找出新材料与已有的认知结构之间的联系，将新的知识纳入到原有的知识体系中。这样才能记得牢固。

（4）及时复习。德国著名记忆心理学家艾宾浩斯（H.Ebbinghaus）发现遗忘的时间规律：先快后慢。因此，复习要及时，应尽可能地减少遗忘初始阶段所带来的损失，复习应先紧后松，及时进行。复习的方法也要多样化，通过各种途径来提高复习效果。

（5）加强联想。记忆包括了识记、再认、重现等阶段。识记的效果要回忆来检验。回忆的过程中少不了联想。联想其实就是大脑中暂时神经联系网络的激活。每个知识点都是认知结构中的一个节点，经过多次联想，这个知识点就与其他知识点建立了联系。从而使原本没有任何联系的节点之间也建立了联系，网络中的知识点在认知结构体系中的地位得到稳固。可见，联想就是强化各个知识节点之间建立密切联系的主要途径。因此，青年在记忆过程中，应充分发挥联想的功能。在联想时，主要可以利用联想的四个基本规律：对比联想，例如从大与小、真与假、美与丑等相反的角度进行联想；相似联想，例如根据某些性质、形状类似放在一起集中归类成串加以联想；接近联想，例如在背诵化学元素周期表时可以按照表上的位置（前、后、左、右）加以联想；关系联想，例如学习管理心理学人性论时，可以将东方的性善论、性恶论以及性无善无恶论与西方的X理论、Y理论、复杂人等等放在一起加以联想、理解。

（6）实践出真知。在记忆时，若使记忆的对象成为活动的对象，使学习者积极地参与活动，记忆的效果也常常较好。知识只有被应用，才能成为自己的知识，才能真正融入自己的认知结构当中。这样才记得牢固。

（7）记忆卫生。青年要保护记忆、增强记忆，还得注意培养一些记忆卫生习惯：维持稳定而愉快的情绪；保证适当的营养；吸收新鲜的空气；戒烟戒酒；劳逸结合；合理的作息制度，保证适当的睡眠（8小时左右的睡眠最合适）；安排好恰当的记忆时间（早晨和临睡前记忆效果最好）；合理用脑（合理使大脑皮层的不同部位轮流兴奋与抑制；分散复习优于集中复习）。

2. 学习、掌握科学的记忆方法

科学的记忆方法，将使记忆效果"事半功倍"。青年人自己已经有了一定的记忆经验，要努力根据自己的情况逐步总结适合于自己特点的记忆方法，同时也要学习与掌握行之有效的一般的记忆方法。记忆方法很多，但一般都是采用多重编码、组织策略等方法。这里略举几种。

（1）定位记忆法。该法又称为位置法，创立于古希腊时期。该法是预先在头脑中预备好一系列的固定框架，例如一座房屋的结构，然后将要识记的材料分门别类地按照顺序放到框架中去，就像在仓库里存放物品一样。许多古希腊的演讲家都采用这种方法来背诵自己的讲稿。

（2）谐音记忆法。一些英语单词、地名、电话号码、年代、数据往往比较难背诵，若采用机械的方法重复记忆，效果不佳，这时，可以考虑应用谐音的方法来进行记忆。现在一些商家在商业运作中也经常应用到这点，往往在设计自己的商标、品牌、名字时应用一些便于人们记住的词语或数字符号。例如，中国同学录网站将自己的域名起为"5460"（与"我思念你"谐音），让人非常容易记住。又如若记忆圆周率的值3.1415926535897932384626，可换成谐音："山巅一寺一壶酒，尔乐苦煞吾，把酒吃，酒杀尔，杀不死，乐而乐。"这样，一下就记住了。

（3）网络记忆法。网络记忆法其实是受联想主义的影响发展起来的一种记忆方法。该法的主要做法是将记忆材料编制成一个网络。它主要基于一个认识：世界上任何事物都不是孤立存在的，都可以编织成一个网络，就像蜘蛛网一样，只要抓住网络中的每一个结点，那么就能带动整个知识群。

（四）发挥想象力

想象就是人脑在已有的表象的基础上构建新形象带动心理过程。形象性和创造性是想象的两个基本特征。青年的想象力也得到不断的发展，主要表现为有意想象的迅速增加、创新成分的增多、幻想的抽象性增强。

迪士尼（W. Disney）因为善于想象，创造了"米老鼠"（Mickey Mouse）的形象，风靡整个世界；纳米材料的研究源自德国物理学家格莱特在澳大利亚旅游时的一次冥想。众多材料表明：青年要事业有所成就，就必须大力发挥自己的想象力。爱因斯坦曾说："想象力比知识更重要，因为知识是有限的，而想象力概括着世界的一切，推动着进步，并且是知识进化的源泉。严格地说，想象力是科学研究中的实在因素。"

那么，如何培养自己的想象力呢？

（1）要积累丰富的生活经验，这样想象才有基础。

（2）保持和发展好奇心。

（3）多看一些神话、科幻作品。

（4）多做一些想象练习。看到任何一件事情，不妨做一番"假如"的设想。

（5）在幻想、想象时，也要实事求是。

（6）要培养自己丰富的情绪。

（五）锤炼思维力

思维是人脑对事物本质特征和规律性联系的概括的和间接的反映。思维过程相当复杂，从问题提出到解决，需要经历信息的分析、综合、比较、分类、抽象、概括、系统化、具体化等过程。思维力是智力的核心因素，也是青年个体心理发展中，最引人注目、最有意义的一个方面。锤炼思维能力是开发青年智力资源的关键性问题。

1. 发展形式逻辑思维能力

青年相对于少年而言，就是迅速发展了抽象逻辑思维能力。抽象逻辑思维能力的出现与发展，为青年进行复杂、高级的思维活动开拓了广阔的空间。这种能力包括两个方面：形式逻辑思维能力和辩证逻辑思维能力。发展形式逻辑思维能力，需要做到以下四点。

（1）建立合理的概念体系，加强获得、掌握概念的能力。

就形式逻辑思维而言，儿童期就已有萌芽，但直到青年期才开始占主导地位。并且，从最初的以经验为主的形式逻辑思维能力发展到以理论型为主的形式逻辑思维。理论型的逻辑思维能力就是以概念能力的发展作为基础的。

（2）建立合理的思维能力结构，做到具有分析与综合；归纳与演绎；抽象与具体的能力。

（3）发展对思维的思维能力（反省思维），这种思维能力能使青年对自己的思维活动进行自我监督，自我控制，充分发挥主观能动性。

（4）培养迁移能力。迁移能力就是把第一个问题解决所获得的知识经验运用于第二个问题情境的能力。青年必须发展概括能力，将第一个问题解决中获得的原理加以概括化，从而实现概括化迁移。

2. 培养辩证逻辑思维能力

（1）加强青年的辩证唯物主义教育。就辩证逻辑思维能力而言，青年在这方面的发展远远滞后于形式逻辑思维能力。必须通过大力教育，才能提高青年的辩证逻辑思维能力。

（2）青年要经常进行辩证思维练习。有些青年说到某些抽象概念时，也会用一些"一分为二"的词语，然而一到具体问题时，则往往偏激。因此，平时要多加练习。参加辩论赛无疑是一个很好的方法。

3. 培养青年的创新思维能力

作为创新力的核心，创新思维能力在儿童期萌发，在青年期获得迅速成长，从而使青年积聚大量的创新潜能。这种创新的潜能一般要到青年中期后才会逐渐明显地表现出来。

（1）激发好奇心与求知欲。创新动机是创新活动的先导。一个好奇心强、求知欲旺盛的青年，往往善于钻研，勇于创新。大发明家爱迪生从童年起就对任何事物充满兴趣和好奇，并将这种兴趣化成推动自己克服艰难险阻进行发明创造的强大动力。为了寻找灯丝材料，他先后对 6 000 多种植物纤维进行实验，甚至连马鬃、头发都没有放过。

（2）积累创新素材。创新其实就是对原有的知识、信息进行加工、重组、改造，从而产生新颖、独特的组合形式的过程。若没有一定的知识、信息作为基础，创新也就无从产生。爱迪生为了寻找灯丝，他住进图书馆，查阅了数百种技术资料，做了大量摘要，同时对各种材料进行实验。后来，也是受英国工程师旺斯的启发，才将一根棉线烧成碳丝装进真空灯泡，最终成功。

（3）均衡发展各种创新思维能力。创新思维要求的是各种思维能力的综合表现，而不仅仅是某几种思维能力。因此，青年要均衡发展辐合思维能力和发散思维能力，直觉思维能力和形象思维能力，垂直思维能力与侧向思维能力，正向思维能力与逆向思维能力。现在的学校教育往往偏重的是辐合思维能力、垂直思维能力、正向思维能力，因此青年应自觉地培养自己的发散思维能力、直觉思维能力、逆向思维能力以及侧向思维能力。

（六）发展元认知能力

"认知"概念一般与"智力""思维"相似。广义上的认知是指智力，而狭义上的认知则指思维。在这里，我们将认知能力定义为：个体在认识方面的能力。具体说来，认知能力包括了诸多方面，如观察力、记忆力、思维力等等。自 1976 年弗拉维尔（J.H.Flavell）提出元认知（Metacognetion）

以来，元认知能力的研究已经成为认知发展心理学研究的一个新热点。并引出元记忆（Metamemory）、元注意（Metaattention）、元理解（Metacomprehension）、元学习（Metalearning）、元交流（Metacommunication）等等的研究。

元认知就是指主体对自身认知活动的认知，其中包括对当前正在发生的认知过程和自我的认知能力以及两者相互作用的认知。可见，元认知能力是对认知能力进行调节和监控的，更高一级的能力。它以认知过程和认知结构为对象，以对认知活动的调节和监控为外在表现的认知。元认知能力对于个体而言，非常重要。由于元认知能力一般在青年期才获得长足发展，青年应抓住发展良机不断地提升自己的元认知能力。具体可以从以下三个方面着手。

1. 获得元认知知识

元认知知识是青年通过经验积累起来的、关于认知活动的一般性的知识。这种知识比较稳定，往往有意或无意地对认知活动施以影响。因此，青年应通过经验、学习获得一定的元认知知识。这种知识包括三个方面：关于自己与他人认知能力和特点的知识；认知任务的知识；认知策略的知识。

2. 加强元认知体验

元认知体验就是指青年在从事认知活动时所产生的情感体验。这种体验，有可能意识到，也可能意识不到。这种体验直接影响到青年认知热情的激发、认知潜能的调动以及认知加工的速度。因此，青年在认知活动过程中，要注意去体验自己伴随认知的情感活动。

3. 实施元认知监控

元认知监控是元认知能力的核心成分。它是指青年在进行认知活动过程中，不断地对自己认知活动进行积极而自觉的监视、控制和调节过程，它是一个实践性的环节。只有不断加强自己的元认知监控能力，青年才真正可以做到"止，吾止也；往，吾往也"。

二、非智力因素与成功

非智力因素是一个较复杂的概念。有广义和狭义的区分。广义的非智力因素是指除智力因素以外的全部心理因素；狭义的是指动机、兴趣、情感、意志和性格。在此，我们是从狭义的角度来讨论的非智力因素与成功的问题。

现在，"情商"（EQ）一词非常时髦。其实，情商就是非智力因素。情商概念的出台就是要提醒各位青年注意培养自己的个性品质，提高自己的情绪管理能力。许多研究已经证明，非智力因素对于个体成功具有极为重要的意义。例如，有人对 53 名学者（包括科学家、发明家、理论家）和 47 名艺术家（包括诗人、文学家、画家）的传记进行研究，发现他们除了卓越的才智以外，还有这样一些共同的人格特征：

（1）勤奋好学，不知疲倦地工作；
（2）为实现理想勇于克服各种困难；
（3）虚心学习和实践；
（4）坚信自己的事业一定成功；
（5）增胜好强，有进取心；
（6）对工作有高度的责任感。

显然，这些人格因素都是非智力因素的种种表现。研究还表明，非智力因素能有力地促进智力的发展。"勤能补拙""笨鸟先飞"就说明了这点。

现实生活中也有许多智力超常，却也一事无成的人。例如，《伤仲永》的故事人人皆知。一定水平的智力是成功的一个必要条件，一定的非智力品质也是成功的另一个必要条件。青年成才需要同时对这两个方面进行培养和开发。

1. 兴趣与动机方面

要培养对专业、事业的稳定而持久的兴趣，要有求知欲。大凡成功者，都有着广泛的兴趣。例如，牛顿喜欢坐在阳台上，吹肥皂泡；张五常喜欢书画。另一方面，成功者大都既有广泛的兴趣，也有中心兴趣。例如，法布尔的中心兴趣是观察昆虫；巴斯德的中心兴趣是科学实验。

2. 情绪方面

青年人情绪不太稳定，而稳定的情绪对于成功是至关重要的。因此，青年应努力营造一种积极、稳定的心境，控制自己的情绪。

3. 意志品质方面

青年在事业发展的路途中，必然会遇到各种荆棘。耐心的观察，持久的注意，艰苦的记忆，积极的思考，独立的探索都需要坚强的意志品质支撑。"譬如为山，未成一篑，止，吾止也。譬如平地，虽覆一篑，往，吾往也。"（《论语•子罕》）意思是说，自强不息，则积少成多；中道而止，则前功尽弃。其止其往，皆在青年本人，而不在于别人。因此，能否成功，能否继续坚持自己远大的目标，取决于青年是否具有极强的意志力。

4. 性格特征方面

性格即命运。青年人应努力锤炼自己的个性，努力培养勤奋、勇敢、自信、谦逊、谨慎、乐群的性格。

三、时间管理与成功

我们常常可以看到一些青年员工每天晚上都带厚厚的一叠文件回家，继续工作到深夜；我们也常常看到一些青年学生每天晚上写作业写到深夜12点。我们也同样看到，同样一个公司同一部门的有的员工则回家尽情休闲；同一班级的一些学生早早地把作业就写完了，还有一定的时间看电视。难道是因为他们智力高超？

显然不是，只要看看他们的时间安排情况，我们就会得到答案：他们会管理自己的时间。"时间就是资源""时间就是金钱"在现代社会被奉为圭臬。然而，并非所有人都能很好地利用这项资源。

1. 研究自己目前的时间管理状况

问三个问题：你做什么？什么时候做？花了多长时间？一个简单方法就是记日记。在一页纸的第一行写下日期，在纸的左边列下时间段。时间段的间隔30分钟左右为好。收集一个星期左右的信息后，就可以寻找自己利用时间的规律。

2. 重新设定目标

时间安排中最容易犯的错误就是自己知道浪费的时间很多，却又不知道时间到哪里去了。因此，我们应该建立一个清楚而又可以达到的目标。然后，要确定各个目标的优先权。从而决定自己应该先做什么后做什么。每年、每月、每周、每天都应该有一个明确的目标。每天应列出一个"要做事情"的清单，好组织个人和职业时间。许多高效的青年经理都有这一习惯，他们在离开办公室以前，或者到达办公室后的几分钟内写下他们"要做事情"的清单。

3. 将时间用到最有价值的目标上去

个体设定的目标中，其实少数是有价值的，而多数是不重要的。时间管理就是应该根据价值来投入时间。要做到这点，应该列出自己在长期、中期和短期内期望完成什么。然后对照清单上的事情按重要程度一一排序。把大部分时间分配给清单上前几名的任务。

4. 剔除一些不重要的、达不到的目标

有些琐事是不重要的，有些目标是达不到的，这时应该将它们剔除。否则，容易出现浪费时间的现象。因此，青年应学会向某些事情说不。将自己有限的精力投入到真正重要的目标和任务中去。

5. 工作时集中精力

集中精力工作是节约时间的一个最好的办法。有些人有意无意地逃避工作，例如在楼道里溜达，与人闲聊，读一些与工作无关的报纸杂志，不断清理办公桌上的文件，一遍一遍地写备忘录等等。这样的人工作效率肯定提不高。

对于管理人员而言，也许影响集中精力于某件事情的最大挑战在于不断有人来干扰。有研究发现，一般的管理人员平均每八分钟被打断一次。每天12%的时间就是用来处理这种紧急情况。为了解决这一问题，有些管理者采取预约谈话时间的方法。

四、竞争与合作
（一）从竞争走向合作

现在的青年普遍具有竞争心理，这一方面是青年人争强好胜的心理使然，另一方面是现代社会竞争压力所驱使。诚然，一定程度的竞争能刺激人的主动精神、毅力和独创性，例如有的公司还专门创设竞争的条件来促进公司的发展，但是过度的竞争往往会导致人际关系的紧张、绩效的下降、效率的低下等等后果。

青年踏入社会，免不了和人打交道，在与人打交道的过程中，个体至少面临五种行为选择：竞争（满足自己的需要而不满足他人的需要）、合作（既满足自己的需要也满足他人的需要）、回避（既不满足自己的需要也不满足他人的需要）、迁就（虽然自己的需要没有得到满足，但满足他人的需要）、折中（部分满足自己的需要，部分满足他人的需要）。我们可以发现，现实生活中有的青年选择与他人协作，实现双赢；有些人选择迁就；有些人选择逃避；有的人选择竞争。然而，成功者都有一个共同的特点：他们人际沟通能力非常强，善于与他人协作。我们认为，超越竞争，从竞争走向合作是青年个体急需树立的一个基本的竞争与合作观。

（二）"和为贵"——我国古代的竞争合作观

孔子就特别提倡"和"的思想。"礼之用，和为贵"（《论语·学而》）。"听讼，吾犹人也。必也使无讼乎！"（《论语·颜渊》）可见，他将"和""无讼"作为自己的人生哲学和政治理想。他认为，人与人之间的各种纠纷和争斗必须通过平等协商的方式才能得到解决。后来孟子和荀子进一步对"和"进行阐发。孟子说，"天时不如地利，地利不如人和"。从此"人和"，就成为走向成功之路的创业指南，它的影响是无法估量的。这种"和"对于提高个体工作效率的作用已经得到了人际关系学派的证实。"和"倡导人们化解人际的矛盾，铲除隔阂；使人与人之间保持在一个和谐的状态，以至达到"四海之内皆兄弟"（《论语·颜渊》）的理想境地。"和"即合作、和谐，这种"和"是有原则的"和"，是彼此利益的满足，而不是单一方面的妥协。"君子和而不同，小人同而不和"（《论语·子路》），可见，"和"与"同"不一样。"和"是指在承认矛盾、肯定竞争上的和谐，是合作；"同"是指否定

图 16.1 囚徒困境

矛盾、抹杀竞争的所谓和谐，是妥协。可见，合作竞争的思想在我国古代就已经成型了。

（三）现代博弈论研究的结果

现代博弈论对合作竞争进行了深入的研究。最有名的是"囚徒困境"的例子（图 16.1）。有一警察抓住了两个犯罪嫌疑人，但是警察局却缺乏足够的证据指证他们所犯下的罪行；如果犯罪嫌疑人中能有一人供认犯罪，就能确认罪名成立。为了得到口供，警察将这两名罪犯分别关押以防止他们串供或结成攻守同盟，并分别跟他们讲清了他们的处境和面临的选择：如果他们两人中有一人坦白认罪，则坦白者立即释放而另一人将重判 8 年；如果两个人都坦白认罪，则他们将被各判 5 年监禁；当然若两人都拒不认罪，因警察手上缺乏证据，那么他们就会被以较轻的妨碍公务罪各判 1 年徒刑。这时，两个囚徒面临一个博弈：如何选择自己的策略。在这个博弈中，两个博弈方对对方的可能得益完全知晓，并且各自独立作出策略选择。每个博弈方选择自己的策略时，虽然无法知道另一方的实际选择，但他却不能忽视另一方的选择对自己得益的影响，因此他会根据对方两种可能的选择分别考虑自己的最佳策略。

该博弈的稳定解是俩囚徒都选择坦白策略，此时双方得益如图 16.1 矩阵中的黑体数字表示。通过运用有限次重复"囚徒困境"博弈的研究结果表明，如果该博弈在后来的时期内不断重复，因为每个博弈方互相知道对方可能的得益，他们明白即使在最后一轮博弈中，也会被对方出卖。因此，在任何一次重复的博弈中都不会存在合作的激励因素，从而从头至尾他们都会出卖对方。也就是说博弈双方在决策时都以自己的最大利益为目标，结果是无法实现最大利益或较大利益，甚至会导致对双方都不利的结局。

可见，个体在博弈时，得考虑他人的利益，要尽量谋求整体利益（自己与他人利益之和）的最大化，否则结果就是两败俱伤。因此，个体应突破原来的竞争观，应该从竞争走向合作，从而超越竞争。

那么，博弈双方要如何才能达到合作呢？研究表明，只有两者之间存在较多的接触以及长远利益，就有可能产生合作。美国密歇根大学的艾克斯罗德（R. Axelrod）教授发现，"礼尚往来"是赢得对方合作的最佳策略。

（四）"人为为人"：合作竞争的本质

合作竞争的特点概括起来就是"人为为人"四个字。"人为为人"是笔者首提的概念，在"人为为人"中，首先是"人为"，即每个人先要注重自身的行为修养，"正人必先正己"，然后从"为人"角度出发，来从事、控制、调整自己的行为，创造一种良好的人际关系和激励环境，使人们能够持久地处于激发状态下工作，主观能动性得到充分发挥[1]。这正指出了"针锋相对"策略的实质。

（1）"人为为人"的概括简明易记，易于传播和传授。

（2）"人为"意味着先示人以合作。"人为"要求人的行为要"正人必先正己"，与"针锋相对"策略中第一步要先以"合作"待人是一样的，只有先示人以"合作"，先"正己"才能给对方以榜样和信心，使其相信你的承诺，因为这样的承诺是以行动来支持的。正如克瑞普斯指出的没有行动支持的承诺是无价值的。

（3）"为人"体现了"回报"本质，即要为他人利益而付出，要为他人着想，他人好则自己也好，他人不好则自己也不好。"为人"的含义不仅限于此，"为人"更强调是要"为了人的全体"，"为集体的整体"最优而行动，这就更指出了合作的本质。从"为人"的这个角度出发也能使我们更全面地认识"回报"的意义，回报不仅要对他人对集体有益的行为进行回报，予以奖励，也要对他人做出的对集体有害的行为作出相应的"回报"——"惩罚"，因为唯有这样才能有效地防止有损集体的行为发生。"惩罚"也是"为人"的另一方面，这是全面理解"为人"含义必须所要认识到的。没有强硬的实力，也是不能有效"为人"的。

可见"人为为人"概括了合作竞争理念的本质，可以说"人为为人"是为了达到最优均衡而必须具有的"知识结构"或共利理念。每位青年都应树立"人为为人"观。

案 例

曹德旺：雪中送炭的回报[2]

1997年初夏的时候，作为福建福耀玻璃供应商的印度尼西亚ASAHI的日本总经理拜访董事长曹德旺。曹德旺在家热情地款待了他。印度尼西亚ASAHI公司是浮法玻璃生产商，当年的3—4月份东南亚爆发金融危机，印度尼西亚很多企业破产，浮法玻璃的市场非常疲软，几乎销不动。日本总经理此行主要是希望曹德旺帮忙他们渡过难关，曹德旺表示："人都有遇到困难的时候，企业也是这样。所以，企业之间互相帮忙是应该的。"他答应每个月向其购买一船玻璃，大概4 000吨的数量，这个用量相当于福耀每月用量的80%—90%。印度尼西亚ASAHI的日本总经理感激涕零地说："我

---

[1] 苏东水:《东方管理学》，复旦大学出版社2005年版，第六章。
[2] 曹德旺:《心若菩提》，人民出版社2014年版。

在印度尼西亚的仓库太小，东南亚金融危机，玻璃不好卖，也不易存放。您要的这一船货，正好救了我们。"

第二天，送走日本人后，下属问曹德旺，印度尼西亚 ASAHI 这一次受灾很严重，为什么不同他商谈价格？他说："我刚从印度尼西亚调研回来，现在在印度尼西亚交易都必须用美元，他们所处的环境比你们了解到的还要艰难。从福耀公司的角度来看，我们现在的短板是没有浮法玻璃生产工厂，主要靠外购。在中国，只有两家企业为我们供货，所以一个健康的印度尼西亚 ASAHI 是我们所希望见到的。"看着下属的疑惑，曹德旺又说："要想让福耀公司健康发展，不仅需要我们自己的产品客户端繁荣，更需要我们的产品供应商发达。表面上看是我们在帮助他们，实际上，这样做也是在保护我们自己。既然定位是帮助对方，那就完全可以省略讨价还价这个环节。我相信日本人也是聪明人，知道我的用意，不然他也不会来拜访我。"

东南亚金融危机过后，1998年底，亚洲经济开始回暖，浮法玻璃又开始供不应求。那段时间，幸好福耀玻璃有印度尼西亚 ASAHI 每个月一船的供货。

之后，印度尼西亚 ASAHI 始终没有涨价。他们好像不知道玻璃的价格在猛涨似的，不仅按时发货，而且绝口不提涨价的事。一直到一年以后，玻璃价格几乎翻了一番，福耀才收到印度尼西亚 ASAHI 的通知，说不好意思，要涨价了。曹德旺马上就答应了："早就应该涨价了，真的很感谢！"

五、择业与成功

（一）职业选择与成功

青年处于个体职业发展阶段的探索期。在这个时期，他必须认真探索各种可能的职业选择。在这个时候，他们最应该做的也许就是对自己的兴趣、性格、气质、能力、价值观和天资形成一种现实性的评价，然后根据收集来的各种职业的信息作出相应的职业抉择。

人职匹配是青年成功择业的一条基本准则。这种匹配主要是在兴趣、能力、气质与性格等方面的匹配。

1. 职业兴趣匹配

职业能否成功在很大程度上取决于他是否喜爱这个职业。孔子曾说："知之者不如好之者，好之者不如乐之者。"（《论语·雍也》）意思是对于任何事业，懂得它的人不如喜爱它的人，喜爱它的人又不如以它为乐的人。"乐之"是最高的一种工作境界，相对于"好之"而言，主要是情绪状态的不同。"乐之"者在工作和实践中找到了无穷的快乐，身安心顺，陶然自得。现在，很多职业青年的烦恼大都来自对工作本身兴趣的缺乏。很多青年工作只为了金钱，为了职位而工作，而缺乏对工作的兴趣和热忱。这样的话，从事任何职业都不能让人快乐，很多人做一行怨一行就是这种工作心理的后果。

如何将职业按照兴趣进行分类呢？现在国外流行的分法是霍兰德（J.Holland）的划分。他将人格类型分为六种，这六种性向的人适合的职业群见表16.3。

表16.3 兴趣与职业群（举例）

实际性向	调研性向	艺术性向	社会性向	企业性向	常规性向
综合性农业企业管理人员；木工；电器技师；工程师；农场主；森林工人；公路巡逻官；园艺工人；工业设计教师；新兵招募人员；军官；农业技术教师；	生物学家；化学家；工程师；地理学家；数学家；医学技术人员；生理学家；物理学家；心理学家；研究与开发人员；学术研究人员；社会学家；	广告管理人员；艺术教师；艺术家；广播员；英语教师；室内装修人员；医疗绘图师；公使；音乐家；摄影师；公共关系专家；发言人；	汽车推销商；辅导咨询专家；家庭经济指导人员；精神健康工作者；公使；自然常识教师；娱乐管理人员；学校管理人员；社会科学教师；社会工作人员；特殊体育教师；青年基督教联盟指导者；	综合性农业企业管理人员；汽车推销商；工商管理教师；采购员；商会行政管理人员；葬礼指导人员；人寿保险代理人员；采购代理人；房地产商；餐厅管理人员；零售职员；商店管理	会计；汽车推销商；银行职员；簿记员；工商管理教师；信贷管理人员；食品服务管理人员；行政主管；国内收入署代理人；数学教师；新兵招募人员；秘书；

资料来源：[美]加里·德斯勒，《人力资源管理》（第6版），刘昕等译，中国人民大学出版社1999年版，第377页。

（1）实际性向。这种性向的人对具体劳动或基本的技术感兴趣。

（2）调研性向。这种性向的人对思想、观念方面的理解和操作感兴趣。

（3）社会性向。这种性向的人对社会交往、教育活动等方面感兴趣。

（4）常规性向。这种人对处理系统而有条理的工作方面感兴趣。

（5）企业性向。这种人对支配和领导他人的工作方面感兴趣。

（6）艺术性向。这种人对艺术上的自我表现和创造性表现方面感兴趣。

青年可以通过霍兰德职业兴趣测试表来测试自己的兴趣，根据测试结果可以寻找到自己适合的职业群。一般说来，虽然一个人的兴趣可以主要划分为某一类，但是往往也同时具有几个方面的兴趣。这时，个体在选择职业群时往往会发生各种矛盾和烦恼。

2. 职业能力匹配

人职匹配的核心就是要实现职业能力的匹配。能力包括智力（一般能力）、特殊能力和创新能力。职业能力匹配不仅要实现职业智力能力的匹配，而且也要实现职业特殊能力的匹配和职业创新能力的匹配。这要求个体不仅要了解自己的能力特征和能力结构,而且也要了解不同职业对能力结构的要求。

比如有些职业对智力就有一定的要求。例如,研究发现会计师的平均IQ是128.1左右,而汽车司机的平均IQ为100.8左右。但是,仅从智力不能很好地揭示职业能力的要求。现在,人们一般把与职业有关的能力区分为10个因素:智力、言语能力、算术能力、书记知觉、空间判断力、形态知觉、协同动作、运动速度、手指灵巧度、手的灵巧度。青年可以通过一般职业的特殊能力测验得出分值,然后选择一个适合自己的职业群。对这十个因素的解释和与职业群参照表以及特殊职业能力测量方面的内容请参见本书第十八章表18.1和表18.2及相关内容。在此,不再讨论。

3. 职业气质、性格匹配

本书在第四章已经对气质、性格和管理的关系进行了深入探讨。我们知道,能力是顺利完成工作的基础,但是一定的性格、气质特征也是成功完成某些工作的重要影响因素。因此,青年在选择职业时,可以到职业指导中心或心理咨询中心进行一些性格、气质的测量,好将自己的性格、气质特征与工作联系起来。关于不同气质、性格类型的职业群参见表16.4。

表16.4 气质、性格与职业群(举例)

气质、性格特征	职 业 群
偏内向,严谨,细心	会计、出纳、档案管理人员
独立,积极,支配欲强,好强	管理人员
外向,热情,乐群,开朗	营业员,推销员,教师,党团干部
好问,独立,积极,深沉,严谨	科研人员,研发人员
反应快,不厌重复	打字员,排版员
勇敢,胆大,沉着,细心	飞行员,公安干警,医生

(二)职业适应与成功

1. 青年职业不适应的原因

由于青年在选择第一份工作时,往往对自己还没有清楚的认识,社会经验也不足,更没有建立成熟的职业观,这往往给青年在今后适应工作环境的过程中留下了隐患。

若从深层次的心理原因来分析,青年职业不适应主要有以下四个原因:

(1)期望与现实的不一致所导致的认知失调。青年人由于社会经验不足,社会性能力缺乏锻炼,眼高手低,这时一到实际工作岗位,发现实际的工作与以前学的知识不一样,会有一种挫折感。青年人在工作以前,往往有一个预想，对今后工作的环境、人际关系、薪水待遇等都会有个心理预期，一旦工作达不到他的心理预期时，便会出现心理冲突。

（2）某些需要得不到满足。例如，工资太低，实际利益的需要得不到满足；与同事、上司有矛盾，人际关系和尊重的需要得不到满足；自己想法得不到重视，自我实现的需要得不到满足。

（3）个体的性格。有研究表明，最容易产生不适应的青年，其性格多表现为抑郁、情绪变化大和有自卑感，在神经质和情绪方面也存在许多问题。

（4）理想的自我与现实自我之间的差距。有研究发现，理想的自我与现实的自我之间的差距越大，青年越容易产生不适应现象。

2. 跳槽青年的心理误区

职业不适应与再就业是孪生子。主动辞去工作再就业，就是跳槽。现在的青年把跳槽看成是一件非常普通的事情，在青年看来，跳槽是找到适合自己工作，实现自我的一条重要途径，没有什么值得大惊小怪的。但是，现在一些青年在跳槽时，也陷入了一些误区。

（1）绿色草坪效应。跳槽的青年，尤其是已经跳了两次槽的青年，一般自我感觉特别良好。然而，这些人跳来跳去，到头来还没有找到自己到底需要什么。他们总是跟着社会舆论走，远处的"草坪"总比身边的"绿"，跑过去一看，怎么也不是那么"绿"，抬头远望，发现远处的"草坪"还是比身边的"绿"，于是，又开始去追逐。追逐了老半天，还没有发现自己最想要的。

（2）缺乏责任心。有些青年跳槽时，对单位没有一点责任感，想跳就跳，根本不事先和单位打个招呼。往往让单位受害不浅。这些人的职业道德值得怀疑。

3. 失业青年的心理误区

失业青年就是那些应该工作却没有工作的青年，这些青年中分为两类：待业青年，下岗青年。面对失业，这些青年对职业报有更大的渴求，也面临更多的心理困惑。

（1）自卑。失业青年特别容易产生自卑的情感，这种自卑的情感又会导致严重的心理冲突。一方面，需要工作，另一方面，有些工作既脏且地位低下，他们宁愿待在家里，不愿去从事这种没有"面子"的工作。

（2）错误归因。有些失业青年对失业或待业进行归因时往往将原因归结为单位、社会、或自己的命运。这样，往往产生怨天尤人的心态，甚至产生攻击性行为。

（3）职业定位失误。有些失业青年是没有正确认识自己，没有端正良好的职业观才导致失业的。失业青年中容易产生两类认识错误：一是过高地估计自己的实力；二是对自己失去自信。这两类认识错误显然不利于再就业。

4. 再就业的对策

如何进行再就业呢？这里提几点建议。

（1）重新审视自己，一定要做到客观、公允，树立自信心。

（2）进行恰当的职业定位，明确自己工作的意义，到底自己想从职业中得到什么。

（3）面对工作机会时，考虑该工作是否适合自己的能力、性格、兴趣以及身体状况；能否保证自己必需的报酬和福利；能否实现自己的个人才能；是否克服了以前工作单位难以忍受的条件？

（4）及时排除自己求职过程中的心理障碍，可以去心理咨询中心寻求帮助。

（5）学习掌握一些求职技巧。

【例】"人生 × 事业的结果 = 思维方式 × 热情 × 能力"这是稻盛和夫著名的"人生方程式"。人生、事业的结果是由思维方式、热情和能力这三个要素用"乘法"算出的乘积，绝不是"加法"。

所谓能力，是指才能、智力，更多是指先天方面的资质；所谓热情，是指从事本职工作的激情或努力的态度，是可以根据自己的意愿进行控制的后天方面的因素。这两个因素都可以分别用 0 分至 100 分表示。因为是用乘法计算，所以和那些炫耀自己有能力而不努力的人比较，那些觉得自己能力平平、却比任何人都努力的人，反而能取得更大的成就。

思维方式是三要素中最重要的要素，是指对待人生的态度，它的范围可以从正 100 分至负 100 分。因为思维方式的不同，人生、事业的结果就会产生一百八十度的大转变。

因此，在有能力和热情的同时，拥有做人的正确的思维方式至关重要。

第三节　青年人的道德修炼

一、青年的道德心理

（一）道德的概念

道德，又称为伦理，是调整人与人之间以及人与社会之间的关系的行为准则与规范的总和。简言之，就是指区别正确与错误的价值观和原则。道德不是由法律所规范的，而是传统习俗、价值观、习惯等社会文化影响的结果。道德品质的健全发展是青年心理发展的重要组成部分。

（二）青年道德品质的心理结构

青年道德品质包括四个基本心理成分：道德认知，道德情感，道德意志，道德行为。这四个基本心理成分相互联系，相互促进。

道德认知就是青年个体对道德现象、道德行为、社会道德关系及其理论的认识，它是道德品质心理结构的基础，是人们形成辨别是非的基本条件。没有道德认知，就不可能形成道德体验，也就无法产生道德情感和道德行为。道德情感是青年个体在行为过程中的一种心理体验，是个体对社会现象或行为的善与恶、是与非、爱与恨的一种态度。它往往在道德认知的基础上形成，反过来强化道德认知，同时加固道德意志。而道德意志则是道德认知、道德情感能否转化为道德行为的关键因素。道德行为则是个体道德品质的外在表现，受道德认知、道德情感、道德意志的控制和影响，同时道德行为的操练会反过来强化道德认知、道德情感和道德意志。可见，这四个基本心理成分之间相辅相成，相互作用。

（三）青年道德发展阶段

美国著名发展心理学家和道德教育学家柯尔伯格（L. Kohlberg, 1976）从19世纪50年代开始研究个体道德发展过程。经过长期的实践研究，他提出了道德发展理论，他将个体道德的发展分为三个水平，六个阶段。

1. 前习俗水平

该水平的主要特点就是从具体的行为结果和自身的利害关系来进行道德判断。

第一阶段，顺从和惩罚阶段。在这个阶段，道德往往是建立在愉快痛苦原则之上，个体行为唯一正确的准则就是顺从于那些掌握惩罚权力的人。

第二阶段，个人主义与互惠阶段。这一阶段的主要原则就是个体利益最大化。个体往往为了谋求自身利益的最大化，会与他人达成协议并建立互惠的关系，但这都是以个人利益为动机的。

2. 世俗水平

该水平的主要特点是从满足社会舆论需要的角度来进行判断。

第三阶段，人际和谐阶段，以自己的行为是否得到别人喜爱或赞扬作为定向。

第四阶段，法律秩序阶段。道德意味着维护权威和秩序。

3. 后世俗水平

该阶段的主要特点就是要履行自己选择的道德标准。

第五阶段，社会契约阶段。在这一阶段，为尽可能多的人谋求尽可能多的利益成为正确标准，以民主协议、个人权利和大多数人的利益为原则。

第六阶段，世界伦理原则阶段。在这一阶段，个体的道德已经发展得非常成熟、理性，道德的决策是由个人自由选择的，同时是在希望世界上每个人都能生活好的原则上作出的，在道德行为中，体现出利他和自我实现的精神。

绝大多数青年的道德发展水平停留在第四、五阶段。处于第四阶段的青年遵守规则，同事适应社会系统，并试图维护这一系统；处于第五阶段的青年往往倾向于将组织规则和伦理标准看成是一种专断的产物，他们往往会看重自己的理解，自我意识明确，能遵守社会公德。

（四）影响青年道德发展水平的因素

马克思主义认为，道德是社会关系的产物。道德品质是个体在社会化进程中逐渐形成的。道德品质的形成受到诸多因素的影响，对这些影响因素的研究无疑有助于我们青年进行道德品质的修炼。影响青年道德发展水平的因素很多，包括社会政治因素、家庭因素、教育因素、文化因素、个体因素等等。这里仅仅谈论影响青年道德发展水平的几个个体因素。

1. 自我效能感

自我效能感（Self-effecient）是用来衡量一个人自信心强度的指标。自我效能感强的人，往往容易根据自己的判断做事，更能克制冲动，道德认知、道德体验和道德行为都比较一致，道德发展水平较高。

2. 控制点

控制点是指个体相信自身能控制影响他的事件的程度。高内控制点的人往往相信自己的行为，以为自己控制着自己的命运，根据自己的内在的是非标准行动，并对行动结果负责。高外控制点的人，往往认为运气和社会控制着自己的命运，因此他们依赖外部力量，不大可能对行为的后果负责。研究发现，高内控制点的个体比高外控制点的个体在进行决策时表现出了更多的道德行为。

3. 替代学习

社会学习学派认为，青少年的许多道德行为通过模仿和观察学习既可以获得，也可以改变，其中起重要影响的因素就是榜样作用。班杜拉曾采用道德判断的故事进行实验，结果发现：相对于通过赞扬、奖励等手段来强化的方式，提供道德判断榜样更能提高个体的道德水平。

二、青年道德品质修炼的内容

孔子曾说："为政以德，譬如北辰，居其所而众星共之。"（《论语·为政》）"君子之德风，小人之德草。草上之风，必偃。"（《论语·颜渊》）意思是说，管理者的道德就像风一样，下属员工的道德就像草一样，风往哪边吹，草就往哪边倒。

所有这些都证明了一个道理：人才必须是"德才兼备，以德为先"。所谓的人才首先必须是对社会有用的人才。因此德保证了正确的方向，没有德也就不能成其才；反过来，无才，德也会无所作为。"德者，才之帅也；才者，德之资也。""有德无才，愚人也；有才无德者，小人也。"可见，道德修炼是成才的一个基本条件。

青年道德品质修炼的主要内容包括社会公德、和职业道德等两个部分。

（一）青年社会公德的修炼

1. 社会公德的定义

社会公德就是公共生活领域里的社会道德，其基本功能在于维护社会公共秩序。青年作为社会的成员，理所当然地拥有利用、享受公共财产和公共空间的权利，然而由于公共所有权的不可分割性，个人对公共财产和公共空间只具有合理的享用权，而不具有拥有权。因此，个体不能随心所欲地对待公共物品和公共空间，必须符合社会公众的意志亦即社会公德。

在现代社会，青年进行社会公德修炼的功用已经不再仅仅停留在维持社会正常公共秩序的层面，更为重要的是它能提倡一种社会精神：关注他人、乐于奉献。"人人为我，我为人人"是社会公德的本质特征。

2. 社会公德的内容

社会公德主要以规范、准则的形式指导人们在公共场所的行为，调整人们的公共交往关系。这种公共规范可以分为禁止性规范和倡导性规范两类。

禁止性的规范往往以否定命令的形式出现，例如上海市的"七不"行为规范。这类规范主要是防止个人侵害公共财产、损害公共利益。倡导性的行为规范往往是以肯定命令的形式出现，例如，要爱护公物、要保护环境、要维护秩序、要见义勇为、要助人为乐、要谦让有礼等等。

（二）职业道德的修炼

1. 职业道德的概念

职业道德是每一职业的行为规范，它是职业或行业内部特殊道德要求。恩格斯指出："每一个阶级，甚至每一个行业，都各有各的道德。"现代社会，社会分工日益复杂，这种复杂性就决定了职业道德的多样性。为官者须有"官德"，经商者须有"商德"，执教者须有"师德"，治学者须有"学德"，普通百姓则须有"民德"。

2. 职业道德的基本原则

职业道德与经济体制关系密切。社会主义市场经济要求建立相应的职业道德，与社会主义市场经济相适应的职业道德有几个基本原则。

（1）恪尽职守、爱岗敬业。恪尽职守，爱岗敬业就是要求人们能忠实地履行自己的职位责任，对工作极端负责任，坚决谴责和杜绝任何不负责任、偷懒、马虎、玩忽职守的态度和行为；应该以一种积极的态度来面对工作，热爱岗位，努力工作，不怕困难，任劳任怨，充分发挥自己的主动性、积极性和创造性。恪尽职守、爱岗敬业是一个人事业成功的基石。只有树立好正确的职业观，个体才可能真正地实现自我价值。

（2）服务群众、奉献社会。任何职业的从事者都与其他职业和个人存在着千丝万缕的联系，任何职业人士都必须承担一定的社会责任，都必须向其他人和社会提供服务，同时享有他人和社会为自己提供的服务。协调好个人利益、集体利益和社会利益的关系是职业道德的一个基本内容。生命的意义就在于奉献，只有奉献才可能获取。有些青年人由于受极端个人主义思想的影响，利己思想严重，忽视社会利益和他人利益，违背了职业道德的基本宗旨。

（3）诚实守信、办事公道。"人而无信，不知其可也。……其何以行之哉？"（《论语·为政》）"言忠信，行笃敬，虽蛮貊之邦，行矣。言不忠信，行不笃敬，虽州里，行乎哉？"（《论语·卫灵公》）可见，诚实信用是一个人事业成功的先决条件。市场经济本质上就是一种契约型经济，契约的订立就是基于双方的诚实信用。违约与欺诈是商家之大忌。任何职业都需要讲信用、讲公道。普通员工需要讲信用，才能和同事、顾客建立良好的关系；企业管理者也需要讲信用，他才能和员工、顾客、供应商，以及社会建立良好的关系。

三、青年道德品质修炼方法

不论是企业青年人员的培训，还是学校教育，都有一个重要的内容，那就是培养青年员工或学生的道德品质。如何培养呢？我国的孔子、孟子、荀子等古代思想家都有专门的论述，苏联的马卡连柯，法国的涂尔干，美国的杜威、班杜拉、柯尔伯格等等都对青年道德品质的培养有所论述。纵观各种各样的方法，基本上我们可以归纳为以下几类。

（一）说理教育法

"行之明也，明之为圣人"（《荀子·儒效篇》）。青年人只有知道了道理，才会产生行动。

说理教育法就是要通过摆事实，讲道理的方法来提高青年的道德认识。然而，向青年说清道理，并让他们乐意接受和真正理解需要他们懂得的道理并非易事。说理教育的方式多种多样，例如，谈话、讲解、听报告、讨论、游戏、参观、调查等等。讲解和报告的方式非常普遍，采用这种方式必须做到：目的一定要明确；一定要联系实际，深入浅出；针对性一定要强，要能切实解决问题；请有丰富实践经验的成功者作讲演者。讨论和辩论的效果也比较好，这主要是由青年人之间就某些道德问题（例如一些道德两难情境）进行讨论和争辩，组织者要注意引导青年敞开思维，勇于发表自己的意见，使讨论逐渐联系到社会、公司、学校实际，由分散意见到逐步集中主题，培养学生自己总结、发现的能力。

（二）情感陶冶法

对青年单纯说教，往往起不到多大的效果。如果能在说理的同时施以情感的作用，往往能事半功倍。情感陶冶法就是要以真挚的情感，运用尊重、理解、关心和信任等手段从情感上去感化、暗示青年。这种方法的原理就是暗示。

以真诚、真挚的态度对待青年，尊重、理解、关心、信任青年，往往能引起青年的情感共鸣，让青年的防卫机制松弛，这时，谈话者的倾向就能无形之中暗示青年今后的行为取向。有研究表明，要使暗示法得到恰当的应用，需要掌握三个原则：

（1）要保持愉快、轻松、集中的心理松弛状态的原则；

（2）有意识与无意识统一的原则；

（3）暗示手段相互作用的原则。

情感陶冶的方式也有很多种，比如领导对青年的关心，教师对学生的爱，环境的陶冶以及艺术陶冶等。企业文化对青年也有非常重要陶冶作用。例如，强生公司发生"泰兰诺"药品中毒事件后，许多看电视知道这事的营业员在没有接到公司总部的下架通知前，就已经将所有的"泰兰诺"药品从柜台上拿了下来。这其实就是强生公司高道德文化的影响。

（三）榜样示范法

"三人行，必有我师焉。择其善者而从之，其不善者而改之。"（《论语·述而》）"见贤思齐焉，见不贤而内自省也。"（《论语·里仁》）可见，榜样的力量对于青年而言，具有非常重要的感染力和说服力。

青年的思想道德可塑性大，模仿性强，富有理想，有上进心。这是榜样示范法的逻辑起点。按照班杜拉的观点，榜样示范法其实就是一种替代学习，也就是通过观察他人的行为和后果来替代自己亲自学习，从而避免一些不必要的代价。应用榜样示范法有两个要点：一是要注意选择好榜样，二是青年表现出榜样的行为后，要得到榜样同样的待遇。

（四）道德评价法

在培养青年道德时，最重要的一点就是应该注意道德认知、道德情感、道德意志和道德行为的统一。然而，由于青年个性心理渐趋稳定，改变道德认知、改变青年的个性结构已经比较艰难。或许，这时，道德培养采用态度改变法最为适宜。改变青年道德态度的一种主要方法就是道德评价法。

道德评价法其实就是通过对青年的道德表现给予评价，同时施以不同后果，从而改变青年道德态度的方法。其理论基础就是强化原理。当某员工表现出好的道德行为时，给予强化，例如表扬、奖励；相反，若某员工表现出不良道德行为时，给予批评、惩罚。例如，有的公司将上班迟到次数与奖金建立联系，若每月上班迟到3次，则扣除当月奖金。值得注意的是，采用惩罚的方法进行道德行为培养时容易产生长期的负面后果。因此，采用惩罚方法时，要进行仔细设计，并且最好采用"积极惩罚"的方法。积极惩罚强调说理而不是强加逐步严重的惩罚来改变青年的道德行为。

【例】 通用电气公司的某员工上班迟到、工作马马虎虎，他会得到一个关于此种行为不善的口头暗示，而不是书面责备。如果这种行为继续发生，则会得到一份书面的责备。若行为仍然存在，员工就会被带薪停职一天，这天被称为"决策日"。决策日后再有该行为发生，就予以解雇。这种方法被证明非常有效。

案 例

善良比聪明更重要——杰夫·贝佐斯（Jeff Bezos）在母校普林斯顿大学毕业典礼上的演讲

在我还是个孩子的时候，夏天总是在德州祖父母的农场中度过。我帮忙修理风车，为牛接种疫苗，也做其他家务。每天下午，我们都会看肥皂剧，尤其是《我们的岁月》。

我的祖父母参加了一个房车俱乐部，那是一群驾驶Airstream拖挂型房车的人们，他们结伴遍游美国和加拿大。每隔几个夏天，我也会加入他们。我们把房车挂在祖父的小汽车后面，然后加入300余名Airstream探险者们组成的浩荡队伍。

一、善良比聪明更难

我爱我的祖父母，我崇敬他们，也真心期盼这些旅程。那是一次我大概十岁时的旅行，我照例坐在后座的长椅上，祖父开着车，祖母坐在他旁边，吸着烟。我讨厌烟味。

在那样的年纪，我会找任何借口做些估测或者小算术。我会计算油耗还有杂货花销等鸡毛蒜皮的小事。我听过一个有关吸烟的广告。我记不得细节了，但是广告大意是说，每吸一口香烟会减少几分钟的寿命，大概是两分钟。

无论如何，我决定为祖母做个算术。我估测了祖母每天要吸几支香烟，每支香烟要吸几口等等,然后心满意足地得出了一个合理的数字。接着,我捅了捅坐在前面的祖母的头,又拍了拍她的肩膀,然后骄傲地宣称,"每天吸两分钟的烟,你就少活九年!"

我清晰地记得接下来发生了什么,而那是我意料之外的。我本期待着小聪明和算术技巧能赢得掌声,但那并没有发生。相反,我的祖母哭泣起来。

我的祖父之前一直在默默开车,把车停在了路边,走下车来,打开了我的车门,等着我跟他下车。我惹麻烦了吗?我的祖父是一个智慧而安静的人。他从来没有对我说过严厉的话,难道这会是第一次?还是他会让我回到车上跟祖母道歉?

我以前从未遇到过这种状况,因而也无从知晓会有什么后果发生。我们在房车旁停下来。祖父注视着我,沉默片刻,然后轻轻地、平静地说:"杰夫,有一天你会明白,善良比聪明更难。"

二、选择比天赋更重要

今天我想对你们说的是,天赋和选择不同。聪明是一种天赋,而善良是一种选择。天赋得来很容易——毕竟它们与生俱来。而选择则颇为不易。如果一不小心,你可能被天赋所诱惑,这可能会损害到你做出的选择。

在座各位都拥有许多天赋。我确信你们的天赋之一就是拥有精明能干的头脑。之所以如此确信,是因为入学竞争十分激烈,如果你们不能表现出聪明智慧,便没有资格进入这所学校。

你们的聪明才智必定会派上用场,因为你们将在一片充满奇迹的土地上行进。我们人类,尽管跬步前行,却终将令自己大吃一惊。我们能够想方设法制造清洁能源,也能够一个原子一个原子地组装微型机械,使之穿过细胞壁,然后修复细胞。这个月,有一个异常而不可避免的事情发生了——人类终于合成了生命。在未来几年,我们不仅会合成生命,还会按说明书驱动它们。

我相信你们甚至会看到我们理解人类的大脑,儒勒·凡尔纳,马克·吐温,伽利略,牛顿——所有那些充满好奇之心的人都希望能够活到现在。作为文明人,我们会拥有如此之多的天赋,就像是坐在我面前的你们,每一个生命个体都拥有许多独特的天赋。

你们要如何运用这些天赋呢?你们会为自己的天赋感到骄傲,还是会为自己的选择感到骄傲?

三、追随自己内心的热情

16年前,我萌生了创办亚马逊的想法。彼时我面对的现实是互联网使用量以每年2 300%的速度增长,我从未看到或听说过任何增长如此快速的东西。创建涵盖几百万种书籍的网上书店的想法令我兴奋异常,因为这个东西在物理世界里根本无法存在。那时我刚刚30岁,结婚才一年。

我告诉妻子麦肯齐(MacKenzie Bezos)想辞去工作,然后去做这件疯狂的事情,很可能会失败,因为大部分创业公司都是如此,而且我不确定那之后会发生什么。

麦肯齐告诉我,我应该放手一搏。在我还是一个男孩儿的时候,我是车库发明家。我曾用水泥填充的轮胎、雨伞和锡箔以及报警器制作了一个自动关门器。我一直想做一个发明家,麦肯齐支持我追随内心的热情。

我当时在纽约一家金融公司工作，同事是一群非常聪明的人，我的老板也很有智慧，我很羡慕他。我告诉我的老板我想开办一家在网上卖书的公司。他带我在中央公园漫步良久，认真地听我讲完，最后说："听起来真是一个很好的主意，但是对那些目前没有谋到一份好工作的人来说，这个主意会更好。"

这一逻辑对我而言颇有道理，他说服我在最终作出决定之前再考虑48小时。那样想来，这个决定确实很艰难，但是最终，我决定拼一次。我认为自己不会为尝试过后的失败而遗憾，倒是有所决定但完全不付诸行动会一直煎熬着我。在深思熟虑之后，我选择了那条不安全的道路，去追随我内心的热情。我为那个决定感到骄傲。

明天，非常现实地说，你们从零塑造自己人生的时代即将开启。

你们会如何运用自己的天赋？

你们又会作出怎样的抉择？

你们是被惯性所引导，还是追随自己内心的热情？

你们会墨守成陈规，还是勇于创新？

你们会选择安逸的生活，还是选择一个奉献与冒险的人生？

你们会屈从于批评，还是会坚守信念？

你们会掩饰错误，还是会坦诚道歉？

你们会因害怕拒绝而掩饰内心，还是会在面对爱情时勇往直前？

你们想要波澜不惊，还是想要搏击风浪？

你们会在严峻的现实之下选择放弃，还是会义无反顾地前行？

你们要做愤世嫉俗者，还是踏实的建设者？

你们要不计一切代价地展示聪明，还是选择善良？

我要做一个预测：在你们80岁时某个追忆往昔的时刻，只有你一个人静静对内心诉说着你的人生故事，其中最为充实、最有意义的那段讲述，会被你们作出的一系列决定所填满。最后，是选择塑造了我们的人生。为你自己塑造一个伟大的人生故事。

谢谢，祝你们好运！

小　结

1. 从辩证唯物的观点看来，青年心理的发展就是由于青年人心理内部矛盾运动的过程。我们应该了解青年人的心理矛盾状况，对青年人加以适当的引导，帮助他们逐步渡过危机。

2. 当代青年具有较强的批判意识、创新精神、竞争心理、自主意识、民主与平等意识、参与意识以及个性张扬、崇尚超前消费、心身失范加重等特征。

3. 我国当代青年价值观变迁呈现出多元化、盲目化、后现代化的特征。

4. 青年人成才需要进行开发智力、培养非智力因素、提高时间管理能力、树立合作竞争观以及选择并适应好职业。

5. 青年道德品质包括四个基本成分：道德认知，道德情感，道德意志，道德行为。

6. 青年道德修炼包括社会公德、爱情道德、家庭道德、职业道德的修炼。

7. 青年道德培养的方法有说理教育法、情感陶冶法、榜样示范法以及道德评价法等。

8. 杰夫·贝佐斯演讲中阐述了其三个主要的观点：善良比聪明更难，选择比天赋更重要，追随自己内心的热情。

思考题

1. 试述我国当代青年心理发展的特征。
2. 如何开发青年人的智力？
3. 简述合作竞争观对青年人成功的影响。
4. 论述如何培养青年人的职业道德？
5. 人为为人理念对青年人成功有什么影响？
6. 如何理解杰夫·贝佐斯所讲的"善良比聪明更难、选择比天赋更重要"？

第十七章 群体心理

人类为了生存，就必须进行生产，要生产就必定要结成一定的生产关系。因而就必然形成个人与个人，个人与集体、社会的各种社会关系和矛盾。家庭、学校、工厂都是社会的一个细胞、一个集体，每个人都是生活在社会集体里，谁也不能脱离集体而单独生活。对一个领导者来说，要管理好企业，首先必须正确认识这些矛盾和关系，正确处理人与人之间的社会关系。本章所介绍群体心理，主要是指对人群关系和团体心理行为的研究，这是管理心理学的重要组成部分。

第一节 群体心理概述

人群关系，是指在一定的社会制度下，人与人之间的关系，也就是个人同上级、同事、下层及顾客等之间的关系。

一、研究群体心理的意义

人群关系对于工作效率有极大的影响，它是决定企业成败的重要因素之一。因此，现代管理学者都特别重视人群关系的研究，努力寻求合理正确的方针、政策、方法、方式，以调动全体人员的积极性，达成企业的组织目标，同时，使职工获得更大的满足。

人群关系是行为科学的重要组成部分。行为科学在企业管理中的应用，是在人群关系研究的基础上发展起来的，它注意客观事实的依据，重点从单纯搞好人与人之间的关系转为人力资源的充分利用。行为科学认为，尽管人的行为复杂多变，但是从中可以找出可资遵循的规律和它的因果关系，作为预测和控制行为的武器。企业管理中应用行为科学，总的目的在于激发人们的工作积极性，搞好组织建设，改善并协调人与人的关系，改善并协调团体与团体的关系，以促进企业生产经营的发展。

行为科学应用于管理时，在研究方法上同某些社会科学有一个显著的不同点，就是重视实践的研究。社会科学家，或许以逻辑的抽象模式来分析人类行为，这种情况以经济学家为多。行为科学则着重在控制观察中去获得经验资料，因此，行为科学可以被当作是提取经济的丰富资源，可以直接用之于管理方法的改进。现代行为科学发展的趋势显示，已从管理理论上的研究，推及管理实际上的应用。

管理心理学对于管理方面探讨的焦点，集中于将人类看作是一个社会的整体，而非单独的个人。行为科学的贡献，最重要的是将企业视为一个社会，虽然这种组织之目的在于追求经济利润。将企业视为社会，将人看作是"社会人"，这是一种进步的观点。这种观点，使管理者打开了眼界，对于企业中出现的问题有了新的认识，有了新的解决方法。人群关系学派认为：在企业的构成因素中（如技术、经济、管理、领导、人事、物资、财务、成本等），其中重要的变数应是个人或群体的活动、交往与情绪。活动、交往与情绪三者交互影响，就产生了真正的行为，可以决定企业生产水平，促进职工的成长与发展，以及影响他们的满意与情绪。这种观点提供了一种系统的方法，用以分析企业中各种复杂行为的类型，预测管理决策时的行为效果。

人群关系学派十分重视人性的价值，因此，主张管理上的民主和实行参与制，这种观点影响了组织理论与管理实务，由于他们除在理论上探讨如何解决管理问题外，又进一步在实践上参与管理的决策与执行之中。

二、群体心理的实践和理论

在资本主义社会的早期企业是着重从以下四方面研究人群关系的问题的：

（1）劳资关系的问题；

（2）人事纠纷的问题；

（3）职工工作情绪的问题；

（4）对顾客及社会大众的态度问题。

资本主义企业所以重视对这些问题的研究，其目的是缓和劳资关系，巩固资本家所有制，使企业获得更大的利润。

人群关系研究是从著名的霍桑实验开始的，美国在 20 世纪 30 年代起便形成了以梅奥（G. E. Mayo）为创始人的"人群关系"学派。虽然有人对霍桑实验，特别是对它采取的研究方法，有怀疑和批评，但霍桑实验确已为美国企业管理开辟了新的方向，并为后来行为科学在企业管理中的运用开辟了道路，建立了人群关系理论。

人群关系理论对人类行为的看法有如下几方面。

1. 得自心理学的看法，认为：

（1）人们工作的动机有很多种；

（2）人们的行为不一定都是合理的，有时会有不合逻辑的行为表现；

（3）人与人是相互依存的，个人的行为常需用其社会关系加以说明；

（4）管理人员可以经过训练而成为人群关系专家。

2. 得自社会学的看法，认为：

（1）职工的工作表现，不仅受管理者的影响同时也受组织内社会环境的影响；

（2）组织内有非正式团体，常影响正式组织；

（3）职务上的角色，因包括个人及社会的因素故极为复杂，但一般的工作分析对这些因素缺乏考虑；

（4）组织体应视为由多数相互依存的单位组成的社会组织。

3. 得自社会心理学的看法，认为：

（1）人们不一定经常将自己的目标与组织的目标相融合；

（2）意见沟通不仅传达组织内生产及经济方面的情报消息，同时也传达职工的情绪与感受；

（3）职工参与决策过程，有利于提高士气与生产；

（4）团体合作是实现组织目标不可缺少的条件。

人群关系理论以多种学科的知识为基础，去了解人类的行为，同时更进一步地想解决有关人的各种问题。人群关系理论不只是多种学科知识的集合，且含有更多的意义，它除了以人类学、政治学、社会学、心理学、社会心理学的知识为骨干之外，还运用语言学及操纵学的方法，改善意见沟通的过程，至于研究有关人群关系在决策过程中所扮演的角色，则连数学也被采纳进去。

三、建立有效的群体心理

1. 要有良好的人群关系的标志，如：
（1）有一套完整的，切合实际的正确处理人群关系的规范、原则、制度和方法；
（2）在实现组织目标的同时，应使职工获得需要上的满足；
（3）必须建立在人性管理的基础上；
（4）有赖于良好的管理方式和公平有效的领导行为。

2. 要采用促进人群关系发展的有效方法，如：
（1）树立正确选择管理者的观念；
（2）建立良好的组织结构；
（3）实行适当的职工参与制；
（4）良好的意见沟通；
（5）合理的态度调查等。

上面所讲的人群关系，是作为科学的重要组成部分来介绍的，当然包括梅奥等人的研究成果。现代行为科学对人群关系的看法，较之以往的人群关系学派对人群关系的看法已有很大的进步。

1. 人群关系学派对人群关系的看法

搞好人群关系可以使企业领导的意图便于贯彻执行，对实现企业的组织目标有利；搞好人群关系可以使职工不闹事；吸收职工参与管理是为了使职工同意与接受企业领导的意图的。其出发点是"利用"职工，迫使职工拿出更多的力量，来为资本家效劳。

2. 行为科学家对人群关系的看法

搞好人群关系是为了使部属贡献出自己的才智，汇集各方面的知识、意见、经验与决策技能，使公司的决策品质能获得改善。要求部属参与管理，就是要求其贡献"人力资源"，同时给职工以自我成就。行为科学家认为，从"利用"职工的观点出发谈人群关系，是虚伪的，特别是当部属知道这种用意后，更可能引起反感。这也是为什么称行为科学，而不叫人群关系的重要原因之一。但不管怎样说，其实质都是维护资本家利益的。

另外，以往的人群关系学派过分地强调了"非正式团体"的作用，过分地贬低经济因素和环境因素对人的作用等，也是其不足之处。

3. "五缘"网络

东方管理学派首提华商"五缘"网络，是对人群关系理论的新发现和新发展。

第二节 | 团体的心理与行为

一、团体行为的概念

团体是一个部门或企业组成的基本单位，现代管理所面向的主要是团体，而不是散漫的个人。个人有个人的行为，团体有团体的行为特征，对团体行为的研究，是行为学的重要内容之一。

团体是由两个或两个以上的人组成的，团体内的成员在工作上互相依附，在心理上彼此意识到对方，在感情上交互影响，在行为上有共同的规范。团体是组织的重要组成部分，如果将组织看作是一个完整的人体，团体便是构成人体的各类系统（如消化系统、循环系统等），而个人则是最基本的细胞。

根据上面对团体的认识，可以看出在组织中有正式和非正式两种类型的团体。

正式团体是为了达成组织赋予的任务所产生的。可按其延续时间的长短分为永久性正式团体与暂时性正式团体。前者如最高阶层的经理团体，组织中各部门的工作单位，提供意见的参谋，以及永久性的委员会等；后者也是为了某种特殊工作的需要而产生的，但在该项工作完成之后即行解散，例如，研究薪金制度的委员会，研究改善劳资关系的委员会，研究新产品或新服务方式的小组等。

非正式团体的形式是很复杂的，一般由于某种相同的利益、观点、社会背景及习惯、准则等原因而产生的，是与人类需要的因素所结合而产生的。一般要靠下列几种因素的影响。

1. 个人的因素

成员与成员间的社会背景、地位类似，或有共同的兴趣与价值观者，容易组成一个团体，因为他们不但有共同的话题，容易引起共鸣，在心理上也有"我们是志同道合者"的认同感。

此外，成员中有人具有领导力，或其人格对别人具有吸引力时，亦容易以他为中心，形成一个非正式团体。

2. 工作位置的因素

工作位置靠近者，彼此接触多，容易形成一个团体。许多研究指出交友关系及非正式的人群关系，可以从观察谁与谁每天见面接触来推断，霍桑研究中有关配电盘卷线工作的报告，也指出由14个工人组成的正式工作团体，事实上分成两个非正式的团体，一是"前排的团体"，在屋内前方工作的一群；一是"后排的团体"，是屋内后方工作的一群。

3. 工作的性质的因素

成员在组织中所从事的工作,其性质相同者容易组成一个团体,配电盘卷线工作的"前排团体"与"后排团体",除了因工作位置的关系而外,"前排团体"因其工作较难,使成员都有我们比"后排团体"优越的感觉,而更增高其团体的意识。

4. 作息的时间及其他因素

工作的性质相同,工作位置也靠近,但如果组织没有安排适当的作息时间,如休息时间太短,或休息时间强迫大家做团体操、活动筋骨,或强迫睡午觉,而不让成员间有自由交往的机会,则亦难以形成一个非正式团体。

此外,组织若频繁调动个人,尤其是中心人物的工作岗位,或采用一种流动作业方式,使成员间不需要有交互作用,则非正式团体也难以产生。

二、团体的作用

(一)完成组织任务

团体对组织的主要作用是完成组织赋予的任务。一个庞大的组织要想有效地达到其目标,必须分工合作,把最终目标分成若干分目标,分配给较小的单位。正式团体的功能便是承担组织分配下来的目标,执行基本的任务,提供主意,负责联络等。

但非正式团体对于组织任务的达成也有其贡献。例如根据道尔顿的研究,上级经理人员利用非正式的消息传递线路,可以很快地了解组织内各部分的状况,如前所述,生产部的负责人可以通过非正式团体的关系,迅速地获得他所需要的修护,而不致耽误组织的工作。

因此企业的管理人员,很重视非正式团体的组织外的活动。因为由此可以彼此交换信息,获悉许多在组织内无法获得的情报,因此,非正式团体不仅能满足许多个人的心理需求,同时也是维持组织的效能所必需的。

(二)满足职工的需要

团体对个人的主要作用是满足其心理的需要。组织的成员有许多需要,有的是通过工作可以满足的,有的是经由团体的组成可以满足的。团体可以满足成员的需求有下列各种。

1. 获得安全感

个人只有属于团体时,才能免于孤独的恐惧感,获得心理上的安全感。

2. 满足社交的需要

在团体中个人可以与别人保持联系,获得友情、爱情、支持等。

3. 满足自我确认的需要

通过团体的参与,一个人不但可以体会自己是社会的一分子,且能确认自己在社会中的地位。

4. 满足自尊的需要

个人在团体中的地位，无论是职务上的地位或心理上的地位，如受人欢迎，受人尊重，皆可满足其自尊的需要。

5. 增加自信

在团体中通过大家的交换意见，得出一致的结论，可以使个人对社会情景中某些不明确、无把握的看法，获得支持，增加信心。

6. 增加力量感

在对付共同的敌人或某种威胁时，团体可以增加个人的安全感与有力感。

7. 其他

除了以上人们共同的需要外，团体还可以满足其他属于个人的个别需要，例如收集资料信息，生病或疲倦时互相协助、消除无聊、彼此支持鼓励等。

正式团体的主要作用是执行组织的任务，但大多数的正式团体与非正式团体一样，可以满足成员的各种心理需要，即正式团体兼有非正式团体的功能。当正式团体无法满足个人的心理需要时，非正式团体自然形成。

团体的主要功能是执行组织任务和满足职工的需要。任何一个团体如果能同时达成这两项目标，便是高效率的团体。因此，一个团体的有效性可以从两方面加以测定：

（1）从该团体的生产或创造的成果加以衡量；

（2）从该团体对其成员欲望满足的多少加以评估。

如果只完成第一项任务，而没完成第二项任务，只能算是成功的团体，但不能算是有效的团体。

三、团体成员关系分析

用图表的形式分析团体成员相互之间的关系，了解谁是众望所归的人物，以及他们之间的关系组合，可作为管理部门安排人事和布置工作的参考。

心理学家勒温（K. Lewin）在1940年代开展了"团体动力学"的研究，他认为人们结成的团体，不是静止不变的，而是一种相互作用，相互适应的过程，像河流一样，表面上似乎平静，实际在不断流动。

正确分析团体中成员之间的关系，是团体动力学的一项具体运用，迄今为止，还没有创造出分析这种关系的简便方法。下面的两种方法，已有三十多年的历史，但目前行为科学家的论著中仍经常介绍。

（一）团体成员关系分析图

这一方法系社会心理学家莫雷诺所创造。他认为成员相互作用的关键在于彼此好恶的感情。他制订了一种由团体成员自行填报的调查表。根据填报的内容分为"吸引""排斥"和"不关心"三类，然后绘制成"团体成员关系图"，如图 17.1 所示。

图 17.1 表示一个 8 人小组的成员关系，A、B、C 可能是这个小组内部的一个小集团，B 可能是这个小组的自然领袖，因为 A、C、E、G 都倾向他。E、F 互相接近。但群众不喜欢他们，H 可能是孤立的，E、D 和 F、D 彼此不关心。

从成员关系分析图中，可看出谁是众望所归的人物，谁是孤立者，以及其他的关系组合。管理部门可以把它用作安排人事和布置工作的参考。

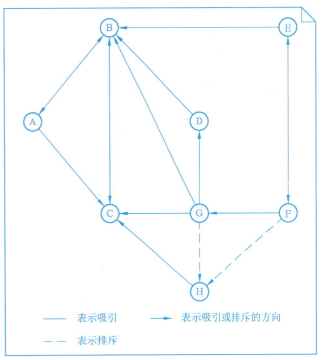

图 17.1　团体成员关系分析图

（二）相互影响分析图

这是贝尔斯（R. Bales）于 1950 年创造的一种分析团体成员关系的方法。他首先对一个团体的决策过程，进行实验性的研究。在没有领导人参加的一个团体活动中，发现团体相互作用的行为可以分为两类：一类是团体成员对工作任务的行为；另一类是团体成员间相互关系的行为。这些行为有时起积极的、促进的作用；有时起消极的、促退的作用，如图 17.2 所示。

贝尔斯还制定一种"谁对谁"的表示，用来记录团体讨论的次数，以及谁发动这次讨论，谁对全团体成员讲话。经过以上的调查分析，他发现团体内存在着两位领袖人物，一位是对工作任务意见和建议最多，被称为"任务专家"；另一位是与大家关系很好，为大家所喜爱，被称为"群众关系专家"。他认为应该让这两个人分别发挥作用，前者集中精力，专管业务，完成任务；后者关心成员的需要，提高他们的满足感，协调成员之间的关系，使这一团体工作融洽进行。

个人所属的团体种类很多，性质也不一。例如，在团体的组织结构上，有的较严密，有的则松散。在团体的气氛上，有的是民主开放的，有的是专制封闭的；又有的团体以合作的方式推行工作，有的则采取竞争的方式。这些不同的特征，不但对个人行为有不同的影响，同时也决定整个团体的士气与效率的高低。

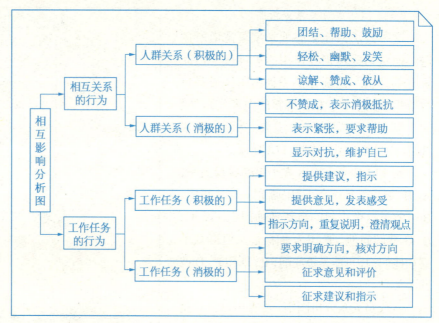

图 17.2 互相影响分析图

四、团体中行为冲突的处理方法

组织是由多数的团体组合而成的,因此组织中的团体所面临的主要问题,除了如何有效地达成组织的目标与满足成员的需要外,还要考虑如何建立团体与团体之间的良好关系,即使其既能提高生产效率,又不破坏各团体之间的和谐。因为当一个团体忠于自己的规范与目标的达成时,他们强烈的团体意识往往容易与别的团体形成竞争,发生冲突,或企图阻挠对方的活动。因此,对整个组织来说,反而是一种负担。如何避免团体与团体间的冲突,以及减少由团体竞争所带来的损失,是一个非常重要的问题。

(一) 冲突的性质

行为科学认为,以往人们常从反面来理解冲突。把冲突和暴力、破坏、无理取闹等等同起来。在 20 世纪 30—40 年代研究团体行为的人大多采取这种观点。当霍桑实验作结论时,也是把冲突单纯视为由于信息交流不善、人群关系不良、管理部门不能满足职工的需要所带来的后果。

近年来行为科学对冲突有了新的看法。认为冲突并非全是坏事,有破坏性的冲突,也有建设性的冲突。

1. 企业内的冲突

从性质上来看,可以分为两大类:①建设性冲突;②破坏性冲突。凡是由于双方目的一致,而手段(或途径)不同所产生的冲突,大都属于建设性冲突。这类冲突在其发展过程中,有如下几个特点:

（1）双方对实现共同的目标都十分关心；
（2）彼此乐意了解对方的观点、意见；
（3）大家以争论问题为中心；
（4）互相交换情况不断增加。

2. 目的不同造成的冲突

相反，凡是由于双方目的不同而造成的冲突，往往属于对抗性冲突，这类冲突的特点是：

（1）双方对赢得自己观点胜利十分关心；
（2）不愿听取对方的观点、意见；
（3）由问题的争论，转为人身攻击；
（4）互相交换情况不断减少，以致完全停止。

一般说来，建设性冲突比较容易处理，对抗性冲突较难解决。但是这两类性质不同的冲突不是绝对的，处理得当，对抗性冲突可以转化为建设性冲突；反之，建设性冲突也会转化为对抗性冲突。对于领导者来说，要提倡建设性冲突，激发积极性，活跃创造力，推动生产发展，推动企业前进，控制、减少对抗性冲突。

但是，无论哪一种性质的冲突，如果不进行及时的妥善的处理，就会给企业活动带来不利的影响，甚至造成严重的事端。即使出现了这样的情况，那也不是冲突本身的责任，而应归咎于领导者的处理不及时，或者处理不妥当。因为就冲突的本身而言，它是企业运动的一种特殊表现形式，只要企业领导者能够正确处理，就会产生积极的结果。

（二）处理冲突的方法

1. 组织内可能发生的冲突

团体与团体之间不一定因为竞争的关系才发生敌对或冲突，由于目标的不同，利益的争夺，相互间亦可能发生冲突。在组织内可能发生的冲突有以下几种。

（1）职工、权力、大小相同团体间的冲突，在企业里，如生产部门与销售部门；在大学里，如院与院、系与系之间或为争取经费、设备，或为争夺职工名额而发生冲突。

（2）权力、地位不同之团体间的冲突，如管理者与工人，教师与学生因其立场的不同而发生冲突。

（3）附属团体对抗大团体的冲突，如少数管理者对组织的管理政策不满而发生冲突，再如少数学生与大学当局发生冲突。

2. 冲突解决的方法

由于冲突的种类不同，其解决的方法亦不尽相同，较常见的有以下几种。

（1）交涉与谈判。两个互相冲突的团体彼此提出条件，与对方讨价，或谋求共同解决的方法。例如销售部门的各小单位经由交涉与谈判，适当地分配其销售市场，或劳资双方各提出自己的要求互相调节适应。

（2）第三者仲裁。当两个或两个以上的团体，经由交涉与谈判无法解决问题时，可以邀请局外的第三者或者较高阶层的主管调停处理，如决策会议，各代表无法选出一个最佳方案时，可以邀请没有参与工作的仲裁委员做决定。

（3）吸收合并。一个大而有力的团体，对于其下属的不听话的小团体，往往采取吸收合并的方式。即大团体接受小团体的要求并使其失去继续存在为理由，终而与大团体完全融合成一体。例如对于少数不满意组织管理政策的管理者或工人，组织可以斟酌情形，接纳其意见，这样反抗团体自告解散，但组织经此过程后，其素质亦发生变化，即增加了原来所没有的因素，或等于施行改革。

（4）运用权威或武力。当以上三种方法都被认为没有效果时，拥有正式权力的团体便利用权威、命令强制对方服从，或较大的团体便恃其雄厚的力量压迫对方投降，而较小无正式权力的团体便采取游击方式侧面攻击，或以不合法的恐吓、勒索的方式对抗之。运用武力并不能真正解决冲突，但因可以收到一时之效，因此在现代文明的社会里，亦常有所见闻。

（三）预防团体间冲突的方法

上述团体间的竞争有其好处，因为可以促进团体内部的团结，激发成员的工作动机。但因竞争所引起的团体之间的冲突，有碍于整个组织的效率。因此如何防止冲突所带来的害处，同时又保留竞争的好处，是一个值得考虑的问题。缓和冲突的基本原则是：

（1）必须找出两个团体（或两个以上的团体）都能同意的目标；

（2）应该建立团体与团体的沟通联系。

以下介绍几种具体的方法。

1. 设立共同的竞争对象

例如将大学里各系球队互相争霸的状况，引导为全校对抗外校的竞赛。同样地，制造部与销售部的冲突，可以引导为全公司对抗其他公司。即把竞争的对象提高为学校与学校，公司与公司的地位，以确保校内或公司内的合作。

2. 订立超级目标

拟订一个能够满足各团体的目标。例如新开发一种生产成本又低、又合乎消费者口味的产品，则制造部与销售部的冲突或可能减少。

3. 安排各团体互相来往的机会

在工作的程序上，或娱乐活动中，安排各团体的交流，亦可以利用工作轮换训练方法，增加沟通的机会，增进彼此的了解。

4. 避免形成争胜负的情况

例如不要以单位奖励制度激励职工，而应以全体利润分享的方法激励之。此外，增加储蓄资源，亦可以减少各部门因争夺资源而发生的冲突。

5. 强调整体效率

强调整个组织效率，以及各部门对整体贡献的重要性。

6. 加强教育

让大家明白团体与团体的竞争可能产生的后果，并令其讨论其得失，这样，有助于改善其观念与行为，预防冲突。

第三节　群体意见的沟通与行为

一、群体意见沟通的意义

现代企业组织的规模日趋庞大，人员众多，与外界环境的关系日益复杂。对内必须了解并统一各方面的意见，对外则需引进各方面的资料，这些都与意见沟通有密切的关系。同时良好的人群关系，其开始建立与继续维持，或改变职工态度等，也都有赖于意见沟通和联系。意见沟通是影响行为的工具，也是改变行为的杠杆。因此，有关意见沟通与联系的问题，受到管理学者的普遍重视。

所谓意见沟通，是指人与人之间传达思想、观点或交换情报信息的过程，在此过程中有三种要素：①意见或信息传达者；②收受者；③传达的内容。内容可以包括客观事实或私人的感受。

1. 意见沟通的功能

（1）工具式沟通。是指为了传达情报，并将传达者自己的知识、经验、意见等告知收受者，企图影响收受者的知觉、思想及态度体系，进而改变其行为。

（2）为满足需要的沟通。是指为了表达情绪，解除内心的紧张，征求对方的同情、共鸣、确定与对方的关系等，主要在满足个人精神上的需要。

2. 由此可知意见沟通对组织至少有三种作用

（1）搜集资料。组织外的意见沟通可以获得有关外部环境各种变化的信息。组织为了要适应周围的环境，在环境中求生存与发展，必须善于体察外部环境，如消费市场的动态、社会一般价值观念的趋向、政府经济政策的改变等，这些信息都要靠意见沟通才能获取。组织内的意见沟通则可以了解职工的需要、工作的士气、各部门之间的关系、管理的效能等，以作为决策的参考。

（2）改变行为。当组织需要推行一项政策，或为了配合外部环境的变化，需要做某种改革时，与职工之间的意见沟通有助于改变他们原有的态度，而表现合作的行为。

（3）建立及改善人群关系。意见沟通不但能增进彼此的了解，同时个人也因情绪得以表达，而感到心情舒畅，因此能减少人与人之间不必要的冲突。

二、群体意见沟通的种类

1. 按其组织系统分

（1）正式的沟通系统。对外如组织与其他组织之间公函的来往及洽商会谈等。在组织内如命令传达、各项通知、主管讲话、定期会议、部属向上级报告及组织所举办的各种聚会活动等。

（2）非正式的沟通系统。包括所有正式沟通系统以外的信息传达与意见交流，如职工间的私人交谈及一般流传的"流言"等。因为非正式沟通不但表露或反映人们的真实动机，同时也常提供组织没有预料的内外消息，因此现在的管理者都很重视非正式沟通，常利用私人会餐及非正式团体的娱乐活动等，从多与职工接触中获取各种资料，作为改善管理或拟订政策的参考。

2. 按沟通流动的方向分

（1）下行沟通。即组织内最常见的将高阶层所拟定的组织目的、管理政策、工作程序传达至属下各阶层，如职工教育训练、技术指导等皆属于此种类型。传统的组织皆偏重下行沟通。

（2）上行沟通。此为职工向上级报告工作情形、提出建议、或在工会刊物以及士气调查表上表达自己的意见、态度。现代的组织都鼓励职工的上行沟通。例如，很多主管都以"开放门户"或设立"建议箱"的方式欢迎部属随时与他交谈或提出意见。

（3）平行沟通。也就是横向联系，同阶层主管人员间的沟通，如各种委员会及各部门之间的信函与备忘录的传递，工人在工作上的交互作用及工作外的来往交谈。组织扩大后这种横向的联系非常重要，否则各部门之间容易产生隔阂，各自成为一个独立单位，影响整个组织的统一与团结。

3. 按沟通的方法分

（1）书面沟通。在组织内书面沟通有布告、通知、备忘录、公报、壁报、刊物、专题报告、职工手册、建议书及士气调查问卷等；对外则有市场调查问卷、刊登广告、职工招募启事及发布新闻等。书面沟通的优点是具有权威、正确性，不容易在传达过程中被歪曲，可以永久保留，收受者可以按照自己的速度详细阅读以求了解。

（2）口头沟通。在组织内有面对面的晤谈，各种讨论会，会议，教育训练中的授课、演讲、电话联系等；对外则有街头宣传，推销访问，口头调查，与其他组织间的洽商会谈，向外发表演说等。口头沟通的优点是有亲切感，可以用表情、语调等增加沟通的效果，可以马上获得对方的反应，具有双向沟通的好处，且富有弹性，可以临机应变，但如果传达者口齿不清或不能掌握要点做简洁的意见表达，则无法使收受者了解真意。沟通时收受者如果不专心、不注意、或心里有困扰，则因口头沟通一过即逝，无法回头再追认。

三、群体意见沟通的阻碍

意见沟通，一般包括以下三个过程：

（1）传达者将一定的信息内容传递给对象的过程；

（2）收受者收受信息与了解内容的过程；

（3）收受者接受或拒绝该项信息的过程。

任何一个过程受到阻碍都将影响沟通的效果。以下分别说明各过程可能遇到的困难。

1. 第一个过程中

必须认清的是所要传达的信息内容的多样性。例如根据利克特的看法，认识性的信息内容与组织有关的包括：

（1）目前的状态，问题的核心，推行目标的实况；

（2）提示、主意、经验；

（3）有关目标、政策、实践的知识。

情绪性的信息内容包括：

（1）喜怒哀乐等感情的气氛；

（2）态度与反应；

（3）忠诚心及敌对感；

（4）支持、感谢及拒绝的感情；

（5）动机与目的。

传达者如果对自己所要传达的信息内容没有真正的了解，即不知道自己到底要向对方说什么或表明什么,那么,沟通的第一关便受到了阻碍,因此传达者在沟通前自身必须先有一个清楚的观念。

2. 第二个过程中

遇到的困难可能有三项:

(1)传达的工具不灵。传达者口齿不清、或电话中有噪音,若为书面传达则文辞不通顺、字体模糊等,使信息无法有效地传递,使收受者无法了解对方所要传达的内容。

(2)心理上的阻碍。收受者对传达者怀有不信任感、敌意,或由于紧张、恐惧,或另有心事而听不进去,或歪曲对方传达的内容。

(3)思想上的差异。个人的动机不同,其认识态度,思考方式也不同,以致传达者所说的内容,收受者无法了解。文化程度、专精的不同者,亦不易理解对方所要表达的内容。

3. 第三个过程中

传达者将某一定的信息内容传递给收受者时,其目的在于引起对方的同情、共鸣或期待对方采纳自己的意见而改变行为,但收受者如果对传达者怀有敌意或不信任感,则他将拒绝此项沟通所要求的反应,终使沟通失去效果。例如一个主管以强硬的方法命令其部属加班赶完某项工作,而其部属平常对主管的做法就不怀好感,且认为此项命令不妥当,则他便可能以拖延的态度来表示抗拒。许多管理者都认为改变部属行为的主权操在自己手里,只要命令一下便完成了沟通。事实上真正决定改变行为的主人是收受者本身。最后收受者如果不肯接受,则沟通的目的就等于没有达成。而且,真正的沟通绝不是单方向的,收受者对传达者所传递的内容是否接受,有何意见,应该有所反应,是为反馈。第一与第二过程的阻碍皆将减少沟通的反馈,使沟通成为单方向的行为,则失去了沟通的真正意义。

如何消除沟通过程中的阻碍,除了上述的传达者必须先澄清自己到底要表达什么之外,更重要的是他应该同时做一个能耐心倾听别人意见的收受者,沟通过程中最大的阻碍是个人心理方面的因素,尤其是个人根据其主观判断,推测对方的需要与感情,以致常常歪曲事实,导致误会,不但阻塞了沟通,也影响了人群关系。

另外,在沟通过程中,行为有时比语言更能表达一个人的真意。如主管对职工露出的一个微笑、点头或拍拍肩膀都能表达其对职工的关心,而具有鼓励他们说话的作用。

四、群体意见沟通的形式

莱维特曾就意见沟通的方向问题做过实验研究,用两种不同的指示方法，要求受试者在纸上画下一连串的长方形，长方形的连接法有一定限制，其接触点必须在角尖处或中点，其连接的角度则为 90 度或 45 度，如图 17.3 所示，受试者必须遵照传达者的指示一个接一个地把长方形画下去，如同主管向部属说明复杂的工作内容及指示工作程序。指示的方法如下。

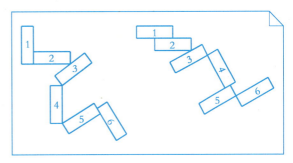

图 17.3　单向与双向沟通的实验

1. 单向沟通

（1）传达者背向收受者，没有视觉上的沟通；

（2）不准提出疑问，或发出笑声、叹气等任何表达收受状态的反应；

（3）传达者以尽快的速度说明长方形连接的模式。

2. 双向沟通

（1）传达者面向收受者，可以看到他们的表情，了解他们收受消息的状态；

（2）收受者可以随时提出任何质询要求传达者解答。

3. 单向沟通与双向沟通的比较

根据实验，莱维特将单向沟通与双向沟通进行比较得出以下的结论。

（1）从速度上看，单向沟通比双向沟通快。

（2）从内容的正确性来看，则双向沟通优于单向沟通。

（3）从表面的秩序来看，单向沟通显得安静规矩，而双向沟通则较吵闹而无秩序。

（4）从意见收受者的立场来看，他们在双向沟通中，可以知道什么是正确的，什么是错误的，对自己的行为较有把握。

（5）从意见传达者的立场来看，他们在双向沟通中所感到的心理压力较大，因为随时可能受到收受者的批评或挑剔。

（6）以上是单向与双向沟通的比较，如果从传达者在沟通过程中，或沟通进行前所需准备的条件来说，则单向沟通需要较多的计划，要事先编好一套能自圆其说的内容，选择适当的词句，因为单向沟通有如唱片，一开始就不停地唱到完，事先如果缺少有系统的计划，则无法顺利进行。反之，双向沟通则因随时可能遇到各种质询，无法预先做一套定型的计划，意见传达者需要当场做很多的判断及决策，因此必须是一个有关方面的专家，要有随机立断的能力。

（7）双向沟通的最大益处是能起到确实的沟通，而且可以由多方面的反应重新估计事情的状况，以及从不同的角度观察问题的所在，同时，透过双方的意见表达，可以增进彼此的了解，建立良好的人群关系。

单向沟通中的意见传达者因得不到反馈，无法了解对方是否真正收到信息，而收受者因无机会核对其所接受的资料是否正确，又无法表达收受时所遇到的困难，如觉得说明的速度太快，因此内心有一种不安与挫折感，容易产生抗拒心理，或埋怨传达者。因此严格说来，单向沟通并不是真正的意见沟通，而是一方把话告诉另一方。意见沟通有如以箭射靶，不但要把箭头资料射出，同时要击中靶子。单向沟通只管把箭头资料射出去，而不问中靶与否。双向沟通则可以借着收受者的反应作为反馈，了解射程、位置等中靶的情形，作为修正沟通关系的依据。

4. 适宜的沟通方式

综合以上的结论，在组织的管理上应该采取哪种沟通方式较为适宜，必须因人因场合而定。

（1）一个组织如果只重视工作的快速与成员的秩序，宜用单向沟通系统；

（2）大家熟悉的例行公事，低层的命令传达，可用单向沟通；

（3）组织如果要求工作的正确性高。重视成员的人群关系，则宜采用双向沟通系统；

（4）处理陌生的新问题，上层组织的决策会议，双向沟通效果较佳。

五、群体意见沟通网路行为

在意见沟通的过程中，传达者直接将意见、信息传给收受者，或中间经过某些人才传达到收受者，乃属沟通途径的问题，而由各沟通途径所组成的格式称为沟通网路。沟通网路可以反映一个团体的结构，也可以表明组织中的权威系统。

不同的沟通网路对个人与团体行为的影响，莱维特也曾经做过实验研究。他采用了四种不同的沟通网路，如图17.4所示。

每种网路都由5人组成，发给每人一张上面画有五种不同符号的卡片，令每组成员猜出彼此卡片上所共有的相同符号。为解决此问题，同一小组中的成员必须彼此交换与自己卡片上的符号有关的信息，但每人只限于同网路上所连接的人打交道，因此轮形网路外围的四个人，只能跟中间的C沟通信息，而链形网路居于两端的人只能与其内侧的人交涉。实验的结果整理如表17.1所示。因Y形的特征与链形很接近，故省略之。

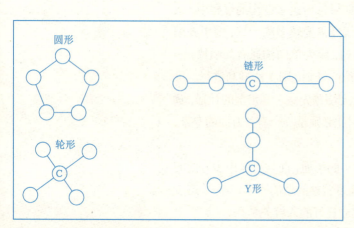

图17.4 实验中所用四种沟通网路

表 17.1　不同的沟通网路对行为的影响

沟通网路	轮　形	链　形	圆　形
解决问题的速度	快	次快	慢
正确性	高	高	低
团体作业的组织化	迅速产生组织化，其组织稳定	慢慢产生组织化，其组织相当稳定	不易产生组织化
领袖的产生	非常显著	相当显著	不发生
士气	非常低	低	高

后来莱维特又在研究的材料中加入干扰的因素，比较轮形与圆形沟通网路的效果。例如，将卡片上的符号变得很复杂，不容易形容，结果发现不论在正确性及适应性方面都以轮形沟通网路为佳。

1. 轮形沟通网路

轮形沟通网路在组织中代表一个主管直接管理部属的权威系统，如图 17.5 所示。

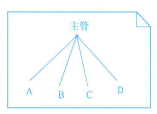

图 17.5　组织中的轮形沟通网路

2. 链形沟通网路

链形沟通网路则代表主管与低层部属间有中间管理者的权威系统，如图 17.6 所示。

3. 圆形沟通网路

圆形沟通网路则代表不分上下，如委员会等的组织结构。

4. Y 形沟通网路

Y 形沟通网路若稍加变形则成图 17.7 的形态，在组织中常见的如 A 为主管，C 为秘书。在这种形态中，因 C 可以获取最多的情报资料，往往容易掌握真正的权力，控制组织，而 A 则成为傀儡。实验亦证明掌握情报资料愈多愈容易自然成为领导人物。

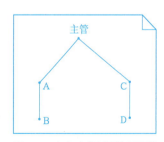

图 17.6　组织中的链形沟通网路

沟通网路代表一个组织的结构系统，因此综观以上四种不同的沟通网路，可以发现各有不同的特征，应该采取哪一种形态为好，要看对于"有效"的定义而定。

（1）如果有效指的是速度快与容易控制，则轮形沟通网路较好。在企业组织中速度与控制往往比士气与创意更被重视，同时，轮形沟通网路中居于中心地位者因获取情报资料的来源多，具有较大的权力，有较大的自信与自主性，责任心，但心理上也较满足。

（2）如果有效指的是团体中高昂的士气，则圆形沟通网路较为理想。不过在一个大的组织里，所有的人都能平等地获取各种情报资料是不太可

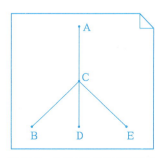

图 17.7　组织中的 Y 形沟通网路

能的，也是不必要的。在组织的高阶层或委员会之类的小团体内，可以运用圆形沟通网路。

（3）此外，如果组织非常庞大，需要授权分层管理，则链形沟通网路是比较有效的。

（4）如果主管本身的工作非常繁重，需要有人帮他选择必要的情报资料，排除不必要的信息，则宜采用 Y 形改良的沟通网路。

六、影响他人改变行为的方法

意见沟通是影响行为改变的主要工具，在人与人相互依附的关系中，一个人如果希望别人采取某种行为来帮助自己满足愿望，如推销员希望顾客买他的商品，老板希望职工努力工作等，都有赖于意见沟通的过程。在组织中，通过意见沟通来影响他人改变行为的具体方法，根据莱维特的分类，有以下四种。

（一）权威法

权威法，是指在组织中居于上阶层的人利用组织赋予他的特殊权力以影响其属下改变行为的方法。例如，一个主管利用其可以赏功罚罪、控制职工薪水、职位升迁的权力，要求职工按时上班、照规定工作等。企业组织金字塔形的结构易于行使权威，因此在企业界里很多人认为权威法是改变他人行为最方便而有效的方法。

1. 权威法的优点

（1）可以控制与统一一个组织。

（2）简单明了。命令一下就可以达到要求对方改变行为的目的，不必去了解对方的需要，不掺杂感情的成分。

（3）迅速而节省时间。如单向沟通，不经过双方的讨论，不必等待缓慢的反馈。

（4）行为一致，秩序井然。

（5）经济有效。一道命令可以同时影响很多人。

（6）对使用者来说，可以增加其自信，是主管优越地位的一种保证。

2. 权威法的缺点

（1）易产生副作用。运用权威法要求对方改变行为，因不考虑对方的需要与感情，因此容易使对方感到受挫折，引起不信任，甚至仇视的反应。

（2）只改变表面行为。权威法只能改变主管期待的某些特定行为，而无法影响其内在态度，难使对方心服口服，主管一走，又恢复原状。

（3）减少反馈。权威法因忽略对方的反应，自然形成单向沟通，而失去真正的沟通，如从长远的观点看，则谈不上任何的影响。

3. 不同权力对成员行为的影响

阿米泰·艾兹奥尼（Amitai Etzioni）在《复合组织的比较研究》一书中，分析了不同的权力对于成员行为的影响：

（1）强制性的权力——监狱、军队、警察等的力量的行使将引起成员含有敌意的反应，伴随着否定的感情。

（2）带有报酬的权力——如企业组织站在经济动机、金钱的报酬上所行使的权力，这将引起成员计算过的反应，心理上不会感到是种负担。

（3）行为规范上的权力——此是基于行为基础准而行使的权力，如宗教团体、学术团体等，以令人尊敬、令人佩服的力量影响他人，这种权力可以使成员产生发自内心的反应，带有强烈肯定的感情。

因此在组织中运用权威法时，若能少行使强制性的权力，多运用行为规范上的权威，即主管个人的人格、学问、技术、对别人的体会力等来影响及改变职工的行为，则将收到较大的效果。

（二）胁迫法

权威法所行使的权力是合法的，是组织赋予他的力量。但胁迫法则指使用不合法的力量威胁强迫对方改变行为。在今日的世界上还有很多人或团体，以恐吓威胁的手段来迫使别人改变行为，以达到自己的目的。

这种不合法的强迫力之所以产生，主要有于以下三种原因。

1. 拥有

一方拥有另一方所迫切需要的东西，或一方拥有足以威胁另一方生存的手段，则足以构成强迫力。例如，工人需要金钱，所以老板下令"革职"，便成了对工人的胁迫力。反之，当组织需要人才，工厂缺乏劳力时，职工则宣布"罢工"，便成为对老板的威胁力。而一个大国若拥有足以毁灭他国的武器时，大国也可能使用胁迫法。

2. 恃众

破坏法规的力量，常来自多数。人多壮胆，一个人不敢做的事，多数人联合起来便觉得无所畏惧。例如，资本主义社会中工人团结一致罢工、游行，或历史上的奴隶、农民联合起义等，就是靠多数人的力量。

3. 匿名

一个人在社会上有名有姓，扮演着一定的角色，他必须遵守有关此角色的行为规范。如果他可以隐名藏姓，不暴露自己的身份，他便可能有勇气做出破坏法规的行为。例如有人以匿名信诬告他人，以不报姓名的电话恐吓别人等。

（三）操纵法

权威法则必须当一个人有比对方较高的地位及较大的权力时，才能使用。胁迫法是违反法规的。如果一个部属想影响其上司的行为或一个推销员希望顾客购买他的商品时,所采取的方法是通过私人的关系,运用感情说服对方,使对方在不知不觉中改变行为,这便是操纵法。操纵法重视人类的需要与感情,在意见沟通过程中改变他人的行为。但往往隐藏自己真正的动机,而巧妙地迎合对方的心意。因此操纵法包括以下几种概念。

(1)操纵者(即欲改变他人行为者)不使对方知悉其真正的动机。

(2)体会对方的需要与感情,并满足对方的要求。

(3)建立亲密的人群关系,博取对方的欢心与信赖。

(4)发展两人的人群关系,形成彼此在感情上相互依赖的状态。

(5)通过依附关系,慢慢地,间接地影响对方改变行动,绝不操之过急。

此法的优点是,如果运用得当,彼此不伤感情,能使对方心甘情愿地改变行为;但如果运用不当,对方突然发现自己被操纵,被利用,则容易引起强烈的不满甚至报复的行为。

(四)协助法

美国学者莱维特(H. J. Leavitt)称此为 AA 模式,取名自美国的戒酒团体,其戒酒的方法是由戒酒者自己决定戒酒与否,但当他需要别人帮忙时,团体中的其他人随时可以协助他,听他诉苦,同情他。已经戒了酒的人,提供自己的经验从旁鼓励他。在这种情况下,一个人不会感觉到任何的命令、威胁或狡诈。戒酒者是自己戒酒,而不是被禁止喝酒。

此法来源于罗吉士病人中心的非指导式治疗法:假设人们应该对自己行为的改变负起大部分的责任,引导改变者只能从旁协助,而非控制或操纵被改变者。

AA 模式的理论根据是:学习是学习者本身主动负责改变行为的过程。别人只能协助,而无法确定行为的改变。

此模式改良后应用在管理上便成为协助法,简单说明如下,A 代表欲改变他人行为者,B 代表被改变者。

(1)A 设法让 B 知悉问题之所在,进而认清行为改变的必要。

(2)让 B 负起选择改变行为方法的责任,由 A 帮助提供寻找方法。

(3)A 与 B 互相沟通,交换两人对某一种方法的意见。

(4)B 从中选择一种 A 可以接受的方法,两人都同意最好,能妥协也可以,不能妥协则重新再商讨。

(5)B 尝试改变行为,A 从旁支持、鼓励,因为行为的改变即使自愿的,也将引起内心的紧张与不适,因此 A 可能成为 B 抱怨或攻击的对象。

(6)B 发现此法可行,行为改变成功,且趋于稳定。

在组织中,主管运用此法改变职工的行为,可能费时费力,不如权威法简易快速,但此法最重要的是没有不良的副作用,而且 B 一旦以此法改变行为成功,则对 A 具有信赖感,使以后的行为改变更趋容易,经常使用此种方法甚至可以使 A 在必要时易于行使权威,因 B 已不感到 A 要他改变行为是一种挫折。

案例

中国家族企业关系层次及其治理

一、家族企业治理层次

"家族是以血缘为纽带组成的家庭结构,由核心家庭、主干家庭、联合家庭和家族家庭组成。核心家庭是指以夫妻及其未婚子女为组成的家庭;主干家庭指以夫妻及其未婚子女为基本单位,有父母者则与之同居,有祖父母者亦然,并可往上推至曾祖父母。联合家庭是指父母同两个以及两个以上已婚儿子再加上未婚子女及孙子女组成的家庭,是主干家庭的构成外又加上一对或一对以上的第二代夫妇。家族家庭是指在结构上比联合家庭更为复杂、累代同居,作十字形上下左右延伸的家庭"[1]。

家族制度是指规范家族活动的规则和习俗,中国传统的家族制度一般由宗祠、族田、族谱、族规、族学、族墓地等构成。族田又叫公田、祠田等,主要是保证每年祭祖的开支,也用于资助各项公益事业和扶持族中孤老病残。家谱,又称族谱,是记载一个家族的历史,主要记载家族世系、家法、先祖德行、家族文歌等。族规是约束整个家族的规定,多带有强制性。族学是家族培养后代对其实施文化教育的机构,唐宋以后除了私塾,家塾等族学机构外,还出现新的书院组织。祖墓,又叫"祖墓公地",是指一个家族始祖的葬地,子孙后辈有守护的义务,其他人不能私自入葬,更不能让异姓侵凌霸占。宗祠,又叫家祠,是安放祖宗神位的地方,是列祖列宗神灵的安息之所,也是祭告祖先在天之灵的殿堂,又是家族实施其权力的公堂[2]。

二、家族社会关系及网络拓展

东方管理学派认为东方管理的关系文化包括五部分内容,即"亲缘、地缘、商缘、文缘、神缘"。这种"五缘"网络关系文化对于华商海外生存与发展起到巨大作者。

从广义上说,"文化"概念包括三个层次,即物质层面的文化、制度文化和观念文化。因此,广义上的家族文化,包括与家族产生和发展有关的实体物质、制度、思想观念和意识形态。这里主要从狭义的角度分析家族文化,即指一个民族在历史发展过程中形成的各种家族关系的总和,主要涉及个人与家族、个人与家族外部以及家族成员之间的关系。个人与家族以及个人与家族外部的关系

---

[1] 林善浪、张禹东、伍华佳:《华商管理学》,复旦大学出版社 2006 年版。
[2] 同上。

可以称作家族观念,它反映了家族在个人心目中的地位和作用;家族成员之间的关系可以称作家族伦理,它规范着家族内部成员之间的行为和角色。因此,本文所说的家族文化,包括家族观念和家族伦理两方面的内容。和其他文化一样,家族文化一旦形成就具有相对独立性,只要生存环境没有发生较大的变化,那么这种文化就会保持它的完整性,具有持久的生命力。人们一旦接受和认同这种文化,就会形成强烈的偏好,即使某些环境有所变化,也会产生约定的行为倾向。因此,随着生存环境的变化,尽管文化中的有些部分显得不合时宜,变成"非理性"了,但仍会作为传统习惯而存续。当然,家族文化的传承脱离不了一定规模的族群,如果置身于族群生活圈之外,家族文化也就起不了作用。中华民族在五千年历史中创造了辉煌的文化,和儒家族文化融合为一体的家族文化在两千多年的历史长河中显示了强大的生存能力和适应能力。

三、华商企业的成功与影响

由于华商在海外成家立业,面临的社会经济环境和西方工业文明的冲击,华商的家族文化也相应地进行调整和适应,发生某些变化。

由乡土宗族转变为工商家族。农业社会的宗族聚居是以个体小家庭为基本单位的。

海外华商家族组织由乡土宗族转变为适宜于早期工商经济发展的工商家族,是适应市场经济发展的需要。海外华商企业建立与家族关系网络与乡土乡帮基础上,结合现代管理制度,向现代工商企业治理结构转化,取得了巨大成绩,获得了世界工商业界的认可。

另外,海外华商由家族依附性走向强调个人对家族的责任,并行了很多承担社会责任的知名企业。近代以来海外华商家族文化的根本特点,不仅在于它强调小家族的独立发展,还在于它在保留家族本位文化的基础上,强调个人对家族的责任,强调发展个人的独立自主能力。

华商企业经过几代的发展,已经由家族血缘封闭性走向有差等的开放性,以其巨大商业成绩取得了世界的认同。在传统农业社会,家族文化表现为家族的血缘封闭性,"非我族类,其心必异"。当前,海外华商已经形成了一种开放性商业生活,同时,他们以家族文化为其联系纽带,借鉴现代商业制度的同时不断扩展网络关系,正在完成现代化世界型企业的道路上努力。

小　结

1. 人群关系是在一定的社会制度下,人与人之间的关系。建立有效的人群关系能协调人与人之间的关系,改善团体之间的关系,充分激发人们的工作积极性、搞好组织建设,促进现代企业生产经营的发展。

2. 团体是两个或两个以上人组成的,相互联系并有交互影响,有共同目标因而在行为上有共同规范的人群。

3. 团体具有完成组织任务和满足职工需要的作用。

4. 按产生途径，团体可分为正式团体和非正式团体两种。正式团体是为了完成组织安排的任务而产生，有制度上的保证。非正式团体是因某些共同利益，社会背景及习惯、准则等因素而产生的。

5. 沟通是人与人之间交流思想观点或情报信息的过程，其作用是搜集资料、捕捉信息、改变行为以及建立和改善人群关系。

思考题

1. 研究人群关系有何意义？
2. 良好的人群关系的标志是什么？
3. 怎样理解冲突的两重性？
4. 如何处理冲突？
5. 良好的沟通行为对组织有何作用？
6. 沟通过程中可能会有哪些障碍？
7. 比较单向沟通和双向沟通的优缺点，说明选择原则。
8. 介绍中国东方管理"五缘"网络。

第五篇 心理测定

DIWUPIAN XINLI CEDING

管理的核心是对人的管理。人的心理测定，对人才选拔、指导就业、职级评定、行为诊断、工作评价等都有重要的现实意义。

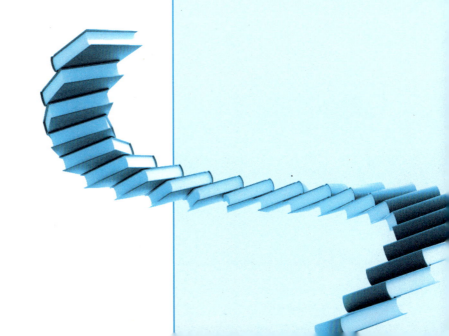

第十八章 人的心理测定方法

人的心理测定，对人才选拔、指导就业、安排工作、行为诊断、工作评价及干部考核都有重要的现实意义。

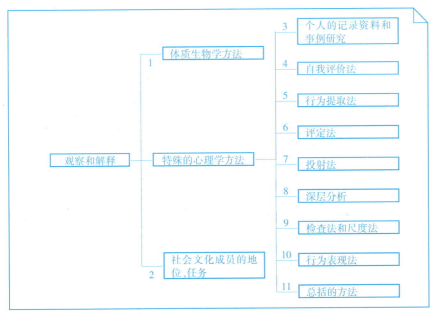

图 18.1　阿尔波特的分类

人的个性心理是非常复杂的问题，它涉及研究人的各个科学领域。迄今为止，关于个性的评价和测定虽然应用了许多方法，但心理学家们对个性研究的多种方法还没一致的分类标准，不同的研究者有不同的分类。如弗朗特（L.K.Frant）分成广大的精神测定法和投射法；罗真兹维克则分为主观的方法、客观的方法、投射法等三种；阿尔波特的分类较为著名，它从最广阔的立场出发进行分类如图 18.1。

参考上述关于个性心理研究方法的分类，本书仅就研究个性心理较常用的行动观察法、实验法、调查法、心理测量等方法，介绍智力、性格和能力的测定的方法。

第一节 | 人的智力测定方法

智力，或者说心理现象，是可以比较的，例如说某人记忆力强，就是与其他人相比较而言的。人的智力是在人的活动中表现和发展的，因此，通过人的活动可以测量人的智力。科学地测量人的智力发展的水平与特点，是发现、培养人才的需要，也是对人量才录用、各得其所的根据。

智力测量的方法，通常有观察法、实验法、谈话法、个案调查法、作品分析法、智力测验法等。

一、行动观察法

观察法是根据人的客观表现出来的活动、语言等的观察结果来了解人的智力的一种方法。例如，通过观察人的动作的迅速或迟缓，了解人的动作能力的发展水平；通过对人的说话情况的观察，了解一个人的语言表达能力及特点等。

观察必须有计划有步骤，要使被观察者尽量处于自然状态。观察时可以采用各种仪器，用录音、照相等方法进行记录。长期的和系统的观察是测定人的能力的一个有效途径。例如每天在规定时间观察婴儿的活动，记录他的身体运动、发声、表情等客观情况，观察到一定时期，记录材料积累到一定数量，就能分析出该婴儿智力发展的水平及特点。

1. 观察法是所有科学共同的方法

心理学工作者通过观察行动可以了解各种心理现象（包括个性）。心理学观察法是在被了解的对象处于正常行动下，从有目的有计划地观察他的行动、言辞、表情等方面所收集的材料中，分析、研究、理解他的心理的方法。它具有如下特点。

（1）观察总是在自然条件下进行的，使被观察者不觉察是在对他观察。否则，他的行为就会不自然，甚至产生防御态度；

（2）从观察者来说是有意的，始终应当明确规定观察过程中必须解决的目的任务；

（3）观察总是带有一定的选择性，在观察过程中要选择与目的有关的重要事实或心理活动的系统表现；

（4）观察要运用记录手段，如笔记、摄影、录音、录像、拍电影等进行记录；

（5）观察者要记观察日记，记下能够说明被观察者的行动、行为的事实和它们发生的条件和环境，以便作出正确的评价和分析。

2. 观察提纲

根据观察法的上述特点，在观察之前必须按照观察目的拟好观察提纲，以便于观察时有的放矢，防止顾此失彼。下列是从行动表现上观察学生的性格时的观察提纲。

（1）感情表现（主要是从情感方面观察）：表情丰富还是淡薄，生气或哭泣的情况如何，苛刻还是温厚等等。

（2）动作倾向（关于动作、运动性的观察）：活动性高还是低，动作灵活不灵活，是否沉着、稳重，把东西弄坏或弄翻的情况多不多。

（3）人和人之间的关系（与朋友、教师、父母之间的关系）：

① 在生人比较多的地方，引人注目还是畏缩，是否不断出现错误的行动，是否坐立不安。

② 对父母的态度，亲近感如何？是反抗的还是顺从的？看父母眼色行事还是带有批判性的。

③ 对教师的态度，亲近感如何？是反抗的还是顺从的？是看教师的眼色行事还是带有批判性的。

④ 对朋友的态度，是支配的还是服从的？是协调的还是攻击性的？是孤独的还是好交际的。

⑤ 对事物的处理方法（在学习和游戏中观察）：是否容易热衷于自己从事的工作，努力的程度如何？计划性和完成的能力如何？是否反复地做？工作粗心大意还是认真细致，兴趣稳定还是易变。

观察法的重要优点在于保持人的心理表现的自然性。但有其不足之处。观察时，研究者处于被动地位，只能等待他所要观察的现象自然出现。用这种方法得到的材料，几乎不能精确地剖析行动的因果关系。

二、实验法

实验法在人的智力的研究上有其特殊的地位。它往往以比较准确的数字结果来表示人的某种能力的发展水平。例如感觉能力的测定,我们要在一定的距离内才能听到自己手表的嘀嗒嘀嗒的声音,这是由于这种响声太微弱的缘故。只有刺激量达到一定限度时,我们才能感觉到它。人的视觉、听觉、味觉、嗅觉、触觉等感觉能力都可以测量。人的听觉的绝对感受性可用每秒钟具有不同振动次数的音叉来测定。人的痛觉感受能力可以用测痛器来测量。

实验方法在测定人的智力方面有其独到之处,但也不能夸大这种作用。因为实验法是在人为控制的条件下进行的,而人的智力测定结果往往要受很多因素的影响,因此不能以一次实验结果就断定人的某种能力的发展水平和特点。

三、谈话法

谈话法也是了解人的智力的一种方法。要了解一个人的语言发展能力,可以确定谈话的题目,提出些问题同这个人谈话。在谈话过程中,记录他的词汇,同时注意他的表情、动作,进行分析、综合,这样就能够在某种程度上了解到这个人的语言发展水平。

采用谈话法时,要有明确的研究计划,提出的问题要适合被试者的程度,内容要明了和确切,符合研究的要求。谈话要在自然的气氛中进行,这样得到的结果可能比较真实可靠。一般谈话法采用面对面的对话形式,全部谈话内容应由研究者本人记录,用录音机记录,则更为方便和可靠。

四、个案调查法

个案调查法是系统地研究一个人智力的形成、发展及其特点的一个重要方法。家庭访问是个案调查中的一个重要环节。因为一个人出生后,很长一段时间是在家庭环境中生活的。人的智力的形成和发展,与家庭的环境、教育等方面的因素有密切关系。父母是最了解一个人儿童时期的各种能力发展过程的,父母往往对婴儿的手的动作,爬和行走的运动能力,婴儿从何时开始能听懂成人的话等,记得较为清楚。

五、作品分析法

作品是人的智力的产物,是反映人的能力和智力的最真实和最具体的材料之一。通过作品可以看出人的各种能力的发展水平与特点。

作品的种类是多种多样的。学生的作品包括日记、作文、各种作业、绘画、工艺制作等。通过这些作品的分析，可以看出学生的各种能力或智力的发展情况。例如，学生的作文在某种程度上反映出学生的观察能力、记忆能力、想象能力和语言表达能力等。成人的作品则包括工作产品的质量、技术上的发明创造、科学或艺术的著作等。

六、智力测验法

智力测验法在西方颇为盛行。智力测验开始用于鉴定智力缺陷的儿童，后来在成人中推广。在第一次世界大战期间，美国有数以万计的人受到智力测验的筛选，在测验的基础上分配各种专门职务。随着智力测验和特殊能力测验的种类不断增加，在第二次世界大战时，西欧各国受智力测验筛选的人更多了。西方有的心理学家甚至认为，西方世界很难有一个人在一生当中能逃脱这些测验。智力测验目前已成为西方国家的一项实业，制订教育计划的一个重要助手。

鉴定能力和智力发展水平及其特点，往往不是单纯地采用一种方法，而是根据研究的对象和需要采取综合的方法。或以某种方法为主，而以其他方法为辅，或者交错运用几种方法。因为各种方法都有自己的特点，也各有局限性。

以下，介绍外国心理学家几种智力测定方法。

（一）斯坦福比奈智力测验

智力测验是对个性认识能力侧面的定量分析。智力测验最早由法国心理学家比纳（A.Binet）和西蒙（T.Simon）两人于 1904 年设计的。其本意是想找出表示儿童智力水平的方法。比纳西蒙智力测验，首先在于区别实足年龄和智力年龄。实足年龄即实际的岁数，智力年龄是通过测验得出的。首先编制一套题目，如让 6 岁、7 岁、8 岁 3 个年龄阶段的儿童回答这些题目，如果 7 岁儿童大部分及格，6 岁儿童大部分不及格，8 岁儿童都能非常容易地回答出来，那么这一套测验题目就代表 7 岁儿童的智力年龄。其他智力年龄的题目也是如此测出的。其后美国斯坦福大学心理学教授特曼（L.M.Terman）把它介绍到美国，并结合美国实际加以修订，修订后的智力测验称之为"斯坦福–比纳智力测验"，或称 SB 智力量表。量表中包括：①测验题目（如整理凌乱的图片，复述数字，找出事物之间的相似点，用数学题目测量计算等）。②次序（各题目按难度顺序排列）。③测量的标准答案和应得的分数。斯坦福比纳量表又经过几次修改，成为很有影响的量表，目前仍然在许多国家应用。

智力年龄只能说明一个儿童的智力发展的绝对水平，但不能表示智力发展的相对水平。为了解决这一问题特曼用智力商数（IQ）表示智力水平

的高低。计算智商的方法如下

$$IQ = \frac{MA(\text{智力年龄})}{CA(\text{实足年龄})} \times 100 \quad (17.1)$$

（乘 100 为了消除小数）

如果一个 6 岁儿童通过了 6 岁的题目，那么他的智力年龄与实际年龄都是 6 岁（$IQ = 6/6 \times 100 = 100$）。$IQ$ 为 100，标示出这个儿童的智力年龄与实际年龄相当。如果另一个 7 岁儿童不仅通过了 7 岁的全部条目，还通过了 8 岁的部分条目，那么，他的智力年龄为 8 岁，而实际年龄为 7 岁，他的 IQ 为 110，IQ 高于 100 说明这个儿童的智力高于同年龄的一般儿童。同样道理，假如一个儿童的智商低于 100，则表示这个儿童的智力低于同年龄的一般儿童水平。

智商高的说明智力水平高，智商低的说明智力水平低。大量智力测验结果经过统计处理表明，人们的智力水平是按常态曲线分配的。即中等水平的占大多数，一般正常人的智商处于 90—110 之间，两端越来越少。智商在 90 以下为愚笨，70 以下为低能，智商 120 以上为优秀，140 以上属于超常。低能和超常都占极少数，不超过 3%。

（二）韦克斯勒成人智力量表（WAIS）

韦克斯勒（D.Wechsler）1939 年制定的智力量表，曾在美国医院中使用，从 1949 年开始又进行数次修订。修订本被称为韦克斯勒成人智力量表。

韦克斯勒量表取消了智力年龄的概念，保留智商的概念。但它的智商概念已不是斯坦福比纳量表的智力年龄与实际年龄之比，而是以同年龄组被试对象的总体平均数为标准经过统计处理得出的智商，称它为离差智商。即以同年龄组的总平均数当作智商 100，用个人的实得分数与总平均数比较，就可以看出，他在同年龄组内所占的相对位置，如果一个人实得分数比总平均数高，表明他的智商高于 100，如果一个人的实得分数低于总平均数说明他的智商低于 100。要换算成确定的数值其公式如下

$$\text{离差智商} = \frac{(\text{个人成绩} - \text{所属年龄团体的平均成绩}) \times 10}{\text{所属团体成绩的标准差}} + 50 \quad (17.2)$$

（50 表示平均智商）

近年来，研究界开始探索运用认知神经科学方法测验智力，对智力测验有所助益。目前主要通过两种认知神经科学方法测验智力：脑电图与核磁共振成像技术。脑电图首先收集及分析人脑在动与静的状态下脑电波的波幅与震幅，进而分析脑电数据获取不同脑区的效能，通过不同脑电指标

形成量化智力的可视化报告。核磁共振成像技术主要是探测大脑的动态功能，进一步发现不同时间里大脑不同部位彼此相互联结的方式，可能可以客观地测验智力。当大脑变化性越大，其不同部位彼此联结作用的频率越高，说明个体的智力水平越高。但是目前相关的方法还没有形成完整的理论与测量体系，暂时未能广泛应用。

第二节 人的性格测定方法

关于性格有各种各样的看法，心理学家从自己研究性格的角度出发，对性格的测验也有很大不同。

从心理学观点来看，人格是人人都有，只是人格有成熟与不成熟、健全与不健全之分。人格的成熟与完善有利于身心健康；人格的不成熟、不健全，不利于身心健康。例如有的人对疾病总是抱着恐惧的心理，有的人则无所谓。有的人得病后，坦然处之；有的人则惊慌失措。人格测验是争议较多的测验，但是在国外不少企业中使用它来选择员工。人格测验主要有两种方法。

一、自陈量表法

在这种测验中，编制一些有关人格的问题。受试者经过考虑选择适合自己状况的答案。这种测验简便易行，但是受试者有意或无意歪曲回答则难以区分。自陈量表法的种类很多，有情绪测验、兴趣测验、态度测验、道德测验、性格测验、适应性测验等等。

目前人格测验方面在西方盛行的是明尼苏达多相人格测验（MMPI）。它包括566个问题的陈述句，内容很广泛，包括健康、心身症状、神经障碍、运动障碍，对政治、社会、性、宗教的态度；教育、职业、家庭、婚姻问题；各种精神病行为的表现等。例句如下：我早上起来的时候，多半觉得睡眠充足，头脑清醒；我总是在精神紧张的情况下工作；似乎没有人了解我；遇到麻烦的时候，我觉得最好是不说话等。

明尼苏达多相人格测验要求被试者对每一个项目作出选择性的回答：或是或非，或不能回答。这个测验是由与被试者有关的问题所组成。被试者在看每一个问题时，考虑是否符合自己的行为、感情、态度等。如果情况符合，就在答案纸上该问题号码右边"是"字下的方格内画钩；如果情况不符，就在答案纸上该问题右边"否"字下的方格内画钩。如果确定不能判定是或否，不作任何记号。据此可看出人格特点及心理健康状态。内外倾人格测验表也是广泛流行的人格测验。外倾型人心理活动倾向于外部，活跃，善于与人交际，适应环境能力强。内倾型人心理活动倾向于内部，一般表现沉静、思想情感不易外露，反应较慢，不易适应环境。内外倾人格测验共有 50 个问题，受试者根据问题性质，选择是与否。根据受试者对 50 个问题的答案选择，大致可以看出受试者是属于内倾人格还是外倾人格。

二、作业测验法

让受测者进行一种简单作业，从作业的质和量以及对作业的态度中诊断性格的方法。通过这种方法可以测量意志力、耐力、认真、谨慎以及情绪的稳定性和适应新工作的灵活性等性格特征。

三、投射法

投射法是给受试者看模糊的刺激材料，例如墨迹的图片或绘画等，使受试者在不知不觉中将自己的感情、愿望、思想等投射在其中，从而可窥见受试者的人格。

投射测验最著名的有两种：罗夏氏测验与主题统觉测验。

1. 罗夏墨迹测验

罗夏墨迹测验是瑞士学者罗夏所创造。这个测验是让受试者看 10 张利用墨汁所染成图画的卡片。每张卡片都让受试者回答这样的问题："你看见了什么？""这可能是什么？""这使你想起了什么？"受试者对 10 张卡片回答后，请他再对卡片看一遍，请他解释回答的内容是指图形的哪部分。主试者根据几项标准确定受试者的人格。

2. 主题统觉测验

主题统觉测验是美国心理学家默里所创造。这个测验包括 30 张图片，图片内容以人物为主。受试者只选其中 20 张。主试者一张张给受试者看，要求以图片内容为主，让受试者根据个人经验编造故事。主试者以此来分析受试者的人格。

投射法还有一种叫描绘法，主要是给受测者指定一个主题让他描绘一幅画，把他的描绘作为心理分析的象征并加以解释。如指定受试者描绘"没有果实的树"或描绘人物的测验，都属于描绘法。

投射法由于使用暧昧的刺激，受测者反应的自由度比较大，因此对结果的评价不如能力测验和性格量表法那样重视统计处理。当然这并不是说投射法不要对其结果作某种程度的数量化的统计标准。但由于投射法对心理特征的洞察和解释主观性较强，因此，有的心理学家不把投射法称为心理测验，而称之为检查（Examination）。

对员工进行心理测验是一件严肃的心理考查工作。主试者要具备心理测验的基本知识。主试者在进行心理测验前要进行适当的准备，掌握测验方法、步骤，检查测验工具是否齐全。对受试者态度应该诚恳、热情、耐心，要尽量与受试者合作。心理测验要在受试者身体较舒坦、情绪较安定时进行。不要在就餐前、受试者情绪不安时进行。心理测验的环境要安静，测验环境布置要自然。

在这里对国外开展心理测验情况作一概括介绍，有助于我们今后对这类方法的探讨，以及从中借鉴一些对个性特征研究有效的工具。

第三节 人的能力测定方法

能力测定是对个性能力侧面的定量分析。能力测定由于测量对象不同，也有种种形式和方法。以下介绍能力测定的历史和种类、功用。

一、能力测定的历史

（一）中国古代的能力测验

以一定的方法评定人的智力，在中国有着悠久的历史。早在两千多年前，孔子就根据自己的观察，评定学生的个别差异，并把学生的个别差异，其中主要是智力方面的差异，分成若干等级：中人、中人以上、中人以下。

约在245年，三国的刘劭在《人物志》一书中，提出了观察心理的原则，即"观其感变以审常度"。他告诉人们通过观察一定条件下行为的样例，来了解具有代表性的心理，并且提出"八观"，主要是通过词，以问答法为手段观察人的心理，特别是人的智力。

西汉时代扬雄用言语和书法的速度来评定一个人智力的高低。他说："圣人矢口而成言，肆笔而成书。"（《失言·五百》）古代时没有准确的计时工具，人们常用完成某种活动来粗略地估计时间，如古书记载魏曹子建七步成诗，宋刘元高一目十行。前者说明完成一种作业所需的时间；后者指一个时间单位内所完成的作业数量。

北齐文士刘昼曾设计一种测验，用左手画方，右手画圆的方法，考察人能否同时注意这两件事。他得出结论说："由心不两用，则手不并运也。"

(《新论·专学》)这就是后来所说的分心测验。

根据有关科举制度的记载，可以看出中国早就以对偶法考查人的智力。下面的例子就属于这一类。

犬守夜：（鸡司辰）；蚕吐丝：（蜂酿蜜）。

路遥知马力：（日久见人心）。

临崖勒马收缰晚：（船到江心补漏迟）。

这种测验现在叫类比测验。

在中国还有一种流传较广的智力测验，名叫七巧板，又称益智图。七巧板是用一块正方形薄板截成7小块，如图18.2。[1]可按图样摆成多种形状，每个图样的组成都包括7块板。在使用过程中图案逐渐增编，数量越来越多。下面就是其中的几个例子。①"心"字；②人在跑；③骑马；④帆船；⑤鹅。这类机巧板测验，属于非文字智力测验，世界各国都广泛采用。最近，五巧板和七巧板已经发展为纸笔式测验，应用于团体测量。

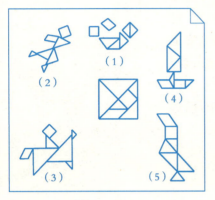

图18.2 七巧板

从上面列举的一些事实可以看出，中国古代有多种多样的能力测验。我们在编制能力测量量表时，应该尽量采用中国人民喜闻乐见的材料。

（二）现代能力测量的产生

用一定的方法评定人的智力虽然有久远的历史，但制成量表来测量人的智力，却开始于现代。1905年，法国人比纳（A.Bient）根据教育部门的要求与西蒙（T.Simon）制成第一个测量智力的工具，即比纳西蒙量表。这个量表又经过1908年和1911年两次修订。一般认为，用比纳量表测量人的智力，是科学的智力测量的开端。因此，考察智力测量的产生，就可从比纳量表谈起。

比纳量表产生于测量智力落后儿童的实际需要。据几个国家的不完全统计，智力落后儿童约占总人口的1%—3%。这些儿童智力低下，生活能力差，需要人们照顾，一直成为需要解决的社会问题之一。19世纪中，法国人意太（Itard）和他的学生沈干（E.Seguin）对智力落后儿童进行研究，并创办学校，发表著作。1904年，法国教育局责成许多医生、教育家和科学家成立一个委员会，专门研究公立学校特别班的管理法，比纳为其中成员。次年，比纳总结了自己一系列研究成果，与西蒙在《心理年报》上共同发表《诊断异常儿童智力的新法》一文，文中所介绍的智力测量标准，就是著名的比纳量表。

比纳量表的产生，除了有社会需要这个因素外，还因为心理学的发展给满足这种需要提供了可能。众所周知，1879年，德国人冯特（W. Wundt）在莱比锡建立了第一个心理实验室，用实验的方法研究心理现象的规律。

---

[1] 林传鼎：《我国古代心理测验方法试探》，《心理学报》，1980年第1期，第75—80页。

研究的结果表明，人的心理现象既有一般规律，也有个别特点。同时，在许多自然科学的研究中，为排除个别差异对观察的影响，需要了解个体心理特点。例如观测星辰运行的科学工作者就需要了解反应时间的个别差异[1]，这就推动了人们以实验的方法研究心理的个别特点。

1894年，卡特尔（J. Mc. Cattell）用各种实验研究大学生的个别差异；1894年包尔登（B. Beurdon）用勾消测验研究人的视觉速度；1900年刻克伯崔克（E. A. Kirkpatrick）用朗数分牌测验了500名儿童；1903年凯利（R. L. Kelly）发表《平常的和异常的小孩子之心理的与身体的实验》[2]。心理学的上述发展状况为比纳解决异常儿童测量的问题提供了可能。当时，测量人的个别差异的方法很多，有一种是人体构造的测量，例如头盖骨的测量就是其中之一。有人以为根据人的头盖骨的大小可以断定他的智力。

比纳也实验过此法。他发现：虽然从总体上来说头盖骨的大小与智力的高低有一定的关系，但用于个别测量则不够显著。因而他采用了心理测量，并将心理测量的方法创造性地应用于智力测量中。以前的测验测量的是智力某些侧面的单一特征，如记忆力、注意力、知觉和辨别的速度与正确度、动作的速度与正确度、感觉的锐敏度等。比纳在原有的基础上又加上一些智慧特征，如理解力、想象力、判断力等，而且考查它们的综合表现。可见，产生于20世纪初的智力测量，是心理学家适应实践的需要，用测验的方法解决个别差异问题的结果。

二、能力测定的种类和功用

从1905年制订第一个量表算起，百多年来，能力测量已有很大的发展，形式多种多样。

（一）能力测定的种类

能力测定的种类如下。

1. 按能力的类别分

可区分为智力测量、专门能力测量和创造力测量三种。智力测量首先用于智力低下儿童，继之用于天才儿童，后来广泛地用于一切人，用来测量人们的智力发展水平。专门能力测量，用来测量人们各种专门能力的水平。创造力测量用于测量一个人创造性的高低。

2. 以测验的方法分

有个人测量和团体测量。个人测量在同一时间内只能测量一个人，如

---

[1] 盖睿:《客特尔之反应时间的测验》,《心理学上几个重大试验》,中华书局1934年版,第172页。
[2] 王书林:《心理与教育测量》,商务印书馆1935年版,第15—17页。

最早制成的比纳西蒙量表，就是应用于个人测量的。团体测量在同一时间内可以用于许多人。美国在1917—1918年，曾应用团体测验测量了约175万名士兵的智力。

3. 根据测验的内容或材料分

可以分为文字测量和非文字测量两种。文字测量向被试对象呈现文字材料，通过回答文字材料来判定被试对象的智力水平。非文字测验，其内容是以图画、模型等测验材料，排除文化的影响。

4. 依据测验的功用分

（1）难度测量与速度测量。难度测量是逐渐增加问题的难度，不限时间，目的在于测量能力水平的高低。速度测量是在一定时间内看被试对象完成多少作业看被试对象完成一定作业的速度。

（2）性能测量与造诣测量。性能测量也叫能力倾向测量，其功用是预测某人在某方面能力的发展如西肖尔（C. E. Seashore）的音乐能力测量就是属于这种测量。造诣测量也叫成就测量，它是测验一个人已有的能力水平。

各种智力测量、专门能力测量在工业、医学、教育、儿童教育等方面都有应用，为发展生产、增进人民健康、促进教育进步服务。

（二）特殊能力测定

为了选择职业和工作的需要，测量一个人的某种或某几种能力，即属特殊能力测验。现在列举日本劳动省编制的适用于一般职业和特殊职业的特殊能力测验，以供参考。

1. 适用于一般职业的特殊能力测验

这种测验分成10种因素（智力G、言语能力V、算术能力N、书记知觉Q、空间判断力S、形态知觉P、协同动作A、运动速度T、手指灵巧度F、手的灵巧度M），见表18.1。

表18.1　一般职业适合性测验及其因素

适合性	意　义
智力（G）	一般学习能力，对各种原理的理解力，推理、判断能力，对新环境迅速适应能力。
言语能力（V）	对意义及与其相关联的思想的理解和使用能力，话与话之间相互关系和意义的理解能力。
算术能力（N）	对算术正确而迅速的运算能力。
书记知觉（Q）	对言语的传票类的细节识别，发现错字和正确地校对言语和数字的能力。
空间判断力（S）	理解立体图形或从平面立体图形的理解能力，对眼睛见到的一级或二级形态的想象或思考能力。
形态知觉（P）	对物体或图解的细节正确的知觉能力。
协同动作（A）	手眼协调动作速度的调整能力。

（续表）

适合性	意 义
运动速度（T）	迅速而正确地确定运动的能力。
手指灵巧度（F）	手指灵巧而迅速地活动的能力。
手的灵巧度（M）	手灵巧而迅速地活动的能力。

按照上述这些个别测量的因素组合，可以显示出一个人最适合于某一职种（表 18.2）。

说明：例如职种 1 号，假如适合性最低标准智力 G 低于 125 和言语 V 低于 125，那么在这一职种领域内就很难获得成功。

表 18.2 职业适合性和职业群（例）

号数	适合性的最低基准	职业群（例）	每一百人的
1	G 125　V 125	作者、翻译、编辑新闻记者	5.0
2	G 125　N 125	会计、统计等工作	1.4
3	G 125　N 125　S 125　P 110	土木建筑、机械、电气技术等工作	0.5
4	G 90　N 90　S 90　M 75	一般金属机械、机械修理等工作	47.7
5	G 100　N 110　Q 100	记数、一般记录等作业（一般事务员）	15.3
6	G 110　N 110　P 100	图案、美术配置等作业（设计家）	11.9
7	G 75　S 90　P 90　F 90	电线、无线电修理等作业	46.2
8	V 100　Q 90　T 75　F 75	打字、速记、排字等作业	55.0
9	N 90　S 90　P 75　M 75	汽车修理等作业	54.3
10	N 110　S 110　P 100　A 90	建设、机械、电机制图作业	9.5
11	N 75　Q 90	管理备品、材料检查，简易记录作业	63.7
12	N 90　Q 90　T 90　F 75	单纯计数、单纯记录作业	46.6

（续表）

号数	适合性的最低基准	职业群（例）	每一百人的
13	N S M 75 75 75	重金属、建造、建设作业	78.8
14	S P A T 75 90 75 90	机械、光学、电气等部分品种的修理、钟表修理	51.1
15	S P M 75 90 75	研磨、铸物等作业	65.3
16	Q P 75 75	依据视觉的精密度进行简易的检查作业	84.2
17	P A F 75 90 90	电气装配作业（无线电组装工）	56.5
18	P M 90 75	轧管、拉条等作业	69.1
19	Q T 90 90	分类、简易书记作业	56.3
20	A T F M 75 75 75 75	织物、缝制等各种加工机械操作等（纺织工）	80.0

2. 特殊职业适合性测验

特殊职业适合性测验是为了鉴定一个人是否能够从事某种特定职业设计的。如飞机驾驶员和设计者等职种，都需要有不可少的特殊能力。

中国空军第四研究所为了选拔飞机驾驶学员，曾制订了《学习飞行能力预测方法》。测量注意广度、视觉鉴别力、运算能力、地标识别能力、图形记忆等五个方面。以视觉测验为例，让受测验者鉴别每个方格内有 7 个带缺口或不带缺口的圆（图 18.3）。要在 1 分 30 秒钟内迅速鉴别每个方格中带缺口圆的数量，并写在答案栏内。按照正确答案评定个人成绩。

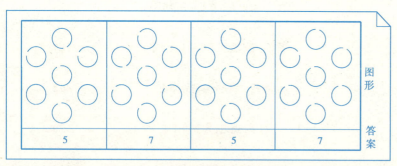

图 18.3 视觉鉴别

（三）个别能力测定

个别能力测定的种类很多，包括感知觉运动测验、注意能力测定、记忆能力测定、联想－学习测验、记忆－动作测验和思维能力测验等内容，我们以注意能力测定为例展开。

案例

人员功能测定

如表 18.3 所示。

表 18.3 人员功能测定表

职务工种	姓名	性别	出生年月	文化程度	何年何月入党	何年何月入团	工资级别	主要有何特长爱好	主要经历和成就	素质结构										智体结构					
										作风方法			沟通关系			责任性			劳动态度			学识水平			思维力	记忆力	判断分析力	灵敏性	健康状况	
										对党的政策法令和国家政策	对业务规程	深入群众联系实际	对人理论和实际	对群众关系	现场分析力	敢挑重担	敢负责任	本职工作	牺牲个人	服从纪律	守时向领导反映	政治理论修养	专业知识与兴趣	知识与理论	文字逻辑性	记忆能力	周密程度	准确程度	预见性	对新事物反应力	辨别力	体质	慢性疾病缺陷生理
										3	4	3	3	3	3	4	3	3	3	3	3	3	4	3	3	3	3	3	4	3	3	4	3	3

	培训目标									
	得分效果			能力结构						经验	
	经济效果	技术效果	工作效果	创造性			组织能力	处事			善于应用经验	固有经验总结程度
				实验创新能力	用人魄力		归纳条理性	原则性	灵活性	效率		
	3	3	3	4	3	3	3	3	3	4	5	2

测定打分法

类别	分值 得分	优	良	中	差
个体能动	2	1.6—2.0	1.1—1.5	0.6—1.0	0.1—0.5
	3	2.4—3.0	1.6—2.3	0.8—1.5	0.1—0.7
	4	3.1—4.0	2.1—3.0	1.1—2.0	0.1—1.0
	5	3.5—5.0	2.6—3.7	1.3—2.5	0.1—1.2
群体能动	10	7.6—1.0	5.1—7.5	2.6—5.0	0—2.5
	15	11.4—15.0	7.7—11.3	3.9—7.6	0—3.8

注意能力是指排除外界干扰以及私念，集中注意于某件事情的能力。注意能力测定则是采用科学有效的方法测评个体注意能力。以往的注意力测量方法采用问卷和行为实验等形式，主要包含划消测验、同步听觉系列加法测验（PASAT）、连线测验、Stroop 颜色词干扰测试等。随着科技与认知神经科学技术的发展与革新，现在已经实现通过科学手段实时测评人们的注意能力。比如通过脑电信号数据评估人们在某工作过程中的注意能力。在具体操作上，将可穿戴的脑电采集设备戴在被试头上，通过蓝牙或者无线连接数据接收电脑，获取被试者在工作过程中的脑电数据，通过软件分析输出 delta、theta、alpha、beta、gamma 频段的数据指标，以此评估该工作事件下的注意能力。

小 结

1. 心理测定是指通过测验（考试、测试）来测定受试者的智力水平以及个性特征差异的方法。心理测定的种类主要有智力测定、能力测定、性格测定。

2. 能力测定是对个性能力侧面的定量分析，是诊断病员、选拔人才和评价教育质量的一种有效方法。

3. 智力测定是心理学用来考察人认识、理解客观事物并运用知识、经验等解决问题的能力。包括记忆、观察、想象、思考、判断等能力的考察。通常有观察法、实验法、谈话法、个案调查法、作品分析法、智力测验等方法。

4. 人格是在个人的生理基础上，受到家庭、学校教育和社会环境等的影响。而逐步形成的气质、能力、兴趣和性格等心理特征的总和。国内外有不少企业尝试使用人格测定来选择员工，其方法主要有自陈量表法，作业测验法和投射法等。

5. 案例研究范例。

思考题

1. 简述能力测定的种类和功用。
2. 简述几种常见的智力测验法。
3. 对员工进行心理测验应该注意哪些问题？

作者寄语

大变革时代的东方管理学

一、东方管理学呼应时代要求

21世纪给人们带来了希望与机遇，也带来了困惑和挑战。

经济全球化时代、后工业化社会、后现代主义社会、第三次浪潮、信息社会、IT时代……，预言家以最乐观的心态、最新颖的词汇描述新时代和新社会的变革。与此同时，对资源无节制地掠夺，全球气候恶化，战争发动与局势动荡，经济金融危机，贫富差距，人与自然、人与社会、人与人之间以及不同文明之间的冲突日益凸显，引起人们的茫然与困惑、混乱与无所适从。从工业文明的先锋欧美到正在崛起的商业巨龙中国，越来越多的思想者开始认真反思传统发展方式，探索新发展模式，普遍出现了走向自然、文化回归的思潮。富有远见的先驱者回首望东方，希望从中华民族文化传承中，破解迷思，追求超越。

中国自改革开放以来，科学技术越来越进步，经济愈来愈繁荣，物质生活越来越丰富。中国进入了一个新的历史时期，一个前所未有的变革时代。越来越多的人认识到，中国的崛起绝不仅是GDP的崛起，也不是财政收入的崛起，更不是资本市场市值的崛起。中国的崛起，必定有一种精神和文化层面的东西，不仅支撑了经济振兴，更重要的是振兴人性，引导社会大众回归和谐的、可持续的自然生态、经济生态、社会生态和心灵生态。这就要从博大精深的中国传统文化中汲取精华，以"仁"为本，以"和"为贵，达到"天人和谐""人际和谐""情理和谐"，全方位地和谐发展。运用中国人自己的文化解决了中国人自己的问题，到那时，也实现了民族文化的自信和民族精神的昂扬。当然，民族文化的复兴不是故步自封，而是与时俱进，融入世界文明的主流中去，与世界各种文化的交流激荡中保持个性。这样的文化复兴，不仅是民族的，而且是世界的，不仅是自赏的，而且是共享的，是受人尊重的。

在改革开放大潮中，中国不仅打开了自己的市场，也打开了引进资本、技术、管理思想和文化价值的通道。作为发展中国家，全球500强成为我们企业的标杆，欧美的管理方法成为我们企业模仿对象。欧美管理理论充斥我们讲坛，对泰勒、法约尔、波特、圣吉等学者如数家珍，科学管理、组织分工、平衡计分卡、企业文化、流程再造、学习型组织等概念成为口头禅，大批市场化的成长型企业对舶来的管理工具表现出快速的学习能力和强大的适应力，在各自细分行业中脱颖而出。在2014年《财富》世界500强排行榜中，中国上榜企业创纪录地达到100家。近年，中国企业对外投资也快速增长，商务部预测2015年对外投资规模可能超过利用外资规模，中国将成为资本净输出国。这是中国经济走向成熟的标志，也意味着中国先锋企业经营管理水平即将接近跨国公司。现在需要思考的问题是，当中国企业经营管理水平接近跨国公司水平后，也就意味着单纯的模仿走到尽头，中国企业要依靠什么才能超越跨国公司呢？华为、联想、海尔等一批优秀企业已经行动起来，结合中国文化情境，逐步走出有自己特色的管理之路。

在学术研究领域，一些学者也发现中国的文化传统与西方存在诸多差异，发迹于欧美的西方管理理论并不能完全适用于有着浓厚文化底蕴的中国情境。审慎考察文化差异对管理行为所产生的关键作用，建立根植于中国特定社会文化情境的管理学说，已经成为学界共识。

二、东方管理学的精粹

为什么要反思西方管理学？还得从时代背景说起。工业化时代的生产方式，是以市场为导向，以分工和专业化为基础，以规模化生产和流水线作业及其相应的工作组织为手段，以降低价格获取竞争优势的刚性生产模式。通过劳动的不断分工与再分工，工作任务被分割为小块，每个工人需完成的动作和速度由横向分割的科层化管理部门控制的技术系统决定的，劳动者完全成为与资本一样的生产"要素"，丧失了对劳动过程的自主性。在这种生产方式下，管理的目标是对劳动过程的完全控制，追求管理方式和管理手段的不断程序化、制度化。无论在管理者眼里，还是被管理者眼里，只有"物"，没有"人"。每出现一种新的管理方法或管理工具，都意味着对劳动过程精细化控制向前迈进一步，提高"物"的生产率，创造更加丰富的物质社会。然而，对劳动过程的过度控制和对"物"的过度追求，不仅压抑了劳动者的自主性和创造性，也导致无节制的功利驱动，对自然的过度掠夺，经济社会难以持续发展。随着大规模工业化进程的结束，一方面，消费革命带来了个性化消费的兴起，人的精神和文化空间极大地拓展了，人的自主性要求不断地放大；另一方面，新技术革命以前所未有的速度向前迈进，对人的创造性提出了越来越高的要求，"人力资本"成为经济社会发展的关键因素。过去那种以劳动过程完全控制为特点的管理理论，越来越难以适应后工业化时代。

基于这样的认识，东方管理学认为，要采取扬弃的态度，从中国传统文化中吸取精华，回归人性。回归人性，就是将人的自由与解放摆在了的首要位置。东方管理学倡导身与心、人与人、人与组织、人与环境的和谐一体。"君子以自强不息"，积极入世、有为，而不是片面强调个人主义，更不是人类中心主义。苏东水教授把这样的思想内涵，提炼为：以人为本，以德为先，人为为人。"以人为本"一词的完整提法最早出自《管子·霸言》，此后孟子的"民贵"论已接近现代人本管理哲学的思想，一直是中国管理文化的核心。早在1979年，苏东水教授就成立了中国第一个行为科学研究组织，倡导开展中国式人为科学和"以人为本"管理的研究。如今，"以人为本"已成为媒体、学界使用频率极高的一个词。然而，许多人仅仅是将"以人为本"理解为发挥人的积极性、主动性和创造性，给人们一个充分施展才华的空间，这只是理解了"以人为本"的浅表内涵，其逻辑属于工具价值论。东方管理学在此基础上进一步强调，锻炼人的智力、体力乃至意志品质，促进人的全面发展，实现摆脱自然束缚的自由发展，提高人的生命存在质量。"以德为先"，就是强调道德伦理在管理中的作用。对管理者而言，道德修养是必备条件之一，"为政以德，譬如北辰居其所而众星共之"（《论语·为政》）。对社会经济而言，参与者是否兼顾"义利统一"，直接制约着市场经济的健康发展；对企业而言，良好的商业道德、竞争道德、社会责任是直接关系到企业能否持续发展；对国家而言，依法治国的同时要以德治国。"人为为人"表现在两个方面：一是对管理主体的"人"的重视，古代思想家强调管理者的"修己、正身"，"仁""勇""信"等各种德才标准，反复探讨"为君之道""为将之道""爱民之道"等；二是对管理客体的"人"的重视，强调"民本""民心""民意"，把"民"看作成败得失的根本。"人为为人"从主体、客体、主客体关系三个角度，揭示了东方管理行为的本质。

东方管理和西方管理的逻辑起点不同。西方管理的逻辑起点是作为"要素"的劳动者与资本的技术性匹配和控制，东方管理的逻辑起点是"人"的"修己"，逻辑过程是修身—齐家—治国—平天下。一个人要想成家立业乃至治国平天下，没有好的修养是办不到的。《大学》说得很清楚，"欲明明德于天下者，先治其国；欲治其国者，先齐其家；欲齐其家者，先修其身"。这是东方社会比较普遍认同的逻辑，强调个人修养和家庭基础，强调集体主义。据此，苏东水教授把东方管理学划分为"四治"，即治身、治家、治生、治国，涵盖微观管理和宏观管理。治身即自我管理，是个体成功的关键，也是治家、治生、治国的基础和逻辑起点。在中国传统管理思想中，治身是一种体验之学，是一种个人的修养功夫。它是一个不断积功累行的过程，是对自己私欲的克服，也是对自身的身体、心灵、精神、情感、智慧水平的改善。其关键是必须通过主体人的自我认识、自我判断、自我选择和自我努力来实现。自我管理理论是中国式管理的重要内容，也是区别于西方管理一个重要特色。治家指家庭管理。中国人对家庭有着一种特殊的感情，"家和万事兴"。治家强调以身作则，家长应以其言行风范为子女做出榜样，使其乐于接受教育，正如《论语·子路》所说的那样，"其身正，不令而行；其身不正，虽令不从"；对亲属关系强调六亲和睦是家庭幸福的基础，家庭成员和邻里之间互相谦让、互敬互爱。治生是经营管理，谋生计。中国传统文化强调以德治生、以义取利，强调企业对社会的责任，是以"德本财末"道德观和"诚、信、义、仁"伦理思想为哲学核心，讲究"积著之理"。在长达几千年的商业实践中，涌现出一大批经营管理精英，从古代的陶朱、子贡、范蠡、计然、弦高、白圭、桑弘羊等，到近代的徽商、晋商、淮商、闽商等商帮，从不同的角度来诠释中华文化的精髓，形成了富有民族特色的商业文化，如重义轻利、诚实守信、克勤克俭，以及高瞻远瞩、重视人才、乐观时变等具有经典意义的商业道德观念和商业策略思想，涉及经济预测、战略计划、市场营销、人事管理和质量管理等方面的方法和技巧。这些都是治生学很值得去挖掘和借鉴的宝贵财富。治国是宏观层面的国家管理。中华民族数千年来经历了无数次的改朝换代和多种外来文化的渗透，积累了丰富而深邃的治国理念、治国法则和治国方法，最具代表性的有道法自然、济世兴邦、礼法并举、以民为本等。

东方管理学强调回归人性，采取的管理方式和管理手段是柔性的，"虚实结合"的，不同于西方管理学的刚性管理模式。儒家提倡"道之以政，齐之以刑，民免而无耻，道之以德，齐之以礼，有耻且格（《论语·为政》）"。道家提倡"道法自然""天人合一""无为而无不为"。在吸取传统管理文化的柔性管理精髓基础上，东方管理学提出"五行"管理，即对人道行为、人心行为、人缘行为、人谋行为、人才行为的管理。人道管理是在管理过程中"得道遵道"，管理者与被管理者之间要形成一种良性互动，管理者尊重个体的主观能动性，引导被管理者修身养性。人心管理是要遵循心理规律，重视心理认知环节。人缘管理是突出沟通，注重关系互动。"缘"网络是人际互动的切入点，诚信是人缘沟通的基石，和合是人缘沟通的目标。东方管理学派最早提出"五缘"理论，即亲缘、地缘、文缘、商缘、神缘。如今，"GUANXI"一词，已经为西方管理学者所接受，并广泛出现在外国权威期刊中。人谋管理是管理的"权变"和策略性，根据组织所处的环境和内部条件的变化而随机应变。兵家学说中蕴涵着璀璨的"权变"和谋略思想，在各类管理中得到充分而有效的运用。人才管理强调人才管理的重要性，识才、选才、育才、用才。

东方管理学强调管理的目标是"和合"，"和合故能谐"（《管子集校·兵法》）。"和"，是和谐、和平、祥和，"合"是结合、合作、融合。"和合"是实现"和谐"的途径,"和谐"是"和合"的理想目标,也是人类古往今来孜孜以求的自然、社会、人际、身心等诸多关系的理想状态。"和合"是和而不同,和而不流。"和实生物,同则不继。以他平他谓之和,故能丰长而物归之;若以同裨同,尽乃弃矣"(《国语·郑语》)。这种"和合"思想在治身、治家、治生中的应用,就是彼此之间不仅存在竞争,更有合作;在治国中的应用,就是和谐发展、和谐社会,构建竞合有序的国际关系。

东方管理学是基于中国情景的本土化研究,但它不是管理文化的"复古",而是吐故纳新,是包容性的创新。新的创造,总是来自新的综合。东方管理学的基础是"三学",即中国管理学、西方管理学和华商管理学。中国的传统管理文化,既包括我国土生土长的以儒家文化为主流,其他诸子百家为支流的世俗文化,也包括了外来的,后来在中国生根发芽、开枝散叶的其他文化,如佛教文化等。易经的阴阳学说、道家的无为学说、儒家的仁爱学说、佛家的慈善学说、兵家的用人学说、法家的崇法学说等等,都是东方管理研究的重要思想源泉。由于中西方文化上的差异,传统的中西方管理理论与实践各自具有不同的优势和劣势。西方管理重分析、重理性、重科学、重法制,而中国管理重综合、重感化、重和谐、重仁爱。东方管理从来不否定西方管理,也不主张将东西方管理对立起来。东方管理研究立足于中国文化土壤,积极跟踪西方管理研究,吸取西方管理精髓,充分发挥中西方管理理论与实践的各自优势,取长补短,实现管理科学性和艺术性协调统一。华商管理是海外华商管理经验的总结,既有中国传统管理文化基因,又受西方管理文化的洗礼,还与华商所在地的土著文化相融合。众多海外华商,尤其在东南亚地区,取得举世瞩目的成功。其中,一个重要的原因是在多元管理文化的交汇点上,海外华商自觉地博取多元管理智慧的长处,创造、提炼、淬取出一种全新的管理范式。华商管理的成功实践,证明了多元管理文化具有巨大的互补性。这是一种管理上的融合创新。东方管理研究把华商管理视为创新的理论资源。

三、东方管理学的现代价值

随着中国经济的迅速崛起,以及众多企业在解决实际问题中总结出创新性的实践经验,对中国情景的管理现象进行理论研究,已经获得管理学界的共识。但是,这种研究是"本土意义"取向,还是"普适价值"取向,还有很大分歧。以中国传统文化为根基的东方管理学是否具有全球普适性呢?苏东水教授认为,西方人本管理的兴起标志着管理学向东方回归,"东方管理学的未来是能叫响世界的","肯定是能走上世界的"[1]。苏教授的自

---

[1] 苏东水:《东方管理学肯定能走上世界》,新浪财经,2007年7月18日。

信来源于两个方面：一是由管理的自身特点决定的。彼得·德鲁克认为："管理是关于人类的管理，其任务就是使人与人之间能够协调配合，扬长避短，实现最大的集体效益……因为管理涉及人们在共同事业中的整合问题，所以它是被深深地植根于文化之中。管理者所做的工作内容都是完全一样的，但是他们的工作方式却千差万别。"[1]他指出，90%的管理工作是一般化的，是与人打交道的工作，如何领导员工，使他们每一个个体都充分发挥知识和才干。另外的10%是根据不同组织的宗旨、文化、历史、类型而有所不同。管理理论主要内容是提供一套可以传授的知识体系，是反映一般规律的知识，是具有共享性的知识。事实上，不管是法约尔的管理基本要素、明兹伯格的管理角色，还是德鲁克的目标管理，都建立了一般管理理论，即普世的管理理论。现有的西方管理理论也是起源于其文化特殊性，这表明，东方管理学发展成为一般管理理论是可能的。东方管理学将不断地探索中国本土实践中存在的管理一般规律，由个性上升到共性，特殊上升到一般，提炼出具有普适价值的新理论，既基于经验，又跨越经验。二是由全球化和本土化互动趋势决定的。中国正在融入全球大环境、大市场，地域的边界正变得越来越模糊。本土实践与全球思维的融合将是未来管理的必然发展趋势。东方管理学研究需要全球思维，不断提炼更为一般化的管理理论，提升其指导实践的范围及价值。随着肯德基、麦当劳、宝洁等全球性企业在中国的扎根，作为东方管理学三大来源之一的西方管理理论，也不断根据中国情景进行本土化实践。东方管理学敞开心扉，与西方管理学者展开积极的对话，实现本土与国际的多元互动，在本土性与全球化思维之间建立了更好的连接。

东方管理学的实践价值体现在从个体、家庭到企业、国家各个方面。王家瑞指出："东方管理集治国、治家、治生、治身为一体，是体现"天、地、人"和谐统一的完整体系，而其中又以治国为其最高成就。"[2]在国家治理方面的成功，新加坡尤为典型。新加坡是一个多种族社会，有"世界人种博物馆"之称，宗教信仰繁多。李光耀曾这样感慨："怎么盖房子、怎么修理引擎、怎么写书，都有专著教导。但是从来没见过有这样的一本书，教人如何把一群来自中国、英属印度和荷属东印度群岛的不同移民塑造成一个民族国家。"[3]他指出，"我们必须养成习惯，先照顾集体利益，然后才照

---

[1] [美]彼得·德鲁克：《德鲁克管理思想精要（珍藏版）》，李维安、王世权、刘金岩译，机械工业出版社2009年版，第9页。
[2] 《专家学者倡导弘扬东方管理 促进世界文明》，人民网·华东新闻，2003年2月10日。
[3] [新加坡]李光耀：《经济腾飞路——李光耀回忆录（1965—2000）》，外文出版社2001年版，第3页。

顾个人的利益"[1]。1982年，李光耀重新诠释了"忠、孝、仁、爱、礼、义、廉、耻"，剔除儒家文化中制度化、法典化、神圣化的封建礼乐传统，保留了东方传统的深层意义，把它作为新加坡国民的具体行动准则加以倡导。自1984年起，新加坡在中学三、四年级开设了《儒家伦理》课，将封建礼法等级森严的道德规范改造成具有新加坡特色的新道德，系统地向学生进行儒家伦理及其道德价值观的教育。1991年新加坡国会通过"共同价值观"，其内容是：国家至上，社会为先；家庭为根，社会为本；社会关怀，尊重个人；协商共识，避免冲突；种族和谐，宗教宽容。经过多年努力，新加坡成功地把传统道德与科学的管理模式结合起来，儒家伦理道德的核心思想渗透到社会的各个层面，并在现代化的实践中起着卓有成效的作用。新加坡政府官员以儒家"正身、廉洁、勤政"为指导，讲求道德自律、廉洁奉公和勤于政务，始终保持着务实、勤政的工作作风，既保持了政府官员公正、廉洁、高效的形象，又起到了凝聚国民的作用。

东方管理学在企业管理方面的实践价值，被越来越多的企业家所认同。二战后，日本管理思想界对于中国儒家管理思想的研究和应用发展到了一个新的阶段。日本管理学界认为，职工具有高度的集体主义精神，对企业的忠诚心、爱社（公司）心、归属意识的表现，本质上是儒家管理思想的反映。"终身雇佣制""年功序列制"和"企业内工会"被称为"日本式经营"的三大法宝。松下公司是较早实行这三大制度的企业，使企业成为职工的终生劳动场所，不仅具有"安全感"，而且产生了"忠诚心""爱社（公司）心"和"归属意识"，自觉地把自己的命运同企业的命运联结在一起。松下幸之助认为，"终身雇佣制"和"年功序列制"是"仁、义、礼、智、信"思想的具体体现，"企业内工会"是"和为贵"和"吴越同舟"思想的体现。松下幸之助还非常推崇中国的儒家哲学和古典名著《三国演义》，他把忠诚、合作、报恩、报国作为企业的基本精神，把"任人唯贤"作为选拔人才的唯一标准。他说："一个领导人有求贤若渴的欲望，人才才会源源而至。刘备的求才诚意终于感动了诸葛亮，也使得许多勇将贤臣纷纷慕名而来。"[2]白手起家、创立两个世界500强企业"京瓷"和"KDDI"日本企业家稻盛和夫，不仅很认真地研读过《论语》，而且有自己的解释，应用在经营活动中，可以说是"一部《论语》治企业"[3]。在他的办公室里挂着四个字"敬天爱人"，所谓敬天，就是依循自然之理、人间之正道，亦即天道，与人为善；所谓爱人，就是摈弃一己私欲，体恤他人，持

---

[1] 新加坡联合早报：《李光耀40年政论选》，现代出版社1996年版，第137页。
[2] 中日新闻事业促进会：《中国驻日记者：回眸东京》，中国青年出版社1998年版，第87页。
[3] ［日］皆木和义：《稻盛和夫的论语》，郭勇译，海南出版社2011年版，第1页。

"利他"之心。美国通用汽车公司董事会主席罗杰·史密斯说:"孙子13篇《兵法》可与历史名著相媲美。今天没有一个对战略的相互关系,应考虑的问题和所受的限制比他有更深刻的认识,它的大部分观点,在我们当前环境中仍然具有和当时同样的重大意义。"[1]新加坡前驻日大使实业家黄望青先生为新加坡现代企业精神列出这样一个公式:西方电脑式的计划加东方勤俭的美德;新加坡已故总统薛尔思博士对新加坡实现工业化、现代化的成功经验也概括成一个公式:新加坡工业化、现代化=西方的先进技术和工艺+日本的效率和高度的组织纪律性+东方的价值观念和人生哲学。他们的共同点都把"东方的价值观念""东方勤俭的美德"作为重要一项加以肯定。中国尽管经过30多年的发展,涌现了一批不乏创新精神的优秀企业家,对资源、机会和变化的把握,对那些需要精心策划的战略安排和精耕细作,在借鉴和吸收西方管理方法的同时,也遵循着属于自己的方式,把西方的方法融合到中国文化土壤中。有人说:"如果30年前的改革开放初期我们不学习西方管理,那是我们无知。30年后的今天,我们还在学习西方管理,而不能总结出自己的管理理论和经验,那就是我们的无能。"[2]

无论是国家治理,还是家庭、企业管理,治身是逻辑起点。修身养性、自我提升,是杰出企业家成功法则。我国台湾地区的"经营之神"王永庆说:"在一生奋斗过程中,我日益坚定地相信,人生最大的意义和价值所在,乃是借由一己力量的发挥,能够对于社会做出实质贡献,为人群创造更为美好的发展前景,同时唯有建立这样的观念和人生目标,才能在漫长一生当中持续不断自我期许勉励,永不懈怠。"[3]这是对《大学》"格物致知""诚意正心"的最好诠释,从一个人内在的德智修养,到外发的事业完成,构成渐次递进的修为过程。任何企业的成功都离不开企业员工的支持,调动员工的积极性是发展企业的先决条件。激励员工首先是企业家自身要做出表率。企业家的素质与魅力直接表现为道德人格。企业家的价值取向、行为感召力影响企业职工,对其产生榜样效应,促使员工对企业基本价值准则的认同和对企业核心价值观的共识,从而产生高昂的工作热情和创造力。榜样的力量是无穷的。广州王老吉药业集团董事长施少斌说:"我时刻提醒自己,我就是表率。"

---

[1] [美]约翰·柯林斯:《大战略》,中国人民解放军军事科学院译,中国人民解放军战士出版社1978年版,第3页。
[2] 李凯城:《红色管理:毛泽东管理思想的当代应用》,当代中国出版社2012年版,第1页。
[3] 窦应泰:《经营之神王永庆家族》,团结出版社2009年版,第2页。

四、东方管理学未来的研究展望

实践发展永无止境，认识真理永无止境，理论创新永无止境。中国经济的快速发展，社会结构的转型升级，企业管理的实践变革，是东方管理学持续创新的不竭动力。我们认为，东方管理学在研究对象、研究内容、研究方法上要做到以下几点：

第一，研究对象上坚持自己特色，拓展研究范围。东方管理学的研究对象涵盖"四治"，打破了传统的"唯科学主义"的学科分类，有助于克服学科越分越细的"学科自闭症"。西方管理学，到现在还找不到学科基础是什么，也找不到学科定位，形成管理学经济学化、社会学化、心理学化、哲学化、工程化。在管理教育上，造成专业教育与就业不对口。按照苏东水教授的界定，东方管理学的研究对象是包括儒家文化、印度文化、伊斯兰文化等东方文化背景下的各种管理模式，当然重点是儒家文化背景下的管理。与西方社会相比，东方社会具有更多的相似性。马克思、恩格斯就把东方社会当作一个不同于世界其他地方的特殊生产方式来研究，形成东方社会理论，认为：古代东方社会的生产方式是亚细亚生产方式，东方社会的政治制度是专制制度，东方社会的组织形式以村社或家族与国家相抗衡的形式出现，东方社会的文化分别以印度教、儒教、东正教为主要内容，并提出跨越资本主义"卡夫丁峡谷"的思想。东方社会的生产方式不同于其他地区，其管理方式当然也不同于其他地区。因此，东方管理学的研究范围界定是有理论基础和实践基础的。未来，要进一步加强对中国以外的其他东方管理文化的比较研究，包括东亚儒家文化圈中的日本、韩国，以及中南半岛的新加坡、越南、老挝、柬埔寨、缅甸、泰国、新加坡及马来西亚等华商聚集地、儒家文化和印度文化双重影响的区域，以及印度管理文化、伊斯兰管理文化等。通过加强对大陆以外的其他东方管理文化的比较研究，使东方管理学保持领先地位。

第二，研究内容上坚持两个结合，重在现实文化传统的描述。东方管理学在研究内容上包括两个基本方面：传统经典文献的梳理，现实文化传统的描述。在这里，把传统经典、传统文化和文化传统区别开来。传统经典表现在文献上，往往是理想性的、导向性的，不仅与当时文化有差异，也与之后的实际文化有差异。传统文化和文化传统也有较大差别，主要是两个原因：一是文化在变迁过程中会随着环境变化而有所遗落、变异；二是受到外来文化的影响。特别是近代以来，中国传统文化受到了前所未有的冲击。从鸦片战争（1840年）到中华人民共和国成立（1949年）的109年当中，每10年就会出现一次大的变动。1949年中华人民共和国成立之后，每5年就有一次大的变化，改革开放以来受西方文化冲击，每次变化都惊天动地。近代以来174年中国文化断裂的情形非常严重。美国夏威夷东西方文化研究中心做过一项调查：受调查的几个东亚国家和地区中，受儒家文化影响最深的是韩国，中国排在最后一位。韩国首都首尔最合乎儒家的核心价值，中国上海排在最后。如果与日本人对日本传统文化、美国人对美国传统文化、法国人对法国传统文化、韩国人对韩国传统文化的态度相比较，传统文化在中国的境遇是很糟糕的。当然，尽管受到新文化运动和外来文化的冲击，但根植于民族心理、社会组织、群体行为中的中国文化传统并没有完全被异化。以儒家为基本要素的传统文化，在吸收外来文化的基础上，构成中华民族心理、群体行为的基本方面。传统经典、传统文化和文化传统有区别，又不可分割。东方管理学研究，要同时着力于对传统经典文献的梳理和现实文化传统的描述。一是要梳理传统经典，并从中吸取优良养分。不弘扬传统精神文化中的普适价值、符合社会发展方向的精神，社会就会失去价值方向、正气指向。不研究经典，也难以正确理解中国文化传统。因此，研究东方管理需要具备多种能力，但最基本的能力是古文献阅读能力。二是对现实文化传统的描述和提炼。现阶段民族心理、社会组织、群体行为具有哪些特征，随着工业化和城市化的发展，哪些民族性的文化会进一步加以发扬光大，哪些会变异？这就需要对现阶段文化传统加以调查、描述和提炼。

第三，研究方法上坚持规范研究、实证研究和应用研究相结合。目前，我国管理学界存在一种倾向，从世界级顶尖杂志中看门道，看看美国研究什么我们就研究什么，而无法从当代中国管理实践去发现问题。照搬西方实证研究方法和基本假设，最典型的做法是在研究过程中，增加文化这一变量。然而，东西方的学术传统是不同的，西方侧重逻辑分析、罗列，很容易将一些概念转变为实证模型的变量，而东方侧重整体、系统、辩证，很难将内涵非常广泛的概念转变为模型的变量，或者说很难用若干变量反映内涵丰富的概念。照搬西方实证方法，研究结论往往是众所周知的，或者是似是而非地贴标签，与管理实践相差十万八千里。东方管理学研究，不排斥实证研究方法，但也不应过分强调实证研究方法。中国处于剧烈的结构转型期，面对结构转型问题，首先要有思维的结构转型，才能把握管理的发展趋势。中国的改革开放的伟大实践，是东方管理学派得以存在和发展的基础、根本动力、源泉。"从实践中来，到实践中去。"东方管理学的发展，关键是扎根于我国民族心理、社会组织、群体行为，扎根于我国管理实践的变革。因此，东方管理学首倡案例分析、田野调查、访问调查、问卷调查。加强东方管理学的数据库建设，包括东方管理案例库、问卷调查数据库、访问调查数据库等。但是，无论采用什么方法研究东方管理学，都要努力使用全球性研究语言，确保源自中国情景的管理理论能被世界范围内的学者所接受与认同。过分强调中国的思维方式、文化特点及认知习惯的，将导致东方管理研究成果难以被不同语义、语境下的国外管理者所理解。只有管理学者们使用全球语言与规范的方法，才有可能为东方管理研究走向国际管理学界铺平道路。

第四，重视管理经验的提炼，关注企业热点问题。虽然中国正处于结构转型当中，中国管理模式还不是成熟的模式。但是，无论怎么变化，有些东西肯定会保留、传承下去的。日本的现代化很成熟，但民族性的文化传统仍然传承下来，日本人并没有变成美国人；研究东方管理学，就是要追踪管理模式的演变，总结实践经验，分析演变方向，提炼共性的要素。中国正经历史无前例的结构转型，各种新问题、新热点不断地涌现出来。东方管理学要关注管理实践的热点问题。

结语

总之，东方管理学的研究在理论层面，将进一步加强东西方管理理论的融合与发展，创建中国特色的适合"中国情境"的管理理论，建立融合古今中外管理精华的现代管理新学科。在经济层面，世界经济格局变化、中国的崛起要求深入研究东西方管理，国内经济社会发展的现实要求进行中国本土管理思想研究，研究中国本土管理思想是研究中国管理实践与经验的需要，为中国经济的未来发展进一步提供理论指导；并进一步提升国家的国际地位；在企业层面，总结、提炼中国管理理论与方法在企业管理实践中的运用，促进更多企业取得经济、社会、文化上的综合效益。通过东方管理学的历史研究，使中国企业了解中国管理学理论与实践发展的历史，从而为他们未来参与国际化竞争提供理论依据；在管理教育层面，研究东方管理学是管理教育与研究的需要，应该整合全国各高校东方管理研究力量，形成联盟机制，建立一个从本科、硕士到博士的教学及科研的互动交流共享平台，共同繁荣东方管理学科未来的持续发展；加强与国际管理学界的交流与合作，培养具有国际化理念的多层次、多领域、多元化的国际管理人才。[1]

"管理只有永恒的问题，没有终结的答案。"面对难得的历史机遇，东方管理学研究任重而道远。

苏东水
2020 年 5 月 31 日

---

[1] 苏宗伟、苏东水、孟勇：《中国管理模式创新研究——第十六届暨世界东方管理论坛综述》，《经济管理》，2013 年第 7 期，第 192—199 页。

参考文献

1. 苏东水:《管理学》,东方出版中心 2001 年版。
2. [美]彼得·圣吉:《第五项修炼——学习型组织的艺术与实务》,郭进隆译,上海三联书店 1994 年版。
3. [美]彼得·F.德鲁克等:《知识管理》,杨开峰译,中国人民大学出版社,哈佛商学院出版社 1999 年版。
4. [美]A.F.奥斯本:《创造性想象》,王明利、盖莲香、汪亚秋译,广东人民出版社 1987 年版。
5. 张汉如:《青年创造力开发》,解放军出版社 1988 年版。
6. 刘仲林:《中国创造学概论》,天津人民出版社 2001 年版。
7. 傅世侠、罗玲玲:《科学创造方法论》,中国经济出版社 2000 年版。
8. [德]迈诺尔夫·迪尔克斯、[德]阿里安娜·贝图安·安托尔、[英]约翰·蔡尔德等:《组织学习与知识创新》,上海社会科学院知识与信息课题组译,上海人民出版社 2001 年版。
9. 芮明杰:《管理创新》,上海译文出版社 1997 年版。
10. 林格:《思想哪里来》,经济日报出版社 2000 年版。
11. 戴木才:《健康人格导论》,辽宁教育出版社 1993 年版。
12. 王冲汉:《人生心理的多棱镜》,上海社会科学院出版社 1993 年版。
13. [美]菲利普·赖斯:《压力与健康》,石林、古丽娜、梁竹苑等译,中国轻工业出版社 2000 年版。
14. [美]菲利普·赖斯:《健康心理学》,胡佩诚等译,中国轻工业出版社 2000 年版。
15. "东方管理学派著系",复旦大学出版社 2005—2006 年。

图书在版编目(CIP)数据

管理心理学/苏宗伟,苏东水著. —6版. —上海:复旦大学出版社,2021.8(2022.8重印)
(复旦博学.大学管理类教材丛书)
ISBN 978-7-309-15492-4

Ⅰ.①管… Ⅱ.①苏…②苏… Ⅲ.①管理心理学-高等学校-教材 Ⅳ.①C93-05

中国版本图书馆 CIP 数据核字(2021)第 137824 号

管理心理学(第六版)
GUANLI XINLIXUE (DI LIU BAN)
苏宗伟 苏东水 著
责任编辑/方毅超

复旦大学出版社有限公司出版发行
上海市国权路 579 号 邮编:200433
网址:fupnet@fudanpress.com http://www.fudanpress.com
门市零售:86-21-65102580 团体订购:86-21-65104505
出版部电话:86-21-65642845
常熟市华顺印刷有限公司

开本 787×1092 1/16 印张 31.5 字数 564 千
2021 年 8 月第 6 版
2022 年 8 月第 6 版第 2 次印刷
印数 5 101—10 200

ISBN 978-7-309-15492-4/C·405
定价:59.00 元

如有印装质量问题,请向复旦大学出版社有限公司出版部调换。
版权所有 侵权必究